Paul Imhof

Systemische Kommunikation

Perspektiven christozentrischen Aufstellens

Das Lehrbuch

Strukturen der Wirklichkeit

Gegründet als Schriftenreihe der
Deutschen Universität in Armenien und der
Akademie St. Paul

Herausgegeben von
Paul Imhof und Markus Tremmel

Bd. 13

Paul Imhof u. a.

bearbeitet von Bernhard Richter

Systemische Kommunikation

Perspektiven christozentrischen Aufstellens

2017

via verbis verlag

Die Deutsche Nationalbibliothek – CIP Einheitsaufnahme

Die Deutsche Nationalbibliothek verzeichnet diese Publikation in der
Deutschen Nationalbibliografie. Detaillierte bibliografische Daten sind im Internet über
http://dnb.d-nb.de abrufbar.

ISBN 978-3-933902-36-8

Druck: Präbst Satz & Druck GmbH, Dorfen

Verlagsanschrift:

via verbis verlag
Wambach 23
84416 Taufkirchen

www.viaverbisverlag.de

Bd. 13

Paul Imhof

Systemische Kommunikation

Perspektiven christozentrischen Aufstellens

Das Lehrbuch

pour
Mylène et Jean-Luc,
belle-mère et beau-père de Anna,
et Axel, mon beau-fils

Inhaltsverzeichnis

VORWORT

Im Rahmen des Curriculums Christozentrisches Familienstellen (Kapitel 3) finden wesentliche Module im Geistlichen Zentrum Schwanberg statt. Dies hat gute Gründe. Denn hier sind die sakralarchitektonischen, liturgischen und systemischen Voraussetzungen ideal. Das Schloss Schwanberg mit seinen Seminarräumen, die Kirche St. Michael und das Labyrinth sind höchst geeignet, um christozentrisch zu arbeiten. Das Labyrinth auf dem Schwanberg wurde so gestaltet, dass es als optimales Feld für eine explizit christozentrische Aufstellung genutzt werden kann.

Als Kommunikationsform für die dialogischen Themen dieses Buches (Kapitel 2) wurde das Interview, der Austausch „gegenseitiger" Ansichten gewählt. Von den Wortwurzeln her steht also das anschaubare, d. h. leibgemäße Kommunizieren im Vordergrund. Gespräch heißt im Deutschen das synonyme Wort für Interview. Vor allem durch Hinhören und Sprechen wird der Kommunikationsvorgang bestimmt. Beide Sinne zusammen, der Hör- und der Sehsinn, sind für eine glückende Kommunikation wesentlich.

Für seine Verdienste um das Zustandekommen dieses Buches danke ich ganz herzlich Bernhard Richter, Traunstein, ohne den die achtzehn Gespräche mit den einzelnen Autoren nicht zustande gekommen wären. Manche Fragen und Antworten in den Interviews wurden redaktionell bearbeitet, einige Textpassagen nach Rücksprache mit den Autoren in ihrem Sinne ergänzt. Wir danken allen für ihre Kooperationsbereitschaft. Das Curriculum auf dem Schwanberg 2015/16 hat Bernhard Richter mitgestaltet. Dies trifft auch für Stephanie Seifert zu, ihr gilt ebenfalls mein Dank. Sie steht in Zukunft vor allem für Nachgespräche zur Verfügung, durch die viele Aufstellungen erst ihre Effizienz bekommen.

Unser besonderer Dank gilt den Personen, die uns die Erlaubnis gegeben haben, die Informationen zu verwenden, die bei ihren Aufstellungen zutage traten. Sie haben dies getan nicht nur für die Wissenschaft, sondern vor allem für jene, die systemische Kommunikation erlernen wollen, um anderen zu helfen.

Das Buch „Menschenrecht Kommunikation" von Reinhard Brock und Paul Imhof, das im Curriculum verwendet wurde, ist inzwischen vergriffen. Daraus wurde das Kapitel „Die Triebe im Experiment" (96-132) entnommen (Kapitel 5). Ebenso die Seiten der Einleitung (13-15) und die Triebdialoge (17f, 30, 33f, 36f, 43, 45f, 48f), die hier im Essay „Geist in Fleisch und Blut" (Kapitel 1.2) verarbeitet wurden.

Das inzwischen auch in amerikanischer Übersetzung erschienene Buch „Menschenrecht Kommunikation" wollte ich zusammen mit Reinhard Brock erweitern und überarbeiten. Dazu sind wir wegen seines frühen Todes leider nicht mehr gekommen. Eine Hörbuchfassung konnten wir noch gemeinsam produzieren. Nach meiner Trauerrede für ihn (Kapitel 4) ist eine Zeit kreativer, freundschaftlicher Zusammenarbeit zu Ende gegangen.

Die wesentliche Polarität von Geist und Körper bestimmt den Textfluss des Buches „Systemische Kommunikation", das auf ein christozentrisches Verständnis hin angelegt ist. Von einer ausführlichen begrifflichen Definierung wurde abgesehen. Das alltagssprachliche Vorverständnis von Geist und Körper soll leitend bleiben. Das gilt auch für den Gebrauch des Wortes Seele, das manchmal synonym für das Selbst, das Ich oder Ego verwendet wird. Popularphilosophisch gesehen lässt sich die Einzelseele als das Prinzip der Individuation, die Matrix der Gefühle charakterisieren. In meinem Praxishandbuch „Christliches Familienstellen" bin ich auf Definitionsfragen eingegangen, nicht zuletzt deswegen, weil die Frage nach dem Wesen der menschlichen Geistseele für das Verständnis des christlichen Glaubens von großer Bedeutung ist. Die Deutung der Natur als Schöpfung hat weitreichende Konsequenzen!

Die hebräische Bibel beginnt mit den Worten „Bereschit bara elohim", d. h. im Anfang wirken schöpferische Kräfte (vgl. Gen 1,1). Das Pluralwort *elohim* lässt sich im übertragenen Sinn mit *Gott* übersetzen. Zunächst aber handelt es sich bei dem Text um eine natürliche Weltanschauung auf Energien und Phänomene. Die Deutung der Natur als Schöpfung findet erst in den folgenden Versen des Buches Genesis statt (vgl. Gen 1,1-31), in denen zehnmal davon berichtet wird, dass Gott sprach. Die Natur lässt sich aufgrund des Wortes Gottes in ihr als Schöpfung verstehen.

In dieser Perspektive ist das Johannesevangelium ein Kommentar zum Buch Genesis, der aufgrund des Lebens, Sterbens und Auferstehens Jesu

Christi aufgeschrieben wurde (vgl. Joh 1,1-14). „Im Anfang war das Wort und das Wort war bei Gott und Gott war das Wort ..." (Joh 1,1). Im Johannesevangelium wird die Inkarnation des Wortes Gottes in Jesus von Nazareth christozentrisch ausgelegt. Vor diesem theologischen Hintergrund wurde die christozentrische Aufstellungsarbeit entwickelt. So gesehen kann die Natur als solche wertgeschätzt und zudem auf ihren Schöpfungs- und Erlösungscharakter hin transparent werden.

Die vorgelegte Trieblehre und das damit verbundene Kommunikationsverständnis möchte für Menschen unterschiedlicher Glaubensvorstellungen und Weltanschauungen eine Handreichung für das eigene Selbstverständnis sein, das ihrer Natur gemäß ist. Da die geistige Natur des Menschen seine Freiheit ist, gibt es selbstverständlich metaphysische und religiöse Alternativen, eben diese Freiheit zu deuten. In christlicher Perspektive ist die Gnade Gottes ein Angebot der göttlichen Freiheit an die menschliche Freiheit, die sich deswegen als befreite Freiheit de-finieren kann, d. h. entgrenzen kann.

Im Horizont des Kommunikationsgeschehens können Menschen unterschiedlicher Kultur und Konfession als natürliche Mitglieder der einen Menschheitsfamilie friedlich miteinander auskommen, solange die Freiheit des anderen geachtet wird und jeder auf den anderen Rücksicht nimmt – mögen sich an der Anerkennung bzw. Nichtanerkennung der ungeschaffenen Wirklichkeit, die in den Offenbarungsreligionen Gott genannt wird, auch die Geister scheiden. Für die menschlichen Geistseelen in ihrer körperlichen Konkretheit bleibt die friedliche Koexistenz miteinander die Basis für glückende Kommunikation. Die abstrakten Geisterkämpfe, in denen sich Ideologen verwickeln, führen meist zu einer Opfergeschichte der konkreten Menschen. Statt Friede herrscht Krieg.

Das Evangelium Jesu Christi setzt auf ein friedliches Zusammenleben, ohne einem geistigen Synkretismus oder der Gleichsetzung des Geistes der Freiheit mit dem Geist der Halbwahrheit und den damit verbundenen Lügen zuzustimmen. Jesus Christus ist ein Meister der Kommunikation, der „communicator perfectus" (vgl. Willi Lambert, Die Kunst der Kommunikation, Freiburg i. Brg. 2006, 299f).

Mein Essay „Leben in Freiheit. Überlegungen zur Kommunikation und christlichen Spiritualität" aus dem Buch „Raum der Begegnung. Festschrift für Kurt Willibald Schönherr, hrsg. von Friedrich Erich Dobberahn und Peter

Schierz, 2., veränderte Auflage, Taufkirchen 2013, 28-51" wurde in leicht ver-
änderter Form in das vorliegende Buch übernommen (Kapitel 1.1), da im
Moment keine Neuauflage der Festschrift vorgesehen ist. Sie ist in der Schriftenreihe „Strukturen der Wirklichkeit", hrsg. von Paul Imhof und Eduard Saroyan, Bd. 7 erschienen. Die Schriftenreihe befasst sich mit Fragen der Spiritualität und Kommunikation, die interkulturell und interreligiös relevant sind.

Zu dem Lehrbuch „Systemische Kommunikation. Perspektiven christozentrischen Aufstellens" wurden drei Filme produziert, die den biblischen
und kulturellen Hintergrund christozentrischer Aufstellungsarbeit erläutern:

1. Kinderrecht auf Frieden. Was hat Jesus denn gemacht? Ein Film von
   Paul Imhof. 2016
2. Ein neuer Morgen. Ein Film von Paul Imhof über ein weltoffenes Christentum. 2017
3. Miteinander glücklich leben. Ein Film von Paul Imhof über das
   christozentrische Aufstellen. 2017

Im ersten Film wird die spirituelle Biographie Jesu Christi abgehandelt,
die sich wie eine Heilsfolie unter jede Biographie legen lässt. In den beiden
anderen werden die vier organischen Triebe anhand von Aufstellungen im
Kontext der abendländischen Kultur thematisiert.

Das Lehrbuch „Systemische Kommunikation" ist zusammen mit meinem Praxishandbuch „Christliches Familienstellen", 2. Aufl. Münsterschwarzach 2016 ein wichtiger Teil des Lehrmaterials für das Modul Kommunikation
des berufsbegleitenden Master-Studiengangs „Christliche Spiritualität im
Kontext verschiedener Religionen und Kulturen", der ab Oktober 2017 an der
Theologischen Hochschule Reutlingen durchgeführt wird.

Meinem Verleger und Mitherausgeber der Schriftenreihe „Strukturen
der Wirklichkeit", Markus Tremmel, danke ich herzlich für die Sorgfalt der
Drucklegung, in dessen via verbis verlag die Schriftenreihe seit dem Jahr
2005 erscheint. Seit vielen Jahren bin ich ihm freundschaftlich verbunden.

Zur Zeit sind zwei neue Bücher „Spirituelle Reisen. Unterwegs zum Ursprung" (Taufkirchen 2017) in Vorbereitung. Sie beschreiben sowohl Reisen
nach Innen als auch im Außen.

München, den 8.12.2016   Paul Imhof

1. IM KRAFTFELD DES GEISTES
Ein Weg in die Zukunft

Paul Imhof

Wie bei jeder systemischen Aufstellung werden auch bei einer christozentrischen Aufstellung gezielt Repräsentanten gesucht, um eine individuelle Problematik aufzulösen. Wie kommt jemand neu zustande? Welche Schritte sind nötig? Bei einer ausführlichen christozentrischen Aufstellung findet der Prozess der Selbstwerdung im Kraftfeld von vier Naturen statt. Die Realität dessen, der das Mandat erteilt, wird im Kontext der differenzierten Wirklichkeit aufgestellt.

Der *erste* Repräsentant ist die zyklische Natur, die vom Gesetz des Stirb und Werde, der Hierarchie der Nahrungskette und der Macht des Stärkeren, der sich durchsetzt, bestimmt wird. Die Natur in all ihrer Ambivalenz ist der Horizont des eigenen Bewusstseins. Das Leben in seiner Unendlichkeit wird thematisiert.

Der *zweite* Repräsentant ist die Natur, die als Schöpfung gedeutet und verstanden wird. In dieser Perspektive ist die innerste Natur des Menschen seine Freiheit. Sie gehört zur Grundausstattung eines menschlichen Wesens, das sich seiner Geschöpflichkeit bewusst ist. Wer sich als Geschöpf Gottes annimmt, kann glauben, dass er eine Gabe ist. Als Neschama, als Geist-Seele, erkennt er an, dass Gott ihr den Odem eingehaucht hat. So ist jemand ein freier Mann, eine freie Frau. Sie verdanken ihre Freiheit der absoluten Freiheit, die restlos verschieden ist von der geschaffenen Natur. Ein freier Geist ist mehr als ein Produkt natürlicher Verhältnisse.

Der *dritte* Repräsentant steht für die befreite Freiheit, die erlöste Natur. Jemand akzeptiert sich nicht nur als geschaffen, sondern als gerechtfertigt. Die eigene Freiheit ist zwar bedroht und wird durch eigene Sünde und Schuld reduziert, aber sie kann sich je neu zur Freiheit befreien lassen. Dämonische Gottesbilder und Götzen, Tod und Teufel haben letztlich keine Macht. Das Befreiende an einer christozentrischen Aufstellung ist die Tatsache, nicht nur zu verstehen oder verstanden zu werden, sondern sich verstanden zu fühlen. Denn Christus ist, aus den Tiefen der Gottheit kommend, nicht nur allgemein geistig in der Menschheit präsent, sondern in Jesus von Nazareth konkret gegenwärtig geworden, so der Glaube der Christen. Wenn ein Geist in einer fleischlichen Körperlichkeit sich individuell inkarniert, entsteht eine Seele. Sie ist die Matrix der Gefühle.

Der *vierte* Repräsentant ist die göttliche Natur. Je nach Religion ist sie dem Menschen völlig unzugänglich oder wird in einer je spezifischen Offenbarungsgeschichte in Akten des Glaubens zugänglich. Im Feld einer systemischen Kommunikation wird durch eine Repräsentanz der göttlichen Natur offensichtlich, wie die göttliche Wirklichkeit katalysatorisch wirkt. Im Horizont der christlichen Offenbarungsreligion ergeben sich in einem Aufstellungsfeld je nach Identifizierung der göttlichen Natur mit dem Heiligen Geist, mit Jesus Christus oder mit der verborgenen Gottheit der göttlichen Natur unterschiedliche Perspektiven und Lösungswege. Die Präsenz des Heiligen kann z. B. auch in Form einer Heiligen Schrift dargestellt werden.

Um es einmal philosophisch verdichtet zu formulieren: Zum Grundkonzept christozentrischer Aufstellungsarbeit, bei der das eigene Selbst in seiner Differenziertheit aufgestellt wird, gehören mehrere Repräsentanten. Zunächst das Ich-Selbst, das als egozentrierte Seele beginnt, die im Laufe des Aufstellungsprozesses eine Läuterung erfährt und an Klarheit gewinnt, so dass sie zum Anteil „mein eigenes Selbst" (Vokativ) transformiert wird. Dieses Selbst wird als Prinzip Hoffnung a priori aufgestellt. Da jedes zur Persönlichkeit gereifte Selbst ein Selbst ist, das sich zu sich selbst verhält, wird es auch als ein Beziehungsselbst aufgestellt, das sich in aller Freiheit sowohl sachlich wie auch in angemessener Nähe und Ferne zu allen anderen Freiheiten zeitigen kann. Für das Selbstverständnis ist es entscheidend, dass das Selbst sich als sich selbst gegeben versteht. Dieser Gabecharakter ist die Bedingung der Möglichkeit für Selbstannahme und Selbsthingabe. Im kreativen Feld des Selbstvollzuges (Genitiv) ereignet sich der Prozess der Selbstwerdung des eigenen Selbst (Nominativ) zum sich gegebenen Selbst (Dativ) im Verhältnis zum Beziehungsselbst (Akkusativ) in Raum und Zeit (Ablativ). Die Hochform dieser Selbstzeitigung geschieht im Beziehungsgefüge der natürlichen Natur, der geschaffenen Natur und der erlösten Natur angesichts der göttlichen Natur.

Je mehr jemand Einblick in den göttlichen Bauplan der Welt hat, umso leichter kann er den Sinn des erzählten Textes erfassen, der die allgemein zugängliche Grundlage der Inszenierung des Aufstellungsmandats ist. Ähnlich verhält es sich mit dem Textbuch für einen Film bzw. ein Theater. Je mehr die unsichtbare dramatische Vorgeschichte der handelnden Personen entfaltet wurde, desto werkgetreuer lässt sich ein Stück aufführen bzw. ein Film drehen. Um die Dramaturgie für die Figuren anzulegen, werden bei exzellenten Text- bzw. Drehbüchern neben den Seiten, die den Text bilden, den die Darsteller und Zuhörer kennenlernen, etwa doppelt so viele Seiten verfasst, die unsichtbar und unhörbar bleiben. Die Backstory garantiert die Dynamik der Story!

In der langen unsichtbaren Geschichte hinter dem erzählten biographischen Kurztext liegt der Schlüssel, um die unsichtbaren Dynamiken zum Fließen zu bringen, so dass eine Zukunftsperspektive offensichtlich wird, die sowohl frei als auch realistisch ist. Auf dem Weg dorthin gibt es Zeiten, in denen sich jemand gehen lässt bis zu dem Punkt hin, an dem erkannt wird, so geht es nicht weiter. Und es gibt Phasen, in denen sich jemand so lange aufbäumt, bis die eigenen Wurzeln wieder gewachsen sind und der Stamm gerade ist und sich die Krone entfalten kann. Aus all dem Gesagten wird offensichtlich, dass jemand zielführig von A nach B gelangt, je mehr er sich der differenzierten Herkunftsgeschichte und der schöpferischen Evolution der Menschheit bewusst ist. Durch die Ankunft im Miteinander einer systemischen Kommunikation, die christozentrisch angelegt ist, entsteht in der Gegenwart wie von selbst ein Weg in die himmlische und irdische Zukunft. So bilden die letzten Christen die Avantgarde einer neuen Menschheit.

1.1. Leben in Freiheit
Kommunikation und christliche Spiritualität
Paul Imhof

Vor allem im Horizont des geschaffenen Geistes und des ungeschaffenen, göttlichen Geistes lässt sich die christozentrische Methode sinnvoll anwenden. In den folgenden Überlegungen wird systematisch zu zeigen versucht, was Kommunikation und Spiritualität miteinander zu tun haben. Stimmt die Hypothese: Je geistreicher jemand ist, desto kommunikativer ist er nach außen oder zumindest nach innen? Innerlichkeit meint dabei jene Dimension von Spiritualität, die sich in der Tiefe der Immanenz genauso zu Hause weiß wie in der Höhe der Transzendenz. Zunächst aber geht es um die geistige Präsenz im alltäglichen Kommunikationsgeschehen.

Was ist Geist? Wer ist Geist?

Wie müsste heute eine Phänomenologie des Geistes geschrieben werden? Um welches Verhältnis von Freiheit und Offenheit, von Konkretisierung und Universalisierung handelt es sich bei der Wirklichkeit des Geistes?

Viele Metaphern bieten sich dafür an. Ist Geist eine unsichtbare, dynamische Wirklichkeit? Ein unverfügbarer, schöpferischer Grund für Werte und Würde? Eine feinstoffliche Energie für Lebendigkeit und Gegenwärtigkeit? Woher kommt Geist? Wohin geht er? Ist er prinzipiell undefinierbar? Wirkt er als Geist des Lebens sowohl entgrenzend als auch bestimmend? Ist er eine Weise der Präsenz ewigen Lebens in Raum und Zeit? Fragen über Fragen. Die Spiritualität als Wissenschaft von der Erfahrung des Geistes und der Geister beantwortet solche Fragen durch praktische Übungen und theoretische Überlegungen. Spiritualität ist Geisteswissenschaft im weitesten Sinn des Wortes.[1] In der Perspektive des monotheistischen Schöpfungsglaubens

---

[1] Vgl. Aimé Solignac, Spiritualité, I. Le mot et l´histoire, in: Dictionnaire de Spiritualité, Bd. 14, Paris, 1990, S. 1142-1160. Ders., in: Historisches Wörterbuch der Philosophie, Bd. 9, Artikel „Spiritualität", Darmstadt, 1995, S. 1415-1422.

und der christlichen Erlösungslehre gehören zur Spiritualität auch Theologie, Christologie und Pneumatologie:[2] „Gott ist Geist." (Joh 4,24).

Beachtenswert ist die Differenz zwischen einer Mystik bzw. Spiritualität der Begegnung und einer Mystik der Verschmelzung. Biblisch gesehen bleibt die restlose Verschiedenheit zwischen Gott und Mensch in allen Akten der Einung erhalten. Verschmelzung ist ein Subsystem des Systems Begegnung, das sich im Raum der Anbetung ereignet. „Nur in der Anbetung erschließt sich das Geheimnis Gottes und zeigt sich zugleich die Anmaßung eines jeden Gedankengebäudes, das beansprucht, die Wege Gottes entschlüsselt zu haben."[3] Jesus ermächtigt die Seinen, sich an dieses Geheimnis zu wenden. Er lehrt das Vaterunser. Gott kann mit DU angerufen werden. „Die in der biblischen Mystik der offenen Augen durchscheinende Antlitzhaftigkeit Gottes (seine „Personalität", sein „verborgenes Antlitz") bedingt gegenläufig auch den subjekthaften Charakter der mystischen Erfahrung im monotheistischen Sinn. Diese mystische Erfahrung zielt nicht auf eine stufenweise Selbstauflösung der Subjekthaftigkeit in einem kosmischen All."[4] Diese mystische Erfahrung, könnte man hinzufügen, streckt sich immer neu nach der *visio beatifica* aus, der glückseligen Schau des ewigen Geheimnisses, dessen unsichtbares Antlitz im Angesicht Jesu Christi aufleuchtet.

Eine kleine Geschichte kann den Zugang zur Frage nach der Bedeutung des Geistes auch in nachmetaphysischen Zeiten verdeutlichen. Bei Dreharbeiten mit dem damals über 100-jährigen Herrn Pickert, einem Freund von Rudolf Steiner, lautete meine letzte Frage nach einem langen Interview: „Was ist Ihrer Meinung nach die größte Not in Deutschland?" Dem Anthroposophen und Pädagogen fiel dazu spontan nichts ein. Seltsam! „Dranbleiben" heißt in dem Fall eine Journalistenregel. Also noch einmal: „Was ist die größte Not in Deutschland?" Und wieder keine Antwort. Letzter Versuch: „Was ist die größte Not in Deutschland?" Da endlich kräuselte sich seine Stirn. Man

---

[2] Vgl. Paul Imhof, Grundkurs Ignatianischer Spiritualität. Gott glauben (Bd. 1), Christus erleben (Bd. 2), Geist erfahren (Bd. 3), St. Ottilien, 1992.

[3] Ian G. Barbour, Naturwissenschaft trifft Religion. Gegner, Freunde, Partner?, Göttingen, 2010, S. 202.

[4] Johann Baptist Metz, Mystik der offenen Augen. Wenn Spiritualität aufbricht, Freiburg i. Brsg., 2011, S. 182.

merkte, es braut sich eine Antwort zusammen. Und dann die überraschende Auskunft: „Die Nichtanerkennung des Geistes."

Wer ist bereit, die Wirklichkeit des Geistes anzuerkennen? Was kann sich dann ereignen? Welche Konsequenzen hat eine spirituelle Weltsicht für das Verständnis des eigenen Körpers?

Was ist der Körper? Wer ist der Körper?

Auf die erste Frage gibt es viele korrekte Antworten mit hoher naturwissenschaftlicher Plausibilität. Sich nach dem Körper als jemanden zu erkundigen, ist zwar grammatisch möglich, aber gibt es auf eine solche Frage eine sinnvolle Antwort? Welcher Körper besitzt gleichsam personale Qualität? Sind moderne Spekulationen über den Kosmos als lebendigen Organismus sinnvoll? Ist er um seiner selbst willen zu achten und zu ehren? In der Christologie jedenfalls spricht die gläubige Gemeinde von sich als dem Leib Christi. Wie ist der in seinem Leib auferstandene Christus in ihr präsent? Mit Leib wird der durchgeistigte, durchseelte Körper bezeichnet. Welche Körperschaft ist von Jesus Christus herkünftig? Wer ist der kosmische Christus? Wer repräsentiert ihn? Wie konkret ist das Miteinander der vielen erlösten Geistseelen?

Zunächst aber noch einmal zurück zur Frage, was ist der Körper? In seiner blanken Physiologie ist er an und für sich kein weltanschauliches Problem. Auch ohne große Philosophie und Theologie, Religion oder Glauben ist er einfach vorhanden, gleichsam ein metareligiöses Faktum. So und nicht anders funktioniert das Gehirn, das Herz, die Lunge oder der Kreislauf. Der Geist kommuniziert mit dem Körper durch eine Schriftsprache. Die Informationen der Gene werden so lebendig gemacht.

Was ist die Seele? Wer ist die Seele?

Die Seele kommuniziert mit dem Körper mittels Sinnensprache, mit dem Geist mittels der Gedankensprache. Bonaventura ist davon überzeugt: Die Seele ist das Prinzip der Individuation (lat.: *anima est principium individuationis*). Ein Individuum ist eine lebendige Einheit, ungeteilt in sich und getrennt von allen anderen, so rezipiert Thomas von Aquin den griechischen Philosophen Aristoteles (lat.: *individuum est indivisum in se et divisum ab omne alio*). Gemeint ist damit selbstverständlich nicht, dass ein Individuum in sich nicht unendlich differenziert sein kann. Eigenes Integriertsein schließt jedoch keineswegs aus, dass es von anderen Entitäten nicht unterscheidbar wäre, mit denen es permanent im lebendigen Austausch steht. Gemeinsame Energiefelder, Prozesse, Lebensräume ermöglichen im dialogischen Miteinander eine immer weitere Selbstdifferenzierung.

Wie kommt die Seele, die Matrix der Gefühle, zustande? Im Sinne Meister Eckarts lässt sich formulieren: durch die Identwerdung von Körper und Geist.[5] In dieser Perspektive existiert eine Person bzw. ein Ich bzw. ein Selbst gleichsam aus drei „Zutaten": Körper, Geist und Seele.

Verschiedene Wissenschaften erforschen, wer der Mensch im Kontext anderer Lebewesen ist. Was lässt sich aus der Perspektive von Geist, Körper und Seele bezüglich der Welt der Naturwissenschaften formulieren? Die Kommunikation (Kosmosoziologie), die Weltelemente (Chemie), die Materialität in ihrer Ausdehnung (Physik) und die lebendige Natur (Biologie) sind Gegenstand der Naturwissenschaften. Die Theologie hingegen fragt nach Gott. Wie wird diese Frage körperlich, seelisch, geistig gestellt? „Eine Leuchte des HERRN ist des Menschen Geist; er durchforscht alle Kammern des Innern." (Spr 20,27). Was heißt in diesem Kontext „Schriftsprache", „Gedankensprache", „Sinnensprache"? Von Heiliger Schrift ist dann die Rede, von Anbetung in Wort und Gedanke, von Leiberfahrungen, in denen Trost und Misstrost erfahren werden.

Theologische Grundwörter anhand der Grammatik

Das Kommunikationsgeschehen mit Gott nennt man Beten. Das deutsche Wort Gott ist ein Abstraktum und bedeutet nach seiner gotischen Herkunft zunächst soviel wie zu verehrende Wirklichkeit. Wer wird angebetet? Wer betet? Anhand der Deklination, wie sie im *Nominativ, Genitiv, Dativ, Akkusa-*

---

[5] Reinhard Brock & Paul Imhof, Menschenrecht Kommunikation. Ein Plädoyer für die Triebe. Ein Weg in die moderne Demokratie, Neckenmarkt, 2011, S. 71-77.

tiv, *Vokativ* und *Ablativ*[6] stattfindet, lässt sich fokussieren, welche Weise von Kommunikation jeweils angesagt ist.[7]

Der *Nominativ* (lat.nomen, Name) macht darauf aufmerksam, dass jemand im eigenen Namen kommuniziert. „Jeder Mensch hat gleichsam das Recht, aus sich etwas zu machen – und die Gesellschaft soll ihn in diesem Bestreben befördern ... Eine freie Persönlichkeit ist ein Mensch, der zur Artikulation der eigenen Erfahrung befähigt ist. Es ist der zu einer persönlichen Sprache fähige Mensch."[8] Der Name steht für die Selbstvorstellung einer Person in Zeit und Raum. Jeder hat so seine Geschichte.

Die jüdische Tradition weiß um den Eigennamen Gottes, zu dem Israel und viele aus den Völkern beten. Im Buch Exodus heißt es dazu: „Weiter sprach Gott zu Mose: So sage zu den Israeliten: Jahwe, der Gott eurer Väter, der Gott Abrahams, der Gott Isaaks und der Gott Jakobs, hat mich zu euch gesandt. Das ist mein Name für immer, und so wird man mich nennen in allen Generationen." (Ex 3,15).

Spricht man den Namen Gottes aus, so wird der Geist des Atems, der Geist des Lebens hörbar: יהוה , *Yah-weh*. Vom ersten bis zum letzten Atemzug klingen die beiden Silben im Kopf-, ja im ganzen Leibraum dessen, der spricht. Der Name findet Resonanz im Raum anderer Lebewesen. Wer bewusst atmet, nennt Gott mit seinem Eigennamen. Beten heißt, den Geist wahrzunehmen, der Leben ermöglicht. Gott ist mehr als nur mein Atem. Mit ihm haben Israel und viele Völker eine lebendige Offenbarungsgeschichte.

Judentum und *Christentum* bezeugen den Eigennamen Gottes. Religionsgeschichtlich lassen sich in diesem Zusammenhang auch die *Zeugen Jehovas* einordnen, in einem gewissen Sinn auch der *Spiritismus* und der *Spiritualismus*. Bei entsprechenden Zusammenkünften werden einzelne Geistseelen namentlich aufgerufen, bzw. sie erscheinen durch ein Medium, um ihre Botschaften für Personen auszurichten, die im Raum des Kommunikationsge-

---

[6] In der russischen Grammatik ist der 6. Fall der *Instrumentalis*, der ausdrückt, mit welchem Mittel man etwas ausführt. Im Lateinischen wird der Ablativ meist mit Präpositionen angewendet, zum Beispiel: de, ex, cum, ab, pro, sine, prae, in.

[7] Vgl. Paul Imhof, Grammatik der Werte, in: Leben im Geist. Perspektiven der Spiritualität, hg. v. Paul Imhof und Gabriel-Alexander Reschke, Scheidegg, 2005, S. 166-176.

[8] Josef Haslinger, Am Ende der Sprachkultur? Über das Schicksal von Schreiben, Sprechen und Lesen, Weitra, 2011, S. 52.56.

schehens persönlich anwesend sind. Dreh- und Angelpunkt der Kommunikation ist die medial begabte Persönlichkeit.[9] Sie vermittelt zwischen dem Jenseits im Diesseits und den Diesseitigen im Diesseits. Von welcher geistigen Welt ist dabei die Rede? Was ist jenseits des Jenseits? Hat der Glaube an den Gott Israels etwas mit spirituellen Durchsagen zu tun? Welche Rolle spielt dabei das Christusbewusstsein?

Der *Genitiv* (lat. genere, erzeugen) erinnert daran, dass jeder Mensch nicht nur eine genetische Herkunft hat, sondern auch selbst ein generisches Wesen ist. Zeugende und austragende Kräfte gehören zu seiner Grundausstattung. Sie können physiologisch, psychologisch oder spirituell realisiert werden. In seiner Freiheit kann der Mensch zu dem Schöpfergeist schlechthin in ein Verhältnis treten.

Gott wird als *Schöpfer* verehrt. Im Hebräischen steht dafür das Pluralwort *elohim*. „Am Anfang schuf Gott (אלהים , *elohim*) Himmel und Erde" (Gen 1,1). Der eine Gott wirkt durch seine schöpferischen Kräfte. Damit fängt die Bibel an. Schöpfung geschieht aus der Leere, dem Nichts, dem grundlosen Umsonst. Der Glaube an den Schöpfer impliziert die Antwort auf die Frage nach dem Woher und dem Wohin der Welten. Das, was der Fall ist, besitzt ersten Ursprung und letztes Ziel. Alles Geschaffene existiert so im Raum der Verwandlung und der Unmittelbarkeit. „Im Falle des radikalen transzendenten Monotheismus, wie er von den Propheten im alten Israel eingeführt wurde, führt die axiale Revolution zu einer De-Sakralisierung aller kosmischen, natürlichen und gesellschaftlichen Realität, aller Geschöpfe, Götter und Götzen, um der exklusiven Sakralisierung Jahwes, des transzendenten Schöpfer-Gottes willen."[10]

Für das *Judentum*, das *Christentum* und den *Islam* ist dieser Schöpfungsglaube typisch. Doch auch *Naturreligionen* deuten die Welt als Schöpfung von himmlischen und irdischen, göttlichen Mächten.

---

[9] Vgl. Paul Meek, Das Tor zum Himmel ist offen, München, 2004. Ders., Der Himmel ist nur einen Schritt entfernt, München, 2007, Ders., Das Leben ohne Ende, München, 2007. Der Kontakt mit den Geistseelen findet bei Paul Meek in einem etwa ein Quadratmeter großen Lichtfeld statt, das sich um ihn bildet. Daraus erhält er seine Informationen. Zugleich kommuniziert er mit der Person, die Mitteilungen erhält.

[10] José Casanova, Europas Angst vor der Religion, Berlin, 2009, S. 96.

Im *Dativ* steckt die lateinische Wurzel *dare*, das heißt „geben". Wer sich klarmacht, was es heißt, von sich sagen zu können, ich bin mir gegeben, erkennt sich zutiefst als eine Gabe. Nicht nur um Herkunft geht es wie im Genitiv, sondern um das Entdecken des unsichtbaren Wasserzeichens – je mehr man ein Blatt ins Licht hält, umso mehr wird die Grundierung sichtbar – ein Geschenk zu sein. Wem kann ich danken? Denn der Dank ist die Antwort auf die Erfahrung eines Geschenkes. In wesentlichen Beziehungen gibt es die Erfahrung, dass jemand sich jemandem anvertrauen kann. Jenseits von wenn-dann, um-zu, wehe-wenn nicht, existiert ein Verhältnis von spirituellem Meister/In und Schüler/In, von Mutter und Kind, von Vater und Kind. In der Logik des Vertrauens hat das Bitten und Geben einen guten Ort. Es erweist sich als heilsam.

Die Gebetslehre Jesu – des Gottessohnes – ist in diesem Zusammenhang von einmaliger Klarheit.[11] Das Beten dreht sich nicht um die Öffentlichkeit und den damit verbundenen Ruhm, und es geht auch nicht um eine wortreiche Inszenierung, sondern die eigenen Ressourcen sollen in Blick kommen (vgl. Mt 6,5-8) angesichts des „Vaters, der im Verborgenen sieht" (Mt 6,6): „So sollt ihr beten: Unser Vater im Himmel, dein Name werde geheiligt, dein Reich komme, dein Wille geschehe, wie im Himmel, so auf der Erde. Gib uns heute das Brot, das wir brauchen. Und erlass' uns unsere Schulden, wie auch wir sie unseren Schuldnern erlassen. Und führe uns nicht in Versuchung, sondern rette uns vor dem Bösen" (Mt 6,9-13). Ein spirituelles Leben existiert primär ressourcen- und nicht defizitorientiert. Ein Wesensmerkmal des *Christentums* ist es, Gott als *Abba* anzurufen. Wie im Himmel, so auf Erden!

Religionsgeschichtlich gesehen gibt es viele Vater- und Muttergottheiten. Was lässt sich vom *Polytheismus* lernen? Zählt man den *Hinduismus* mit seinem ausgeprägten Meister-Schüler-Verhältnis dazu, dann wird offensichtlich, dass es dort prinzipiell auch eine große Offenheit für den je größeren Vater im Himmel gibt, der nicht in Konkurrenz zu den vielen lebendigen Edelsteinen steht, in denen sich sein Licht bricht.

So wird verständlich, dass mancher, der sonst im Dunkeln um sich kreist, nach jemandem sucht, der ein Guru ist. Das heißt im Sanskrit eigent-

---

[11] Vgl. Rocco A. Errico, Das aramäische Vaterunser. Jesu ursprüngliche Botschaft   entschlüsselt, Frankfurt a. M., 2006. Neil Douglas-Klotz, Das Vaterunser. Meditationen und Körperübungen zum kosmischen Jesusgebet, München, 1992.

lich so viel wie jemand, der für das Licht im Dunkel der Welt bürgt. Das Licht der Gnade, in dem sich die göttliche Vaterliebe spiegelt, stammt von dem, den Jesus den Seinen als Abba verkündet. Es leuchtet allen, die nach Wahrheit suchen. Im *Buddhismus* ist diese Suche zur Religion geworden. Buddha fand Erleuchtung, so das Zeugnis der Buddhisten.

Im *Akkusativ* (lat. accusare, jemand anklagen) wird die Beziehung zu jemandem und zu etwas verhandelt, nicht primär die Frage nach Vorwurf und Schuld. Von außen betrachtet geht es um Er und Sie und Es, von innen um das Ich und das Du und das Etwas. Begegnung ist möglich. Wenn sie missglückt, spricht Martin Buber von „Vergegnung". Differenz und Identität wird erfahren, die Spaltung zwischen Subjekt und Objekt begriffen und aufgehoben. Der Andere und das Andere rücken ins eigene Bewusstsein und bleiben in ihrer Fremdheit etwas Besonderes.

Theologisch kommt die Rede von Gott als dem Ganz-Anderen in den Sinn. Alle Versuche, sich zwischenmenschlich eines Anderen zu bemächtigen, finden sich auch in der Frömmigkeitsgeschichte. Die Mythen erzählen davon. So versuchte der Jäger Nimrod (Gen 10,9), der Ahnherr der Assyrer und Gegenspieler des Abraham, von seinem Ichpunkt her den Himmel auf die Erde zu zwingen. Doch alle Pfeile, die er mit größter Anstrengung nach oben schoss, fielen erfolglos auf die Erde zurück. Auch der kollektive Versuch, sich in den Himmel zu bauen, führte nur zu einer Sprachverwirrung. So wird der Turmbau zu Babel (Gen 11,1-9) zumindest von den Propheten Israels gedeutet.

Die Alternative besteht darin, einfach auf die freiwillige Selbsterschließung der *Transzendenz* zu hoffen. Nur durch Gnade wird eine Beziehung zum HERRN *Zebaoth* möglich, dem ursprunglosen Ursprung des Sternenhimmels. So könnte man diese Gottesbezeichnung aus dem Hebräischen (צבאות = „himmlische Herrscharen") ins Deutsche übersetzen und mit dem Psalmisten die eigene Hoffnung zum Ausdruck bringen: „Machet die Tore weit und die Türen in der Welt hoch, dass der König der Ehre einziehe! Wer ist der König der Ehre? Es ist der HERR, stark und mächtig, der HERR, mächtig im Streit. Machet die Tore weit und die Türen in der Welt hoch, dass der König der Ehre einziehe! Wer ist der König der Ehre? Es ist der HERR Zebaoth; er ist der König der Ehre." (Ps 24,7-10).

Monotheismus und *Theismus* sind Religionen, die an der Absolutheit und restlosen Andersheit Gottes bezüglich der geschaffenen Welt festhalten. Eine wichtige Perspektive des Redens von Gott! Wie kann sich absolute Freiheit und gedachte Ferne in die Realität der Welt einlassen? Was geschieht, wenn der HERR Zebaoth aus Gnade gegenwärtig wird und der Glaube an ihn im eigenen Bewusstsein zur Gewissheit wird?

Der *Vokativ* ist der Berufungsfall, was durch das lateinische Wort *vocare*, deutsch „rufen", zum Ausdruck gebracht wird. Der Vokativ dreht um. Wer mit seinem eigenen Namen durch den Mund dessen genannt wird, der ihn ruft bzw. beruft, wendet sich dem Rufenden zu. Welche Faszination, welche Ehrfurcht! Plötzlich ein Leben von Angesicht zu Angesicht, von Ursprung zu Ursprung, ja von Herz zu Herz. Der Gegenschwung zur Berufung heißt Sendung: Tue dies nicht nur in deinem, sondern auch in meinem Namen.

In der Thora steht, dass Mose an den Gottesberg Horeb kam. „Und der Engel des HERRN erschien ihm in einer feurigen Flamme aus dem Dornbusch. Und er sah, dass der Busch im Feuer brannte und doch nicht verzehrt wurde … Gott sprach: Tritt nicht herzu, ziehe deine Schuhe von deinen Füßen; denn der Ort, darauf du stehst, ist Heiliges Land!" (Ex 3,2.5) Wen erfuhr Mose im Dornbusch? Gott erscheint ursprünglich als der *Heilige*. Was erlebten die Weisen aus dem Morgenlande in Bethlehem? Gott ist nicht nur väterlich oder mütterlich. Er erscheint auch im göttlichen Kind, dem ewigen Anfang auf Erden.

Jona (יונה) heißt im Hebräischen eigentlich „Taube". An ihr wird die Bewegung des Geistes sichtbar: Rückkehr zum Ursprung nach vorne in der Zeit. Das Zeichen des Jona ist Rückkehr zum Ursprung. Dieser Generation „wird kein anderes gegeben, als das Zeichen des Jona. Denn wie Jona für die Einwohner von Ninive ein Zeichen war, so wird auch der Menschensohn für diese Generation ein Zeichen sein … Die Männer von Ninive werden beim Gericht gegen diese Generation auftreten und sie verurteilen; denn sie haben sich nach der Predigt des Jona bekehrt. Hier aber ist einer, der mehr ist als Jona." (Lk 11,29b-30.32). Jesus Christus ist voll des Heiligen Geistes, so das Zeugnis des Evangelisten (vgl. Joh 1,32).

Im Heiligen Geist führt Christus zurück in Gottes Ewigkeit, in die Herrlichkeit des Vaters: „Heiliger Vater, bewahre sie in deinem Namen, den du mir gegeben hast, damit sie eins sind wie wir." (Joh 17,11b). So ist Jesus Christus der Heilige. Sein Wesen ist die Anwesenheit Gottes in ihm.

Durch den Heiligen Geist wird eine Schrift zur Heiligen Schrift. Sie ist eine Form für die Repräsentanz des *Heiligen*. Durch Rezitation kann daher jemand zur Erfahrung des Heiligen kommen (vgl. Offb 1,3). Denn der buchstäbliche Text ist gleichsam ein Körper für den Geist der Inspiration, so wie Gene in ihrer Codesprache die ursprüngliche „Heilige" Schrift für den Atemgeist des „Ewigen" Lebens sind.

Die Spiritualität des Vokativs ist die *Mystik*. Die Mystiker aller Zeiten wissen sich in der Erfahrung des Heiligen und mit den Erfahrungen der anderen Mystiker zutiefst eins. Der *Mystizismus* hingegen ist eine Religion, die von der Erfahrung des Heiligen nur vom Hörensagen spricht. An die Stelle der Gottheit ist ein Nicht-Ich oder ein Noch-Nicht-Ich gerückt.

Der *Ablativ* ist die grammatikalische Form, in der auf die Frage nach dem Wann und Wo geantwortet wird. Raum und Zeit sind Anschauungsformen a priori, die im egozentrischen und im geographischen Koordinatensystem verwendet werden.[12] Im theologischen Kontext heißen die Koordinaten nicht Zeit und Raum, sondern Ewigkeit und Himmel.

Sobald eine spirituelle Erfahrung artikuliert wird, kommt man nicht darum herum, eine Sprache zu benutzen, die ein deutendes, hermeneutisches Vorverständnis mit sich bringt. An der so genannten Strandvision des Physikers Fritjof Capra wird dies deutlich. „Capra *glaubte* an die wissenschaftlichen Theorien seines Fachs (die Relativitäts- und Quantentheorie) bis er *erfuhr*, dass sie stimmen. Die ‚Transformation' geschah in der Weise, dass Capra die Identität seiner Fachtheorien mit ‚mystischen' Aussagen des Ostens erkannte, indem er die pulsierenden Wellen am Strand als Erscheinung des tanzenden Gottes Shiva ‚erfuhr'."[13]

Der Erfahrungsgegenstand von Fritjof Capra und Martin Luther ist gewiss verschieden. Handelt es sich bei Capra um die Natur und ihre spirituelle,

---

[12] Vgl. Guy Deutscher, Im Spiegel der Sprache. Warum die Welt in anderen Sprachen anders aussieht, 3. Auflage, München, 2011,181-222. Das geographische Koordinatensystem gehört so zu einer Sprache der australischen Aborigines, „dass die Sprecher des Guungu Yimithirr Informationen wahrnehmen und im Gedächtnis behalten, die an uns vorbeigehen." (202).

[13] Christoph Bochinger, „New Age" und moderne Religion. Religionswissenschaftliche Analysen, Gütersloh, 1994, S. 390.

immanente Binnentranszendenz, so bezieht sich Luther auf die geschaffene, von Geist durchwirkte Natur im Horizont der göttlichen, ungeschaffenen Transzendenz, die sich geoffenbart hat. Sein Glaube an Gott Vater, Jesus Christus und den Heiligen Geist soll ihm zur existentiellen Erfahrung werden, nicht nur die Natur in ihrer spirituellen Transparenz. „Wie in der Mystik ist schließlich auch bei *Luther* der grundlegende Zug zur Erfahrung hervorzuheben. Der Glaube ist für ihn eine ‚sensitive und experimentale Erkenntnis' (WA 40 III, 738) und mit einer einseitig rational-spekulativen und historischen Distanzierung unvereinbar. *‚Sola... experientia facit theologum'* (WATR 1, 16,13, Nr. 46) ist seine Überzeugung ... Es geht ihm darum, Glaubenswahrheiten nicht einfach als Dogma zu glauben, sondern in einer Glaubenserfahrung existentiell zu vergegenwärtigen und durch den durchstandenen Zweifel hindurch als erlösende, unerschütterliche Gewissheit zu erfahren. *Luther* wollte die direkte, unvermittelte Erfahrung."[14] Nicht um gegenständliche oder um ungegenständliche, sondern um übergegenständliche Erfahrung geht es, um den so genannten reinen Glauben also. In diesem Glauben wird die Welt in ihrer Verderbtheit und in ihrer Zufälligkeit erkannt. Sie hat mit Gott zu tun.

Der Glaube an die Erlösung und Rechtfertigung des Menschen aus Gnade impliziert auch den Glauben an Gottes *Immanenz*. Auf dem Gerichtshügel von Athen hält Paulus dazu eine berühmte Predigt: „Denn als ich umherging und mir eure Heiligtümer ansah, fand ich auch einen Altar mit der Aufschrift: EINEM UNBEKANNTEN GOTT. Was ihr verehrt, ohne es zu kennen, das verkünde ich euch. Gott, der die Welt erschaffen hat und alles in ihr, er, der Herr über Himmel und Erde, wohnt nicht in Tempeln, die mit Händen gemacht sind. Er lässt sich nicht von Menschenhand bedienen, als brauchte er etwas: Er, der allen Leben und Atem und alles gibt ... Keinem von uns ist er fern. Denn in ihm leben wir, bewegen wir uns und sind wir, wie auch einige von euren Dichtern gesagt haben: Wir sind aus seinem Geschlecht." (Apg 17,23-25.27b-28).

Geschichtlich gesehen handelte es sich bei der Verehrung des Unbekannten Gottes in Athen um den Kult, der entstanden war, nachdem es fremden, von weit her gereisten Priestern im Namen ihrer Gottheit gelungen war,

---

[14] Ludwig Frambach, Identität und Befreiung in Gestalttherapie. Zen und christlicher Spiritualität, Petersberg, 1993, S. 252f.

eine verheerende Seuche zum Stillstand zu bringen. Ihre hygienischen Maßnahmen waren erfolgreich, die Volksgesundheit war wieder hergestellt, das
Leben ging weiter! Gott sei Dank! „In ihm leben wir, bewegen wir uns und
sind wir", formulierte Kleanthes, ein antiker Dichter.

Um die Thematik der göttlichen Immanenz kreisen der *Pantheismus*,
der *Schamanismus* und der *Taoismus*. Solange sie nicht als geschlossene, sondern als offene spirituelle Systeme konzipiert sind, lassen sie sich gut mit dem
paulinischen Zeugnis von der Immanenz Gottes vereinbaren. Ähnliches gilt
von der *Esoterik,* die sich als Innerlichkeitslehre darstellt.

Christologische Bausteine der Kommunikation

Als zoologische, näherhin anthropologische Disziplin präsentiert die moderne
Hirnforschung biologische, physikalische und chemische Zusammenhänge.
Sie werden phänomenologisch in Prozessen der Kommunikation *hörbar,
sichtbar, assoziierbar, praktizierbar* und *verantwortbar.* Auf dieser Ebene
findet die Kommunikation zwischen Arzt, Seelsorger, Familienangehörigen
und Patient statt. Die Kommunikation ist der Schlüssel, um biologische, physikalische und chemische Prozesse sprachlich zugänglich zu machen. Der
zugrundeliegende Kommunikationstrieb wirkt wie ein Sauerteig. Er ist gleichsam der Treibsatz der Kommunikation.

Fünf Bausteine geglückter Kommunikation, nämlich *Hören, Sehen, Assoziieren, Handeln, Antworten*, lassen sich auch zwischen Jesus Christus, dem
göttlichen Therapeuten, und dem Exerzitanden finden, der nicht nur nach Leben, sondern nach ewigem Leben strebt.

Wer an Jesus Christus als die Selbstoffenbarung Gottes glaubt, ist da-
von überzeugt, dass Gott durch ihn mit der Schöpfung kommuniziert. Dabei
erweisen sich der kosmische Christus im Himmel und der irdische Jesus auf
Erden als ein und derselbe: „Er ist das Ebenbild des unsichtbaren Gottes, der
Erstgeborene der ganzen Schöpfung: Denn in ihm wurde alles erschaffen, im
Himmel und auf Erden, das Sichtbare und das Unsichtbare, Throne und Herr-
schaften, Fürsten und Gewalten; alles ist durch ihn und auf ihn hin geschaffen
… Gott wollte mit seiner ganzen Fülle in ihm wohnen, um durch ihn alles zu
versöhnen und alles auf Erden und im Himmel zu Christus zu führen, der
Frieden gestiftet hat durch das Blut seines Kreuzes." (Kol 1,15-16.19-20).

Transformiert man die fünf Bausteine der Kommunikation in die Christologie, so entsteht eine Systematik besonderer Art. Ihr Anfang liegt nicht zu Beginn der historischen Linearität des Lebens Jesu Christi, sondern in seiner posthumen Zukunft, aus der er wiederkehrend erscheint. Die oberste Schicht einer solchen neutestamentlichen Archäologie ist das letzte Buch der christlichen Bibel, die Offenbarung des Johannes.

Eine aktuelle Rezeption bringt die Gegenwart mit der Ewigkeit in Kontakt, so dass nicht nur die jeweilige Epoche, sondern jeder Einzelne in ein unmittelbares Verhältnis zum eschatologischen Christus treten kann. Je mehr dies glückt, umso mehr nimmt das Interesse an apokalyptischen Unheilserfahrungen ab. Die Bereitschaft, eschatologisch Heil zu erfahren, hingegen wächst. Ein Ergebnis ist offensichtlich, nämlich der Paradigmenwechsel von einer apokalyptischen Endzeit zu einer eschatologischen Apokalypse.

Wie wird in einer Gegenwart kommuniziert, die offen ist auf Ewigkeit, die schon begonnen hat und noch aussteht? Um in die Spirale lebendiger Kommunikation bewusst hineinzukommen, ist der *erste Baustein*, nämlich das *Hinhören* wichtig. Das Ende in dieser ersten Phase ist nahe, wenn jemand sagt: „Hör' mir jetzt endlich einmal zu." So lautet gleichsam die letzte Warnung vor dem Scheitern der Kommunikation. An Stellen, bei denen die Kommunikation alltagssprachlich abbricht, wird besonders deutlich, was fehlt, damit der Kommunikationsprozess befriedigend weiterlaufen kann.

Es kommt also alles darauf an, sich auf die Kommunikationsgemeinschaft mit dem eschatologischen Christus einzulassen. Wer ist bereit, auf Jesus Christus zu hören? Unter der Rücksicht seines Menschseins ist er zwischenmenschlich zu verstehen; unter der Rücksicht, dass er Repräsentant Gottes ist, spricht er als *Wort Gottes*. „Sein Name heißt: Das Wort Gottes." (Offb 19,13b; vgl. 19,11-16) Was hier mit „Repräsentant" gemeint ist, verdeutlicht sich im Prozess des Kommunikationsgeschehens mit ihm. Die christliche Dogmatik versucht, konsensfähige Formulierungen für Jesus Christus als Repräsentanten Gottes zu finden.

Der *zweite* Baustein der Kommunikation heißt *Hinschauen*. Ist die Kommunikation gefährdet, dann nimmt zum Beispiel eine Mutter ihr Kind in die Arme und sagt: „Schau mich an!" *Ansehen* (im Sinn von Achtung und Anerkennung) kommt von *ansehen* (im Sinn von anschauen). Glückt dies, geht die Kommunikation weiter. Respektlos gegenüber der eigenen Frau hingegen ist es, wenn ihr Mann dauernd anderen Frauen hinterher schaut. Personale Beziehung lebt von gegenseitiger Anschauung. Ein solches Verhältnis ist von Achtung und Anerkennung geprägt. Geschaute Gestalt fasziniert. Der andere wird in seiner Konkretheit erfasst, seine Freiheit gewürdigt. In tausend Bildern erscheint das unsichtbare Wesen einer Person. Christologisch gewendet bedeutet dies Folgendes: „Im Anfang war das Wort, und das Wort war bei Gott. Im Anfang war es bei Gott. Durch das Wort ist alles geworden, und ohne das Wort wurde nichts, was geworden ist… Und das Wort ist Fleisch geworden und hat unter uns gewohnt, und wir haben seine Herrlichkeit geschaut, die Herrlichkeit des einzigen Sohnes vom Vater, voll Gnade und Wahrheit." (Joh 1,1-3.14).

Der ewige Geist inkarniert! So wird er *anschaubar*: im Leib Jesu Christi. Sein Leibsein aber erzeugt für andere eine Bilderwelt. Selbstverständlich muss diese auf ihre Geistigkeit hin wahrgenommen werden. So wird die Verehrung der Christus-Ikone in der Orthodoxie zum Kriterium für den wahren Glauben an die Menschwerdung Gottes.

Die unterschiedlichen persönlichen Christusbeziehungen führten im Raum der Kirche zu den sogenannten christologischen Streitigkeiten. Eine Vielzahl von Christologien entstand. Auf Konzilien versuchte man, die Streitigkeiten zu schlichten. Moderne Dogmengeschichte zeichnet nicht nur die alexandrinischen und antiochenischen Christologien nach, sondern berücksichtigt auch das Verhältnis zu anderen monotheistischen Bekenntnissen. Wer ist Jesus für Juden? Wer ist er im Islam?

Das Neue Testament ist die verbindliche Textgrundlage für den Glauben der Christenheit. Das Gespräch Jesu mit Philippus bleibt aktuell: „Philippus sagte zu ihm: Herr, zeige uns den Vater, und es genügt uns. Jesus antwortete ihm: Schon so lange bin ich bei euch, und du hast mich nicht erkannt, Philippus? Wer mich gesehen hat, hat den Vater gesehen; wie kannst du sagen: Zeig uns den Vater? Glaubst du nicht, dass ich im Vater bin und dass der Vater in mir ist?" (Joh 14,8-10b) In der unmittelbaren Kommunikation mit dem geschauten Christus geht es nicht um innertrinitarische Spekulationen, sondern um Heilserfahrungen, die soteriologisch zu reflektieren sind. Selbstverständlich ergeben sich daraus weitere Fragen zur Ontologie und Theologie.

Der *dritte* Baustein glückender Kommunikation besteht im freien *Assoziieren*. Was fällt ein? Solange dies der Fall ist, läuft die Kommunikation. Sobald jedoch der Imperativ ins Spiel gebracht wird: „Was fällt Ihnen denn ein!", ist das kommunikative Miteinander gestört. Im Raum der freien Assoziation hingegen herrscht eine Atmosphäre, die inspirierend wirkt. Aus den Tiefen der Seele tauchen Inhalte auf, die zu neuen Einsichten und Lösungen führen. In einer guten *therapeutischen* oder *freundschaftlichen* Beziehung kann angstfrei assoziiert werden.

Bei ignatianischen Betrachtungen des Lebens Jesu praktiziert der Exerzitand die Methode der freien Assoziation in der Beziehung zu Jesus Christus.[15] Von ihm wird gelernt, wie man sich im Leben zurecht findet. Die spirituelle Basis dafür ist die Zusage der Freundschaft, die er den Seinen angeboten hat. „Ich nenne euch nicht mehr Knechte; denn der Knecht weiß nicht, was sein Herr tut; ich habe euch Freunde genannt, weil ich euch alles geoffenbart habe, was ich von meinem Vater gehört habe." (Joh 15,15)

Das Leben Jesu ist der Betrachtungsstoff, um mit Jesus Christus einige Zeit in freier Assoziation zu verbringen. Dabei können alle inneren Sinne zur Anwendung kommen. Er selbst ermutigt dazu, sich auf das freie bzw. befreiende Wirken seines Geistes einzulassen. „Nehmt euch vor, euch nicht um eure Verteidigung zu sorgen; denn ich werde euch die Worte und die Weisheit eingeben, so dass alle eure Gegner sich geschlagen geben müssen und nicht mehr widersprechen können ... Bleibt standhaft, und ihr werdet das Leben gewinnen." (Lk 21,15.19) Diese Phase der Kommunikation wirkt wie eine Schutzimpfung gegen jene, die ein Kommunikationsgeschehen mit einem vernichtenden Urteil beenden wollen. Etwas anderes fällt ihnen nicht mehr ein!

Der *vierte* Baustein von kontinuierlicher Kommunikation besagt spontanes *Handeln*. Dies schließt nicht aus, dass in Freiheit mehrere Alternativen möglich sind. Ausgeschlossen aber ist, dass es keine Handlungsoption gibt. Kommunikation zielt auf Praxis. Wenn in einem Kommunikationsverhältnis jemand sagt „da kann ich nichts mehr machen", geht die Kommunikation andernorts weiter. Derjenige, der einen solchen Kommunikationsabbruch er-

---

[15] Vgl. Paul Imhof, Grundkurs Ignatianischer Spiritualität. Christus erleben (Bd. 2), St. Ottilien, 1992, S. 23-225.

lebt, aber an seiner Christusbeziehung festhält, hat die Möglichkeit, im Kommunikationsgeschehen neue Dinge zu tun, ohne dass ihn ein zu Ende gegangener Kommunikationsversuch dabei belasten muss. Ganz im Gegenteil. Aus Wunden kann Licht fallen. Es gibt keinen Grund, den Kopf hängen zu lassen.

Wer in einer Kommunikationsgemeinschaft mit dem auferstandenen und wiederkehrenden Christus lebt, kann im Blick auf den irdischen Jesus systemisch und systematisch lernen, wie Menschsein geht. Nicht um irgendeine asketische Nachahmung geht es, sondern um eine Weise von Nachfolge, die sich an seinem Weg, seinem Ziel und seinem Geist orientiert (vgl. Mk 1,17). Nur aufgrund von Gnade und Barmherzigkeit ist dies möglich. Gerechte Taten entspringen dem Gerechtfertigtsein. Sie sind Frucht der Taufgnade, dem geschenkten Byssusgewand. „Das Leinen bedeutet die rechten Taten der Heiligen." (Offb 19,8b; vgl. Lk 9,1-2.6)

Das eigene Leben lässt sich anhand der Lebensphasen Jesu durchbuchstabieren. Die bisherige eigene Unheilsgeschichte wird in seiner Heilsgeschichte aufgehoben. Im Kraftfeld seiner Präsenz verwandeln sich unerlöste Reste eigener Geschichte. Der Exerzitand erfährt sich zu neuer Freiheit befreit. Wie kann dies geschehen?

Für die pränatale (vgl. Mt 1,1-24; Lk 1,1-80; Joh 1,1ff), orale (vgl. Lk 2,1-40), anale (vgl. Mt 2,1-12.16-18), ödipale (vgl. Mt 2,13-15.19-23) und pubertäre (vgl. Lk 2,41-52) Lebensphase werden neutestamentliche Szenen zur Meditation vorgegeben. Sie katalysieren in der Beziehung zu Jesus Christus ein reifes Erwachsenwerden, so dass Wendepunkte im Leben erkannt werden können. Wo Scheinkommunikation herrschte, kann geglückte Kommunikation werden (vgl. Mt 4,1-11 parr.).

Was machte Jesus? Die Evangelien, inspirierte Kommentare zu seinen Worten und Werken, seinen Wundern und Zeichen, berichten ausführlich darüber. Was sollen seine Jünger und Jüngerinnen tun? „Wenn ich, der Meister und Herr, euch die Füße gewaschen habe, müsst auch ihr einander die Füße waschen. Ein Beispiel habe ich euch gegeben, damit auch ihr tut, wie ich an euch getan habe." (Joh 13,14-15) Ein freies, kommunikativ befriedigendes Leben glückt jenseits der Dialektik von Herr und Knecht!

Das Kreuz ist das Zeichen des Abbruchs des irdischen Lebens Jesu. Das Ende einer historischen Kommunikation. Er konnte nichts mehr machen. Aber als auferstandener Christus – aufgrund der schöpferischen Macht Gottes – konnte er den Seinen neu erscheinen. Er sendet sie zu den Völkern und bleibt mit seiner Vollmacht präsent (vgl. Mt 28,16-20). Er ist lebendig und seine Sache geht weiter.

Der Glaube an Jesus Christus als Auferstandenen eröffnet für jeden, der mit ihm in Kommunikationsgemeinschaft lebt, die Chance, in der Gegenwart alternativ zu handeln. Ein solcher Glaube inspiriert zu operativen Konsequenzen im Umgang mit denen, die versuchen, jemanden handlungsunfähig zu machen. Der Kommunikationsabbruch von Seiten fixierender, feindlicher Personen oder Mächte ist einseitig, weil dem Betroffenen immer noch eine lebendige Beziehung zu dem auferstandenen Christus bleibt, die sogar über den Tod hinaus stabil ist. Aus diesem Geist der Auferstehung kann immer wieder neu gehandelt werden.

Der *fünfte* Baustein von Kommunikation wird *Antworten* genannt. Er ist gleichsam ein Schlussstein, nach dessen Setzung neu begonnen werden kann. Die Lebensspirale der Kommunikation dreht sich so weiter. Ihr Rhythmus wiederholt sich: *neues Hinhören, neues Hinschauen, neues Assoziieren, neues Handeln* und *neues Antworten*. Der Abbruch von Kommunikation in der fünften Phase geschieht, wenn jemand nicht mehr bereit ist, Verantwortung auch wieder abzugeben bzw. neu zu gestalten. Das Verantwortungsbewusstsein entwickelt sich dann zur Falle, an dessen Ende jemand ausgebrannt ist. Im Geist und gerade so höchst wirklich, sollte man wieder neu mit dem Hören auf das Wort Gottes beginnen.

Kommunikationstheoretisch lassen sich die fünf Bausteine der Kommunikation den vier organischen Trieben zuordnen. Dem Kommunikationstrieb entspricht das Hören und Sehen, also das Aufmerksamsein, dem Nahrungstrieb das Assoziieren, dem Spieltrieb das Handeln und dem Geschlechtstrieb das Antworten.

In allen Kommunikationsphasen bleibt die Antwort Gottes dieselbe: Der *lebendige,* immer neue Christus ist seine Antwort an einzelne Menschen und die Menschheit. Im christlichen Bekenntnis wird von Seiten des Menschen die Wahrheit dieser Antwort bezeugt. Bekenntnis ist die sprachliche Antwort auf die Antwort Gottes. Was heißt das näherhin?

Wer wirklich wichtige Antworten gibt, ist sich seiner Verantwortung bewusst, sei es als Zeuge, Opfer oder Täter. Wer hingegen nicht bereit ist, Verantwortung zu übernehmen, hat sich für die Verantwortungslosigkeit entschieden. Eine weiterführende, humane Kommunikation ist zunächst nicht mehr möglich. Aber wie gesagt, die Verantwortung von Seiten des Menschen verlangt, je neu auf den Geist der Liebe zu hören.

Sichtet man den neutestamentlichen Textbestand, kommt man zu dem Ergebnis, dass Jesus Christus alles in einem ist, nämlich Zeuge, Opfer und Täter. Aus Freiheit antwortete er auf das verantwortungslose Tun seiner Ankläger. Da in ihm Gottheit und Menschheit übereinkommen, ist er nicht nur die menschliche, sondern gleichsam die göttliche Antwort auf die sogenannte Theodizeefrage. Das Leiden des Unschuldigen kann nur in der Ewigkeit ausgeglichen werden. Und immer dann, wenn wahr wird: wie im Himmel so auf Erden.

In der Stunde des Abschieds antwortet Jesu auf die Frage seiner Jünger, wie die Kommunikationsgemeinschaft mit ihm weitergehe. „In der Welt habt ihr Drangsal; aber habt Mut: Ich habe die Welt besiegt. Nach diesen Worten hob Jesus seine Augen zum Himmel und sprach: Vater, die Stunde ist gekommen; verherrliche deinen Sohn, damit der Sohn dich verherrlicht! Du hast ihm Macht über alle Menschen gegeben, damit er allen, die du ihm gegeben hast, ewiges Leben schenkt. Dies ist das ewige Leben: Dich, den einzigen und wahren Gott zu erkennen und Jesus Christus, den du gesandt hast. Ich habe dich auf der Erde verherrlicht und das Werk vollendet, das du mir aufgetragen hast. Vater, verherrliche du mich jetzt bei dir mit der Herrlichkeit, die ich bei dir hatte, bevor die Welt war." (Joh 16,33b-17,5)

Bei klassischen Exerzitien findet eine innere Aufstellungsarbeit statt, so dass sich das eigene Selbst mit seinen Beziehungen zu anderen im Kontext der visualisierten biblischen Gestalten neu verorten kann. Je weniger jemand Exerzitien „macht", sondern durch das Wirken des Geistes Gottes „geübt" wird, desto wesentlicher ist das neue Zustandekommen in der jeweiligen Zeit und im jeweiligen Raum. In der entstehenden Perspektive fällt Licht auf den zukünftigen Lebensweg, der ins ewige Leben führt, das je jetzig schon existiert. Das Evangelium vom ewigen Leben erreichte schon im ersten Jahrhundert nach Christus sowohl die römisch-griechische als auch die syrisch-zoroastrische Welt. Wie breitet sich dieses Evangelium in der heutigen Welt mit ihren verschiedenen Kulturen und Religionen aus?

Pneumatologische Unterscheidung der Triebe

Wie zu erwarten, lassen sich im Kontext der organischen Triebe auch neutestamentliche Schriftstellen ausmachen, die damit pneumatologisch verknüpft werden können. Das kommunikative Ereignis schlechthin für die Christenheit wird in der Apostelgeschichte, dem Evangelium des Heiligen Geistes, bezeugt. Nicht nur einzelne, sondern viele aus allen Stämmen und Nationen verstanden einander (vgl. Apg 2,1-13).[16] Die Angst vor Vereinsamung und Vereinzelung war aufgehoben. Ein Wir kam zustande, in dem jeder mit dem anderen kommunizieren konnte. Diese Geisterfahrung wirkte im Laufe der Geschichte in Gemeinden weiter, die sich davon ergreifen ließen. Es handelt sich um den Geist der Kommunikation: wie im Himmel, so auf Erden, wie in der geistigen Welt, so in der körperlichen Welt. Denn im *Kommunikationstrieb* sind beide miteinander zutiefst verbunden. Er repräsentiert das Wirken des Geistes in der Realität. Repräsentation meint in diesem Zusammenhang: Mittels des Kommunikationstriebs glückt die Beziehung zum Heiligen Geist.[17] Der *Scheinkommunikationstrieb* bleibt außen vor, weil die Angst vor Vereinsamung durch den Heiligen Geist aufgehoben ist.

Der *Nahrungstrieb* als Subtrieb des Kommunikationstriebs kommt im neutestamentlichen Textbestand mehrfach zum Vorschein. Bei gemeinsamen spirituellen Erfahrungen ist davon die Rede, wie konstitutiv das Teilen von physiologischer und geistiger Nahrung ist. „Sie (die ersten Christen) beharrten in der Lehre der Apostel und in der Gemeinschaft, im Brechen des Brotes und in den Gebeten." (Apg 2,42) Keiner musste mehr Angst haben, zu verhungern oder zu verdursten. Der *Todestrieb* war gebannt. Das gemeinsame Brotbrechen gehört zum sakramentalen Grundbestand einer Gemeinschaft, die sich im Namen Jesu Christi und seines Geistes versammelt.

Der Geist treibt dorthin, wo Wesentliches gelernt werden kann. Was sollen solche Versuche? Wie schaut das Experimentierfeld aus? Um welche Versuchungen handelt es sich? Jedes Experiment, jedes große Spiel hat seinen Ernst – die Regeln sind klar und zu beachten – und es zielt auf die Freude, die sich einstellt, sobald man gewonnen hat. Auf der Triebebene spricht man

---

[16] Vgl. Paul Imhof, im Manuskript „Präsenz im System", Nr. 4.

[17] Ders., Grundkurs Ignatianischer Spiritualität. Geist erfahren (Bd. 3), St. Ottilien, 1992, S. 13-59.

dabei von der Befriedigung des *Spiel-* bzw. *Lerntriebs*. Die Angst, zu versagen, spielt keine Rolle mehr. Der *Geltungstrieb* läuft ins Leere.

Neutestamentlich gesehen lernt Jesus in der Wüste, wohin er vom Geist getrieben wurde, bevor er als Erwachsener öffentlich auftrat. Die Versuchungsgeschichten berichten von diesem spirituellen Lernprogramm (vgl. Mt 4,1-11; Mk 1,12-13; Lk 4,1-13).[18] Man kann den Seufzer, die letzte Bitte im Vaterunser gut verstehen, wenn man in der Gottes- bzw. Geistbeziehung einen schwierigen Weg hinter sich gebracht hat und man nun der Überzeugung ist, seine Lektion gelernt zu haben: „Und führe uns (mich) nicht (weiter) in Versuchung!" (Mt 6,13) Es reicht! Man bittet um Unterbrechung, um die tröstende Nähe des Reiches, der Kraft und der Herrlichkeit Gottes zu erfahren.

Wenn man den griechischen Bibeltext zugrunde legt, in dem vom Inneren die Rede ist, aus dem Ströme lebendigen Wassers fließen (vgl. Joh 7,38), so ist mit dem Inneren, physiologisch genau genommen, der Unterleib gemeint. Das entsprechende griechische Wort, nämlich, *koilia*, heißt beides: „Unterleib", „Inneres". Was sind nun die Ströme lebendigen Wassers? Jesus selbst gibt darauf die Antwort, wie sie im Johannesevangelium formuliert ist: „Dies sagte er von dem Geist, den alle empfangen sollten, die an ihn glauben; denn noch gab es nicht den Geist, weil Jesus noch nicht verherrlicht war." (Joh 7,39)

Der Geist durchwaltet den ganzen Leib des Menschen. Eine spirituelle Innerlichkeitsgeschichte findet statt. Auch eine neue Unterleibsgeschichte wird im Kraftfeld dieses dynamischen Geistes möglich. Darauf liegt der Akzent, wenn man *koilia* in der ursprünglich körperlichen Bedeutung übersetzt. Für die Trieblehre besagt dies, dass der *Geschlechtstrieb* im Raum des Heiligen Geistes angstfrei seine Befriedigung findet. Wo in geistiger Freiheit miteinander gelebt wird, kommt der *Machttrieb* nicht zum Zuge, weil die Angst vor Verletzung, durch die er generiert wird, sich als völlig überflüssig erweist. Der Geschlechtstrieb wird im entschiedenen Verhältnis von Freiheit zu Freiheit in – fruchtbarer – Intimität realisiert.

In der Retrospektive auf das Wirken Jesu lassen sich spirituelle Zeichenhandlungen, die so genannten Sakramente, die von ihm herkünftig sind,

---

[18] Ders. im Manuskript „Präsenz im System", Nr. 28.

pneumatologisch den Lebensphasen zuordnen, wie sie sich nach der Trieb-ordnung ergeben. Dazu gehören, wie gesagt, der Kommunikationstrieb mit seinen Subtrieben und der Scheinkommunikationstrieb mit seinen Subtrie-ben. Welche latenten Ängste werden anhand der Sakramente offenbar? Wie werden sie abgebaut? Spielen sie bei sakramental geglückter Kommunikation gar keine Rolle mehr? Wie wirkt sich der Geist Jesu Christi in Riten, Sakra-menten und Wunderzeichen aus?

Der Kommunikationstrieb bzw. der Scheinkommunikationstrieb wer-den bei Taufe und Priesterweihe (Ordination) thematisiert.[19] Zum Nahrungs-trieb bzw. zum Todestrieb gehört die Eucharistie (Abendmahl)[20], zum Spiel-bzw. zum Geltungstrieb das Bußsakrament (Beichte) und die Firmung (Kon-firmation)[21] und zum Geschlechtstrieb das Ehesakrament (Lebenspartner-schaft), das Leben nach den evangelischen Räten und die Krankensalbung.[22] Auch die Fußwaschung könnte man dazu zählen. Selbstverständlich werden je nach christlicher Konfession solche Zeichenhandlungen unterschiedlich ge-wichtet.

Religion und Spiritualität

Definiert man Religion als institutionelle Spiritualität, dann lassen sich Unter-scheidungen einführen, die helfen, das Leben zu verstehen. Ein Aspekt von Institution entfaltet sich zu einer Körperschaft, sei es öffentlichen oder priva-ten Rechts; ein Aspekt der Geistigkeit (lat. *spiritus*, dt. Geist) weist daraufhin, dass die Identwerdung eines Geistes mit einem Körper zu einem lebendigen Organismus führen kann; institutionell gewendet: zu einer dynamischen Or-ganisation. Sowohl bei individuellen Personen wie bei sozialen Organisatio-nen lassen sich vier organische, natürliche Triebe bzw. Dynamiken von vier scheinorganischen, moralischen Dynamiken unterscheiden. Während organi-sche Dynamiken zu freier Selbstverwirklichung treiben, nämlich der Kommu-

---

[19] Ders., Grundkurs Ignatianischer Spiritualität. Geist erfahren (Bd. 3), St. Ottilien, 1992, S. 137-148, 217-238.

[20] Ders., ebda., S. 183-198.

[21] Ders., ebda., S. 167-182,149-166.

[22] Ders., ebda., S. 239-262.263-295.199-216.

nikationstrieb, der Nahrungstrieb, der Spieltrieb und der Geschlechtstrieb, führen die sogenannten moralischen Triebe zu Lebensformen, in denen Angstmachen und Angsthaben eine wichtige Rolle spielen. Zu den moralischen Trieben zählen der Scheinkommunikationstrieb, der Todestrieb, der Geltungstrieb und der Machttrieb. Letztere lassen sich auch in den Religionen finden.

Wie lässt sich Religion in einer kosmosoziologischen Gesellschaft verorten, die offen ist für das Wirken des Geistes? „Die festgefahrenen Strukturen der Religion können die spirituellen Impulse des Mystikers und die geistige Kritik des Propheten nicht ertragen. Sie haben Angst, dass die Strukturen, in denen sie ihre Sicherheit aufbauen, vom Geist gesprengt werden. Der Mystiker wird zum Schweigen gebracht, der Prophet gesteinigt. Diese Spannungsverhältnisse sind in der Geschichte jeder Religion deutlich erkennbar. Die hinduistischen Brahmanen drängten die upanishadischen Meister und die Bhakti-Mystiker an den Rand; ebensowenig konnten sie die mystisch-prophetische Kritik des Buddha annehmen. Die Herrschaftsstrukturen Israels schalteten ständig die Propheten aus. Die mittelalterliche Inquisition verfolgte Mystikerinnen und Mystiker und übergab viele von ihnen den Flammen. Die islamischen Autoritätsstrukturen verdrängten die Sufi-Mystiker. In den buddhistischen Kreisen gab es politisierte religiöse Strukturen, welche die Kritik der Weisen nicht wahrhaben wollten. Solche Spannungen sind auch heute in allen Religionen spürbar."[23] Je spiritueller eine Religion ist, desto klarer und toleranter stellt sie sich dar; je unspiritueller sie ist, desto magischer und fixierender wirkt sie sich aus. Sie kennt viele Formen von Gewalt.

Die Dynamik des Geistes zielt auf die freie Entfaltung der spirituellen Persönlichkeit. Alles Institutionelle und Strukturelle, wie es zu jeder Religion gehört, ist dem gegenüber sekundär. Eine Spiritualität, die für das je neue Wirken des Geistes offen ist, weiß darum. Spirituelle Menschen sind unterwegs zur ewigen Heimat. „Wanderer zu sein bedeutet in Praxis wie in Theorie die stille, unspektakuläre Auflehnung gegen jegliche religiöse Geschlossenheitsansprüche im Namen der *gottgegebenen* Freiheit des religiösen Einzelmenschen … Welche Methode oder welches Angebot in welcher Phase des

---

[23] Sebastian Painadath, Der Geist reißt Mauern nieder. Erneuerung unseres Glaubens durch interreligiösen Dialog, 4. Aufl., München, 2011, S. 32.

‚Wegs' angemessen ist, kann nach der Überzeugung der Wanderer nur die betroffene Person selbst entscheiden ... Die Auflehnung der Wanderer gegen jedwede spirituell-religiösen Herrschaftsansprüche religiöser Institutionen und/oder Traditionen bildet eine entscheidende Säule ihres spirituellen und religiösen Programms ... Stellt das Konzept der ‚Konvergenz' aller Traditionen und ‚Religionen' im Göttlichen die Verbindlichkeitsansprüche religiöser Institutionen auf theoretisch-dogmatischer Ebene in Frage, so tut die Idee der ‚Selbstermächtigung' dasselbe auf der sozialen Ebene."[24]

Was wird anerkannt? Die Frage nach der Anerkennung ist im wissenschaftlichen, religiösen, politischen und gesellschaftlichen Milieu, das sich seine Institutionen schafft, immer mit der Machtfrage verknüpft. Um Herrschaft geht es. Die Sache des Geistes aber ist keine Frage der Macht, sondern der Vollmacht, d. h. griech. *exousia*. Die Wirkungen kommen aus dem Wesen heraus, der authentischen Anwesenheit des Geistes. Im Gebet wird dies offensichtlich. Bei der Gottesverehrung kommt alles darauf an, die Geistigkeit des Geistes zu achten und seine spirituelle Offenbarungsgeschichte nicht mit eigenen politischen, kulturellen und gesellschaftlichen Interessen zu verwechseln oder gar zu identifizieren. Gerade die historisch-kritische Methode hält die unabschließbare Differenz zwischen kategorialem Reden von Gott und seiner transzendentalen Unbegreiflichkeit offen.

Je freier jemand ist, um so spirituell überzeugender ist eine solche Person. Denn ein solches Zeugnis achtet den geistigen und geistlichen Weg eines jeden anderen. Ein humanes Miteinander bleibt gewährleistet. So ist freies, ethisches Engagement möglich. Dies ist das formale und materiale Prinzip einer humanen Ethik: die Freiheit zu mehren. Und zwar jenseits von Willkür und Beliebigkeit: Die Abhängigkeit vom *Unabhängigen* ist (konstituiert, garantiert, mehrt etc.) die Unabhängigkeit des Abhängigen.

„Der ‚Heilige Krieg' ist in dieser Perspektive das Aufhören der menschlichen Aggressivität zugunsten der göttlichen Kraft, die aus der Stille wirkt. ‚Stellet euch nur auf und bleibet stehen und seht, wie der HERR euch Hoffnung schafft' (2 Chr 20,17). Es handelt sich beim ‚Heiligen Krieg' ursprünglich um einen spirituellen Prozess und nicht um die religiöse Verbrämung von

---

[24] Martin Engelbrecht, Die Spiritualität der Wanderer, in: Christoph Bochinger, Martin Engelbrecht, Winfried Gebhardt, Die unsichtbare Religion in der sichtbaren Religion – Formen spiritueller Orientierung in der religiösen Gegenwartskultur, Stuttgart, 2005, S. 33.45.78.

kriegerischen Handlungen, wie dies historisch allzu oft beim Zusammenprall von Zivilisationen der Fall war."[25] ‚Heiliger Krieg' bedeutet ursprünglich sich auf den Frieden Gottes einzulassen, statt Krieg gegen andere zu führen. Entsprechend ist auch die Rede vom ‚Heiligen Zorn' zu verstehen. Gemeint ist, dass himmelschreiendes Unrecht keine ewigkeitliche Zukunft haben wird. Auf Erden ist solches Unrecht schon jetzt dem Untergang zu weihen.

An der Fähigkeit zum Frieden entscheidet sich, wes Geistes Kind jemand ist. Um es mit den Worten Jesu zu sagen: „Der Beistand aber, der Heilige Geist, den der Vater in meinem Namen senden wird, er wird euch alles lehren und euch an alles erinnern, was ich euch gesagt habe. Frieden hinterlasse ich euch, meinen Frieden gebe ich euch." (Joh 14,26-27a)

Praktische Friedensarbeit engagiert sich sowohl in der horizontalen wie in der vertikalen Ökumene. Was heißt das? Eine friedliche Ökumene zwischen den Religionen ist in der Gegenwart nötig. Dazu gehört auch ein Verständnis ihrer geschichtlichen Herkunft. Dies wird als vertikale Ökumene bezeichnet.[26] Um Religion zu verstehen, ist auch ein Bewusstsein von der allgemeinen Welt- und Geistesgeschichte erforderlich. Denn Religion ist nicht nur ein spirituell-himmlisches, sondern auch ein weltlich-politisches Phänomen. „Im ‚Panorama der neuen Religiosität' wird der Blick in die Weite heutiger Religionskultur gerichtet und die Vielgestaltigkeit religiöser Erscheinungen in säkularisierten westeuropäischen Gesellschaften in Blick genommen ... In den vielfältigen Ausdrucksgestalten neuer Religiosität liegt eine explizite oder implizite Abwehr und Kritik gegenüber institutionalisierten und etablierten religiösen Traditionen."[27]

Solange Religion sich innerhalb der menschheitlichen Kommunikationsgemeinschaft so positioniert, dass sie eine kritische Instanz für mehr Kommunikation ist, bleibt sie nicht nur erträglich, sondern hat sogar einen großen gesellschaftlichen Nutzen. Denn sie macht die Gläubigen auf etwas aufmerk-

---

[25] Paul Imhof. Auf ein Wort, in: Andreas Goetze, Religion fällt nicht vom Himmel. Die ersten Jahrhunderte des Islam, 2. Aufl., Darmstadt, 2012, S. 490.

[26] Vgl. Vertikale Ökumene. Erinnerungsarbeit im Dienst interreligiösen Dialogs, mit Beiträgen von Othmar Keel, Ulrike Bechmann und Wolfgang Lienemann, hg. v. Thomas Staubli, Fribourg, 2005.

[27] Vgl. Reinhard Hempelmann, Einführung, in: Panorama der neuen Religiosität. Sinnsuche und Heilsversprechen zu Beginn des 21. Jahrhunderts, hg. v. Reinhard Hempelmann, u. a., Gütersloh, 2005, S. 14.16.

sam, was der Prophet Jesaja im Namen Gottes dem Volk ausrichten lässt. „Du hast viel gesehen und es nicht beachtet. Du hast offene Ohren und hörst nicht." (Jes 42,20; vgl. Jes 29,10; Dtn 29,3) Die Rede von der „Verstockung" (Röm 9,8; 11,1ff) macht darauf aufmerksam, dass der Kommunikationsfluss stockt. An die Stelle einer befreienden Kommunikation mit Gott und den Völkern kann Scheinkommunikation treten. Durch sie wird die Angst vor Versagen und Verletzung bedient. Durch den organischen Lern- und Geschlechtstrieb hingegen wird der moralisierende Geltungs- und Machttrieb frustriert. Wenn das Leben stockt, heißt das aber nicht, dass das bisherige Leben böse war. Gott hat seinen Bund mit Israel niemals gekündigt. Auch in diesem Bund geht es gut weiter. Aber der neue Weg Gottes mit den Völkern, den Jesus gestiftet hat, wird von vielen gläubigen Juden seiner Zeit nicht mitgegangen. Und dies ist auch gar nicht nötig. Toleranz genügt! Verstockung ist dann kein Thema mehr! Der Kommunikationstrieb motiviert zum Lernen und zu einem Leben miteinander in Freiheit, das im Kraftfeld des Geistes glückt.

1.2. Geist in Fleisch und Blut
Eine Trieblehre in neutestamentlicher Perspektive
Paul Imhof

Es gehört zum Schöpfungsauftrag Gottes, allem Geschaffenen einen Namen zu geben (vgl. Gen 2,19-20). Im ersten Schritt geht es darum, die Sprache der geschaffenen Realitäten zunächst einmal zu verstehen und sie dann in menschliche Sprache zu übersetzen.

Die Sprache der organischen und moralischen Triebe

In schöpfungstheologischer Perspektive sind die Triebe geschaffene Realitäten. Wie sind sie zugänglich?[1] Was ist ein Trieb? In der vegetativen Welt wird sichtbar, wie dynamisch eine Triebstruktur ist. Der Same keimt, und es entsteht ein Keimling. Wenn der ihn umgebende Mutterboden (ind. Pacha Mama) von dem Trieb durchbrochen wird, kommt dieser ans Licht und grünt, d. h. er nimmt Verbindung mit der Außenwelt auf. Durch die nun vorhandene Sonneneinstrahlung beginnt die Assimilation; die junge Pflanze bekommt die erste Fremdnahrung. So wird die Außenwelt zum neuen Lebensraum. Die Pflanze reift und bringt ihre Frucht.

---

[1] Vgl. Paul Imhof. Die neue Familie. Auf der Basis gesunder Triebe, in: Schriftenreihe XVIII, Psychosomatische Klinik Bad Neustadt a. d. Saale 2013, 55-71, hier 55: „Die Sinne bzw. die Sinnesorgane eines Individuums vermitteln Außensysteme und Innensysteme. Wir unterscheiden den Hörsinn, den Sehsinn, den Geruchssinn, den Geschmackssinn, und den Tastsinn. Nimmt man die Haut als Ganzes hinzu, könnte man von einem Fühlsinn sprechen (sechster Sinn). Bindet man den so genannten siebten Sinn, den Spürsinn, organisch an die Epiphyse zurück, so ist dies auch religionsgeschichtlich interessant. Nicht nur bei monotheistischen Konzepten ist das »Dritte Auge« von Bedeutung, sondern auch in hinduistischen Lehren. Ähnliches gilt von dem »Ohr des Herzens«. Das große Herz – Sitz der Barmherzigkeit und des heiligen Zorns – befindet sich vor der Thymusdrüse. Mittels der Sinne wirken die Triebe. Sie bilden die Metaebene des Systems eines natürlichen Lebewesens."

Ähnlich entwickelt sich der menschliche Embryo. Sobald er reif genug geworden ist und den Mutterleib verlassen hat, ist er durch den ersten Atemzug ein neugeborener Mensch, der das Licht der Welt erblickt. So wie die Pflanze nimmt das neugeborene (früher: ausgetriebene) Wesen Verbindung zur Außenwelt auf, um an Fremdnahrung zu kommen. Diese Kontaktaufnahme wird durch einen Trieb in Gang gesetzt, den Kommunikationstrieb! Glückt die Kontaktaufnahme, erhält das Neugeborene durch die Muttermilch die erste Fremdnahrung.

Leben außerhalb der Gebärmutter wird überhaupt erst durch eine geglückte Kommunikation ermöglicht. Aus dem Kommunikationstrieb entsteht deshalb dann sehr schnell der Nahrungstrieb, der zukünftig auch die Verantwortung für die Beschaffung von Nahrung übernimmt.

Anschließend wächst ein individuelles Lebewesen heran und gewinnt Gestalt. Für die weitere Entwicklung zum Erwachsenwerden ist es notwendig, dass im Rahmen des Kommunikationstriebs nicht nur der Nahrungstrieb, sondern auch der darauffolgende Trieb, der Spieltrieb, befriedigt wird. Auch der Spieltrieb ist ein wichtiger Teil des Kommunikationstriebs, denn er ist die Basis für alles Lernen. Durch den Spieltrieb entwickeln sich Gedächtnis, Verstand und Wille. Das logische Denken, die Einsichtsfähigkeit und die soziale Kompetenz nehmen zu.

Wenn ein Lebewesen in seinem Leben einen bestimmten Grad an Reife erreicht hat, wird es geschlechtsreif. Der Geschlechtstrieb, auch ein Teil des Kommunikationstriebs, treibt es – außer es gibt persönliche Gründe, die in der Freiheit bzw. Unfreiheit des Menschen gründen – zur Fortpflanzung.

Fassen wir zusammen: Pflanzen brauchen Licht, Wasser und Nährstoffe, um am Leben zu bleiben; andere Lebewesen benötigen neben Licht und Wasser auch noch Eiweiß und Kohlehydrate. Kein Lebewesen kann allein aus sich heraus lebendig bleiben. Es braucht zum Überleben unbedingt seine natürlichen oder organischen Triebe, die befriedigt werden wollen, und vor allem den Kommunikationstrieb.

Bei dem Plädoyer für die natürlichen, organischen Triebe geht es darum, die inneren Antriebskräfte eines Menschen näher zu untersuchen; denn der behutsame Umgang mit ihnen ist Voraussetzung für eine zutiefst befriedigende Existenz.[2] Und da nun einmal die Triebe so entscheidend die Existenzgrundlage bestimmen, ist es wichtig, ihnen im Leben genügend Raum zu geben, damit es nicht zu Scheinbefriedigungen kommt, die ein Gefühl der Leere hinterlassen und am Sinn des Lebens Zweifel aufkommen lassen. Eine der Fragen lautet dann oft: Soll das alles gewesen sein? Die organischen Triebe sind die Basis für eine Ethik der Freiheit.

Um es vorwegzunehmen: Erfährt der Kommunikationstrieb keine ausreichende Befriedigung, entsteht zunächst die Angst vor Vereinsamung, dann die Todesangst. Nun entwickeln sich die Versagensangst und schließlich die Angst vor Verletzung. Um diese Ängste zu kaschieren und den Schein zu wahren, dass wir keine Angst haben, entsteht ein Trieb, der dem Kommunikationstrieb sehr ähnlich ist: der Scheinkommunikations- oder Moraltrieb. Bei der Scheinkommunikation entwickeln sich Falschheit, Gier und Sucht. Durch das Kaschieren der Ängste entsteht ein System von künstlichen Gegentrieben: Dem Nahrungstrieb wird der Todestrieb entgegengesetzt, dem Spieltrieb der Geltungstrieb und dem Geschlechtstrieb der Machttrieb.

Diese „künstlichen" Triebe bilden den Kern der Moral. Und so aktivieren Moralisten, ob politischer, religiöser oder wirtschaftlicher Prägung, anstelle des Kommunikationstriebs den Scheinkommunikationstrieb, um so ihre eigenen, persönlichen Interessen zu befriedigen. Dabei bleibt die Art von Befriedigung aber ihrer durch Verdrängung von Ängsten entstandenen moralischen Triebwelt verhaftet und erreicht in keinem Fall die Befriedigung der organischen Triebe, die mit dem Kommunikationstrieb einhergehen. So ist es naheliegend, von Scheinbefriedigung zu sprechen. Wer die Lösung für ein Problem allein auf der Ebene der wahrnehmbaren Wirkung sucht, der gibt sich mit einer Scheinlösung zufrieden. Erst auf der Ebene der Gründe wird offenbar, was vom Weg der Liebe und der Freiheit weggeführt hat. Die Unterscheidung der Triebe ist der Schlüssel, um die Hintergründe des eigenen Verhaltens zu begreifen.

---

[2] Vgl. Reinhard Brock & Paul Imhof, Menschenrecht Kommunikation. Ein Plädoyer für die Triebe. Ein Weg in die moderne Demokratie, Neckenmarkt 2011; Reinhard Brock & Paul Imhof, Human Right Communication, A Way to a New Democracy. An Introduction to Cosmosociology, Houston 2013.

Wer die Sprache der Triebe versteht, kann sie in menschliche Sprache übersetzen. So entstehen Texte, in denen die Triebe zur Sprache kommen.

Der Kommunikationstrieb: „Was tust du da eigentlich?" „Wer? Ich?" „Ja, du." „Ich mache nichts." „Ach komm!" „Ich mache nichts!" „Sei doch wenigstens ehrlich!" „Ich mache gar nichts!" „Jetzt hab ich aber genug!" „Wie?" „Ich hab genug." „Was meinst du?" „Ach tu doch nicht so ahnungslos!" „Ich bin ahnungslos." „Willst du mir Angst machen?" „Was ist Angst?" „Keine Ahnung. Angst ... ist ... ein Gefühl." „Dann hab ich damit nichts zu tun." „Wer denn?" „Du stehst doch in Kontakt mit deinem Körper, oder nicht?" „Ja. Schon." „Und? Kommt dieses Gefühl nicht von dort her?" „Das könnte stimmen. Moment ... Ja. Der Körper schickt mir irgendwelche Signale, die ich nicht verstehe." „Die solltest du aber verstehen." „Aber wenn ich das versuche, bekomme ich ein Gefühl ... von ... Angst!" „Du brauchst so ein Gefühl nicht zu haben." „Ich hab es aber." „Du hast das nur, weil du nicht weißt, was in dem Körper vor sich geht." „Das mag ja sein, aber ..." „Nichts aber! Horche in deinen Körper hinein, versuche zu verstehen, was er dir mitteilen will." „Das macht mir Angst." „Du erfindest die ganze Zeit Ausreden, um die Körpersignale zu ignorieren." „Woher weißt du das?" „Weil mich eine Botschaft nach der anderen erreicht." „Botschaft? Von wem bekommst du denn Botschaften?" „Von den Trieben. Die teilen mir die Wünsche des Körpers mit." „Dann warst du das also doch?" „Was?" „Der mir dieses Gefühl am Anfang vermittelt hat!" „Nein. Das war der Körper. Aber ich könnte dir sagen, wie du dieses Gefühl zulassen und sozusagen unter Kontrolle bekommen kannst." „Ich habe Angst."

Der organische Kommunikationstrieb konfrontiert die Seele schon ziemlich früh mit der Angst, und zwar mit der Angst vor Vereinsamung. Die entsprechende Sprache ist die Gedankensprache.

Der ursprünglichste und stärkste Trieb ist der Kommunikationstrieb. Der Geist ist dabei das Kraftwerk, das die Energie dafür liefert, dass die Triebe, die Bausteine der Natur, funktionieren. Ein lebendiger Organismus existiert durch den Geist, der in ihm wirkt. Auf ihn ist zu hören.[3] Die Triebe nut-

---

[3] Bertram Dickerhof, Der Spirituelle Weg. Eine christlich-interreligiöse Lebensschule, Würzburg 2016, 37, 26, 20. „Beziehung weckt die Lebensgeister: Wünsche, Sehnsüchte und Hoffnungen erwachen.

zen alle Sinne, damit das Leben weitergeht. Der Drang zu kommunizieren, der Trieb zur Kommunikation strebt seine Befriedigung in der Gestalt an, dass er immer neue Antworten sucht. Er sorgt durch den Nahrungstrieb dafür, dass das Nahrung suchende Individuum überlebt, der Spieltrieb sich entwickelt und der Geschlechtstrieb reift.

Der Nahrungstrieb: „Ich fühle mich nicht gut." „Was ist denn?" „Ich weiß es nicht." „Dann beschreib mir doch mal, was du fühlst." „Ich fühle mich schlapp." „Wie lange denn schon?" „Keine Ahnung. Aber es wird immer schlimmer." „Was bedeutet schlimmer?" „Es fängt an, weh zu tun." „Weh zu tun?" „Ja. In mir zieht sich Irgendwas zusammen." „Ich hab das Gefühl, du bekommst Angst!" „Was ist Angst?" „Angst ist ein Gefühl der Enge. Und Enge erzeugt Druck." „Ich halte es langsam nicht mehr aus." „Was?" „Dieses Druckgefühl! Das muss irgendwie raus aus mir!" „Wie soll das funktionieren?" „Keine Ahnung, aber ich brülle jetzt!" „Was soll das bringen?" „Weiß ich nicht, aber es tut gut." „Ja. Das merke ich." „Aber ich weiß nicht, wie lange ich das Schreien noch durchhalten kann." (PAUSE) „Oh! Irgendwas fließt mir in den Mund." „Und?" „Fühlt sich toll an." „Hast du deshalb aufgehört zu brüllen?" „Ja. Es ist nicht mehr so eng. Und es wird warm." „Wodurch kommt das?" „Durch das, was mir in den Mund fließt!" „Und was ist mit dem Engegefühl?" „Das ist verschwunden!" „Weißt du, was das bedeutet?" „Sag es mir." „Das bedeutet, dass es dir und mir gut geht, wenn wir Energie von Außen bekommen." „Energie von Außen?" „Ja. Trinken und Essen!"

Die Befriedigung des Nahrungstriebes hält Leib und Seele zusammen, sagt der Volksmund zu Recht.[4] Wer von einem guten Gastgeber zum Essen

---

Interesse, Wertschätzung und Verständnis öffnen das Herz: Ach, das Leben ist doch gut! Erst recht, wenn Verliebtheit ins Spiel kommt und alles in ihr rosarotes Licht taucht…Es ist entscheidend, immer wieder den ‚Schritt' des Hörens zu wagen…Ich lernte dieses Hören als Zentrum jeder Spiritualität zu sehen, die mit der Wirklichkeit, wie sie ist, zu tun haben will. Hören vollzieht sich nur, solange geredet wird,- sondern auch ganz wesentlich darüber hinaus! Die Tugend des Hinhörens lebt von der Entsagung, d. h. der Askese des Aufhörens vom eigenen Reden.

[4] Stephanie Seifert, Aus der Vernebelung ins Licht. Examensarbeit im Curriculum Christozentrische Kommunikation, Schwanberg 2016, 11. „Mein Sohn Johannes machte mir zu meinem 42. Geburtstag ein wunderbares Geschenk. Er töpferte mir einen fünfteiligen Turm, in dessen Erdgeschoss sich ein Tisch und ein Stuhl befanden. Der Nahrungstrieb ist mir inzwischen so vertraut geworden, dass ich

eingeladen ist, braucht keine Angst zu haben, zu verhungern oder zu verdursten. Bei berauschenden Festen kann jeder Teilnehmer ein befriedigendes Erlebnis mit nach Hause nehmen. Der eigene Geist war mit seinem dazugehörigen Körper ident, die Seele zufrieden. Wenn der Nahrungstrieb gestillt ist, glückt das kommunikative Handeln leichter.

Der Spieltrieb: „Was ist denn das da?" „Was?" „Na das, was da so glitzert." „Keine Ahnung." „Ich will das haben." „Dann nimm es dir doch." „Wie soll ich das machen?" „Nimm die Hand und greif danach." (PAUSE) „Ich komm nicht dran." „Dumm das." „Ist das alles, was du dazu zu sagen hast?" „Wie wär's, wenn du uns auf die Seite drehst?" „Hä?" „Wenn du uns auf die Seite drehst, dann kommt die Hand an das Ding heran." „Ach so. Na, dann probier ich das mal." „Sag ich doch." (PAUSE) „Oh! Ich habs!" „Cool." „Und jetzt: Ab in den Mund!" „Schmeckt's?" „Ich, äh, ich, irgendwie …" „Was stammelst du denn so rum?" „Na ja. Also ich, äh, das kann man irgendwie nicht klein kriegen." „Tja. Und jetzt?" „Ich weiß nicht. Ich lutsche mal dran, vielleicht wird's dann weich." „Dann ist es hart?" „Ja! Steinhart!" „Hm. Bist du sicher, dass man das überhaupt essen kann?" „Kann man denn nicht alles essen?" „Anscheinend ja wohl nicht." (PAUSE) „Also lutschen hilft auch nicht." „Wobei?" „Es wird nicht weich." „Dann kann man es wohl wirklich nicht essen, oder?" „Könnte sein." „Und jetzt?" „Ich spuck's wieder aus." (PAUSE) „Nimm's doch noch mal in die Hand." „Wozu denn?" „Nimm's einfach." „Na gut." „Und? Wie fühlt sich das Ding an?" „Es ist feucht und warm." (PAUSE) „Was bist du denn?" „Sprichst du mit mir?" „Nein. Mit dem Ding." „Und? Antwortet es dir?" „Ich glaube nicht." „Und jetzt?" „Ich weiß nicht." „Schade." (PAUSE) „Aua!" „Was ist denn?" „Das Ding hat mir wehgetan!" „Das hab ich gemerkt." „Aua!" „Was machst du denn?" „Ich beweg das Ding doch nur!" „Vielleicht liegt es ja daran, dass es dir wehtut?" „Meinst du?" „Ja." „Stimmt. Jetzt tut es nicht mehr weh." „Klopf mit dem Ding doch mal neben dich." „Aber dann tut's wieder weh." „Versuchs doch einfach mal." „Also gut." (PAUSE) „Du hattest recht!" „Womit?" „Das tut jetzt nicht weh!" „Siehst du!" „Ist ja cool, äh, supercool!" „Hörst du das?" „Ja." „Was ist das?" „Ich glaube, das bin ich." „Wie?" „Immer, wenn das Ding neben mir ist, gibt es einen Ton von

---

seit der Zeit als Johannes das Licht der Welt erblickte, biologisch gesunde Nahrungsmittel einkaufe und sehr gerne koche. Beim gemeinsamen Essen empfinden wir große Dankbarkeit."

sich." „Ist ja merkwürdig." „Ja, nicht!?" „Mach das noch mal." „Klar. Das macht ganz schön Spaß!"

Ein spielendes Wesen ist ein lernendes Wesen, das sich auf der Suche nach Erkenntnissen über seine Innen- und Außenwelt befindet.[5] Es nimmt Dinge genauso wahr wie sich selbst und andere Lebewesen. Je angstloser jemand Dinge gelernt hat, desto freier kann er darüber verfügen. Die Angst vor Versagen spielt keine Rolle. Gute Gewohnheiten und die Künste, die sich jemand angeeignet hat, sind nichts anderes als eine wiederholte Befriedigung des Spieltriebs. Wie schön, tun zu können, was einem selbst und anderen gefällt! Der Spieltrieb zeigt sich im sinnvollen Lernen und Arbeiten.

Der Geschlechtstrieb: „Na? Schmeckt es?" „Aber ja." „Das freut mich." „Hm." (PAUSE) „Hast du irgendwas?" „Was meinst du?" „Na ja. Es kommt mir so vor, als wärst du anders als sonst." „Anders?" „Ja." „Und wie anders?" „Wenn ich das so einfach sagen könnte, dann würde ich ja nicht fragen." „Es rumort in mir drinnen." „Das merke ich schon die ganze Zeit." „Aber ich verstehe nicht, was das ist." „Wie fühlt sich das denn an?" „Es ist irgendwie heiß." „Heiß?" „Ja. Und es kribbelt." „Ist ja komisch." „Und ich hab weder Hunger noch Durst." (PAUSE) „Das ist aber gefährlich." „Was?" „Dass du weder Hunger noch Durst hast." „Nein. Das ist nicht gefährlich." „Aber ohne Nahrung sterben wir!" „Nein, nein. Das wird nicht passieren." „Bist du sicher?" „Ja. Absolut." „Na gut. Dann bin ich ja beruhigt." (PAUSE) „Was machst du denn da?" „Meine Hände wollen Berührungen." „Das merke ich." „Ja." „Du zitterst ja." „Dagegen kann ich nichts tun." „Aber obwohl du zitterst, verspüre ich keine Angst!" „Das ist auch nicht nötig." „Bist du sicher?" „Ja!"

---

[5] Paul Imhof und Reinhard Brock, Lernen, Wissen, Leben, in: Lebenslanges Lernen. Wissen und Können als Wohlstandsfaktoren, hrsg. von Kurt W. Schönherr und Victor Tiberius, Wiesbaden 2014, 29-36, hier 32. „Je jünger man ist, je spielerischer man lernt und je leichter einem das Lernen sozusagen von der Hand geht, desto leichter lässt sich das Erlernte abspeichern. Und weil die Schriftsprache die Abbildung einer Sprechsprache ist, kommt der Beteiligung der Ohren wiederum große Bedeutung zu. Das hat praktische Auswirkungen auf Lernvorgänge. Viele Menschen lernen besser, wenn sie das zu Lernende laut sprechen, manchmal auch ständig wiederholen. Der Wiederholeffekt begründet sich dadurch, dass man als Kind die ersten Worte auch nur und ausschließlich durch Imitieren und Wiederholen gelernt hat. Diese Art von Lernen hat den Effekt, dass man das erlernte Wissen sehr lange zur Verfügung hat und immer wieder abrufen kann."

„Bist du dir wirklich sicher?" „Ja!" „Aber wie kannst du dir sicher sein?" „Ich weiß, dass dieser Zustand wieder weggeht." „Das macht doch keinen Sinn!" „Doch!" „Kannst du mir das erklären?" „Nein, aber ich weiß, dass es so ist." „Was, wenn einer von uns versagt?" „Wovon redest du?" „Na was ist, wenn irgendwas schiefläuft?" „Fühl doch mal in mich hinein!" (PAUSE) „Ich fühle deine Hitze!" „Cool, oder?" „Ich sehe ungewohnte Bilder!" „Ja. Ich weiß." „Wo kommen die her?" „Aus uns!" „Du atmest so schnell." „Ja." „Fühlt sich gut an." „Ja." „Das Zittern hat aufgehört." „Ja." „Ich spüre ein Zucken." „Ja, ja!" „Ich bekomme Angst." „Das ist nicht nötig!" „Was soll ich denn machen?" „Hör auf zu denken!" (PAUSE) „Ich versuch's." „Gut!" „Das ist schwer." „Egal, mach es einfach." „Ich versuch's." „Gut." „Ja!" „Jaaa!"

Durch den Geschlechtstrieb können die Formen der Liebe praktiziert werden. Sehr vielfältig sind die Liebeserfahrungen. Je nach Reifegrad gehört dazu eine bewusste Freiheitsentscheidung, die auf Gegenseitigkeit beruht. Der Geschlechtstrieb strebt nach Befriedigung und berücksichtigt dabei die Freiheit des anderen. Solange die Angst vor Verletzung vorhanden ist, sei sie seelischer oder körperlicher Art, gibt sie das Maß für die Nähe und Ferne der Lusterfahrung vor.[6] Der natürliche Sinn des Geschlechtstriebs ist Fortpflanzung des Menschengeschlechts. Aber auch andere Sinnerfahrungen schließt der Geschlechtstrieb nicht aus. Die Liebe ist ein wesentliches Energiepotential innerhalb der organischen Triebe, nicht nur eine göttliche, unbedingte Tugend, die einzelnen als Charisma zukommt.

Der Scheinkommunikationstrieb*: „Wie geht es mir?" „Ach wie immer." „Was heißt das?" „Mir geht es gut und mir geht es schlecht." „Sehr abwechs-*

---

[6] Stephanie Seifert, Aus der Vernebelung ins Licht. Examensarbeit im Curriculum Christozentrische Kommunikation, Schwanberg 2016, 28. „Wenn ich auf die letzten Jahrzehnte zurückblicke, fällt mir auf, dass ich in Sachen Geschlechtstrieb immer wieder seelisch verletzt wurde. Erst durch die systemische Aufstellungsarbeit wurde mir klar, dass es keinerlei vernünftige Gründe dafür gibt, mich verletzen zu lassen. Seitdem achte ich auf meine Freiheit und bin sehr sensibel und achtsam geworden. Wenn mir Angst gemacht werden soll: Das geht gar nicht. Seitdem ich gelernt habe, auf meine Gefühle zu achten, mich rechtzeitig abzugrenzen und mitzuteilen, was ich will und was ich nicht will, fühle ich mich als freie Frau, und alles geht gut … Wenn ich mich jetzt meinem Geschlechtstrieb überlasse, wird mein Geist mit meinem Körper emotional identisch. Eine Voraussetzung ist allerdings unabdingbar: Nur im Raum der Begegnung von Freiheit zu Freiheit glückt ein ganzheitliches Miteinander."

lungsreich!" „ Ich hab ja mich." „Und das wird so bleiben?" „Sicher, es ist mir sehr wichtig, allein zu sein." (PAUSE) „Du kannst Dich selber mit Dir unterhalten?" „Auf jeden Fall." „Manchmal bilde ich mir andere Welten ein und stelle mir dabei allerhand vor." „Und das bist du dann auch?" „Ja. So kann ich alles machen. Denn jegliches funktioniert, wie ich es will." „Und so entstehen für dich immer neue Welten?" „Ja, unendlich viele Körper-, Seelen- und Geisterwelten." „Auch Körperseelen und Geistseelen?" „Auch so etwas." (PAUSE) „Was bringt das?" „Tja, so erreiche ich alles und jeden." „Das ist deine Gesellschaft?" „Ja, ich bin viele." „So treibst du alles voran?" „Sicher! Alle müssen mir Tribut zollen." „Keiner entkommt dir?" „Niemand!" „Und wenn doch?" (PAUSE) „Dann bleibt uns immer noch das Recht auf Selbstmitleid in unserer Eigenwelt."

Der Scheinkommunikationstrieb existiert aufgrund der Angst vor Vereinsamung. Mittels Illusionen und Spaltungen treibt er sein Unwesen von Scheinbefriedigung zu Scheinbefriedigung. Die Urangst muss um jeden Preis kaschiert werden. Ohne echte Kommunikation von Freiheit zu Freiheit – auch über Ängste – geht die Menschheit jedoch zugrunde. Das stört den Scheinkommunikationstrieb keineswegs. Ganz im Gegenteil. Das gereicht ihm zum Vorteil, er bleibt davon unberührt. Die Selbstisolation rechnet sich anscheinend![7]

Der Todestrieb: *„Was ist denn? … Was machst du denn? … Du isst nichts? … Du trinkst nichts? … Antworte doch! Was soll denn das? … Du machst mir Angst … Ich merke, dass du Schmerzen hast … Aber dadurch bekomme ich noch mehr Angst." (PAUSE) „Ich fühle mich allein gelassen von dir*

---

[7] Bertram Dickerhof. Der Spirituelle Weg, Eine christlich-interreligiöse Lebensschule, Würzburg 2016, 54. Wer im Grunde nur in seiner Eigenwelt existiert, befindet sich in Idiopolis. „Auch die Sprache der Bewohner der Idiopolis ist beeinträchtigt: Das unbewusste Ausstatten der Wirklichkeit mit idiosynkratischer Bedeutung und idiosynkratischen Assoziationsnetzen macht sie tendenziell zum ‚Idiolekt'. Sie ist nicht in dem Sinn Privatsprache, wie Kinder manchmal einen eigenen Wortschatz erfinden und andere damit ausschließen. Sondern: An vollständigen, grammatikalisch richtigen Sätzen, perfektem Deutsch geschieht es, dass der Zuhörer sich daran abarbeitet, deren Bedeutung zu verstehen. Nachfragen, wenn man es überhaupt wagt, lösen einen neuen, meist länglichen Erklärungsschwall gleichen Zuschnitts aus. Er stürzt den Zuhörer in umso größere Verwirrung, je mehr dessen Verständnisansätze und Unterscheidungen einfach ignoriert werden."

... Ich bin einsam ... Du isst nicht, du trinkst nicht." (PAUSE) „Da muss sich was ändern." (PAUSE) „Also: Wenn du nicht damit aufhörst, dich zu weigern zu essen und zu trinken, dann werde ich dich verlassen! ... Hast du das begriffen?" (PAUSE) „Letzter Versuch: Trink etwas, nimm Nahrung zu dir. Wenn du das nicht machst, dann muss ich dich verlassen, dann hauche ich aus dir heraus ... "

Wenn der Todestrieb nicht unterbrochen wird, kann die Angst vor Verhungern und Verdursten ein menschliches Leben so weit treiben, dass seine seelische Einheit von Körper und Geist zerbricht. Hinter manchem Akt der Selbsttötung stecken einerseits die Verzweiflung und andererseits das klare Bewusstsein, nicht genug bekommen zu haben. Auch in Zukunft sind anscheinend auch keine wesentlichen Veränderungen mehr möglich. Der Körper stirbt, die Seele verschwindet. Es kommt zu einer Selbst-Exkommunikation des Geistes, der sich eine neue Kommunikationsgemeinschaft sucht. Die Kommunikation glückt, wenn andere das bisherige Wesen wahrnehmen. Ihre Antwort entscheidet über Glück und Unglück, ein neues soziales Leben. Andernfalls kommt es zu einem Gier- und Suchtverhalten, das darauf abzielt, mehr Zukunft zu bekommen.[8] Diese Verhaltensformen befriedigen aber letztlich nur den Todestrieb. Unterbrechung ist angesagt, damit Körper und Geist sich nicht trennen.

Der Geltungstrieb: *„Was hast du da? ... Was ist das? ... Antworte mir, wenn ich dich was frage ... Hörst du mir eigentlich zu? ... Hör zu ... Jetzt hör doch mal zu ... Hör mir doch endlich mal zu! ... Ach. Du hörst mir nie zu ... Sag doch was ... Sag irgendwas ... Irgendwas ... Du bringst mich auf die Palme." (PAUSE) „Hörst du mir jetzt zu? ... Wieso verstehst du mich nicht? ... Du machst mich krank ... Mit dir kann man es nicht aushalten ... Ich kann machen, was ich will, es ist alles für die Katz." (PAUSE) „Du bist so stur ... Hast du*

---

[8] Stephanie Seifert, Aus der Vernebelung ins Licht. Examensarbeit im Curriculum Christozentrische Kommunikation, Schwanberg 2016, 7. „Immer wieder versuchte ich aus dem Fluss des Lebens auszubrechen und liess mich nicht von den vier natürlichen Trieben leiten, sondern fiel auf die Umtriebigkeit der Scheintriebe herein. Besonders zu schaffen machte mir der Todestrieb. Durch ihn wurde ich bald soweit gebracht, dass ich mich gierig und süchtig fast zu Grunde richtete, anstatt authentisch und aufrecht unterwegs zu sein. Meine Bulimie begleitete mich viele Jahre vom Teenagerdasein bis zur jungen Frau. Sogar meine erste große Liebe zerbrach daran."

denn überhaupt eine Ahnung, wer ich bin? ... Es geht jetzt nicht um dich, sondern um mich ... Jetzt bin ich an der Reihe ... Warum machst du nie das, was du sollst? ... Hör mal zu ... Ich verstehe dich jeden Tag weniger ... Es ist sinnlos." (PAUSE) „Richte dich doch mal nach mir! ... Das hast du von deiner Mutter ... Und bei dem Vater ist das auch kein Wunder ... Du machst nie, was du sollst. Da kann man ja gleich an die Wand hinreden ... Ich soll immer alles machen!" (PAUSE) „Du bringst mich zur Verzweiflung ... Hörst du mir jetzt zu? ... Du hörst mir nicht zu. Und weil du mir nicht zuhörst, kann ich dir auch nichts erklären. Du bist unfähig, irgendetwas zu begreifen!"

Der Geltungstrieb entwickelt sich, wenn der nicht befriedigte Spieltrieb von der Angst zu versagen überschwemmt wird. Wenn mein Lerneifer erfolglos ist, versteife ich mich zumindest auf meine Ansprüche, wichtig und bedeutend zu sein. Um gesellschaftlich eine Rolle zu spielen, versucht derjenige, der weder lernen noch spielen kann, sich irgendwie Geltung zu verschaffen. Eine künstliche Scheinwelt aus Statussymbolen entsteht. Man ist davon überzeugt, das zu sein, was man vorzeigen kann. Die Versagensangst nährt den Geltungstrieb, der immer neue Blüten treibt. Die eigene Zwanghaftigkeit nimmt zu. Alles soll seine Ordnung haben.[9] Sie kommt aber im Grunde nicht zustande, weil die Spielregeln und die Lerninhalte nicht mit der wahren Realität übereinstimmen.

Der Machttrieb: *„Was machst du da? ... Was soll denn das? ... Geht's noch? ... Ich will das nicht ... Lass das sein!" (PAUSE) „Bitte lass mir meinen Frieden ... Hörst du mir eigentlich zu? ... Das darf doch nicht wahr sein! ... Ich möchte das nicht! ... Wieso tust du mir das an? ... Nein, nein und nochmals: Nein! ... Willst du mich fertigmachen?" (PAUSE) „Schluss jetzt! Das lasse ich nicht zu! ... Pass auf! Du wirst mir jetzt genau zuhören: Ich bin der, der hier bestimmt! Ich bin der, der sagt, wo es langgeht! Ich bin der, der dich be-*

---

[9] Bertram Dickerhof. Der Spirituelle Weg, Eine christlich-interreligiöse Lebensschule, Würzburg 2016, 116. „Ich hatte Angst zu versagen – und genauso schrecklich verprügelt zu werden wie mein Bruder, als seine schulischen Leistungen nicht stimmten. Eine Angst, die schon meine ganze Schulzeit und mein Mathematikstudium beherrscht hatte. Darmkrämpfe vor Prüfungen waren die Regel. Und nun kehrte diese Angst wieder." Der Geltungstrieb entwickelt sich, sobald der Spieltrieb von der Angst des Versagens besetzt wird. Alles, nur nicht versagen! Oft kommt man erst Jahre später an die traumatisierenden Erfahrungen, die den Geltungstrieb am Laufen halten.

herrscht! Ich, hast du kapiert? Ich lasse es nicht zu, von dir missbraucht zu werden! Ich werde niemals am ausgestreckten Arm verhungern! Deine Spielchen mache ich nicht mit. Deine Spielregeln werde ich niemals akzeptieren! Ich werde mich dir niemals unterwerfen! Ich bestimme die Regeln! Ich habe das Sagen! Ich bin der Potentat, und du hast das zu tun, was ich dir befehle!" (PAUSE) *„So ... Das war's."* (PAUSE) *„..."* (Schnarchgeräusche)

Der Machttrieb agiert, sobald die Angst vor Verletzung auftritt, sei es, dass sie vom eigenen Geschlechtspartner oder von Geschlechtsrivalen hervorgerufen wird. Entweder Selbstbeherrschung oder Fremdbeherrschung sind handlungsrelevant. Hysterische Reaktionen sind die Folge. Das Gehabe eines Potentaten bzw. Despoten wird zum Habitus. Und das Schlimme daran ist: Die Macht hat nicht die Macht, auf Macht zu verzichten.[10] Manchmal scheitert sie jedoch an der eigenen Überheblichkeit. Ihre Entthronung findet von außen statt. Durch den Abbau von der Verletzungsangst kann der Kreislauf systemisch unterbrochen werden.

Wer den Machttrieb dazu benutzt, um seine Impotenz im Sinne der Befriedigung des organischen Geschlechtstriebes zu übertünchen, bekommt die Chance, zum Machthaber zu werden. Das entsprechende Motto lautet: Ich gehöre zu Euch und ihr gehört mir. Beim Machttrieb, dem angstgeleiteten Gegentrieb zum Geschlechtstrieb, heißt das Schlüsselwort nicht Fortpflanzung, sondern Vermehrung. In dieser Perspektive verliert das Geld seinen

---

[10] Paul Imhof, Geleitwort, in: Wolf Maritsch, Leadership spirituell. Papst Franziskus. Ein anderer Blick, Eichberg 2016, 11. In der Institution Kirche ist ihre Macht verkörpert. „Institutionen erzeugen Macht, das heißt, Begrenztheit und Endlichkeit. Spiritus, d.h. Geist, hingegen ist eine prinzipiell entgrenzende Wirklichkeit. Zur Logik des Geistes bzw. des Heiligen Geistes gehört seine befreiende und erlösende Dynamik, die per definitionem ein organisations- und institutionskritisches Potential besitzt. Denn Jesus Christus, in dem nach dem Glauben der Christen der ewige Geist inkarnierte, hat zur Freiheit befreit (vgl. Gal 5,1). Seine Logik steht über jedem gesetzlichen Recht. Damit sind wir beim Kern der kirchlichen Machtfrage angelangt, der in der Rücktrittserklärung von Papst Benedikt behandelt wird (vgl. dazu Giorgio Agamben, Das Geheimnis des Bösen, Benedikt XVI. und das Ende der Zeiten, Berlin 2015). Der Gewährsmann für die entsprechenden Überlegungen ist Tyconius, dessen eschatologische Theologie von Papst Benedikt rezipiert wurde. Das aufhaltende Prinzip, das Katechon (vgl. 2 Thess 2,1-10), ist die Basis vor allem kirchlicher Macht. Es besitzt seine Rechtfertigung darin, dass es einerseits das Erscheinen des Antichristen verhindert, andererseits aber hält es die Wiederkunft Christi auf."

Wert als Tauschmittel und wird zum Instrument der Macht. Geld regiert die Welt! Aber welche Welt? Auf jeden Fall eine lebensfeindliche.

Der Treibsatz des Evangeliums

Die Evangelien, die inspirierten Biographien Jesu Christi, lassen sich aus verschiedenen Blickwinkeln lesen. Jede Methode hat ihren eigenen Reiz und bringt entsprechende Ergebnisse zum Vorschein. Man kann z. B. historisch-kritisch, strukturalistisch oder form- und redaktionsgeschichtlich vorgehen. Wird die christliche Bibel als Heilige Schrift im geistlichen Prozess genutzt, kommt alles darauf an, dass jemand mit dem Wort der Schrift im Gebet gotteskundig wird. Wer ist der HEILIGE, an den ich mich wende? In exegetischer, existentieller, christozentrischer und doxologischer Perspektive ist die Bibel eine reichhaltige Bibliothek, die für jedermann offensteht. Je nach Interesse kann sie dogmatisch, systematisch und systemisch erforscht werden.

Im Folgenden wird versucht, die Gestalt Jesu Christi in ihrer triebtheoretischen Relevanz zu verstehen. Dies scheint möglich, denn er ist der Pantokrator, d. h. der Alles-Durchwirkende, also auch die Welt der Triebe. Davon ist die orthodoxe Christenheit überzeugt. Christen glauben, dass der Pantokrator der Repräsentant Gottes im Kosmos ist. So ist Gott gegenwärtig in der Nähe und abwesend präsent in der Ferne. Durch Jesus Christus und mit ihm und in ihm erscheint das Reich Gottes, das Reich der Himmel, auf Erden: „Ich bin von oben" (Joh 8,23), so spricht der johannäische Christus. Er bleibt im Anbruch seines Reiches und im Zerbruch seines Leibes, in seiner Auferstehung und in seiner Wiederkunft präsent.

Im Gleichnis vom Sauerteig wird von der Dynamik des Reiches Gottes erzählt: „Mit dem Himmelreich ist es wie mit einem Stück Sauerteig, den eine Frau unter drei Sea Mehl mischte, bis das Ganze durchsäuert war." (Mt 13,33; vgl. Lk 13,20). Das Brot, das aufgrund der entsprechenden Mehlmenge entsteht, reicht aus, um eine Familie einen Monat lang zu ernähren.

Das Brot, das zum Leben reicht, ist Jesus Christus in Person. Seine Jünger glaubten das, auch wenn sie sich dessen manchmal nicht bewusst waren: „Die Jünger vergaßen, Brot mitzunehmen; nur ein einziges hatten sie bei sich im Boot. Und er warnte sie: Gebt acht, hütet euch vor dem Sauerteig der Pharisäer und dem Sauerteig des Herodes." (Mk 8,14-15) Die Ideologie der halben Wahrheit und das politische Kalkül, mittels Intrige und Gewalt an der Macht zu bleiben, ist die Sache Jesu Christi nicht.

Sein Sauerteig ist der Treib-Satz des Evangeliums. Dadurch erhalten die organischen Triebe einen Sinn, der über die bloße Natürlichkeit hinaus auf das ewige Leben weist. Auf diese Weise durchwirkt die Gnade die Natur und vollendet sie in Gottes Ewigkeit. Im Blick auf Jesus Christus kommt der übernatürliche Sinn der organischen Triebe zum Vorschein. Durch ihn wirkt Gottes Geist in Fleisch und Blut. In Glaube, Hoffnung und Liebe streben der Kommunikationstrieb, der Nahrungstrieb, der Spiel- und der Geschlechtstrieb letztlich auf Gott hin, die ewige schöpferische Liebe.

Das Evangelium Jesu Christi gewinnt seine geschichtlichen Konturen in der Auseinandersetzung Jesu mit seinen Gegnern. Einige davon werden zu Sympathisanten, ja zu Jüngern. Man denke an Simon, den man den Zeloten nannte (vgl. Lk 6,15), an den namenlosen Apokalyptiker und sein Milieu (vgl. Lk 22,7) oder an die Pharisäer Nikodemus (vgl. Joh 3,1) und Paulus (vgl. Apg 26,5). Aus dem Milieu der Herodianer stammt Johanna, die Frau des Chuza (vgl. Lk 8,3).

Vielleicht lassen sich einige Ratsherren und Schriftgelehrte (griech. *grammateis*; lat. *scribae*) mit den Pharisäern (vgl. Lk 20,45-47) und mit den Sadduzäern identifizieren (vgl. Mk 3,22; 7,1; 11,27). Jedenfalls erinnern diese an moderne Bibelwissenschaftler, die das Neue Testament auf einen Untersuchungsgegenstand der Wissenschaft reduzieren. Die Auferstehungswirklichkeit, die Engel und die Wirkung der Gebete außerhalb der Gebetsgemeinschaft lassen sich natürlich nicht verifizieren, sind also jenseits des sogenannten wissenschaftlichen Diskurses anzusiedeln.

Einige Ratsherrn (griech. *archonteis*; lat. *principes*) waren an der Sendung Jesu interessiert, ja, glaubten sogar an ihn. „Aber wegen der Pharisäer bekannten sie es nicht offen, um nicht aus der Synagoge ausgeschlossen zu werden" (Joh 12,42; 7,48).

In der Aufstands- und Kommunikationsbewegung Jesu fanden Menschen unterschiedlicher Herkunft ein neues Zuhause. Für sie wurde Jesus Christus zur befreienden Wahrheit, zum zielführigen Weg und zur Quelle lebendigen Lebens (vgl. Joh 14,6). Die Auseinandersetzung Jesu mit den Repräsentanten der moralischen Triebe zeigt, wie konsequent er als wahrer Mensch lebte.

Jesus in der Welt der Scheintriebe

Die moralischen Triebe lassen sich zeitgenössischen Strömungen zur Zeit Jesu zuordnen, nämlich der Scheinkommunikationstrieb den Sadduzäern, der Todestrieb den Apokalyptikern, der Geltungstrieb den Pharisäern und der Machttrieb den Zeloten, Sikariern, Herodianern und Hohenpriestern.

Die moralischen Triebe kommen aufgrund von Ängsten zustande. Die Traumata der Menschheits- und Individualgeschichte sind in den Kellern des kollektiven und individuellen Unbewussten abgelagert. Von Fall zu Fall können sie reaktiviert werden. Im Außen der Realität werden systematisch neue Ängste erzeugt, um die Interessen der Scheinkommunikanten zu befriedigen. Dazu gehören in biblischer Perspektive die Sadduzäer, Apokalyptiker, Pharisäer und Zeloten. Sie sind entweder als Einzelterroristen oder als Vertreter von Mächten und Gewalten unterwegs.

Der Angst vor Vereinsamung entsprechen die *Sadduzäer*. Sie reagieren aufgrund des Scheinkommunikationstriebs, auf den sie hören. Im Extremfall wird man durch diese Art von Scheinkommunikation in die Spaltung getrieben. Das Ende ist eine Form von Schizoidie. Das Irresein wird hinter Rationalisierungen versteckt. Der Angst vor Verhungern und vor Verdursten korrespondieren die *Apokalyptiker*. Die Welt geht unter, zumindest bald. Das Verhalten wird vom Todestrieb bestimmt. Die daraus entspringende psychische Reaktion zeigt sich in einem manisch-depressiven Verhalten. Die Angst vor Versagen erzeugt die *Pharisäer*. Ihre Gesetzlichkeit endet meist in einer Art Zwangsneurose. Ihr zwanghaftes Verhalten, das sie mittels Vorschriften begründen, wird im Geltungstrieb offensichtlich. Der Machttrieb wirkt durch die *Zeloten, Herodianer, Hohenpriester und Sikarier*, die Dolchmänner. Die Angst, von der sie beherrscht werden und durch die sie andere beherrschen wollen, ist die Angst vor Verletzung. Sie verhalten sich im Grunde hysterisch.

Die Weltanschauung der *Sadduzäer* wird an der Geschichte von der Frau mit ihren sieben Männern deutlich. (Mk 12,18-27; Mt 22,23-33; Lk 20,27-38) Sie hatte nacheinander sieben Brüder geheiratet. Alle starben kinderlos. Wessen Ehefrau ist sie nun in der jenseitigen Welt? Durch die ironische Frage soll der Illusionscharakter des Jenseits entlarvt werden. In der himmlischen, geistigen Welt, herrscht jedoch eine andere Logik als in der gegenständlichen Realität. Im Reich der geistigen, ewigen Liebe glückt Einheit in Vielheit. Um es mit den Worten Jesu zu sagen: „Dass aber die Toten auferweckt werden – habt ihr das nicht im Buch des Mose in der Geschichte vom Dornbusch gelesen, wo Gott zu ihm sprach: Ich bin der Gott Abrahams, der Gott Isaaks und der Gott Jakobs? Er ist doch nicht ein Gott der Toten, sondern der Lebenden. Ihr irrt euch sehr." (Mk 12,26-27)

Sinnigerweise feierte Jesus sein letztes Paschamahl im Haus der *Apokalyptiker* (vgl. Mk 14,12-25; Mt 26,17-19; Lk 22,7-20). Er sagte zu seinen Jüngern, die sein letztes Mahl vorbereiten sollten: „Wenn ihr in die Stadt kommt, wird euch ein Mann begegnen, der einen Wasserkrug trägt. Folgt ihm in das Haus, in das er hineingeht, und sagt zu dem Herrn des Hauses: Der Meister lässt dich fragen: Wo ist der Raum, in dem ich mit meinen Jüngern das Pascha essen kann? Und der Hausherr wird euch ein großes Obergemach zeigen, das mit Polstern ausgestattet ist. Dort bereitet alles vor!" (Lk 22,10-12)

Nur alleinlebende Männer mussten ihren Wasserkrug selbst tragen; im Übrigen war das Wasserholen eine Sache der Frauen. Im Milieu der Essener gab es bewusst unverheiratete Männer. Wenn gleich die Welt untergeht, wozu noch heiraten, Kinder zeugen und Häuser bauen? Bis in den Korintherbrief des Apostels Paulus finden sich solche Parolen. In der spirituell aufgeheizten Atmosphäre von Korinth galt es fast als ein Zeichen des Unglaubens an die baldige Wiederkehr Christi, wenn jemand nicht ehelos lebte. Der Apostel Paulus hat zwar nichts dagegen, rät sogar dazu, aber er macht deutlich, dass es sich dabei keineswegs um ein Gebot Gottes handelt (vgl. 1 Kor 7,1-29).

Im Grunde geht es in der christlichen Eschatologie nicht um eine Nah- oder Fernerwartung, sondern um eine Jetzterwartung. Denn Jesus Christus lebt von Augenblick zu Augenblick im Horizont der Ewigkeit. Überall ist das Reich Gottes, das Reich der göttlichen Liebe und Freiheit. Wie geht Jesus Christus mit dem Nahrungstrieb und mit dem Todestrieb um? In aller Freiheit sagte er beim letzten Abendmahl: „Amen, ich sage euch: Ich werde nicht mehr von der Frucht des Weinstocks trinken bis zu dem Tag, an dem ich von neuem davon trinken werde im Reich Gottes." (Mk 14,15) Georges Bernanos schreibt zurecht: Es gibt nicht ein Reich der Lebenden und ein Reich der Toten, es gibt nur ein Reich der Liebe, in dem wir auf ewig zusammen sind.

Jesus setzt sich mit dem Bibelverständnis der *Pharisäer* auseinander. Er kritisiert ihre Sicht der Dinge und ihr moralisches Selbstverständnis. „Jesus wandte sich an das Volk und an seine Jünger und sagte: Auf dem Stuhl des Mose sitzen die Schriftgelehrten und die Pharisäer." (Mt 23,1-2) Entschei-

dend ist die Praxis. Im Grunde tun sie alles nur, um den eigenen Geltungstrieb zu befriedigen: „Alles, was sie tun, tun sie, um sich vor den Menschen
zur Schau zu stellen: Sie machen ihre Gebetsriemen breit und ihre Kleider-
quasten lang, beim Gastmahl möchten sie den obersten Platz und in der Synagoge die vordersten Sitze einnehmen, und auf den öffentlichen Plätzen
lassen sie sich gern grüßen und von den Leuten Rabbi nennen." (Mt 23,5-7;
vgl. Mk 12,37b-40) Welche Scheinheiligkeit verbirgt sich oft hinter langen Ge-
betszeiten! Doch nicht Gesetzlichkeit (vgl. Mk 7,1-23), sondern Beziehungsgerechtigkeit, Barmherzigkeit und Treue sollen die leitenden Werte sein. (vgl.
Mt 23,23; Lk 11,42-43)

Der Spieltrieb leitet zum Lernen an. Welche Kunst, die Bibel im Sinne
Christi auszulegen. Sie ist die Welt im Wort mit der Antwort auf die Frage:
Woher und Wohin. „Nur einer ist euer Lehrer, Christus." (Mt 23,10) So spricht
Jesus. Alles, was gelernt werden kann, so dass das Leben ein ernstes Spiel ist,
kommt von Christus, der personal verbürgten Dynamik der Freiheit und der
Erlösung, die in Gottes Wirklichkeit gründet.

Wer viel Geld hat, der gilt etwas bei den Leuten. Er kann seinen Geltungstrieb bedienen. Das Geld bzw. der Mammon funktioniert nach dem
Prinzip der Vermehrung, das Leben aber wird nur durch Fortpflanzung weitergegeben. Dies ist von Gott, dem Schöpfer aller Dinge, zu lernen. In diesem
Kontext lässt sich das Wort Jesu verstehen: „Ihr könnt nicht Gott dienen und
zugleich dem Geld. Das alles hörten auch die Pharisäer, die sehr am Geld
hingen und lachten über ihn. Da sagte er zu ihnen: Ihr redet den Leuten ein,
dass ihr die Gerechten seid, aber Gott kennt euer Herz. Denn was die Menschen für bewundernswert halten, das ist für Gott ein Gräuel." (Lk 16,13b-
15)[11] Um die innere Wahrheit, nicht um den äußeren Schein geht es. „Jesus
wandte sich an seine Jünger und sagte zuerst: Hütet euch vor dem Sauerteig
der Pharisäer, d. h. vor der Heuchelei." (Lk 12,1)

„Ein Pharisäer mit Namen Nikodemus, ein Ratsherr der Juden, suchte
Jesus bei Nacht auf und sagte zu ihm: Rabbi, wir wissen, du bist ein Lehrer,
der von Gott gekommen ist." (Joh 3,1-2) Was ist zu lernen? Was bedeutet
von oben bzw. von neuem geboren werden? (Vgl. Joh 3,3) Wie kann jemand

---

[11] Vgl. Ulrich Schönborn, „Gott oder Mammon". Überlegungen zu Matthäus 6,19-21.24., in: Geschichten verändern Geschichte. Festschrift für Friedrich Erich Dobberahn, hrsg. von Hans-Joachim Tambour
u. Friederike Immanuela Popp, Taufkirchen 2010, 43-60.

Lehrer sein, der nicht versteht, was es heißt, aus Wasser und Geist geboren zu werden? (Vgl. Joh 3,5) Im Hinblick auf die Sakramentenlehre ist die Antwort einfach: aus dem Wasser der Taufe und aus dem Geist der Gnade und Erlösung. Erst in einem längeren, spirituellen, katechetischen Prozess wird normalerweise der Sinn der initiatischen Wiedergeburt erfasst.

Bei dem Nachtgespräch zwischen Jesus und Nikodemus geht es um die grundsätzliche Frage, wie im Auf und Ab der materiellen Endlichkeit und im Kraftfeld des göttlichen Geistes neues Leben entsteht. Und zwar immer wieder in all den verschiedenen Wirklichkeiten, die Gott schafft. Der Geltungstrieb produziert tausend Ideen, nur um nicht die schöpferische Kraft Gottes anerkennen zu müssen. Das aber ist zu lernen: Gemäß den Naturgesetzlichkeiten schafft Gott jegliches. Ihm gebührt das Lob und die Ehre und nicht jenen, die sich damit brüsten wollen, was sie alles wissen (vgl. Joh 9,13-34). Welche Scheinerklärungen! Welche Unfähigkeit zu lernen steckt oft dahinter.

Als die Pharisäer und Sadduzäer zu Jesus gingen, um ihn auf die Probe zu stellen, „ließ er sie stehen und ging weg" (Mt 16,2). Manchmal kann es angemessen sein, dass man jemand einfach stehen lässt und weitergeht, um den Unterschied von Scheinkommunikation und Kommunikation deutlich zu machen. Die bisherige Form der Beziehung ist zu unterbrechen. Jesus sprach: „Hütet euch vor dem Sauerteig der Pharisäer und Sadduzäer" (Mt 16,5). Gemeint ist die Lehre der Pharisäer und Sadduzäer (vgl. Mt 16,12). Das Gleiche gilt vom Sauerteig des Herodes bzw. der Herodianer (vgl. Mk 8,15; Mt 14,1-12). Die Pharisäer sagten über Jesus: „Er muss der Anführer der Dämonen sein, mit deren Hilfe er die Dämonen austreibt." (Mt 9,34; vgl. Mk 3,22; Mt 12,24). Sie grenzten sich von ihm aggressiv ab, ohne ihn zu verstehen.

Pharisäer und Herodianer wollten Jesus zu einer verhängnisvollen Aussage verleiten (vgl. Mt 22,15-16; Mk 12,13-17; Lk 20,20-26). „Sag uns also: Was meinst du, ist es erlaubt, dem Kaiser Steuer zu zahlen, oder nicht?" (Mt 22,17). Jesus antwortete: „Gebt dem Kaiser, was dem Kaiser gehört und Gott, was Gott gehört" (Mt 22,21). Die Spitzel waren von der Antwort Jesu enttäuscht. Weder rief er dazu auf, in die Kasse der Aufständischen zu zahlen, noch versah er die Staatsgewalt mit einem göttlichen Nimbus. Das Interesse am Machttrieb und seiner Befriedigung ist eben etwas anderes als die Entscheidung: Ich bleibe ein freier Mann oder eine freie Frau und bete allein Gott an. Solche Menschen repräsentieren in Wahrheit das Menschenge-

schlecht, das durch den Geschlechtstrieb geistig, seelisch und körperlich fort-
gepflanzt wird.

Als Jesus am Sabbat in der Synagoge einen Mann mit einem gelähmten
Arm heilte (vgl. Mk 3,1-5; Mt 12,9-13; Lk 6,6-10), „gingen die Pharisäer hinaus
und fassten zusammen mit den Anhängern des Herodes den Beschluss, Jesus
umzubringen." (Mk 3,6) Die radikalisierten Pharisäer, die *Zeloten*, waren bereit zu töten oder töten zu lassen; nicht nur Jesus zu töten, sondern auch
Lazarus (vgl. Joh 11,45-52; 12,10). Herodes Antipas, der Landesherr Jesu, und
die Herodianer gehörten zu den Mächtigen im Lande. Er hatte Johannes den
Täufer umbringen lassen. Wahrscheinlich wollte Herodes auch Jesus töten.
(Vgl. Lk 13,31) Durch Potentaten, auch durch Hohepriester, wirkt der Machttrieb (vgl. Mk 6,14-28; Mt 14,1-12; Lk 3,19-20; 9,7-9; Joh 7,32; 11,47.57;
12,10; 18,3).

Pilatus, der Statthalter Roms, ließ einige Galiläer beim Opfern umbringen, so dass sich ihr Blut mit dem der Opfertiere vermischte. (Vgl. Lk 13,1)
Pilatus und Herodes verbündeten sich, da Jesus ihren Interessen im Wege
stand. Er war er ihr gemeinsamer Feind. (vgl. Lk 23,6-12)

Die Zeloten waren jene Aufständische, die mit politisch begründeter
Gewalt den Aufstand gegen die römischen Machthaber planten und durch-
führten. Dies führte zu einer politischen und militärischen Katastrophe für
Israel. Am Ende des Aufstandes waren Jerusalem und der Tempel zerstört.
Die Römer triumphierten. Die Logik des Machttriebes wird in der Passionsge-
schichte Jesu offensichtlich. (vgl. Mk 14,1-15,41; Mt 14,43-15,39; Lk 22,39-
23,49; Joh 18,1-19,42)

Jesus Christus in der Welt der organischen Triebe

Aus dem Leben Jesu Christi lässt sich formal und inhaltlich ein Konzept systemischer Kommunikation ableiten.[12] In der Spirale der Kommunikation, die
sich vom ewigen Messias, dem Wort Gottes, über die Inkarnation in Jesus von
Nazareth bis zu seiner Auferstehung, Himmelfahrt und Wiederkunft er-
streckt, dreht sich der Kosmos in die Ewigkeit der göttlichen Herrlichkeit zu-

---

[12] Vgl. Paul Imhof, Christliches Familienstellen. Das Praxishandbuch, 2. Aufl., Münsterschwarzach
2016, 16, 56, 87, 104, 142, 171, 179, 229, 237, 296.

rück. Die großen Polaritäten von Geist und Materie durchlaufen das Spannungsfeld von Zeit und Raum, von Ewigkeit und Himmel.

Vor diesem Hintergrund wird das Kommunikationsgeschehen christologisch, pneumatologisch und theologisch durchbuchstabierbar. Denn immer geht es um Erfahrungen der Nähe und Ferne des Geistes im menschlichen Bewusstsein, der sich in seiner geistigen Individualität und körperlichen Verfasstheit erkennen kann. Mit diesem Bewusstsein kann jemand in den Raum der Begegnung mit Jesus Christus eintreten, um mit ihm in vielfacher Weise zu kommunizieren. Methodisch geschieht dies während geistlicher Übungen, die anhand des Lebens Jesu Christi systematisch und systemisch aufgebaut sind. Die Teilnahme an den Sakramenten gehört prinzipiell dazu. Denn die Heilszeichen sind physiologische Relais der Kommunikation zwischen Menschen und Gott.

Kommunikationstrieb: Auf der Ebene der Triebe wirken der Heilige Geist und die Geister. Johannes der Täufer bezeugte, als Jesus aus dem Wasser der Taufe stieg: „Ich sah, dass der Geist wie eine Taube vom Himmel herabkam und auf ihm blieb." (Joh 1,32; Mk 1,9-11). Der Heilige Geist, der Geist der innergöttlichen Kommunikation (griech. *homoousios*, dt. *wesensgleich*) wirkt in der Gemeinde Jesu Christi auf Erden weiter. Die Metapher der Taube – sie kehrt in ihren Schlag zurück – steht für die spirituelle Dynamik der Rückkehr in den ursprunglosen Ursprung, zu Gott selbst.

Ein Großteil des Textbestandes der Evangelien besteht aus Begegnungen zwischen Jesus Christus und Menschen in einer konkreten Situation. Glückt die Kommunikation, dann wirkt sich das Geschehen bis in die seelische und körperliche Dimension heilsam aus. Die vielen Heilungsgeschichten, durch die Menschen neu zustande kommen, erhalten ihren letzten Sinn jedoch erst vom Mysterium der Auferstehung her, jener Schöpfung Gottes, in der eine Geistseele neu verleiblicht wird.

Nahrungstrieb: Außer auf den Kommunikationstrieb, den Sauerteig des Geistes im organischen Miteinander, finden sich in den Evangelien auch viele Hinweise auf den Nahrungstrieb. Seine geistige Qualität wird daran offensichtlich, dass er bei den gemeinsamen Mählern mit Jesus Christus nicht nur gegenständlich befriedigt wird. Es ereignet sich eine persönliche Begegnung, bei der im Akt der Internalisierung der Geist Jesu im anderen so ankommt, dass der spirituelle Hunger und Durst des Kommunizierenden gestillt wird.

In diesem Kontext lässt sich das Wort Jesu verstehen: „Wer durstig ist, komme zu mir und trinke! Wer an mich glaubt, dem gilt, was die Schrift gesagt hat: Aus seinem Inneren werden Ströme von lebendigem Wasser hervorfließen. Dies sagte er von dem Geist, den alle empfangen sollten, die an ihn glauben" (Joh 7,37-39). Wie selbstverständlich aß er zusammen mit allen Menschen (vgl. Mt 9,9-13; Mk 2,13-17; Lk 5,27-32).

Nach der großen Speisung in Tabgha sagten die Leute: „Das ist wirklich der Prophet, der in die Welt kommen soll. Da erkannte Jesus, dass sie kommen wollten, um ihn mit Gewalt zum König zu machen." (Joh 6,14-15) Wo aber etwas mit Gewalt inszeniert werden soll, ist gewaltfreier Widerstand angesagt. Jesus Christus ist für diejenigen, die an ihn glauben, das neue Manna: „Denn das Brot, das Gott gibt, kommt vom Himmel, um der Welt das Leben zu geben. Da sagten sie zu ihm: Herr gib uns immer dieses Brot! Jesus sprach zu ihnen: Ich bin das Brot des Lebens, wer zu mir kommt, wird nicht mehr hungern, und wer an mich glaubt, wird nicht mehr durstig sein." (Joh 6,33-35)

Spieltrieb: Der Spiel- bzw. Lerntrieb wird nicht nur in apokryphen Kindheitsgeschichten thematisiert, sondern auch im Neuen Testament. Maria und Josef kehrten nach der Darstellung Jesu im Tempel (vgl. Lk 2,21-39) nach Galiläa in ihre Stadt Nazareth zurück: „Das Kind wuchs und wurde kräftig; Gott erfüllte es mit Weisheit, und seine Gnade ruhte auf ihm." (Lk 2,40)

Vor allem die Geschichte des zwölfjährigen Jesus im Tempel zeigt, dass er viel gelernt hat (vgl. Lk 2,41-51). Nach seiner Bar-Mitzwa blieb er im Tempel: „Er saß mitten unter den Lehrern, hörte ihnen zu und stellte Fragen. Alle, die ihn hörten, staunten über sein Verständnis und seine Antworten ... Jesus wuchs heran, und seine Weisheit nahm zu; Gott und die Menschen hatten Gefallen an ihm." (Lk 2,46-47.52). Der erste Baustein glückender Kommunikation ist das Hinhören. In der Geschichte vom Zwölfjährigen lernen auch seine Eltern dazu. Sie hatten Angst, zu versagen (vgl. Lk 2,48). Durch das Verhalten Jesu konnten sie lernen, dass ihre Angst unnötig war.

Von Jesus kann gelernt werden: „Nehmt mein Joch auf euch und lernt von mir; denn ich bin gütig und selbstlos. So werdet ihr in euren Herzen Ruhe finden." (Mt 11,29). Die Bergpredigt Jesu ist eine Zusammenfassung seiner Ethik (vgl. Mt 5,1-7,28). Das Ziel ist die Glückseligkeit. „Er lehrte in ihren Synagogen und wurde von allen gepriesen" (Lk 4,15).

Geschlechtstrieb: Wie jeder andere Trieb zielt auch der Geschlechtstrieb auf Befriedigung. Was aber ist befriedigend? Wann ist jemand zufrieden? Der Geschlechtstrieb eines freien Mannes oder einer freien Frau wird von der eigenen Freiheit und der Freiheit des anderen bestimmt. Wahr ist das, was stimmt! Dadurch ergibt sich einerseits ein breites Spektrum von Möglichkeiten, durch die der Geschlechtstrieb befriedigbar ist, andererseits aber ist jede Freiheitsgeschichte einmalig und so besonders, dass die Freiheitsgeschichten einzelner im Grunde unvergleichbar sind, weil die Form der Liebe so der Freiheit des einzelnen anvertraut ist, dass letztlich nur im Dasein vor der absoluten Freiheit Gottes der eigene Geschlechtstrieb angemessen realisiert werden kann. Dabei spielt das eigene Gewissen in der Beziehung zu einem möglichen Geschlechtspartner eine wesentliche Rolle.

Das geschlechtsbezogene Verhalten des freien Mannes Jesus Christus ist einerseits sehr human und liberal, andererseits äußerst extrem. Wie selbstverständlich ist er bei einer Hochzeit als Gast anwesend (Joh 2,1-12). Eine Ehebrecherin verurteilt er nicht (vgl. Joh 8,1-11), wirft keine Steine auf sie. Den Besessenen von Gerasa befreit er von einem aggressiven Sexualkomplex (vgl. Lk 8,26-39). Der Mann aus Nazareth gründet eine Bibelschule, in der Frauen nicht nur bestimmte Aufgaben und Funktionen innehaben, z. B. ihr Vermögen entsprechend einzusetzen, sondern entscheidend ist, dass sie wesentlich dazugehören (vgl. Lk 8,1-3).

Zumindest ein Teil der Jünger und Jüngerinnen Jesu lebte ehelos wie er (vgl. Mk 10,28-31). Diese Lebensform wurde sonst nur in apokalyptischen Kreisen praktiziert. Aufgrund seines eschatologischen Bewusstseins entschied sich Jesus, freiwillig so zu leben, dass er ins Äußerste gehen konnte, in den Tod am Kreuz. So wurde er – einmalig und unvergleichlich – Opfer, Täter und Retter zugleich.[13]

Die Art und Weise Jesu Christi als freier Mann zu leben, führte im Laufe der Spiritualitätsgeschichte dazu, zölibatäre Lebensformen zu entwickeln, bei denen der Geschlechtstrieb in die jeweilige Freiheitsgeschichte mehr oder minder integriert wurde. Von außen her lässt sich kaum beurteilen, inwieweit die Angst vor Verletzung dabei leitend war, der Machttrieb also die Triebfe-

---

[13] Vgl. Friedrich Erich Dobberahn, Der Gottesknecht bei Deuterojesaja und bei Jesus von Nazareth, in: Wagnis der Freiheit. Festschrift für Paul Imhof, hrsg von Friedrich Erich Dobberahn u. Johanna Imhof, Taufkirchen 2009, 56-83.

der gewesen ist. Ähnliches gilt von der christlichen Lebensform Ehe, in der freie Männer und freie Frauen zusammenleben, gemeinsam alt werden oder sich wieder trennen.

Erst im Blick auf die Triebe in ihrer Gesamtheit lassen sich bezüglich der Zukunft verantwortbare Entscheidungen treffen. Das Bedingungsgefüge der Triebe ist zu berücksichtigen, die eigene Freiheit lässt sich darauf jedoch nicht reduzieren. Die Selbstverantwortung des einzelnen bleibt genauso unersetzbar wie die bleibende Würde, die ihm aufgrund seines Menschseins zukommt.

Das Plädoyer für die Lebensform Ehe (vgl. Mt 19,3-12) oder die Vergesellschaftung im Kreis um Jesus zielt auf eine Entscheidung. So fragt er die Seinen, nachdem ihn viele verließen und nicht mehr begleiteten: „Wollt auch ihr weggehen? Simon Petrus antwortete ihm: Herr, zu wem sollen wir gehen? Du hast Worte des ewigen Lebens. Wir haben geglaubt und erkannt: Du bist der Heilige Gottes." (Joh 6,66-69).

Zur Unterscheidung der Geister und der Triebe

Sobald Ängste zu Beliebigkeit und Willkür verleiten, ist die Rede Jesu eindeutig: „Euer Ja sei ein Ja, euer Nein ein Nein" (Mt 5,37). Man soll nicht schwören und nichts beschwören (vgl. Mt 5,33-36)! „Christus hat uns befreit, und nun sind wir frei" (Gal 5,1), so wird sein Apostel Paulus formulieren. Die organischen Triebe dienen der Freiheit des Menschen; der Scheinkommunikationstrieb und seine Subtriebe kaschieren das Gier- und Suchtverhalten, weil sie aufgrund von Ängsten agieren. Das Leben ist ein großes Experiment, in dem es um die Unterscheidung der Triebe und der Geister geht. Von inneren Regungen und Bewegungen spricht Ignatius von Loyola. Sie sind zu unterscheiden.

Manchmal plötzlich, oft aber auch schleichend, dringt die Welt der Scheintriebe in die Welt der organischen Triebe ein. Nahezu unbemerkt gelangt so der befriedigte Nahrungstrieb durch ein Zuviel an Essen und Trinken in die Gefilde des Todestriebs. Und das Lebewesen schadet sich. Gier und Sucht machen sich breit. Das Maß geht verloren, die Maßlosigkeit nimmt zu.

Ähnliches kann man beim Spieltrieb beobachten. Nach einiger Zeit des Miteinanderspielens drängt sich bei einer Person immer mehr der Geltungstrieb in den Vordergrund: Ich will unbedingt gewinnen und auf gar keinen Fall verlieren! Die Atmosphäre ändert sich. Anstelle von Freude und Spaß kommt es zu Streit und Missgunst. Und schließlich muss das Spiel sogar abgebrochen werden. Denn jemand kommt mit seinem unbefriedigten Geltungstrieb nicht mehr zurecht.

Wie schaut das Verhältnis zwischen Macht- und Geschlechtstrieb aus? In ein befriedigendes Miteinander kehren alte Muster der Dialektik von Herr und Knecht zurück. Plötzlich fühlt sich jemand unterdrückt und wirft dem anderen vor, ihn auszunutzen. Und umgekehrt: Anstelle von freier Lust am Leben treten Überlegungen, was man tun soll, damit der andere und man selbst zufrieden bleiben. Das Thema Schuld bestimmt die Tagesordnung.

Die Problematik zwischen den organischen und moralischen Trieben führt zu weitreichenden Konsequenzen, wenn der Scheinkommunikationstrieb den Kommunikationstrieb zu absorbieren versucht. Aus einem kommunikationsfähigen Wesen wird langsam oder plötzlich ein Scheinkommunikant. Dies kann dazu führen, dass Beziehungen, die bisher glückten, von nun an misslingen; jemand meint in diesem Zusammenhang, den Beruf wechseln zu müssen. Veränderungen auf dieser Basis wirken sich jedoch erwartungsgemäß katastrophal aus. Ein neuer, anderer Anfang wird nötig werden!

Auf der einen Seite geht es um die Gefährdung der organischen Triebe durch die moralischen Triebe und die damit verbundenen Übergriffigkeiten; andererseits jedoch besteht auch die Möglichkeit, mit Hilfe der organischen Triebe die moralischen Triebe und die damit verbundenen Ansprüche zurückzudrängen, ja schließlich im eigenen Leben sogar aufzulösen.

Dazu hilft das Evangelium Jesu Christi, weil es lehrt, die Geister und die Triebe zu unterscheiden. Ein christliches spirituelles Zentrum ist zugleich eine Schule der Gefühle. Bei klassischen Exerzitien werden die Geister, z. B. der Engel des Lichts und der Geist der Lüge, anhand von Trost und Misstrost unterschieden. Gefühle werden spirituell gedeutet. Geister haben eine emotionale Konnotation. Es geht um eine psychologische Spiritualität bzw. eine spirituelle Psychotherapie. In den Trieben treffen sich Geist und Körper, d. h. sie sind seelisch relevant. Was ist dem Untergang zu weihen, damit die Geistseele nicht höllenwärts getrieben wird, und wie geht der eigene Weg in der Spur Jesu Christi weiter? In Gebet und Kontemplation, in Reflexion und im Gespräch mit der eigenen geistlichen Begleitung wird versucht, den roten Faden im eigenen Leben zu erkennen.

In Jesus Christus kommt Menschheit und Gottheit überein, so der Glaube der Christen. Die Wirklichkeit Jesu ist davon bestimmt gewesen, dass er das Leben eines wahren Menschen führte. Er existierte in der natürlichen organischen Triebstruktur und wusste um die Ängste und Krankheiten seiner Mitmenschen. Er war ein menschheitlicher Mensch mit Zukunft, d. h. er ist auferstanden in die Herrlichkeit Gottes und lebt weiter im Leib der Menschheit.

Begrifflich lässt sich gut zwischen Gott und Gottheit unterscheiden. Die Wirklichkeit Christi steht für die Gottheit. Sie ist vergegenwärtigt im Wort Gottes (Offb 19,11-16), im Messias bzw. Christus, dem Sohn Gottes (vgl. Mt 16,16), dem ewigen, schöpferischen Logos (vgl. Joh 1,1-18). Gott, das absolute Geheimnis, das von allem Geschaffenen restlos verschieden ist, wirkt durch den Heiligen Geist, der in Jesus Christus vermittelt ist. Durch den Heiligen Geist findet die Kommunikation des ungeschaffenen Geistes, also Gottes an und für sich, statt und die Kommunikation mit allem Geschaffenen, das je nach Seiendheit mit anderen Seienden kommunizieren kann.[14] In diesem Sinn lässt sich die Dynamik des Lebens in der geschaffenen Realität als Kommunikationstrieb definieren. Seine Differenzierung geschieht in den organischen Subtrieben, nämlich dem Nahrungstrieb, dem Spieltrieb und dem Geschlechtstrieb.

Perspektiven der Ethik

Ein Blick in die jüdische Tradition macht deutlich, wie in einer Ethik, die in Gott gründet, die Freiheit, die sich Gott verdankt, das Prinzip der Rechtsprechung ist. „Der große jüdische Gelehrte Hillel rät »... beurteile deinen Nächsten nicht, bis du an seine Stelle gekommen bist« (Mischna Awot 2,4). Deswegen ist die ideale Rechtsprechung, wenn der Mensch sich selbst richtet. Das Ziehen der Schlüsse aus dem vergangenen Jahr ist das Gericht selbst. Der

---

[14] Vgl. Volker Keding, Gottes Geist erfahren am ganzen Menschen. Eine Relecture der Pneumatologie Martin Luthers, in: Wissen um Werte, hrsg. von Paul Imhof u. Josef Reiter, Scheidegg 2007, 250-283. Leben im Geist. Perspektiven der Spiritualität, hrsg. von Paul Imhof u. Gabriel-Alexander Reschke, Scheidegg 2005.

Mensch prüft seine Taten, Worte und sogar seine Gedanken, »ob alles korrekt war, ob Verbesserungsbedarf besteht«. G'tt auf der anderen Seite richtet auch an Rosch Haschana. Entsprechend sagt Raw Huna – in Übereinstimmung mit Hillel – im Namen von Rabbi Ami im Midrasch Rabba: »Der Heilige, gelobt sei Er – Er ist der Platz der Welt, nicht die Welt Platz von Ihm.« Mit anderen Worten: G'tt, der »alle Welten umgibt und alle Welten füllt«, ist an jeder Stelle und besitzt somit die Eignung gemäß der zitierten Mischna (»... beurteile deinen Nächsten nicht, bis du an seine Stelle gekommen bist«), alle Menschen zu richten.«[15]

Gott ist der Heilige. Das menschliche Streben nach Ganzheit und Heiligkeit geschieht in Stufen und Prozessen. Bei diesem Prozess lassen sich der Nahrungstrieb und der Geschlechtstrieb unterscheiden. „Die Kräfte menschlicher Triebe können enorme Energien entfalten und sowohl zerstörerisch als auch aufbauend wirken. Man unterscheidet heute den Individual-Erhaltungstrieb (Beschaffung von Nahrungsmitteln und Deckung der für das Überleben benötigten elementaren Bedürfnisse) und den Arterhaltungstrieb (Sexualtrieb). Nur wer seine Triebe auf allen Ebenen unter Kontrolle zu bringen vermag, kann nach der Heiligkeit streben.“[16] Die Kontrolle besteht jedoch darin, angstunabhängig, d. h. frei zu entscheiden. So wird Freiheit als regulative Idee durch Tathandlung konkret.

Die Befriedigung des Kommunikationstriebs und des Spieltriebs sind ebenfalls unabdingbar, um in der modernen Gesellschaft bestehen zu können. „Da sich Gesellschaften durch Kommunikation konstituieren, kommt die Verhinderung von Kommunikation heute einem Ausschluss aus der Gesellschaft gleich ... Jede moderne Gesellschaft ist von ständiger Kommunikation durchdrungen ... Die Gegenwart zeigt, dass es dringend an der Zeit ist, die Debatte, ob der Zugang zum Internet ein Menschenrecht sein sollte, zu beenden. Denn im Grunde ist sie längst entschieden, wenn man nur die sehr viel simplere Wahrheit anerkennt, dass Menschen kommunikative Wesen sind. Ohne digitale Kommunikation kann heute Gesellschaft nicht mehr ent-

---

[15] Der Vorstand der ORD, Tag des Gerichts, in: Jüdische Allgemeine, Nr. 39-40/14, 23. September 2014.

[16] Israel M. Levinger, »Seid heilig!«, in: Jüdische Allgemeine, Nr. 19/16, 12. Mai 2016.

stehen ... Das Internet bedeutet Zugang zu Bildung, zu Unterhaltung und Kultur, es ist Grundlage für soziale Teilhabe."[17]

Wenn man den Glauben an die Transzendenz des schöpferischen Gottes einklammert, der sich nach dem Glauben der Christen dreifaltig geoffenbart hat, bleibt die Natur als Gegenstand der modernen Naturwissenschaft übrig. Die Natur wird nicht als Schöpfung gedeutet. Sie ist Gegenstand der Kosmosoziologie, zu der eine entsprechende Trieblehre gehört.[18] Die Ethik wird naturrechtlich begründet.

Systemisch gewendet scheint sich das Weltall um eine unsichtbare Achse zu drehen, das Zentrum der Welt.[19] Diese Weltenachse wirkt kulturgeschichtlich relevant im Maibaum und in der Esche Yggdrasil. Sie ist der Dreh- und Angelpunkt für archaische Ordnungen, die sich kosmisch orientieren. Der zentrale Wert ist die Rücksicht (engl. *consideration*; lat. *sidera*, dt. *Gestirne*). Wie können wir gemeinsam unter dem Sternenhimmel leben?

Damit sich Menschen unterschiedlicher Kulturen in Geschichte und Gegenwart nicht nur verständigen, sondern verstehen können, bedarf es eines ethischen Bewusstseins, systemischer Kompetenz und mehrsprachiger, polyglotter Persönlichkeiten. „Vor allem eines ist mir immer wertvoller und wichtiger geworden: Es ist die Zeit und die Einsicht, dass jeder Tag und jede Stunde zu wertvoll und zu wichtig sind, als dass man sie nutzlos verbringt und umsonst verstreichen lässt. Man begreift immer stärker die Verantwortung, dass das Recht, Fehler zu begehen, immer geringer wird. Vor allem ist mir die Liebe zu den Menschen meines Lebenskreises noch tiefer bewusst geworden, als sie jemals schon war. Und ich fühle zutiefst, dass das wahre Lebensglück darin besteht, an seinen Mitmenschen und für die Welt Gutes tun zu dürfen."[20]

---

[17] Ben Wagner, Könnt ihr mich hören?, in: Süddeutsche Zeitung, Feuilleton Nr. 212, 15. September 2015.

[18] Vgl. Reinhard Brock & Paul Imhof, Wissenschaft Kosmosoziologie. Science Cosmosociology. Kommunikation und Kommunikative. Communication und Communicative. Grundlagen der Theorie. Basis of the Theory, Taufkirchen 2013.

[19] Vgl. Herbert Huy, Centrum Mundi. Ein systemisches Konzept, München, www.centrum-mundi.de.

[20] Eduard Saroyan, Nachwort des Jubilars: „Fürsprecher der Menschheit", in: Ecce Verum Ecce Lingua, hrsg. von Erich Friedrich Dobberahn u. Dieter Friedrichs, Taufkirchen 2015, 412.

Bei der Frage nach den Mitmenschen und der Welt entsteht ein Weg, der immer wieder in die Welt der Triebe führt. Die sprachliche Metaebene, in der die Triebe reflektiert werden, bedarf sowohl der phänomenologischen als auch der transzendentalphilosophischen Methode. Denn wie offensichtlich einzelne Phänomene auch sind, so unsichtbar ist doch oft die Triebdynamik, die hinter jeglichem steckt. Eine ausführliche Versprachlichung der Triebe und ihre Auswirkungen muss daher so angelegt sein, dass sie sowohl als Selbstreflexion eines Menschen aufgefasst werden kann, der sich seiner Triebdynamik bewusst wird, wie auch als ein inneres Gespräch der Triebwirklichkeit mit sich selbst, in der Geist und Körper und Seele existieren.

Triebe sind verhaltensrelevant. Sie laufen in der Spirale der Logik der Freiheit, dem Material- und Formalprinzip der Ethik. In der Ethik geht es um ein natürliches, freies Verhalten mittels der organischen Triebe, in der Moral um ein gesetzliches, künstliches Verhalten aufgrund der moralischen Triebe.

Werden weder die natürlichen noch die moralischen Triebe dauerhaft befriedigt, entstehen Krankheiten, vor allem die sogenannten Triebkrankheiten.[21] Um Krankheiten zu vermeiden, bzw. um gesund zu leben, werden ethische Weisungen und moralische Normen formuliert. Die pädagogischen Konzepte für ein gelingendes und glückliches Leben sind zahlreich.[22]

Eschatologische Ethik

Ein Spezialfall von Ethik ist die theologische Ethik. „Das Proprium theologischer Ethik besteht darin, Zeitlichkeit und Ewigkeit zusammenzudenken. Sie spricht den Menschen in seiner Endlichkeit an und bezieht sich gleichzeitig auf die Ewigkeit im Sinne der Wirklichkeit Gottes. Auf dieses Weise verbindet sie die Zeitgebundenheit sowie wie die Zeitenthobenheit des Menschen ebenso wie seine Verantwortung für Vergangenes, Gegenwärtiges und Zukünftiges und Freiheit für Handlungen in der Gegenwart miteinander und stellt einen per se besonderen ethischen Ansatz dar."[23] Eine solche Ethik fin-

---

[21] Vgl. Reinhard Brock & Paul Imhof, Menschenrecht Kommunikation, Neckenmarkt 2011, 66-69.

[22] Vgl. Robert E. Maier, Pädagogik und Glück. Aktuelle Perspektiven der aristotelischen Erziehungslehre, Taufkirchen 2012.

[23] Thesenreihe zur Zeitdimension der Ethik, hrsg. vom Graduiertenkolleg „Die Zeitdimension in der Begründung der Ethik", Universität Mainz 2016, 3.5.

det sich in der Ethik des Johannes, dem Theologen.[24] Dabei handelt es sich um eine eschatologische Ethik, in der vergangene Zeiten integriert sind. Sie ist aktuell und zukunftsorientiert.

Die Ethik der Offenbarung des Johannes hat die Wurzel ihrer Wirkungsgeschichte zunächst in Kleinasien. Sie steht im Kontext der Zeitauffassung des ersten Jahrhunderts. Terminus, Janus, Kronos, Kairos, aber auch die Fülle der Zeit sind Horizonte des Verstehens und der ethischen Praxis. Aufgrund der Seidenstraße eröffneten sich Perspektiven auch für das chinesische Zeitverständnis (chen) und das buddhistische Weltverständnis mit den drei Buddhas der Zeitigung. Der Duktus der Antike reicht bis in die Gegenwart, die von quantenphysikalischen Einsichten geprägt ist. In den Seligpreisungen, den sog. Makarismen wird sowohl die Dimension der Seligkeit als auch des Glücks berücksichtigt. Die Ethik mit ihrem Ziel der Glückseligkeit bleibt relevant.

Glückseligkeit ist das erstrebenswerte Gut christlicher Ethik und Spiritualität. Glück lässt sich als die irdische Form, Seligkeit als die himmlische Weise des Lebens in Fülle definieren. Glückseligkeit ist das Ziel der Thora Jesu Christi. Seine Stunde schlägt, als die Griechen, die Meister der Philosophie und der Psychologie nach ihm fragen. (Vgl. Joh 12,20-36). Er freut sich an ihrem Interesse an seiner Ethik, deren unausgesprochenes Ziel die Eudaimonia ist, die Glückseligkeit im Horizont der Ewigkeit.

Seine Jünger und Jüngerinnen sollen den Völkern in Gottes Namen alles beibringen, was sie von ihm gelernt haben, so dass sie die Glückseligkeit an der Welt Ende in der immerwährenden Gegenwart Jesu Christi erfahren (vgl. Mt 28,19-20). Wie wundersam, wenn der Trost der Ewigkeit im Glück aufleuchtet; selbst das Unglück kann dann noch ein Ort von Heilserfahrung werden.[25]

Der Text der Johannesoffenbarung ist von acht Seligkeiten durchwoben, deren Wahrheit durch das Wirken des Heiligen Geistes erkannt werden kann; so der christliche Glaube. Bei den ersten Versen des Textes handelt es

---

[24] Vgl. Paul Imhof, Das ewige Evangelium. Perspektiven der Johannesoffenbarung, Taufkirchen 2014. Ders., Rezension zu Peter Karin, Apokalyptische Schrifttexte. Gewalt schürend oder transformierend? Ein Beitrag zu einer dramatisch-kritischen Lesart der Offenbarung des Johannes, Münster 2011, in: Salzburger Theologische Zeitschrift, 16.Jg. Heft 2, 2012, 389-393.

[25] Vgl. Paul Imhof, Christliches Familienstellen, 2. Aufl., Münsterschwarzach 2016.

sich keineswegs um ein esoterisches Channeling, sondern um eine klare Aussage über den eigentlichen Autor des Textes (vgl. Joh 1,1): Gott gab dem Christus eine Offenbarung, die dieser denen mitteilte, die auf ihn hören. Sie wurde spirituell vermittelt, d. h. durch den Engel, der Johannes in Sprechsprache inspirierte, die in Schriftsprache umgesetzt wurde. Im Buch der Bibel, die sich auswendig lernen lässt, ist also inwendig die Heilige Schrift verborgen, durch die das Wort des HEILIGEN gehört werden kann.

Die Seligpreisungen Jesu werden in den acht Seligpreisungen des wiederkehrenden Christus aus ewigkeitlicher Perspektive aufgegriffen. Sie sind, eschatologisch gesehen, „Ipsissima verba", höchst persönliche, ursprüngliche Worte Jesu Christi. Durch sie spricht sich das WORT Gottes in Raum und Zeit aus. Johannes, der Theologe, hat die Seligpreisungen auf Patmos gehört und aufgeschrieben.

Die acht Seligpreisungen des wiederkehrenden Christus möchten die Menschen motivieren, sich dem Heilsgericht Gottes zu stellen, durch das die Menschheit wieder ins Lot kommt. Was ist dem Untergang geweiht und was hat Zukunft?

1. Glückselig, wer die prophetischen Worte der Deutung vorliest (Offb 1,3) und
2. Glückselig die, welche sie hören und bewahren, was in ihnen geschrieben ist, denn der entscheidende Augenblick ist ganz nahe (Offb 1,3).
3. Glückselig sind die Toten, die in Gott sterben, von jetzt an. Ja, spricht der Geist, sie sollen ausruhen von ihren Mühsalen, denn ihre Taten folgen ihnen nach (Offb 14,13).
4. Glückselig, wer wacht und seine Kleider (griech. himatia) festhält (griech. teron), damit er nicht nackt herumläuft und man seine Scham sehe (Offb 16,15).
5. Glückselig sind, die zum Hochzeitsmahl des Lammes berufen worden sind. Diese Worte sind wahrhaftige Gottesworte (Offb 19,9).
6. Selig und heilig, wer teilhat an der ersten Auferstehung. Über diese hat der zweite Tod keine Macht, sondern sie werden Priester Gottes und des Christus sein, und sie werden mit ihm tausend Jahre regieren (Offb 20,6).

7. Glückselig ist, wer die Worte der Weissagung dieses Buch festhält (teron) (Offb 22,7).

8. Glückselig, die ihre Gewänder (griech. stolas) waschen, damit sie Anteil haben am Baum des Lebens und durch die Tore in die Stadt hineingehen (Offb 22,14).

Christozentrische Ethik ist eschatologische Ethik! In ihr wird die Spannung zwischen gesellschaftlichem Engagement im Strom der Heilsgeschichte vor dem Hintergrund der Offenbarungsgeschichte und einem Leben an der Grenze zwischen dem Diesseits der Zeit und dem Jenseits der Ewigkeit zum Austrag gebracht. Jeder Augenblick kann der letzte sein! Gerade dadurch entsteht eine große Freiheit, geschichtliche Herausforderungen anzunehmen. Denn die eigene Zukunft hängt nicht schlechthin vom Erfolg in der Zeit ab.[26] Je ewigkeitsorientierter jemand lebt, desto freier ist er bezüglich seiner Entscheidungen in der Welt. Ein solcher Mensch existiert in großer Gelassenheit von Gestalt zu Gestalt: in Glaube, Hoffnung und Liebe.

Systemische Ethik

Die christozentrische Aufstellungsarbeit geht vom Faktischen aus, das im Horizont der eigenen Vernunft und Freiheit begriffen werden kann. Wie lässt sich die eigene Identität in der Menschheit zeigen? Was besagt die eigene Identität bezüglich der Gottheit? Zu welchen Konsequenzen regt der christliche Offenbarungsglaube an? Das Spektrum menschlicher Existenz ist breit. Der genetische Unterschied zwischen Mann und Frau ist zu berücksichtigen. Darüber können auch Ideologien nicht hinwegtäuschen, das heißt Ideengebäude, die aufgrund eines gesellschaftlichen bzw. politischen Interesses an Gleichmacherei erzeugt werden.

Die Lebenskreise eines männlichen und eines weiblichen Wesens lassen sich dreifach strukturieren. Im Blick auf sie kann die entsprechende Identität im Allgemeinen so differenziert werden: Im Familiensystem ist das Kind die Basis des Mutterseins. In einer sexuell verschiedenen Geschlechtsgemein-

---

[26] Vgl. Paul Imhof, Reisen ist Leben, in: Unterwegs zum Ursprung, Bd. I, hrsg. von Sebastian D. Plötzgen, Taufkirchen 2014 (Vorabdruck); Ders., Spirituelle Reisen. Unterwegs zum Ursprung, Bde I. u. II., Taufkirchen 2017.

schaft ist der Mann der Mensch, dem das Frausein korrespondiert; in der Beziehung zu anderen Menschen wird das Schwestersein ethisch relevant. Von Mütterlichkeit, Weiblichkeit und Schwesterlichkeit werden die genetischen, nicht unbedingt die kulturellen, politischen und religiösen Relationen bestimmt.

Vom Vatersein her gesehen sind ebenfalls – analog zum Muttersein – die Kinder im Familiensystem das Gegenüber, für das zu sorgen ist. Wie bei der Mutterschaft gibt es selbstverständlich genetische, seelische und geistige Vaterschaft. Vatersein ist angesagt. In einer sexuell verschiedenen Geschlechtsgemeinschaft ist die Frau der Mensch, auf die hin das eigene Mannsein sich ausrichtet. In der Beziehung zu anderen Menschen ergibt sich aus dem Brudersein die Brüderlichkeit. Von Väterlichkeit, Männlichkeit und Brüderlichkeit werden die genetischen und manchmal auch die kulturellen, politischen und religiösen Verhältnisse bestimmt.

Eine Frau oder ein Mann kann ein ganzer Mensch werden, indem er bzw. sie geschlechtsspezifisch unterschiedlich mütterliche, weibliche, schwesterliche und väterliche, männliche, brüderliche Anteile an und für sich realisiert.

Aufgrund der menschheitlichen Zusammengehörigkeit sind wir alle Mitglieder der Menschheitsfamilie. So können Mann und Frau einander artspezifisch repräsentieren. Sie sind menschliche Wesen, was sich nicht zuletzt in kultureller Identität und guten Rechtsordnungen ausdrückt. Angesichts des christlichen Offenbarungsglaubens bezüglich Gottes, der ewigen, schöpferischen Liebe, führt dies da und dort im Geschlechterverhältnis zu religiös begründeten Differenzierungen. In diesem Zusammenhang heißt religiös: institutionell gläubig.

Da die Gottheit Gottes, der von allem Geschaffenen restlos verschieden ist, als göttliche Wirklichkeit angebetet werden kann, legt es sich nahe, dass eine unendliche Vielgestaltigkeit menschlicher Verhältnisse in Natur und Kultur entsteht. Wie finden der einzelne bzw. die einzelne in Liebe und Freiheit zu seiner bzw. zu ihrer einmaligen Gestalt und zu seinem bzw. ihrem Platz in der Menschheit vor Gott, der absoluten Freiheit? Frömmigkeit zielt auf Ganzheit und Einheit.

Sobald Gott als VATER verehrt wird, aus dem die Schöpfung wie aus einer Mutter herausgeboren wird, entsteht bei den Menschen das Bewusstsein, zu der einen Menschheitsfamilie zu gehören. Wir sind Gottes Geschöpfe. Betende Menschen setzen diese Grunderfahrung auch ethisch um.

Gott in seiner ungeschaffenen Wirklichkeit offenbart sich in seinem HEILIGEN GEIST, der nicht nur das Bei-sich-sein Gottes bewirkt, sondern nach Außen in das Ganz-andere Gottes, nämlich in die Schöpfung hinein wirkt. Der Hl. Geist ist die Dynamik der Kommunikation, die sich letztlich Gott verdankt. Das ganze eigene Leben kann in diesem Kraftfeld durchbuchstabiert werden. Das pfingstliche Ereignis des eigenen Selbstverstehens und das Verstehen der anderen in ihrer Sprache ist ein unabschließbares Kommunikationsgeschehen, das sich ab und zu auch festlich feiern lässt.

Die Konkretion Gottes in der Menschheit wird an Christus bzw. dem Messias fest gemacht. Der jüdische Spitzentitel für das befreiende und erlösende Interesse Gottes lautet: SOHN Gottes. Die Beziehung zu Christus, der nach dem Glauben der Christen in Jesus von Nazareth inkarnierte, führt dazu, dass sie sich anhand von Bruder Jesus als Söhne und Töchter Gottes verstehen können. Er gründet eine Gemeinschaft, in der die Geschwisterlichkeit zwischen Männern und Frauen wesentlich ist (vgl. Lk 8,1ff; Mt 4,16ff). Entscheidend dabei ist, dass der Ursprung Jesu Christi sowohl in der Gottheit wie in der Menschheit gründet. Bei christozentrischen Aufstellungen wird das Mysterium von Weihnachten und Ostern systemisch zugänglich. Liturgische Vollzüge verdeutlichen dies.

Um welche Relationen zwischen den Weisen der göttlichen Präsenz – neutestamentlich formuliert: VATER, SOHN, GEIST – es sich jeweils handelt, ist vor allem soteriologisch relevant, das heißt, was ist für eine einzelne Frau bzw. für einen einzelnen Mann heilsam.

Vor dem Hintergrund einer trieborientierten Kommunikationstheorie lassen sich einzelne geschlechtsspezifische Bezeichnungen mit Perspektiven verbinden, die das jeweilige Miteinander (Kommunikationstrieb), Beieinander (Nahrungstrieb), Zueinander (Spieltrieb) und Ineinander (Geschlechtstrieb) zum Ausdruck bringen. Der Leib ist der Spiegel der Seele und des Geistes, die dort präsent sind. Was sich spiegeln lässt, ist zugleich aber auch eine andere Wirklichkeit. Die Logik der Psycho-logie und der Philo-sophie bzw. der Theo-logie ist von der Physio-logie unterscheidbar.

Welche Beziehungsstufen einer gegenseitigen Wahrnehmung sind sprachlich greifbar? Dem Kommunikationstrieb lassen sich die Bezeichnungen

Herr und Herrin zuordnen. Nicht das Beherrschen sollte im Vordergrund stehen – dies gehört zum Machttrieb – sondern, die damit verbundene Herrlichkeit, das heißt die Schönheit, der Glanz, die Würde und Bedeutsamkeit, die *miteinander* erlebbar sind.

In der Perspektive des Nahrungstriebes lässt sich das *Beieinander* mit einem Festmahl feiern. Der Gemahl und seine Gemahlin bzw. die Gemahlin und ihr Gemahl laden Gäste dazu ein. Essen und Trinken schafft Zufriedenheit. Bei einem Totenmahl kommt der Todestrieb zu seinem Recht. Während einer Agapefeier wird rituell derer gedacht, die schon weitergereist sind.

Der Spieltrieb leitet dazu an, Wesentliches zu lernen. Alles braucht seine Zeit der Vorbereitung. Das Spiel des Lebens findet im gegenseitigen *Füreinander* zukunftsorientiert statt. Bei einem Paar spricht man von Braut und Bräutigam. Wenn die Regeln nicht beachtet werden, die besagen, dass es sich um ein angstfreies, ehrliches Geschehen handelt, bei dem jede Form von Täuschung destruktiv ist, kommt der Geltungstrieb zum Zuge. Wo Zuwendung war, findet Abwendung statt.

Auf der animalischen Ebene spricht man beim praktizierten Geschlechtstrieb von Begattung. In der Menschenwelt sind Mann und Frau einander Gatte und Gattin, die im Akt der Paarung verschiedene Positionen einnehmen können. In ihrer Intimsphäre sind sie frei, sich entsprechend zu entscheiden. Durch ihr fruchtbares *Ineinander* bekommt das Menschengeschlecht eine Zukunft. Werden die zeugenden und austragenden Kräfte hingegen nicht in Liebe realisiert, führt bzw. verführt der Machttrieb zu einer Missbrauchsgeschichte.

Das Triebpaar-Schema Herr/Herrin, Gemahl/Gemahlin, Bräutigam/Braut, Gatte/Gattin ist auch ein gutes Raster, um Dreiecksverhältnisse zu verstehen. Anstatt dass ein Paar alle organischen Triebe nicht mehr nur miteinander praktiziert und auf die Realisierung der Scheintriebe verzichtet, kann es dazu kommen, dass die Triebbefriedigung auf drei Personen aufgesplittet wird. So wird zum Beispiel der Geschlechtstrieb exklusiv durch zwei Personen realisiert, die vorher kein Paar waren. Dem Spieltrieb wird hingegen vielleicht nur von einem der früheren Ehepartner nachgegeben. Ein gemeinsames Mahl aller Personen und ihrer Familienangehörigen ist aktuell oft nicht möglich. Nur die Kommunikation und die Scheinkommunikation funktioniert mehr oder minder zwischen allen drei Beteiligten.

Werden die Struktur und die damit verbundenen Dynamiken verstanden, können einzelne Personen daraus ihre Konsequenzen ziehen. Welche organischen Triebe lassen sich in der Beziehung zu dem geliebten Partner verwirklichen? Welche Triebe können intensiver realisiert werden? Und welche Triebe sind aufgrund der Freiheits- bzw. Unfreiheitsgeschichte einzelner Personen in der Gegenwart, vielleicht auch in Zukunft nicht mehr aktivierbar? Durch Entscheidungen zu neuer Nähe und Ferne können Systeme wieder in Balance kommen. Eigene Vorstellungen, Wünsche und Ideen können verhindern, dass die Ergebnisse einer sachkundigen Aufstellungsarbeit im Leben nicht umgesetzt werden.

Definiert man eine Ideologie als eine Lehre von den Ideen, die eine sprachliche Form gefunden haben, dann hat dies zur Folge, dass die Begriffe, unter denen etwas völlig Verschiedenes verstanden wird, sich logischerweise nicht auf dieselbe Wirklichkeit im gleichen System beziehen können. Handelt es sich um unterschiedliche Ideologien, die in sich konsistent und erfahrungsbezogen sind, ist zwischen ihren Repräsentanten ein Dialog möglich und durchaus sinnvoll.

Wenn alltagssprachlich jedoch die Rede von Gott mit der Definition vom Teufel verwechselt wird, ist dies gruppendynamisch, ja gesellschaftlich, relevant. Denn dann ist Kommunikation und Scheinkommunikation begrifflich dasselbe. Und irgendwann zerbricht die sprachliche Brücke, einander verstehen zu können. Der Ton wird aggressiver, statt Begegnung stellt sich Vergegnung ein. Konflikte und negative Abgrenzungen sind die Folge. Der Frieden ist gefährdet. Eine Zeit endloser Definitionsversuche und Verhandlungen beginnt. Es kann sein, dass das Kommunikationsgeschehen völlig abgebrochen wird.

Gesellschaftlich gesehen bahnen sich so kriegerische Auseinandersetzungen an. Religionskriege, bei denen der Feind verteufelt wird, sind besonders grausam, weil die Welt des Geistes und der Seele sprachlich aus den Fugen geraten sind, sodass ein freies, natürliches Miteinander, das den anderen zumindest in seiner Physis achtet, nicht mehr möglich scheint. Trotz der konträren, ja kontradiktorischen Ideologien kann jedoch die Kommunikationsgemeinschaft erhalten bleiben, solange Toleranz und Rücksicht praktiziert werden, auch wenn sich die Wahrheitsfrage im zwischenmenschlichen Miteinander nicht klären lässt.

2. MITEINANDER IM GESPRÄCH
Lösungsorientiertes Aufstellen
Paul Imhof

Der sokratische Dialog ist nicht erst seit Plato eine Grundform des philosophischen Gesprächs. Aristoteles, der Naturwissenschaftler und Plato, der Geisteswissenschaftler waren Schüler des Sokrates, der seine philosophische Methode, die Maieutik, wohl seiner Mutter, einer Hebamme, abgeschaut hat. Jede Theorie (altgr. *theorein*, schauen) lebt von der Anschauung. Begriffe ohne Anschauung sind leer, wird Kant später formulieren.

Die Maieutik (Hebammenkunst) ist die praktische Philosophie des systemischen Aufstellens: Das wesentliche Leben ist schon da, es soll jedoch noch zum Vorschein kommen, so dass es nicht nur das Licht der Welt erblickt, sondern auch von den Zuschauern wahrgenommen und akzeptiert werden kann. Was unsichtbar war, wird sichtbar. Im Gespräch kann auf einiges aufmerksam gemacht werden, so dass es erkannt und verstanden wird.

Unsere Dialoge wurden so gestaltet, dass sie offen sind für einen Trialog mit dem Leser bzw. Hörer. Der Geist als solcher ist die Kommunikationsbasis, auf der sich die beiden Gesprächspartner mit dem rezipierenden Dritten im Bunde mental begegnen.

Nach unserer Kommunikationstheorie wird der Hörende als Repräsentant des freien Geistes vorausgesetzt, zumindest bis zum Erweis des Gegenteils. Die Geistseele ist der Kern der Persönlichkeit all derer, die sich in authentischer Kommunikation befinden. Es geht darum, nicht nur die Fähigkeit zur Kommunikation zu besitzen, sondern jeder muss auch willens sein, sich selbst verantwortlich am Kommunikationsgeschehen zu beteiligen oder es gegebenenfalls abzubrechen. Die achtzehn aufgezeichneten Gespräche dienen dem Zweck, miteinander über das systemische Aufstellen im Gespräch zu sein.

Immer wieder stagniert oder missglückt jedoch die Kommunikation, meist bei einer der fünf möglichen Bruchstellen, die durch die einzelnen Kommunikationsbausteine markiert sind. Der erste Baustein heißt HINHÖREN. Es wird noch zugehört, aber die andere Person in ihrer Emotionalität wird nicht mehr wahrgenommen. Also vorläufiges Ende des Kommunikationsgeschehens. Auf dem zweiten Baustein steht HINSCHAUEN. Man sieht sich, aber das Ansehen und die Würde des anderen spielen nur noch eine untergeordnete Rolle. Und kurz darauf tritt das vorläufige Ende des Kommunikationsvorganges ein, auch wenn noch weiter gesprochen und herumgeschaut wird. Denn man hat sich aus den Augen verloren. Der dritte Baustein steht für freie, kreative ASSOZIATION. Aber außer allgemeinen Sätzen und abstrakten, beziehungslosen Formulierungen fällt keinem der Gesprächspartner mehr etwas ein. Die Begeisterung und Inspiration sind abhandengekommen. Der vierte Baustein ist praxisorientiert und heißt HANDELN. Man macht zwar noch allerlei zusammen, aber es geschieht nichts, was wirklich weiterführend ist. Die Kommunikation wird zur Scheinkommunikation, weil alle Angst haben, etwas falsch zu machen. Aber Nichtstun geht auch nicht. Zielführende Kommunikation findet anhand einer solchen Praxis nicht statt. Und zu guter Letzt der fünfte Baustein: VERANTWORTUNG übernehmen. Am Ende der Kommunikationsmisere besteht die letzte Chance darin, noch einmal von vorne beginnen zu können. Dazu ist es nötig, dass jeder seinen Teil der Verantwortung für den gescheiterten Kommunikationsversuch übernimmt. Geschieht dies nicht, so geht man auseinander und beendet das gemeinsame Miteinander, zumindest vorerst. Wenn der fünfte Baustein, nämlich Verantwortung, jedoch genommen und gesetzt wird – die freie Tat derer, die die Kommunikationsgemeinschaft weiter aufrechterhalten wollen – dann ist der Grundstein gelegt, sodass in der Lebensspirale der Kommunikation wieder mit Baustein eins begonnen werden kann.

Entscheidend also ist, dass an irgendeinem Punkt der abbrechenden Kommunikation zumindest eine Person sich entscheidet, jenseits der bisherigen Ursachen und Wirkungen in aller Freiheit so präsent zu bleiben, dass ein neuer gemeinsamer Anfang möglich wird. Gleichsam quantenmystisch ereignet sich so vor jedem Experiment und jedem Kontrollmechanismus eine schöpferische Intervention. Aus dem Wirklichkeitspool unbestimmter Quanten wird durch verantwortungsbewusste Menschen die Kommunikation nach der Logik der Freiheit weitergeführt. In diesem Sinne gilt: Der Weg ist das Ziel, nämlich die weiterführende Kommunikation, die irgendwann ihre ewigkeitliche Zukunft erreicht. Der Hl. Geist ist die göttliche Kommunikation.

Je nach Weltanschauung und Glaubensüberzeugung wird diese gleichsam göttliche Wirklichkeit als der Ursprung der eigenen befreiten Freiheit verehrt oder als Kommunikationshorizont menschlicher, freier Existenz gewürdigt. Die undeterminierte Wirklichkeit, das Sein, ist die Bedingung der Möglichkeit freien Verhaltens von Mensch zu Mensch, der grundlose Grund menschheitlicher, humaner Existenz. Von dort aus erhält die menschliche Geistseele ihre Inspiration, ihren Glauben, ihre Liebe. Als göttliches Licht ist diese Quelle der Ursprung kommunikativen Erkennens und liebender Vergesellschaftung.

2.1. Christliches Familienstellen
Eine Methode eigener Art
Peter Bajorat im Gespräch mit Paul Imhof

Bajorat: Dein Buch „Christliches Familienstellen" ist inzwischen in 2. Auflage im Viertürme Verlag, Münsterschwarzach erschienen?

Imhof: Ja. Das freut mich.

Bajorat: Was hat dich auf die Idee gebracht, christliches Familienstellen als Therapieform zu wählen?

Imhof: Auf die Idee des Familienstellens hat mich vor gut dreißig Jahren eine Sendung über die Jesuitenmission in China gebracht, bei der ich eine kleine Rolle hatte. Und da kamen Fragen auf. Wie ist das nun mit den Seelen der Ahnen? Auf welche Weise wirken sie weiter? Wieso werden sie gerade in den Familien verehrt? Warum fürchtet man sich vor ihnen? Man kann solche Fragen natürlich auch in therapeutischer Absicht stellen. Aber ich biete keine Therapie an. Ein Therapeut versucht, sein Gegenüber als Patienten zu diagnostizieren, um dann ein Setting zur allfälligen Genesung zu entwickeln und anzubieten. Ich versuche umgekehrt voranzugehen. Ich nehme den anderen in seiner Gesundheit wahr und in einer systemischen Aufstellung wird daran gearbeitet, dass er noch gesünder und freier wird. Sonst wäre ja auch eine christliche Familienaufstellung gar nicht möglich. Denn als Christ muss man ja nicht krank sein, um ganzheitlicher und freier zu glauben. Die christliche Religion ist eben keine universelle Zwangsneurose, wie Sigmund Freud angesichts seiner vielen Patienten in Wien meinte. Dies schließt nicht aus, dass es durch kirchliche Sozialisation entstandene Störungen, sogenannte ekklesiogene Neurosen gibt. Albert Görres erforschte sie.

Bajorat: Ist deine Aufstellungsarbeit für alle Konfessionen offen oder ist die Methode an den christlichen Glauben gebunden?

Rücksicht und Respekt

Imhof: Meine Aufstellungsarbeit geschieht offen. Grundvoraussetzungen sind Respekt, Toleranz und Rücksicht. Menschen aller Weltanschauungen, Religionen und Konfessionen sind willkommen. Zusammen bilden wir die eine Menschheitsfamilie. Wie in jeder guten Familie achtet einer den anderen in seiner religiösen Sozialisation, auch wenn man selbst andere, seien es konfessionelle oder agnostische Überzeugungen hat bzw. sich dafür einsetzt. Da der christliche Glaube ursprünglich ein Weg der Freiheit und Erlösung ist, komme ich mit meinem Glauben, der im Evangelium gründet, und meiner wissenschaftlich orientierten Lebenseinstellung gut zu Recht. Durch christliche Aufstellungsarbeit findet Anerkennung, Würdigung und Versöhnung statt.

Bajorat: Worin unterscheidet sich das christliche Familienstellen von anderen Formen von Familienstellen?

Imhof: Die Methode des Familienstellens ist sehr einfach. Jemand erzählt biografisch Wichtiges von sich und formuliert sein Anliegen. Die anderen hören hin. Im Gespräch mit der Aufstellungsbegleitung werden Repräsentanten gesucht und im Raum positioniert, die in der Erzählung wichtig schienen. Die Kunst besteht darin, dass Unsichtbares und Unbekanntes offensichtlich wird. Beim christlichen Familienstellen erweist sich die Dynamik des Geistes Jesu und seine Gestalt als zusätzliche Ressource, um das eigene Leben zukunftsorientiert in den Blick zu bekommen. Sein Geist ist das Gestalt erzeugende, morphogenetische Feld schlechthin.

Bajorat: Wodurch entsteht im christlichen Familienstellen die Dynamik der Beziehungen?

Imhof: Die Dynamik, die sichtbar gemacht werden soll, ist die Liebe. Sie orientiert sich in christlichen Familien am Leben, Sterben und Auferstehen Jesu. Christliches Familienstellen berücksichtigt dabei die geistesgeschichtlichen Wurzeln unserer abendländischen Kultur. So gibt es Aufstellungen, bei denen die überraschendste Aufstellung, nämlich die Auferstehung eine wesentliche Rolle spielt. Die Hochform der Liebe ist die Agape, die über den Tod hinausreicht (vgl. Joh 21,15-17). Auch durch die Philia, die Freundschaft, kommt vieles neu zustande. Aufstellen und Darstellen glückt. Der Eros hingegen macht libidinöse Vorstellungen offenbar. Bei der Porneia – davon Pornographie –

geht es meist nur um ein Hinstellen. In diesen Kontext lässt sich die Prostitution einordnen. Welche Konsequenzen sich aus den jeweiligen Formen von Liebe ergeben, sieht man in den einzelnen Biographien. Im Kraftfeld des Geistes und der Dynamik befreiender Kommunikation wird erkennbar, wie es im Leben positiv weitergehen kann.

Bajorat: Gibt es Situationen oder Krankheiten bestimmter Familienmitglieder, bei denen diese Technik nicht angewandt werden darf oder eine therapeutische Einzelbetreuung notwendig ist?

Imhof: Eine Technik im methodischen Sinn gibt es bei guten Aufstellungen nicht. Vielmehr ist eine geistige Haltung notwendig, die sich dann praktisch auswirkt. Das natürliche Leben kommt in Prozessen zur Aufstellung, an deren Ende man vor den Gerichtshöfen der *Weltordnung* sieht, wohin man kommen kann, wenn entlang der organischen Triebe (Kommunikations-, Nahrungs-, Spiel- und Geschlechtstrieb) und der moralischen Triebe (Scheinkommunikations-, Todes-, Geltungs- und Machttrieb) gelebt wird. Die Grundmuster und Verläufe seelisch-geistiger Grunderkrankungen werden dabei erkannt: irrsinnig bzw. schizophren, manisch-depressiv, zwangsneurotisch und hysterisch. Ausführlich habe ich das in meinem Buch „Menschenrecht Kommunikation" erläutert, das ich zusammen mit Reinhard Brock verfasst habe. Selbstverständlich gehört es zu einer sinnvollen Aufstellungsarbeit, die krankmachenden Tendenzen nicht zu verstärken.

Wer an Gott glaubt, wird daran interessiert sein, wie die *Schöpfungsordnung* aussieht. Wer die Natur in das schöpferische Wort Gottes hineinhält, erkennt ihr unsichtbares Wasserzeichen. Sie ist eine Gabe Gottes und die Menschen sind seine Geschöpfe (vgl. Gen 1,3-31). Aus der Perspektive des göttlichen Gerichts fällt dabei Licht auf die systemischen Prozesse. Auch das Thema Weltreligionen lässt sich so behandeln. Wer unter religiösen Wahnvorstellungen leidet, bedarf während einer solchen Aufstellung der besonderen Begleitung.

Mancher Teilnehmer wünscht sich, dass seine Problematik im Kontext der *Erlösungsordnung* aufgestellt wird. Dabei spielt selbstverständlich die Repräsentanz Jesu Christi und sein Evangelium die Hauptrolle. Erst in diesem Netzwerk gibt es für manche Fragestellung eine befreiende Antwort oder eine Lösungsszene in Schweigen und Stille. Keine Aufstellungsform ersetzt jedoch therapeutisch notwendiges Handeln, vor allem dann nicht, wenn jemand medikamentöse Unterstützung braucht.

Bajorat: Was sind die Stärken dieser Methode und wie hebt sich dein systemisches Arbeiten von anderen Beratungsgesprächen ab, die Menschen aus Krisen oder Konfliktsituationen heraushelfen sollen?

Imhof: Die Stärke der Methode besteht darin, dass sich schon während ihrer Anwendung ihre Lebenstauglichkeit zeigt, denn sie findet in der Realität eines sozialen Miteinanders statt. Die Krise oder der Konflikt wird unmittelbar und direkt angegangen, ein heutzutage nicht zu unterschätzender Faktor. Die Methode ist im Vergleich zu anderen Methoden recht preiswert und zieht sich nicht über Wochen und Monate hin.

Bajorat: Wie häufig erlebst du in deiner Arbeit, dass Erkrankungen aufgrund schädlicher Beziehungen entstanden sind?

Systemische Wurzeln von Erkrankungen

Imhof: Viele Erkrankungen haben ihre Wurzeln im sozialen System. Denn als psychosomatische Einheit ist jeder von seiner Mitwelt und Umwelt beeinflusst. Deshalb ist Ansteckung immer ein Thema. Eine Aufstellung kann dazu beitragen, dass ein gesundes, freies und authentisches Dasein glücken kann. Verstorbene wirken oft negativ – wie ein Fluch – über den Tod hinaus. Was nun? Im Vaterunser heißt es: Dein Reich komme, Dein Wille geschehe, wie im Himmel, so auf Erden. Wenn also das Jenseits im Diesseits zugänglich wird, gibt es die Möglichkeit, mit den Geistseelen sinnvoll zu kommunizieren. Denn meist sind die Beziehungen nicht fertig. Unvollkommenheit aber strebt nach erfüllter, versöhnter Gestalt.

Bajorat: Kannst du dazu Beispiele nennen?

Imhof: Ein Beispiel, das verdeutlicht, wie wichtig für jemand die Teilnahme an einer Familienaufstellung war: Der Mann wurde sich dabei bewusst, in welche Falle er in Zukunft nicht mehr tappen möchte. Er zog entsprechende Konsequenzen: Er erledigt nicht mehr alles nur aus Pflichtbewusstsein, sondern macht auch, was *er* will, und fängt immer wieder neu an!

Zunächst grundsätzlich: Das spirituelle Wachstum eines Mannes kennt drei Phasen. Zunächst ist er ein Kamel. Er tut, was man soll, nimmt gerne Lasten und Pflichten auf sich. Dann geschieht die Wandlung zum Löwen. Er tut, was er will. Man repräsentiert und hat Erfolg. Von der nächsten Phase sagt Friedrich Nietzsche: Ein aus sich selbst rollendes Rad ist das Kind, ein heiliges Jasagen, ein immerwährendes Neubeginnen. Jesus erweitert den Horizont der Männerspiritualität auf das Reich Gottes hin: „Wer das Reich Gottes nicht annimmt als wäre er ein Kind, wird nicht hineinkommen" (Lk 18,17). Oder anders gesagt: „Denn wer unter euch allen der Kleinste ist, der ist groß" (Lk 9,48).

Wer das erkennt, hört innerfamiliär damit auf, den anderen immer nur zu predigen, was sie sollen. Es ist nicht gut, ständig die eigene Wichtigkeit zu betonen und laut zu schreien, was man will. Stattdessen geht man den Weg der Reifung weiter. So rät Hermann Hesse: „Des Lebens Ruf an uns wird niemals enden ... Wohlan denn, Herz, nimm Abschied und gesunde!"

Bajorat: Bei welchen Problemen und Erkrankungen hat sich die Aufstellungsarbeit bewährt?

Imhof: Bei allen. Bisher erlebte ich keine Fragestellung, die um Probleme und Erkrankungen kreiste, ohne dass sich nicht durch eine Aufstellung darauf klärende und lösungsorientierte Antworten ergeben hätten. Natürlich bleibt die letzte Deutungshoheit bei dem, der sich und seine Fragestellung aufstellen lässt.

Einander verstehen

Bajorat: Gibt es bestimmte Lebensabschnitte wie beispielsweise erste Berufswahl, Heirat, Ruhestand, in denen das christliche Familienstellen sich besonders bewährt hat?

Imhof: Christliches Familienstellen hat sich für alle Lebensabschnitte bewährt. Im Unterschied zu dem System Markt lebt das System Familie von Vertrauen. So kommt das Wort Familie von lateinisch familiaritas, was Vertrautheit bedeutet. Die größte Ressource, um Probleme zu lösen, sind Menschen, die darauf vertrauen, dass ihre Hoffnungen erfüllt werden. Methodisch geht das für gläubige Leute so, wie es im 2. Buch der Chronik überliefert ist: „Stellt euch nur auf und bleibet stehen und sehet, wie der HERR euch Rettung schafft" (2 Chron 20,17).

Bajorat: Welchen Rat gibst du, um Probleme in der Beziehung zu meistern?

Imhof: Mein Empfehlung ist folgende: Schauen sie sich die Dramatik der Beziehungen an. Das Leben ist nicht nur Erzählung und Gespräch. Das lerne ich jedes Mal neu, vor allem von Leuten aus der Film- und Fernsehbranche, die an meiner Aufstellungsarbeit teilnehmen. Denn sie wissen einfach von Berufs wegen um das dramatische Niveau des Daseins. Da ich selbst Filmemacher bin, vertrauen sie sich natürlich beim Zustandekommen ihrer eigenen Lösungsszene eher einem Kollegen als einem Nichtfachmann an. Die emotional und intellektuell stimmige Schlussszene einer Aufstellung ist der Anfang, von dem aus das eigene Leben gut weitergehen kann. Selbstverständlich kommt es darauf an zu erkennen, wann eine sinnvolle, erfüllende Schlussszene erreicht ist und wann nicht.

Bajorat: Welche Lebenshilfe bietet der christliche Glaube, sodass die Beziehungen innerhalb der Familie harmonischer und glücklicher ablaufen?

Imhof: Der Glaube hilft siebenmalsiebzig Mal zu vergeben, kurzum, den anderen anzunehmen, wie er ist. Welche Nähe und Ferne sich daraus ergibt, steht auf einem anderen Blatt. Da es beim Aufstellen kein Thema gibt, das von vornherein mit einem moralischen Tabu belegt ist, bietet eine Aufstellungsgruppe manchen Menschen die Chance, in dieser „Ersatzfamilie" nicht nur über das eigene Familiengeheimnis zu sprechen, sondern auch angesichts schwieriger Umstände gute und lebbare Lösungen zu finden. So kam eine Ehefrau, die jahrelang unter den homosexuellen Freundschaften ihres Mannes litt, während einer Aufstellung wieder zu ihrer ursprünglichen Kraft: aus Liebe und Glauben ihr Leben zu meistern, ohne – wie bisher – regelmäßig von Depressionen heimgesucht zu werden. Ihr Selbstwertgefühl blieb konstant.

Jesus Christus im System

Bajorat: Was hat christozentrisches Familienstellen mit Gotteserfahrung zu tun?

Imhof: Jesus gründete ein alternatives Familiensystem (vgl. Mk 3,31-35). Er lehrte seine Wahlverwandtschaft in einem Innenkreis, der Außenkreis wird von genetisch Verwandten gebildet. In der Begegnung mit ihm kann man die eher von Frauen gewünschten verbindlichen Beziehungen lernen, d. h. Frauensprache und auch die eher von Männern gewünschten freien Verhältnisse, d. h. Männersprache. Wer beide Sprachen gelernt hat, spricht die Menschensprache. Denn auch Männer schätzen Beziehungen und Frauen ihre Freiheit. Für mich war die Zeit, mönchisch zu leben, sehr wertvoll. Manche spirituelle Erfahrungen brauchen eine solche Existenzform. Man ist dann frei zu erleben, dass die Wirklichkeit Gottes sich intensiver auszuwirken vermag als alle Realitäten. So findet man einen mehr als nur genetisch festgelegten Platz in der Welt. Der Glaube an Gott, Jesus Christus und den Heiligen Geist ist meiner Meinung nach aber prinzipiell derselbe, ob man nun verheiratet oder unverheiratet ist. Das Morgengebet bringt es auf den Punkt: „O Gott, komm mir zu Hilfe, Herr, eile mich zu retten."

In der persönlichen Begegnung mit Jesus Christus kann es zur Gotteserfahrung kommen. Er ist der Repräsentant Gottes. Aber er ist nicht nur eins mit dem Vater, sondern von ihm auch verschieden (vgl. Joh 14,9-11). So lässt sich Gottes- und Christuserfahrung unterscheiden. Bei Exerzitien wird die Biographie Jesu innerlich systemisch aufgestellt. Das ist der Schlüssel, um die Liturgie als christliche Familienaufstellung im Außen zu verstehen. Auch dort kann es zu Gotteserfahrungen kommen.

Bajorat: Wie lässt sich der Wunsch nach einer Erfahrung von Christus oder einer Gotteserfahrung umsetzen?

Imhof: Wie gesagt: Klassische Exerzitien und schön gestaltete Liturgien sind für Christen die beste Zeit und der ursprüngliche Ort, um sich von der Nähe Gottes erfassen zu lassen. Dadurch wird oft ein neuer Platz im System der Menschheitsfamilie gefunden.

Dämonische und moralisierende Gottesbilder entlarven sich von selbst, wenn offensichtlich wird, welche Ahnenenergie hinter ihnen steckt. So begriff ein Teilnehmer, weshalb seine Versuche, eine langfristige Partnerschaft in Augenhöhe einzugehen, immer wieder scheiterten. Wie von einem Überich gebannt, reagierte er in entscheidenden Augenblicken infantil statt erwachsen.

Aufklärung im besten Sinn des Wortes half ihm, seine Eigenverantwortung zu übernehmen, sei es als Zeuge, Opfer oder Täter.

Bajorat: Wieso enthält dein Buch „Christliches Familienstellen" nicht nur systemische, sondern auch neutestamentliche Texte und Auslegungen, ja sogar einen ganzen kirchlichen Festkreis?

Imhof: Das Kirchenjahr ist der Zeitraum, in dem das Leben Jesu liturgisch aufgestellt wird. Die Evangelien, inspirierte Biographien über ihn, werden in Wort und Sakrament, d. h. zeichenhaft dargestellt. Nicht zuletzt auf diese Weise bleibt Christus präsent. Sein Geist, der weiter wirkt, eröffnet einen Weg, dessen Ziel Jesus Christus in seiner neuen, himmlischen Wirklichkeit ist. Von dem Mann aus Nazareth kann man nicht nur systemisch, sondern auch biographisch lernen. Man gleicht die eigene Biographie mit seiner Biographie ab, um je mehr an seiner Heilsgeschichte und Zukunft teilzunehmen. „Bleibet in mir, dann bleibe ich in euch" (Joh 15,4), verspricht er den Seinen. Oder um es in der Sprache des Apostels Paulus zu sagen: „Wenn wir nämlich mit der Gestalt seines Todes eins geworden sind, dann werden wir es auch mit der Gestalt seiner Auferstehung sein" (Röm 6,5). All dies beginnt mitten im irdischen Leben. Um das Schöne daran ist, dass es um reale, geschichtliche Wahrheit geht, nicht um irgendwelche Mythen, Legenden oder Illusionen. Christen sind Realisten mit der Hoffnung auf das ewige Leben.

Bajorat: Du hast mir erzählt, dass du gerade an einem Buch mit dem Titel „Systemische Kommunikation. Perspektiven christozentrischen Aufstellens" arbeitest, in dem auch unser Gespräch erscheinen wird. Warum heißt das Buch nicht einfach „Christliches Familienstellen, Band 2"?

Imhof: Die Entscheidung, es unter diesem Titel herauszubringen, hat folgenden Hintergrund. Meine Aufstellungsarbeit mit Menschen einer anderen Religion machte mir deutlich, dass das Wort christlich bei ihnen die Fantasie einer konfessionellen Engführung auslöst. Christlich wird allzu leicht mit kirchlich gleichgesetzt. Selbstverständlich ist Kirche im ursprünglichen Sinn nicht etwas, das mit dem Christentum und dem Evangelium nichts zu tun hätte, ganz im Gegenteil, aber durch die vielen kirchengeschichtlichen Irrtümer und Grausamkeiten ist das Wort christlich verständlicherweise nicht überall auf der Welt positiv besetzt. Bei Aufstellungen geht es aber gerade darum, dass der Geist Jesu Christi eine Identität stiftet, aufgrund der sich jemand vernünftig, menschlich, befreit und erlöst erleben kann. Jeder soll auf seinem Weg der Freiheit und Erlösung vorankommen, ohne durch historischen Ballast immer wieder aufgehalten zu werden. Gerade dann macht es Sinn, sich auf die eigene Vergangenheit und die Geschichte der Menschheit einzulassen, denn dadurch können Kräfte freigesetzt werden, mit denen sich die Zukunft neu gestalten lässt.

Ahnenverehrung und Trauerarbeit

Bajorat: Wie ist das nun mit den Ahnen? Wenn jemand stirbt, sagt man: Er ist von uns gegangen. Aber wohin? Haften die Seelen noch an irgendeinem Ort? Können charismatisch begabte Heiler sie sehen? Handelt es sich dabei um Körper- oder um Geistseelen? Wie bleiben Verstorbene in den Herzen der Hinterbliebenen präsent? Nur als gefühlte Bewusstseinsinhalte?

Imhof: Viele Fragen. Die Natur ist lebendig, das heißt, durchgeistigt und durchseelt. Es gibt nicht nur Elemente und Strukturen, Zahlen und Proportionen. Jegliches besteht auch in Geist und Wahrheit. So existieren lebendige Wesen, Körperseelen, Geistseelen und geschaffene Geister. Denn Gott in seiner Gutheit schafft Vielfältigkeit.

Bajorat: Daher gibt es auf viele Fragen auch verschiedene Antworten. Jede Freiheit hat auch ihre Perspektive. Für den Atheisten ist die Wirklichkeit Gottes kein Thema, also auch keine Ressource für mögliche Antworten. Er verbleibt im Horizont der Negation, der Agnostiker hingegen bewahrt sich jenseits der Negation den Horizont des Noch-nicht-Wissens offen.

Imhof: Für den einzelnen kommt es sehr darauf an, dass die Antworten, für die er sich in Freiheit entscheidet, subjektiv wie auch objektiv stimmig sind. Je freier jemand ist, desto offener ist er für die Vielfältigkeit des Geschaffenen. Manches findet im Kreislauf der Erde, über die sich das Firmament wölbt, sein natürliches Ende. Manches erlebt seine Erfüllung erst auf einer neuen Erde und in einem neuen Himmel. Das Prinzip Hoffnung lebt von der Anerkennung des schöpferischen, ungeschaffenen Geistes. Für das eigene, persönliche Zukunftsverständnis entscheidet sich also viel an der Frage nach der Wirklichkeit Gottes.

Bajorat: Neben dem natürlichen Sinn der Fortpflanzung ist in christlicher Perspektive die Antwort Gottes auf die Frage nach dem letzten, übernatürlichen Sinn des Lebens die Auferstehung in das ewige Leben. Wer den natürlichen Sinn nicht realisiert, hat die Möglichkeit, durch Gutsein und Gutes tun in der Gesellschaft präsent zu bleiben.

Imhof: Folgende Aufstellung mit moderner Ahnenverehrung und Trauerarbeit hatte für mich etwas Exemplarisches. Sowohl die mütterliche als auch die väterliche Linie war durch Repräsentanten vertreten. Auch der christliche Glaube spielte eine wesentliche Rolle. Denn die aufstellende Tochter eines Pastors, die von seiner ewigkeitlichen Weiterexistenz überzeugt war, konnte mittels eines Repräsentanten mit ihm noch einmal ins Gespräch kommen.

Bajorat: Die Tochter wollte, dass wir die Aufstellung, bei der ich auch dabei war, exemplarisch auswerten und die Erkenntnisse der Öffentlichkeit zugänglich machen. Handelte es sich dabei um eine Aufstellungsarbeit, die mit dem christlichen Glauben nicht nur vereinbar war, sondern die sich als eine Form von Trauerarbeit geradezu anbot, um die Beziehungen der Hinterbliebenen in Liebe zu ordnen?

Imhof: Ja! Gleichsam als Vermächtnis hinterließ der Pastor einen viertelstündigen Film, in dem er eine Bilanz seines Lebens zieht. Er hatte sich aus Holz ein eigenes Haus gebaut, wobei ihm seine älteste Tochter in den Ferien geholfen hat. Der ganze Film besteht aus ästhetisch ansprechenden Sequenzen, anhand derer der ehemalige Pastor sein Leben in Form einer kurzen Biographie schildert.

Bajorat: Die Tochter erzählte, dass sie beim ersten Anschauen nach zehn Jahren emotional noch einmal sehr berührt war. Denn das, was der Vater in dem Film sagte, war ihrer Meinung nach beim Rest der Familie noch nicht angekommen, und sie war davon überzeugt, dass die Missverständnisse in der Familie ihre Wurzeln genau dort haben, wovon der Vater sprach. Der Film wurde deshalb vor der Aufstellung noch einmal gezeigt.

Imhof: Zwei autobiographische Passagen scheinen mir für den Film typisch zu sein, den eine traurige, fast depressive Grundstimmung durchzieht, obwohl er nur aus schönen Bildern zusammengebaut ist.

Bajorat: Bei dem ersten Text, der die Tochter emotional anrührte, geht es bestimmt um die unerfüllte Sehnsucht des Vaters, wo er ein „französisches Blatt" erklärt, eine Zimmermannstechnik, bei der zwei Balken ineinander gefügt werden: „Dieses sogenannte französische Blatt ist in zwei Richtungen schräg, so dass die beiden immer wieder ineinander rutschten, immer versuchen, sich am anderen festzuhalten, nicht auseinandergehen, zusammenziehen!" Beide Balken stehen symbolisch für Mann und Frau. Tragischer Weise zog er nach dem Richtfest mit einer anderen Frau in das Haus ein. Er wollte dort glücklich sein und lange leben, doch leider verstarb er einige Jahre später an Krebs.

Imhof: Und das andere Textzitat ist eine Antwort auf die Frage, die er vorher gestellt hatte: Wo ist meine Liebe eigentlich? Nach langen Passagen, die er gelassen erzählte, fällt eine sehr starke Gefühlsbetonung folgender Worte auf: „Und wenn Menschen enttäuschen, ich andere enttäusche, andere mich enttäuscht haben, du darfst neu anfangen, dies Alte stehen lassen, es ist so gewesen, nicht sich damit herumquälen, weitergehen!"

Bajorat: In diesem Kontext sprach er im Film immer wieder von Lebensabschnitten. Sein Lebensfaden wurde Stück für Stück abgeschnitten, und keiner konnte intervenieren.

Imhof: Aufgrund dieser beiden Textpassagen und dem wiederholten Anschauen des Films bat mich die Tochter schließlich um eine Aufstellungsbegleitung, um sich darüber klar werden zu können, was sie als Älteste und damit in einem gewissen Sinn als seelisch-geistige Erbin des Systems tun soll, damit sich mehr Frieden und Versöhnung in ihrer Herkunftsfamilie ausbreiten.

Bajorat: Wie verlief aus deiner Sicht die Aufstellung?

Imhof: Im Außenkreis befanden sich u. a. die Tochter, die sich die Aufstellung gewünscht hatte und ihre Mutter. Die einzige ältere Schwester des Verstorbenen musste eine Stunde vor der Aufstellung absagen, da sie plötzlich Sehstörungen bekam. Sie war aber geistig mit dabei. Im Innenkreis traten Repräsentanten auf, die von der Tochter und der Repräsentantin für ihre Seele ausgewählt wurden.

Bajorat: Der repräsentierte Seelenanteil stellte sich zu Beginn der Aufstellung vor das Fernsehgerät am Rande des Außenkreises und wartete so lange, bis der autobiographische Film anlief. Alle Mitwirkenden im Außen- und im Innenkreis schauten sich das „Testament" des Vaters in Wort und Bild an.

Imhof: Nach dem Anschauen des Films wollte die Repräsentantin zuerst die Wut aufstellen, d. h. das Gefühl, das projektiv und real mit der Mutter verknüpft war. Die Mutter selbst fand erst nach einiger Zeit ihren Platz im System. Zwischen dem Repräsentanten des Vaters, der Repräsentantin der Tochter und der Tochter selbst kam es zu einer längeren Aussprache. Nach einiger Zeit ereignete sich die seelische Versöhnung zwischen Tochter und Vater, dessen Nähe in seinem Repräsentanten erlebt wurde. So konnte das eigentliche Erbe übergeben und angenommen werden: Das Haus der Heimat ist innen, im eigenen Großen Herzen.

Auch in der Beziehung zur Mutter glückte Versöhnung. Das Mandat: Ich möchte Stellung nehmen zu meinem segensreichen, väterlichen Erbe war erst erfüllt, als der Repräsentant des Erfolges überraschend aus der Dimension der Zukunft auftrat und sich eine so intime Nähe zu der Tochter ergab, dass sie in der Schlussszene im Kreis aller Stellvertreter frei, gelöst und voller Energie dastand.

Bajorat: Es wird sich zeigen, wie der Erfolg die Frau in Zukunft begleitet. Jedenfalls waren die Betroffenheit, die durch den Film erzeugt wurde, und die damit verbundene depressive Stimmung verschwunden.

Imhof: Die Atmosphäre bei der Schlussszene war so dicht, dass ein Diktum des chinesischen Philosophen Laotse, der im 6. Jahrhundert v. Chr. lebte, in den Sinn kam: „Ich bin von euch gegangen, nur für einen kurzen Augenblick und gar nicht weit. Wenn ihr dahin kommt, wohin ich gegangen bin, werdet ihr euch fragen, warum ihr geweint habt."

Bajorat: Ich finde es spannend, dass es nicht nur genetische Entstehungsphasen und den Vorgang der Geburt gibt, sondern auch soziale Entstehungs- und Geburtsphasen.

Imhof: In der altägyptischen Kultur wird dies z. B. im Mammisi, dem Geburtshaus der Göttin Hathor in Dendera, anschaulich gemacht. Auf Reliefs wird das Hineinwachsen in die menschliche Gesellschaft gezeigt. Die Reste der koptischen Kirche im Tempelbezirk erinnern an die Taufe, das Initiationssakrament in die christliche Gemeinde, das regelmäßige Abendmahl, die Priesterweihe und das Ehesakrament. Das Bußsakrament steht für die Erfahrung der wiederhergestellten sozialen Jungfräulichkeit. Mehrere christozentrische Aufstellungen sind eine gute Vorbereitung für ein neues Leben im sozialen bzw. kirchlichen Kontext.

Ökumenische Perspektiven

Bajorat: Zu deinen Aufstellungen kommen Christen aller Konfessionen. Hast du eine eigene ökumenische Perspektive?

Imhof: Das wäre zu viel gesagt, aber auf eine besondere Aufstellungsszene im Raum der Öffentlichkeit will ich zunächst einmal hinweisen. Im Kreis hoher politischer und kirchlicher Würdenträger, vor dem Kaiser und dem Repräsentanten des Papstes, stellte sich ein junger Mönch, Martin Luther, hin und bekannte: Hier stehe ich, ich kann nicht anders. Weder kirchliche noch politische Institutionen stehen über einem Menschen, der sich in aller Freiheit zum Evangelium Jesu Christi bekennt. Eine tröstliche Szene vor dem Reichstag in Worms im Mai 1521!

Am Pfingstmontag 1521 beendete ein Kanonenschuss ins Knie bei der Verteidigung von Pamplona die politische und militärische Karriere des Ignatius von Loyola (1491-1556). Sein spiritueller Weg begann auf dem Krankenlager in seinem Heimatschloss in Loyola. Von ihm gibt es keine Kontroversliteratur gegen Martin Luther (1483-1546). Bis in die Tiefe der geistlichen Erfahrungen ging der Riss der Reformation nie. Nur aus den Tiefen der Spiritualität und einem neuen systemischen Miteinander ergeben sich für die Zukunft verantwortbare ökumenische Perspektiven.

Bajorat: Ein wesentliches Anliegen der Reformation ist die persönliche Gewissensfreiheit. Im II. Vatikanischen Konzil wurde sie von der römisch-katholischen Kirche im Dekret über die Religionsfreiheit neu formuliert.

Imhof: In diesem Sinn lässt sich Luther als evangelischer Ahne verehren, ohne dass man ihn heiligsprechen sollte. Ignatius von Loyola wurde von der römisch-katholischen Kirche aufgrund seines geistlichen Lebens sogar heiliggesprochen.

Bajorat: Was ist für eine Kirche der Zukunft wichtig?

Imhof: Damit in Zukunft eine Kirche zu Stande kommt – im wahrsten Sinn des Wortes – bedarf es theozentrischer und christozentrischer Aufstellungserfahrungen, die sich im Kraftfeld des Hl. Geistes ereignen. Dazu braucht es Menschen, die diese Erfahrungen machen. Die Kirche der Zukunft wird in ökumenischer Weite existieren. In profilierten Gemeinden und Kommunitäten bildet sie eine alternative Kontrastgesellschaft.

Bajorat: Wie entsteht eine solche Avantgarde aus Menschen, hinter denen dann vielleicht irgendwann die alte Garde nachrückt?

Imhof: Um mit einem Wortspiel zu antworten. Sie entsteht durch eine große Niederlage. Im selben Augenblick kann sie neu er-stehen, neu zustande kommen. Bei solchen christozentrischen Aufstellungsarbeiten – im Blick auf Tod und Auferstehung Jesu – finden sich Menschen, die erleben, dass sie in Zukunft zu einem gemeinsamen Leben und Arbeiten berufen sind. Sie wollen das in all ihrer Freiheit. Die nächsten Jahre werde ich mir viel Zeit für solche Netzwerke nehmen, auf die sich das himmlische Jerusalem herabsenken kann.

Bajorat: Braucht es dazu nicht ökonomische und sakralarchitektonische Voraussetzungen?

Imhof: Ja. Aber zunächst ist für das Zustandekommen die Gnade Gottes notwendig, kraft der Menschen erkennen, zu welcher Gestalt von Freiheit sie berufen sind. Menschliche Freiheit existiert auf Erden, indem sie die Endlichkeit ernst nimmt und die Zukunft schön gestaltet.

Bajorat: Bist du selbst bereit, in einer solchen kommunitären Vergesellschaftung einen Platz einzunehmen?

Imhof: Durchaus. Dazu gehört, dass meine bisherigen Entscheidungen, für Menschen da zu sein, denen ich familiär verbunden bin, in ein solches Konzept integrierbar sind. Das Goldene Jerusalem ist ein Zukunftsprojekt, das nicht nur aufgrund menschlicher Visionen zu Stande kommt, sondern es handelt sich dabei um eine Verheißung Gottes, die Wirklichkeit werden wird. Bei menschlichen Visionen sind oft viele Illusionen dabei. Leider scheitert an der

Realität manche gute Vision, nicht nur Illusionen. Sie haben mitunter sogar größeren gesellschaftlichen Einfluss als manche sinnvolle Visionen.

Bajorat: Wie geht es weiter?

Imhof: Diese „einfache" Frage lässt sich im biblischen Kontext visualisieren. Dann wird deutlich, wie eine Lösung im Konkreten aussehen kann. Bleiben wir also bei der Fragestellung. Zunächst ist das „Es" zu repräsentieren. Welche positive Zukunft kann das Es haben? Um dies zu erkennen, wird der entsprechende Bibelvers aus dem Buch Genesis in Szene gesetzt:

Bajorat: „Und Gott sprach: Es werde Licht" (Gen 1,3)! Besteht das Ziel der Aufstellung darin, dass die Teilnehmer zu einer gewissen Erleuchtung bezüglich ihrer Fragestellung kommen?

Imhof: Das Es kann bei einzelnen Aufstellungsarbeiten für sehr unterschiedliche Realitäten stehen. Dies hängt vom jeweiligen Erzähltext ab. Um mehr Klarheit zu gewinnen, wird der Vers archäologisch aufgestellt, d. h. zunächst ein Repräsentant für das Licht, dann jemand für das schöpferische Wort, den Logos (vgl. Joh 1,1-14) und dann ein Stellvertreter für die Wirklichkeit Gottes. Da es immer eine konkrete Person ist, die sich ernsthaft damit befasst, wie es weitergeht, darf die fragende Einzelseele selbstverständlich nicht fehlen.

Bajorat: Wie ist in einer Aufstellung eine Lösungsszene erkennbar?

Imhof: Es geht in der Tat um eine Lösung, oftmals sogar um eine Erlösung aus jahrelangen Verstrickungen. Wie kann jemand in einem freien Verhältnis stehen zu dem, was vielleicht anders weitergeht? Der Zugewinn an Freiheit und Einsicht macht neu handlungsfähig. Die Sache selbst kommt in ihre Vielschichtigkeit im Kraftfeld von LICHT, LOGOS und GOTT zum Vorschein. Die Seele erlebt bei der Aufstellungsarbeit noch einmal vergangene Krisen und Verwandlungen nach, bis sie wie neu geschaffen, mutig und tatkräftig zustande kommt. Sie hat nun erkannt, wie es weitergeht.

Bajorat: Und noch eine „einfache" Frage: Was ist gut?

Imhof: Eine solche harmlos klingende, aber tiefe Frage sollte ebenfalls im Kontext einer Frage-Stellung angeschaut werden. Beziehungskisten müssen geklärt sein, bevor eine neue Beziehung oder eine kommunitäre Vergesellschaftung glücken kann. Wenn es sich z. B. um ein Paar handelt, das sich in einer großen Krise befindet, dann sollten zunächst die beiden betroffenen Personen aufgestellt werden. Oft versucht der eine den anderen zu belehren, nimmt also eine Autoritäts- bzw. Machtposition ein. Meistens befinden sich beide in einer solchen Position. Ein Hauptgrund für Konflikte!

Bajorat: Deshalb stellst du bei einer solchen Aufstellung wahrscheinlich für jeden einen Repräsentanten auf, der lehrend bzw. belehrend agiert.

Imhof: Ja. Wo aber Lehrende sind, bedarf es der Lernenden, also kommen noch zwei Repräsentanten für einen Lernenden hinzu. Zwischen den sechs Repräsentanten entstehen über kurz oder lang ziemliche Turbulenzen.

Bajorat: Und was geschieht dann?

Imhof: Erst mit dem Auftreten des Repräsentanten der Gutheit klären sich die Verhältnisse: Irgendwann nehmen die Repräsentanten des betroffenen Paares ihre Plätze auf den Stühlen der Lernenden ein. Die Szene wirkt. Wo Belehrung war, findet nun Lernen statt: Was ist gut? Derjenige, der sich freiwillig hingeben und den anderen annehmen kann, ist gut (lat. *bonum est diffusivum sui ipsius*: Das Gute ist das, was sich selbst verteilt). Dies geschieht im Prozess des Miteinanders angesichts der Gutheit. Was das jeweils konkret heißt, hat unmittelbar mit den Persönlichkeiten zu tun, die sich in der Paarbeziehung befinden. Jedenfalls können beide im Angesicht der Gutheit, einem Aspekt des Göttlichen, nun ihren Weg guten Gewissens entweder gemeinsam weitergehen oder sich in gutem Einvernehmen trennen.

Eine heilsame Nähe und Ferne von Menschen ereignet sich im Kraftfeld der Gutheit, Wahrheit, Einheit und Schönheit Gottes in einem lebendigen Prozess. Wo christozentrisch gelebt wird, wird Kirche, d. h. jene Menschen, die sich herausrufen lassen aus ihren inneren Kerkerwelten, immer wieder neu lebendig.

2.2. Ein Weg den Worten
Durch Sprache zu Stande kommen
Markus Tremmel im Gespräch mit Paul Imhof

Imhof: In deinem Verlag „via verbis" habe ich viele Bücher veröffentlicht. Nicht nur für mich wurde er zu einem Weg für Worte, wie sich der Verlagsname aus dem Lateinischen auch übersetzen lässt, sondern für viele Autoren. In manchen Publikationen gab es vielleicht ab und zu auch nur aneinander gereihte Wörter, aber es kamen auch Worte zustande, die jene, die sie gelesen und gehört haben, im Leben wirklich weiterbrachten.

Tremmel: Das freut mich als Verleger. Meine Verlagsidee bestand darin, Autoren die unkomplizierte Möglichkeit zu schaffen, mit ihren Texten an die Öffentlichkeit zu treten. Texte, die Gutes im Sinn haben, Gutes bewirken, auf Wahrheit und Liebe hin transparent sind .

Das Wort Gottes

Imhof: In christlicher Perspektive geht es explizit darum, dass das Wort Gottes (vgl. Offb 19,13) durch die vielen Menschenworte hindurch die Menschen erreicht. Gottes Wort ist das schöpferische Wort schlechthin. Die Welt in ihrer Faktizität wird in biblischer Perspektive als Ausdruck der schöpferischen Kräfte (hebr. elohim, d. h. Gott) gesehen. So heißt es im Buch Genesis zehnmal, dass Gott sprach und die Schöpfung entstand (vgl. Gen 1,3.6.9.11.14.20.22.24.26.29). Der hebräische Buchstabenwert für Neun heißt Teth und das bedeutet sinnigerweise Gebärmutter, in der der eine Logos präsent ist.

Tremmel: Wer kein Jude, Muslim oder Christ ist, kann mit dieser Deutung von Welt und Natur als Schöpfung Gottes vielleicht nicht viel anfangen.

Imhof: So ist es. Es ist eine weitreichende Entscheidung, die Natur als Schöpfung zu interpretieren. Dies bedeutet: Jegliches ist etwas, dem ein Woher und ein Wohin zukommt. Der ursprunglose ungeschaffene Ursprung bzw. das unvordenkliche Ziel wird theologisch GOTT genannt. Er bleibt im Hinblick auf seine Schöpfung transzendent, auch wenn wir in ihm leben, uns bewegen und sind (vgl. Apg 17,28). So sind wir hinausgeboren in Raum und Zeit.

Sobald der Mensch an seine äußerste Grenze oder in seine innerste Mitte gelangt, ergreift ihn manchmal Furcht und Entsetzen. Er erlebt die Abgründigkeit der Natur. Die Welt ist ein Ort der Tragödien. Für die Jünger des Dionysos ist dies die höchste und letzte Erfahrung. Nietzsche fragt: Dionysos oder Christus? Für den Juden wie den Christen oder Muslim ist die Antwort an der Grenze der Schöpfung die Ehrfurcht vor dem HEILIGEN. Für den Christen kündigt sich an der Grenze eine neue Heilsgeschichte an. Nach der Tragödie Jesu Christi am Kreuz beginnt unmittelbar seine Auferstehung, eine neue Schöpfung beginnt, die im himmlischen Jerusalem ihre Vollendung findet.

Tremmel: Wie hat das Leben Jesu Christi auf Erden begonnen und geendet? Ich denke an die Begegnung des Erzengels Gabriel mit Maria in Nazareth, die von Furcht ergriffen wurde (vgl. Lk 1,26-31) und an das ursprüngliche Ende des Markusevangeliums: „Da gingen sie hinaus und flohen vom Grab; denn Schrecken und Entsetzen hatte sie gepackt. Und sie sagten niemand etwas davon; denn sie fürchteten sich sehr" (vgl. Mk 16,8).

Imhof: Im Johannesevangelium wird die Schöpfungsordnung im Blick auf Jesus Christus hin gedeutet. Sein endliches und ewiges Leben sind der Schlüssel, um die Erlösungsordnung in der Schöpfungsordnung zu entdecken.

Tremmel: Ich zitiere „Im Anfang war das Wort und das Wort war bei Gott und das Wort war Gott. Im Anfang war es bei Gott. Durch das Wort ist alles geworden und ohne das Wort wurde nichts, was geworden ist. In ihm war das Leben und das Leben war das Licht der Menschen" (Joh 1,1-4).

Imhof: Jesus Christus ist für Christen, wie schon gesagt, das Wort Gottes (vgl. Offb 19,13). Er ist das schöpferische Wort, das aus ewiger Liebe so vieles neu zu Stande kommen lässt. In Jesus Christus erscheint nach dem Glauben der Christen der ewige Messias Gottes. Daher wird vom Leben, Sterben und Auferstehen Jesu Christi her sowohl die erste wie auch die zweite, neue Schöpfung christo-logisch gedeutet.

Tremmel: Die Schöpfung Gottes geht weiter. Sie ist eine creatio continua, die sich evolutiv entwickelt und revolutiv unmittelbar zu Gott zurückkehrt.

Imhof: Und die inneren Begegnungen mit Jesus Christus, dem Erlöser gehen in diesem Sinn auch weiter. Seine inneren Worte sind heilsam. Sie wirken wie eine Triebfeder beim neu zu Stande kommen. Die vielen Wörter hingegen, die gemacht werden, lenken oft ab, führen zu Niederlagen oder verzögern den Durchbruch zu einer eigen-ständigen Existenz.

Tremmel: Ist bei entsprechenden Kommunikationsvorgängen mit Heiligen oder Ahnen das Zuhören vor allem wichtig? Mehr noch als das Anreden?

Imhof: Durchaus! Doch lieber ist mir das Wort Hinhören, weil damit die Zielgerichtetheit und die Offenheit zum Ausdruck gebracht werden. Nicht nur beim Hörsinn, sondern auch beim Sehsinn ist das so. Jemand, der genau hinsieht, verhält sich anders als einer, der nur zuschaut.

Tremmel: Was haben die natürliche Familie und die christozentrische Wahlverwandtschaft miteinander zu tun?

Imhof: Sie sind zu unterscheiden, auch wenn es manchmal Schnittmengen zwischen genetisch verwandten Gläubigen und anderen gläubigen Menschen gibt.

Tremmel: Paulus spricht von den Gläubigen sogar als von den Heiligen.

Imhof: Heilige sind kirchengeschichtliche Kommentare in Fleisch und Blut zum Wort Gottes. Mit ihnen und in ihnen und durch sie buchstabiert sich Jesus Christus als das Wort Gottes durch die Zeiten hindurch lebendig aus. Eine ganze Anzahl von Zeugen oder einzelne Heilige werden liturgisch oder persönlich angerufen. Die Heiligenverehrung ist sowohl in der katholischen als auch in der orthodoxen Kirche üblich. Dieser Form von Frömmigkeit entspricht in natürlichen Familiensystemen die Ahnenverehrung.

Tremmel: Ist das christliche Familienstellen eine Methode, bei der die natürlichen und die geistlichen Sinne während einer Aufstellung aktiviert werden?

Imhof: Ja! Christozentrisches Familienstellen ist so gesehen Teilhabe am Schöpfungsprozess und – recht verstanden – auch am Erlösungsprozess. Die Methode kommt zumindest vorläufig an ihr Ziel, sobald eine Schlussszene entsteht, die zeigt, wie der Weg der Befreiung und Erlösung für jemand weitergehen kann, d. h. wie sich die eigene Freiheit in Zukunft zwischenmenschlich gestalten lässt und wie dieser Weg vor Gott aussieht. Dazu sind Schweigen und Stille nötig, Zeiten des Gebets also, und eine Verkündigung des Wortes Gottes, durch die das eigene Leben mit den Worten der Heiligen Schrift im Einklang bleibt.

Das Gleichnis vom Sämann

Tremmel: Das Gleichnis vom Sämann, das Jesus erzählt hat, wird auf das Wort vom Reich Gottes hin ausgelegt: „Auf gutem Boden ist der Same bei dem gesät, der das Wort Gottes hört und es auch versteht; er bringt dann Frucht, hundertfach oder sechzigfach oder dreißigfach" (Mt 13,23; vgl. Mt 13,18-23).

Imhof: Das Verstehen ist wesentlich. Höre ich in dem Wort zugleich die unaussprechliche Wirklichkeit Gottes mit oder bleibt alles auf der Ebene des Grammatikalischen? Viele studieren die Bibel mit großen philologischen und geschichtlichen Kenntnissen, aber erkennen sich nicht als Wesen, die Gott anspricht. Sie verstehen also nicht, wer sie vor Gott sind. Der eigene Glaube, die persönliche Hoffnung und die gelebte Liebe sind beim Lesen und Hören der biblischen Bücher nicht ihr Thema. Die Bibel als Wort Gottes wird erst verstanden, wenn sie zur Heiligen Schrift wird. Die Begegnung mit dem Ewigen, dem Heiligen, ist der verborgene Sinn der Schrift.

Tremmel: Wie lässt sich die seltsame Steigerung von hundertfach, sechzigfach und dreißigfach auslegen?

Imhof: Da es im Hebräischen keine Zahlen gibt, sondern Buchstaben für den Zahlenwert verwendet werden, ergibt sich aus dieser Perspektive ein interessanter Zugang zu der Aufzählung im Gleichnis vom Sämann. Der hebräische Buchstabe *Kof* (100) bedeutet Nadelöhr. Am Anfang ist es sehr schwer, durch das Nadelöhr zu kommen. „Denn eher geht ein Kamel durch ein Nadelöhr, als dass ein Reicher in das Reich Gottes gelangt ... Was für Menschen unmöglich ist, ist für Gott möglich" (Lk 18,25-27). Das Kamel (hebr. *gimmel*, drei) ist das Symbol der Vermittlung. Eine gängige Auslegung vom Kamel durch das Nadelöhr besagt, dass man dem Kamel seinen Reichtum, d. h. seine Last abnehmen muss, damit es durch eine kleine Pforte nach Jerusalem hineinkommt.

Tremmel: Und sechzigfach?

Imhof: Der hebräische Buchstabe *samech* (60) steht für die Wasserschlange, den Drachen. Schwierig ist die Auseinandersetzung mit der Drachenschlange, bis das Wort Gottes in seiner österlichen Gestalt aufgeht: „Am gleichen Tag waren zwei von den Jüngern auf dem Weg in ein Dorf namens Emmaus, das 60 Stadien von Jerusalem entfernt ist" (Lk 24,13; vgl. Lk 24,13-35). Damit es zur österlichen Erfahrung kommt, müssen die Jünger Jesu gleichsam mit Jesus lange unterwegs sein, und sich von ihm her den Sinn der Schrift erklären lassen, bis sie aus ihrer Traurigkeit über das Scheitern Jesu am Kreuz zur österlichen Freude gelangen, d. h. vom zukünftigen Himmelreich anfänglich erfasst werden.

Tremmel: Und nun noch dreißigfach?

Imhof: Im Kontext einer einfachen Schlange (hebr. *lamed*, 30) fällt es nicht mehr so schwer, dass sich das Wort Gottes ausbreitet. Viele Frauen aus Galiläa waren mit Jesus Christus, dem Wort Gottes unterwegs, der das Evangelium vom Reich Gottes verkündigte (Lk 8,1-3). Sie alle unterstützen Jesus mit dem, was sie besaßen (Lk 8,3b). Die Frauen waren aus Galiläa (drei, *gimmel* – dreißig, *lamed*) hörten ihm zu und verstanden den Mann aus Nazareth, ihren Erlöser. Sinnigerweise wurde der Mann aus Galiläa 33 Jahre alt. Mit Jesus unterwegs zu sein, ist für Christinnen und Christen das Normale, das Übliche. Und so gelangen sie im Kraftfeld des Wortes Gottes an ihr ewiges Ziel.

In der Perspektive der Zahlenwerte ist die Steigerung von Hundertfach über Sechzigfach und Dreißigfach durchaus sinnvoll. Vom anfänglich fast Unmöglichen geht es über das Schwere zur realistischen Normalität.

Diese Bibelstelle (vgl. Mt 13,23) hat wie jede andere selbstverständlich siebenmal siebzig Deutungen. Denn die mündliche Thora ist viel umfangreicher als die schriftliche. Sie ist die Weisung zum Leben, die uns aus den inspirierten Biografien Jesus Christi, den Evangelien zukommt.

Der Gelähmte an der schönen Pforte

Tremmel: Von einer großartigen Aufstellungsarbeit wird in der Apostelgeschichte berichtet. Welche Folgen können ein Wort und eine entsprechende Handlung haben! „Petrus und Johannes gingen um die neunte Stunde zum Gebet in den Tempel hinauf. Da wurde ein Mann herbeigetragen, der vom

Mutterleib an lahm war. Man setzte ihn täglich an das Tor des Tempels, das man die schöne Pforte nennt; dort sollte er bei denen, die in den Tempel gingen, um Almosen betteln. Als er nun Petrus und Johannes in den Tempel gehen sah, bat er sie um ein Almosen. Petrus und Johannes blickten ihn an und Petrus sagt: Schau uns an! Da wandte er sich ihnen zu und erwartete, etwas von ihnen zu bekommen. Petrus aber sagte: Gold und Silber besitze ich nicht. Doch, was ich habe, das gebe ich dir: Im Namen Jesu Christi, des Nazareners, geh umher. Und er fasste ihn an der rechten Hand und richtete ihn auf. Sogleich wurden seine Füße und die Knöchel fest; er sprang auf, stand und ging umher. Dann ging er mit ihnen in den Tempel, lief und sprang umher und lobte Gott." (Apg 3,1-8)

Imhof: Welche Weltanschauung hatte der Gelähmte, als der Prozess seiner Genesung zur Zeit der Sterbestunde Jesu, nachmittags um drei, begann? Alles begann durch Ansehen! Hinschauen, nicht Zuschauen war angesagt. Ansehen kommt durch Ansehen! Welche Geschichte der Entwürdigung hatte das Leben des Mannes geprägt, so dass er wie gelähmt blieb und nicht mehr von selbst auf die Beine kam? Wir wissen es nicht.

Petrus agiert nicht durch Gold und Silber, sei es durch Geld, das jemand von sich her erworben hat oder das er empfangen hat. Denn Gold ist das Metall, das der Sonne, die von sich her leuchtet, zugeordnet wird. Das Silber ist die Metapher für das Licht des Mondes, der sein Leuchten nicht aus sich selbst hat, sondern durch Empfangen des Lichtes. Petrus hatte nicht Gold und Silber, sondern etwas anderes zu bieten.

Tremmel: Er spricht im Namen Jesu Christi. Nur wer eine entsprechende Berufung und Sendung hat, vermag dies zu tun. Charisma ist nötig. Der Hörende kann dadurch unmittelbar durch den Geist verwandelt werden.

Imhof: Solche Heilungen ereignen sich immer wieder im Kraftfeld der Heilsgeschichte.

Tremmel: Gleich nach der wundersamen Heilung hält Petrus eine entsprechende Predigt: Der Glauben an Jesus Christus ist heilsam (vgl. Apg 3,11-16).

Imhof: Die Kräfte, Dynamiken und Energien, die in der Begegnung zwischen Petrus und dem Gelähmten heilsam frei gesetzt wurden, wirkten im Kontext der Heilsgeschichte Gottes, die für Johannes und Petrus auf Jesus Christus zugelaufen ist. Im Namen Jesu Christi kommt das Heil bei manchen Menschen so an, dass nicht nur ihr Geist frei wird, sondern auch ihre Seele wird gesund. Bis ins Körperliche hinein kann es Auswirkungen geben, die erstaunlich sind. Durch den Zufluss von spiritueller Energie kommt es von Fall zu Fall zu Verwandlungen. Jemand erwacht zu einem neuen Leben, wird gesund und selbst-ständig.

In diesem Sinn sind christliche Energetiker bzw. Aufsteller zugleich Wundertäter, wie Martin Luther übersetzt (vgl. 1 Kor 12,28). Das Charisma des Wunderwirkens wird bei jedem Heiligsprechungsprozess in der römisch-katholischen Kirche nachgeprüft.

Der Jüngling von Nain

Tremmel: Zu der Aufrichtung des Gelähmten in der Apostelgeschichte fällt mir noch die Geschichte des Jünglings von Nain ein.

Imhof: Sie findet ebenfalls in der Nähe eines Tores statt. Die Tore waren in Israel die Orte der Rechtsprechung. Im Bereich des Übergangs begegnen sich in Nain ein Trauerzug und ein Lebenszug. Jesus und die Seinen treffen auf eine Mutter, ihren toten Sohn, ihre Freunde und Bekannte. Die Frage nach der Auferweckung und Auferstehung, nach einer anderen Schöpfung an der Grenze der wahrnehmbaren Realität ist das Thema des Textes. In welchen Welten hat die Geistseele des Jünglings seine Zukunft?

Tremmel: Lass uns zunächst dem Weg der Worte folgen: „Einige Zeit später ging Jesus in eine Stadt namens Nain; seine Jünger und eine große Menschenmenge folgten ihm. Als sie in die Nähe des Stadttores kamen, trug man gerade einen Toten heraus. Er war der einzige Sohn seiner Mutter, einer Witwe. Und viele Leute aus der Stadt begleiteten sie. Als der Herr die Frau sah, hatte er Mitleid mit ihr und sagte zu ihr: Weine nicht! Dann trat er an die Totenbahre und berührte sie. Die Träger blieben stehen. Und er sprach: Junger Mann, ich sage dir: Stehe auf! Da richtete sich der Tote auf und begann zu sprechen, und Jesus gab ihn seiner Mutter zurück. Alle wurden von Furcht ergriffen; sie priesen Gott und sagten: Ein großer Prophet ist unter uns aufgetreten; Gott hat seinem Volk Gnade erwiesen" (Lk 7,11-17).

Imhof: In der griechischen Ikonografie gibt es eine Ikone mit dem Titel „Mutter, weine nicht". Sie zeigt, wie Jesus aus der Grabeskiste aufersteht und seine Mutter tröstet. In den geistlichen Übungen des Mittelalters wird betrachtet, wie Jesus seiner Mutter Maria erscheint. Dies ist ein wesentlicher Betrachtungsstoff, auch wenn davon im Neuen Testament nicht ausdrücklich die Rede ist.

Tremmel: Ist die Auferstehung Jesu der Horizont, in dem die Wundergeschichten Jesu ihren tieferen Sinn bekommen?

Imhof: Jedenfalls ist es so, dass das Wort Jesu Menschen aufrichtet: „Junger Mann, ich sage dir: Steh auf!" (Lk 7,14). Welches Beispiel für sein wirkendes, schöpferisches Wort! Gottes Wort im Menschenwort schenkt neue Kraft zum Leben, sei es in dieser oder einer anderen Welt.

Tremmel: Die Geschichte des Jünglings zu Nain ist nicht zuletzt eine Jesus-Mutter-Geschichte. Sie, die Witwe, deren Sohn für sie zunächst unerreichbar geworden ist, findet durch Jesus Trost, der anwesend ist. Es gibt eine Zukunft!

Imhof: Die Mutter macht die Erfahrung: Mein Sohn ist endlich-unendlich im Lot! Durch Jesus Christus ist er neu ins Leben gekommen.

Tremmel: Wenn ich in den Evangelien lese, finde ich viele Krankengeschichten, die darauf hinaus laufen, dass ein Patient durch die Begegnung mit dem Wort Gottes, das durch Jesus zur Sprache kommt, eine neue Lebensperspektive erhält.

Imhof: Gute Besserung, sagen wir zu jemand, Mut machend, wenn wir am Krankenbett stehen und hoffen, dass der kranke Mensch wieder auf die Beine kommt.

Tremmel: Doch es geht nicht nur um Gesundheit, sondern um eine tiefe Heilserfahrung und eine glaubwürdige Zukunftshoffnung, die über unsere bisherigen Vorstellungen vom Leben hinausweist.

Die Tochter des Jairus

Imhof: An der Geschichte des Synagogenvorstehers Jairus wird dies deutlich. Das zwölfjährige Mädchen hat wie der zwölfjährige Jesus ein Alter erreicht, in dem normalerweise etwas Neues beginnt. Es ist die Zeit der Bar-Mitzwa bzw. der Bat-Mitzwa. Jemand wird erwachsen und übernimmt nun selbst Verantwortung in der Synagoge.

Tremmel: Beim Evangelisten Markus heißt es dazu: „Jesus fuhr im Boot wieder an das andere Ufer hinüber und eine große Menschenmenge versammelte sich um ihn. Während er noch am See war, kam ein Synagogenvorsteher namens Jairus zu ihm. Als er Jesus sah, fiel er ihm zu Füßen und flehte ihn um Hilfe an; er sagte: Meine Tochter liegt im Sterben, komm und lege ihr die Hände auf, damit sie gesund wird und am Leben bleibt. Da ging Jesus mit ihm, gefolgt von einer großen Menschenmenge, die sich um ihn drängte … Während Jesus noch redete, kamen Leute, die zum Haus des Synagogenvorstehers gehörten und sagten zu Jairus: Deine Tochter ist gestorben. Was bemühst du den Meister noch länger? Jesus, der diese Worte gehört hatte, sagte zum dem Synagogenvorsteher: Sei ohne Furcht; glaube nur. Und er ließ keinen mitkommen außer Petrus, Jakobus und Johannes, den Bruder des Jakobus. Sie gingen zum Haus des Synagogenvorstehers. Als Jesus den Lärm bemerkte und hörte, wie sie weinten und jammerten, trat er ein und sagte zu ihnen: Was schreit und klagt ihr? Das Kind ist nicht gestorben, es schläft nur. Da lachten sie ihn aus. Er aber schickte alle hinaus und nahm außer seinen Begleitern nur die Eltern mit in den Raum, wo das Kind lag. Er fasst das Kind an der Hand: *Talita kum*, das heißt übersetzt: Mädchen, ich sage dir, steh auf! Sofort stand das Mädchen auf und ging umher. Es war zwölf Jahre alt. Die Leute aber gerieten außer sich vor Entsetzen. Doch er verbot ihnen streng, irgendjemand davon zu erzählen; dann sagte er, man solle dem Mädchen zu Essen geben" (Mk 5,21-24.35-43).

Imhof: Das Wort wirkt. Nicht nur in der Logo-therapie, sondern auch in der Logos-therapie. Das Wort Jesu Christi, der Logos, wirkt im familiären Kontext des Jairus und in seinem engsten Jüngerkreis. Jesus spricht: „Mädchen, ich sage dir, steh auf!" (Mk 5,41). Hinzu kommt die aufrichtende Berührung. Das Wort wirkt nicht magisch oder automatisch, sondern zu seiner Wirkungsgeschichte gehört die Anwesenheit von Menschen, die glauben. heilungsgeschichten sind Hinweise auf Ostergeschichten.

Interessant ist, dass nach einer heilsamen Kommunikation erst einmal Normalität angesagt ist: Nichts im Nachhinein kaputtreden, sondern essen und trinken. Zu einer geglückten Kommunikation gehört die Befriedigung des Nahrungstriebs auf Erden. Bei Scheinkommunikation, die von Ängsten gesteuert wird, entsteht auf Dauer eine Disposition für Krankheiten.

Tremmel: Redaktionsgeschichtlich ist es ja so, dass die Heilungsgeschichte der Tochter des Jairus die Rahmenhandlung für die Geschichte der blutflüssigen Frau bildet, die seit ebenfalls zwölf Jahren leidet (vgl. Mk 5,24-34).

Imhof: Der redaktionsgeschichtliche Einschub ist therapeutisch genial. Denn an der erwachsenen Frau, der ihr Leben regelmäßig wegfließt, wird offenbar, dass sich die negativen Folgen, die sich für eine erwachsene Frau mit einer entsprechenden Pubertätsgeschichte ergeben haben, genauso lösen lassen wie die Probleme einer jungen reifenden Frau, deren Vater für sie keine andere Lösung mehr weiß, als sie dem heilenden Wort Gottes, Jesus, anzuvertrauen. In der Realität kann es sein, dass ein Vater stirbt, sei es physiologisch, psychologisch oder spirituell. Sein letzter Segenswunsch besteht darin, dass seine Tochter neu ins Leben kommt.

Die Auferweckung des Lazarus

Tremmel: Der Höhepunkt der Auferweckungsgeschichten Jesu ist die neutestamentliche Auferweckung des Lazarus in Bethanien, dem Bruder von Martha und Maria. Dabei handelt es sich um das siebte und letzte johanneische Wunderzeichen (vgl. Joh 11,1-44).

Imhof: Der Horizont des Verstehens ist die Auferstehung, Gottes neue Schöpfung. Das Leben kommt nicht durch den Tod zustande, sondern nur durch die schöpferische, ewige Liebe.

Tremmel: Der Name Lazarus ist die griechische Form des hebräischen Namens Elieser. Der Großknecht Abrahams heißt Elieser. Diese alttestamentliche Gestalt hatte sich um ihren Herrn so verdient gemacht, dass er sich um seine eigenen Erbansprüche gebracht hat (vgl. Gen 24,1-67).

Imhof: Eine andere neutestamentliche Geschichte vom armen Lazarus und dem reichen Prasser erzählt, dass Lazarus nicht um seinen Lohn gebracht wird, sondern im Schoße Abrahams eine ewigkeitliche Zukunft findet (vgl. Lk 16,19-31). Dies ist angesichts der Gerechtigkeit Gottes nicht anders denkbar. Der Schoß Abrahams lässt sich als eine Metapher sowohl für den Ursprungsort seiner genetischen Geschichte wie auch als Thronsitz seiner Herrschschaft deuten. Abraham ist mächtig im Glauben an die Schöpferkraft, die Herrlichkeit und Ewigkeit Gottes. So kehrte der arme Lazarus in den Machtbereich Gottes zurück.

Der Schoß Abrahams ist ein Bild für das jüdische Verständnis des Himmels. In diesem Sinn stammt der ewige Messias, der in Jesus erschienen ist, aus dem Schoß des Vaters im Himmel. So spricht der johanneische Christus: „Ehe Abraham wurde, bin ich." (Joh 8,58)

Tremmel: Geht es bei den Lazarusgeschichten um die Zukunft einer Geistseele in Zeit und Raum, im Himmel und in der Ewigkeit – der entgrenzten Zeit und des entgrenzten Raumes?

Imhof: Ja. Wie die raumzeitliche Welt und die ewige Wirklichkeit aufeinander transparent sind, ist das große metaphysische Thema der Lazarusgeschichten. Durch den Glauben an die Auferstehung in der Wirklichkeit Gottes fällt neues Licht auf das Diesseits. Das hat Konsequenzen für das eigene Realitätsverständnis: Die Realität ist kein geschlossenes, sondern ein offenes System. Wir leben im Übergang.

Tremmel: Was bedeutet in diesem Zusammenhang die Entbindung des Lazarus in Bethanien?

Imhof: Existentiell gewendet: Welche Bindungen, Verwicklungen, Bandagen und ungeordnete Anhänglichkeiten hindern mich an einem Leben in Freiheit? Wann komme ich aus dem dunklen Bauch von Mutter Erde endlich heraus? Welche Erfahrungen im Geviert der Welt lassen mich nicht mehr frei atmen? Wodurch breitet sich eine üble Atmosphäre um mich herum aus? Wer rollt mir den Stein vor dem Grab meiner Seele weg?

Tremmel: Ob metaphysisch, symbolisch, existentiell, gläubig oder ungläubig: Was auch immer wahrgenommen wird, wird nach Art und Weise dessen wahrgenommen, der etwas wahrnimmt, das wusste schon Petrus Lombardus, der Sentenzenmeister. Es kommt also wesentlich auf den Hörer des Textes an, ob er darin für sich ein Evangelium hört.

Imhof: In diesem Sinne kann in großer Offenheit die Stimme Jesu gehört werden: „Lazarus, komm heraus! Da kam der Tote heraus; seine Füße und Hände waren mit Binden umbunden und sein Gesicht war mit einem Schweißtuch umhüllt. Jesus sagte zu ihnen: Löst die Binden und lasst ihn fortgehen!" (Joh 11,43b-44).

Tremmel: Das Wort der Heiligen Schrift wirkt, je mehr sich jemand ganzheitlich dem ganzen Wort zuwendet. Je intensiver die Kommunikation, desto mehr Kräfte werden freigesetzt.

Imhof: Daher die Empfehlung bei geistlichen Übungen, die inneren Sinne anzuwenden, also innerlich zu hören, zu sehen, zu riechen, zu schmecken und zu fühlen. Ein Zeichen der Bereitschaft, sich emotional auf den Geist Gottes einzulassen, der durch die Heilige Schrift wirkt, ist der exegetische Urakt, der zu einem existentiellen Verstehen gehört, nämlich der liturgische Kuss des Evangeliums. Dabei kommt das Evangelienbuch entgegen und die eigene Zuneigung berührt sinnenhaft das Wort im Text.

Tremmel: Für die meisten Menschen ist die Rede vom Wort Gottes schwer verständlich.

Kommunikation und Ethik

Imhof: Zumindest in ihrem eigenen Selbstverständnis ist das so. Der Lärm der Welt ist gewaltig. Viele Gedanken kreisen nur um das eigene Ego, das mit sich selbst beschäftigt ist.

Tremmel: Führt die Rede von Gott in einer Welt mit vielen Sprachen, Konfessionen und Religionen oft nicht noch zusätzlich zu zwischenmenschlichen Kommunikationsstörungen?

Imhof: Leider. Es ist nicht von der Hand zu weisen, dass durch Insistieren auf dogmatischen Formulierungen über Gott andere noch mehr vereinsamen, sich in die Ecke gestellt fühlen und mit dem Christentum nichts mehr zu tun haben wollen.

Tremmel: Und sie ärgert die theologische These vom anonymen Christen.

Imhof: Was heißt anonym? Bei anonymen Briefen weiß der Absender durchaus Bescheid, nur der Empfänger nicht. Bei anonymen Alkoholikern ist es ähnlich. Die Eingeweihten wissen, wovon die Rede ist. Die Öffentlichkeit hat ihre Vermutungen, aber keine genaue Kenntnis. Bei der Rede vom anonymen Christen oder vom anonymen Buddhisten wissen diejenigen, die davon aus Erfahrung reden, durchaus was damit gemeint sein soll. Andere aber fühlen sich dadurch vereinnahmt oder lehnen eine solche Redeweise prinzipiell ab. Wer aber die Kommunikation nicht abbricht, kann im offenen, ehrlichen Gespräch über Sachverhalte zur Übereinstimmung auf der Sachebene, ja sogar zu einer gemeinsamen Sprechsprache kommen, die allen verständlich ist.

Tremmel: Ethisches Verhalten scheint mir dann gegeben zu sein, wenn andere in ihrer Sprachwelt und in ihrer Verschiedenheit nicht nur toleriert, sondern vor allem respektiert und geachtet werden.

Imhof: Jesus lehrte Ethik. Das Ziel der Ethik ist die eigene Glückseligkeit mitten in einer fremden und auch feindseligen Welt.

Tremmel: Klingt attraktiv und gilt auch für den jeweils anderen. Helfen die Seligpreisungen in der Johannesoffenbarung, gehören sie in diesen Kontext?

Imhof: Selbstverständlich. Sie wirken eschatologisch als Wort Gottes (vgl. Offb 1,3; 14,13; 16,15; 19,9; 20,6; 22,7; 22,14). Die erste und die zweite Seligpreisung finden sich beide in der Johannesoffenbarung im ersten Kapitel, im dritten Vers. Ausführlich habe ich darüber in meinen Büchern „Das ewige Evangelium" und „Spirituelle Reisen" geschrieben.

Tremmel: Noch einmal zurück zum Thema „Wort Gottes und die Schöpfung".

Imhof: Ja, gerne. Während durch das Wort Gottes die Schöpfung zustande kommt und erhalten bleibt, d. h. einzelne Geschöpfe ganzheitlich existieren können, führt die egozentrierte Selbstermächtigung der sogenannten Krone der Schöpfung zur Erschöpfung. Für die Schöpfung, aber auch für die Erschöpfung ist Gott zuständig. Den Menschen, der meint, durch Selbstaufopferung die Schöpfung zu verbessern, ereilt oft die persönliche Erschöpfung. Es steht ihm nicht zu, zu sein wie der Schöpfer, der das Sein hervorbringt.

Tremmel: Aus der Beziehung zum Schöpfer vermag der Mensch in Liebe und Dankbarkeit in der Schöpfung zu leben. Wo dies nicht geschieht, werden über kurz oder lang Ressourcen sinnlos verbraucht – bis alles und jeder erschöpft ist.

Imhof: Das dramatische Beziehungsdreieck des Menschen, der sich abwechselnd als Opfer, Täter und Retter aufspielt, kann unterbrochen werden. Denn der Christus ist der schöpferische und erlösende Repräsentant Gottes. Wer im Kraftfeld des Auferstandenen lebt, betet und arbeitet, muss nicht erschöpft werden.

Tremmel: Das ist gut so! Die Wirkungen des Wortes Gottes sind etwas anderes als die Resultate einer egozentrierten Selbstmotivation.

Im neuen Bund

Imhof: Die prophetische Rede weist in menschlicher Sprache auf das Wort Gottes hin. Auf dessen verwandelnde Kraft kommt es bei der Deutung der Welt und bei ihrer Veränderung im Sinne Gottes an. Berühmt sind die prophetischen Worte des Jeremia, der kundtut, was systemische Folgen des menschlichen Verhaltens sind und wie in Gottes Namen ein neuer Anfang möglich ist. Wohin gehört die Schuld? Wie ist damit umzugehen? Wie glückt ein Leben jenseits der alten Verstrickungen?

Tremmel: Ich zitiere: „Siehe, es kommt die Zeit, spricht der Herr, dass ich das Haus Israel und das Haus Juda besäen will mit Menschen und mit Vieh. Und gleichwie ich über sie gewacht habe, auszureißen und einzureißen, zu verderben und zu zerstören und zu plagen, so will ich über sie wachen, zu bauen und zu pflanzen, spricht der Herr. Zu derselben Zeit wird man nicht mehr sagen: Die Väter haben saure Trauben gegessen, und den Kindern sind die Zähne stumpf geworden, sondern ein jeder wird um seiner Schuld willen sterben, und wer saure Trauben gegessen hat, dem sollen seine Zähne stumpf werden." (Jer 31,27-30)

Imhof: Was nicht dem Geist des Lebens gemäß ist, soll in der Vergänglichkeit bleiben. Gott vergibt Sünde und Schuld. Ein neues Leben glückt für den, der in der Beziehung zu ihm ist und für die vielen, die im Bund mit ihm sind.

Tremmel: So heißt es: „Siehe, es kommt die Zeit, spricht der Herr, da will ich mit dem Hause Israel und mit dem Hause Juda einen neuen Bund schließen, nicht wie der Bund gewesen ist, den ich mit ihren Vätern schloss, als ich sie bei der Hand nahm, um sie aus Ägyptenland zu führen, ein Bund, den sie nicht gehalten haben, ob ich gleich ihr Herr war, spricht der Herr; sondern das soll der Bund sein, den ich mit dem Hause Israel schließen will nach dieser Zeit, spricht der Herr: Ich will mein Gesetz in ihr Herz geben und in ihren Sinn schreiben, und sie sollen mein Volk sein, und ich will ihr Gott sein." (Jer 31,31-34)

Imhof: Welch ein Text! Im eigenen Innen wird die Logik der Gnade Gottes erkannt. Die Weisung zum Leben ist der Freiheit des Menschen anvertraut. Wer scheitert, darf neu anfangen.

Tremmel: Ein starker Zuspruch!

Imhof: Jesus weist auf die Inkulturation des Evangeliums in die Natur hin, die als Schöpfung verstanden wird. Denn die Schöpfung ist die Kultur Gottes.

Tremmel: Bereits bei Matthäus steht: „Seht die Vögel unter dem Himmel an: sie säen nicht, sie ernten nicht, sie sammeln nicht in die Scheune; und euer himmlischer Vater ernährt sie doch. Seid ihr denn nicht viel mehr als sie? Wer ist unter euch, der seines Lebens Länge eine Spanne zusetzen könnte, wie sehr er sich auch darum sorgt? Und warum sorgt ihr euch um die Kleidung? Schaut die Lilien auf dem Feld an, wie sie wachsen: sie arbeiten nicht, auch spinnen sie nicht. Ich sage euch, dass auch Salomo in aller seiner Herrlichkeit nicht gekleidet gewesen ist wie eine von ihnen." (Mt 6,26-29)

Imhof: Es ist schwer, das Evangelium in unsere postmoderne Zivilisation zu inkulturieren. Vielleicht ist es manchmal weiterführender, mit dem Evangelium in der Hand in die Natur zu gehen und dort einen Gottesdienst zu feiern. Etwas Pfadfinderromantik, Wald, Berge, Seen, ein schönes Lagerfeuer und eine Galatische Schwitzhütte tun der Seele gut.

Tremmel: Und was ist die innerste Natur des Menschen?

Imhof: Für einen Christen ist sie die ihm von Gott geschenkte Freiheit. Zur Freiheit seid ihr befreit, heißt es im Evangelium des Apostels Paulus an die Galater, jene keltischen Stämme in Kleinasien, die sehr naturnah lebten. Mit ihnen war kein Staat zu machen. Aber sie vergesellschafteten sich, damit sie in Freiheit miteinander leben konnten. Als erstes Volk nahmen sie das Evangelium Jesu Christi an, das der Apostel Paulus ihnen verkündet hatte (vgl. Gal 1,6-9). Durch dieses Evangelium verwandelte sich ihre natürliche Freiheit zur erlösten Freiheit. Gottes Wort wirkt schöpferisch, befreiend, erlösend und rechtfertigend.

2.3. Kinderrecht auf Frieden
Die Botschaft von den Hirtenfeldern
Franziska Wackerbarth im Gespräch mit Paul Imhof

Wackerbarth: Du arbeitest als Filmregisseur und als systemischer Coach bei christlichen bzw. christozentrischen Familienaufstellungen. Was hat das miteinander zu tun?

Imhof: Viel. Ein guter Film entsteht, wenn das Storyboard klar ist. Dem entspricht beim Prozess eines authentischen Familienaufstellens das logische Nacheinander von Sequenzen, deren typische, entscheidende Übergänge sich fotografisch gut dokumentieren lassen. Ein Film besteht aus vielen Bildern, die dramaturgisch konsequent laufen. Ein Film ist ein Movie! Das englische Wort bringt die gemeinte Sache gut zum Ausdruck.

Wackerbarth: Daher passt unser Gespräch über laufende Bilder wohl gut in ein Buch über Aufstellungsarbeit?

Imhof: Ja, so sehe ich das. Unser Film über Jesus ist eine Form, in der wir sein Leben auf der Metaebene von Fragen und Antworten aus dem Außenkreis in der Vorstellungswelt für Zuschauer im Innenkreis zum Laufen bringen wollen.

Wackerbarth: Du hast auch eine DVD mit dem Titel „Auf der Spur von Jesus" über ein Kindermusical gemacht.

Imhof: Ja, ich war für die Gesamtregie verantwortlich. Das Filmmaterial wird Teil eines größeren Projekts mit Kindern aus Deutschland, Israel und Palästina werden. Die Vorbereitungen laufen seit Beginn 2014. Wegen der kriegerischen und gewalttätigen Auseinandersetzungen im Orient mussten wir die Drehtermine in Bethlehem, Jerusalem und Galiläa schon zweimal verschieben. Zunächst aus Sorge der deutschen Eltern um ihre Kinder, dann wurden die palästinensischen Eltern unter Druck gesetzt, kein gemeinsames Projekt mit israelischen Kindern zu machen. Für alle Beteiligten wäre dies zu riskant. So haben wir uns entschieden, zunächst nur mit palästinensischen Kindern zu drehen. Die Kinder aus der Gegend um Bethlehem werden Fragen der Kinder aus Deutschland, Österreich und der Schweiz aufgreifen, aus ihrem Leben erzählen, singen und spielen. Schritt für Schritt entstehen so Sequenzen über das Land Jesu mit Kindern aus Palästina und Israel. Alle Kinder brauchen Frieden, um glücklich zu sein. Angst haben und Angst machen ist einfach schrecklich. Zum Frieden gibt es keine Alternative.

Wackerbarth: Politik hat mit Religion zu tun, Religion mit Politik. Bahnt sich im Lande Jesu ein Religionskrieg an?

Imhof: Ende 2014 war die gesellschaftliche Stimmung diesseits und jenseits der Mauer aggressiv, sehr aufgeheizt. Im Herbst 2015 haben die Palästinenser das Osloer Abkommen gekündigt. Dies kann zu Attentaten führen. Die Aufgabe der Religion bzw. der Religionsvertreter ist es, für Unterbrechung zu sorgen.

Wackerbarth: Viel Politik, was aber ist Religion?

Imhof: Der Kern jeder monotheistischen Religion besteht aus Glaube, Hoffnung und Liebe. Bei dem Versuch, diesen Kern zu institutionalisieren und gesetzlich durchführbar zu machen, entsteht Religion. Macht und Gewalt halten Einzug. Kinder sind eigentlich nur am Kern der Religion interessiert. Gott, die ewige Liebe, ist der Garant einer entsprechenden Ethik und den Spielregeln dazu, wie Freiheit mit Freiheit umgeht. Im Orient ist der jüdische, christliche und islamische Monotheismus zu Hause. Viele sind davon überzeugt, dass das messianische Friedensreich in Zukunft kommt.

Wackerbarth: Wann beginnt die Zukunft?

Imhof: Im Christentum wird der Friede als Gabe des auferstandenen Jesus bezeugt (Joh 20,19-29). Nicht mit den Mitteln der Vergangenheit, sondern aus der Zukunft kommt der Friede entgegen. Im Islam wird nach dem Paradies Ausschau gehalten. Jede Sure beginnt mit dem Zeugnis „Allah ist barmherzig". Allah ist das arabische Wort für Gott, das von den Muslimen, aber auch von den Christen im Orient verwendet wird. Die Antwort auf Allahs Barmherzigkeit ist der Wunsch nach Frieden „Salem aleikum" – „Friede sei mit euch".

Wackerbarth: Mit Kindern einen Friedensfilm zu machen, scheint mir ein kleiner, aber wichtiger Beitrag für mehr Frieden zu sein. Einer, der uns aus der Zukunft entgegenkommt, sozusagen.

Imhof: Das sehe ich genauso. Deswegen machen wir das auch. Ich hoffe, dass viele Eltern uns mit Rat und Tat unterstützen.

Wackerbarth: Wenn Glaube, Hoffnung und Liebe der Kern unserer monotheistischen Religionen ist: Was hat das mit Kindern und Eltern zu tun?

Imhof: Ich bin davon überzeugt, dass alle Eltern ihre Kinder, und alle Kinder ihre Eltern lieben. Alle suchen in Balance mit ihrer Herkunft und Zukunft zu kommen. Kinder glauben, dass ihre Eltern sie lieben, d. h. an einer gemeinsamen, friedlichen Zukunft interessiert sind. Und Kinder hoffen, dass Eltern ihren Streit in Zukunft begraben können. Um es mit den Worten Jesu zu sagen: „Werdet wie die Kinder." (vgl. Mk 18,3) So erreicht euch das Reich Gottes, das Reich der Liebe, des Friedens, des Glücks und der Seligkeit.

Wackerbarth: Wie kann man so etwas filmisch umsetzten?

Jesus ist unser Heldenkind

Imhof: Ein Film läuft immer am besten, wenn er einen Helden oder eine Heldin hat. Wir versuchen Jesus als Heldenkind, das Schreckliches erlebt und überlebt hat, in den Blick zu bekommen. Er ist in einer jüdischen Familie aufgewachsen und hat alles gegeben, damit alle Völker den Gott des Friedens und Lebens kennenlernen. Zu seinen Jüngern und Jüngerinnen sagte er: „Bringt den Namen Gottes zu den Völkern." Wie lautet der Name Gottes? Jahwe. Zurzeit Jesu wurde der Name Gottes vom Hohen Priester am Tage der Versöhnung laut ausgerufen, so dass alle Pilger aus Israel und den Völkern den Gottesnamen hören konnten. Wer ihn ausspricht, wer ihn hört, vernimmt den Geist des Lebens, den Atem des Lebens: Jah-weh.
Jesus hat als Davidide durch seinen Ahnen David eine Ausländerin, Ruth, in seinem Stammbaum. Über Adam und Eva sind wir als Menschen zudem alle miteinander verwandt und gehören zur sogenannten nachnoahitischen Menschheit. Rassismus ist nicht nur friedensfeindlich, sondern auch ein menschheitlicher Unsinn. In dieser biblischen Tradition gründet der jüdische

und christliche Glaube. Für Muslime ist der Tempelplatz, auf dem Gott verehrt wird, eine der heiligsten Stätten. Der Islam steht ganz in der monotheistischen Tradition. An der Stelle, wo Jesus einen Freiraum für die betenden Völker wiederhergestellt hat, steht heute die Al-Aqsa Moschee. Es ist selbstverständlich, dass Muslime sich dort das Beten nicht verbieten lassen wollen. Ein Film über unser Heldenkind Jesus achtet die monotheistischen Wurzeln des Glaubens an Gott, wie sie sich im Laufe der Jahrhunderte ausgestaltet haben.

Wackerbarth: Wie schön wäre es, wenn Kinder der verschiedenen monotheistischen Bekenntnisse sich gemeinsam auf dem Tempelplatz treffen könnten, um den Frieden, den Gott der Menschheit wünscht, zu bezeugen!

Imhof: Noch ist es ein Traum, aber was kann schon passieren, wenn Kinder verschiedener, religiöser Sozialisation anfangen, ein Lied vom Frieden zu singen? Unser Drehort ist die Mauer in Bethlehem, die das Grab der Rahel am Dorfrand von Bethlehem vom Geburtsort Jesu abschneidet.

Wackerbarth: Die Mauer wurde errichtet, um Israel von palästinensischen Gebieten abzuschirmen. Sie ist eine Folge der Intifada, des palästinensischen Aufstands gegen die Politik Israels.

Imhof: Da gibt es sicher einen Zusammenhang. Aber die Gründe dafür liegen tiefer. Ich sehe die Mauer um Bethlehem und durch das Heilige Land als Ausdruck der Traumatisierung, die das jüdische Volk erlitten hat. Die Selbstghettoisierung ist auf Dauer selbstverständlich fatal, weil ein Ghetto prinzipiell nicht funktionieren kann. Denn jeder Mensch bleibt Teil der einen Menschheit. Nur eine Politik der friedlichen Entgrenzung ist sinnvoll. So wird es auf absehbare Zeit zwar immer Gefängnisse geben, aber sie sind nie das Ziel einer freien Gesellschaft, sondern nur ein notwendiges Übel, durch das sich eine Gesellschaft vor einzelnen oder Banden schützt, die sich extrem rücksichtslos verhalten.
Der Geschlechtstrieb, der ursprünglich dazu treibt, als freier Mann und freie Frau zu leben, mutiert durch die Angst vor Verletzung zum Machttrieb. Die Macht hat nach Machiavelli nicht die Macht, auf Macht zu verzichten und existiert auf der Basis von Herrschenden und Beherrschten. Nur im freien Miteinander aller lassen sich jedoch Lösungen finden: weg von den Strukturen der Macht zu Strukturen der Beziehungsgerechtigkeit. Der Geist Jesu

Christi, in dem der freie Mann aus Nazareth und die absolute Freiheit Gottes ein Bündnis eingegangen sind, erzeugt eine Dynamik, die jene befreit, die sich darauf einlassen.

Wackerbarth: Die Dokumentation könnte der Einstieg für eine interessante Unterrichtseinheit zum Thema Jesus und seine Botschaft an die Kinder in Österreich, Deutschland, der Schweiz, Israel und Palästina werden.

Imhof: Deutschsprachige und arabische Kinder stellen ihre Fragen und geben Antworten. Die Schnittbilder aus dem Heiligen Land illustrieren, was die Kinder sagen.

Wackerbarth: Welche Drehorte gab es?

Imhof: Aus guten exegetischen Gründen waren wir in der Kirche von Beit Shahur (die Kirche auf den Hirtenfeldern), der Geburtskirche in Bethlehem, der Grabes- bzw. Anastasis-Kirche, an der Klagemauer, in den Verkündigungskirchen von Nazareth, der Gegend um den See Genezareth und am Jordan. Hinzu kamen Drehorte in der Judäischen Wüste.

Wackerbarth: Kinder sind daran interessiert, ob es Jesus wirklich gegeben hat. Welche geschichtlichen und historischen Spuren sind erhalten geblieben?

Imhof: Vor allem die Evangelien. Sie sind inspirierte Lebensbeschreibungen Jesu und geben Zeugnis von seiner Botschaft. Interessant ist, dass die syrische Christologie, auf die auch Mohammed zurückgreift, von Jesus als dem Sohn der Maria spricht. Dies ist der Spitzentitel für seine historische Faktizität. Damit wird zum Ausdruck gebracht, dass Jesus jenseits von Legenden und Mythen, wie sie für Herrscher als bedeutende Persönlichkeiten erfunden wurden, jemand war, den es wirklich gegeben hat. Die Christen im Heiligen Land legen großen Wert darauf, wo etwas geschichtlich stattgefunden hat, z. B. in der griechisch-orthodoxen Verkündigungskirche von Nazareth, in der Auferstehungskirche von Jerusalem oder in der Geburtskirche von Bethlehem. Diese Kirchen sind seit den ersten Jahrhunderten Pilger- und Wallfahrtsorte der einheimischen Christen und der Christen aus fernen Ländern.

Wackerbarth: Was findet man dort?

Imhof: Es handelt sich immer noch um denselben Kalkfelsen, auf dem Jesus gekreuzigt wurde, dieselbe Geburtsgrotte und denselben Brunnen in Nazareth, an dem seine Mutter das Wasser geholt hat. Natürlich kann man auch viele Gegenstände aus seiner Zeit in den Museen bewundern, z. B. Münzen des Herodes oder Ledersandalen, Bastkörbe und Schriftrollen aus der Zeit Jesu. Auch der Steinblock vom Tempel existiert, auf dem steht, dass es bei Todesstrafe verboten ist, in den jüdischen Teil des Tempels zu gehen. Zurzeit ist er im archäologischen Museum von Istanbul ausgestellt. Auch Inschriften aus dem 1. Jahrhundert, etwa von Pontius Pilatus und römischen Kaisern, wie Augustus und Tiberius, sind erhalten geblieben. Die meisten archäologischen Funde sind im Israel Museum in der Nähe der Knesseth, dem Israelischen Parlament, aufbewahrt. Der See Genezareth ist auch noch an derselben Stelle wie vor zweitausend Jahren. Ein Fischerboot aus dieser Zeit befindet sich im Kibbutzmuseum von Kinnereth. Aus der Synagoge von Magdala wurde jüngst ein Thorastein ausgegraben, auf dem man aus der Thora des Moses vorgelesen hat.

Wackerbarth: Wie ist der Film aufgebaut?

Imhof: Als systematische filmische Aufstellung müssen selbstverständlich die wesentlichen Phasen jeder Biografie berücksichtigt werden. Daher sind Fragenstellungen präexistenter, pränataler, oraler, analer, ödipaler, pubertärer, adoleszenter und ewigkeitlicher Art aufgegriffen worden. Natürlich kann dies nicht in epischer Breite geschehen. Ein Beispiel dafür ist der Drehtag in „Talitha Kumi", einer evangelischen Sekundar-Schule. Übersetzt heißt dieses Jesuswort: „Mädchen, ich sage dir steh auf" (Mk 5,35).
Im Alter von 12 Jahren, zur Zeit der Bat-Mitzwa also, kam das Mädchen des Synagogenvorstehers Jairus neu zustande. Vorher existierte sie gleichsam wie gestorben (vgl. Mk 5,35-43). Und noch ein anderer Vers ist leitend in Talitha Kumi. Es handelt sich wieder um ein Jesuswort: „Wer ein solches Kind um meinetwillen aufnimmt, der nimmt mich auf; wer aber mich aufnimmt, der nimmt nicht nur mich auf, sondern den, der mich gesandt hat" (Mk 9,37). Mit diesem Wort macht Jesus eine klare ethische und theologische Aussage. Es ist in seinem Sinn, Kinder als etwas zutiefst Menschliches, ja Göttliches zu betrachten. Damit stellt er sich gegen die antike Sklavenhaltergesellschaft, in der Kinder als Ware gehandelt wurden. Für die Synagoge war es eine der

wichtigsten Pflichten, jüdische Kinder, die nach Aufständen oder aus sonstigen Gründen in die Sklaverei gekommen waren, sofort freizukaufen. Kinder waren als eigene Rechtspersönlichkeiten zutiefst wertgeschätzt.

Wackerbarth: Wie kommt es, dass du zu dem fertig geschnittenen Film „Kinderrecht auf Frieden. Was hat Jesus denn gemacht?" zwei verschiedene Textbücher geschrieben hast?

Imhof: Wie zu einer Aufstellungsarbeit lassen sich aus dem *Off* unterschiedliche Kommentare produzieren. Unter *Off* versteht man objektive und neutrale Kommentare bei Filmen mit dokumentarischem Charakter. Bei unseren zwei Filmtexten handelt es sich um ein Textbuch für die Zielgruppe Kinder und um eines für die Zielgruppe Erwachsene. Der Film soll zunächst in Schleife im Bibelmuseum Haßfurt laufen. Am Ende haben wir uns nun entschieden, den Text aufzunehmen, den Kinder leichter verstehen können.

Wackerbarth: Vielleicht ist der Text in Erwachsenen-Sprache als Begleitmaterial zum Film geeignet?

Imhof: Das könnte ich mir gut denken. Hier eine Textprobe: Die Fresken der neugebauten Kirche in Kapharnaum illustrieren den Glauben der orthodoxen Christen. Für sie ist Christus der Pantokrator, derjenige also, der in Gottes Namen alles durchwirkt. In der Aura Christi, dem Heiligenschein, stehen die Buchstaben H-O-N. So lautet die griechische Übersetzung für den hebräischen Gottesnamen: Ich-bin-der-Ich-bin-da. Überall im Kosmos finden sich seine Spuren. Der Innenraum der orthodoxen Kirche erinnert mit seinem großen Leuchter in der Mitte an das himmlische Jerusalem, das sich auf Erden herabsenken wird.

Alle Leben-Jesu-Begegnungen bekommen erst durch die Ostererfahrung ihren letzten Sinn. Die Gemeinde Jesu Christi, die er in Kapharnaum gegründet hatte, bezeugt seine Auferstehung. Im Geist der Gläubigen sind die Wunder Jesu und sein Leben mit den Jüngern und Jüngerinnen allgegenwärtig. Die Fresken zeigen viele orthodoxe Heilige. Sie sind ein kirchengeschichtlicher Kommentar zum Leben Jesu.

Wackerbarth: Vom Tempelplatz in Jerusalem ausgehend erzählst du zwei unterschiedliche Stränge von Heilsgeschichten?

Imhof: Ja. Die eine theologische Linie läuft vom Gebetsplatz für die Völker – dort steht heute die Al-Aqsa Moschee – durch die Gassen Jerusalems bis nach Golgatha und weiter bis zum Grabmal der Auferstehung Jesu. In der Grabes- bzw. Auferstehungskirche läuft diese Linie aus. Die andere theologische Linie nimmt ihren Ausgang vom 12-jährigen Jesus, entwickelt sich aber nicht anhand der Biografie Jesu, sondern nimmt einen altersgleichen, jüdischen Jungen in den Blick, der für sein Volk steht, das weiterhin im Bund mit Gott lebt, den Gott niemals gekündigt hat.

In dieser theologischen Perspektive ist ein friedliches Miteinander von Christen und Juden nicht nur möglich, sondern sinnvoll. Gewiss wird es immer wieder einige Menschen geben, die vom Judentum in das Christentum konvertieren und umgekehrt. Sinnvoll heißt in diesem Zusammenhang, es geht um einen Weg, der in unterschiedlicher Weise zu Gott führt. Interessant ist in diesem Zusammenhang der etymologische Kontext des Wortes Sinn. Im Indogermanischen ist damit verwandt das lateinische Wort *sentire*, d. h. fühlen, spüren, meinen oder auch altisländisch *sinti*, d. h. der Reisegefährte, und althochdeutsch *sinan*, d. h. gehen. Sinn-Erfahrungen sind also Weg-Erfahrungen, bei denen immer wieder das verborgene Ziel aufleuchtet.

Der natürliche Sinn ist die Fortpflanzung des Menschengeschlechtes in Gottes Namen – Gott wird verehrt als der Schöpfer aller Dinge. Der über-natürliche Sinn ist die Ankunft in Gottes Ewigkeit. Diese Sinnerfahrung ist zutiefst spirituell. Denn Gott ist Geist. Dies wird im Judentum und im Christentum bezeugt. Die Christen gehen anhand Jesu und seines Evangeliums ihren Weg, Israel anhand der Thora des Moses, der Weisung zum Leben vom Gottesberg.

Wackerbarth: Und wie ist es mit dem Islam?

Imhof: Die Suren des Korans bezeugen, dass Allah der Herr und Ursprung vieler geschaffener Welten ist. In jeder Sure wird zu Beginn bezeugt, dass Allah barmherzig ist, außer in Sure 9, der Reue. Dort wird die Barmherzigkeit Allahs logischerweise erst am Ende der Sure gerühmt. Für die Muslime ist der Koran ein eigenständiges heiliges Buch, für Christen ein wesentlicher Kommentar zur Johannesoffenbarung, dem Ewigen Evangelium. Auch in christlicher Perspektive lässt sich der Koran als heiliges Buch durchbuchstabieren. So gesehen erweist sich der Weg eines gläubigen Muslims als durchaus vereinbar mit dem Glauben an den auferstandenen Christus, der in die Herrlichkeit des Paradieses zurückgekehrt ist. Für manchen gläubigen Muslim ist Jesus, der Sohn der Maria, der Richter, der in Gottes Namen den Zutritt ins Paradies gewährt. Der Unterschied zwischen den monotheistischen Offenbarungsgeschichten ist nicht so groß, dass er nicht durch den gemeinsamen Glauben an die Identität Gottes überbrückt werden kann. So sind Wege eines friedlichen Miteinanders möglich.

Wackerbarth: Was antworten die monotheistischen Religionen auf die Frage nach dem Sinn der Welt?

Imhof: Ich habe kein Mandat für diese Religionen zu sprechen, bin aber folgender Meinung: Sowohl die jüdische Religion wie der Islam setzen darauf, dass der natürliche Sinn der ersten Schöpfung in der Fortpflanzung der Menschheit besteht. Dies geschieht im Glauben an die neue Schöpfung, die Welt des achten Tages. Daher werden jüdische Knaben am achten Tag beschnitten. Bei der muslimischen Beschneidung wird Allah als der Herr der Welten angerufen, der diese Welt geschaffen hat und auch eine neue Welt, d. h. das Paradies, ins Dasein ruft. Im Unterschied zu diesen Schöpfungslehren, zu denen das Fruchtbarkeitsritual der Beschneidung gehört, praktiziert das Christentum die Taufe als Initiationssakrament, d. h. von vornherein ist nicht die Fortpflanzung der Menschheit das ethische bzw. religiöse Ziel, sondern die Nachfolge des auferstandenen Christus. Selbstverständlich hat aber auch die Fortpflanzung der Menschheit einen hohen Stellenwert im Christentum. Im Grunde aber zielt der christliche Glaube auf einen meta-physischen Sinn. Daher gibt es im Lebensentwurf der katholischen Geistlichen auch den Zölibat. Lesbische und schwule Menschen werden zumindest in der evangelischen Kirche als Amtsträger durch diese metaphysische Sichtweise aufgrund des Evangeliums weithin akzeptiert (vgl. Joh 15,16).

Wackerbarth: Noch einmal zu etwas Grundsätzlichem. Wir leben in einer modernen Demokratie mit entsprechender Gewaltenteilung. Im politischen Bereich spricht man von Legislative, Exekutive und Judikative.

Imhof: Als vierte Säule einer modernen Gesellschaft kommt die Kommunikative hinzu. Weder die Legislative noch die Exekutive noch die Judikative, sondern die Kommunikative begründet ursprünglich das Menschenrecht der Kommunikation. Die Öffentlichkeit der Menschheit ist der Raum, in dem die Souveränität der Kommunikative ihren Ort hat. Die Pressefreiheit ist so gesehen eigentlich selbstverständlich. Auf dieser Basis wird geschrieben und gefilmt. Verantwortliche Journalisten sind ihrer Wahrnehmung und der Wahrheit verpflichtet. Der korrespondierende Wert dazu heißt Rücksicht.

Wackerbarth: Weltanschauungen, Konfessionen und Religionen gehören für dich historisch gesehen zur Kommunikative?

Imhof: Ja. Hier soll gelernt werden, wie Kommunikation geht, wie Beten geht, was Scheinkommunikation ist, was Heuchelei und Gotteslästerung ist.

Wackerbarth: Beim Filmprojekt über Jesus, das zum Teil in Israel und Palästina realisiert wurde, galt es, auf religiöse Gefühle zu achten. Gab es im Vorfeld Probleme mit Vertretern der Exekutive, der Legislative und der Judikative?

Imhof: Selbstverständlich sind die Gesetze der jeweiligen Länder zu beachten. Andererseits besitzt die Kommunikative als eigene Säule der Gesellschaft auch eine eigene Souveränität. Daher sollte man sich nie entmutigen lassen, ein entsprechendes Filmprojekt zu wagen. Bisher waren alle Filmproduktionen, an denen ich mitwirkte, immer problemlos. Natürlich sollte vor Ort mit den betroffenen Personen und Institutionen kommuniziert werden.

Wackerbarth: Filmemachen ist Leben. Ist das Leben ein Film?

Imhof: Solange der Große Geist die Regie hat, fände ich das gar nicht so schlimm. Das Leben selbst aber ist im Grunde kostbarer und wertvoller als jede virtuelle Reproduktion. Daher ist das Leben mehr als ein Film.

Wackerbarth: Noch einmal zurück zur ersten Frage. Was hat Filmemachen mit Aufstellungsarbeit zu tun?

Imhof: So wie Schreiben, Filmen und das Nutzen moderner Kommunikationsmittel zur kommunikativen Kompetenz gehören, ist es auch mit dem systemischen Familienstellen. Jeder hat das Recht und die Freiheit, sich seine Herkunft, Gegenwart und Zukunft bewusst zu machen. Wo ist mein Platz in der Welt? Wie geht es mit mir weiter?

Ein Drehbuch über Jesus Christus

Wackerbarth: Wie würdest du ein Drehbuch über Jesus Christus anfangen?

Imhof: Mit der Geschichte der Speisung der 5000 Menschen am See Genezareth (vgl. Joh 6,1-15).

Wackerbarth: Wie würde die erste Szene ausschauen?

Imhof: Mit einem höchst unkonventionellen Ansatz, hungernde Menschen satt zu machen, betritt Jesus die politische Bühne in Galiläa. Das Volk ist so begeistert, dass es ihn zu ihrem Brotkönig machen will. Endlich einer, der lösungsorientiert auftritt und sich nicht durch die defizitäre Situationsanalyse bannen lässt. Und siehe da, Jesus ist erfolgreich. Solche Politiker brauchen wir! Aber er zieht sich zurück. Vielleicht, um darauf hinzuweisen, dass die Probleme viel grundsätzlicher anzupacken sind?

Wackerbarth: Der Reihe nach: Besprechen wir zunächst die Partitur des Textes (vgl. Joh 6,1-15). Die zwei Fische sind das Sternzeichen für den Stamm Benjamin, dessen Hauptort Bethlehem heißt. In Beth-lehem, d. h. im Haus des Brotes wird Jesus geboren. Schon dort fängt die Geschichte mit den Broten an. Er ist das Brot, das sich selbst verteilt. Wie glückt diese Selbstmitteilung, so dass sie auch in der Welt des Gegenständlichen relevant ist?

Imhof: Wie im Himmel so auf Erden! Das himmlische Hochzeitsmahl, bei dem es für alle reicht, weil alles im Überfluss der Liebe geschieht, wird von Jesus Christus auf Erden inszeniert. Sich im grünen Gras des galiläischen Frühlings zu lagern heißt: Wir müssen erst einmal ein Fest feiern, ehe wir über Problemlösungen nachdenken. Das Fest ist der Anfang, um Antworten auf wichtige Fragen zu finden: Wo ist mein Platz in der Gesellschaft? Wie werde ich satt? Was fehlt mir? Wie werde ich zufrieden? Das Fest ist ein kommunikatives Ereignis schlechthin! Hier wird das Geheimnis des Lebens gefeiert, die Selbstmitteilung und das Teilen, das die Not lindert. Bei einem Festmahl bleibt immer genügend übrig.

Wackerbarth: Wer heute an den Schauplatz der Speisung der 5000 kommt, findet einen Ort der Erinnerung, der liturgisch gestaltet ist. Auf dem Altartisch in der Kirche von Tabgha liegt das fünfte Brot, die anderen vier Brote sind auf dem Fußbodenmosaik beim Altar zu sehen, zusammen mit den zwei Fischen. Das Kunstwerk aus frühbyzantinischer Zeit befindet sich in der Apsis der Kirche.

Imhof: Was will uns der Name des Ortes Tabgha (griech. *hepta-pägai*, d. h. Siebenquell) sagen? Aus Gottes schöpferischer Tiefe sind sechs Werktage und der Tag des Sabbats entsprungen. Der sechste Tag ist der Tag der Erschaffung des Menschen. Die sechste Quelle am Fuß des Berges der Seligpreisungen heißt die Quelle des Hiob. Auch ihn, den Menschen in seinem Elend, erreichen die reinigenden Wasser, so dass er von seinem Aussatz geheilt wird. Er dankte Gott für den Segen, der sein Leben wieder reich machte.

In der ersten Schöpfung nun entspringt der achte Tag, der Tag Jesu Christi. Die Wirklichkeit des Himmels, das Reich Gottes, fängt auf Erden mit ihm an. Er ist das Brot, das vom Himmel herab gekommen ist (vgl. Joh 6,26-35). Wer dieses Mysterium empfangen und verstanden hat, weiß sich ermächtigt, sich selbst so mitzuteilen, dass die anderen in ihrer Realität ein glückliches Leben führen können. Nicht nur ihr Kommunikationstrieb, ihr Nahrungstrieb, ihr Spieltrieb und ihr Geschlechtstrieb können in der natürlichen, ersten Schöpfung befriedigt werden, sondern auch ihre Hoffnung auf einen neuen Himmel und eine neue Erde wird durch Christus erfüllt.

Wackerbarth: Ist Jesus Christus der irdische Erlöser?

Imhof: Die Gerstenbrote deuten wie das grüne Gras darauf hin, dass es Frühling war, die Zeit des ersten Gerstenschnitts, als Jesus das Wunderzeichen in Tabgha wirkte. Aus Gerste werden die neuen Fladenbrote gebacken, der Mazzen.

Wackerbarth: In unseren Breiten wird die Gerste meist in flüssigem Aggregatzustand gereicht: Hopfen und Malz, Gott erhalt's. Aus Gerste wird das Malz gewonnen.

Imhof: Und im Vorderen Orient spielt die Gerstenähre bei den urartäischen Königen, den Wächtern des irdischen Paradieses, eine besondere Rolle. Die Ähre ist in der Mitte der königlichen Helme eingraviert und wird von mehreren Schlangen bewacht. Die Gerstenkörner liefern das vegetative Grundmuster für die Blume des Lebens, ein weltweit verbreitetes Kraftsymbol.

Wackerbarth: Jesus geht es um die Rückkehr ins Paradies. Soll damit bereits auf Erden konkret begonnen werden?

Imhof: Ja. Wer aus dem Geist Jesu lebt, ist frei, mit den Dingen im Sinne des Gemeinwohls umzugehen. So entsteht eine Kontrastgesellschaft, in der nicht die Bösen das Sagen haben und die Guten leiden müssen. Durch eine christliche Kulturrevolution wurde in der Antike die Sklavenhaltergesellschaft abgeschafft. Schritt für Schritt. Nicht mehr die Cäsaren hatten das letzte Wort, sondern der auferstandene Christus, der politisch durch den christlichen Kaiser und geistlich durch die kirchlichen Amtsträger repräsentiert wurde. Ein Blick in die Geschichte zeigt, dass sich diese Idee nicht so durchsetzen konnte, dass den Menschen damit wirklich gedient war, denn anstelle von Evangelium für alle kehrten die Unterdrückungs- und Ausbeutungsmechanismen zurück, diesmal mit christlichen Vorzeichen. Doch das Evangelium ist für alle Menschen da. Es könnte praktisch angewendet werden. Der Hunger in der Welt ist kein unabwendbares Schicksal.

Wackerbarth: Ist Jesus Christus auch der kosmische Christus?

Imhof: Ja, durch ihn kommt es zum Ausgleich von Hell und Dunkel, von Aufgang und Untergang, von Tag und Nacht. Als kosmisches Widderlamm hält er die Erde in Balance. Sein Verwandter Johannes der Täufer wird zur Zeit der Sommersonnwende geboren. Im Dunkel der Nacht stirbt er. Und zur Zeit der Wintersonnwende erscheint Jesus vor den Hirten in Bethlehem und zwölf Tage später ebenfalls dort vor den Völkern, den Weisen aus dem Morgenlande. So feiern wir jedes Jahr Weihnachten. Und im Frühling beginnt aufs Neue das kosmische Jahr. Immer dreht sich die Erde unter dem Firmament, so bleibt sie bewohnbar. Die Erde ist das Haus (griech. *oikos*) der Menschheit. Oikumene, d. h. die bewohnbare Erde, ist für alle Menschen da. Das Evangelium verbindet Völker, Stämme, Sprachen und Nationen (vgl. Offb 14,6).

Wackerbarth: Jesus Christus ist der ewige Messias?

Imhof: Wenn das Sternzeichen Fische am Firmament verschwindet, dann beginnt am 21. März das neue, kosmische Jahr mit dem Sternzeichen Teleh, d. h. Widderlamm. Jesus Christus ist der neue Anfang im Frühlingspunkt: in Gottes Namen. Er ist die Taliah, das Lamm Gottes. Sein Zeichen ist das Christogramm.

Aus der Tiefe des Himmels, dem Horizont des Kosmos, erscheint Christus, das schöpferische Wort Gottes (vgl. Joh 1,1-17). Die Schöpfung, durch die der Riss von Schuld und Sünde geht, wird durch den ewigen Messias überbrückt, so dass die Menschen in der zerstörten Schöpfungsordnung als Erlöste in die Ewigkeit Gottes zurückkehren können.

Wackerbarth: Das Geheimnis der Menschwerdung ist der Dreh- und Angelpunkt christlicher Heilserfahrung?

Imhof: Durch den Einstieg des ewigen Messias aus der Tiefe Gottes in die Welt entstand eine Schneise, durch die aufgrund seiner Himmelfahrt der auferstandene Christus in die Herrlichkeit Gottes zurückgekehrt ist. Und in seinem Gefolge ist die Rückkehr der Irdischen zu den Himmlischen möglich.

Wackerbarth: Welche filmischen Mittel würdest du einsetzen, um einen Jesusfilm zu drehen?

Imhof: Um zu zeigen, dass Jesus ein irdischer Erlöser ist, würde ich kurze, realistische Szenen der Geschichte aufnehmen und sie hart, ohne Blende, schneiden. Um die Realität geht es. Für die Sequenzen, die erklären, dass Jesus Christus für ein kosmisches Bewusstsein relevant ist, kommen opulente Bilder aus der Kunstgeschichte und der Sakralarchitektur infrage. Anhand von langen Einstellungen und Kamerafahrten kann ein Grundwissen über kosmische Zusammenhänge vermittelt werden. Um Jesus Christus als himmlischen Messias nahezubringen, braucht es Zeugnisse von Menschen mit entsprechenden spirituellen Erfahrungen. Auf der Bildebene bieten sich Symbolisches, Abstraktes, Lichthaftes und Liturgisches an.

Wackerbarth: Was ist für eine solche virtuelle Aufstellung noch nötig?

Imhof: Zunächst einmal genügend Produktionsmittel. Wesentlich ist auch die passende Musik, die anschaulich macht, wie politische, kosmische und himmlische Perspektiven für Lösungen aussehen. Entscheidend aber ist ein Verständnis der Bibel als ein Buch, das lebensfreundlich auszulegen ist. Ein entsprechendes Drehbuch funktioniert, sobald man die neutestamentliche Trieblehre zugrunde legt. Ein typologische Inszenierung, die sowohl triebgeschichtlich wie auch historisch-kritisch vorangeht, ist filmisch umsetzbar.

Wackerbarth: Im Heiligen Land entstand das sogenannte Alte Testament, die Heilige Schrift der Juden, und das Neue Testament, das für Christen wesentlich ist.

Imhof: Die Beziehung zwischen alttestamentlichen und neutestamentlichen Texten ist sehr eng. So wird in Bethlehem nicht nur Rahel, die Mutter Benjamins, verehrt, sondern auch Maria, die Mutter Jesu. Nach dem Tod von Rahel schlug Israel seine Zelte bei Migdal-Eder auf (vgl. Gen 35,21). In der Nähe des Turmes bewachten die Hirten ihre Herden. Genau dort liegen nach orthodoxer Tradition auch die Hirtenfelder, auf denen die Engel die Geburt Jesu Christi verkündeten (vgl. Lk 2,8-14). In Bet Sahur, dem Ort des Wachens, steht nicht nur die neue orthodoxe Kirche neben den Ruinen der frühbyzantinischen Basilika, sondern auch die lateinische Tradition von den Hirtenfeldern wird in der Nähe einer römisch-katholischen Kirche festgemacht: Pax hominibus bonae voluntatis. Friede den Menschen guten Willens, allen, die ihrem Gewissen gemäß leben!

Da nach dem Propheten Sacharja der Messias auf einem Esel in die Heilige Stadt einzieht (Sach 9,9) wird das Motiv neutestamentlich beim Einzug Jesu nach Jerusalem (vgl. Mt 21,1-11) und bei der Flucht nach Ägypten aufgegriffen (vgl. Mt 2,13-15) und ikonografisch dargestellt. An die erste Station der Flucht wird in der Milchgrotte von Bethlehem erinnert. Von Ägypten, der Dimension der Entfremdung, kehrt nach dem Propheten Hosea das Kind Gottes in das verheißene Land zurück (Hos 11,1; Mt 2,15).

Wackerbarth: Wird durch die Verheißungen jene Zukunft angesagt, wie sie nach Gottes Vorsehung eintreten wird?

Imhof: Bei Mamre, in der Nähe von Kirjat-Arba, wird Abraham und Sara die Verheißung für Isaak, ihren Sohn zuteil (vgl. Gen 18,1-15). In einer Ikone von Andrej Rubljew wird die göttliche Nähe ikonografisch dargestellt. Der Verwandte Jesu, Zacharias, erlebt beim Opfer durch den Engel Gottes die Verheißung, dass seine Frau Elisabeth mit Johannes schwanger werden wird (vgl. Lk 1,5-25). Johannes der Täufer wird zum Vorläufer Jesu. In Nazareth begegnet der Engel Gabriel an der Quelle Maria und kündigt die Geburt Jesu Christi an (vgl. Lk 1,26-38). Josef wird der Repräsentant Gottes in der Heiligen Familie auf Erden. Erst im Kontext der ersttestamentlichen Verheißungen leuchtet manches Detail in seiner Identität und Differenz zwischen den erst- und neutestamentlichen Verheißungen auf. In der Johannesoffenbarung, dem letzten Buch der christlichen Bibel, ergehen die Verheißungen Gottes an die Gemeinden Jesu Christi. Eschatologisch werden sie schon anfänglich erfüllt (vgl. Offb 2,1-3,22; 20,1-22,21).

2.4. Führungsprinzip Geist

Im kybernetischen Prozess

Hermann-Josef Schäfer im Gespräch mit Paul Imhof

Schäfer: Führungskompetenz ist ein schillernder Begriff.

Imhof: In manchen Wirtschaftskreisen und auch in der Politik wird damit eine Haltung der Härte verknüpft, zum Nutzen der Firma bzw. der Partei bereit zu sein, auf einzelne letztlich keine Rücksicht zu nehmen. Entlassung oder Parteiausschluss sollen möglichst problemlos durchgeführt werden. Auch bei den Kirchen wird manches ähnlich gehandhabt.

Schäfer: So sehe ich das auch.

Imhof: Nicht zuletzt im Blick auf die Geschichte sollte man mit der Frage nach der Führungskompetenz höchst sorgsam und werteorientiert umgehen. Durch den „Führer" Adolf Hitler und seinesgleichen wurde nicht nur Deutschland in den Abgrund gestoßen, sondern vor allem Millionen von Menschen umgebracht. Vor dem Geist des Faschismus und den vielen großen und kleinen Verführern muss gewarnt werden. Vom Führerkult des Dritten Reiches bis zur Verehrung des Duce in Italien (veniz. *Doge*, lat. *dux*, d. h. Feldherr, Führer) gibt es ein breites Spektrum von Herrschaftsansprüchen, bei denen mit Gewalt und Unterdrückung agiert wird. Solche „Führungskompetenzen" sind zu verabscheuen.

Schäfer: Selbst in kleinen Dosen ist dieser Führungsstil schrecklich.

Imhof: Wer auf das Führungsprinzip Geist setzt, dem sind Betreuungsverhältnisse suspekt. Entweder wird jemand von Amts wegen betreut – was bei einer gewissen Lebensuntüchtigkeit durchaus sinnvoll sein kann – oder jemand sucht nach seelsorglicher Betreuung. Anstelle von geistlicher Begleitung wird leider oft ein spiritueller Feudalismus inszeniert. Man fühlt sich zwar beschützt, der Preis aber ist eine Form von Abhängigkeit. Jemand möchte helfen, aber die eigene Ignoranz verhindert, dass der Andere immer mehr sein Leben in Freiheit übernehmen kann.

Schäfer: Garantiert der Geist neue Freiheit?

Im Feuer des Geistes

Imhof: Ja. Durch das Feuer des Geistes werden die Ungerechtigkeit, die Gewalt und die Verlogenheit in Beziehungen offenbar (vgl. Mt 3,11). Durch Leidenschaft wird bei geistlosen Auseinandersetzungen und Krisen oft neues Leid erzeugt. Das Ziel sollte darin bestehen, die Nähe und die Ferne zueinander neu in Balance zu bringen.

Schäfer: Gibt es dazu ein neutestamentliches Beispiel?

Imhof: Ja, in dem Sinn ist das bekannte Jesuszitat zu verstehen: „Ich bin gekommen, um Feuer auf die Erde zu werfen; wie froh wäre ich, wenn es schon brennen würde ... Meint ihr, ich wäre gekommen, um Frieden auf die Erde zu bringen? Nein, ich sage euch: Spaltung. Denn von nun an wird es so sein: Wenn fünf Menschen im gleichen Haus leben, wird Zwietracht herrschen. Drei werden gegen zwei stehen und zwei gegen drei, der Vater gegen den Sohn und der Sohn gegen den Vater, die Mutter gegen die Tochter und die Tochter gegen die Mutter, die Schwiegermutter gegen die Schwiegertochter und die Schwiegertochter gegen die Schwiegermutter." (Lk 12,49.51-53). Durch die Unterscheidung der Geister ist die Pseudoharmonie eines faulen Friedens nicht mehr möglich. Führungsansprüche, die nicht aus dem Geist der Liebe, d. h. der Nächsten- und Feindesliebe kommen, sondern Folgen des Matriarchats oder des Patriarchats sind, werden zurückgewiesen.

Schäfer: Vieles geschieht unbewusst und triebhaft. Wie sieht das Verhältnis von Trieben und Freiheit aus?

Imhof: Durch den Geist der authentischen, wahren Kommunikation werden die Scheintriebe, die auf Grund der Angst vor Vereinsamung, der Angst vor Verhungern und Verdursten, der Angst vor Versagen und der Angst vor Verletzung existieren, entlarvt. Analog wird durch das Gebet der Glaube an Gott und das Verfallensein an Götzen unterscheidbar. Ein solcher Götze kann die begrenzte Zeit sein, durch die jemand sich und andere ständig unter Druck setzt. Dadurch wachsen die Unfreiheit und die Ausbeutung anstelle der Freiheit, durch die ein Mehrwert für alle entsteht.

Schäfer: Den Hinweis des Apostels Paulus in seinem Galaterbrief finde ich in diesem Kontext besonders bemerkenswert.

Imhof: Paulus schreibt: „Ihr unvernünftigen Galater, wer hat Euch verhext? ... Dies möchte ich von euch erfahren: Habt ihr den Geist durch die Werke des Gesetzes oder durch die Botschaft des Glaubens empfangen? Seid ihr so unvernünftig? Erst habt ihr den Geist empfangen und jetzt erwartet ihr vom Fleisch die Vollendung. Ist euch denn so Großes vergeblich widerfahren? Sollte es wirklich vergeblich gewesen sein?" (Gal 3,1.2-4; vgl. Röm 8,9-11). Das Führungsprinzip Geist soll aus fadenscheinigen Gründen wieder durch etwas anderes ersetzt werden: das sogenannte Fleisch. Damit ist gemeint, dass nun die Fixierung auf die Vergänglichkeit wieder die erste Rolle spielen soll.

Schäfer: Was ist nötig, damit ein System nach innen stabil und nach außen attraktiv ist? Gibt es dazu einen Bibeltext?

Imhof: Ein hervorragendes Beispiel dafür ist das paulinische Konzept einer weltoffenen, multikulturellen Gemeinde. In seinem Brief an die Gemeinde in Korinth skizziert er die Struktur, in der Menschen mit verschiedenen Charismen ihren Platz finden können, sodass ein spirituelles Wir im Geiste Jesu Christi zustande kommt, das menschheitlich relevant ist und die Zukunft mitgestalten kann.

Ein charismatisches Miteinander

Schäfer: Nun zu den Repräsentanten im Einzelnen, durch die eine Struktur zu einem organischen, lebendigen System wird.

Imhof: Paulus spricht in diesem Kontext vom Leib Christi (vgl. 1 Kor 12,27). Bei einer entsprechenden Aufstellungsarbeit sind Repräsentanten für acht charismatische Persönlichkeitsanteile nötig, die zunächst im Kreis um die unsichtbare Mitte des Geistes aufgestellt werden.
Erstens kommen die *Apostel* (vgl. 1 Kor 12,28), Leute, die wissen, was ihre Aufgabe ist. Für sie ist die Frage nach der Sendung geklärt, d. h. der Prozess von Suche, Berufung und Tätigkeit ist zu einem gewissen Abschluss gekommen. Von dieser Position aus sind sie präsent und können handeln. Sie verkünden die Wahrheit des Evangeliums.

Schäfer: Und dann?

Imhof: Zweitens braucht es *Propheten*, Menschen, die für eine Perspektive der Zukunft einstehen. Drittens sind Leute nötig, die fähig sind zu lehren, *Lehrende*. Viertens gehören sogenannte *Wundertäter* dazu, Menschen also, die sich mit Energien und Dynamiken im System auskennen. Modern gesprochen sind sie Aufsteller (vgl. Apg 4,7), die in der Lage sind, gute systemische Arbeit zu begleiten. Fünftens kommen Menschen hinzu, die heilen können, *Heiler*, und sechstens solche, die bereit sind mit anzupacken, *Helfer*. An siebter Stelle werden die Kybernetiker genannt, Leute mit spirtueller Führungskompetenz, also *Leiter*, und achtens diejenigen, die sprachenkundig sind, *Übersetzer* (vgl. 1 Kor 12,28).

Schäfer: Wie sieht ein solches charismatisches Wir aus?

Imhof: Es ist Objekt und Subjekt einer exemplarischen Aufstellungsarbeit. In unserer Ausbildungsgruppe treiben wir vorab systemische Exegese. So werden zunächst verschiedene Übersetzungen des griechisch geschriebenen Korintherbriefes herangezogen und dann eine eigene Übersetzung aus dem Originaltext mit Beispielen erarbeitet. Für eine sachgerechte Aufstellungsarbeit der Charismen bzw. der Charismatiker sollten die Kapitel 12–14 des 1. Korintherbriefes berücksichtigt werden.

Schäfer: Hier wird z. B. die Frage beantwortet, was das ist, das sich mehrend im System auswirkt. (vgl. 1 Kor 12,31). Es ist die Liebe (vgl. 1 Kor 13,1-13).

Imhof: Es lohnt sich, die acht Gaben des einen Geistes zu studieren, von denen im Korintherbrief die Rede ist (vgl. 1 Kor 12,8-10). Am effizientesten aber ist eine praktische Aufstellung, die mit jeder Gruppe möglich ist, die bereit ist, sich auf systemische Exegese einzulassen und die notwendige Geduld mitbringt, auch schwierige Prozesse bis zu einer heilsamen Schlussszene durchzustehen. Wenn alle Charismen vorhanden sind und zum Aufbau der spirituellen Physis eingesetzt werden könnten, drängt sich meist das Thema Macht so in den Vordergrund, dass über kurz oder lang alle Charismen darin verwickelt werden. Jeder Repräsentant will zu Beginn der Aufstellung zumindest ein wenig die Regie übernehmen. Doch Macht ist das Gefährdungspotential für ein spirituelles, charismatisches Leben. In der Realität wird jedes einzelne Charisma, seinem Charakter entsprechend, auf die Probe gestellt.

1. Statt der klaren apostolischen Botschaft, das Evangelium zu verkünden, fällt jemand auf die Versuchung herein, gleichzeitig noch andere Botschaften unter die Leute bringen zu wollen.

2. Wer restlos für die Zukunft einsteht, wird angefochten, sich mit Vergangenheits- und Gegenwartsproblemen zu befassen, sodass das Charisma der Prophetie nicht mehr leuchtet.

3. Wer gesunde Lehre vorträgt, ist gefährdet, beliebige und willkürliche Inhalte vermitteln zu sollen, die ihm fremde Lehrinstanzen vorschreiben.

4. Wer über viel Kraft und Energie verfügt, wird verleitet, sie zu missbrauchen, anstatt andere in ihrer Freiheit wundersam zu energetisieren.

5. Wem die Gabe des Heilens zukommt, dessen Anfechtung besteht darin, aufgrund unsinniger Genesungswünsche die Grenzen seiner Kunst zu überschreiten.

6. Wer mit dem Charisma des Helfens gesegnet ist, kennt den Zwang, möglichst vielen helfen zu sollen. Dies wird irgendwann zu einer nicht mehr zu befriedigenden Sucht und der einzelne dabei zum hilflosen Helfer.

7. Die Falle dessen, der leitet, ist eine doppelte: Er wird entweder durch hierarchische oder durch demokratische Vorstellungen verführt, nicht mehr zutiefst dem Geist der befreienden Liebe zu gehorchen.

8. Der Sprachenkundige ist dadurch gefährdet, dass andere sein Charisma ausnützen, anstatt selber etwas zu lernen. Sie versuchen dann ihr einseitiges, ideologisches Weltverständnis durch Übersetzungen zu verbreiten.

Schäfer: So wie die acht Triebe (der Kommunikationstrieb mit dem natürlichen Nahrungstrieb, Spieltrieb und Geschlechtstrieb und der Scheinkommunikationstrieb mit dem Todestrieb, Geltungstrieb und Machttrieb) das psychologische Feld bestimmen, lassen sich die acht Charismen als spirituelle Pfeiler im Leib Christi, der messianischen Wirklichkeit, verstehen.

Das Charisma der Kybernetik

Imhof: Ja, sie lassen sich sogar visualisieren. Das Charisma des Leiters bzw. geistlichen Begleiters einer Gruppe besteht darin, das Wirken des Geistes so zu verbalisieren, dass die anderen ein Gespür für den Gesamtprozess entwickeln und darin ihren Part übernehmen.

Schäfer: Entsteht das Charisma der Leitung bzw. der Kybernetik, wenn der Leiter und die Gruppe bzw. Gemeinde sich am Führungsprinzip Geist orientieren?

Imhof: Meistens. Im 1. Korintherbrief des Paulus wird vom Charisma der Kybernetik als siebtem Charisma gesprochen. Der Kybernetiker versucht unterscheidbare Einzelteile bzw. verschiedene Personen im Blick auf das Ganze zielorientiert in Bewegung zu halten. Kybernetik ist moderne Steuerungswissenschaft. Geschichtlich gesehen spricht man vom Amt des Gouverneurs oder bei der Seefahrt vom Steuermann (lat. *gubernator*), der im Sinne des Kapitäns das Ruder am Heck bedient. Um es noch einmal deutlich zu sagen: Zur spirituellen Führungskompetenz gehört es, sich immer wieder den Unterschied zwischen dem Führungsprinzip Geist, gleichsam dem Kapitän, der den Kurs bestimmt, auf dem ein Schiff vom Hafen zum Zielhafen kommt, und der Führungskompetenz dessen klarzumachen, der als Steuermann tätig ist. Seine Aufgabe ist es, Wind und Wellen zu berücksichtigen, Untiefen zu meiden und Hindernisse zu erkennen. In allem aber ist auf das Wort des Kapitäns zu hören.

Schäfer: Was heißt das für eine Gruppe, die bereit ist, mit ihrem Leiter nun Fahrt aufzunehmen? Wer lässt die Leinen los? Wann beginnt die gemeinsame Reise?

Imhof: Nötig ist eine doppelte Bewegung, nämlich auf der Zeitachse nach vorne bzw. zurück und nach oben bzw. nach unten durch den Weltenraum. Denn Raum und Zeit sind die Anschauungsformen a priori, wie Kant zu Recht formulierte.

Wer christliches Familienstellen leitet, fährt, während er den biografischen Text dessen hört, der das Mandat erteilt, im „Pater noster", einem Aufzug, der wie ein perpetuum mobile nach oben und unten unterwegs ist, durch das spirituelle Hochhaus der Wirklichkeit. Die Kunst besteht darin, in der entsprechenden kosmischen oder himmlischen Sphäre innezuhalten, sodass sie den Aufstellungsverlauf auf Erden befreiend strukturieren.

Manchmal ist es auch nötig, in die unteren oder unterweltlichen Etagen hinabzufahren, sodass deren Botschaft auf der Erde, der mittleren Welt, ankommt. Diese dreistöckige Weltordnung ist allen schamanischen Kulturen mehr oder minder gemeinsam. Die Unterschiede zwischen der schamanischen Weltsicht und der christlichen Weltanschauung bringt am besten der armenische Kreuzstein zum Ausdruck. Die kosmische Weltenachse ist in den Baum des Lebens, der im Paradiese Gottes steht, integriert.

Schäfer: Christliche Spiritualität ermöglicht Zugänge zu verschiedenen Wirklichkeitsebenen. Im „Pater noster" des Geistes lässt sich in vielen Etagen ein- und aussteigen, z. B. auf der Ebene der Menschenrechte und Grundwerte, der Märchen und Mythen, der Zahlen und Figuren, der Triebe und Energien. Die Welt der Engel, Charismen und Seligpreisungen steht offen.

Imhof: So ist es. Die Präsenz des Geistes wirkt bei den Repräsentanten oft im Heilszeichen des Kreuzes. Sie breiten die Arme aus und sind in Beziehung nach oben und unten. Es geht um das Bewusstsein, die geschichtliche Horizontalität mit der spirituellen Vertikalität zu verbinden, sodass im Kraftfeld der Liebe jedes Charisma zur entsprechenden Zeit am entsprechenden Ort ist.

Unterscheidung im Geist

Schäfer: Was ist das Kriterium der Unterscheidung der Sphären, der Welten und der Geister?

Imhof: Der Geist selbst. In christlicher Perspektive kann der Geist mit dem Hl. Geist, dem Geist Jesu Christi und dem Geist Gottes identisch sein. Es ist selbstverständlich, dass durch die Anerkennung des Geistes unser Familienstellen eine von anderen Formen des Aufstellens unterscheidbare Qualität bekommt. Im Vorfeld ist genau nachzufragen, welches Mandat demjenigen, der die Aufstellung anhand des Führungsprinzips Geist begleiten soll, von dem, der sich und seine Thematik aufstellen möchte, gegeben wird.

Es wäre fatal, wenn die Differenz zwischen den Geistern und der Wirklichkeit des Hl. Geistes nicht a priori offen gehalten würde. Gewiss vermag der Hl. Geist durch jeden Geist hindurch zu wirken, aber die Geistesgeschichte im

Horizont der Offenbarungsgeschichte des Geistes Gottes durchzubuchstabieren, wie sie im Christentum bezeugt wird, kann auf eine Begrifflichkeit zurückgreifen, die in den entsprechenden Repräsentanten nicht nur sprachlich greifbar wird, sondern auch Anschluss an die Heilsgeschichte finden lässt. Dadurch entsteht sowohl ein kritisches Verständnis der Kirchengeschichte als auch ein Verstehen der kirchlichen Traditionen, die das Evangelium bezeugen. Der Geist Jesu Christi sollte beim christo-zentrischen Familienstellen, das nicht das Gleiche wie kirchliches oder natürliches Familienstellen ist, auf den Geist Gottes hin transparent sein. Dieser Hl. Geist ist um seiner selbst willen erstrebenswert, ja zu verherrlichen und anzubeten, wie das Konzil von Konstantinopel II. im Jahre 381 n. Chr. formulierte. Er wirkt im Himmel und auf Erden.

Schäfer: Manche fromme Menschen wirken auf andere aggressiv, wieder andere strahlen aufgrund ihrer Spiritualität tiefen Frieden aus. Um sie herum ordnet sich die Welt neu.

Imhof: Ich bin überzeugt, dass Jesus einerseits ein sehr friedlicher Mensch war, andererseits ließ er keinen Streit aus, um das Evangelium unter die Leute zu bringen. Er konfrontierte die Menschen mit der Wahrheit.

Schäfer: Was steckt hinter dem Aggressionspotential?

Imhof: Normalerweise korrespondiert mit der Autoaggressivität nach innen eine gewisse Aggressivität nach außen. Beide Formen führen letztlich immer wieder zu Konflikten. Im Grunde lässt sich Aggressivität jedoch auch von vornherein positiv als Ankunftsenergie verstehen. Nicht nur etymologisch ist dies naheliegend (lat. *aggredi*, heranrücken), sondern auch phänomenologisch. Um jeden Preis möchte jemand bei jemand anderem ankommen oder bei sich selbst in eine emotional tiefere oder spirituell höhere Schicht gelangen.

Schäfer: Wie ist das Triebpotential Aggressivität anzuwenden bzw. zu integrieren?

Imhof: Aggressivität als dynamische Ankunftsenergie kann durch freie, geistige Entscheidungen so durch den Leib geleitet werden, dass jemand von innen her intensiv präsent wird. Jemand kommt gleichsam ganz in sich an. Weder muss Aggressionsenergie nach außen abreagiert werden noch muss sie sich zerstörerisch gegen die Person richten, in der sie vorhanden ist.

Der eigene Leib kann zu einem Raum des Selbst werden, das emotional bei sich ankommt. Es geht um die gleichmäßige Verteilung der Energie, ohne dass es zu Fixierungen in der Magengegend, im Hals oder im Kopf kommt. Damit dies glückt, sind ganzheitliche, spirituelle Übungen nötig.

Schäfer: Was hat der Geist mit der Seele zu tun?

Imhof: Wer nicht hören will muss fühlen, lautet ein Sprichwort. Es lässt sich gut als Rechtfertigung für pädagogische Maßnahmen verstehen, anhand derer jemand seine eigene feindselige Aggressivität bemänteln kann. Tiefer gesehen macht das Sprichwort allerdings auf einen kommunikativen Zusammenhang zwischen Geist und Seele aufmerksam. So wie sich der Geist in viele Geister ausdifferenziert, integriert die Seele viele Gefühle. Insoweit das Wort eine Gestalt des Geistes ist, das gehört werden will und die Gefühle das Medium sind, die Seele zu erreichen, weist das Sprichwort darauf hin, dass bei Nichtgelingen der verbalen Kommunikation nun die emotionale Kompetenz ins Spiel kommen soll. Die Seele als die Schnittmenge von Geist und Körper wird nun gleichsam von der körperlichen Seite her aufgefordert, auf den Geist zu hören, sodass in Zukunft die Kommunikation schmerzfrei gelingt.

Schäfer: Spielt das Wissen mittelalterlicher Theologen wie Thomas von Aquin bei deiner Aufstellungsarbeit eine Rolle?

Imhof: Eher selten. Neulich bekam ich ein entsprechendes Mandat dafür. Jemand identifizierte sich mit der klassischen Definition von Menschen als einem *animal rationale*, d. h. als ein vernunftbegabtes Lebewesen. Es war interessant zu sehen, zu welchen Repräsentanten diese Definition führte. Für das Animalische wurde ein Pferd aufgestellt, das zugleich die körperliche Triebstruktur versinnbildlichte, und für die Rationalität ein Repräsentant der Vernunft. Die Aufstellung nahm einen lösungsorientierten Verlauf, vor allem als die Seele, das emotionale Prinzip der Individuation ins Spiel kam.

Schäfer: Mit welcher Szene endete die Aufstellung?

Imhof: Nach langem Hin und Her trat der aufstellende Mann selbst auf den Plan. Er wirkte nach der Anschauung seiner Persönlichkeitsanteile sehr entspannt und ließ sich von seiner Partnerin in den Arm nehmen. Wie nebenbei hatte sich das gegenseitige Konfliktpotential entladen. Denn sie verstand ihn nun in seiner Suche nach Liebe. Das Interesse an der je eigenen Identität und am gemeinsamen Wir hatte sich nach teilweise recht dramatischen Szenen durchgesetzt, so dass beide nun zueinander stehen konnten.

Schäfer: Wie kommt bei einer Aufstellung die Botschaft vom Reich Gottes vor?

Imhof: Zumindest unsichtbar ist sie präsent. Manchmal findet sie auch eine aktuelle Sprache. Eine Frau erklärte nach fast 50 Jahren: Mir reicht es! Ihr bisheriges Leben war von Pflichterfüllung bestimmt. Nun reichte es ihr mit dieser Gesetzlichkeit. Sie hatte weder Lust noch Laune, ihre Rolle im Matriarchat und im Patriarchat abzuarbeiten. Ihre bisherigen Reiche wurden visualisiert. Wie ist einem solchen Imperium zu entkommen? Sie probierte alles Mögliche, aber es gelang ihr nicht.

Schäfer: Und wie ging es weiter?

Imhof: Es musste eine Alternative geben! Dabei handelt es sich um das Reich der Freiheit und der Liebe. Dies wurde erst deutlich, nachdem die Wahrheit und die Lüge aufgetreten sind. Sie katalysierten sowohl die Ausweglosigkeit im System der bisherigen Weltanschauung als auch die Erkenntnis, dass die Freiheit nur im Reich der Liebe gedeiht und die Liebe sich nur im Reich der Freiheit wohlfühlt. Die aufstellende Person entschied sich, die Verantwortung für ihr eigenes Leben zu übernehmen. Ausgerüstet mit dem Schwert der Unterscheidung machte sie sich auf den Weg der Freiheit und der Liebe.

Schäfer: Muss für alle Probleme und die damit verbundenen Fragestellungen jedes Mal die spirituelle Tiefe ausgelotet werden?

Imhof: Nein. Meistens reicht der gesunde Menschenverstand. Wer etwa seine eigene Schwester auf Grund der katastrophalen Familienverhältnisse emotional adoptiert hat, kann in einer einfachen, systemischen Aufstellung dies psychologisch leicht erkennen, so dass anstelle eines pseudo-elterlichen Verhältnisses wieder eine ursprünglich geschwisterliche Beziehung möglich wird.

Schäfer: Was hat der sogenannte gesunde Menschenverstand mit dem Hl. Geist zu tun?

Imhof: Der Hl. Geist ist jene unsichtbare Dynamik, von der in biblischer Sprache immer wieder die Rede ist. So breitet sich durch das Wirken dieses Geistes das Reich Gottes aus, das bleibend unsichtbar ist. Denn Gott ist Geist. Die

Liebe als solche ist unsichtbar, ebenso Würde, Freiheit und die Werte. Heilsame Veränderungen werden jedoch von denjenigen, die das Wirken des Hl. Geistes anerkennen, auf ihr Woher und Wohin gedeutet. Wer mit der Logik des Geistes vertraut ist, besitzt einen Zugang, um psychologische Phänomene in ihrer spirituellen Tiefe und Konkretheit zu erfassen. Der gesunde Menschenverstand ist die Basis, um im Alltag spirituell zu bestehen.

Das Charisma des Aufstellers

Schäfer: Energetiker bzw. Wundertäter, wie Martin Luther übersetzt (vgl. 1 Kor 12,28) sind Charismatiker. Wie ist das Charisma strukturiert?

Imhof: Das physikalische Gesetz von „Kraft mal Weg ist Energie" ist ein gutes Beispiel, um zu erkennen, welche spirituellen Gesetzmäßigkeiten dem vierten Charisma in der korinthischen Gemeinde zugrunde liegen.
Der Heilige Geist ist die Kraft des Glaubens und Christus ist der Weg, der zum Ziel führt. An Hand von ihm gelangen wir ans Ziel: Vater unser, der Du bist im Himmel ... Dein Reich komme, Dein Wille geschehe, wie im Himmel so auf Erden. Der Energetiker bzw. der Aufsteller verdankt seine Gnadengabe also sowohl dem Heiligen Geist als auch Jesus Christus.

Schäfer: Was kann jemand tun, damit sein Aufstellungscharisma mehr leuchtet?

Imhof: In der Kernphysik gibt es zwei Möglichkeiten, um Energie zu gewinnen: Zum einen handelt es sich um Prozesse der Spaltung. Die Atomspaltung ist eine höchst intensive Form der Energiegewinnung. Und zum anderen gibt es die Kernfusion, ein noch riskanteres Verfahren. Entweder Trennung oder Verschmelzung. Spirituell gewendet: Je mehr sich jemand von Gierigem, Süchtigem, Falschem, Uneigentlichem, Überflüssigem trennt, desto mehr Kraft wird frei. Oder je mehr sich jemand auf sinnvolle Prozesse der Einung und Vereinigung einlässt, desto mehr Kraft fließt ihm zu. Es kommt zu einem Synergieeffekt. Die Kraft ist selbstverständlich im freien, erlösenden Sinn, also im Geiste Jesu Christi, einzusetzen. So gilt es Ausschau zu halten nach dem christlichen Charisma des wundersamen, energiereichen Aufstellens. Nur im Miteinander der Repräsentanten und des Aufstellers kommen die christozentrischen Charismen zur Wirkung.

Schäfer: Soll eine Aufstellung dazu dienen, dass jemand erkennt, wo er sich biografisch befindet?

Imhof: Ja. Dies geschieht am einfachsten, wenn sich jemand im Gefüge diverser Aufstellungsrepräsentanten wahrnehmen kann. Zunächst wird die Welt seiner Vorstellungen aufgestellt, dann ein Repräsentant für die Verstellung, anschließend suchen sich die Repräsentanten der Einstellung und der Wieder-Herstellung ihren Platz. Bei Bedarf kommt das Hinstellen, eine Form von Prostitution hinzu. Auch Nachstellungen machen auf manches aufmerksam. Wo befindet sich die Wurzel vieler Probleme, wo ist die Lösung? Es ist spannend zu erleben, wie der Geist der Wirklichkeit durch die Realitäten hindurch eine Ordnung schafft, die akzeptabel ist.

Schäfer: Wie wirkt der Geist bei Menschen, die sich wie Rädchen im Getriebe der Welt vorkommen?

Imhof: Befreiend. Die Hamsterrolle ist kein Glücksrad. Zur artgerechten Menschen-Haltung gehört es, sich nicht immer im Kreis zu drehen. Verschiedene Rollen sind nicht nur nicht zu übernehmen, sondern auch zu verlassen. Denn das Leben ist kein Theater, sondern glückt im Miteinander von Freiheit zu Freiheit. Dies zu begreifen ist der Sinn des Theaters und der diversen Rollenspiele bzw. auch der Machtkämpfe mit den zwei Hauptrollen: Sieger und Besiegte.

Schäfer: Die Apostelgeschichte wird als das Evangelium des Heiligen Geistes bezeichnet. Welche Kräfte, Dynamiken und Energien treiben den Menschen um? Welchen Einfluss haben Geister und Dämonen? Wie wirkt der Heilige Geist?

Simon Magus

Imhof: In der Apostelgeschichte werden viele gruppen-dynamische Prozesse beschrieben, an denen sich die Unterscheidung der Geister lernen lässt.

Schäfer: Hier ein Text aus der Apostelgeschichte, in der berichtet wird, wie Simon Magus, ein Zarathustrapriester, die Leute in der Hauptstadt von Samaria in Bann zog: „Auf ihn hörten alle, jung und alt, und sagten: Dieser ist die Kraft Gottes, die man die Große nennt! Und sie schlossen sich ihm an, weil er sie lange Zeit mit seinen Zauberkünsten betörte. Als sie jedoch dem Philippus Glauben schenkten, der das Evangelium vom Reich Gottes und vom Namen Jesu Christi predigte, ließen sie sich taufen, Männer und Frauen. Auch Simon wurde gläubig, ließ sich taufen und schloss sich dem Philippus an; und als er die großen Zeichen und Wunder geschehen sah, geriet er außer sich vor Staunen" (Apg 8,10-13).

Imhof: Simon Magus glaubte an Gott, den Schöpfer. Durch die Taufe bekannte er sich zu Jesus Christus. Im Namen des Vaters und des Sohnes lebte er nun. Doch ihm fehlte noch die Erfahrung des Heiligen Geistes.

Schäfer: „Als die Apostel in Jerusalem hörten, dass Samarien das Wort Gottes angenommen hatte, schickten sie Petrus und Johannes zu ihnen. Diese zogen hinab und beteten für sie, sie möchten den heiligen Geist empfangen. Denn er war noch auf keinen von ihnen herabgekommen; sie waren nur auf den Namen des Herrn Jesus getauft. Dann legten sie ihnen die Hände auf und sie empfingen den heiligen Geist. Als Simon sah, dass durch die Handauflegung der Apostel der Geist verliehen wurde, brachte er ihnen Geld und sagte: Gebt auch mir diese Macht, damit jeder, dem ich die Hände auflege, heiligen Geist empfängt" (Apg 8,14-19)!

Imhof: Nun kommt es zum Konflikt.

Schäfer: „Petrus aber sagte zu ihm: Dein Silber fahre mit dir ins Verderben, wenn du meinst, die Gabe Gottes lasse sich für Geld kaufen! Du hast daran weder Anteil noch Anrecht; denn dein Herz ist nicht aufrichtig vor Gott. Wende dich von deiner Bosheit ab und bitte den Herrn; vielleicht wird dir dein Ansinnen vergeben. Denn ich sehe dich voll bitterer Galle und Bosheit. Da antwortete Simon: Betet doch ihr für mich zum Herrn, damit mich nichts von dem trifft, was ihr gesagt habt" (Apg 8,20-24).

Imhof: An der Auseinandersetzung zwischen Simon Magus und den Aposteln Philippus, Petrus und Johannes lässt sich vieles verdeutlichen.

Schäfer: Simon Magus wurde von den Aposteln aus der Glaubensgemeinschaft der Urkirche exkommuniziert.

Imhof: Das ist richtig. Doch noch entscheidender für seinen weiteren spirituellen Weg ist, wie er reagiert. Er bricht die Kommunikation nicht gekränkt ab.

Ganz im Gegenteil. Die Apostel sollen als Repräsentanten für ihn aktiv werden, sodass durch ihr Bitten, d. h. ihre Offenheit vor Gott, er gesegnet werde. Die Bitte ist Rühmung der Freigebigkeit Gottes. Nicht mehr auf Grund von Geld, sondern aus Gnade – dies hat Simon Magus nun begriffen – werden die Charismen gegeben.

Schäfer: Ja, ein Charisma ist eine Gnadengabe. Deshalb wurde der Kauf von kirchlichen Ämtern im Mittelalter als Simonie verurteilt. Es ist höchst problematisch, Geld und Geist so zu gebrauchen, dass anstelle des Geistes das Geld die Hauptrolle spielt.

Imhof: Das Konzil von Konstantinopel II. im Jahr 381 n. Chr. sorgte für sprachliche Klarheit bezüglich der Wirklichkeit des Heiligen Geistes. Er ist Gott wesensgleich (griech. *homousios*), also ungeschaffen und auf Erden wirkend. Daher kann er nie Gegenstand des menschlichen Zugriffs sein oder gar käuflich erworben werden. Durch die Handauflegung der Apostel erfüllt er von sich her den Menschen, der im Kraftfeld des Heiligen Geistes steht. Der Heilige Geist ist der Geist der Heiligung.

Schäfer: Der Apostel Petrus traf nach einer römischen Tradition noch einmal Simon Magus, der mit seinen Künsten in Rom großen Eindruck machte. Es kam abermals zu einem Konflikt.

Imhof: Simon Magus soll auf der Via sacra, der heiligen Strasse, die zum Kapitol führt, abgestürzt sein. Wahrscheinlich handelt es sich bei den entsprechenden Texten um eine frühkirchliche Auseinandersetzung mit dem Mithraskult, der seine Wurzel im Zoroastrismus hat.

Schäfer: Das ist wohl die Sinnspitze der Legende.

Imhof: Für mich ist entscheidend, dass in der Apostelgeschichte, dem Evangelium des Heiligen Geistes, der Streit mit Simon Magus hoffnungsvoll endet.

Schäfer: Die Leute in Samarien blieben damals wahrscheinlich davon überzeugt, dass die Kraft Gottes, die man die Große nennt, durch Simon Magus gewirkt hat (vgl. Apg 8,10).

Imhof: In der modernen Esoterik haben die entsprechenden Wesenheiten, nämlich Kryon (griech. *kryon*, d. h. kalt), und Metathron, d. h. der Überthronende, neue Anhänger gefunden. Die Auseinandersetzung mit den Bewunderern des Simon Magus geht weiter. Selbstverständlich verfügte Simon Magus über große spirituelle Kräfte und Energien. Jeder Schamane ist damit begabt. Aber es kommt alles darauf an, ob damit im Geist befreiender Liebe umgegangen wird, oder ob Kraft und Herrschaft für eigennützige Zwecke eingesetzt werden.

Perspektiven für das Wirtschaftsleben

Schäfer: Als Unternehmer bin ich mit meiner Firma gut aufgestellt. Ein Blick auf die Konkurrenz zeigt, dass es nötig ist, ab und zu in Führung zu gehen, sonst gibt es bald nichts mehr zu gewinnen. Und ohne Gewinn hält sich ein Unternehmen auf Dauer nicht im Markt.

Imhof: Wer gut aufgestellt ist, dessen Chancen sind groß, dass es mit ihm und seiner Firma in Zukunft erfolgreich weitergeht.

Schäfer: Gerade bei der Übergabe von Familienunternehmen an die nächste Generation ist es wichtig, sich auf ein werteorientiertes Management verlassen zu können. In einer multikulturellen Gesellschaft ist es nicht notwendig, die Maßstäbe wie bei kirchlichen oder religiösen Einrichtungen so eng zu fassen, dass im Grunde nur eine Reproduktion der bisherigen Persönlichkeitsprofile bei Neueinstellungen leitend ist. Gerade Tendenzbetriebe wie Gewerkschaften und Kirchen haben in den letzten Jahren viel dazugelernt. Es kommt auf den Geist der Freiheit und der Verantwortung an, nicht auf das Parteibuch und das Abfragen von Bekenntnissen.

Imhof: Unser Wirtschaftssystem ist kapitalistisch und materialistisch orientiert. Während der Materialismus sich von einem Mutterkomplex speist, existiert der Kapitalismus aufgrund von patriarchalen Scheinwelten. Psychologisch gesehen steckt hinter dem Kapitalismus ein Vaterkomplex. Geld regiert die Welt, Macht und Potenz gewinnt, aber das Evangelium siegt. Auf der Metaebene der ewigkeitlichen Perspektive kann die Realität im Horizont der Wirklichkeit wahrgenommen und beurteilt werden. Denn die Realität ist ein Subsystem der Wirklichkeit, die auf die Ewigkeit hin offen ist.

Schäfer: Mit nachstehenden Fragen lassen sich der Geist und die Werte eines Unternehmens abfragen. Je geistreicher und werteorientierter sich Mitarbeiter entwickeln möchten, umso mehr kann die Personalabteilung gezielt Fortbildungen anbieten, um den Qualitätsstandard der Mitarbeiter zu heben. Aus Aufstellungsprozessen ergaben sich folgende Fragen, mittels derer ein Gespräch über Werte und Verantwortung im Unternehmen geführt werden kann:

1. Was ist der Sinn meines Unternehmens?

2. Wie hierarchisch ist mein Unternehmen aufgebaut?

3. Wie demokratisch ist mein Unternehmen aufgestellt?

4. Wo ist mein kybernetischer Platz im Unternehmen?

5. Welche Geister, Energien und Kräfte wirken in meiner Firma?

6. Wer gehört zu meinem persönlichen Team?

7. Was ist die größte Motivation und wie motiviere ich?

8. Wem vertraue ich was in der Firma an?

9. Wie sieht die Konkurrenz aus?

10. Was sind die Voraussetzungen der Konkurrenz?

Imhof: Anhand der Antworten lässt sich das spirituelle Profil eines Unternehmens erstellen.

Schäfer: Für die Analyse der Schwachstellen eignet sich der Leitfaden für Entscheidungsträger in Wirtschaft, Wissenschaft und Politik, den der BKU (Bund katholischer Unternehmer) herausgegeben hat. Anhand der „sieben Todsünden" lassen sich Unternehmen in der sozialen Marktwirtschaft abklopfen:

1. Hochmut: Hochmut kommt vor dem Fall. Machbarkeitswahn endet im Größenwahn. Mathematische Modelle bilden die Wirklichkeit nicht vollständig ab, der Mensch ist keine Maschine. Erhebe dich nicht über deinen Mitmenschen. Wir brauchen eine Ordnung der Wirtschaft, die dem Wohl aller dient. *Sei demütig!*

2. Geiz: Geiz ist nicht geil. Geiz schadet der Nachhaltigkeit. Wer empfangen hat, soll auch geben können. Beteilige alle, die am Erfolg mitgewirkt haben. Geiz macht blind, auch für die Not anderer. *Sei großzügig!*

3. Genusssucht: Zu echtem Genuss gehören Maß und Muße. Jedes Übermaß stört den Mitmenschen, aber auch dein inneres Gleichgewicht. Verschwendung, auch eine „Politik des billigen Geldes" verstößt gegen das Prinzip der Nachhaltigkeit. Erst der Verzicht auf Konsum ermöglicht Sparen und Investieren. *Halte Maß!*

4.   Zorn: Zorn ist ungezügelte Emotion. Handle klug und bedenke die Folgen. Kontrolliere deine Interessen, bevor es andere tun. Stelle dich dem Wettbewerb und akzeptiere es, wenn andere dir einmal voraus sind. *Sei besonnen!*

5.   Gier: Rendite ist nicht alles. Unternehmerischer Erfolg und nachhaltiger Gewinn brauchen Zeit und Beharrlichkeit. Rücksichtsloser Egoismus zerstört die Ordnung, von der du selbst lebst. Beachte den Gleichklang von Ökonomie, Ökologie und sozialer Verantwortung. *Sei genügsam!*

6.   Neid: Erfolg ist notwendig. Gönne ihn auch anderen. Akzeptiere Unterschiede und stehe zu deinen Schwächen und Stärken. Das macht frei. Gleichmacherei bringt keine Gerechtigkeit. Aufstrebende Wettbewerber aus aller Welt sind keine Bedrohung. Globaler Wettbewerb ist eine Chance für mehr Wohlstand für alle. *Gönne Erfolg!*

7.   Trägheit: Unternimm etwas und stelle dich dem Wettbewerb. Nutze deine Talente. Nur wer Eigenständigkeit lebt, kann auch für andere Verantwortung übernehmen. Unternehmergeist fordert und fördert. Lebe Entschiedenheit statt Beliebigkeit. *Bete und arbeite!*

Imhof: Du bist sowohl Unternehmer als auch Rotarier.

Schäfer: Ja. In den Leitprinzipien der rotarischen Gemeinschaft heißt es: Eine prägnante Zusammenfassung für ein werteorientiertes Verhalten sind die Leitprinzipien, die zum Wertekodex eines Rotariers gehören. Die rotarischen Prinzipien und Leitbilder haben sich über viele Jahre hin entwickelt. Rotarier zeichnen sich durch ein tolerantes Weltbild und ein philanthropisches Selbstverständnis aus. Das Ziel von Rotary besteht darin, das Ideal des Dienens als Grundlage des Geschäfts- und Berufslebens zu fördern.

Hieraus entwickelten die Rotarier die Vier-Fragen-Probe. Bei allem, was wir denken, sagen oder tun, sollten wir uns fragen: 1. Ist es wahr? 2. Ist es fair für alle Beteiligten? 3. Wird es Freundschaft und guten Willen fördern? 4. Wird es dem Wohl aller Beteiligten dienen?

Imhof: Die Unterscheidung der Geister lässt sich in Wirtschaft und Ökonomie ethisch umsetzen. Wir brauchen eine Kultur des Anstands!

Schäfer: Eine friedliche und gerechte Weltwirtschaftsordnung der Zukunft ergibt sich, wenn das Führungsprinzip Geist leitend ist. Dies kann aber nicht allein durch die staatliche Gewaltenteilung, durch Exekutive, Legislative und Judikative garantiert werden, sondern erst durch die vierte Säule: die gesellschaftliche „Gewalt", die sogenannte Kommunikative. Diese Kraft gehört konstitutiv in einem neuen Gesellschaftsvertrag berücksichtigt. Nicht die amerikanische Psychologie und die damit verbundene enthemmte Globalisierung und exzessive Gewinnsucht, sondern die europäische, abendländische Geistesgeschichte mit ihrer christlichen, werteorientierten Ökonomie ist mein Verstehenshorizont. Ich plädiere für ein ethisches, ökologisches und somit verantwortungsvolles Gewinnstreben anstelle einer ungehemmten Profitmaximierung. Eine auf der Basis christlicher Grundwerte geprägte Unternehmensführung ist der Garant für eine nachhaltige Unternehmensentwicklung und steht für wirtschaftlichen Erfolg. Insbesondere dienen der Geist und die Leitgedanken der „sozialen Marktwirtschaft" sowie deren Prinzipien dazu, Wohlstand auf allen Ebenen zu entwickeln und zu mehren.

Imhof: Zwei Perspektiven der Bewegung des Geistes lassen sich unterscheiden. Die erste Bewegungsrichtung entwickelt sich aus den Tiefen des ungeschaffenen Geistes, d. h. Gottes, der durch seinen Heiligen Geist sich selbst offenbart. Er ist der Gegenstand der Pneumatologie. Insoweit der göttliche Funke im geschaffenen Geist, dem Menschen in seiner Endlichkeit ankommt, entsteht eine gegenwärtige, spirituelle Perspektive. Die zweite Bewegungsrichtung beginnt im Menschen, der sich nicht nur ethisch verhält, sondern der als Geistseele bewusst unterwegs ist in jene Ewigkeit des Geistes, die wir Gott nennen.

Die theologische Perspektive erörtert die Dimension des göttlichen Geistes, die transzendental-philosophische und die phänomenologische Methode beschreibt das anthropologische Geschehen.

Um Geist als Führungsprinzip zu verstehen, bedarf es daher sowohl eines pragmatischen Vorgehens wie auch der Reflexion auf Offenbarungsinhalte und die Logik des Geistes. Die entsprechende Wissenschaft ist die Spiritualität. In ihr werden Fragen nach der Transzendenz und der Selbsttranszendenz beantwortet. Ethisch gewendet heißt das, dass Fragen nach der Gesundheit und nach den Werten zutiefst auch spirituelle Fragen sind, ebenso aber auch Fragen nach Gottesnähe und Gottesferne, d. h. der Gnade und den göttlichen Tugenden, nämlich Glaube, Hoffnung und Liebe.

Schäfer: Ein solches ethisches, frommes Verhalten führt zu einem erfolgreichen Leben, in das sich jeglicher Misserfolg integrieren lässt. Wer spirituell lebt, wird nicht nur selig, sondern bleibt auch in jeglichem Unglück zutiefst gelassen. Er lebt im Geist einer Ethik, deren Ziel die Glückseligkeit ist: wie im Himmel, so auf Erden. Ökonomisch gewendet heißt das: Ein spiritueller Unternehmer ist im Markt einerseits glaubwürdig und führt andererseits in seinem persönlichen Bereich ein sinnvolles Leben.

2.5. Christozentrisches Yoga
An den Poren der Kommunikation
Gabriele Haage im Gespräch mit Paul Imhof

Nach dem geschichtlich greifbaren Gründer der Yoga-Philosophie, Pantanjali, ist der Yogaweg ein ganzheitlicher Weg, der Körper, Geist und Seele berücksichtigt. Vor ca. zweitausend Jahren beschrieb er in den Sutren, sogenannten Lehrversen, worum es im Yoga geht. Er verglich den Yogaweg mit den acht Speichen eines Rades.

1. *Yama*: unsere Haltung gegenüber unserer Umgebung

2. *Niyama*: unsere Haltung gegenüber uns selbst

3. *Asana*: die Praxis der Körperübungen

4. *Pranayama*: die Praxis der Atemübungen

5. *Pratyahara*: das Nach-Innen-Richten der Sinne

6. *Dharana*: die Fähigkeit, unseren Geist auszurichten

7. *Dhyana*: die Fähigkeit, unseren Geist kontinuierlich in einer Verbindung mit dem, was wir verstehen wollen, verweilen zu lassen

8. *Samadhi*: der Geist verschmilzt mit dem Gegenstand seiner Betrachtung, so wie ein einzelner Tropfen, der ins Meer fällt, Meer ist.

Heute wird diese Form des Übens nach der Philosophie von Patanjali Raja-Yoga genannt. Es fällt auf, dass die Asanas, die körperlichen Übungen im Yoga, erst an dritter Stelle genannt werden.

Auf der **Yama**-Speiche des achtgliedrigen Rades stehen folgende Weisungen: Überlegtes und behutsames Umgehen mit allem, was lebt, besonders mit den Lebewesen, die hilflos sind oder sich in Schwierigkeiten befinden. Aufrichtige Verständigung durch Sprache, Gesten und Handlungen. Nichtbegehren oder die Fähigkeit, uns von dem Wunsch nach Dingen, die uns nicht gehören, zu lösen. Mäßigung in all unserem Tun. Die Fähigkeit, uns auf das zu beschränken, was wir brauchen, und nur das anzunehmen, was uns zusteht.

Auf der **Niyama**-Speiche des achtgliedrigen Rades ist zu beachten: Reinheit, die sich auf unseren Geist, unseren Körper und unsere Umgebung bezieht. Bescheidenheit und Zufriedenheit, die darauf beruht, dass wir mit dem glücklich sind, was wir haben, und nicht ständig etwas vermissen, das wir nicht haben. Das Lösen von Blockaden in unserem Körper und Geist, indem wir in unserem Leben eine gewisse Disziplin einhalten; Disziplin bezieht sich hier vor allem auf Körper- und Atemübungen, auf unsere Ernährung, Schlaf und den Umgang mit Arbeit und Erholung. Dazu gehört das Studieren und das wiederholte Überprüfen unserer eigenen Entwicklung, Ehrfurcht gegenüber einer höheren Kraft und das Annehmen unserer eigenen Begrenztheit im Vergleich zu der Allwissenheit Gottes.

Erst aus dieser ethischen Haltung heraus geht es zu den körperlichen Übungen, zu den Atemtechniken und zur Meditation. Im Laufe der Jahrtausende, besonders im letzten Jahrhundert, entstanden zahlreiche Formen, Yoga zu praktizieren. Darunter befinden sich auch eher körperlich orientierte Varianten. Eine klassische Übungsweise bezieht jedoch immer die geistige Ebene mit ein. Das Ziel ist das Erlangen innerer Freiheit, die Distanz zu unfrei machenden Strukturen und Mustern, kurzum ein Leben in Verbindung mit der göttlichen Ordnung. Körperliche Fitness und Wohlbefinden stellen sich gleichsam als Geschenk dazu ein.

Patanjali ist davon überzeugt, dass die Yogapraxis drei Qualitäten vereinigen muss, nämlich Klärung, Selbstreflexion und Akzeptanz der eigenen Grenzen (vgl. Sutren 2.1). Eine solche Praxis wird jene Kräfte in uns verringern, die Leid verursachen, und damit zu einer geklärten Wahrnehmung führen (vgl. Sutren 2.2).

Der Yogaweg ist weder rein geistig noch rein körperlich. Um die Spiritualität des Yoga realistisch leben zu können, braucht es solide Kenntnisse der Physis des Menschen. Der Verankerung in der Körperlichkeit des Menschen entspricht das „inkarnatorische Prinzip" in der christlichen Spiritualität. In der Yogatradition hilft hier das System der Chakren (Sanskrit: Energierad, Energiewirbel, Pforte, Zentrum der Energie), die jeweiligen energetischen Zustände im Körper zu verorten und durch achtsames Üben weiter in eine ganzheitliche Balance zu bringen. *Mens sana in corpore sano*, ein gesunder Geist in einem gesunden Körper, heißt ein lateinisches Sprichwort.

Das Christuschakra und die sieben Hauptchakren

Imhof: Die moderne Medizin funktioniert normalerweise unabhängig von Glaube und Religion des Patienten. In diesem Sinn kann Yoga als Theorie und Praxis einer ganzheitlichen Physiologie verstanden werden. Bei psychosomatisch orientierten Heilverfahren aber kann es Sinn machen, die spirituelle Weltanschauung bzw. den Glauben an Gott und seine Offenbarungsgeschichte zu berücksichtigen. Die Yogalehre lässt sich in den Glauben an Jesus Christus integrieren, vor allem dann, wenn das Christentum als inkarnatorische Spiritualität begriffen wird.

Haage: Kannst Du das konkretisieren?

Imhof: Yoga im spirituellen Kontext des Evangeliums zu praktizieren geht davon aus, dass der befreiende und erlösende Geist Jesu Christi das entsprechende morphogenetische Feld bildet, das den gesamten Erdball umgibt. Daraus ergibt sich dann auch ein Christuschakra im unsichtbaren Organismus des Makrokosmos. Der Mensch als lebendiger Mikrokosmos kann daher empirische Erfahrungen machen, die sich vom Christuschakra her deuten lassen. Wie sich dieses gleichsam achte Chakra zu den anderen Chakren in Beziehung setzen lässt, können wir bei den einzelnen Chakren erörtern.

Haage: Wie definierst du das Christuschakra?

Imhof: Der entscheidende Text über das Chakra bzw. die Tür steht im Johannesevangelium. Jesus spricht: „Ich bin die Tür; wer durch mich eintritt, wird gerettet werden; er wird ein- und ausgehen und Weide finden." (Joh 10,9; vgl. Joh 10,1-10)

Haage: Das sogenannte Christuschakra wird in den christlichen Ashrams Indiens textlich und übungsmäßig thematisiert, ebenso in unserem Ausbildungskurs für christozentrisches Familienstellen.

Imhof: Das Feld der Christusenergie oszilliert zwischen den höchsten Höhen des Kosmos und der nächsten Nähe im Körper des Menschen, sei es oberhalb des Kronenchakra, im Herzchakra oder in anderen Chakren, anhand derer ein Mensch spirituell ins Lot kommt. Zunächst wird das goldene Christuschakra sowohl an der Grenze zwischen göttlicher Transzendenz und Immanenz, als auch zwischen ungeschaffener und geschaffener Wirklichkeit zu situieren versucht. Was bei den Yogis „die goldene Schnur" ist, welche uns mit dem Universum verbindet, nennen wir die Beziehung zu Christus, gleichsam die spirituelle Nabelschnur für Christen und Christinnen. In Glaube, Hoffnung und Liebe wird davon ausgegangen, dass die Christusenergie sich befreiend und erlösend in der ganzen Physis mit ihren Chakren auswirkt.

Am Ende der Ausbildung im christozentrischen Familienstellen wird der Übungsweg noch einmal bewusst auf das goldene Chakra hin konzentriert. So wird der Mensch fähig, sich als ein himmlisches Wesen im Horizont der Ewigkeit des Ewigen zu verstehen, als ein kosmisches Wesen wie auch als ein individuell menschheitliches Wesen. So kann er in Frieden mit allen Lebewesen eine himmlische und irdische Existenz zeitigen.

Haage: Meine „Brücke" zum christlichen Glauben ist das Vaterunser. Jesus Christus lehrte sowohl Gottes- als auch Nächsten- und Feindesliebe. Das Vaterunser ist seine Antwort auf die Frage seiner Jünger, wie sie beten sollen. Wer so betet, akzeptiert den anderen als Bruder oder Schwester, verhält sich geschwisterlich, praktiziert also Ethik. Kannst du aus deiner Sicht den Zusammenhang zwischen Gebet und Chakren erläutern?

Imhof: Das Vaterunser besteht aus sieben Bitten bzw. Öffnungen des Beters auf Gott hin. Wesentlich ist die Ermächtigung Jesu Christi, der die Seinen diesen Gebetstext lehrt. Beim Konzentrieren auf das goldene Christuschakra kann man sich klar machen, dass Christus selbst der Ursprung dieses Gebetes ist. Der liturgische Schluss des Vaterunsers, „denn Dein ist das Reich und die Kraft und die Herrlichkeit", weist den Beter auf Jesus Christus hin, der selbst das Reich Gottes, die Kraft Gottes und die Herrlichkeit Gottes darstellt. Er ist der Repräsentant des HERRN. In ihm kommen Gottheit und Menschheit überein. Im christlichen Yoga ist er das Chakra zwischen Gott und Mensch, im Bild gesprochen: die Pore für Gebet und Kommunikation, durchlässig wie ein Tor.

Haage: Das ist ein schönes Bild. Allerdings ist es für mich nicht leicht zu verstehen. Jesus Christus ist für Christen also mehr als ein Prophet oder ein Guru, ein spiritueller Lehrer. Im Sanskrit stecken in dem Wort die Wurzeln gutru, d. h. Licht im Dunkel.

Imhof: Ja, gewiss. Er ist nicht nur Licht vom Licht, sondern wahres Licht vom wahren Licht, wie auf dem Konzil von Nizäa (325 n. Chr.) formuliert wird. In ihm erscheint die Gottheit Gottes. Jesus Christus ist das unsichtbare Chakra

Gottes für die Menschen, die an den Mann aus Nazareth glauben. Er ist die energetische Pforte zu Gott. Der göttliche Funke in Jesus Christus ist mit dem Hl. Geist in heilsgeschichtlich einmaliger Weise identisch, so der Glaube der orthodoxen Christen. Gerade dadurch sind sie frei, andere in ihrer Einmaligkeit zu würdigen. Toleranz ist selbstverständlich. Aber wir wissen ja, das Wort Toleranz kommt aus dem Lateinischen und bedeutet so viel wie ertragen.

Haage: Toleranz ist nicht immer leicht. Yoga hilft eine gewisse Leichtigkeit in der Toleranz wiederzugewinnen.

Imhof: Viele haben Vorbehalte gegen Yoga, tun sich schwer damit, tolerant zu sein.

Haage: Vor allem solche, die noch nie an einem Yogakurs teilgenommen haben. Ich habe das Gefühl, da ist Angst im Spiel. Mancher fühlt sich in seinem christlichen Glauben verunsichert. Was fällt dir dazu ein?

Imhof: Freie Frauen und freie Männer haben mit Yoga normalerweise kein Problem, weil sie selbstständig unterscheiden können, was ihnen gut tut und was nicht. Es ist aber interessant, wie die Angst vor Verletzung in der Diskussion um Yoga zum Vorschein kommt. Statt einer differenzierten Betrachtung sollen die eigenen religiösen Vorstellungen durch die Verteufelung von Yoga durchgesetzt werden. Diese Form von Machttrieb aber ist letztlich das Produkt eines Geschlechtstriebes, der sich nicht frei entfalten konnte, weil er von der Angst vor Verletzung beherrscht wurde. Andere durch eigene religiöse Machtansprüche zu verletzen, scheint (!) ein Ausweg zu sein.

Haage: Ein interessanter Aspekt. Eine gute Erfahrung kann bekanntlich helfen, Ängste aufzulösen. Daher empfehle ich: Einfach einmal an einer Einheit christozentrischem Yoga teilzunehmen und sich dann ein Urteil zu bilden.

Imhof: Das empfehle ich auch. Du hast viele Jahre lang verschiedene Formen von Yoga praktiziert und unterrichtet, darunter auch Chakra-Yoga. Die Selbstwahrnehmung an den Chakren spielt dabei glaube ich eine wichtige Rolle.

Haage: Ja, so ist es. Jedem der sieben Hauptchakren lassen sich verschiedene Themenfelder zuordnen: Farben, Körperregionen, Drüsen, Organe, psychische Attribute, Potenziale, Wochentage und sogar Erzengel, quasi als Hüter des jeweiligen Energiezentrums. In der Darstellung der Chakren findet sich eine vielfältige Symbolik. Meist werden die Chakren in Form von Blüten mit jeweils unterschiedlicher Anzahl von Blütenblättern dargestellt. Es gibt Krafttiere, geometrische Formen sowie Schriftzeichen und mystische Silben (Bija). Das Rezitieren des jeweils zugehörigen Bijas wirkt sich harmonisierend auf das Chakra aus. Das wohl bekannteste Bija ist das OM. Dieser Urton – Urklang ist als Mantra weit verbreitet und bekannt. Die Übersetzung aus dem Sanskrit ist sehr aufschlussreich und erhellend. Gedanke (sanskr. *man*) und Werkzeug, Schutz (sanskr. *tra*).

Imhof: Ja, das Wiederholen eines Mantras ist für den Alltag eine gute Übung. Es schützt die Freiheit des eigenen Geistes vor unfrei machender Geschwätzigkeit und inhumanen Ideologien.

Haage: Diese positive Wirkung kann ich bestätigen. Doch lass uns zurück auf die weitere Bedeutung der Chakren und ihrer Attribute kommen.

Imhof: Ich denke, dass die Deutung der jeweiligen Symbol-, Bild- und Farbenwelt sehr wichtig ist. Je nach kultureller Sozialisation fällt sie unterschiedlich aus. Es geht dabei primär nicht um richtig oder falsch, sondern darum, in der eigenen Physiologie bewussten Anschluss an die eigene Lebens-, Seelen- und Körpergeschichte zu finden. In dieser Perspektive markieren die Chakren die Grenzgebiete zwischen der eigenen Innenwelt und der Außenwelt, sind also gleichsam Poren der Kommunikation, lebendige Atemräume und Energiefelder zwischen Innen und Außen. Dies ist natürlich auch für die Glaubenswelt relevant, wie sie in Konfessionen und Religionen zur Sprache kommt.

Haage: „Poren der Kommunikation", das gefällt mir! Der einzelne entscheidet mit, was für ihn wichtig und stimmig ist. Für mich ist eine jeweils zu einem Chakra passende Zeile aus dem Vaterunser hilfreich für die Praxis.

Imhof: Nun also zu den Chakren.

Haage: So beginne ich beim **ersten Chakra**, dem Wurzelchakra. Muladhara (Sanskrit: Stütze der Wurzel). Von unten nach oben betrachtet wird die Energie der Chakren immer feiner bzw. feinstofflicher. Je höher wir kommen, desto weniger Zuordnungen gibt es. Das Wurzelzentrum ist das grobstofflichste der sieben Chakren. Es ist für unsere Erdung zuständig. Es sitzt am Ende unseres Steißbeins bzw. am Anfang der Wirbelsäule. Es öffnet sich nach unten und verbindet uns so mit Mutter Erde. Hier wurzeln unsere Urinstinkte und Triebe. Die dazugehörigen Drüsen sind die Nebennieren, die für den Adrenalin-ausstoß verantwortlich sind: Flucht oder Kampf ist angesagt. Es geht um essentielle Dinge, um das Überleben. Das Potenzial ist die Überwindung von Angst und Gier.

Imhof: Wie kann ich die Wahrnehmung bzw. den Energiefluss der Chakren unterstützen?

Haage: Es ist hilfreich, Asanas zu üben, die die zugehörigen Körperregionen betonen bzw. aktivieren. Es ist auch möglich, den Atem gezielt dorthin zu lenken und dann anzuhalten. Zudem können wir das Energiezentrum als Blüte in der entsprechenden Farbe mit dem dazugehörigen Engel oder einem passenden Krafttier usw. visualisieren nach der Gesetzmäßigkeit: Energie folgt der Aufmerksamkeit.

Imhof: Du sprichst von der Kunst der Imagination? Mit Atemlenken meinst du eine mentale Konzentration an die entsprechende Stelle, bis sie sich pulsierend anfühlt?

Haage: Ja genau. Wir können durch ein Chakra gleichsam aus- und einatmen. Es wird jedoch nicht immer ein pulsierendes Gefühl oder eine Wahrnehmung zu spüren sein. Es ist ratsam, möglichst erwartungsfrei ans Üben heranzugehen. In großer Offenheit sollte akzeptiert werden, was geschieht. Energie folgt immer der Aufmerksamkeit, wie schon gesagt, auch ohne spektakuläre Empfindungen.

Imhof: Gut. Skizzierst du nun das nächste Energiezentrum? Um welches handelt es sich?

Haage: Das **zweite Chakra** in der Reihenfolge von unten nach oben ist das Sakral- oder Sexualchakra. Die entsprechenden Drüsen sind die Eierstöcke und die Hoden. Das Sanskritwort *Svadhisthana* lässt sich mit „Grundlage des Selbst" oder „mein eigener süßer Wohnsitz" übersetzen. Es befindet sich unterhalb des Bauchnabels in Richtung Schambein. Im Unterschied zum Wurzelzentrum öffnet es sich nach vorne. Dies gilt auch für die nächsten Chakren. Das Kronenchakra hingegen öffnet sich nach oben.

Imhof: Kannst du dazu Genaueres sagen?

Haage: Gerne. Stellen wir uns eine vertikale Achse – wie eine Lichtröhre – vor, die sich parallel zu unserer Wirbelsäule, im Körper innen liegend, von der Spitze des Steißbeins bis über unseren Scheitelpunkt hinaus befindet. Von dieser Achse ausgehend besteht auch eine Verbindung über unsere Beine und Füße hin zur Erde. Diese Lichtröhre versorgt die Chakren, die mit ihr über Energiebahnen, die sogenannten Nadis, verbunden sind, mit Prana, d. h. Lebensenergie. Prana ist nicht mit Atem gleichzusetzen. Es handelt sich dabei um eine sehr feine, subtile Energie, die beim Üben von Asanas und „Prana-Yama" (Lenkung der Energie) während der Meditation oder dem achtsamen Sein in der Natur wie ein feines Fließen, Strömen oder Kribbeln wahrnehmbar wird.

Imhof: Wenn es geglückt ist, dass die Christusenergie im Lichtkegel der Gnade in die Lichtröhre einfließt, mischt sich diese Energie mit der Pranaenergie. In diesem Zusammenhang lässt sich eine Gebetsübung mit entsprechender Körperhaltung praktizieren, von der es heißt: Wo zwei oder drei in meinem Namen zusammen versammelt sind, da bin ich mitten unter ihnen. In der Meditation bzw. Kontemplation wird nicht nur deutlich, was es heißt, zu Christus sowohl „über-Haupt" in Beziehung zu treten, als auch „sub-stanziell", d. h. seine Energie erweist sich auch als tragender Grund. Der Glaube an Christus grenzt sich nicht exklusiv ab, sondern entfaltet inklusiv seine katalysatorische Kraft.

In irischen Segensgebeten wird deutlich, wie sich der Betende in den Gottesnamen hüllen kann. In diesem Sinn gibt es sicher auch vom Rücken, d. h. von der eigenen Vergangenheit her, Berührungspunkte mit den von hinten einstrahlenden Chakren. Wie siehst du das?

Haage: Da es sich um Energie, d. h. um Ausstrahlung handelt, bin ich deiner Meinung. Die Chakren sind keine festen Objekte, keine Materie wie z. B. unsere Organe. Auch unsere Aura umstrahlt unseren ganzen materiellen Körper. Die Chakren in ihrer Gesamtheit leuchten wie die Farben des Regenbogens und sind eng mit dem jeweiligen Zustand unserer Aura verbunden.

Imhof: Sie wirken also auch hinter dem Körper?

Haage: Genau. Doch zurück zum Sakralchakra. Es ist dem Element Wasser zugeordnet. Im Fruchtwasser wächst das neue Leben. Mit diesem Chakra sind verbunden die Fruchtbarkeit, die Fortpflanzungsfähigkeit, kurzum die Geschlechtlichkeit, aber auch Urvertrauen, Kreativität, Selbstachtung, Unabhängigkeit und Lebendigkeit. Ein wichtiger Aspekt ist die Balance zwischen Nähe und Distanz. Der Erzengel Suriel, d. h. der Quell, aus dem in Gottes Namen das Wasser kommt, wacht über dieses Chakra.

Imhof: Da kommt mir die spirituelle Weiterführung der Begegnungsgeschichte von Jesus mit der samaritanischen Frau am Jakobsbrunnen in den Sinn (vgl. Joh 4,7-26). Beim großen Fest greift Jesus das Thema noch einmal im Allgemeinen auf: „Wer durstig ist, komme zu mir und trinke! Wer an mich glaubt, für den gilt, was die Schrift gesagt hat: Aus seinem Innern werden Ströme von lebendigem Wasser hervorfließen. Dies sagte er von dem Geist, den alle empfangen sollten, die an ihn glauben." (Joh 7,37-39) In den üblichen Übersetzungen wird das griechische Wort *Koilia* mit Innerem übersetzt; genau genommen ist physiologisch damit der Unterleib gemeint, der Bereich des Sexualchakras also.

Das Wasser der Zeit, von dem die Rede ist, wird vom Hl. Geist erfüllt, d. h. die reale Endlichkeit wird zutiefst spirituell erfasst. Um es noch einmal in neutestamentlicher Sprache zu formulieren: Wer vom Geist erfüllt ist, aus dem werden Ströme von lebendigem Wasser hervor fließen. Der Geist ist der Odem des Lebens. So lassen sich einerseits Geist und Odem, d. h. der Atem, unterscheiden, und unter anderer Rücksicht ist der Atem die Erscheinungsweise der Dynamik des Geistes. So ist Geist auch der Geist Jesu Christi. Von ihm spricht man als der Sonne der Gerechtigkeit. So bezeichnen sich Christen, wenn sie sagen: Im Namen des Sohnes, dort, wo das Sonnengeflecht ist.

Haage: Danke für die Überleitung. Wir kommen damit zum Manipura, dem **dritten Chakra**, dem Sonnengeflecht. „Das strahlende Juwel", so die ursprüngliche Bedeutung im Sanskrit, sitzt oberhalb des Bauchnabels. Hier geht es um Macht und Ohnmacht, Wut, Mut, Willen, Entscheidungskraft, Tatkraft. Ein wunderbares Asana für dieses Zentrum ist der Held. Er kniet sich nieder und streckt eine Hand mit der Handfläche nach oben zur Kommunikation, zur Versöhnung aus. Im Bewusstsein seiner Kraft und Stärke, kann er sich demütig niederknien. Welch eine schöne Geste! Der zugehörige Erzengel heißt Uriel.

Imhof: In der Tat. In der Reihenfolge von unten nach oben wäre nun das **vierte Chakra**, das Herz-Chakra, dran. Um die Thymusdrüse herum wird das große Herz situiert. Hier findet das Herzensgebet statt: Herr Jesus Christus, erbarme

Dich meiner. In der christlichen Lehre von den geistlichen Sinnen sitzt hier das Dritte Ohr, das Ohr des Geistes. Nur im Großen Herzen gelingt die Vermittlung von Gegensätzen bzw. der verschiedenen Welten und unterschiedlichen Freiheiten.

Haage: Ja, jetzt ist das Herzzentrum an der Reihe: Anahata, „das Unberührte" oder „der nicht angeschlagene Ton". Das Herz fängt irgendwo und plötzlich je individuell in einem Embryo zu schlagen an. Die Yogalehre erläutert, dass es in unserem energetischen Herzen einen Raum gibt, der auf ewig unberührt ist von Leid. Es ist das Zentrum der unzerstörbaren Liebe in uns. Nach der chaldäischen Lehre fließt das spirituelle Licht aus dem Christuschakra über das Kronenchakra direkt in dieses Herzzentrum.

Imhof: Manche Menschen machen solche Erfahrungen. Kannst du noch Näheres zu diesem Kommunikationspunkt sagen?

Haage: Natürlich. Er spielt eine entscheidende Rolle in unserem Chakrensystem, da er den Verbindungspunkt zwischen Himmel und Erde darstellt. Das Herzchakra verbindet die kreatürlichen Kräfte in uns mit den höheren Idealen – mit der Kraft der ewigen Liebe!

Imhof: Ich denke dabei an das paulinische Hohe Lied der Liebe (1 Kor 13,1-13). Der Erzengel Gabriel, der den Namen „die göttliche Vermittlungskraft" trägt, ist der Hüter dieses Energiezentrums. Auf der körperlichen Ebene sind ihm das physische Herz sowie die Thymusdrüse zugeordnet.

Haage: Wir kommen nun zum **fünften Chakra**: Zum Vishudda, dem Kehlkopfchakra gehört die Schilddrüse, der Kehlkopf, der Nacken, der Kiefer. Es geht um Kommunikation, Selbstausdruck. Wie präsentiere ich mich der Welt? Das Ziel ist das Sprechen und Hören über ein intaktes Herzzentrum.

Imhof: Ja, wahr ist das, was stimmt. Die Wahrheit und Stimmigkeit ist die Basis für jede geglückte Kommunikation.

Haage: Wie wahr! Und wie sagst du immer: Wahrheit macht frei. Das nächste, das **sechste Chakra**, ist das Dritte Auge: Ajna, „Zentrale des Befehls" oder „ungetrübte Wahrnehmung". Es sitzt in der Mitte der Stirn zwischen den Augenbrauen. Hier fallen bereits einige Zuordnungen weg. Es gibt kein Krafttier mehr und kein Element. Vielmehr stellt dieses Energiezentrum die Leere dar, aus der die Elemente geboren werden.

Das Symbol ist ein großer Kreis mit einem innen liegenden Dreieck. An beiden Seiten des Kreises liegen zwei große Blütenblätter, die die beiden Gehirnhälften symbolisieren. Das Bija ist die heilige Silbe OM bzw. AUM. Hier „drehen" sich die körperlichen Polaritäten. Unsere linke Körperhälfte ist die weibliche Seite und wird von der intuitiven, rechten Gehirnhälfte gesteuert, die rechte, männliche Körperseite dagegen von der analytischen, linken Gehirnhälfte. Die beiden Hauptnadis – Ida dem Mond und Pingala der Sonne zugeordnet – sind im dritten Auge vereint. Sie schlingen sich dreimal um Shushumna, den Hauptenergiekanal. Im Ajna-Chakra sitzt unsere Intelligenz und Intuition. Die Hypophyse ist die zugeordnete Drüse, sie regiert alle anderen Drüsen unseres Körpers. Wir erinnern an Yerachmiel, den Engel der Barmherzigkeit.

Imhof: In christlicher Tradition wird beim Kreuzzeichen das Stirnchakra berührt. Der Betende spricht dabei: Im Namen des Vaters. In Ihm ist alles eins.

Haage: Ja, das empfinde ich als sehr schön. Wir kommen zum **siebten Chakra**, dem letzten der sieben Hauptchakren, dem Kronenchakra. Es hat seinen Sitz auf dem Schädel, direkt über dem Scheitelpunkt. Der Sanskritname lautet: Shahasrara, der tausendblättrige Lotos. Das Kronen-Chakra scheint in strahlendem Weiß, durchzogen mit rötlichen oder magentafarbenen Streifen. Körperlich zugeordnet ist die Epiphyse. Interessant ist, dass diese Drüse meines Wissens nach von der Wissenschaft trotz intensiver Forschungen noch immer nicht ganz enträtselt ist. Wenn wir bedenken, wieviel Kapazität unseres Gehirns ungenutzt ist, dürfen wir gespannt sein, was sich noch alles entwickeln wird. Es ist sicherlich kein Zufall, dass sich im Kronen-Chakra die Eintrittspforte des göttlichen Lichtes, des göttlichen Funkens befindet. Wir erinnern an Jerachiel, den Engel der Barmherzigkeit.

Imhof: Ein Blick in die westliche Kulturgeschichte zeigt, dass die Krone wesentlich zu jedem König gehört. Jeder Mensch kann ein königliches Bewusstsein entwickeln. Ob seine Krone nun sichtbar ist oder nicht, ob er gesellschaftlich anerkannt ist oder im Verborgenen lebt, ist sekundär. Wenn jemand gekränkt bzw. krank ist, soll man über ihn beten (vgl. Jak 5,14-15). Denn durch das Kronenchakra kann Heilungsenergie einströmen. Im Gebet wird Gott deswegen angerufen. Die Betenden öffnen sich für seine heilende Nähe, damit diese durch sie hindurch weiterfließen kann.

Haage: Der entsprechende Erzengel heißt Raguel, d. h. der Herr ist mir Hirte und Freund. Wussten die damaligen Herrscher und Würdenträger um die Chakrenlehre?

Imhof: Ich weiß es nicht. Vielleicht einige wenige. Aber es geht ja nicht so sehr um die Lehre, sondern um die intuitive Praxis. Irgendwie wurde gespürt, eine Krone zu tragen, das stimmt.

Haage: Durch das Kronenchakra senkt sich zuweilen die Energie des goldenen Christuschakra, des **achten Chakras**, auf eine einzelne Person herab.

Imhof: Ja, denn der kosmische Christus erfüllt das All. Bei den Zuordnungen der Chakren handelt es sich nicht um kausale Zusammenhänge, sondern um mögliche Proportionen, durch die Freiräume für die eigene Seele entstehen können. Jeder, der einen geistlichen Weg geht, sollte die Deutungshoheit über das behalten, was ihm begegnet und was ihn interessiert. Selbstverständlich macht es Sinn, mit anderen darüber im Gespräch zu bleiben, sodass anstelle von privaten Dogmen ein Austausch mit anderen zustande kommt. Denn nicht die Statements eines Egos machen Sinn, sondern ein vernünftiges Miteinander: im Gespräch bleiben, bis sich Ordnungen ergeben, die mit den Gesetzmäßigkeiten des Himmels und der Logik des Geistes übereinstimmen. Um es christlich zu formulieren: Wo Evangelium drauf steht, muss auch Evangelium drin sein. Denn zur Freiheit seid ihr befreit, schreibt Paulus in seinem Brief an die Galater, die keltischen Stämme Kleinasiens, die vom Geist bewegt das Evangelium angenommen hatten. Daraus ergibt sich, dass weder beliebige noch willkürliche Zuordnungen der Sache der Freiheit zuträglich sind. In diesem Sinn, meine ich, lassen sich Yogaübungen durchaus vernünftig im Besonderen und im Allgemeinen praktizieren.

Haage: Bei der christlichen Rezeption der Chakrenlehre kann man die einzelnen Bitten des Vaterunsers mit den entsprechenden Chakren in Verbindung bringen. So ergibt sich der folgende Überblick:

(Die Texte im Anschluss an die jeweilige Vaterunserbitte stammen aus dem Buch von Neil Douglas-Klotz: Das Vaterunser. Meditationen und Körperübungen zum kosmischen Jesusgebet. Aus dem Aramäischen übertragen und kommentiert.)

Muladhara – Wurzelchakra

Name: Muladhara, „Stütze der Wurzel", Wurzelchakra / *Sitz*: zwischen Anus und Geschlechtsorganen, Damm / *Farbe*: kräftiges Rot / *Blütenblätter*: vier / *Symbol*: Kreis, darin ein Viereck, ein innen liegendes Dreieck mit der Spitze nach unten / *Krafttier*: der Elefant / *Drüsen*: Nebennieren / *Körperliche Zuordnungen*: der Geruch und die Nase, die Wirbelsäule, die Knochen und die Ausscheidungsorgane / *Psychische Zuordnungen*: Lebenskraft, Vitalität, Vertrauen, Lebenswillen, Instinkte / *Potenzial*: Überwindung von Gier und Lebensangst und das Annehmen und Akzeptieren des eigenen Körpers / *Bija*: LAM / *Element*: Erde / *Wochentag*: Dienstag / *Erzengel*: Michael, d. h.: Wer-ist-wie-Gott

Vaterunserbitte: *Und führe uns nicht in Versuchung, sondern erlöse uns von dem Bösen.*

„Lass oberflächliche Dinge uns nicht irreführen,
sondern befreie uns von dem, was uns zurückhält.
Lass uns nicht in Vergesslichkeit geraten,
in die Versuchung der falschen Erscheinungen.
Auf das trügerische innere Schwanken
– wie eine im Winde flatternde Fahne –
mache uns aufmerksam.
Brich die Macht der Unreife,
den inneren Stillstand,
der gute Früchte verhindert.
Vom Bösen der Ungerechtigkeit
– von den grünen Früchten und den verdorbenen –
befreie uns.
Lass uns weder vom Äußeren noch vom Inneren getäuscht sein,
befreie uns, so dass wir Deinen Weg
mit Freude gehen können.
Bewahre uns davor, falschen Reichtum zu horten,
und vor der inneren Scham, Hilfe nicht zur rechten Zeit gegeben zu haben.
Lass oberflächliche Dinge uns nicht irreführen,
sondern befreie uns von dem, was uns zurückhält."

Svadhisthana – Sakralchakra

Name: Svadhisthana, „die Grundlage des Selbst", „mein eigener süßer Wohnsitz", Sexual- bzw. Sakralchakra / *Sitz*: Unterhalb des Bauchnabels, zum Schambein hin. Es öffnet sich nach vorne / *Farbe*: leuchtendes Orange / *Blütenblätter*: sechs / *Symbol*: Kreis mit innenliegender Mondsichel / *Krafttier*: „Makara", ein Fabelwesen aus Krokodil, Fisch, Elefant und Schildkröte / *Drüsen*: Keimdrüsen / *Körperliche Zuordnungen*: Geschmackssinn, Zunge, Lymphe, Unterleibsorgane, Nieren / *Psychische Zuordnungen*: Selbstachtung, Unabhängigkeit, Kreativität, Lebendigkeit, Vertrauen / *Potenzial*: Überwindung von Süchten und Abhängigkeiten, die Balance zwischen Distanz und Nähe / *Bija*: VAM / *Element*: Wasser / *Wochentag*: Freitag / *Erzengel*: Suriel, der Fels, aus dem das Wasser kommt

Vaterunserbitte: *Und vergib uns unsere Schuld, wie auch wir vergeben unsern Schuldigern.*

„Löse die Stränge der Fehler, die uns binden,
so wie wir loslassen, was uns bindet an die Schuld anderer.
Vergib uns unsere verborgene Vergangenheit,
unsere heimlichen Missetaten, wie wir ständig vergeben, was andere vor uns verborgen halten.
Erleichtere uns von der Last geheimer Schuld,
wie wir andere entbinden von der Notwendigkeit zurückzuzahlen.
Lösche die inneren Spuren,
wie wir unsere Herzen reinwaschen von den Fehlern anderer.
Nimm unsere enttäuschten Hoffnungen und Träume in Dich auf,
wie wir die der anderen umarmen mit Leere.
Löse unsere inneren Knoten, so dass wir fähig sind,
unsere einfachen Herzensbindungen zu anderen zu verbessern.
Kompostiere unsere gestohlene Frucht,
so wie wir anderen die Beute ihrer Übergriffe vergeben.
Löse die Stränge der Fehler, die uns binden,
wie wir loslassen, was uns bindet an die Schuld anderer."

Manipura – Solarplexus

Name: Manipura, „strahlendes Juwel", Sonnengeflecht, Solarplexus / *Sitz*: etwas über dem Bauchnabel / *Farbe*: strahlendes Sonnengelb bis Goldgelb / *Blütenblätter*: zehn / *Symbol*: Kreis mit innen liegendem Dreieck, dessen Spitze nach unten zeigt / *Krafttier*: der Widder / *Drüse*: Bauchspeicheldrüse / *Körperliche Zuordnung*: Augen, vegetatives Nervensystem, Verdauungsorgane / *Psychische Zuordnung*: Tatkraft, Mut, Willensstärke, Entscheidungskraft / *Potenzial*: Grenzen setzen und akzeptieren, Balance zwischen Macht und Ohnmacht, Überwindung von Angst und Wut / *Bija*: RAM / *Element*: Feuer / *Wochentag*: Sonntag / *Erzengel*: Uriel, göttliches Gnadenlicht, Gerechtigkeit

Vaterunserbitte: *Unser tägliches Brot gib uns heute.*

„Gewähre uns täglich, was wir an Brot und Einsicht brauchen,
das Notwendige für den Ruf des wachsenden Lebens.
Gib uns Nahrung, die wir brauchen,
um durch jeden neuen Tag zu wachsen,
durch jeden Einblick in das, was das Leben braucht.
Lass Erdhaftigkeit das Maß unserer Bedürfnisse sein:
gib uns alle Dinge einfach, grünend, leidenschaftlich.
Erschaffe in und für uns das Mögliche:
jeden einfachen Schritt nach Hause, hell beleuchtet.
Hilf uns zu erfüllen, was innerhalb unseres Lebenskreises liegt:
jeden Tag erbitten wir nicht mehr und nicht weniger.
Beseele die Erde in uns:
dann fühlen wir die zugrundeliegende Weisheit, die alles trägt.
Erzeuge in uns das Brot des Lebens:
wir behalten nur das, was nötig ist, um den nächsten Mund zu füttern.
Gewähre uns täglich, was wir an Brot und Einsicht brauchen."

Anahata – Herzchakra

Name: Anahata, „das Unberührte", „der nicht angeschlagene Ton", Herzchakra / *Sitz*: in der Mitte des Brustkorbs, auf Höhe des physischen Herzens / *Farbe*: smaragdgrün und zartrosé / *Blütenblätter*: zwölf / *Symbol*: zwei ineinander liegende Dreiecke / *Krafttier*: die Antilope / *Drüse*: Thymusdrüse / *Körperliche Zuordnung*: Fühlen, die Haut, Blutkreislauf, Lunge und Herz / *Psychische Zuordnung*: Gefühlstiefe, Freundschaft, Respekt, Selbstliebe, Nächstenliebe, Mitgefühl, Charisma, bedingungslose Liebe / *Potenzial*: die Überwindung von Gegensätzen. Integration des Triebhaften mit den höheren Idealen / *Bija*: YAM / *Element*: Metall / *Wochentag*: Mittwoch / *Erzengel*: Gabriel, die göttliche Vermittlungskraft

Vaterunserbitte: *Wie im Himmel so auf Erden.*

„Hilf uns zu lieben, wo unsere Ideale enden,
und lass Handlungen des Mitgefühls erwachsen
für alle Kreaturen.
Lass Himmel und Erde eine neue Schöpfung bilden,
indem wir Deine Liebe in der unseren entdecken.
Vereine die vielen Teile in uns
in einer Vision von leidenschaftlicher Entschlossenheit:
Licht paart sich mit Form.
Erschaffe in uns eine göttliche Zusammenarbeit
von vielen Ichs: eine Stimme, eine Handlung.
Möge der brennende Wunsch Deines Herzens
Himmel und Erde vereinen
durch unsere Harmonie.
Dein eines Verlangen wirkt dann in unserem
wie in allem Lichte, so in allen Formen."

Visudda – Kehlkopfchakra

Name: Visudda, „das Reinigende", Kehlkopfchakra / *Sitz*: in der Kehlgrube zwischen den Schlüsselbeinen / *Farbe*: hellblau oder türkis / *Blütenblätter*: sechzehn / *Symbol*: Kreis mit innen liegendem Dreieck, darin ein weiterer Kreis / *Krafttier*: ein reinweißer Elefant / *Drüse*: Schilddrüse / *Körperliche Zuordnung*: das Hören, die Ohren, Hals, Kiefer, Bronchien, obere Lunge, Kehlkopf, Nervensystem / *Psychische Zuordnung*: Selbstausdruck, Kommunikation, Wahrheit / *Potenzial*: die Verbindung von Hören und Sprechen über das Herz, Herzensweisheit, Konzentration auf das Wesentliche / *Bija*: HAM / *Element*: Holz / *Wochentag*: Samstag / *Erzengel*: Rafael, göttliches Heil

Vaterunserbitte: *Dein Wille geschehe.*

„Dein Verlangen wirkt dann in unserem
wie in allem Licht,
so in allen Formen.
Lass alle Willen in Deinem Spiralkreis
gemeinsam sich bewegen,
wie Sterne und Planeten
durch den Himmel kreisen."

Ajna – Das Dritte Auge

Name: Ajna, „Zentrale des Befehls", Drittes Auge / *Sitz*: in der Mitte der Stirn zwischen und hinter den Augenbrauen / *Farbe*: indigoblau oder violett / *Blütenblätter*: zwei / *Symbol*: Kreis mit einem innenliegenden Dreieck, dessen Spitze nach unten zeigt / *Drüse*: Hypophyse / *Körperliche Zuordnungen*: die Augen, die Nebenhöhlen, das Nervensystem / *Psychische Zuordnungen*: Klarheit, Intuition, Intelligenz / *Potenzial*: Einsicht, Unterscheidungsfähigkeit, hinter die Dinge sehen können / *Bija*: OM / *Element*: Leere, aus der die Elemente entstehen / *Wochentag*: Donnerstag / *Erzengel*: Yerachmiel, göttliche Barmherzigkeit

Vaterunserbitte: *Dein Reich komme.*

„Erschaffe Dein Reich der Einheit jetzt
– durch unsere feurigen Herzen
und willigen Hände.
Lass Deinen Rat unser Leben regieren
und unsere Absicht klären
für die gemeinsame Schöpfung.
Vereinige unser „ich kann" mit dem Deinen,
so dass wir als Könige und Königinnen
alle Kreatur begleiten können.
Ersehne mit und durch uns
die Herrschaft universaler Fruchtbarkeit auf Erden.
Deine Herrschaft entsteht plötzlich,
wenn unsere Arme sich ausbreiten,
um die ganze Schöpfung zu umarmen.
Komm in das Schlafgemach unserer Herzen,
bereite uns vor auf die Hochzeit
von Kraft und Schönheit.
Aus dieser göttlichen Vereinigung lass uns
neue Vorstellungen gebären
für eine neue Welt des Friedens.
Erschaffe Dein Reich der Einheit jetzt!"

Shahasrara – Kronen-Chakra

Name: Shahasrara, „tausendblättriger Lotos", Kronenchakra / *Sitz*: in der Mitte des Schädels, direkt über dem Scheitelpunkt / *Farbe*: strahlend weiß mit magentafarbigen Streifen / *Blütenblätter*: tausend (symbolische Zahl) / *Symbol*: Kreis mit innenliegendem Dreieck, dessen Spitze nach unten zeigt mit einem Punkt in der Mitte / *Drüse*: Epiphyse / *Körperliche Zuordnung*: Teile des Gehirns / *Psychische Zuordnung*: Weisheit, Gelassenheit, Heiterkeit / *Potenzial*: höchste Transformationskraft, Erleuchtung / *Bija*: - / *Element*: - / *Wochentag*: Montag / *Erzengel*: Raguel, Gott ist mir Hilfe und Freund

Vaterunserbitte: *Dein Name werde geheiligt.*

„Bündele Dein Licht in uns – mache es nützlich:
so wie die Strahlen eines Leuchtturmes den Weg zeigen.
Hilf uns, einen heiligen Atemzug zu atmen, bei dem wir nur Dich fühlen,
so erschaffen wir in uns einen Schrein in Ganzheit.
Hilf uns loszulassen,
den inneren Raum zu reinigen von geschäftiger Vergesslichkeit,
damit der Name leben kann.
Dein Name, Dein Klang kann uns bewegen,
wenn wir unsere Herzen wie Instrumente auf Deinen Ton einstimmen.
Höre den einen Klang,
der alle anderen erschuf:
so wird der Name geheiligt in der Stille.
Im Frieden lebt der Name,
ein eigener innerer Raum,
ein Allerheiligstes,
offen und Licht spendend für alle.
Wir alle suchen anderswo nach diesem Licht,
und das zieht uns von uns selbst fort,
aber der Name lebt immer innen.
Bündele Dein Licht in uns – mache es nützlich."

2.6. Wege der Freiheit
Identität im System
Hans-Christoph Hermes im Gespräch mit Paul Imhof

Imhof: Beim christozentrischen Familienstellen ist jeder Mensch willkommen. Denn in Jesus Christus gehören alle zu einer Menschheitsfamilie, so der Glaube der Christen. In der Johannesoffenbarung heißt es: „Ich (Johannes) sah einen anderen Engel im Zenit fliegen. Dieser hatte ein ewiges Evangelium den Bewohnern der Erde zu verkünden, allen Nationen, Stämmen, Sprachen und Völkern" (vgl. Offb 14,6). Daher ist es nicht verwunderlich, wenn in einer multikulturellen Welt am christozentrischen Familienstellen auch Menschen aus dem esoterischen und tantrischen Milieu teilnehmen. Freiheit ist für alle ein Thema. Wie glückt ein Leben jenseits von Willkür und Beliebigkeit, wie finde ich im Konglomerat der Götzen zu dem einen, wahren Gott, der Liebe ist (vgl. 1 Joh 4,8)?

Die Suche nach Glück

Hermes: Welcher Dialog ist um der Wahrheit des Evangeliums willen sinnvoll mit Menschen, die aus dem Milieu der Neo-Sanyassins stammen? Einfach gesagt, eine gemeinsame Aufstellungsarbeit, bei der Körper, Seele und Geist ausgewogen zur Darstellung kommen, ist eine Methode, die sich als zielführend erweisen kann. Ziel ist, dass jeder in der Menschheit seinen Platz findet, so dass in Frieden und Toleranz miteinander gelebt werden kann, in der – oft anonymen – Ausrichtung auf jenen Gott, der alles in Liebe und Barmherzigkeit umfängt.

Imhof: Jede schöpferische E-volution, d. h. Entwicklung korrespondiert mit einer spirituellen Re-volution, durch die jegliches zurückkehrt zu dem unvordenklichen Ziel, das wir Gott nennen.

Hermes: Leben ist Bewegung, zugleich komplex und bunt wie ein gewebter Teppich. Wenn ich mich mit allen Sinnen für alles öffne, das mir begegnet, kann ich vieles lernen. Doch wer nur offen ist, ist nicht ganz dicht! Stichwort

Tantra: Im Sanskrit bedeutet „Tantra" so viel wie „Gewebe." Gelebte und erlebte Lebenswirklichkeit ist bunt und komplex. Es gibt viele Komponenten und Aspekte. In der indischen Philosophie geht es um angst- und bewertungsfreies Wahrnehmen, Loslassen und Annehmen von Jeglichem, was ist, um die Integration aller Erfahrungen in das „Gewebe meines Lebens."

Imhof: Könntest Du einmal das kulturelle Selbstverständnis der Leute um Osho in Berlin formulieren? Was denken sie und was machen sie?

Hermes: Zum Selbstverständnis vieler gehört es, dass sie sich innerhalb einer Reformbewegung situieren. Viele sind gesellschaftskritisch. An Selbstfindung und Befreiung sind mehr oder minder alle interessiert. Im neotantrischen Milieu finden sich nicht wenige Lehrer und Autoren, die trotz ihres katholischen Hintergrunds weder etwas mit Religion geschweige denn mit Kirche zu tun haben wollen. Osho hat vor allem Menschen aus den westeuropäischen Ländern angezogen und oft gerade solche, die Religion und Kirche eher als unterdrückerisch erlebt hatten. Interessant ist, dass, sobald man etwas über Osho aufschreiben möchte, zunächst eine Gedankenwelt auftaucht, die sich wie ein wimmelnder Ameisenhaufen anfühlt und der Eindruck eines fleißigen, großartigen gesellschaftlichen Systems entsteht! Andererseits aber, wie beschränkt ist oft die entsprechende Lebenswelt.
Viele Menschen, mit denen ich gegenwärtig zu tun habe, sind unglücklich. Seligkeit nennt man das himmlische Glück; irdisches Glück fängt dann an, wenn alles passt: Die Gesundheit, die Beziehungen, der Beruf, die Wohnung, das Vermögen etc. Manchmal gibt es zumindest Glücksmomente, auch wenn noch etwas fehlt. Massel (hebr. Glück) gehabt! Der Schla-massel, das schlechte Glück, das Unglück, ging mich nichts an.

Imhof: Wenn bei einer Aufstellung die Glückseligkeit als zentraler Wert aufgestellt wird, kommt es vor, dass der Repräsentant für die Seele dessen, der sich mehr Glück wünscht, es im Außenkreis sucht. Eine solche Aufstellung findet meist kein gutes Ende. Nur selten positioniert sich jemand in die Mitte, bleibt bei sich und wartet einfach einmal ab. Dann kann es passieren, dass Glückseligkeit ihre Bahnen zieht, bis sich die Seele in der Mitte eines Labyrinths wiederfindet, das durch die Glückseligkeit zum Vorschein gebracht wurde.

Hermes: Welche Weisheit! Neben den vier Himmelsrichtungen gibt es auch noch eine fünfte Himmelsrichtung, die gleichsam den Weg nach innen anzeigt. So bezeichnen sich Christen mit dem großen Kreuz- bzw. Pluszeichen und sprechen „im Namen des Vaters" und dann „des Sohnes", sobald sie ihre Leibmitte mit der rechten Hand berühren.

Imhof: Der Christus, der Sohn Gottes, steht im Mikrokosmos des eigenen Leibes für den Weg nach innen und im Makrokosmos für den Weg in die Tiefe bzw. die Höhe des Universums.

Hermes: Der irdische Jesus Christus lehrt die Glück-Seligpreisungen (vgl. Mt 5,1-12, Joh 13,17) und der wiederkehrende Christus die Glückseligkeit in der Johannesoffenbarung (vgl. z.B. Offb 1,3).

Imhof: Doch noch einmal zurück zu Osho, der unter dem Namen Bhagwan größeren Kreisen bekannt ist. Als Philosophieprofessor propagierte er eine Reformbewegung gegen den Aszetismus, eine körperfeindliche, asketische Form von Religiosität, der viele Hinduisten huldigten. Sein Anliegen machte ihn für viele von der Gnosis infizierte, kirchlich orientierte Menschen im Westen attraktiv. Doch es blieb nicht aus, dass in seinem Gefolge wiederum Ideologien über das sogenannte Christentum auftauchten.

Hermes: Viele der ehemaligen Sanyassins sind im therapeutischen oder im kreativen Bereich tätig. Sie haben meist keinen klassischen Bildungsweg, sondern sind ihren inneren Stimmen gefolgt und setzen sich für Befreiung ein. Wie komme ich zu einem Selbstverständnis jenseits von Ursache und Wirkung, von Aktion und Reaktion und auch von Karma?

Imhof: Genau genommen ist Christentum eine Gegenbewegung zur Gnosis, d. h. einer leib- und körperfeindlichen, nur an Wissen orientierten Geisteswissenschaft. Die moderne Wissensgesellschaft hat durchaus gnostische Züge. Das Urdogma des Christentums hingegen besteht in der Lehre von der Inkarnation, also in der Körper- und Leibwerdung des Geistes. Am Ende des Lebens Jesu Christi kommt alles darauf an, dass seine leibliche Auferstehung unmittelbar bezeugt wird und dadurch für die nächste Generation glaubwürdig ist. Die Materie gehört wesentlich zur Offenbarungsgeschichte des ungeschaffenen Geistes, der Gott genannt wird.

Hermes: So gesehen gibt es eine selbstverständliche Affinität zu spirituellen Bewegungen, bei denen der Körper im ganzheitlichen spirituellen Selbstwerdungsprozess eine unverzichtbare Rolle spielt.

Imhof: Eine lebendige Ausdruckgestalt des Leibes ist die Sprechsprache. Daher ist es für jemand, der sich für ein leibgemäßes Glauben, Hoffen und Lieben entschieden hat, selbstverständlich, dass jede Art von schriftlicher Niederlegung zumindest mit Widerständen verbunden ist. Nicht zuletzt deswegen, so könnte man vermuten, hat die mündliche Weitergabe, d. h. die Sprechsprache, den Vorrang vor der Verschriftlichung des Kommunikationsgeschehens.

Hermes: Um es in der Sprache des Apostels Paulus zu sagen, der Buchstabe allein tötet, es bedarf des Geistes, der Lebendigkeit also, damit das, was zu sagen ist, kommunikationsgerecht, d. h. lebendig, weitergegeben wird. An dieser Fragestellung entzündete sich ein großer Konflikt in der christlichen Reformationsgeschichte. Es gab viele Missverständnisse. Wer weiß schon, dass Luther dafür plädierte, die Bibel nicht für einen papiernen Papst zu halten. Und die Katholiken hielten an der lebendigen Auslegungstradition der Heiligen Schrift als Wort Gottes fest. Die Gefahr dabei ist, dass das reine Evangelium Jesu Christi einem historisch bedingten Vorverständnis geopfert wird (vgl. Offb 1,3). Durch Rezitation kann es jedoch zum Wunder des Verstehens kommen.

Imhof: Bei den vielen Aufstellungen, die wir zum Teil auch gemeinsam erlebt haben, kamen auch immer wieder Themen vor, in denen Körperlichkeit und Sexualität eine wichtige Rolle spielten. Da gab es einerseits Aufstellungen, in denen deutlich wurde, dass sexuelle Erfahrungen die eigene Identität nahezu zerstörten, z. B. durch Vergewaltigung, Inzest oder Missbrauch. Andererseits war die Sehnsucht erkennbar, nach mehr oder minder desintegrierten Existenzformen ein angstfreies Leben zu finden, in dem intime Sexualität glückt.

Hermes: Zunächst einmal spielt Körperwahrnehmung in der Aufstellungsarbeit eine wichtige Rolle. RepräsentantInnen kommen dadurch in eine andere Körperhaltung und körperliche Verfassung, sie können Gefühle, Wärme, Kälte oder Taubheit wahrnehmen. Es entstehen Bewegungs- und Handlungsimpulse wie z. B. sich auf den Boden legen, einen anderen Repräsentanten berühren, halten, umarmen. Gefühle steigen auf und manifestieren sich körperlich.

Seelische Themen besitzen eine leibliche Dimension. Für den Bereich von Sexualität gilt das noch einmal in besonderer Weise. Stellt jemand auf, für den das Anliegen einen intimen Bereich betrifft, braucht es ein besonderes Maß an Feingefühl, um die Schamgefühle der Person zu achten bzw. zu integrieren.

Imhof: Nach meinen Erfahrungen glückt dies bei einer guten Aufstellungsarbeit problemlos.

Hermes: Immer geht es um die Frage, wie glückt meine Individuation im Leib der einen Menschheit bzw. in einer Gruppe, die stellvertretend für die Menschheit steht. Wie kann ich mich in meinem Leibsein als Frau oder als Mann gesellschaftlich positionieren? Sexualität ist nicht das zentrale Thema, sondern das Zusichkommen im eigenen Leib, der zum großen Organismus der Menschheit gehört.

Imhof: Im christlichen Milieu wird die Thematik unter dem Stichwort „Leib Christi" behandelt. Religionswissenschaftlich geht es nicht um die Identität der verschiedenen leiborientierten spirituellen Ansätze, sondern um das Offenhalten der Differenz, die zwischen ihnen besteht. Denn dies ist die Sache des Geistes, in der Differenz je eigen zu sein und nicht in einem platten synkretistischen Dasein zu existieren. So hat ein spiritueller Mensch einerseits Achtung vor allen anderen und ihren Wegen und andererseits erlebt er sein eigenes unvergleichliches So-Sein. Die Unterscheidung der Geister ist notwendig und die persönliche Verantwortung für die eigene Freiheitsgeschichte ist unabdingbar.

Hermes: Mit Sexualität sind Lust-, aber auch Unlusterfahrungen verbunden. Durch Sexualität kann es zu Sinnerfahrungen kommen, aber auch Sinnlosigkeit und Frustration sind manchmal damit verbunden.

Imhof: Um das Thema Sexualität und Spiritualität etwas niedrigschwelliger anzugehen: Im kirchlichen Bereich anerkannte Lebensformen sind die Ehe oder auch das Alleinsein, z. B. als Mönch oder als Nonne in einer Kommunität. Im evangelischen Milieu gibt es auch eingetragene gleichgeschlechtliche Partnerschaften, was katholischerseits und auch in anderen Kirchen gar nicht geht. Im Blick auf die singuläre Existenz Jesu bietet sich als eine Hochform menschlichen Daseins an, einen Lebensentwurf als Single zu riskieren, der sich kommunitär bzw. menschheitlich vergesellschaftet. Gerade eine so gelebte und gestaltete Andersheit ist für viele Menschen außerhalb des kirchlichen Milieus interessant, weil ein solcher Lebensentwurf, allein und selbständig zu sein, eine Verbindung zwischen den unterschiedlichen Lebenswelten herstellen kann. Der Versuch einer solchen vermittelnden Existenz kann wohl nur im Glauben an das eigene Charisma und in Rückbindung an die Transzendenz gelebt werden.

Hermes: Durchhaltbar erscheint mir ein solches Lebenskonzept nur dann, wenn sich jemand in einer Freundschaft und in einem lebendigen Miteinander verankert weiß.

Imhof: Wenn ich Dich recht verstehe, geht es um das Einüben von Intimität als Furchtlosigkeit und Angstfreiheit, Wertschätzung und Vertrauen auf allen Ebenen. Willkür und Beliebigkeit hingegen sind katastrophal, weil dadurch neue Ängste und Befürchtungen installiert werden.

Hermes: So sehe ich das auch. Was hat das mit Aufstellungsarbeit zu tun?

Imhof: Durch die Arbeit der Repräsentanten wird offensichtlich, wie die Ausgangssituation eines Menschen ausschaut, von welchen Ängsten und inneren Vorstellungen er oder sie geprägt ist. Wie können Ängste, Begrenzungen und Vorstellungen in einem Prozess zur Darstellung kommen, so dass das Ziel einer Lösungsszene offensichtlich wird: nämlich in Zukunft möglichst angstfreie und geordnete, d. h. glückende und schöne Beziehungen leben zu können. Jemand kann sich viele schmerzhafte Umwege sparen, wenn er oder sie sich systemisch in einer Gruppe verschiedene Wege, Umwege und Sackgassen ansieht. Gerade im Schonraum einer Gruppe, die Begegnungen und Vergegnungen, wie Martin Buber formuliert, zur repräsentativen Anschauung bringt, kann jemand vernünftige Entscheidungen treffen. Selbstverständlich bleibt die Deutungshoheit bei demjenigen, der einer Gruppe das Mandat zu einer Thematik erteilt hat, die ihn umtreibt.

Hermes: Es geht also um die Welt der Triebe, die das Bewusstsein so oder so bestimmen?

Imhof: Zu diesem Zweck habe ich zusammen mit Reinhard Brock eine eigene Trieblehre entwickelt, die sowohl mit dem Evangelium als auch mit einem natürlichen Leben konvertibel ist. Bei einer christozentrischen Aufstellungsarbeit kommt zum Vorschein, dass vieles vermeintlich Übernatürliche nicht übernatürlich ist, sondern einfach unnatürlich, und vieles Unnatürliche befindet sich im Grenzbereich des Natürlichen. Wie kann ich natürlich und übernatürlich in Freiheit leben, so dass ich im Kraftfeld der Gnade meine je einmalige Identität und Intimität zeitigen kann?

Hermes: Von außen betrachtet könnte man durchaus der Meinung sein, dass der ursprünglich tantrische Ansatz als spirituelles Konzept darin besteht, dass es zunächst einmal gar nicht um den einzelnen in seiner Originalität geht, sondern darum, dass die einzelnen als Repräsentanten von Grundkräften und Grundgestalten auf den Weg geschickt werden. Der hinduistische Götterhimmel bildet den Hintergrund für das Projekt. Wer repräsentiert das männliche Prinzip (Shiva), das weibliche Prinzip (Shakti) und die Schöpferkraft (Vishnu)? Grenzüberschreitungen bzw. Übergriffigkeiten finden statt, sobald man sich selbst für die dargestellte Wirklichkeit hält.

Imhof: Christlich gesprochen: Jemand verfällt in den Wahn, selbst Christus zu sein oder spielt Johannes den Täufer und kommt auch in seinem Alltag nicht mehr aus seiner Predigerrolle heraus: Die anderen sind schlecht und müssen unbedingt Buße tun. Gerade im religionswissenschaftlichen Vergleich lassen sich so in der eigenen spirituellen Beheimatung die Fallen entdecken, in denen jemand steckt. Es wird Moral gepredigt anstelle von gelebter Ethik. Aber auch irrige Gewissen sind zu achten! Die Freiheit des anderen und Gottes Wege mit ihm sind zu würdigen. Es geht nicht um Verklagung des anderen – das ist Sache der Drachenschlange (vgl. Offb 12,10), sondern um das Heil und die Rettung im Namen der befreienden und erlösenden Liebe, die im eschatologischen Christus verbürgt ist.

Die vier Formen der Liebe

Hermes: Um Liebe geht es letztendlich. In deiner Trauerrede für Reinhard Brock hast du vier Formen von Liebe unterschieden. Es handelt sich um die käufliche Liebe, die erotische Liebe, die freundschaftliche Liebe und die unbedingte oder göttliche Liebe. Bei der käuflichen Liebe lässt sich die moralische von der amoralischen Form unterscheiden. Moralisch ist sie, wenn jemand für das, was er in den anderen investiert, über kurz oder lang einen entsprechenden Ausgleich erwartet, sei es materieller oder immaterieller Art. So erwarten etwa manche Eltern, die sich für höchst moralisch halten, dass ihre Kinder ihnen dankbar sein müssen und sie im Alter gegebenenfalls zu versorgen haben. Unmoralisch sind Beziehungen, in denen nicht einmal die üblichen Geschäftsbedingungen eines ehrenwerten Kaufmanns eingehalten werden, so dass es zu sexueller, erotischer oder zwischenmenschlicher Ausbeutung kommt.

Imhof: Das Unmoralische ist nur die Negation des Moralischen, aber noch keine qualitativ andere Liebe. Die Prediger der Amoralität haben von wahrer Liebe nicht viel verstanden.

Hermes: Die erotische Liebe ist eine Kommunikationsform, die sich bis ins Sexualverhalten auswirkt. Die Grenzen werden durch die selbstverantwortende Freiheit derer bestimmt, die der Pfeil des Eros getroffen hat. Ein großes Thema. Geduld und Wertschätzung sind nötig.

Imhof: Nun noch zur freundschaftlichen Liebe. Im Extremfall führt sie manchmal dazu, dass jemand für die Seinen bis zuletzt mit ausgebreiteten Armen da ist. Die sogenannte gekreuzigte Liebe, deren Kehrseite die fixierende, kruzifixierende Institution ist, brachte Jesus ans Kreuz, weil dahinter der Hass, die Gewalt und der Wahnsinn, kurzum Tod und Teufel steckten. Wie ambivalent ist alles Institutionelle! Es handelt sich dabei um eine Form bzw. Struktur, mittels der Menschen anderen Menschen helfen können oder durch die sie einander Schaden zufügen.

Hermes: Und was bedeutet göttliche Liebe?

Imhof: In christologischer Perspektive kehrt erst aufgrund der auferstandenen, un-bedingten Liebe, der Agape, das Licht der göttlichen Liebe in die Schöpfung zurück und eröffnet den Weg in die zweite Schöpfung. Eine neue Erde wächst aus der Erde heraus, ein neuer Himmel geht auf. Diese unbedingte Liebe wird in den österlichen Erfahrungen der ersten Christen und Christinnen bezeugt. Um diese Liebe geht es allen Menschen, die nach Erleuchtung suchen oder erleuchtet sind.

Hermes: Was haben die vier verschiedenen Formen der Liebe miteinander zu tun?

Imhof: Vielleicht lässt sich dies mit einem Beispiel aus der Welt der Quanten verdeutlichen. Es ist experimentell nachweisbar, dass ein Photon durch einen Doppelspalt gelangt. Auf dem Schirm erscheint ein Interferenzmuster.

Hermes: Was heißt Interferenz?

Imhof: Werden zwei Steine gleichzeitig in einem bestimmten Abstand ins Wasser geworfen, entsteht ein Interferenzmuster, da die Wellen sich überschneiden. An dem Muster ist erkennbar, dass es zwei Zentren gab, von denen Wellen ausgingen.

Hermes: Was ist nun der Vergleichspunkt mit der Liebe?

Imhof: Christozentrisch könnte man sich das so vorstellen: Christus ist das Liebesphoton des einen Gottes. Durch die „Spalten" der Welt wird er uns offenbar. Auf der Ebene der Erscheinung finden wir ihn in nackter, pornografischer Gestalt. Er ist der Christus am Kreuz, dem die Kleider ausgezogen wurden. Seine Entäußerung (Kenosis) ging bis ins Äußerste. Die österliche Erscheinung ist der Schirm, auf dem Christus in seiner Unbedingtheit erscheint. Die Bedingungen von Zeit und Raum sind aufgehoben – im doppelten Sinn des Wortes. Am einfachsten zugänglich wird die Liebe Christi in der Freundschaft zu den Seinen (vgl. Joh 15,9-17) und seine innige, gleichsam erotische Liebe wird in der Einheit von Weinstock, Rebzweig und Traube offensichtlich (vgl. Joh 15,1-8).

Hermes: So wird die Welt mit ihren Spalten zum Erscheinungsort der ewigen Liebe Gottes in Jesus Christus. Der Weg in die Freiheit vollendet sich erst in der neuen, erlösten Wirklichkeit, der christlich gesprochen zweiten Schöpfung: Wie im neuen Himmel so auf unserer neuen Erde.

Imhof: Ich finde es höchst bemerkenswert, dass in der physikalischen Bezeichnung Photon die griechische Wortwurzel *phos*, d. h. Licht steckt. Quantenmystisch gesehen gewinnt so das johanneische Selbstzeugnis Jesu Christi einen besonderen Sinn: „Ich bin das Licht des Kosmos" (Joh 8,12). Der kosmische Christus ist mit dem irdischen Jesus, dem Christus, identisch. Es handelt sich um eine substantielle Identität, die vielfältig transparent werden kann.

Spiritualität und Sexualität

Hermes: Auf dieser Basis ist ein angstfreier Dialog mit Menschen möglich, die von ihren Anhängern als Erleuchtete gefeiert werden. Entsprechende Rituale und Vergesellschaftungen entstehen wie selbstverständlich. Um die Angst mancher Christen zu verstehen: der Teufel heißt Luzifer. Gerade im österlichen Kraftfeld gilt es zu unterscheiden, von welchem Licht die Rede ist. Handelt es sich um das österliche Gnadenlicht oder um die Scheinerleuchtung von Egozentrikern, die sich als Lichtträger ausgeben?

Imhof: Wie ging es dir in einem Milieu, das mit Kirche und Glaube nichts zu tun haben will?

Hermes: Gerade wegen meiner kirchlichen Engagements ist es mir nicht immer leicht gefallen, andere Konfessionen oder spirituelle Prägungen zu akzeptieren. Um meine Scheintoleranz zu überwinden, habe ich versucht, Menschen kennenzulernen, die eine ganz andere Herkunftsgeschichte hatten. Von ihnen habe ich viel gelernt, ohne dass ich mich angepasst habe. Es entstanden daraus Impulse, mich selbst neu zu verstehen. Ich wusste ja, wie unzureichend und mangelhaft mein bisheriger Glaube Antworten zu bieten hatte auf meine existentiellen Fragen. Die vielen Projektionen auf kirchliche Amtsträger haben mich misstrauisch gemacht

Imhof: In welchem kulturellen Kontext bist du aufgewachsen?

Hermes: Bildung und Beruf standen bei uns zu Hause an erster Stelle, Körperlichkeit spielte eine untergeordnete Rolle. Selbst Gefühle waren dem Funktionieren untergeordnet. Geboren wurde ich neun Jahre nach Ende des 2. Weltkrieges und in einer im besten Sinne des Wortes konservativen Familie. Mein Vater war Jurist, meine Mutter Krankenschwester und auch Pastorentochter. Ich bin das älteste von vier Kindern. Die Pastoren, die ich kannte, empfand ich als verkrampft, verlogen fromm und unkonkret. Sie schienen für eine schöne Form ohne Inhalt zu stehen. Ich suchte den Inhalt.

Meine kindliche Verlorenheit, meine jugendlichen Depressionen und meine Sehnsucht nach Geborgenheit suchte ich entweder bei einer Freundin, in der Religion oder in der Rockmusik. Heroes von David Bowie, in Berlin aufgenommen, wo ich gerade lebte, das Gefühl, durch eine Mauer von der Liebe getrennt zu sein, stellte meine damalige Suchsituation dar, ebenso wie die

Stadt Berlin in ihrer Teilung. Sogar in der Ausbildung gab es Menschen, die mit den Sanyassins sympathisierten. Sehr attraktiv waren – später in Göttingen – Einladungen zu Sanyassin-Seminaren mit dem Thema: sexuelle Befreiung. Obwohl mein Glaube mir sagte, die Selbsterlösungs-Ideologie von Osho könne nicht gelingen, habe ich doch die Dienste der Osho-Disco am Sonntagabend in Anspruch genommen, um mich von der kirchlichen Problematik zu erholen.

Beruflich bedingt mußte mein Vater in meiner Kindheit oft umziehen. Hinzu kam eine innere Entwurzelung, die viel schlimmer war. Egal wo ich war und wie beschützt – nichts reichte an mein Grundgefühl heran, dass ich niemals irgendwo oder irgendwann dazu gehören werde, auch nicht in mir selbst. Ich suchte nach Beheimatung im Hier und Jetzt und in mir selbst.

Imhof: Es gibt verschiedene philosophische Schulen, die das Thema Körperlichkeit und Spiritualität miteinander verbinden. Christliche Spiritualität ist der Versuch, sowohl im Körper wie im Geist zu Hause zu sein. Immer geht es um Inkarnation. Bei offener christlicher Aufstellungsarbeit finden Menschen jeglicher spiritueller Herkunft ein freies Feld. Manche bringen positive, manche schreckliche Erfahrungen mit. Gerade aus spirituellen Milieus, bei denen die geistige und sexuelle Identität fast ununterscheidbar zusammen gehören, kommt es teilweise zu dramatischen Phasen auf dem Weg der Integration.

Hermes: Oft verbergen sich hinter sexuellen Themen große seelische Fragen und Nöte. Identitätskonflikte wollen gelöst werden, und Aufstellungen liefern dazu oft wichtige Bausteine. Ich erinnere mich an einen Mann Mitte Sechzig, der große Angst vor einem Prostata-Eingriff hatte und sich um seine Zukunft als Mann Sorgen machte. Es ging im Grunde aber seit Jahrzehnten darum, sich selbst anzunehmen und sich zu lieben.

Imhof: Die Alltagssprache bringt oft sehr präzise Sachverhalte ins Wort. Darauf aufmerksam gemacht, lässt sich beobachten, wie unterdrückte Sexualität in einem machtgeilen Verhalten zum Vorschein kommt. Die Herrschaftsformen des Matriarchats und Patriarchats treiben eben perverse Blüten.

Hermes: So plump der Mechanismus zwischen sexueller Frustration und intriganter Aggressivität ist, so üppig ist auch die dazugehörige Rhetorik, die andere verdächtigt und in ihrer Freiheit zu beschneiden versucht.

Imhof: Wie irrational verhält sich oft jemand, der davon überzeugt ist, ein vernünftiges Lebewesen zu sein.

Hermes: Die Zeit der Inquisition ist zwar abgelaufen, aber ...

Imhof: ... die Gesetzlichkeit ist eine neue Form von pornografischer Frömmigkeit. Nur die Äußerlichkeit zählt. Die Grenzen von Herrschaftsbereichen sollten dabei genau geregelt werden! Solche Zwanghaftigkeit hat Konjunktur. Die selbstauferlegte Pflichterfüllung, oder auch der gesellschaftliche Zwang mitzumachen, wird zum A und O jeglichen Miteinanders. Gnade und Barmherzigkeit spielen nur noch eine theoretische Rolle!

Hermes: In dem Buch „Menschenrecht Kommunikation" hast du zusammen mit Reinhard Brock ausführlich den Zusammenhang zwischen dem Geschlechtstrieb und dem Machttrieb behandelt, der die Angst vor Verletzung ausnutzt.

Imhof: Ja, sowohl theoretisch als auch im systemischen Experiment (siehe Kapitel 5).

Hermes: In Deutschland sind wir in der glücklichen Lage, dass die zwischen Erwachsenen praktizierte Sexualität straffrei ist, sobald das gegenseitige Einverständnis vorliegt. Die Staatsmacht greift weder durch die Legislative noch durch die Judikative oder durch die Exekutive in den persönlichen Freiraum ein. Die Öffentlichkeit als Raum der Kommunikative schätzt diese ethische Position.

Imhof: Damit ist das Thema Verletzungsangst noch lange nicht vom Tisch. Nicht nur im kirchlichen Milieu bleiben viele Fragen offen. Denn nicht alles, was nicht strafbar ist, ist zwischenmenschlich gesehen auch schon gut.

Hermes: Selbstverständlich gibt es auch im Bereich der Sexualität strafbare Handlungen, z. B. die Anwendung von Gewalt. Aber prinzipiell wird davon ausgegangen, dass unter Berücksichtigung der gegenseitigen Freiheit alles in Ordnung ist.

Imhof: Was aber ist mit der seelischen Verletzungsangst, aufgrund der sich jemand fürchtet, andere durch sein freies Sexualverhalten zu verletzen?

Hermes: Genau darum geht es bei systemischen Aufstellungen. Wie kann ich im System meine Beziehungen frei und rücksichtsvoll gestalten? Was soll ich tun, damit ich durch mein Sexualverhalten weder mich selbst noch meinen Partner bzw. meine Partnerin seelisch verletze? Wer ist für was verantwortlich? Was ist gerechter Weise auch zumutbar?

Imhof: Ich bin davon überzeugt, dass es nur einmalige Antworten bzw. Lösungen gibt, die von der betroffenen Person zu finden und zu verantworten sind. Unverzichtbar ist authentische Kommunikation und je nach Persönlichkeit auch Zeiten des Betens, in denen um Wahrheit und Klarheit gerungen wird. Weder moralische noch prinzipielle Verhaltensmuster allein sind angemessen. Denn die je einmalige Freiheits- und Liebesgeschichte verläuft nach der ihr eigenen Logik.

Hermes: Das hat sich, meine ich, noch nicht überall herumgesprochen.

Imhof: Nun möchte ich noch auf eine Aufstellungsarbeit besonderer Art zu sprechen kommen. Es handelt sich um die Errichtung einer Signalstange, an der Mose am Ende eine Kupferschlange befestigte, so dass alle, die dorthin aufblickten, gerettet wurden (vgl. Num 21,1-9).

Hermes: In vielen Kulturen ist die Schlange ein Sexualsymbol. Je nach Kulturkreis gilt die Schlange als Symbol der Weisheit und der Wandlungen. Die Doppelhelix ist das Zeichen für Leben und all seine Möglichkeiten.

Imhof: Doch auch die gegenteilige Bedeutung wird mit der Schlange in Verbindung gebracht. Sie existiert in der Dimension des Horizontalen, dort also, wo sich die Menschen als aufrechte und aufrichtige Menschen befinden, wenn sie aus dem Lot geraten sind, oder im Extremfall schon tot sind. Welches Gift der Schlange brachte sie in diese Lage? Welche Schmerzen in der Wirbelsäule haben gegebenenfalls damit zu tun? Worauf können solche Symptome hinweisen?

Hermes: In der althebräischen Sprache gibt es interessante Zusammenhänge für die Wörter Kehle, Atem, Seele (hebr. *nephesch*), Kupfer und menschlicher Geistseele (hebr. *neschama*). Bei dem gescheiterten Aufstand der Rotte Korach wird offensichtlich, dass es auch ein missglückendes Zu-Stande-Kommen-Wollen gibt. (vgl. Num 16,1-35). Die Lösung hat mit der Kupferschlange zu tun, die Mose aufrichten ließ.

Imhof: Spannend ist auch die neutestamentliche Fortsetzung der Geschichte. Im Gespräch Jesu mit Nikodemus wird das Ritual des Mose aufgegriffen und christozentrisch weitergeführt (vgl. Joh 3,16-19). Im Aufblick zu Jesu Christus am Kreuz kann eine Heils- und Heilungserfahrung gemacht werden. Das Kreuz als Heilszeichen markiert nicht nur das Ende der Welt, sondern weist auf die Hoffnung Jesu Christi hin, der an seine Auferstehung glaubte.

Hermes: Noch einen Blick in den römisch-griechischen Kulturkreis. An der Liebesgöttin Venus bzw. an der meerschaumgeborenen Aphrodite wird die weibliche Erotik und Sexualität festgemacht. Die griechische Göttin stammte von Zypern, dem Hauptgewinnungsort von Kupfer, das nach der Insel benannt ist. Das Metall wird der Welt des sechsten Tages zugeordnet. Damit kommt die Schöpfung an ihre natürliche Grenze.

Imhof: In österlicher Perspektive ist die Auferstehung Jesu die intensivste Form von Aufstellung. Von Seiten Gottes heißt das Ereignis Auferweckung, vom Menschen aus betrachtet Auferstehung. Österliche Erfahrungen wurden in unterschiedlichen Kontexten gemacht. Es handelte sich um Diesseitserfahrungen, die an der Grenze zur neuen Schöpfung stattfanden und auch heute noch in Geist und Wahrheit zugänglich sind.

Hermes: Nicht nur die Sache Jesu geht in vielen Spiritualitäten weiter, sondern auch er selbst erscheint durch die Zeiten hindurch bis ans Ende der Zeiten. Sein Geist erweckt die Menschen, so dass Gemeinde zu-Stande kommt. In diesem Status sind sie fähig, mit allen Menschen eine Kommunikationsgemeinschaft zu realisieren, die von Nähe und Ferne bestimmt ist.

Imhof: Wie lässt sich der Geist des Evangeliums inkulturieren? Wo es keine Kultur, d. h. eine mehr als bloß naturale bzw. naturalistische Vergesellschaftung existiert, ist keine Inkulturation möglich. Kultur ist vom Menschen gestaltete und umgeformte Natur. Wer das Evangelium inkulturieren möchte, muss fähig sein, die befreiende Botschaft Jesu Christi in andere Kulturen zu integrieren. Ein gefährliches Unterfangen, wie man an den Missionaren der Frühzeit des Christentums sehen kann. Mancher erlitt das Martyrium oder wurde von den eigenen Institutionen verfolgt. Von Martin Luther bis zu den Jesuitenmissionaren in China oder evangelischen Predigern, die von den Großkirchen ausgestoßen wurden, z. B. John Wesley, dem Gründer der Methodisten, spannt sich der Bogen. Es ist anzunehmen, dass dieser Prozess sich auch in der Gegenwart fortsetzt. Zu jedem Prozess gehört immer wieder ein Urteil. Viele Urteile werden gesprochen, Gerechtigkeit, d. h. Beziehungsgerechtigkeit steht oft auf einem anderen Blatt.

Wege der Hoffnung

Hermes: Ein befreundeter Arzt und ich saßen zusammen, mein Sohn war mit dabei. Wir zwei Freunde hatten vorher überlegt, was wir tun könnten, um meinen Sohn zu unterstützen. Ich erzählte, dass vor über hundert Jahren mein Großvater als Soldat bei Verdun verwundet worden sei.

Imhof: Welche Folgen hatte dies Ereignis in deiner Familie?

Hermes: Als erstes war meine Oma davon betroffen. Sie hielt dem schwer verwundeten Verlobten die Treue, obwohl man ihr abriet, einen Schwerbehinderten zu heiraten. Er studierte Theologie. Meine Großeltern bekamen vier Töchter und einen Sohn, der bei der Geburt starb. Danach entwickelte sich vieles, was auch auf Verdun zurückzuführen ist. Meine Großmutter entwickelte eine Kraft, die bis heute in uns wirkt.

Imhof: Was passierte nach der Verletzung des Großvaters?

Hermes: Er lag wie tot auf dem Schlachtfeld, im Sommer 1916 bei Verdun. Als man ihm seine Marke und seine Wertsachen (u. a. eine Taschenuhr, die heute ich habe) abnehmen wollte, merkten die Sanitäts-Soldaten, dass er sich noch rührte und bargen ihn. Ein Geschoßteil hatte seinen Schädel verletzt. Seine Wunde war etwa 8 cm lang, an der breitesten Stelle etwa 3 cm breit, vielleicht 2 cm tief und verlief von oben rechts vorn nach hinten links. Es gibt ein Foto nach den ersten Operationen. Es sieht entsetzlich aus und schockierend. Später bekam er als Knochenersatz eine Silberplatte eingesetzt. Ich finde heute erstaunlich, welche Kunst die Operateure damals schon entwickelt hatten. Ich habe davon erfahren, als mich mein Großvater noch auf den Arm nehmen konnte. Meine Mutter warnte mich, ich dürfe ihm nicht auf den Kopf fassen. Jedes Mal, wenn wir uns trafen, schenkte er mir Bayrisch Blockmalz. Für mich war er ein „Großer Vater", denn er war tatsächlich etwas größer als mein Vater.

Imhof: Welche Folgen hatte die Kriegsverletzung für deinen Großvater?

Hermes: Meine Mutter, seine zweite Tochter, erzählte, er habe Depressionen gehabt, und manchmal vor Schmerzen geschrien. Zweimal im Jahr fuhr er zur Kur an die Nordsee, wo er als höchst charmanter Pastor aufgetreten sei. Mein Großvater hatte ein eigenes Schlafzimmer. Im Pfarramt musste er von Kollegen häufig vertreten werden. Mit 49 Jahren ging er in den Ruhestand, kurz vor Beginn des II. Weltkrieges. In der Familie wird von der ältesten Tochter, einer Ärztin erzählt, dass er als Mitglied der Bekennenden Kirche (BK) von Pastoren der Deutsche Christen (DC) aus dem Pfarramt weggeekelt worden sei. Vermutlich waren es aber die großen Konfirmandenzahlen und seine sonstige Arbeit, die von den DC-Pastoren, die ihn viel vertreten mussten, als lästig empfunden wurde. Jedenfalls war ihm seine Frau, meine Großmutter, eine unentbehrliche Stütze. Sie begleitete ihn bei Gemeindeveranstaltungen, erzog die vier Töchter und bildete zudem noch Haushalts- und Gartenhilfen aus. Die Pfarrhäuser waren damals groß und die Gehälter klein. Man musste und konnte sich teilweise selbst versorgen.

Imhof: Wie hat sich die Verletzung des Großvaters auf seine Töchter ausgewirkt?

Hermes: Mein Großvater wurde von den Kindern als nicht voll belastbar angesehen, was ja stimmte. Alle vier Töchter haben später eine indirekte bis direkte partielle Männerverachtung an den Tag gelegt. Deutlich zu spüren war dies für mich als Enkel. Die immer gleichen, kleinen Spitzen gegenüber den Männern, also unseren Vätern oder Onkeln, trafen auch mich. Hanfried ist wirklich unpraktisch im Haushalt, war ein Standardsatz meiner Mutter. Würdigt man die Lebensleistungen dieser Männer, die sowohl den Krieg überlebt haben als auch ihre späteren beruflichen Leistungen, dann wird deutlich, wie fremd sich die Lebenswelten von Frauen und Männern gegenüber standen. In vielen Varianten haben alle vier Töchter meines Großvaters dieselbe Haltung gegenüber ihren Männern eingenommen. In späterer Zeit verband sich diese Haltung mit der Ideologie des Feminismus. Die Tatsache, dass der von meinem Großvater lange erwartete Sohn – es waren sogar Zwillinge – bei der Geburt starb, ist unter familiensystemischer Perspektive höchst bemerkenswert. Auch ein Bruder meines Vaters kam bei der Geburt ums Leben. In meiner und in der Generation meiner Kinder starb manches Baby vor oder bei der Geburt.

Imhof: Was fällt dir zu den Töchtern deines Großvaters ein?

Hermes: Ihre Berufswahl finde ich interessant. Meine älteste Tante wurde Ärztin und heiratete später einen hohen Wehrmachtsoffizier, der wesentlich älter war und den sie in den 70er Jahren in seiner Krebserkrankung pflegte. Er gehörte zum sogenannten Adenauertransport und kehrte im Winter 1955 zurück. Meine Tante war vielfältig kirchlich engagiert und wohnte fast bis zum Lebensende im früheren Reihenhaus, das ihre Eltern zuvor gemietet hatten. Meine Mutter wurde Kinderkrankenschwester und Krankenschwester, die nächstjüngere Tante wurde Lehrerin für Geschichte, Politik, Englisch und Französisch, die jüngste Tochter Fremdsprachenkorrespondentin. Die Lehrerin gab uns Kindern das Interesse an Geschichte und Politik mit. Sie sagte mir an ihrem Lebensende, sie habe immer verstehen wollen, was mit der Familie geschehen sei. Sie möchte die 100-jährige Geschichte verstehen und die damit verbundenen Prägungen begreifen. Als ich das hörte, wurde mir klar, dass ich das auch will. Es ist für mich sehr wichtig, gut informiert zu sein, um begreifen zu können, warum ich mich so und nicht anders verhalte.

Imhof: Was hat die politische Einstellung deines Großvaters mit seinem Schicksal zu tun?

Hermes: Mein Großvater war stolz darauf, die Juden weiterhin zu grüßen, nachdem dies nicht mehr opportun war. Sogar die Bekennende Kirche hat nach dem Anschlag von 1944 die Ergebenheitsadressen an Hitler verlesen. Mein Großvater blieb national eingestellt. Dies war schon vor dem I. Weltkrieg so. Später hat er sozialdemokratisch gewählt, das gehörte in Hamburg mit Helmut Schmidt als Bürgermeister eher zum guten Ton. Alles andere wurde belächelt. Außerdem war die SPD in den fünfziger Jahren eine nationale Partei. Für meinen Großvater waren in der NS-Zeit die gegenseitigen kirchenpolitischen Rangeleien und Machtkämpfe und die daraus resultierenden theologischen und menschlich belastenden Störungen schwierig auszuhalten, zumal sich der Streit zwischen BK und DC durch die Familie zog. Später bekamen dann wir Kinder von unseren Tanten hinter vorgehaltener Hand mit einer gewissen Häme und schadenfrohem Spott gelegentlich die Information, der oder diejenige sei DC gewesen: menschlich nett, aber damals DC.

Imhof: Was möchtest du von deiner Herkunftsfamilie noch mitteilen?

Hermes: Meine Mutter bekam nach meiner Geburt eine schwere Brustdrü-senentzündung, konnte nicht stillen und zog aus Göttingen zurück ins heimi-sche Hamburg. Sie musste ins Krankenhaus, wurde aufgrund einer schweren Sepsis gerade noch rechtzeitig operiert und hatte später eine postnatale De-pression. Dies sind keine unmittelbaren Folgen von Verdun, aber es hat in ei-nem gewissen Sinn doch mit Verdun zu tun, denn uns wurde immer wieder gesagt: Reiß dich zusammen, benimm dich, gebe dir mehr Mühe, dass du es schaffst. Du bist doch gesund, was soll denn dein Vater sagen? Nimm Rück-sicht.

Imhof: Was weißt du aus den ersten Lebensjahren?

Hermes: Wenig, ich musste immer nachfragen. Meine Großeltern habe ich sehr geliebt. Sie waren auf ihre norddeutsche Weise humor- und liebevoll. Sie fühlten sich durch die Pflege eines Säuglings oft überlastet. Die Schwester meiner Mutter, die im selben Reihenhaus wohnte wie die Großeltern, unter-stützte sie. Die Kindererziehung entsprach gewiss nicht heutigen seelischen Standards. Ich bin sehr regelmäßig mit Grießbrei gefüttert worden und stand warm eingewickelt im Kinderwagen auf dem Balkon. Vielleicht habe ich aus dieser Zeit die Geruchserinnerung an den Duft der Margarinefabrik in Ham-burg-Bahrenfeld, den Blick auf die weinroten Backsteine der Balkonmauer und das Geräusch der S-Bahn. Wenn ein oder zwei dieser Faktoren zusam-men kommen, könnte ich noch heute vor Glück weinen.

Imhof: Gibt es in deiner Familie Haltungen, die sich „durchziehen"?

Hermes: Ich meine, die Selbstdisziplinierung im Sinne einer Nichtwahrneh-mung von Gefühlen hat bei meiner Mutter lebenslang und bei meinem Vater ebenfalls sehr lange gewirkt. Ich fühlte mich als Kind und Jugendlicher einsam und verlassen und oft – scheinbar grundlos – traurig und depressiv. Das nah-men meine Eltern kaum wahr. Jedenfalls fiel ihnen nichts dazu ein. Ich ver-mute, weil sie äußerlich alles taten, damit es mir und meinen Geschwistern gut ging, aber vor allem, weil sie selbst so vieles in sich weggeschlossen hat-ten: meine Mutter den Bombenkrieg in Hamburg, mein Vater den gesamten Krieg, das allmähliche Begreifen, welch gigantisches Verbrechen der Krieg war, verbunden mit einem Leben in der Nachkriegsgegenwart, das unter dem Motto stand: Alles ist besser als Krieg. Da der Krieg heimlich der Maßstab an

Katastrophenhaftigkeit war, konnten von ihnen viele Gefühle ihres ersten Kindes nicht wahrgenommen werden.

Imhof: Gab es noch weitere Erfahrungen in deiner Kindheit, die mit dem Ersten und Zweiten Weltkrieg zu tun haben könnten?

Hermes: Der allgemeine Umgangs- und Erziehungsstil. Man ließ mich nachts weinen. Ich hatte immer dieselben Alpträume. Meine Mutter kündigte in ihrer zweiten Schwangerschaft an, dass ich bald nicht mehr allein sein würde. Aber es passierte nichts, ich blieb allein. Im Alptraum brannte mein Bett und ich träumte, ich würde ebenfalls bald verbrennen. Ich hätte nie einen Brand gesehen, sagte später meine Mutter. Aber ich blieb allein, niemand kam. Vor kurzem fand ich im Internet ein Stück Rockmusik aus Australien von 1988 „Beds Are Burning" von der Gruppe Midnight Oil. Der Text besingt die Enteignung der Aborigines und fordert die Rückgabe von Land, Identität und Geschichte an die Ureinwohner. Mir scheint es, als beschrieben diese Zeilen mein eigenes Schicksal als Kind.

Imhof: Was geschah nach der zweiten Schwangerschaft deiner Mutter?

Hemes: Meine Eltern wollten schnell vier Kinder haben. Durch den Krieg hatten sie Zeit verloren, hielten sich aber für stark, gesund und fit genug, waren jedoch sehr erschrocken, als sich Zwillinge ankündigten. Während mein Vater berufsbedingt viel in Bonn und Celle zu tun hatte, blieb meine Mutter mit mir und später zwei weiteren Geschwistern viel allein, außer von Samstagabend bis Sonntagabend. Die Totgeburt meiner Zwillingsbrüder hat meine Mutter allein mit sich bewältigen müssen, eine unglaubliche Leistung. Dieses Ereignis kam in der Familie erst zur Sprache, als unsere Mutter Mitte siebzig war. Meine jüngere Schwester und ich fragten nach, als wir eine Ausbildung im systemischen Stellen machten. Allmählich wurden auch unsere Eltern emotional weicher, freundeten sich mit Bekannten intensiver an und fanden nun Kinder vor, die ihnen vielfältig Respekt zollten.

Imhof: Gab es weitere Veränderungen in der Haltung von Mutter oder Vater?

Hermes: Ja, besonders deutlich wurde dies bei den Kriegsdienstverweigerungen von uns drei Brüdern. Bei mir hatte mein Vater noch auf das Schärfste die Gefahr durch die Sowjetunion beschworen, mich aber letztlich unterstützt, als er merkte, ich sei nicht zu überzeugen. Bei meinem jüngsten Bruder ging unser Vater neun Jahre später sogar als Berater direkt mit in die Verhandlung, um unsere Erziehung zum Frieden zu bezeugen. Er brach dort weinend zusammen. Die Verhandlung wurde abgebrochen und mein Bruder wurde sofort anerkannt. So kannten wir unseren Vater bis dahin nicht. Darauf waren und sind wir bis heute stolz. So lange sie lebten, waren in unserer Verwandtschaft die Männer und Kriegsteilnehmer auf eine sonderbare Art miteinander verbunden, schweigend und wissend, was Krieg bedeutet. Über politische und historische Themen wurde viel debattiert, aber nie sprachen die Männer über den Krieg.

Imhof: Was sagen deine Kinder dazu?

Hermes: Für sie ist Frieden selbstverständlich. Mein Sohn ist selbst Kriegsdienstverweigerer, worauf ich stolz bin. Er und seine beiden Schwestern sind politisch bewusste und interessierte Menschen, die sich sehr pragmatisch und klug an unterschiedlichen Stellen engagieren. Neulich sagte meine älteste Tochter, es vollziehe sich eine Zeitenwende, was die Verarbeitung der Kriegserfahrungen betreffe, nämlich: Wir, als Generation der Urenkelkinder von Verdun und Enkel der Teilnehmer am II. Weltkrieg kommen an unsere Gefühle.

Imhof: Wie hast du dich selber dem Thema genähert?

Hermes: Für mich standen als Kind der Schrecken der Kriege, das Verschweigen des Grauens und die heimliche Angst im Vordergrund. Logischerweise müsse ja wohl auch ich eines Tages in den Krieg ziehen, weil das alle Männer vor mir mussten, Vater und Großväter. Schon als Kind fragte ich nach dem Holocaust, nach dem Krieg, nach Flucht und Vertreibung und bekam ausweichende Antworten. Der Wunsch zu vergessen, die schlimme Zeit hinter sich zu lassen, war groß.
Ich fing also auf eigene Faust an zu suchen. Allmählich entwickelte sich schon in der Schulzeit ein Gefühl dafür, dass persönliches Wohlergehen, die Verdrängung des Nationalsozialismus und der Kriege, die gegenwärtige Politik und die Familienereignisse viel enger miteinander verknüpft sind, als ich zunächst dachte und auch in der Öffentlichkeit besprochen wurde. Seit meiner Schulzeit entdecke ich an vielen Stellen immer wieder entsprechende Zusammenhänge. Mit Erleichterung nehme ich heute war, dass wir anfangen zu trauern.

Lange Zeit wohnte ich in der Nähe von Bergen-Belsen. Die ehrenamtliche Erinnerungskultur ist sehr verkopft. Das Geschehen ist viel zu groß und monströs. Es gibt kein passendes Gefühl zu 100.000 Ermordeten. Zu Auschwitz passt kein Gefühl, weil niemand emotional erfassen kann, was geschehen ist. Meine Sehnsucht als Kind, dass alles irgendwann im Nebel der Geschichte verschwindet, was heute bei manchen Rechtsradikalen zum Programm gehört, wich allmählich der Erkenntnis, dass es geschichtliche Katastrophen von solcher Wucht gibt, dass man sich vor ihrer Größe nur beugen kann. Wir in Deutschland können die heimliche Trauer in unseren Familien entdecken, aber auch das Glück zu leben.

Das britische Fernsehen hat einmal meine Mutter zum 50. Jahrestag der Befreiung von Bergen-Belsen interviewt. Meine Mutter hat sich als Hamburgerin im Sommer 1945 freiwillig zur Pflege der Überlebenden gemeldet, bis sie sich eine Sepsis zuzog. Die Briten baten sie zu erzählen. Mein Vater saß während der Filmaufnahmen neben ihr und war sichtlich berührt. Fünf Tage lang wurde das mehrteilige Interview gesendet, umrahmt von einem vielgesehenen Vorabendprogramm. Ein kleiner Beitrag zur Völkerverständigung.

Imhof: Wenn du an deine Kinder denkst, gibt es für dich als Bindeglied zwischen den Generationen etwas, was dir wichtig ist?

Hermes: Bei der Planung einer Reise mit meinem Sohn nach Verdun merkte ich, dass es nichts nachzutragen oder abzuarbeiten gibt, soweit es meinen Großvater betrifft. Ich empfinde eine große Dankbarkeit gegenüber meinen Großeltern. Das Gleiche gilt auch für die Beziehung zu meinen Eltern. Als Kind fühlte ich mich verlassen. Die ganze innere Not hat mich aber in Bewegung gesetzt. Fast alles, was ich gelernt habe, verdanke ich diesem Antrieb, endlich zu verstehen, warum ich so merkwürdig bin. Das macht mich dankbar. Leider hat sich das, was ich als Kind selbst vermisst habe, auf eine traurige Weise wiederholt, nämlich bei meiner Scheidung und gegenüber meinen Kindern. Man kann sagen, ich fehlte, war also abwesend. Im Griechischen spricht man von „hamartia", von Sünde. Ich war nicht da, wo ich nötig gewesen wäre. Heute beginne ich zu verstehen, was ich dadurch in meinen Kindern angerichtet habe. Gottseidank sind wir seit vielen Jahren wieder im Gespräch.

Imhof: Mit deiner ausführlichen Familiengeschichte sind wir nun an den Punkt gekommen, dass wir das Thema aufstellen können, das du nun unbedingt angehen möchtest. Wie kommst du mit deiner Herkunftsgeschichte in der Gegenwart zurecht und welche sinnvolle Perspektiven können daraus in Zukunft entstehen? Wie lautet dein Mandat für eine Aufstellung?

Hermes: Was kann ich heute zu einem guten Leben für meine Kinder beitragen? Was ist es, was heute meine Kinder von mir brauchen? Was kann ich für meine geschiedene Frau tun? Welche Selbsterkenntnis steht an, sodass sich Wege der Hoffnung und der Freiheit in unserem System auftun?

Imhof: Vielen Dank. Die Details deiner Aufstellung selbst werden wir aus Gründen der Diskretion an dieser Stelle nicht dokumentieren. Doch so viel lässt sich sagen. Für viele Menschen deiner Generation ist eine solche Aufstellungsarbeit nötig, weil damit ein wichtiger Beitrag für die seelische Gesundheit unseres Volkes geleistet wird.

Hermes: Um es mit den Worten des Neuen Testamentes auf den Punkt zu bringen: Jesus setzt sich mit der Denkmalskultur seiner Zeit auseinander: „Weh euch, ihr errichtet Denkmäler für die Propheten, die von euren Vätern umgebracht wurden … Ja, das sage ich euch, an dieser Generation wird es gerächt werden" (Lk 11,47-51). Noch in dieser Generation soll es zum Ausgleich kommen! Jesus Christus sorgt durch den heiligen Tausch, den er vollzieht, dafür. Er geht in den Tod, steigt mit seiner Seele in die Unterwelt hinab und ersteht zu neuem Leben. Seine Gemeinde bekennt: Er ist auferstanden.

Imhof: Im Allgemeinen ist für eine Aufstellung keine so umfangreiche Schilderung erforderlich. Manchmal genügen schon wenige vorgetragene Sätze gleichsam als Situationsbericht. Grundsätzlich gilt: Bei der Umsetzung einer Aufstellung wird bei ausführlicheren Vorgaben mit der Thematik begonnen, bei der der stärkste emotionale Bezug spürbar ist. Manchmal ist dies schon das als erstes ausgesprochene Wort. Im Übrigen kann ein Mandat auch während der Aufstellung nachträglich erweitert werden, sofern die Erlaubnis dazu erteilt wird.

2.7. Der christliche Glaube

Ein Potential für alternative Lösungen

Christoph Wiemann im Gespräch mit Paul Imhof

Imhof: Aufgrund einer Aufstellung hat schon mancher den Rhythmus seines eigenen Lebens neu gefunden. So wie man beim Kreistanz rechts herum geht, gleichsam mit der Zeit, oder links herum, also in Richtung Zeitlosigkeit bzw. Ewigkeit, gibt es Thorarollen und Gebetsmühlen, die sich in beide Richtungen drehen lassen. Wann ist E-volution und wann ist Re-volution angesagt? Wie finde ich mich unter dem Aspekt von endlichem und ewigem Leben zurecht?

Wiemann: Vor allem geht es doch auch darum: Wie finde ich mich im Einklang mit den Gegebenheiten in meiner gegenwärtigen Situation?

Im Einklang leben

Imhof: Es gibt eine Zeit zum Zupacken und eine Zeit zum Beten. Ora et labora (bete und arbeite) heißt die entsprechende benediktinische Devise. Am Buß- und Bettag erinnert die evangelische Kirche jedes Jahr daran. Buße kommt nicht von schlechter, sondern von besser! So wünschen wir uns gute Besserung. Welche Askese, geistlichen Übungen, Arbeit für sich selbst und für andere steht an? Und: gönne ich mir genügend Zeit zum Beten? Wie kommt mein endliches Leben in der Horizontalität mit dem ewigen Leben in der Vertikalität neu in Einklang.

Wiemann: Gibt es dazu neutestamentliche Texte?

Imhof: Ja. Ich denke zum Beispiel an die letzten Verse im 12. Kapitel des Römerbriefes: „So weit es euch möglich ist, haltet mit allen Menschen Frieden. Rächt euch nicht selber, sondern lasst Raum für den Zorn Gottes. Denn in der Schrift steht: Mein ist die Rache, ich werde vergelten, spricht der Herr." (Röm 12,18-19)

Wiemann: Kannst du das mit der Rache näher erläutern?

Imhof: Rache ist das orientalische Wort für Ausgleich schaffen. Es gibt

Situationen, bei denen dies erst unter Einbeziehung der Auferstehungswirklichkeit möglich ist. Der Zorn Gottes, spirituell übersetzt das Schnauben, erreicht den Menschen im Großen Herzen. Der GEIST schnaubt und es wird deutlich: So kann und wird es in Zukunft, geschweige denn in Ewigkeit, nicht weitergehen. Im Großen Herzen sitzt das (dritte) Ohr für das Hören auf den Heiligen Geist. (*Kyrie eleison*, Herr erbarme dich!)

Wiemann: Was genau meinst du denn mit dem Großen Herzen?

Imhof: Damit wird beim Menschen der Bereich um die Thymusdrüse bezeichnet, die sich in der Nähe des Brustbeins findet. Darauf richtet sich die Konzentration z. B. beim katathymen Bilderleben. Thymus lässt sich aus dem Griechischen psychologisch mit Zorn übersetzen. Das Große Herz gilt als ein Zentrum der Lebensenergie. Auch die Immunabwehr wird dort festgemacht.

Wiemann: Im Römerbrief heißt es dann weiter: „Und es gilt: Wenn dein Feind Hunger hat, gib ihm zu essen, wenn er Durst hat, gib ihm zu trinken; tust du das, wirst du glühende Kohlen auf sein Haupt sammeln" (Röm 12,20).

Imhof: Das Bild von den glühenden Kohlen geht auf einen altägyptischen Bußritus zurück. Wenn sich jemand entschlossen hatte, Buße zu tun, also in Zukunft besser leben zu wollen, dann wickelte er seinen Turban so, dass er, ohne sich zu verbrennen, eine Räucherpfanne darauf setzen konnte. Mit etwas Holzkohle und Räucherwerk ging er dann durch die Gassen oder im Tempelgelände umher. Andere, die ihm bei seinen Besserungswünschen unterstützen wollten, legten ab und zu etwas glühende Kohlen nach. Der Büßer bekannte seine Schuld und gelobte Besserung. Barmherzigkeit war angesagt. (*Christe eleison*, Christus erbarme dich!)

Wiemann: Der letzte Vers lautet dann noch: „Lass dich vom Bösen nicht besiegen, sondern besiege das Böse mit dem Guten" (Röm 12,21)

Imhof: Was antwortet Jesus dem, der ihn guten Meister nannte? „Niemand ist gut, außer dem einen Gott" (Mk 10,18, vgl. Lk 18,19). Nur durch Gott, d. h. aufgrund von Gebeten, der praktizierten Beziehung zu ihm also, lässt sich Böses überwinden. Die ethische Meisterung von Problemen anhand der Gebote reicht meistens nicht aus, um etwas in die Balance zu bringen. Denn ein beziehungsgerechter Ausgleich kommt allein durch Recht und Gesetz nicht zustande. Beten ist ein lösungsorientierter Ansatz, um dem Bösem nicht nur standzuhalten, sondern es auch überwinden zu können. Die sinnvolle Alternative zur ständigen Moralisierung und Psychologisierung heißt: Mit dem Problem ins Gebet gehen (*Kyrie eleison*, Herr erbarme dich!)

Wiemann: Was meinst Du mit beziehungsgerechtem Ausgleich in dieser Situation?

Imhof: Die jeweilige Nähe und Ferne von zwei Personen muss stimmen. Sobald ich mich ändere oder auch der andere, müssen die Nähe und Ferne gegebenenfalls angepasst werden.

Wiemann: Beim Familienstellen tauchen oft Altlasten auf, wo dies nicht erfolgt ist.

Imhof: Manche haben eine längere Vorgeschichte. Beim Entstehen eines neuen Menschenkindes ist manchmal ein Elternteil noch in ungeordneten Verhältnissen, Abhängigkeiten und Halbwahrheiten gefangen. Schönfärberei, Heimlichtuerei, Verantwortungslosigkeit, Schuld und Sünde spielen eine Rolle.

Wiemann: Es geht doch letztlich darum: Wie wird aus einem Erzeuger ein freier Vater, aus einer Gebärenden eine freie Mutter? Die Entsorgung sogenannter Altlasten steht an.

Heilsame Unterbrechung

Imhof: Die christliche Taufe ist das Ritual bzw. das Sakrament, um unheilvolles seelisches Erbe zu unterbrechen. Eltern, Freunde und Verwandte sind aktive Zeugen, dass ein Kind oder ein Erwachsener im Strom des Heiles, der Dynamik befreiter Freiheit, aufwachsen soll. Mit dem Evangelium vom Gekreuzigten geht die alte Welt zu Ende. Das Kreuz ist die intensivste Unterbrechung überhaupt. Durch den Auferstandenen entstehen ein neuer Himmel und eine neue Erde. Seine erste Gabe ist die Gabe des Friedens, durch den die Verwandlung glückt. Dadurch kann manchmal eine lange Negativspirale im Familiensystem unterbrochen werden. Wie arbeitest du mit dieser Dynamik in einer Familienaufstellung?

Wiemann: Ich erinnere mich an die Aufstellung mit einer großen Familie, in der die junge Generation rebellierte und sagte: Hier stinkt es wie ein faules

Brot in der Tasche. Was ist das faule Brot bei uns? So der Aufstellungsauftrag an mich.

In der ersten Szene wurden die Eltern, Kinder und Großeltern aufgestellt. Das Unwohlsein im Familiensystem zeigte sich durch einen kühlen, höflichen Umgang miteinander. Bis der Vater stehen blieb und nach unten schaute. Da fehlte etwas, das war das „faule Brot". Aber was war es? Ein junge Frau setzte sich einfach an die Stelle und sagte: Ich bin hier das Tabu. Ich weiß nicht, was ich bin, aber ich bin da. In ihrer Ratlosigkeit ging diese christliche Familie damit vor das Kreuz, das im Raum hing und brachte es vor Jesus. Sie baten um Vergebung, obwohl sie noch nicht wussten, worum es sich handelte.

In der zweiten Szene merkten alle: Das war noch nicht die Lösung. Denn das Tabu saß immer noch an seinem Platz und ließ sich nicht fortbewegen. Dann stand der Vater weinend vor dem Tabu und betete: Herr Jesus, hilf uns doch! Auf meine Frage, was ihn so berührt, sagte er: Die Vergangenheit. Ich fragte ihn: Worüber durfte in der Vergangenheit nicht geredet werden. Seine Antwort: Über schwierige Dinge wird in der Familie nicht geredet. Das war schon immer so. Der Sohn sagte: Mist, das mache ich auch. Bis heute ist das so bei mir. Als das klar ausgesprochen wurde, stand das Tabu auf und bewegte sich aus dem Kreis. Die Familie stellte sich nach und nach unter das Kreuz und schaute dem Tabu nach. Danach blickten sie zum Fenster hinaus und die Mutter sagte im Schlussbild: Jetzt können wir neu anfangen.

Imhof: Es war etwas Bedeutsames passiert!

Wiemann: Das Kreuz wirkte offenbar in diesem System zunächst wie ein Fetisch und stabilisierte das Schreckliche. Der leidende Mensch wurde nicht wahrgenommen. Aber im inneren Gespräch mit dem gekreuzigten und auferstandenen Jesus flossen die Tränen und es entstand eine neue Perspektive für ein wirklich christliches, irdisches Miteinander.

Imhof: Zu deinen Arbeitsfeldern gehören christliche Gemeinden mit ihrer Frage nach einem angemessenen Verhältnis von einerseits karitativen, diakonischen und gesellschaftlichen Engagement und andererseits vom Hören aus dem Evangelium, von Bibelarbeit und Gottesdiensten. Hast du Erfahrungen damit, wie sich so etwas angehen lässt?

Wiemann: Ich bin bei einer jungen Gemeindeleitung einmal folgendermaßen vorgegangen. Sie resignierte an ihrem eigenen Arbeitsstil, der von dem Bild geprägt war: Ein guter Mitarbeiter ist wie ein Hamster im Rad. Doch ein Hamsterrad ist kein Glücksrad. Mittels der neutestamentlichen Geschichte vom Besuch Jesu bei Martha und Maria in Bethanien wollten sie nun Hilfe finden. Trotz mehrerer Bibelarbeiten und vielen Diskussionen sind sie aber nicht sehr weit gekommen. In dieser Situation war ich als Gemeindeberater eingeladen, Impulse von außen einzubringen. Ich knüpfte bei dem an, was sie gerade beschäftigte. Im Vertrauen auf den Geist Gottes bat ich die Gemeinde-leitung auf einer Klausur, sich doch einmal auf eine christliche Organisations-aufstellung einzulassen. Die Leitfrage lautete dabei: Wo ist dein Platz in der Geschichte von Maria und Martha?

Die erste Szene: Alle sitzen irgendwie ungeordnet auf dem Boden herum. Einige sagen, sie warten auf Jesus. Der Pastor rennt mit einem Tablett von einem zum andern und will etwas anbieten, was jedoch keiner annehmen will. Die zweite Szene: Eine Frau aus der Gruppe möchte Jesus spielen. Sie geht aus dem Raum und kommt durch eine andere Tür – für alle überra-schend – wieder rein. Viele nehmen keine Notiz von dieser Jesusgestalt, schauen sie auch nicht an, sondern diskutieren darüber, ob das Jesus sein könne. Jesus als Frau, das wäre doch nun gar nicht möglich, so ihre Meinung. Die Repräsentantin von Jesus lässt sich jedoch nicht beirren, geht von einem zum anderen und spricht freundlich mit jedem einzelnen. Trotzdem verän-dern nur wenige ihre Sitzhaltung.

Als Jesus bei dem Pastor ankommt, bietet der ihm einen Kaffee an. Er lässt sich einladen, sie reden ein wenig miteinander. Der Pastor wird ruhiger, setzt sich irgendwann hin. Zum Schluss spricht Jesus mit einem Außenseiter und sie beschließen, den Raum gemeinsam zu verlassen. Plötzlich ist Jesus wieder weg und einige Leute merken, dass kaum jemand mit ihm geredet hat, son-dern dass sie während der Zeit, als Jesus da war, kluge Reflexionen anstellten und einen Vortrag über Jesus gehalten haben. Einige konnten es nicht fassen, dass die Frau Jesus war und sie nun die Chance verpasst haben, mit ihm zu reden. In einem späteren gemeinsamen Gespräch sind alle erstaunt, wie we-nig sie im Leitungsalltag der Gemeinde mit Jesus Christus reden. Es entsteht nun der Wunsch, dies in das Setting der Leitungsarbeit neu zu integrieren.

Imhof: Wie wirkt der Zeitgeist und wie wirkt der Heilige Geist in der Zeit? Gibt es Kriterien zur Unterscheidung? Kennst du ein praktisches Beispiel aus einer christlichen Familienaufstellung zu dieser Frage?

Wiemann: Ja. Da fällt mir der Schluss der eben beschriebenen Aufstellung ein. Nachdem die Jesus-Repräsentantin gegangen war, stellte sich die Frage „Was machen wir nun?" Der erste Versuch, dass eine Person den GEIST repräsentiert, scheitert an der Aussage eines Mitarbeiters: „Den Heiligen Geist gibt es in unserer Arbeit nicht." Der nächste verbale Versuch: „Leute, wir können hier nicht so herumsitzen, wir haben viel zu tun, also packen wir es im Geiste Gottes an", scheitert ebenfalls. Keiner macht wirklich mit. Der dritte Versuch: Einige wollen etwas unternehmen, damit mehr Einheit untereinander entsteht, aber auch darauf gibt es keine Reaktion.

Jeder der Repräsentanten sitzt nun irgendwo im Raum und beschäftigt sich mit seinen Dingen. Dann entsteht eine Stille. Alle schweigen, einige beten still, andere warten. In dieser Stille schauen alle auf die leere Mitte. Dann, wie von Geisterhand bewegt, gehen alle aufeinander zu. Es entsteht nach und nach ein großer Kreis. Alle sind verwundert, was gemeinsam wie von selbst geschehen ist, ohne dass ein einzelner etwas aktiv getan hat. In einem Rückblick sind alle erstaunt, wie leicht und schwer es zugleich ist, sich auf den Heiligen Geist einzulassen und unter seiner Führung verschiedene Geister in der eigenen Gemeindearbeit zu unterscheiden. In den folgenden Treffen der Gemeindeberatung gab es dann immer wieder Übungen zu diesem Thema.

Imhof: Eine wahrlich beeindruckende Aufstellung! Viele Menschen wünschen sich, mit dem anderen ein Herz und eine Seele zu werden.

Wiemann: Was ist das Herz der Welt? Gibt es eine Weltseele?

Imhof: In christlicher Perspektive wird das Herzensgebet praktiziert: Herr Jesus Christus erbarme dich meiner. Mit der Anima Christi, der Geistseele Christi, wird in das Reich der Schatten und des Todes hinabgestiegen, dorthin, wo der auferstandene Christus die Seelen von Adam und Eva an die Hand nimmt, um sie in das Licht zu führen. Die Anima Christi ist so etwas wie ein messianischer Speicher, auf den arme Seelen zugreifen können.

Wiemann: Während du so sprichst, erinnere ich mich an die Aufstellung einer jungen Frau. Regelmäßig erschien ihr in der Welt ihrer Träume eine Frau mit der Bitte: „Sprich mit mir. Ich bin die Mutter eines früheren Verwandten, dem ein großes Unrecht geschehen ist." Manchmal schrie diese Frau auch über ihr Unrecht, denn ihr Sohn war vom Vater des Kindes ermordet worden. Die junge Frau war sehr verwirrt über diese Erfahrungen. Sie sprach mit niemandem darüber, denn sie hatte Angst, in die Psychiatrie eingewiesen zu werden. Als sie Zuschauerin bei der Aufstellung ihrer eigenen Mutter war, begegnet ihr nun diese schreiende Frau aus ihren Träumen, und sie hat zum ersten Mal den Mut, darüber in der geschützten Öffentlichkeit innerhalb einer Aufstellung zu sprechen.

Die ursprüngliche Tat passierte vor fast 100 Jahren. Können die Bilder in der Seele durch so viele Generationen eine entsprechende Wirkung haben? Ist dies zu vergleichen mit den Worten aus Hesekiel 18,2: „Die Väter haben saure Trauben gegessen, aber den Kindern sind die Zähne davon stumpf geworden?"

Imhof: Durchaus. Doch der Text geht ja noch weiter, bis zu der Stelle, wo gesagt wird, dass die Bedeutung dieses Geschehens beendet werden kann. Der Prophet Hesekiel hat Recht! In Israel kann das Sprichwort außer Kraft gesetzt werden. Denn im Raum der Freiheit heißt es von Gott im Magnifikat: „Seine Barmherzigkeit währt von Geschlecht zu Geschlecht bei denen, die vor ihm ehrfürchtig sind." Seelisches wird normalerweise generationenübergreifend weitergegeben. Es kann aber jederzeit unterbrochen werden. Dazu sind allerdings Entscheidungen nötig, die auch emotional durchgearbeitet sind. Mit dem seelischen Erbe ist es ähnlich wie mit einem materiellen oder geistigen Erbe. Wenn der Vater ein Nazi war, muss der Sohn noch lange keiner werden. Ein Bauernsohn kann den ererbten Hof auch verkaufen und etwas Neues anfangen.

Das Unbewusste und die Unterwelt

Wiemann: Wie sind die schmerzhaften Erfahrungen der vorher genannten jungen Frau in ihrer Traumwelt einzuordnen?

Imhof: Die Unterwelt – auch das eigene Unbewusste gehört dazu – ist der Bereich, in dem die Seele ihre Bilderfahrungen ablagert. Dazu gehören heilsame Bilder, aber auch Bilder, die selbstzerstörerisch wirken. So wie es unterschiedliche Software für die Hardware gibt, existieren auch spirituelle Programme, mit denen sich destruktive Bilderwelten überschreiben lassen. Durch himmlische Bilder, die mittels des Evangeliums von Jesus Christus erzeugt werden können, lassen sich Bildsequenzen löschen, durch die die eigene Seele unfrei wurde, weil sie der Gier und der Sucht frönte oder das Opfer eines anderen wurde. Die Botschaft des Evangeliums wirkt auf Botenstoffe im Gehirn ein und verändert dauerhaft althergebrachte Verhaltensweisen.

Wiemann: Die Anima Christi als messianischer Speicher, d. h. als eine befreiende und erlösende Ressource, die himmlische Zukunftsbilder enthält – das finde ich höchst interessant. In welcher Weise kann ich diese Welt der Träume für die Aufstellungsarbeit nutzen?

Imhof: Gedanken über die Seele und Träume beschäftigen Menschen schon sehr lange. Wir können in diesem Zusammenhang einige Überlegungen bezüglich der Vorstellung von der Seelenwanderung anstellen. Interessant ist die intellektuelle Schnittmenge zwischen der katholischen Fegfeuerlehre und einer moderaten buddhistischen Wiedergeburtslehre, die gegen eine Reinkarnation in nichtmenschlichen Lebewesen ihre Vorbehalte hat. Statistisch gesehen wird häufig die Auffassung von mehrfachen Wiedergeburten bis hin zur Auflösung der Seele ins Nichts oder ins Nirwana vertreten.

Wiemann: Löst sich die Seele bald nach dem Tode auf? Oder versammelt sie sich mit anderen Seelen auf einer spirituellen Wolke? Wie kommt eine Geistseele zustande, die im ewigen Leben ihre Zukunft findet?

Imhof: Die Zukunft der Seele ist ein wesentliches Thema in den monotheistischen Religionen! Wer tritt in Gottes Namen beim Jüngsten Gericht auf? Genügt der Glaube an den einen Gott, den Schöpfer aller Welten, um aufgrund der Heiligen Schrift auf das Paradies zu hoffen?

Wiemann: Ist für die Beantwortung der Frage nach dem ewigen Leben einer Geistseele der auferstandene Christus zuständig?

Imhof: Gott erschafft durch sein schöpferisches Wort, so der Glaube der orthodoxen Juden und christlichen Kirchen, die sich zu Jesus Christus als dem Wort Gottes bekennen. Mit diesem Zeugnis fängt das Johannesevangelium an, übrigens ein Kommentar zum Buch Genesis aufgrund der Glaubenserfahrung der frühen Christen mit Jesus Christus, seinem Leben, Sterben und Auferstehen. Christen lesen die Evangelien als inspirierte Biografien Jesu Christi, durch die sie der Geist Gottes und der Messias in seiner Geistigkeit berühren kann: Gottes Wort in Menschen Wort.

Wiemann: Im 19. Kapitel der Johannesoffenbarung, dem Ewigen Evangelium, wird das Wort Gottes mit dem wiederkehrenden Jesus Christus identifiziert. Der entsprechende Vers lautet: „Sein Name heißt: Das Wort Gottes." (Offb 19,3b)

Die Mutter Jesu

Imhof: Um die Ressourcen und Zukunftsperspektiven bei einem schweren Frauenschicksal in einer Aufstellung entdecken und sie ihre transformatorische Kraft entfalten lassen zu können, bietet es sich an, einige Repräsentantinnen aufzustellen, die in Mythen und Märchen tiefverwurzelte archaische Eigenschaften haben. Sie wirken sich ordnend und überraschend heilsam aus.

Wiemann: Welche Gestalten verwendest du dabei?

Imhof: Je nach Weltanschauung können z. B. folgende Grundgestalten visualisiert werden: Jungfrau, Mutter, Schwarze Göttin bzw. reife Frau und Mutter Erde.

Wiemann: Was würdest du bei einer Christin zusätzlich aufstellen?

Imhof: Zu einem Mandat, bei dem auf Glaubensressourcen zurückgegriffen werden darf, gehört im Kontext einer Frauengeschichte Maria, die Mutter Jesu. Ihr Name weist im Hebräischen auf die Frau hin, die um die Abgründigkeit und Bitternis der Existenz weiß. Zugleich bedeutet ihr Name aber auch, dass sie sieht, wie die Liebe alles durchdringt, d. h. sie erkennt, sieht, wie der Geist Gottes am Wirken und Werken ist. Die Identität Marias wird durch ihr irdisches und himmlisches Leben bestimmt. Sie wurde in den Himmel aufgenommen. Dies gehört zum orthodoxen und katholischen Glaubensgut, das in ökumenischer Perspektive auch evangelischen Christen zugänglich ist. Die Mutter Marias heißt Anna. Dies bedeutet im Hebräischen so viel wie Gnade. In dem Feld, das durch die Repräsentantinnen für Maria und Anna erzeugt wird, lassen sich höchst schwierige Mutter-Tochter-Beziehungen anschauen. Dadurch können neue Perspektiven auf das eigene Leben zum Vorschein kommen.

Wiemann: Wie sieht so etwas praktisch aus?

Imhof: Frau T. wurde bei einer ehelichen Vergewaltigung gezeugt. Ihr Vater hat nie etwas bereut, die Mutter blieb danach wie erstarrt. Lebenslang bettelte die Tochter um die Liebe ihrer Mutter, die jedoch keine emotionale Zuneigung mehr zeigen konnte. Gegen Ende eines jahrzehntelangen Nebeneinanders übernahm die Tochter sogar die Mutterrolle für ihre demenzkranke Mutter. Nach dem Erleben ihrer Aufstellungsarbeit mit „Großmutter" Anna und „Mutter" Maria fand Frau T. nach dramatischen Szenen ihren Platz als Tochter ihrer Mutter im System. Wie noch nie durchströmte sie ein Gefühl des Glücks. Aufgrund der Einsicht in eine höhere Ordnung kehrte sie höchst zufrieden in ihr neugeordnetes Familiensystem zurück.

Wiemann: Was meinst Du in diesem Zusammenhang mit Einsicht in eine höhere Ordnung?

Imhof: Hier ist die Ordnung und Logik der Gnade gemeint, die sich inkarnatorisch auswirkt.

Wiemann: Die Aufstellung mit einer jungen Frau, die auch eine solche Altlast zu tragen hatte, nahm einen ähnlichen Verlauf.

Imhof: Skizziere doch, worum es ging.

Wiemann: Eine junge Mutter möchte bei einer Aufstellung wissen, warum in ihrer Herkunftsfamilie alles so kompliziert ist. Sie versteht nicht, warum sie kein Gefühl für sich selbst hat und sie sich nicht an ihre Kindheit erinnern kann. Sie berichtet davon, dass sie in ihrer ersten Lebenswoche keine Nahrung zu sich nehmen wollte und dann vier Wochen lang im Krankenhaus künstlich ernährt worden ist. In der Eingangsszene wird sichtbar, dass die Mutter der jungen Frau ziemlich erstarrt ist und durch die Familienlast (Mehrfachvergewaltigung) keine Beziehung zur Tochter zulässt. Mehrere Versuche der Tochter, die Familienlast, die nicht ihre eigene ist, die sie jedoch bereits von der Mutter übernommen hat, zu ignorieren, scheitern. In der letzten Szene wird ein gesunder Anteil der Mutter aufgestellt, bei dem dann auch eine immer wieder aufblitzende Zuneigung zur Tochter erkennbar ist. Dieser Anteil ist sehr beweglich. Als die Tochter eine Nähe zu diesem Anteil sucht, merkt sie, dass sie einerseits von der Beweglichkeit angezogen wird, anderseits Angst vor diesem Anteil der Mutter hat. Mehr Veränderung ist ihr in dieser ersten Aufstellung nicht möglich. Wie könnte ich ihr, einer freikirchlichen Christin, einen Zugang zu Maria und Anna anbieten?

Imhof: Ohne allzu viele theoretische Überlegungen würde ich ein Setting anwenden, für das es biblische Grundlagen gibt. Großmutter Anna und Mutter Maria sind gleichsam jesuanische Ersatzmütter für Menschen mit einer speziellen spirituellen Beziehung zu Jesus.

Wiemann: Das ist nicht zuletzt im Blick auf die Taufe interessant, durch die jemand Mitglied einer Kirche wird. Nach der Taufe gehören Christen weiterhin zur Familie der Menschheit, aber nun auch zur Familie der Christenheit. So gibt es konfessionsverschiedene, aber durch die Taufe zugleich konfessionsverbindende Mütter und Väter, Brüder und Schwestern im Glauben. Dies ist das Erbe, das alle christlichen Kirchen eint.

Imhof: Daran wird sichtbar, dass christozentrisches Familienstellen ein zutiefst ökumenisches Projekt ist. Allen Kirchen ist gemeinsam, dass sie sich im Duktus der Heilsgeschichte verstehen, die in Israel begonnen hat.

Im göttlichen Weinberg

Wiemann: An den Geschichten vom Weinberg im Alten, dem Ersten, und im Neuen Testament lässt sich gut zeigen, in welcher Tradition die Kirchen – sei es im Guten wie im Schlechten – stehen.

Imhof: Stehen ist gut gesagt! Versuchen wir einen Überblick zu gewinnen, um für kirchliche Organisations- und Gemeindeaufstellungen einen tragfähigen biblischen Hintergrund zu haben. Wer wird in den Weinberg des HERRN gesendet? Welche Arbeiten stehen an (vgl. Mt 20,1-6)? Was geht gar nicht?

Wiemann: Tröstlich ist, dass der letzte Arbeiter seinen Lohn erhalten wird. Aber ich möchte zunächst einen anderen Weinberg-Text in Blick nehmen.

Imhof: Einverstanden.

Wiemann: Die Adressaten des Gleichnisses Jesu waren vielfach einfache Menschen, aber auch die Hohenpriester, Schriftgelehrten und Ältesten, die nicht akzeptierten, wie Jesu im Tempel auftrat und lehrte. Hier nun das Gleichnis Jesu: „Ein Mann legte einen Weinberg an, zog ringsum einen Zaun, grub eine Kelter und baute einen Turm. Dann verpachtete er den Weinberg an Winzer und reiste in ein anderes Land. Als nun die Zeit dafür gekommen war, schickte er einen Knecht zu den Winzern, um von ihnen seinen Anteil an den Früchten des Weinbergs zu erhalten. Sie aber griffen und prügelten ihn und schickten ihn mit leeren Händen fort. Darauf schickte er einen anderen Knecht zu ihnen. Auch ihn misshandelten und beschimpften sie. Als er noch einen schickte, brachten sie ihn um. Ähnlich ging es vielen anderen. Die einen wurden geprügelt, die anderen umgebracht. Nur noch einen hatte er, seinen geliebten Sohn. Ihn schickte er als letzten zu ihnen, denn er dachte: Vor meinem Sohn werden sie Achtung haben. Die Winzer aber sagten zueinander: ›Das ist der Erbe. Auf, wir wollen ihn töten! Dann gehört das Gut uns.‹ Und sie packten ihn und brachten ihn um und warfen ihn aus dem Weinberg hinaus. Was wird nun der Besitzer des Weinbergs tun?" (Mk 12,1-9a)

Imhof: Wie reagieren die Zuhörer Jesu auf die Frage, was der göttliche Winzer tun werde?

Wiemann: „Er wird kommen und die Winzer töten und den Weinberg anderen geben." (Mk 12,9b)

Imhof: Aber was sagte Jesus darauf?

Wiemann: „Habt ihr nicht die Schriftstelle gelesen? Der Stein, den die Bauleute verworfen haben, der ist zum Eckstein geworden, durch den Herrn ist dies geschehen. Und es ist ein Wunder in unseren Augen (vgl. Ps 118,22f). Daraufhin hätten sie Jesus gerne festgenommen, aber sie fürchteten das Volk. Denn sie hatten gemerkt, dass er mit dem Gleichnis auch sie meinte. Dann wandten sie sich um und gingen weg." (Mk 12,1-12; vgl. Mt 21,33-46; Lk 20,9-19)

Imhof: Die Vorstellungen der Hohenpriester, Schriftgelehrten und Ältesten von der Gerechtigkeit sind nicht identisch mit der Gerechtigkeit Gottes. Die Gerechtigkeit des göttlichen Winzers ist rechtfertigende Gerechtigkeit! Seine Spur der Gnade zieht sich durch die Heilsgeschichte. Dabei billigt Gott weder das Unrecht, noch darf seine Gerechtigkeit mit den Rechtsvorstellungen der Menschen gleichgesetzt werden. Seine Gerechtigkeit ist anders. Sie geht mit Jesus ans Kreuz der Welt und steht mit ihm siegreich in Jerusalem auf.

Wer wie ich schon einmal längere Zeit in Israel gelebt hat, merkt beim Hören des Gleichnisses vom göttlichen Winzer: Ein großes Panorama tut sich auf.

Große Dramaturgie wird erzählt. Vom Norden bis zum Süden, von Osten bis zum Westen soll das Gleichnis von der sich steigernden Güte des Ewigen gehört werden.

Wiemann: Welche Erfahrung hast du in Israel noch gemacht?

Imhof: Israel kennt den Eigennamen Gottes. Man schreibt ein *Jota*, d. h. Hand, der Anfang des Gottesnamens, dann ein *He*, d. h. ein Fenster, dann ein *w*, ein *Waw* also, d. h. und, und dann wieder ein *He* – *Jahweh*. Zur Zeit Jesu wurde der Gottesname am Jom Kippur, am Tag der Bedeckung noch dreimal laut vom Hohenpriester im Allerheiligsten ausgesprochen. Auch die aus den Völkern, alle Menschen, die im Vorhof versammelt waren, hörten den Eigennamen des Ewigen, wenn sie zum Fest nach Jerusalem kamen.

Wenn wir fast lautlos die erste Silbe *Jah* beim Einatmen durch das Öffnen des Unterkiefers gleichsam inhalieren und beim Ausatmen den Unterkiefer ein wenig schließen und dabei die zweite Silbe weh ausströmen lassen, hören wir den hebräischen Eigennamen Gottes: Jahweh. Gott ist wie der Geist des Lebens, der Geist des Atems. In griechischer Übersetzung lautet der Name *Kyrios*, im Deutschen wird er mit HERR übersetzt.

Wiemann: Im Kraftfeld dieses Geistes wächst der Weinberg. Die Frucht der Reben, in Maßen genossen, garantiert auf Erden etwas Seligkeit: wie im Himmel, so auf Erden. Man ist glücklich, manchmal glückselig, das Quantum allerdings muss stimmen.

Imhof: Doch nun zur anderen Weinberggeschichte mit dem Propheten Elija.

Wiemann: Elija, der Prophet, der im Nordreich Israel wirkte, redete dem König Ahab ins Gewissen. Als der König auf Anraten seiner Frau Isebel sich den Weinberg des Nabot mittels falscher Zeugen aneignete, redete ihm der Prophet Elija ins Gewissen. Der Weinberg eines anderen kann nicht durch Lug und Betrug in das Eigentum überführt werden (vgl. 1 Kön 21,1-29), geschweige denn der Weinberg des Herrn. Wie steht es nun mit dem Weinberg des Herrn?

Imhof: Die Zuhörer kannten die Geschichte von Elija und dem Weinberg. Der Weinberg des Herrn ist der Karm-el, (hebr. *el*, arab. *Allah*, bedeutet Gott). Dort wirkte Elija. Was geschah mit diesem großen Propheten? Isabel, die Königin im Nordreich versuchte, ihn töten zu lassen. Trotz allem blieb er seiner

Botschaft treu. Am Ende seines Lebens ist ihm jedoch die Nähe Gottes fast abhandengekommen. Einmal noch hörte Elija in der Felskluft: *Ha kol demama dakah*, die Stimme, die unhörbar und doch durch Mark und Bein gehend ist. Es handelt sich um die Stimme des Gewissens, durch die Gott spricht. Die Stimme macht auf den Kollateralschaden aufmerksam, der bei den Witwen und Waisen der Baalspriester entstanden ist, als der Prophet Elija die Männer tötete. Und dabei hatte Elija gemeint, in Gottes Namen alles richtig gemacht zu haben mit den Jüngern des Baal, d. h. des Wissens um die Verläufe! Der große Prophet, der in Gottes Namen am Karmel, dem Weinberg des Herrn gewirkt hatte, flüchtete in das Südreich Juda.

Wiemann: Manche von den Propheten, den Gottesknechten, den Menschen also, die auf die Stimme Gottes hören, erlitten ein ähnliches Schicksal.

Imhof: Es gibt viele Knechte des Ewigen! Auch im Islam wird von ihnen berichtet. Einer der bekanntesten Eigennamen im Arabischen heißt *Abdullah*, hebr. *Äbäd*, d. h. Knecht Gottes.

Wiemann: Quer durch alle Religionen wird die Stimme Gottes fundamentalistisch missdeutet. Dabei handelt es sich jedoch nur um eine Kopfgeburt der eigenen Angst.

Imhof: Ein naher Verwandter Jesu, Johannes der Täufer, ist der Prophet an der Zeitenwende. Er wurde in Ein Kerem, d. h. die Quelle von Kerem, dem Weinberg also, geboren. Ein Kerem liegt in der Gegend von Jerusalem. Auch Johannes hat eine Weinberggeschichte. Er wurde verfolgt und enthauptet. Herodes, d. h. jemand aus der Welt der Halbgötter, ermordete ihn und ließ das Haupt des Johannes zu Salome und ihrer Mutter bringen.

Wiemann: Im Gleichnis Jesu vom Weinberg entfaltet sich die Heilsgeschichte. Was geschah damals und geschieht heute im Weinberg des Ewigen?

Imhof: Jesus von Nazareth, der Sohn Gottes – der Spitzentitel für den Messias wird ihm von den Seinen zugebilligt – tritt auf. Der Prophet hört, wie der Ewige zu seinem Messias spricht: „Mein Sohn bist du, heute habe ich dich gezeugt" (vgl. Ps 2,7).

Wiemann: Gleich wesentlich wie die Stimme Gottes ist das Wort Gottes, das Wort Christi.

Imhof: Auch die Hochzeit von Kana ist eine Geschichte, in der der Wein eine Rolle spielt. Anhand der Früchte aus dem Weinberg offenbart sich Jesus mit seinem ersten Wunderzeichen (vgl. Joh 2,1-12). Das Leben bewegt sich wie das Wasser immer auf und ab. Aus Wasser, hebr. *majim* – davon kommt unser Buchstabe M – wird Wein, der Anfang des Himmels und der Seligkeit auf Erden. Welches Wunderzeichen am dritten Tag! Noch heute wird in Israel am dritten Tag Hochzeit gefeiert. Mann und Frau sind gut, denn am dritten Schöpfungstag sagt Gott zweimal gut.

Wiemann: Wie kommt es in der Endlichkeit des Lebens zu der Erfahrung, dass es letztlich um so etwas wie eine unendliche Glückseligkeit gehen mag: wie im Himmel so auf Erden?

Imhof: Die Mutter Jesu sagt zu den Äbädim, den Knechten, den Dienern: Macht, ihr Gottesgläubigen, was er euch sagt. So verwandelt sich die Endlichkeit in Ewigkeit. Der Wein ist die Metapher für die Ewigkeit. Wir ahnen die tiefen Zusammenhänge. Beim Abendmahl wird Wein gereicht. Im Kelch ist kein Opferblut mehr, sondern Christus schenkt den Becher der Glückseligkeit: Der Wein ist das Blut. Dies ist das Geheimnis der großen Verwandlung!

Das Hereinreichen Gottes

Wiemann: Jesus von Nazareth, der Sohn Gottes, erzählt immer wieder einmal Gleichnisse vom Reich Gottes.

Imhof: Ein Gleichnis ist so etwas Ähnliches wie eine Gleichung in der Mathematik, z. B. 5 + 5 = 10. Eine Gleichung, die stimmt, geht auf. Ein Gleichnis ist einen lebendige Gleichung. Sie hat einen springenden Punkt. Wenn jemandem ein Gleichnis aufgegangen ist, hat er es zutiefst begriffen, ist von ihm ergriffen worden. Jesus erzählt Gleichnisse vom Reich Gottes: Wie erreicht die ewige Liebe den Menschen in der ersten Schöpfung? Jesus Christus selbst ist das Hereinreichen des Ewigen in Raum und Zeit. Er ist das Gleichnis Gottes.

Wiemann: Wie kann uns das Geheimnis Jesu Christi nahe kommen, ob an jedem Sonntag oder irgendwann einmal? Wie fängt der Himmel auf der Erde an?

Imhof: Reminiscere heißt sich erinnern, z. B. an dem Sonntag, an dem das

Gleichnis vom Weinberg verkündet wird. „Gedenke, Ewiger, an deine Barmherzigkeit und an deine Güte, die von Ewigkeit her gewesen sind!" Wenn wir auf den Text schauen, auch die Verse vorher und nachher lesen, merken wir, es handelt sich um einen Schlüsseltext. Wenn er tief in unser Herz fällt, geht uns vielleicht neu auf, wer Jesus, der Christus ist. Ein paar Verse vorher wird erzählt, in wessen Namen er auftritt. Er spricht mit Vollmacht. Im griechischen Text steht dafür *exousia*; *ex* bedeutet aus und *ousia* Wesen. Jesus handelt aus seinem Wesen heraus.

Wiemann: Was ist das Wesen Jesu Christi?

Imhof: Es ist die Anwesenheit Gottes in ihm, aus der heraus er spricht, und so handelt er in Vollmacht im Gegensatz zu den meisten Buchstabenzählern oder Bibelauslegern seiner Zeit. Es gab große Schulen in Israel, die Thora auszulegen. Die *Sadduzäer*, d. h. Menschen, die sich nur um die Welt hier kümmern. Keine Zeit zum Beten. Engel, Spiritualität, Auferstehung waren keine Themen, sondern „ich bin so wichtig, ich habe so viel zu tun". Eine andere Bibelschule bildeten die *Pharisäer*. Sie wollten alles ganz genau wissen. Ihr Markenzeichen war eine Mischung aus Gnade und Moral. Die Anhänger des Herodes, die *Herodianer*, benahmen sich wie die Halbgötter. Und die *Apokalyptiker* waren vor allem davon überzeugt: Die Welt geht unter. Anders agierten die *Zeloten*, fundamentalistische Weltverbesserer, immer Schaum vor dem Mund, und total bzw. totalitaristisch rechtgläubig.

Wiemann: Wie distanziert Jesus sich von diesen Strömungen, die Welt und die Thora auszulegen?

Imhof: Er legt die Bibel, den Spiegel der Welt im Wort, messianisch aus. Denn er ist der Messias oder griechisch gesagt der Christus. Die Leute, die ihm ungläubig zuhören, sind sich einig: Sie wissen, was gerecht ist. Sie verstehen Gerechtigkeit nicht als Beziehungsgerechtigkeit und Barmherzigkeit, sondern sie richten im Sinne der Strafgerechtigkeit. Hören wir noch einmal den Einwand seiner Zuhörer: Er wird kommen und die Winzer töten und den Weinberg anderen geben (vgl. Mk 12,9b). So denkt das normale Hirn, das auf Strafe und Rache sinnt. Rache ist das orientalische Wort für Ausgleich.

Wiemann: Wie aber schafft Gott Ausgleich?

Imhof: Die Rache, der gerechte Ausgleich Gottes ist ganz anders: Jesus Christus ist die Rache Gottes.

Wiemann: Wie rächt sich Gott durch ihn?

Imhof: Im Orient kennt man drei Arten von Geschäften. Wie kommt Ausgleich zustande, eine gute Balance? Das erste Geschäft, das man im Orient betreibt, nennt man auf Deutsch ein gutes Geschäft. Jeder hat Nutzen davon. Solche Geschäftsbeziehungen sind stabil. Bei einem guten Geschäft stimmt das Preis-Leistungs-Verhältnis. So funktioniert die soziale Marktwirtschaft im guten Sinn des Wortes. Das zweite Geschäftsmodell nennt man ein schlechtes Geschäft. Einer oder mehrere zahlen die Zeche und die anderen kassieren ab: bis zum nächsten Aufstand, bis zur nächsten Revolution. Schauen wir uns einmal im Alltag um. Gute Geschäfte, schlechte Geschäfte? Wer wird wo übervorteilt, wer hat wen übervorteilt, wann wurde ein anderer über den Tisch gezogen?

In der biblischen Welt gibt es noch ein drittes „Geschäftsmodell", das heißt nach der lateinischen Übersetzung: *sacrum commercium*, ein heiliger Tausch. Ein seltsamer Handel! Blicken wir auf Jesus: Der eine, der Unschuldige, hängt bis zuletzt mit ausgebreiteten Armen am Ende der Welt, nimmt die Schuld, die Sünde, die Missverständnisse auf sich, steigt in seiner Geistseele hinab in die Tiefen der Erde und kehrt siegreich, erfolgreich zurück. Er ist auferstanden! Welch heiliger Tausch von Unschuld mit Schuld! Jenseits davon beginnt eine neue Schöpfung, fängt Ostern an. Welche Wiederkehr Jesu Christi.

Wiemann: Der Tod, die Schuld und die Sünden haben jedoch nicht das letzte Wort über ihn, seine Gegenwart und Zukunft!

Imhof: So ein Handeln kann sich nur eine liebende Gottheit leisten, der ewig schöpferische Gott, dessen Wesen in der Barmherzigkeit besteht, die immer neu schöpferisch ist, die in Gnade und Huld gründet. Durch den Messias werden wir gerechtfertigt! Die rechtfertigende Gnade Gottes ist sein Ausgleich, seine Rache an der Menschheit.

Wiemann: Wie befreiend ist doch die Erlösungsordnung im Gegensatz zur Weltordnung!

Imhof: Jesus Christus ist das Reich Gottes in Person, das die erste Schöpfung erreicht hat. Im Kraftfeld des Reiches Gottes entsteht eine neue Schöpfung, manchmal leuchtet sie auf, eine neue Erde, ein neuer Himmel, dann fangen Ostergeschichten im Diesseits an. Die Gnade Gottes, die in Jesus Christus in Fleisch und Blut real, materiell vermittelt erschienen ist, ist der Grund für die christliche Hoffnung, den christlichen Glauben, die christliche Liebe.

Wiemann: Als die Kirchenordnungen sehr kompliziert wurden und die Reformation begann, traten Prediger auf, die sagten: Nichts steht über dem heiligen Evangelium Jesu Christi. Weder päpstliche Vorschriften noch konziliäre Beschlüsse. All dies sind nur geschichtliche Auslegungen des Evangeliums, zeitgeschichtlich bedingte Kommentare zum Original.

Imhof: Besinnen wir uns deshalb auf den Kern des Evangeliums, auf Jesus Christus selbst, *Solus Christus*, wie einzigartig ist Jesus der Christus. Er ist der Dreh- und Angelpunkt einer Heilserfahrung. Sein Evangelium wurde verkündigt. *Sola Gratia*, ein einzigartiges Gnadenangebot von ihm. Die Antwort auf die Gnade Gottes besagt: Darauf will ich mich ganz einlassen. Ich glaube daran. Wie einzigartig ist auch dieser Glaube, *Sola fide*! Und wo wird davon glaubwürdig berichtet? In der Bibel als Heiliger Schrift, *Sola scriptura*, eine einzigartige Schrift, die durch den Hl. Geist zur lebendigen Sprechsprache wird. Und Martin Luther fügt hinzu: *Sola experientia* facit theologum. Allein die geistliche Erfahrung macht jemand zu einem Gotteskundigen, so die ursprüngliche Bedeutung von einem Theologen bzw. einer Theologin. So wird Gott bezeugt, der sich in Jesus geoffenbart hat. Möge der Geist Jesu Christi in Gottes Namen menschheitlich wirken!

2.8. Im Raum der Begegnung

Einen guten Platz finden

Jürgen Kegelmann im Gespräch mit Paul Imhof

Kegelmann: Viele Besucher kommen an den Bodensee, um sich zu erholen. Einige von ihnen besuchen auch die Schlosskirche in Friedrichshafen. Eine lange katholische und evangelische Tradition prägt das Bauwerk, das nicht zuletzt deswegen von ökumenischer Bedeutung ist. Es ist voll von jüdischen und christlichen Symbolen.

Imhof: Die Kirche liegt direkt am Bodensee. So ist es nicht verwunderlich, dass der erste Kirchenpatron St. Andreas ist, der wie sein Bruder Petrus ein Fischer war. Beide stammen aus Bethsaida, d. h. Fischhausen. Der andere Kirchenpatron ist St. Pantaleon, ein begnadeter kaiserlicher Leibarzt, der wegen seines Glaubens an Jesus Christus den Märtyrertod sterben musste. Eine Symbolgestalt für das Charisma des Heilens und den Glauben an die Auferstehung.

Kegelmann: Der lichte Raum einer Kirche lädt dazu ein, sich in ihn hineinzustellen und ihn auf sich wirken zu lassen. Kirchen sind spirituelle Aufstellungsräume. Die Kantorei der Schlosskirche mit ihrem hohen musikalischen Niveau und die sonntägliche Liturgie sind wesentliche Bausteine einer großen Inszenierung, bei der die Repräsentanten das Leben Jesu in Wort und Lied zur Darstellung bringen. Damit kommt sein Evangelium unter die Leute.

Imhof: Ich finde es spannend, wenn wir den im Barockstil heruntergebauten himmlischen Festsaal begehen, um zwischen den Kulissen des Glaubens, der Hoffnung und der Liebe einen eigenen Platz zu finden.

Kegelmann: Beginnen wir vor der Kirche, dort, wo wir nach dem Gang durch den Innenraum uns auf jeden Fall wieder vorfinden: in der Welt. Der Weg, den wir gehen werden, ist so etwas wie die Bewegung durch verschiedene Positionen beim Prozess christozentrischen Familienstellens.

Imhof: Zunächst also ein Blick auf die Fassade.

Kegelmann: Sie bringt zum Ausdruck, was den Eintretenden erwartet. Welcher Raum wird sich auftun?

Imhof: Wie das Gesicht eines Menschen, so zeigt die Schauseite eines Anwesens, um welche Art von Gebäude es sich handelt.

Im Fries eines antiken Tempels sieht man z. B. wie die Göttin Athena regiert. Gemäß ihrer Logik sieht man sterbende Trojaner und siegreiche Griechen. Die Statue der Göttin steht in der Mitte.

Bevor man das Opernhaus in Frankfurt am Main betritt, geht der Blick nach oben, zum Wappen der Stadt. Im Tempel der Musen feiert sich die Bürgerschaft. Davon erzählt das Pferd des Himmelsstürmers Pegasus.

Im Tympanon der Hagia Sophia kniet der byzantinische Kaiser mit dem Kirchenmodell und bittet Christus, das Bauwerk und die Gläubigen zu segnen.

Kegelmann: Was erzählt die Fassade der Schlosskirche?

Imhof: Sie grenzt den Bau nach Westen ab, dem Bereich der untergehenden Sonne. Wer aus einer untergehenden Welt kommt, der kann durch das Portal in das Gotteshaus eintreten. Dort wird anhand des Lebens, Sterbens und Auferstehens Jesu Christi das Geheimnis des Lebens, ja des ewigen Lebens gefeiert. Zwei Glockentürme, die wie Finger zum Himmel zeigen, kündigen durch den Klang der Glocken an, dass sich von dort aus ein anderer Herrschaftsbereich in der Welt ausbreitet. Die Symbolik ist schon sehr alt. So wurde schon mit den Glöckchen an den Mähnen der urartäischen Königspferde oder dem Gebimmel am Schlitten von König Ludwig II. den Leuten die Ankunft des Herrschers in der pro-fanen Welt angekündigt. Das Gotteshaus ist der Bereich des *Fanum*, des Heiligen, also ein ursprünglicher Ort der Ehrfurcht und der Faszination. Die Kirchenglocken rühmen die Gegenwart Gottes. Im Klangteppich des Evangeliums soll auf das Wort Gottes gehört werden.

Inschrift und Wappen an der Fassade der Schlosskirche weisen auf die Baugeschichte und den Zweck des Sakralbaus hin. In christlicher Perspektive wurde die Kirche dem drei-einen Gott geweiht. Der Deo Optimo Maximo (D.O.M.) ist der beste und größte Gott, der sich nach christlichem Glauben dreifältig geoffenbart hat. Durch das Portal gehen wir entlang der Ost-West-Achse in die Kirche hinein und bleiben vor dem Altar mit dem großen Kreuz stehen. Der kosmische, ja der himmlische Christus erscheint im irdischen Jesus von Nazareth.

Kegelmann: Was heißt das?

Innen im Christushaus

Imhof: Die Kirche ist ein gebautes Christogramm. Sie ist innen so angelegt, dass die Strahlen der aufgehenden Sonne zur Zeit der Tag-und-Nacht-Gleiche entlang der Mittelachse des Christogramms fallen. Christus ist die Gnadensonne der Beziehungsgerechtigkeit. In ihm ist der Ewige gegenwärtig. Die Zeiten der Sommer- und der Wintersonnwende hingegen werden durch die südliche und die nördliche Kirchenwand markiert. Zwischen ihnen scheint das Licht, durch das es Leben gibt im Erdkreis, in der Ökumene, d.h. der bewohnbaren Welt, die das Haus der Menschheit ist.

Christus erscheint kosmisch gesehen im Sternzeichen Widder (hebr. *teleh*). Er ist der kosmische Christus, das Licht der Welt, ja als Widderlamm Gottes (hebr. *tal-iah*) ist er der himmlische Christus bzw. der ewige Messias, das Lamm Gottes (hebr. *Jahwe*), der Anfang des Gottesnamens gehört zu ihm. Jah-we ist der Geist des Lebens. Dreimal wurde er am Jom Kippur, dem Tag der Versöhnung im Allerheiligsten vom Hohen Priester in Jerusalem angerufen.

Kegelmann: Das Christogramm mit den Buchstaben für Anfang A (Alpha) und Ende 0 (Omega), dem ersten und dem letzten Buchstaben des griechischen Alphabets, ist die Kürzelsprache für dieses kosmische und religiöse Wissen.

Imhof: Liest man die Buchstaben des Christogramms auf Lateinisch, entsteht das Wort PaX, d. h. Friede. Auf Griechisch gelesen, handelt es sich um die Buchstaben *Chi* und *Rho*. Sie bilden den Anfang des Wortes für Christus. Die ägyptische Hieroglyphe *Ankh* steht für das Lebens- bzw. Henkelkreuz. Der Apostel Paulus verkündet nach seiner Berufungsvision den Gekreuzigten als auferstandenen Christus. In ihm und durch ihn und mit ihm will er das Evangelium zu den Völkern bringen.

Kegelmann: Heilsgeschichtlich gesehen ist das kosmische, messianische Geheimnis in Jesus von Nazareth manifest geworden, so der Glaube der Christen. Jesus ist für die Seinen der Christus, der auf Erden gelebt hat, und der gestorben und auferstanden ist.

Imhof: Ein Kreuz mit dem gekreuzigten Jesus befindet sich am Altar, über dem sich ein Triumphbogen erhebt, der den Chorraum vom Hauptraum abgrenzt. Im Scheitelpunkt des Bogens steht: Jesus Christus. Gestern-heute-und-in-alle-Ewigkeit. Der auferstandene, unsichtbare Christus, der mit Jesus von Nazareth ident geworden ist, wird als das Haupt seiner Gemeinde verehrt.

Kegelmann: Und was bedeutet der Tabernakel auf dem Hauptaltar?

Imhof: Eine lange Geschichte der Inkulturation der Gottesverehrung in Israel wird dadurch anschaubar. Sakralarchitektonisch liegt dem Tabernakel (lat. *tabernaculum*, kleines Zelt) die Stiftshütte, das Zelt der Begegnung mit der Herrlichkeit Gottes zugrunde (vgl. Ex 25,1-27,21). Wie in der profanen Welt die Taverne ein gastliches Haus des Miteinanders von Menschen ist, so ist das Zelt der Begegnung ein Raum der Gastlichkeit Gottes, dem Ganz-Anderen. Etymologisch ist das Wort Gast mit dem russischen Wort *gospod* (Herr, Gott) verwandt. Die menschliche Freiheit ist der innere Raum, in dem die Nähe und Ferne Gottes erfahren werden kann. Die Gegenwart Gottes vermag den Menschen in seiner Leere zu füllen.

In Israel stand im Zelt der Begegnung unter anderem die Bundeslade mit zwei Cherubim als Zeichen der gnadenreichen Gegenwart Gottes. Im Tempel von Jerusalem war das Allerheiligste leer. Da die Gegenwart Gottes in Jesus Christus für die Christen im Glauben präsent ist, werden die Zeichen seiner Gegenwart, die konsekrierten Hostien, jene Brote, über die beim Gottesdienst das Deutewort Jesu gesprochen wurde: Dies Brot ist mein Leib, im Tabernakel aufbewahrt. Im kontemplativen Gebet ist der Betende bereit, selbst zu einem Tempel des Heiligen Geistes, des Geistes Jesu Christi, des Geistes Gottes zu werden. Welche geistlichen Erfahrungen ereignen sich von Gegenwart zu Gegenwart? Beten heißt sich von Gott lieben lassen. Die Anbetung ist die Antwort auf eine entsprechende geistliche Erfahrung.

Kegelmann: Dann ist der Tabernakel sozusagen das Herzstück eines Sakramentshäuschens?

Imhof: Ja. In katholischer Dogmatik wird das Thema in der Transsubstantiationslehre verhandelt. Über (lat. *trans*) die gegenständlichen Substanzen von Brot und Wein hinaus geht es um die spirituelle Begegnung mit Jesus Christus anhand der eucharistischen Gaben. In evangelischer Systematik findet sich die Thematik unter dem Stichwort Aktualpräsenz. Im Akt (lat. *actus*) des Glaubens kommt es zur Begegnung mit dem gegenwärtigen Christus. Daher ist das Abendmahl ein Sakrament, ein Zeichen des Heils, der geistigen Heimat.

Kegelmann: Bei einer feierlichen katholischen Andacht wird der Segen mit einer Monstranz gespendet.

Imhof: Die Monstranz ist ein „Zeigegerät" (lat. *monstrare*, zeigen). In der Mitte befindet sich auf einer Lunula (lat. *luna*, Mond), einem sichelförmigen Möndchen die konsekrierte Hostie. So wird der Segen des Himmels und der Erde auf die knienden Gläubigen herabgerufen, die anschließend aufstehen, gleichsam gesegnet neu zustande kommen. An Fronleichnam, dem Fest des Mysteriums des eucharistischen Brotes, findet eine Fronleichnamsprozession statt, ein Demonstrationszug, bei dem Jesus Christus in der Gestalt des Brotes und des Wortes als Gnadensonne liturgisch durch die Straßen einer Stadt zieht. Die Monstranz mit der Hostie ist ein Symbol für die Gnadensonne.

Kegelmann: Das Zeichen der Initiation in die christliche Gemeinde ist das Sakrament der Taufe. Das Leben soll im Strom des Heils und der Gnade stattfinden. Die Ströme des Unheils spielen keine wesentliche Rolle mehr. Statt Sünde und Schuld soll Gott, die ewige schöpferische Liebe, die sich in Jesus Christus konkret und menschlich geoffenbart hat, im Leben des Getauften das Sagen haben. Gottes Wort im Menschenwort! Dies geschieht im Kraftfeld des Hl. Geistes.

Imhof: Im Namen des Vaters und des Sohnes und des Heiligen Geistes wird getauft. Die Taufe ist das Zeichen der spirituellen Erleuchtung durch die göttliche Gnade im Wasser der Zeit, der Vergänglichkeit also. Ein Taufbecken ist sechseckig, wenn es auf die erste Schöpfung hinweist, die in sechs Zeiteinheiten unterteilt ist. Der siebte Tag ist der Tag der Ruhe. Der achte Tag steht für den Anfang der neuen Schöpfung. Daher ist ein achteckiges Taufbecken ein Symbol, dass der Getaufte im Licht des achten Tages leben möge. Der Sonntag ist der Tag, an dem die Auferstehung Jesu Christi gefeiert wird. Durch ihn und seinen schöpferischen Geist entstehen eine neue Erde und ein neuer Himmel.

Kegelmann: Von der Kanzel soll das Wort Gottes im Menschenwort verkündet werden. Das Evangelium wird in Raum und Zeit, in Geschichte und Gegenwart kundgetan, damit sich die Zukunft im Kraftfeld der Gnade gestalten lässt. Wir schauten uns deshalb die Kanzel der Schlosskirche einmal genauer an.

Imhof: Über dem sog. Schalldeckel befindet sich der Erzengel St. Michael, der die Drachenschlange niederhält (vgl. Offb 12,6ff). Das Feuer des Geistes lodert als Flamme aus der Spitze des Schwertes, das der Unterscheidung der Geister dient. Über dem Schalldeckel findet also ein geistlicher Kampf statt, dessen Zeuge der Prediger ist, der das Evangelium für seine Gemeinde auslegt. Die Evangelisten, nämlich Matthäus, Markus, Lukas und Johannes schrieben inspirierte Biografien über das Leben, Sterben und Auferstehen Jesu Christi. Ihre Attribute sind der Menschensohn, der Löwe, der Stier und der Adler. Das Evangelium soll im Kontext unserer Zeit weitergesagt werden.

Kegelmann: Unter der Kanzel halten wir gerne inne, um Zeit zu finden, über das Gehörte und Gesehene nachzusinnen. Im Klangteppich des Evangeliums wird uns bewusst, dass die Natur eine Schöpfung Gottes ist. Im Kulturraum der Kirche sind wir der Offenbarung Gottes und seiner Heilsgeschichte mit der Menschheit auf der Spur.

Imhof: Nach einer Zeit des Schweigens und der Stille brachen wir zu einem weiteren Rundgang auf. Die aufgeschlagene Bibel auf dem Altar war das Ziel. Der Altar ist ein Denkmal der Endlichkeit und des Todes. Die Augenlider des Gekreuzigten sind geschlossen, die Blumen sind in all ihrer Schönheit ohne Wurzeln, das Wachs der Kerzen verbrennt. Das lebendige Wort Gottes ist in der Form der Schriftsprache vorhanden. Der Buchstabe allein aber tötet und ist wie tot.

Kegelmann: Was ist eigentlich die Bibel?

Imhof: Ein Spiegel der Welt im Wort mit der Frage und der Antwort nach ihrem Woher und Wohin. Die Bibel kann mit den Methoden der Geschichtswissenschaft und der Literaturwissenschaft studiert werden. Um ihren tieferen Sinn zu verstehen, kommt alles darauf an, ob sie für jemanden zur Heiligen Schrift wird. Der spirituelle Umgang mit ihr führt zu einer Begegnung mit dem HEILIGEN. Auf der Reflexionsebene heißt das, dass die Bibel in der Theologie, Christologie und Pneumatologie ihren ursprünglichen Ort hat. Lebendig wird sie in der gläubigen Gemeinde und im Gebet. Eine inhaltliche Vertiefung bieten wir in unseren Kursen zur christlichen Spiritualität an.

Kegelmann: Im Rahmen der Erstbegehung der Schlosskirche betrachteten wir auch die Schnitzereien am Chorgestühl. Zunächst zu Mose mit dem Zeigestab. Mose wird manchmal mit Hörnern (lat. *cornibus*) dargestellt, denn im lateinischen Bibeltext ist das Wort für Ausstrahlung identisch mit Horn. Mose strahlt, als er vom Gottesberg zurückkehrt, auf dem er vom Ewigen die Thora, die Weisung zum Leben empfangen hatte. Die fünf Bücher Mose sind die Heilige Schrift der israelitischen Stämme.

Imhof: Ohne die Thora des Moses ist die Thora Jesu schwer zu verstehen. Erst vor dem Hintergrund der Bücher Genesis, Exodus, Leviticus, Numeri und Deuteronomium wird die Sendung Jesu Christi in Israel deutlich. Was ist seine Botschaft für die Völker? Welchen Neuen Bund stiftet er in Gottes Namen? Welche Ethik bietet er an? Wie glückt das Miteinander freier Menschen vor Gott? Dies sind weiterführende Fragen.

Kegelmann: Auf der anderen Seite des Chorgestühls sahen wir König David mit der Harfe.

Imhof: Viele Psalmen werden David zugeschrieben. Das Liederbuch Israels wird noch heute im Stundengebet genutzt. Jesus galt in der Öffentlichkeit Israels als Davidide, d. h. als königlicher Prinz. Über seine Mutter Maria gehörte er zum Priesteradel Jerusalems.

Kegelmann: Der Aufbau über dem Hochaltar ist gleichsam eine Zusammenfassung der christlichen Weltanschauung von der Heilsgeschichte.

Imhof: Manche Symbolik ist uns schon etwas vertraut. Durch den Innenaufbau im östlichen Teil der Kirche wird der Titulus an der Westfassade für den dreieinen Gott anschaulich eingelöst. Über dem Altarbild mit dem Gekreuzigten erscheinen die Strahlen der Herrlichkeit Gottes. Es ist religionsgeschichtlich interessant, dass nach der Buchrolle Esther der hebräische Eigenname Gottes mit der arischen Bezeichnung für die oberste Gottheit, nämlich Ahura-Mazda, austauschbar ist. In dem persischen Wort Ahura ist das deutsche Wort Aura enthalten. Engel bilden den himmlischen Hofstaat Gottes. Ein Engel hält das Schweißtuch der Veronika, das Mandylion. Es gibt das wahre Abbild des Antlitzes Jesu Christi wieder. Der Name Veronika (lat. *vere icon*) weist darauf hin. Ein Engel trägt die hl. Lanze und einer anderer die Stange mit dem Schwamm, der mit Essig und Galle getränkt ist. Durch dieses Betäubungsmittel wurden die Schmerzen der Gekreuzigten gelindert.

Kegelmann: Der Heilige Geist wird durch das Symbol der Taube angedeutet.

Imhof: Die Taube (hebr. *Jona*) ist eine Metapher für den Geist, weil sie von überall dort, wo sie frei gelassen wird, zu ihrem Schlag zurückkehrt. Ähnlich vermittelt von jedem Punkt der Welt der Geist jegliches, das von ihm erfüllt ist, auf dem Weg der Rückkehr in den Ursprung. Der Bereich der Herkunft wird zum Ort der Zukunft. Wo jemand ursprünglich zu Hause ist, stellt sich das Gefühl der Zufriedenheit ein. In der Wirklichkeit des ursprunglosen Ursprungs herrscht ewiger Friede. Die Wege mit Zukunft führen dorthin.

Kegelmann: Das Chorgestühl mit seinen Weintrauben ist ein guter Platz, um das 15. Kapitel des Johannes-Evangeliums zu meditieren. Die Trauben, die an den Rebzweigen bleiben und so mit dem Rebstock verbunden sind, reifen zur Fülle.

Imhof: Im Geländer der Balustrade findet sich das Traubenmotiv wieder. Der Wein ist die Frucht der Hoffnung auf die Rückkehr ins Paradies, der Granatapfel die Frucht der Erinnerung an das verlorene Paradies. Die Trauben weisen auf einen geistlichen Prozess hin: Wir sind die Trauben an den Rebzweigen, die mit Christus, dem Weinstock verbunden sind. Im Tempelfries des Allerheiligsten in Jerusalem war ein Weinstock abgebildet. Dies ist das Zeichen der Gegenwart dessen, der sagt: ICH bin der ICH bin da.

Heilige, Charismen und Nebenaltäre

Kegelmann: Am sog. Ambo, einem Pult für gottesdienstliche Lesungen, erinnern eine mittlere Kugel und zwei Kugeln als Knäufe an die beiden Kugeln auf den Hauben der zwei Kirchtürme und an die Weltkugel in der Mitte der Fassade der Schlosskirche. Hier lässt sich gut ein Text aus dem 1. Korintherbrief vorlesen, der die Charismenlehre des Paulus in der Multi-Kulti-Gemeinde von Korinth zusammenfasst.

Imhof: Acht Charismen sind nötig, damit eine Gemeinde lebendig bleibt (vgl. 1 Kor 12,28). Im Laufe der Kirchengeschichte wurden diese Charismen immer wieder durch Heilige realisiert: 1. Apostel (Paulus), 2. Propheten (Johannes der Täufer), 3. Lehrende (Andreas), 4. Wundertäter bzw. Energetiker (Pantaleon), 5. Heilende (Pantaleon), 6. Helfer (Pantaleon), 7. Leitende bzw. Kybernetiker (Sebastian), 8. Sprachenkundige (Josef). Diese Zuordnung ist für die Schlosskirche in Friedrichshafen typisch.

Kegelmann: Was fällt Dir dazu systemisch gesehen anhand der Altarbilder ein?

Imhof: Wer sich an den Nebenaltären vor den typischen Szenen aus dem Leben der Menschen hinstellt, die als Heilige verehrt werden, kann mit ihnen in Resonanz gehen. Die Bilder sind entweder entscheidende Momentaufnahmen aus ihrer Biographie oder vom Augenblick ihres Todes, dem Geburtstag ins ewige Leben. Daher werden die Heiligenfeste am Sterbetag gefeiert. Anhand von Schlüsselszenen kann die jeweilige Gesamtbiographie aufgerufen werden. Welche Charismen, welche Sendung hatten die Heiligen? Ja, sogar ein inneres Gespräch mit ihnen wird möglich, denn sie leben in Geist und Wahrheit weiter.

Kegelmann: Zunächst zum Apostel Paulus.

Imhof: Von ihm ist eine Reihe von Briefen erhalten geblieben. In Rom wurde er mit dem Schwert hingerichtet. Die Schärfe seines Geistes hat ihn berühmt gemacht. Von Antiochia aus, der Hauptstadt der römischen Provinz Syrien, in der die Christen zum ersten Mal mit dieser Bezeichnung in das Stadtregister eingetragen wurden, gründete Paulus im Vorderen Orient und in Europa neue christliche Gemeinden. Paulus hatte das Charisma eines Apostels.

Kegelmann: Auf der anderen Seite der Kirche, beim sechseckigen Taufbecken lädt das Gemälde mit Johannes dem Täufer den Betrachter zum Stehenbleiben ein.

Imhof: Der Vorläufer Jesu hatte das Charisma eines Propheten. Sein Vater Zacharias wirkte als Erbpriester im Tempel von Jerusalem. Johannes gehörte wegen seines Vaters Zacharias und seiner Mutter Elisabeth zum Priesteradel. Auf dem Altarbild hält ein Engel über ihn eine Palme, das Siegeszeichen für einen Gerechten. Am Jordan predigte Johannes die Umkehr und viele ließen sich taufen. Sie wollten in Zukunft anders leben. Die Predigt des Propheten Johannes des Täufers war zukunftsorientiert. Deshalb suchen viele Menschen ein neues Zuhause.

Kegelmann: Vom Altarbild des hl. Johannes gehen wir im Duktus der Charismenlehre, wie sie im 1. Korintherbrief zu finden ist, weiter zum hl. Andreas und zum hl. Pantaleon.

Imhof: In der Lehre der Apostel zu verharren heißt im Blick auf den hl. Andreas, seinen Bruder zu Jesus zu bringen. Dies machte Andreas mit Petrus, seinem leiblichen Bruder. Welches Charisma des Lehrens! Später gründete der Apostel Andreas die christliche Gemeinde in Byzanz, dem späteren Konstantinopel. Bei den Fischern am Hafen fing er an, das Evangelium zu verkündigen und die Menschenschwestern und Menschenbrüder zu Christus zu bringen. Er lehrte sie alles, was er von Jesus gelernt hatte.

Das Altarbild des hl. Andreas zeigt, wie er gekreuzigt wurde. Neben seinem Kreuz steht ein vornehmes römisches Ehepaar. Eine Legende erzählt, dass der Apostel nicht nur wegen seines Glaubens an Christus, sondern auch aus Eifersucht umgebracht wurde. Wenn jemand einen anderen zu Christus bringt, löst das oft Neid, Streit und Eifersucht aus. Üble Verleumdungen werden ausgestreut. So soll uns das Andreaskreuz nicht nur am Bahnübergang eine Warnung sein, sondern auch im alltäglichen Leben darauf hinweisen, wie gefährlich andere sind, wenn sie auf ihren eindimensionalen Gleisen mit voller Wucht daher kommen.

Kegelmann: Welche Charismen kommen dem hl. Pantaleon bzw. Pantaleimon zu?

Imhof: Ihm lassen sich drei Charismen zuordnen, nämlich das des Wunderwirkens, des Heilens und des Helfens. Durch seine Tätigkeit konnten Menschen wieder auf ihren eigenen Beinen stehen. Das Charisma des dynamischen Aufstellens ist für die geistliche Begleitung nötig, sei es für einzelne oder für Gruppen, die sich in einem spirituellen Prozess befinden. Denn durch das Wirken des Hl. Geistes kommen die Menschen von sich selbst her neu zu Stande. Wem das Charisma des Heilens zukommt, der sollte Medizin studieren, um als Arzt zu arbeiten. Aber auch Heilkundige und Apotheker partizipieren oft an diesem Charisma. Das Charisma des Helfens lässt sich der Seelsorge und der Diakonie zuordnen. Jede Art von Betreuung lebt davon.

Kegelmann: Pantaleon, der genial begabte jugendliche Leibarzt des Kaisers hatte viele Feinde im Palast.

Imhof: Ihre Grausamkeit wird an der Art seines Martyriums offensichtlich. Dem Heiligen wurden seine heilenden Hände auf den Kopf genagelt. Ein solches Altarbild im Raum der Kirche zeigt, wie böse Menschen mit guten Menschen umgehen.

Kegelmann: Am Seitenaltar gegenüber sieht man eine Bildszene mit dem hl. Sebastian. Sein griechischer Name bedeutet so viel wie Augustus, der Erhabene.

Imhof: Er hatte das Charisma des Kybernetikers. Als erster Christ war er bereit, das Steuerruder des Römischen Reiches in die Hand zu nehmen und es als Kaiser im Geiste Jesu Christi umzugestalten.

Kegelmann: Doch er scheiterte. Sein Staatsstreich glückte nicht. Zwei Frauen holten seinen Leichnam, durchsiebt von den Pfeilen der Bogenschützen, aus dem großen römischen Abwasserkanal, der Cloaca Maxima und betrauerten ihn. Ein Bild der Mahnung. Wer weder hierarchisch noch demokratisch, sondern kybernetisch, d. h. nach den Gesetzmäßigkeiten moderner Steuerungswissenschaft und zugleich charismatisch voran gehen will, lebt gefährlich.

Imhof: Die Feinde von außen und in den eigenen Reihen sind mächtig.

Kegelmann: Das Instrument der Steuerung durch Macht nennt man Sanktionen. Das Instrument der Steuerung durch eingeforderte Solidarität heißt Appell.

Imhof: Statt Sanctus, sanctus, sanctus, also Gott den Heiligen zu loben, greifen die Mächtigen zu Sanktionen. Der Appell ist meist der Versuch, durch Moral eigene Machtansprüche durchzusetzen. All dies bewegt sich im Vorfeld geistlicher Kybernetik. Dabei ist es qualitativ gesehen ziemlich egal, ob die Macht hierarchisch oder demokratisch begründet wird. Macht bleibt Macht, und die Macht hat nicht die Macht, auf Macht zu verzichten. Macht gewinnt. Aber das Evangelium siegt. Der hl. Sebastian scheitert als spiritueller Kybernetiker, aber entlarvt bis heute die Mächtigen und weist durch seinen Glauben auf den auferstandenen Christus hin.

Kegelmann: Alle Altarbilder haben den Charakter eines Denkmals.

Imhof: Durch das Anschauen von christlichen Biographien lässt sich lernen, in Freiheit mit den eigenen Charismen umzugehen, d. h. sich rechtzeitig zu schützen und den Machenschaften der Feinde Christi gewaltfreien Widerstand entgegenzusetzen.

Kegelmann: Der hl. Josef war ein Gerechter, ein Zaddik, der in der Heiligen Familie für Jesus auf Erden den Vater im Himmel repräsentierte. Die Statue über seinem Altarbild zeigt, wie er auf seinem Arm das Christuskind trägt.

Imhof: Josef lebte aus der Kraft der Gottesnamen Zimzum und Makom. Er war so bei sich, dass für die Anderen ein Lebensraum entstand. Das Jesuswort: „Und ihr sollt niemanden unter euch Vater nennen auf Erden; denn einer ist euer Vater, der im Himmel ist." (Mt 23,9) wurde kirchengeschichtlich leider nicht allzu ernst genommen. In vielen Orten gibt es Patres, d. h. Väter und der Papst lässt sich Heiliger Vater nennen. Sinn macht das nur, insoweit sich jemand als Repräsentant des hl. Josef systemisch positioniert. Im Übrigen aber geht es um Augenhöhe: „Denn wer sich selbst erhöht, der wird erniedrigt; und wer sich selbst erniedrigt, der wird erhöht." (Mt 23,12)

Kegelmann: Welches Charisma lässt sich dem hl. Josef zuordnen?

Imhof: Josef verstand die Sprache der Träume und der Engel, der Natur und des Geistes, der Erwachsenen und der Kinder. Im Lallen des Jesuskindes vernahm er die göttliche Weisheit. In diesem Sinn passt zu ihm die Glossolallie, das Zungenreden bzw. allgemein gesagt, das Charisma der Sprachenkundigkeit. Im Schweigen und in der Stille hörte er das Wort Gottes und übersetzte es in sein menschliches Leben, mitten in der religiösen und politischen Kultur Israels. Der hl. Joseph nahm Jesus Christus, das Wort Gottes, in seine Familie auf. In Nazareth lernte Jesus die Menschensprache. Er ist wahrer Mensch.

Kegelmann: Auf dem Altarbild über dem Josefaltar ist zu sehen, wie der Heilige im hohen Alter stirbt. In apokryphen Texten heißt es, dass er 111 Jahre alt wurde. Josef wird nach einem langen segensreichen Leben als Patron des guten Todes verehrt.

Imhof: Die acht Charismen sind Gnadengaben des Heiligen Geistes. Der Hl. Geist ist ihr leitendes Prinzip. Der Geist Gottes ist der Heilige Geist, und er ist der Geist Jesu Christi. Er ist der Kapitän (vgl. lat. *caput*, Haupt, Kopf) des Kirchenschiffes, dessen Bug der Chorraum ist. Gott, dem Vater und Sohn und dem Heiligen Geist sei die Ehre. So heißt es über dem Hauptaltar: Gloria Deo Patri et Filio et Spiritu Sancto. Amen.

Kegelmann: In neuen evangelischen Kirchen gibt es zwar einen Hauptaltar, aber keine Seitenaltäre.

Imhof: Als sich die jetzige Schlosskirche noch im katholischen Besitz befand, wurden an den Seitenaltären viele Messen gelesen. Jeder Mönch sollte täglich zelebrieren. An den Seitenaltären wurden die vielen Einzelanliegen der Gläubigen vor Gott gebracht.

Es ist liturgiegeschichtlich interessant, dass es bei den Katholiken ein breites Spektrum an Volksfrömmigkeit wie Andachten, Wallfahrten und Prozessionen gibt, bei denen einzelne ihre Frömmigkeit praktizieren können. In der evangelischen Kirche spielt die Gemeinde die wesentliche Rolle, und der Einzelne ist für seine Frömmigkeit selbst verantwortlich, für die in den Kirchenräumen keine besonderen Andachtsorte vorhanden sind. Es entstanden eigene Frömmigkeitsbewegungen, die im Laufe der Kirchengeschichte die Landeskirchen beeinflussten, wie etwa der Pietismus.

Geist, Körper und Seele

Kegelmann: Im Chorraum der Schlosskirche ging unser Blick noch einmal nach oben. Auf dem Bogen, der die Mittelpfeiler verbindet, steht geschrieben: Soli Deo Gloria (einzig Gott gebührt der Ruhm).

Imhof: Kirchen sind Kommunikationszentren. Menschen können hier miteinander und mit Gott kommunizieren, d. h. beten. In den ersten Jahrhunderten hatte die Institution Kirche keine Kirchen, d. h. Kirchenbauten. Doch wie der Name Kirche (griech. *ek-klesia*) bezeugt, kommt es vor allem darauf an, sich durch Christus aus der Welt herausrufen zu lassen. Im Hören auf Gottes Wort und in einem vernünftigen, d. h. einander vernehmenden Dasein glückt die Kommunikation.

Kegelmann: In diesem Sinne repräsentiert die Kirche als Kommunikative neben Exekutive, Judikative und Legislative die vierte Säule im gesellschaftlichen Leben.

Imhof: Inzwischen befindet sie sich in heftiger Konkurrenz mit der profanen Öffentlichkeit. Die Kernkompetenz der Kirche, nämlich die Kommunikation mit dem Heiligen, ist wesentlicher als je zuvor. Selbstverständlich glückt die gnadenreiche Kommunikation mit dem Heiligen auch außerhalb der Grenzen, die durch Kirchlichkeit markiert sind.

Kegelmann: Ein interessanter gesellschaftlicher Prozess.

Imhof: Sowohl Martin Luther wie Ignatius von Loyola stehen mit einem Bein noch im Mittelalter, mit dem anderen schon in der Neuzeit. Die Unterscheidung von weltlichem und geistlichem Regiment war im Mittelalter selbstverständlich. Mit Beginn der Neuzeit wurde allerdings ganz auf eigene Erfahrung, Experimente und Forschungen gesetzt.

Kegelmann: Und damit auf Selbstverantwortung. Die Naturwissenschaften gewannen unabhängig von kirchlichen und weltlichen Institutionen an Bedeutung. Seitdem bestimmt die Naturwissenschaft mit ihren Gesetzmäßigkeiten immer mehr das gesellschaftliche Bewusstsein.

Imhof: Und das ist auch gut so. Doch sollte dies nicht mit dem Verlust der Geisteswissenschaften bezahlt werden. Sakralbauten sind Zeugnisse der Geisteswissenschaften und ihrer kommunikativen Relevanz. Die Frage nach dem Geist ist nicht nur eine Sache der Einsicht, sondern auch der Anerkennung.

Kegelmann: „Gott ist Geist", heißt es im Johannesevangelium. „Und alle die anbeten, müssen ihn im Geist und in der Wahrheit anbeten." (Joh 4,24)

Imhof: Im Blick auf das Leben Jesu Christi entsteht wie von selbst ein gewisses Verständnis von der Wirklichkeit des Geistes. Eine begriffliche Bestimmung ist auch durch ausführlich philosophische und theologische Überlegungen nicht möglich, weil Geist per definitionem nicht definiert werden kann. Der Kern des christlichen Glaubens besteht darin, dass Gottes Geist in Jesus von Nazareth inkarnierte.

Kegelmann: Dabei denke ich an die Begegnung des Erzengels Gabriel mit Maria, der Mutter Jesu in Nazareth, an die Geburt des Jesuskindes in Bethlehem, an die Taufe Jesu im Jordan, sein Leben und Sterben. Immer wieder ist vom Geist die Rede.

Imhof: Am Kreuz gab er seinen Geist in die Hände des Vaters zurück (vgl. Lk 23,46; Ps 31,6), seine Seele stieg in die Unterwelt hinab, sein Körper wurde zu Grabe getragen.

Kegelmann: Die „Zerlegung" Jesu Christi am Kreuz markiert das Ende seiner Inkarnation?

Imhof: Ich spreche lieber von einer Exkarnation. Auf jeden Fall blieb offensichtlich zunächst ein Körper übrig, den Josef von Arimathäa und Nikodemus vom Kreuz abnahmen. Den Leichnam legten sie in ein neues Grab (vgl. Joh 19,38-42).

Kegelmann: Manche sind davon überzeugt, dass Jesus nicht wirklich gestorben ist.

Imhof: Damit kann sowohl gemeint sein, dass ein anderer an seiner Stelle gestorben ist, dass er nur scheintot gewesen ist oder dass er nicht sterben konnte, weil seine Seele unsterblich ist. Die Unsterblichkeit der Seele war ein großes Thema in der Antike und Spätantike, die von der platonischen Philosophie und den Mysterienkulten geprägt wurde.

Kegelmann: Die christliche Gemeinde betet im Glaubensbekenntnis: Hinabgestiegen in das Reich des Todes – die Unterwelt, die Schattenwelt, die Höllenwelt.

Imhof: Ob jüdische, griechische oder römische Weltanschauung: Die Welt der Schatten, der Ahnengeister und derer, die hinabgenötigt auf ihre Erlösung harren, existiert. Der christliche Glaube an die Erlösung durch den Messias wird kunstgeschichtlich dadurch zum Ausdruck gebracht, dass das Blut Jesu Christi auf die Gebeine Adams tropft, dessen Grab nach der Jerusalemer Ortstradition unterhalb von Golgatha situiert wird. Römische Elfenbeinschnitzereien zeigen, wie die von einer Wölfin gesäugten Zwillinge Romulus und Remus an die Stelle des Hauptes und der Knochen Adams gerückt sind. Und nach griechisch-orthodoxer Tradition steht der auferstandene Christus auf den zerbrochenen Pforten der Unterwelt, nimmt Adam und Eva an die Hand und führt sie in das Osterlicht empor.

Kegelmann: Was bedeutet Auferstehung? Was heißt Reinkarnation?

Imhof: Große Fragen. Der heilige Tausch von Schuld und Unschuld durch den Gekreuzigten führt zu seiner Auferstehung hin. Christus ist die „Rache Gottes". In seiner Generation erschien die rechtfertigende Gnade Gottes in Fleisch und Blut (vgl. Lk 11,47-51). Jenseits von menschlichem Rechthaben und Unrecht tun gibt es eine Lösung. Die Auferstehung Jesu Christi ist die Antwort Gottes auf das Leiden der Unschuldigen, die in seiner Spur zu ihrer eigenen Auferstehung gelangen.

Kegelmann: Sind Ostererfahrungen Diesseitserfahrungen an der Grenze zum Jenseits?

Imhof: Ja. Eine Ostererfahrung der Jünger und Jüngerinnen Jesu bestand darin, dass ihnen der auferstandene Christus in seiner letzten „Reinkarnation" erschien. Sein Geist und seine Seele wurden neu identisch, so dass seine geschichtlichen, körperlichen Erfahrungen schmerzfrei aufbewahrt werden konnten. Seine neue Materialität befand sich in einem quantenmystischen Zustand. So kehrte er in die ewige Herrlichkeit Gottes zurück, um von dort auf Erden präsent zu bleiben: durch seinen Geist, sein Wort und liturgisch in Brot und Wein.

Kegelmann: Wie ist das mit der Seelenwanderung?

Imhof: Die Seelenwanderungen eines Christen bzw. einer Christin finden mit der Seele Christi in der Unterwelt statt. Dies geschieht während eines spirituellen Prozesses in Zeit und Raum. Alles kommt darauf an, zumindest am Ende des jetzigen Lebens zur Auferstehung zu gelangen, sodass die eigene Seele zur Geistseele wird, die materiell, reell vermittelt in der Herrlichkeit Gottes ankommt und nicht als Körperseele im Rad der Wiedergeburt weitere Runden dreht. Auch im Buddhismus gibt es die Lösung, dass dieses Rad im Weltenbrand aufgelöst wird. Welche Erleuchtung!

Kegelmann: Karl Rahner war davon überzeugt, dass es zwischen einer vernünftigen Fegfeuerlehre und einigen Wiedergeburtslehren interessante Schnittmengen gibt.

Imhof: Das stimmt. Der wichtigste Text dazu steht im 14. Band seiner Schriften zur Theologie. Bei dem Beitrag über die Fegfeuerlehre handelt es sich um den letzten Aufsatz von Karl Rahner.

2.9. Heilsame Visionen

In der Fremde neue Heimat suchen

Gerlinde Ghattas im Gespräch mit Paul Imhof

Imhof: Viele Flüchtlinge kommen nach Europa, weil die Verhältnisse in ihrem Heimatland unerträglich geworden sind. Und sie haben die Chance genutzt, zu fliehen.

Ghattas: Sie kommen mit und ohne Flüchtlingsstatus. Den Flüchtlingsstatus gibt es nur generell für wenige Länder (z. B. Syrien, Irak). Ansonsten müssen sie im Asylverfahren nachweisen, dass sie politisch oder religiös verfolgt sind. Inzwischen hat es sich in Kiel und Umgebung herum gesprochen, dass in unserer Gemeinde arabisch und Farsi sprechende Flüchtlinge Hilfe erfahren. Mein Mann stammt aus Ägypten. Ich arbeite mit einem Team in unserem „Internationalen Café", biete Sprachkurse an und gestalte mit iranischen Flüchtlingen einen wöchentlich stattfindenden Gottesdienst mit Übersetzer in Farsi. Wir begleiten außerdem Flüchtlinge in vielen praktischen, behördlichen und juristischen Fragen. Außerdem versuche ich einigen auch logotherapeutisch zu helfen.

Imhof: Da kommt mir Victor Frankl in den Sinn.

Der Wille zum Überleben

Ghattas: Er war der Begründer der Logotherapie. Sein Konzept für die Logotherapie, eine sinnzentrierte Psychotherapie, schrieb er, bevor er als Jude mehrere Konzentrationslager überlebte. Seine Frau, seine Eltern und weitere Freunde und Verwandte starben in Konzentrationslagern. Viele Menschen sah er im KZ sterben, andere überlebten und starben kurz nach der Entlassung.

Imhof: Er überlebte im KZ mit dem sehr konkreten inneren Bild von einem Hörsaal, an dessen Stehpult er den Zuhörenden seine Erfahrungen und Beobachtungen im Konzentrationslager schildern würde. Nach seiner Befreiung aus dem KZ schilderte er in einem Hörsaal die Vision, die ihm geholfen hat, am Leben zu bleiben. Auffällig ist, dass er von einem Stehpult berichtet, d. h.

er blieb immer aufrecht während seiner Lagerzeit. Er blieb bei Sinnen, fiel nicht in den Stumpfsinn, nahm sich nicht aus Verzweiflung das Leben, sondern hoffte auf eine menschliche Zukunft.

Ghattas: Ich möchte ergänzen, seine Vision ist im Zusammenhang seiner Aussagen über den Menschen zu verstehen. In dem logotherapeutischen Menschenbild stellt er sehr gründlich dar, dass der Mensch dreidimensional, nämlich körperlich, seelisch und geistig ist. Vor allem aber ist er „geistige Person". Diese „geistige Person" ist nach Frankl unsterblich und unverletzbar. Durch dieses „Person-Sein" hat der Mensch die geistige Fähigkeit, auch in den scheinbar sinnlosesten Situationen über sich selbst hinaus zu wachsen, sich selbst zu transzendieren. Diese Vision von dem Hörsaal hatte er, als er im Arbeitsdienst bei eisiger Kälte über gefrorenen Boden mit nackten wunden Füßen Steine und Schutt schleppen musste. Dabei waren seine physischen Kräfte bereits total erschöpft. In dieser Situation zeigte ihm sein wacher unverletzter Geist diese Vision. Dadurch floss ihm Kraft zum Weiterleben zu. Durch diese und andere Erfahrungen im KZ stellte er sein Menschenbild und sein Logotherapiekonzept auf die Probe.

Imhof: Jeder Mensch gehört zur Menschheitsfamilie.

Ghattas: „Menschsein" ist nach Frankl auch in den unwürdigsten Lebenssituationen, im Gefängnis und bei irreversiblem Schicksal möglich. Niemand kann dem Menschen die Würde und nichts seine Identität nehmen, weil er eine einzigartige geistige Person ist, die von außen letztlich nicht antastbar ist. Viele Flüchtlinge verlassen voller Angst vor Verfolgung, aus Sorge um die Zukunft ihrer Kinder oder weil sie konkret verfolgt, inhaftiert und gefoltert wurden, ihre Länder. Die wenigsten gehen freiwillig, sie flüchten, ohne dass sie eine Zielvorstellung von ihrer Zukunft haben. Sie sind sehr angetrieben von dem Gedanken zu überleben, ob allein oder mit ihren Familien. Mehr nicht. Viele kommen schwer traumatisiert, entwurzelt und krank vor Heimweh bei uns an. Der lange Weg durch die Asylverfahren verstärkt diese Gefühle von Leere und Hoffnungslosigkeit. Das ist keine Grundlage, auf der sie ein neues Leben aufbauen können. Logotherapeutisch mit ihnen arbeiten heißt, mit ihnen zunächst zu dem „Trotzdem Ja zum Leben" zu finden, auch ohne zu wissen, was die Zukunft bringen wird. Mit ihnen nach Zielen, Visionen und Sinn zu suchen, geschieht in dem Bewusstsein, dass sich Sinn nicht überstülpen lässt, sondern ganz individuell gefunden werden muss. Der Logotherapeut ist Begleiter auf der Suche nach Sinn, nach einer neuen inneren Heimat.

Imhof: Jeder hat seine Visionen, sein eigenes Leben. Logotherapeutisch und systemisch lässt sich an einer realistischen Zukunft arbeiten. Dazu dient unsere gemeinsame Aufstellungsarbeit: Menschen sollen nach ihrer Flucht neu zustande kommen. Was ist Illusion, ein Wunschtraum, und was ist eine Verheißung, eine realistische Vision? Welchen Weg hat jemand hinter sich? Was sind die nächsten Schritte? Wo geht es hin?

Ghattas: Mir ist es wichtig, dass jeder, mit dem ich im Gespräch bin, zu sich selbst, seiner „unverletzten Person" dem „Unversehrten" in sich und damit auch seinen Werten und seinen Sinnmöglichkeiten begegnet. Von diesem Standort aus kann er dann die neuen Wege gehen.

Imhof: Ich erinnere mich an eine Frau aus dem Iran, die um eine Aufstellung gebeten hat und uns ein Mandat hierzu erteilt hat.

Ghattas: Es handelt sich um eine 38-jährige Frau. Sie wuchs in einer islamischen Familie auf, in der sie nach ihrer Aussage schon als kleines Mädchen zu absolutem Gehorsam und in Abhängigkeit von dem Wohlwollen ihrer männlichen Familie erzogen wurde. Sie heiratete sehr jung und wurde schwanger. Kurz vor der Geburt ihres Sohnes verschwand der Ehemann. Er blieb unauffindbar und sein Verschwinden war rätselhaft. Auf ihrer Suche nach Freiheit und Antwort auf ihre Fragen begegneten ihr im Iran Christen, mit denen sie über ihr Schicksal und ihren Wunsch nach Freiheit sprach. Durch den Kontakt mit Christen wurde ihre Lebenssituation noch bedrohlicher. Sie flüchtete und kam über die Türkei nach Deutschland. Beim Interview vor dem Verwaltungsgericht konnte sie ihren Asylantrag vor lähmender Angst nicht ausreichend vertreten. Ihr Antrag wurde deshalb abgelehnt. Das verstärkte ihre Angst und Unsicherheit. Der Weg in die Freiheit war für sie zu einem neuen Gefängnis der Angst geworden. Sie fühlte sich in allen sozialen Belangen verfolgt, am meisten unter ihren Landsleuten. In der Aufstellung ging es um die Ent-Traumatisierung der ungeklärten Trennung vom Vater ihres Sohnes und aufgrund ihrer Flucht auch um die Trennung von ihrem Sohn. Aufgrund der Aufstellung fand sie die Kraft, nicht nur einen neuen Asylantrag zu stellen, sondern sich auch mit ihrer Situation auseinanderzusetzen.

Imhof: In der Nacharbeit entwickelt die Frau nach und nach erstmalig eine reale Sicht ihrer Situation. Da sie Distanz zu ihrer Geschichte bekam, kann sie sich nun entspannter und angstfreier auf neue Kontakte und Beziehungen einlassen.

Ghattas: Ein 40jähriger Mann mit einer jahrelangen Fluchtgeschichte als politisch Verfolgter durch verschiedene Länder, mit diversen Gefängnisaufenthalten und einer Folterung, leidet an den Traumatisierungen, die er in Tag- und Nachtträumen immer wieder erlebt. Das bindet einen großen Teil seiner körperlichen und psychischen Kräfte. In der Aufstellung wurde dies durch die Aufstellung des Teufels, der ihn über die Jahre auf unterschiedliche Weise verfolgte, anschaubar. Der Weg seiner Persönlichkeitsentwicklung vor seiner Leidenszeit und danach wurde deutlich. In der sichtbaren Verzweiflung, Depression und Mutlosigkeit trat während der Aufstellung St. Michael auf. Als Wer-ist-wie-Gott (so die Übersetzung seines Namens) repräsentiert er gleichsam Gott und Christus als seinen Retter. Aufgrund der Nähe von St. Michael zog sich der Teufel zurück. Es folgte eine Entspannung und für den Aufstellenden ein Gefühl von Freiheit. Damit beginnt das Ende des Kampfes mit sich selbst und dem Unrecht, das ihm so vielfältig begegnete. Es werden Kräfte freigesetzt, die es ihm ermöglichen, sich jetzt den Herausforderungen seiner Suche nach Beheimatung innerlich und äußerlich aktiv zu stellen. In der Nacharbeit öffnet sich für ihn die Tür, sich seiner eigenen Persönlichkeitsentwicklung zuzuwenden und seinen traumatischen Lebensweg als seinen Entwicklungsweg anzunehmen.

Imhof: Durch die Aufstellungsarbeit lernte der Mann, dass es nicht seine Aufgabe ist, ständig mit dem Teufel zu kämpfen und entdeckte für sich neue Ressourcen, die ihn vor neuen Identifizierungen mit teuflischen, bösen Menschen schützen können.

Ghattas: Eine 35jährige Frau lebt nach der Flucht mit Mutter und Freundin in einem Haushalt. Es besteht ein mütterlich-schwesterliches Verhältnis zwischen den drei Frauen. Durch ungeklärte Abhängigkeiten kommt es immer wieder zu Konflikten. Die Hilflosigkeit in der Suche nach Lösungen wurde größer und hinderte diese Frauen daran, sich den Herausforderungen der Integration in dem fremden Deutschland tatkräftig zu stellen. In der Aufstellung wurden die Beziehungen, die zahlreichen Verwicklungen und Abhängigkeiten sichtbar. Für die Lösung wurde ein Repräsentant aufgestellt. Es entstand eine Perspektive für einen eigenen Weg in Selbstständigkeit und Autonomie. Das gab und gibt der jungen Frau nachhaltig verlorene Energie zurück und lässt sie aktiv und gezielt an ihrer Integration weiterarbeiten: Intensivieren der Sprachausbildung, ehrenamtlicher Einsatz, Bewerbungen um Arbeit, Studium etc.

Imhof: Die repräsentierte Lösung, gleichsam eine anonyme Christusgestalt, in deren Gegenwart ein Weg in die Freiheit gefunden wurde, katalysierte das Geschehen.

Ghattas: Das waren einige hoffnungsvolle Ansätze aus einer logotherapeutisch inspirierten Aufstellungsarbeit mit Flüchtlingen.

Imhof: Viktor Frankl entwickelte ein diagnostisches Gefühl für Menschen. Hatten sie noch Lebenswillen oder nicht? Was stärkte ihren Lebenswillen? Mit welchen Bildern, Visionen und Hoffnungen konnte er sie unterstützen. Lebenswillen hatten jene, die wie er aus dem Konzentrationslager heraus wollten, um noch ein Werk zu vollenden oder einen geliebten Menschen noch einmal zu sehen. Wenn jemand den letzten Zigarettenstummel rauchte, wusste er, dass der Lebenswille so gut wie erloschen war.

Ghattas: Er wandte sich auch den Mut- und Hoffnungslosen im KZ zu, stellte Verbindungen zwischen den Menschen her, suchte nach den verbliebenen geistigen und kreativen Möglichkeiten und setzte sich für andere ein. Die zwischenmenschlichen Begegnungen, das Gestalten des Miteinander in den Baracken und die Erinnerung an besseres vergangenes Leben, der Einsatz noch vorhandener Fähigkeiten hielt den Überlebenswillen wach und gab Sinnerfahrung mitten in der Hölle des Lagers. Der Überlebenswille treibt auch heute viele Menschen an, die lebensbedrohlichen Umstände in ihrem Herkunftsland hinter sich zu lassen. Als Logotherapeutin suche ich gemeinsam mit den Flüchtlingen nach dem, was sie bisher am Leben erhalten hat, was sie durch die Flucht hindurch getragen hat und was ihnen irgendwann im Leben Halt gab. So kommen die lebendigen Wertgefühle aus dem Unbewussten ins Bewusstsein zurück. Sie werden erneut „gefühlt". Darauf lässt sich dann die Suche nach dem Sinn aufbauen. Wesentlich ist aber auch für Flüchtlinge, neue zutiefst mitmenschliche Erfahrungen machen zu können, durch emphatische Gespräche, durch Hilfe bei Behörden, Arbeits- und Wohnungssuche, durch die Einbindung in eine soziale Gemeinschaft, durch ein gegenseitiges Kennenlernen, miteinander reden, für einander Dasein, Umarmungen.

Imhof: Wer ein großes Problem hat, das sich im Moment nicht lösen lässt, dem empfiehlt die Logotherapie, sich ein Ziel zu setzen, auf das sich hinarbeiten lässt. Und es kann sein, dass das Problem wie nebenbei verschwindet. Man macht z. B. einen Fluchtplan und realisiert ihn. Wenn dann neue Probleme auftreten, sind sie durch neue Zielsetzungen überwindbar. Der Lebenswille ist allerdings unabdingbar.

Ghattas: Den Lebenswillen bringen viele unserer Flüchtlinge mit. Ohne den würden viele die Flucht und die Herausforderungen von Kulturschock und Ungewissheit nicht überleben. Manche kommen mit sehr ehrgeizigen Zielen. Aber dann begegnen sie der Realität ihrer Flucht: Heimweh, Einsamkeit, Sprachlosigkeit, Trauer, Angst, Ausgrenzung, Vertrauensverlust und viele Unsicherheiten. Das führt bei vielen zur Resignation. Deshalb ist es zunächst wichtig, dass ihnen Menschen beistehen, so dass sie neues Vertrauen und neue Verbindungen aufbauen können. Das ist sehr viel Arbeit, da sie immer wieder Ermutigung brauchen. Das Ziel sind zunächst die vielen kleinen Schritte, die unter teilweise immensem innerem und äußerem Druck gegangen werden müssen. Um diese Schritte gehen zu können, müssen viele „Sinnbarrieren" abgebaut werden, und die bauen sich tatsächlich manchmal „wie von selbst" ab, wenn wieder innere Werte wahrgenommen, gefühlt oder gesehen werden können. Dass kann geschehen durch eine „Wertorientierte Gesprächsführung", durch „Wertimaginationen" oder auch durch eine wertorientierte Aufstellungsarbeit, häufig aber auch durch spirituelle Erfahrungen im Gottesdienst, in der Stille oder durch Träume und Visionen.

Imhof: Um Sinn geht es, mitten in der Sinnlosigkeit und Sinnleere, damit nicht der Unsinn die Oberhand gewinnt.

Ghattas: In unserer Zeit mit dem mehr und mehr unübersichtlichen Flüchtlingsströmen brauchen nicht nur Flüchtlinge, sondern vor allem auch ihre Helfer Sinn-Erfahrungen und eine Ausrichtung auf erreichbare Ziele. Viele Flüchtlinge kommen aus Kulturen, in denen eine enge Verbundenheit in der Sippe, Familie und in der Dorfgemeinschaft gelebt wurde. Bei uns sind sie fremd und einsam. In den Asylunterkünften leben häufig Menschen unterschiedlicher Nationalitäten zusammen. Es herrscht eher ein misstrauisches Nebeneinander, wenn nicht sogar Feindschaft. Unter diesen Umständen kann sich eine logotherapeutische Begleitung nicht isoliert verstehen, sondern, wenn sie gelingen soll, muss sie dazu beitragen, dass die sozialen, psychotherapeutischen, medizinischen und religiösen Unterstützungen ein Gesamtpaket werden, durch das die einzelnen sich integriert und angenommen fühlen. Wenn das gelingt, ist schon viel gewonnen. Aber die Voraussetzung dafür ist, dass der einzelne trotz schwerer Traumatisierungen wieder Vertrauen lernt und Mut gewinnt. An dieser Stelle sehe ich großartige Möglichkeiten in der Verbindung von Logotherapie und Aufstellungsarbeit.

Imhof: Die etymologische Verwobenheit von lat. *sentire*, spüren, fühlen, meinen, altisländisch *sinti*, der Reisegefährte, altdt. *sinan*, gehen, macht auf den emotionalen Zusammenhang von Weg und Ziel aufmerksam. Das Sinnziel liegt außerhalb der jetzigen Situation bzw. in der Zukunft. Hier steht systemische Arbeit an!

Ghattas: Ich sehe die wertorientierte Aufstellungsarbeit, wie ich sie in der christozentrischen Familienaufstellung erlebe, als Geist-Verwandte der Logotherapie. Für beide Formen ist das dreidimensionale Menschenbild richtungsweisend. Die systemische Aufstellungsarbeit stellt sowohl die Realität wie auch geistige Werte und Ziele auf, mit denen sich der Aufstellende auseinander setzen kann und auf die er sich neu auszurichten vermag. Genau das geschieht auch in der Logotherapie. Wir nehmen die Realität auf, schauen die Traumata an und suchen z. B. auf der geistigen Ebene nach dem, was in der unverletzten Person als Wertgefühl vorhanden ist. Durch neu und vertieft gefühlte Begegnung mit den Werten entsteht „Sinnerfahrung" und die Aufhebung der „Sinnleere". Dadurch wiederum wird z. B. die „Sinnbarriere" Resignation aufgehoben. Der „innere Blick" weitet den „äußeren Blick" und das Bewusstsein für Sinnmöglichkeiten und das nicht im Blick auf die Zukunft, sondern im gegenwärtigen Sein.

Imhof: Eine systemische Aufstellungsarbeit visualisiert die geistigen Personen, nämlich den Sprechenden und den Hörenden, und die Logik der Logotherapie. Gerade durch die Fokussierung auf das logisch Sinnvolle, d. h. auf das Vernünftige werden die heilenden, zukunftsstiftenden Kräfte im Wort freigesetzt, ohne dass dabei die persönlichen Befindlichkeiten des Sprechenden und Hörenden eine wesentliche Rolle spielen. Nicht deren Erwartungen, sondern das wartende Leben, das im Wort verborgen ist wie der Geist, wirkt leitend.

Logotherapie und Logostherapie

Ghattas: Was hat das mit Christus zu tun? Siehst du eine Verbindung von der zentralen Gestalt des Christus und der Logotherapie?

Imhof: So wie der Christus wirkt, der als schöpferischer Logos in seinem Wort präsent ist, und an das ewige Ziel bringt, katalysiert das Gespräch als das hin und her eilende Wort in der Logotherapie die Erfahrung des Sinns. Der Sinn erweist sich als der Weg, der zielführend ist. Dabei wird die Unbegreiflichkeit und Unaussprechlichkeit Gottes berücksichtigt. Der Weg der Freiheit weist immer ins Offene, auf die absolute Freiheit hin. Die restlose Transzendenz des Ewigen bleibt so bewahrt. Dies ist die metatherapeutische Basis eines gläubigen Juden bzw. eines Monotheisten.

Ghattas: Der Mensch ist fähig zu transzendieren und sich von sich selbst zu distanzieren.

Imhof: Die systemische Arbeit ist eine Methode sowohl der Distanzierung als auch der Transzendierung. Darin liegt die philosophische Begründung für eine feine Selbstironie: Wen ihr suchet, ich bin es nicht! Und ich bin so frei!

Ghattas: In der Logotherapie gibt das gesprochene Wort zwischen Therapeut und Patient nicht für sich allein schon einen Sinn, sondern das Wort wie auch andere kreativen Methoden sind nur Hilfen in der geistigen Begegnung zwischen Therapeut und Patient, in der beide nach dem individuellen und in der Situation möglichen Sinn des Patienten suchen. Nach V. Frankl kommt es darauf an, „auf die Fragen, die uns das Leben von Situation zu Situation stellt, zu antworten". Er sagt: „Nicht wir stellen dem Leben Fragen, sondern das Leben fragt uns und wir haben zu antworten." Durch die Antworten, die wir durch unser Leben geben, durch die Hingabe an das Leben, an Gott, an einen Menschen, eine Aufgabe, geschieht „Sinnerfahrung" und die Distanzierung von der Gefangenschaft des Ego hin zu einer Transzendierung ins Leben hinein. So hat der Mensch immer wieder die Freiheit, sich für oder gegen das Leben zu entscheiden und damit auch dem Leben zu antworten. Er kann die Verantwortung für das ihm geschenkte Leben übernehmen. Eine solche Entscheidung holt den Menschen heraus aus der Sinnleere, aus der Opferhaltung und den unzähligen Abhängigkeiten und stellt ihn hinein in die Freiheit und Würde, die ihm zusteht.

Imhof: Meine Aufstellungsarbeit geht ebenfalls von einer sinnvollen Voraussetzung aus, einem zutiefst freien Verhalten von einer geistig-seelischen Person zu einer anderen.

Ghattas: Ähnlich hat dies Viktor E. Frankl ausgedrückt. Für ihn geschieht Logotherapie vor allem in der Begegnung zwischen der geistigen Person des Patienten und der geistigen Person des Therapeuten. Dem ist der Einsatz von Methoden in der Logotherapie grundsätzlich untergeordnet. Aber es impliziert grundsätzlich die Tatsache, dass der Logotherapeut in eigener Freiheit dem Geist des Patienten begegnen kann.

Imhof: In einer Aufstellung zeigen sich die eigenen Möglichkeiten, Fähigkeiten, Vorentscheidungen und die eigenen Gefühle, die durch das Verhalten der anderen ausgelöst werden. Die freien, zukünftigen Entscheidungen, auch die Fehlentscheidungen der Freiheit des anderen können in der eigenen Aufstellung nicht visualisiert werden. Dazu bedarf es der Selbstaufstellung des anderen, durch die er gegebenenfalls eigene falsche Entscheidungen revidieren kann bzw. lernt, neu auf sein eigenes Glaubens-, Hoffnungs- und Liebespotential zu sehen.

Ghattas: Was bedeutet das für die eigenen Gefühle?

Imhof: Sie können im Raum der eigenen Freiheit integriert werden. Der andere in seiner eigenen Freiheit ist dafür nicht zuständig. Jeder hat sich um seine eigenen Gefühle zu kümmern, die durch das Verhalten der anderen ausgelöst werden. Zu einem reifen Bewusstsein von der eigenen Freiheit, einer Qualität des eigenen Geistes und der eigenen Gefühle, den Äußerungen der eigenen Seele, gehört es, davon auszugehen, dass der andere als Geist-Seele ein gleiches, aber individuell verschiedenes Bewusstsein hat. Wer dies begriffen hat, kann dem anderen frei und emotional begegnen, ohne ihn auf eigene geistige oder emotionale Erwartungen zu reduzieren oder ihn gar zu beschuldigen, dass er sich irrational oder gefühllos verhält. Der andere bleibt immer ein freies Du und ist immer mehr als das Nicht-Ich des eigenen Ego. In dieser

Perspektive ist Kommunikation immer möglich, aber sie muss nicht sein. Es gibt auch den Kommunikationsabbruch aus Freiheit.

Ghattas: Ja, das kann ich innerhalb meiner logotherapeutischen Arbeit ebenfalls so sehen.

Imhof: Wer das Risiko auf sich nimmt, seine angestammte Heimat zu verlassen, hat dafür meist gute Gründe. Ein Blick in die Geschichte zeigt, dass es Völkerwanderungen gibt, bei denen sich nicht nur Einzelne auf den Weg machen, sondern ganze Stämme, Sippen, ja ganze Nationen. Aufgrund von Klimaveränderungen und Überflutungen drängten die germanischen Stämme nach Süden. Turkvölker flohen aufgrund politischer Entwicklungen aus Zentralasien und siedelten dann in Kleinasien. Einwanderungswellen führen oft zu kriegerischen Auseinandersetzungen. Die Geschichte Nord- und Südamerikas zeigt dies. Auch die Konflikte in Afrika sind davon geprägt.

Ghattas: Die Zahl der Flüchtlinge in Deutschland macht deutlich, dass es nicht um einzelne Asylsuchende geht, sondern dass es sich um eine Völkerwanderungswelle handelt. Das ist eine große Herausforderung an unser Volk. Wie ist damit menschlich und vernünftig umzugehen? Wo können die Menschen angesiedelt werden? Wer trägt welche Kosten? Politische Entscheidungen sind zu treffen. Wie lässt sich eine Integration der Fremden gut vorbereiten?

Imhof: Die Wanderungsbewegungen und die damit verbundenen rechtlichen und politischen Konsequenzen sind von den Regelungen zu unterscheiden, die für einzelne Asylanten geeignet sind.

Ghattas: Ein Blick in die Geschichte ist interessant. Er zeigt uns die Verschiedenheit der Rechtsbegründungen im Herrschaftsbereich der zwölf Stämme Israels und im Römischen Reich.

Imhof: Zunächst zur biblischen Tradition: Der Stamm Levi verwaltete Asylstädte. Wer sich dorthin flüchten konnte, erhielt Rechtssicherheit für Leib und Leben. Wer sich an den Hörnern des Altares, etwa im Stammesgebiet Dan, dem Richterstamm, festhielt, stand unter dem Schutz Gottes. Die Hörner sind die Symbole der Ausstrahlung, die von Gottes Gegenwart ausgeht. Insoweit sich die Kirche in die Heilsgeschichte Israels hineinstellt, beansprucht sie durch ihren Glauben an Gott ein so begründetes Asylrecht.

Ghattas: Und wie stand es um das Asylrecht in Rom, im zentralorientieren Vielvölkerstaat?

Imhof: In einem gewissen Sinn sind die Römer die Erfinder des Asylrechts. Auf dem Kapitol, dem Haupt des römischen Staatskörpers, standen zwei Tempel. Einer für die höchste männliche Gottheit und einer für die höchste weibliche Gottheit. Zwischen dem Tempel des Jupiter Kapitolinus und dem Tempel der Juno Moneta befand sich eine kleine Senke, das Asylum. Wer sich in den Herrschaftsbereich der Götter flüchten konnte, hatte ein Asyl gefunden. Denn im Bereich des Fanum, des Heiligen, stand er unter dem Schutz der Götter. Hier galt das Fanum, das göttliche Recht. Unterhalb des Kapitols befand sich die Kurie, das Parlament der Römer. Hier in der pro-fanen Welt wurden Gesetze beschlossen. Und Senat und Volk von Rom garantierten die Durchführung und Beachtung der Gesetze in der profanen Welt, in der nach Recht und Gesetz regiert wurde.

Ghattas: Viele Grundsätze des Römischen Rechts prägen die Rechtsordnungen in Europa bis heute.

Imhof: Jemand aus der Fremde, aber auch wir befinden uns im Spannungsfeld der natürlichen Rechte und der Menschenrechte, des heiligen Gastrechts, dem Rechtsverständnis im jeweiligen Herkunftsland, den vielen Rechtsordnungen und Rechtsverordnungen.

Ghattas: Die Würde des Menschen ist unantastbar. Das ist die Basis unseres Grundgesetzes. Und das hat rechtliche und gesellschaftliche Konsequenzen. Meine primäre Kompetenz liegt nicht im juristischen, sondern im psycho-sozialen Bereich. Selbstverständlich gibt es dabei eine Schnittmenge bei mir und bei den Menschen, denen ich zur Seite stehe.

Imhof: Buchstabieren wir dies einmal anhand einer logotherapeutischen Aufstellung durch.

Ghattas: Ich vermute, du meinst die Aufstellung mit Ali. Sie war sowohl eine systemische Aufstellung wie auch eine ganz und gar in Übereinstimmung mit der Logotherapie. Ali, ein 32jähriger Mann, kommt schwer traumatisiert durch Verfolgung, wiederholte Gefängnisaufenthalte unter würdelosen Bedingungen, Verlust von Gesundheit, Arbeit, Familie und Freunden in seinem Ursprungsland und nach einer belastenden Flucht in Deutschland an. Zunächst ist nur durch die Ankunft und durch die Sicherstellung von Bett und Brot die Zeit der „gefühlten Verfolgung" noch nicht zu Ende. Ali fühlte sich überall verfolgt und bedroht, in den Asylunterkünften, in der Klinik und auf der Straße. Die Angst vor dem Asylverfahren verstärkt seine Angstsymtome bis hin zu Wahnvorstellungen. Bei seinem ersten Besuch in unserer Gemeinde fühlt er sich nach seiner eigenen Aussage nach langer Zeit erstmalig wieder als „Mensch": durch die ihm vertraute geistliche Atmosphäre, die Lieder, die Musik, das Gefühl des Angenommen- und Angekommenseins und durch die offene Begegnung mit Mitmenschen. Dadurch keimt in ihm lang verschüttete Hoffnung. Er kommt zu mir zum Gespräch und erzählt seine Geschichte. Die gemeinsame Grundlage seines und meines Glaubens an Christus stellt für ihn die Vertrauensbasis her. Nach diesem Gespräch ist er am nächsten Tag auch bereit, sich psychiatrisch weiter behandeln zu lassen und Medikamente einzunehmen.

Imhof: Und wie ging es weiter?

Ghattas: Nachdem ihm die Vorgehensweise bei einer Aufstellungsarbeit erklärt wurde, kommt er gut vorbereitet in die Aufstellungsgruppe. Das gewünschte Ziel ist eine Enttraumatisierung und damit eine Stabilisierung der Persönlichkeit, um so zunächst den alltäglichen Herausforderungen, die sich ihm stellen, gewachsen zu sein. Aufgestellt werden die „Traumatisierung" und die „Enttraumatisierung". Beide stehen in Polarität zueinander und stellen ein Spannungsfeld dar, in dem sein Double hin- und her gezogen wird. Endlich gewinnt die Enttraumatisierung die Oberhand. Ali beobachtet die Szene aufmerksam und erlebt symbolisch noch einmal seine Geschichte. Ali wird als Original seinem Double gegenüber gestellt. Er nimmt als Person Blickkontakt zur „Traumatisierung" auf. Ganz langsam wendet er sich dem Double (Selbstfindung) und dann der „Enttraumatisierung"(neue Individualisierung) zu. Er bleibt lange im Kontakt und wendet sich dann mit der „Enttraumatisierung" im Rücken und dem Double neben sich erneut der „Traumatisierung" zu. Er wird angeleitet, den Blickkontakt zu halten und die zurückliegende Zeit durchfließen und abfließen zu lassen. Während dieses Kontaktes geht der Repräsentant der „Traumatisierung" ganz langsam in kleinen Schritten immer mehr zurück. Ali kann sich seinem Double (der eigenen Seele) und der „Enttraumatisierung" zuwenden und vertieft die Kraft aufnehmen, die in der „Enttraumatisierung" (der neuen Freiheit) liegt. Logotherapeutisch begann die „Sinnfindung" im Erstkontakt mit mir.

Imhof: Du begleitest alle weiterhin?

Ghattas: Ja! Der Kontakt wurde im Gespräch fortgesetzt und führte dann durch die seelisch-geistige Auseinandersetzung mit der Traumatisierung, und einer neuen Selbstfindung im Repräsentanten zum Anfang einer neu gewonnenen Freiheit. Ali fühlte sich direkt nach der Aufstellung nach seinen eigenen Worten „entlastet", „innerlich ruhig" und „angstfrei". Dies sind Gefühle, die helfen, die „Innere Heimat" zu finden. Auf dieser Grundlage kann er sich jetzt zunächst den vielen Herausforderungen stellen, die noch auf ihn warten. Die erfahrenen Gefühle von Entlastung, Integration und Freiheit stehen ihm wieder zur Verfügung, wenn der Druck und die Angst der Vergangenheit ihn wieder einholen wollen.

Imhof: Wie finde ich nach dem Verlust meiner Heimat eine neue, innere Heimat? Dabei ist manchmal auch die natürliche Weltanschauung des eigenen Heimatlandes zu berücksichtigen. Wer aus Ägypten stammt, ist mit einem dreiteiligen Weltbild vertraut. Er kennt die Wüste, das Fruchtland und das Himmelsgewölbe. Im Prozess der Deutung und Gestaltung der Natur durch den Menschen entsteht Kultur.
Der Wüste wurde Seth zugeordnet. Der Inbegriff von Einsamkeit, Gefährlichkeit, aber auch von Freiheit und Geistigkeit. Das Fruchtland ist der Bereich von Osiris. Hier grünt die Natur, findet der Kreislauf von Werden und Vergehen statt. Das endliche Leben ist unendlich, die individuellen Gestalten vergehen. Über allem wölbt sich der Himmel, der Bereich der Nut. Am Morgen gebiert sie die Sonne, am Abend verschluckt Nut das Gestirn. Der Leib der Nut ist der Organismus des Kosmos.

Ghattas: Wer aus einer solchen natürlichen und kulturellen Heimat kommt, bringt außerdem noch seine sozialen, politischen und religiösen Prägungen mit. Deutlich machen lässt sich das z. B. an dem Begriff „Muttersprache". Die Kontakte, Beziehungen im fremden Land sind schon durch die unterschiedlichen Sprachen lange nur nach Außen gerichtet und zu dem „fremden Volk" durch die Sprachbarrieren begrenzt. Deshalb scheint es mir wichtig zu sein, dass die verlassene Heimat innerlich weiter leben kann und Kontakte weiter mit Landsleuten gelebt werden und gleichzeitig Kontakte zu Menschen der

„neuen, fremden Kultur" aufgenommen werden, wenn der Einzelne keinen Identitätsverlust erleiden soll und dennoch die Integration auf lange Sicht gelingen soll. Das stellt hohe Anforderungen an die Flüchtlinge, aber auch an uns als Gastland.

Imhof: Der systemische, spirituelle, christliche Ansatz ermöglicht einen neuen, erweiterten Heimatbegriff.

Ghattas: Wie wird die Erde zur Heimat? Wo ist die eigene natürliche, kulturelle und religiöse Sozialisation gut aufgehoben?

Imhof: Vor fast 2000 Jahren erreichte das Evangelium Jesu Christi die Menschen im Land am Nil. Jede Generation erhält aufgrund des Evangeliums die Möglichkeit, im eigenen Land oder in der Ferne eine innere Heimat zu finden.

Ghattas: Das kann ich bestätigen. Die geistige Verbindung durch das Evangelium stellt den Flüchtling als vollwertiges Mitglied in die „Familie der Gemeinde Jesu Christi weltweit". Hier gehört er in die Mitte und nicht mehr an den Rand. Hier kann er sehr schnell auch seine Gaben und Fähigkeiten einbringen, wenn er eine Gemeinde findet, die das Evangelium in dieser Weise lebt. Das nimmt ihn heraus aus der gefühlten Ausgrenzung durch seinen Flüchtlingsstatus.

Imhof: Entscheidend ist, dass die Inkulturation des Evangeliums glückt. Zur Freiheit sind wir befreit. (vgl. Gal 5,1ff). Wo ist eine Horizonterweiterung nötig: Die Welt der Nut wird transparent auf den Vater im Himmel. Wo Osiris regiert, ist der Raum, in dem sich der lebendige Christus und seine Botschaft vom ewigen Leben ausbreiten. Und das Reich des Seth wird zum Ort der Unterscheidung der Geister. Der Heilige Geist übernimmt die Herrschaft bei denen, die in die Wüste oder in die Ferne geflüchtet sind.
Der trinitarische Prozess der Inkulturation des Evangeliums lässt sich gut in der ägyptischen Kirchengeschichte ablesen. Mehr denn je geht es heute darum, dass der Einzelne anhand des Evangeliums seine innere Heimat findet. Dadurch werden kirchliche, gesellschaftliche und politische Strukturen in aller Freiheit relativiert.

Ghattas: Das hört sich sehr gut an. Wir suchen gemeinsam mit den Flüchtlingen nach der inneren Heimat. Aufgrund der großen Zahl von Flüchtlingen muss unsere Kultur, müssen unsere Kirchengemeinden eine neue Kultur des

Miteinanders finden. Nicht nur von den Flüchtlingen wird ein hohes Maß an Anpassung und Integration gefordert. Das Gleiche gilt auch für uns als aufnehmendes Volk. Für den einzelnen geht es wie beim Kegeln darum, die Kegel, die im Spiel des eigenen Lebens umgefallen sind, wieder so aufzustellen, dass alle Neune wieder stehen und so ein neues Spiel beginnen kann. Dies gilt jedoch nicht nur für Individuen, sondern auch für Institutionen und ein ganzes Volk.

Imhof: Eine Novene, eine spirituelle Übung mit Gottesdiensten, die neun Tage dauert, kann helfen, dass die drei Kegel der natürlichen Weltanschauung, die drei Kegel der kulturellen Weltsicht und die drei spirituellen Pfeiler des Glaubens an den einen Gott, der sich dreifältig geoffenbart hat, wieder neu zustande kommen. Sie bilden den Zeitraum unter dem ewigen Himmel für eine neue, innere Heimaterfahrung (vgl. Offb 3,12).

Ghattas: Viele Menschen, die Deutschland erreichen, stammen aus dem Vorderen Orient.

Imhof: Im Blick auf die Apostelgeschichte fällt mir auf, dass die ersten drei Völker, die durch den Pfingstgeist erfasst wurden, als Parther, Meder und Elamiter bezeichnet werden (vgl. Apg 2,9). Von dort stammen die Diasporajuden, die nach Jerusalem kamen und die nach ihrer Geisterfahrung in Jerusalem zu diesen Völkern zurückkehrten, so dass sich das Evangelium dort ausbreitete. Gemeint sind die Gebiete, die sich heute in der Osttürkei, in Armenien, im Nordirak, in Nordsyrien und im Iran befinden. Das in der Apostelgeschichte zuletzt genannte Volk sind die Araber (vgl. Apg 2,11). Viele Flüchtlinge kommen aus Syrien, einem wichtigen arabischen Kernland und anderen angrenzenden Gebieten.

Ghattas: Was brauchen die Flüchtlinge in erster Linie und was brauchen aber auch wir, die wir schon lange ohne kriegerische Auseinandersetzungen in Deutschland leben?

Initiatische Rituale

Imhof: Zunächst das Übliche: Räume der Begegnung für Kommunikation, genügend zu essen und zu trinken, die Chance zu lernen und zu arbeiten, Menschen, mit denen Kinder, Frauen und Männer glücklich werden können, kurzum, die Befriedigung der natürlichen Triebe, die die menschlichen Grundbedürfnisse erfüllen. Während einer Phase des Übergangs von einem Land in ein anderes ist es daher nötig, den Übergang zu gestalten.

Ghattas: Ja, das sehe ich auch so. Mein Wunsch ist es, dass die Flüchtlinge in Deutschland sich durch den Druck der hiesigen Konsumgesellschaft nicht im Materialismus verlieren, sondern dass das freundliche und warmherzige Miteinander, mit dem viele Flüchtlinge bei uns empfangen werden, zu einer neuen interkulturellen Kultur in unserem Land führt. Das ermöglicht auch für die Flüchtlinge aufnehmenden Europäer eine innere Öffnung und neue Sinnerfahrungen.

Imhof: Etwas sehr Einfaches und Uraltes! Nötig sind hierfür initiatische Rituale: beim Übergang von einem Lebensalter in das nächste oder wenn jemand von einem Status in einen anderen wechselt. Als gesellschaftliche Wesen erfreuen wir uns deshalb an öffentlichen Ritualen, ob Jugendweihe, Firmung oder Konfirmation, Taufe oder Hochzeit, Beschneidung oder Beerdigung, das sei dahingestellt. Vieles hängt davon ab, wie das Bewusstsein eines neuen Anfangs gestaltet wird. Was im Hinblick auf die Flüchtlinge fehlt, sind gesellschaftliche Rituale, die nach der Ankunft von Flüchtlingen den Übergang von der individuellen und kulturellen Herkunft in eine neue, andere Gesellschaft ermöglichen und verbindlich zum Ausdruck bringen.

Ghattas: Manche Flüchtlinge lassen sich z. B. taufen und finden dadurch in einer Gemeinde eine neue innere Heimat.

Imhof: Ja, das aber sind einzelne, die einen spirituellen Weg gehen. Ich denke jedoch dabei zunächst an eine öffentliche Begrüßung durch politisch Verantwortliche, die nicht nur privat mit etwas Presse bei den Flüchtlingen vorbeischauen. Was wir brauchen sind Rituale, bei denen z. B. eine Zusammenfassung unseres Grundgesetzes überreicht wird. Es geht um Begegnungen, durch die eine Initiation in den Rechts- und Kulturraum Deutschland zum Ausdruck kommt. Solche Dinge gehören in einem neuen Einwanderungsgesetz geregelt. Denn glückende Kommunikation braucht Formen, in denen die Dynamik der Freiheit und der Rechtssicherheit anschaubar wird.

Ghattas: Das geschieht derzeit für Menschen, die frühestens nach siebenjährigem Aufenthalt in Deutschland eingebürgert werden. Es wäre schön, wenn solche Rituale früher eingeführt würden. Bei systemischen Aufstellungen mit Flüchtlingen haben wir Ansätze dafür entwickelt, die sich bewährt haben. Unsere ersten Flüchtlinge, deren Leben wir mit ihnen aufgestellt haben, staunten darüber, was mit ihnen geschehen ist. Anna ist wesentlich freier, Ahmed ist gelassener, Julia lebt in Harmonie mit ihrer Familie und Ali hat wieder Mut zum Weiterleben. Mit unserer Aufstellungsgruppe haben wir dann anschließend zusammen gefeiert, gegessen und getrunken. Und es gab Geschenke.

Imhof: Alle Aufstellungsarbeit findet in einem geschützten Raum statt. Die Menschen, die schon da sind, und jene, die neu dazukommen, begegnen einander nachher mit mehr Respekt, Toleranz und Freundschaft. Nähe, aber auch eine gesunde Distanz ermöglicht Selbständigkeit. So glückt Beziehung von Freiheit zu Freiheit in einem halbwegs freien Land.

Ghattas: Nicht alle Flüchtlinge werden auf Dauer in Deutschland bleiben und hier arbeiten.

Imhof: Wenn ich an die große Wanderungsbewegung der Türken denke, die nach Deutschland zum Arbeiten kamen, könnte es auch sein, dass Flüchtlingsfamilien aus dem Vorderen Orient wieder in ihr Heimatland zurückkehren, wie damals einige türkische Familien in die Türkei. Durch den Aufenthalt in Deutschland und die dort entstandenen Familien- und Geschäftsbeziehungen konnten die Türken nach ihrer Rückkehr ihr Land in vielen Bereichen modern aufbauen. Es ist eine politische Zukunftsperspektive, dass nach einiger Zeit das große Entwicklungsprojekt „Wiederaufbau Syrien" nicht zuletzt durch die nach Deutschland geflüchteten Syrer wesentlich mitgestaltet werden könnte. Bis es soweit ist, steht aber noch viel Integrationsarbeit in Deutschland an, die nicht zuletzt in Blick auf Rückwanderung organisiert sein sollte.

2.10. Grenzerfahrungen
Die Erben der Verheißung
Jochen Barth im Gespräch mit Paul Imhof

Barth: Ich laboriere oft an einer alten Bruchstelle meines eigenen Lebens herum. Es ist die schlichte Frage nach Gott. Dabei habe ich seit Jahren tiefgehende Einsichten erlebt. Ich glaube nicht nur, sondern ich weiß ja auch, dass sich die Wirklichkeit in tiefe Schichten hinein staffelt. Die Physik lehrt uns, allein die materielle Welt in zwölf Dimensionen zu verstehen. Ganz zu schweigen von der geistigen Welt.

Imhof: Ja, die Realität ist sehr differenziert. Jede Wirklichkeit hat ihre eigene Logik.

Ursache, Wirkung und Methode

Barth: Es gibt Phänomene, die mir unerklärlich sind. So berichtete mir eine Frau bei einem Krankenbesuch, wie ihr Hirn mit elektrischen Stromschlägen gereizt wurde und sich dabei ihr Finger wie von Zauberhand bewegte. Sie wollte den Finger ruhig halten und konnte es nicht. Diese unwillkürliche Bewegung verunsicherte sie ungemein – und sie verunsichert auch mich. Wie siehst du das Verhältnis von Nervenzellen, elektrischen Entladungen, menschlichem Willen und Geist?

Imhof: Die Bewegung des Fingers der Frau lässt sich ja noch nach dem Muster von Reiz und Reaktion erklären. Inhaltlich ist jedoch die Quantenphysik bzw. die Quantenmystik heutzutage wohl der beste Zugang, um solche Fragen zu beantworten. Bei einer Aufstellung würde ich den philosophischen Diskurs der Peripatetiker, d. h. derjenigen, die hin- und hergehen, inszenieren, denn er wurde in der Antike sehr geschätzt. Die entsprechende Disziplin und Rhetorik waren kommunikativ effizient. Dabei gingen vier Personen nebeneinander vorwärts. Im Abstand von gut einem Meter gingen vier andere Personen im selben Tempo rückwärts und diskutierten miteinander. Am Ende eines Weges von ca. 100 Metern bewegten sich alle in der entgegengesetzten Richtung. So wurden zwei kommunikative Haltungen zum Ausdruck gebracht: Ich höre dir zu und ich folge dir, denn wir sind aufeinander angewiesen, während wir uns rücksichtsvoll in gleicher Augenhöhe hin und her bewegen. Ich sehe dich an, du siehst mich an und dabei fällt uns etwas ein. Wir handeln synchron und sind in Bewegung. Jeder übernimmt für sich seine Verantwortung im gemeinsamen Unterwegssein.

Barth: Bleiben wir noch etwas bei dem Zweifel. Ich mache ja selbst christlich-spirituelle Familienaufstellungen, bin immer wieder fasziniert von ihren Wirkungen und erlebe dabei die Wirkung des Geistes Gottes. Doch bei der Nacharbeit der Aufstellung einer Teilnehmerin zeigte sich trotz meiner Begleitung bei ihr ein großer Widerstand, sich auf eine weitere Entwicklung einzulassen, da sie sich nicht von ihrem alten Ego und ihrer zerstörerischen Umgebung lösen konnte oder auch wollte.

Oder ich denke da an meinen Vater: Er ist jetzt über 80 Jahre alt. Er war sein Leben lang ein guter gläubiger Pietist, ein einfacher Landwirt, der sich nie viele Gedanken über seinen Glauben gemacht hat. Er betete und las die Bibel, wie das bei uns zu Hause üblich war. Und jetzt im Alter holen ihn schwere Depressionen ein. Er kann kaum mehr glauben und war zeitweise in der Psychiatrie. Die Medikamente helfen nur bedingt. Da frage ich mich schon: Was hilft ihm nun sein Glaube?

Imhof: Es ist gleichsam eine moderne Tragödie. In der griechischen Tragödie ging zunächst einmal alles tragisch aus. Das „Lied vom Bock", die Tragödie, wurde von den Jüngern des Dionysos aufgeführt, zu deren Gefolge der bocksfüßige Pan gehörte. Er bildet die volkstümliche Vorlage für den Teufel, der panischen Schrecken verbreitet. Mit ihm als Vertreter der halben Wahrheit könnten die Zweifel aufgestellt werden, so dass sich für sie später im Kraftfeld des Evangeliums eine gute Lösung findet.

Barth: Welche Repräsentanten gehören zu einer solchen Aufstellung?

Imhof: Zunächst die drei Väter aller frommen Männer: Gott Vater im Himmel (vgl. Joh 8,41), der Vater der Lüge (vgl. Joh 8,44), der Teufel also und der natürliche Vater. Manchmal spielen auch die Großväter eine wichtige Rolle. Auch die so genannten Väter im Glauben sind für den Verlauf eines Lebens oft ausschlaggebend, zumindest solange, bis jemand sein Leben selbstverantwortlich in die eigenen Hände nimmt. Im hohen Alter geht es vor allem darum, den inneren Frieden zu finden.

Barth: Was könnte ich für meinen Vater tun?

Imhof: Zunächst geht es darum, dass jeder erst einmal für sich selbst ins Lot kommt. Anschließend ist es immer wieder erstaunlich, welche Kraft der eigenen Ahnen spürbar wird, die dadurch zustande kommt, dass eine innere Aussöhnung stattgefunden hat, die sich oftmals wie ein Segen anfühlt. Zeichnet sich für jemand solch ein konkreter Segen ab, so kann dieser Segen gegebenenfalls direkt weitergegeben werden. Alttestamentlich lief die Segenslinie über den älteren Sohn. Neutestamentlich darf man dies auch neu verstehen.

Barth: Eigentlich bin ich das zweite Kind meiner Eltern, was bereits auf der embryonalen Ebene mein weiteres Leben sehr geprägt hat. Doch seit dem Tod meiner älteren Schwester fast unmittelbar nach der Geburt fühle ich mich nun in der Rolle des ältesten „Sohnes", aber bin ich das auch christozentrisch?

Imhof: Nachfolge Jesu heißt, dass du in einem gewissen Sinn sowohl das Schicksal des jüngeren wie auch des älteren Sohnes auf dich nehmen könntest, so dass die Unvergleichlichkeit des Vaters im Himmel bzw. deines Vaters offensichtlich wird. Gewendet auf Jesus heißt das folgendes: Jesus ist der jüngere und auch der ältere Sohn, also der einzige! Seine Geschichte wird im Gleichnis vom barmherzigen Vater und seinen beiden Söhnen aufgegriffen (vgl. Lk 15,1ff). Jesus Christus ist auf seine Art vollkommen wie sein Vater im Himmel (vgl. Mt 5,17f). So erweist er sich als die „Rache Gottes". Durch ihn kommt ein beziehungsgerechter Ausgleich zustande. Denn nur Gottes rechtfertigende Gerechtigkeit überwindet die Schuld und Sündengeschichte. Aus der Perspektive der Auferstehung fällt neues Licht auf die Leidensgeschichte sowohl des jüngeren wie des älteren Sohnes. Sowohl in der Ferne wie in der Nähe wird das Angebot des göttlichen Ausgleichs offenbar.

Barth: An der Grenze von psychologischen und spirituellen Fragestellungen stellst du manchmal die vier Triebe auf, nämlich den Kommunikationstrieb, den Nahrungstrieb, den Spieltrieb und den Geschlechtstrieb. Was haben die Triebe mit Spiritualität zu tun?

Imhof: Die Übergänge zwischen Psychologie und Spiritualität sind fließend. In einem konkreten Menschen sind alle Perspektiven mehr oder minder reflektiert zugänglich. Plakativ gesagt: Der Kommunikationstrieb kann in spiritueller Perspektive in der Theologie aufgerufen werden. Denn Beten ist Kommunikation mit Gott. Die Götter und Götzen haben in der Scheinkommunikation ichren Ort. Der Nahrungstrieb kann anhand von Brot und Wein, den Heilszeichen Jesu Christi in der Christologie bedacht werden. Das entsprechende Pendant des Todestriebes kann in der Traumatherapie und Dämonologie erörtert werden. Während der Spieltrieb im freiwilligen Lernen sichtbar wird – die Pneumatologie reflektiert das entsprechende Wirken des Heiligen Geistes – wird der Geltungstrieb in soziologischen Zusammenhängen manifest. In der Ekklesiologie, der Lehre von der Kirche, lässt sich sowohl der Geschlechtstrieb als auch der Machttrieb thematisieren. Die Soziologie stellt wichtige Kategorien für das gesellschaftliche Verstehen zur Verfügung. Man spricht von der Notwendigkeit des Machtgleichgewichts oder der Notwendigkeit von Revolutionen.

Barth: Das erinnert mich an eine Aufstellung, die ich im Rahmen eines meiner Seminare gemacht habe. Die Aufstellung war im Verlauf des Seminars äußerst zentral. Wir haben das „babylonische Prinzip" aufgestellt. Dazu muss man vielleicht wissen, dass wir uns zuvor mit dem Sündenfall beschäftigt und ihn in Szene gesetzt haben. Da geht es ja letztlich um das Auseinanderbrechen der Liebe zwischen Mann und Frau und das Zerbrechen einer paradiesischen Einheit. Die Frage: Wie erlange ich Erlösung? ist menschheitsgeschichtlich immer wieder gestellt worden und klingt eigentlich ganz simpel: Die Antworten fallen allerdings doch recht unterschiedlich aus. Der babylonische Mythos hatte dazu einiges zu bieten und nicht umsonst ist noch in der Offenbarung von der „Hure Babylon" die Rede.
In der Mitte der Stadt Babylon stand die Zikkurat, ein Bauwerk, das stufenartig angelegt war. Als Turm zu Babel ist es das Weltquadrat der Innerweltlichkeit, auf dem versucht wird, in den Himmel zu kommen: Die Zikkurat entsteht, indem Weltquadrat über Weltquadrat geschichtet wird. Oben ist der Tempel des Marduk. Im Namen des Marduk wurde alljährlich in Babylon der Kampf der Geschlechter in Szene gesetzt, der Kampf zwischen dem weiblichen Prinzip, der Tiamat (der Urschlange aus dem Wasser), und dem männlichen Prinzip, Marduk.
Aufgestellt haben wir nun Folgendes: An den vier Ecken des Weltquadrats habe ich die vier Grundkräfte aufstellen lassen, wie sie in der Offenbarung in

den vier apokalyptischen Reitern sinnbildlich repräsentiert sind. In der griechisch-römischen Mythologie kommen sie in den Planetenkräften und den vier Grundkräften von Mars (Kampf, schwarzes Pferd), Aphrodite (Ästhetik, Generativität, Gesundheit, fahles Pferd), Jupiter (Macht, weißes Pferd) und Merkur (Wort, Handel, rotes Pferd) zum Ausdruck. Mann und Frau, Sonne und Mond, männliches und weibliches Prinzip kämpften in der Mitte. Die eigentliche Mitte, um die herum der Kampf stattfand, war unbesetzt geblieben. Das Spannende war nun, sobald sich die vier Grundkräfte nach außen gewandt haben und für die Kommunikation offen wurden, dass auch der Kampf der Geschlechter zur Ruhe kam und plötzlich Platz wurde für das achte Element, das sich als Kind in der Mitte inkarnierte.

Imhof: Die Johannesoffenbarung, aus der ja das Symbol der „Hure Babylon" stammt, ist eine Grundfolie, auf der sich unterschiedlichste Themen aufstellen lassen. Solange sich die griechischen Götter wie Schatten auf die apokalyptischen Reiter gelegt hatten, also als Repräsentanten der Scheinkommunikation fungierten, konnte es keine echte Lösung geben. Wenn jedoch offenbar wird, dass die Christuskraft im weißen Reiter steckt und die anderen Reiter drei Helfer Christi sind, findet das aufgestellte System einen Ausweg.

Barth: Der Vorwurf vieler wissenschaftlich arbeitender Psychologen an eine Art von Aufstellungsarbeit, wie du und ich sie machen, ist, dass geistliches Familienstellen im Grunde nichts anderes ist als eine Form des Wünschelrutengehens – und dass z. B. Erzengel nette imaginative Einbildungen ohne Bezug zu einer messbaren Wirklichkeit sind. So behauptet das Ehepaar Churchland (ein Philosophenehepaar aus Kanada), dass man im Laufe des neurowissenschaftlichen Fortschrittes einfach zugeben muss, dass es eben keine mentalen, sondern nur neuronale Zustände gibt. Die Beschäftigung mit Yoga oder Religion wäre demnach dann nur so etwas wie die Beschäftigung mit „Herr der Ringe" – ein nettes imaginatives Glasperlenspiel ohne Auswirkung – ohne Bedeutung für Gesundsein oder ein gutes Leben.

Imhof: So ist es aber nicht.

Barth: Ganz unberechtigt finde ich solche Kritik nicht. Ich erlebe in meinen Kursen auch Menschen, die in einer Art platter Naivität an Engel oder andere Kräfte glauben und auf eine nahezu abergläubische Art ihr Bett in der Wohnung verrücken, immer wieder den Elektrosmog ausmessen lassen und in großer Angst vor unbestimmten Strahlungen leben. Die Wohnung wird regelmäßig ausgeräuchert, und es sei erforderlich, auf eine ganz bestimmte Art und Weise „richtig" zu leben, der Natur, wenn man ihr etwas nimmt, auch etwas zurück zu geben – beim Brechen dieser „Gebote" droht eine Art Fluch. In solchen Fällen ist mir die Wissenschaft manchmal näher als manche Privatmythologie.

Imhof: Es kommt darauf an, was unter Wissenschaft zu verstehen ist. Und: Was ist Spiritualität?

Das aufhaltende Prinzip und die Wiederkunft Christi

Barth: Ich gehe davon aus: Der Leibhaftige bzw. das Leibhaftige hindert das Spirituelle. Manchmal hindert aber auch ein spiritueller Machtanspruch das eigentlich Spirituelle. Was ist das, was die Wiederkunft Christi aufhält?

Imhof: Im zweiten Thessalonicherbrief spricht Paulus vom Katechon, d. h. „das Aufhaltende" bzw. „der Aufhaltende" (vgl. 2 Thess 2,6-7). Es handelt sich um eine paradoxe Größe, die die Wiederkunft Christi aufhält. So ist sie deswegen einerseits böse, andererseits gut, weil dadurch der Anti-Christ noch nicht erscheint (vgl. 1 Joh 1,18.22; 2 Joh 1,7). Das Katechon ist die Basis jeder Macht. Es ist auf vielen Ebenen aktiv. Das Katechon wird in der Offenbarung des Johannes als der Anti-Christus, d. h. als eine christusähnliche Macht inszeniert. Ist Joseph Ratzinger als Papst Benedikt XVI. letztlich deswegen zurückgetreten, weil er sich als Katechon verstanden hat, als jemand, der der wiederkehrenden Christuswirklichkeit im Weg steht? Ein frommer Mann!

Barth: Was geschieht, wenn alle aufhaltenden Mächte keine wesentliche Rolle mehr spielen?

Imhof: Dann ist die Zeit gekommen, in der die Menschen ohne Gesetz das Sagen haben. Ein Gesetzloser im Sinne des Paulus ist jemand, der weder die Thora des Moses noch die Thora Jesu, d. h. die Weisung zum Leben, achtet.

Barth: Paulus schreibt: „Dann wird der gesetzlose Mensch allen sichtbar werden, Jesus, der Herr, wird ihn durch den Hauch seines Mundes dahinraffen und durch den Glanz seiner Ankunft vernichten. Der Gesetzlose aber wird bei seiner Ankunft die Kraft des Satans haben. Er wird mit großer Macht auftreten und trügerische Zeichen und Wunder tun" (2 Thess 2,8-9).

Imhof: Der Bamberger Reiter im Dom repräsentiert Christus als weißen Reiter (vgl. Offb 19,11). Auf ihn trifft das Wort zu, mit dem der Prophet Jesaja das messianische Friedensreich angekündigt hat. „Er richtet vielmehr die Geringen gerecht, entscheidet richtig für die Armen im Land; den Gewalttätigen schlägt er mit dem Stab seines Mundes und tötet den Frevler mit dem Hauch seiner Lippen" (Jes 11,5).

Barth: Und im Buch Hiob heißt es: „So viel ich sah, musste, wer Bosheit pflügte und Unheil säte, dies auch ernten. Durch Gottes Odem gingen sie zugrunde und schwanden hin durch seines Zornes Hauch" (Hiob 4,8-9).

Imhof: Sobald das Katechon, das aufhaltende Prinzip, überwunden ist, entsteht ein spiritueller Raum für die Präsenz des wiederkehrenden Christus.

Die acht Seligpreisungen in der Johannesoffenbarung

Barth: In diesem Raum können die acht johanneischen Seligpreisungen als Worte des wiederkehrenden Christus gehört werden.

Imhof: Während unseres Ausbildungskurses in christozentrischem Familienstellen haben wir ein entsprechendes Experiment gemacht.

Barth: Machen wir uns noch einmal klar, wen du da hast aufstellen lassen. Da war zuerst das „verkündete Evangelium", Seligpreisung (1) (vgl. Offb 1,3). Die Offenbarung des Johannes will nicht als „Apokalypse" im Sinne des Weltuntergangs gelesen sein, sondern im Sinne der „Apokalypse" als Enthüllung der inneren Brautgestalt der Welt, als Evangelium. Dann waren da die Rezipienten des Evangeliums, jene Menschen, die anhand des Langtextes der Apokalypse unterscheiden und sehen lernen: Das vergeht und das bleibt. Sie leben von der „Deutung", dem Hindeuten auf die Wirklichkeit. Sie hören im Lärm dieser Welt den Klangteppich des verkündeten Evangeliums. So hast du dich ausgedrückt. Welche Glückseligkeit: das „gehörte Evangelium" (2) (vgl. Offb 1,3)! Gegen Ende der Offenbarung steht das „tragende Wort" (7) (vgl. Offb 22,7), das im Leben und im Sterben durchträgt. Schon erstaunlich, was für eine Rezeptionsgeschichte die Apokalypse noch vor sich hat!

Imhof: Die übrigen Seligpreisungen wurden durch Rollen für das „heilsame Sterben" (3) (vgl. Offb 14,13), den „schützenden Mantel" (4) (vgl. Offb 16,15) und die „mystische Einladung zum Hochzeitsmahl" des Lammes (5) (vgl. Offb 19,9) dargestellt, jenes Widderlammes, das als Frühlingspunkt und als Zerbrechen des unendlichen Kreislaufs in der Hostie beim Abendmahl aufleuchtet und in der Offenbarung den auferstandenen Christus als „Taliah", das Lamm Gottes, verkörpert. Schließlich wurde noch die Repräsentanz der „österlichen Existenz" (6) (vgl. Offb 20,6) aufgestellt.

Das 1000-jährige Reich sollte nie einer nationalsozialistischen Ideologie überlassen werden, sondern es ist die Zeitansage der real existierenden, innerweltlichen Möglichkeiten einer österlichen Existenz, während der alles zukunftslos Böse zum Verschwinden gebracht wird. Selig, wer diese Erfahrung schon hier und jetzt machen darf. Über den oder die hat der zweite Tod, die Hölle als Alternative, keine Macht mehr. Letzte Repräsentanz: Die Menschen, die hier und jetzt ihrem Beruf gewissenhaft nachgehen, die sich die „Stola" ihres Amtes anlegen und sie rein halten. Das sind jene, die im Kraftfeld der Taufgnade von Gestalt zu Gestalt verwandelt werden, bis sie schließlich durch das Tor des himmlischen Jerusalem in die Mitte der Wirklichkeit eintreten dürfen – seien es Busfahrerinnen, seien es Professorinnen, seien es Schuster oder seien es, meinetwegen, auch Pfarrer (vgl. Offb 22,7). Wer aus der Mitte des Evangeliums lebt, sich die Stola seiner Berufung überzieht – „die reine Aufgabe" (8) (vgl. Offb 22,14) – darf schon hier und jetzt anfangen, die Früchte des Lebensbaumes zu genießen, der im Paradies Gottes steht (vgl. Offb 2,7).

Barth: Was für mich wirklich spannend war, ist die Tatsache, dass sich alle diese acht Seligpreisungen, die sich in der Johannesoffenbarung finden, zu einer sinnvollen Einheit fügten: In der Mitte lag der Mensch, dargestellt von einer Frau, die hingebungsvoll im Herrn starb, berührt von der „mystischen Einladung" (5), die ich verkörpert habe. In dieser Rolle erfüllte mich eine tiefe Traurigkeit aber auch eine außergewöhnlich tiefe Liebe zu dem sterbenden Menschen. Welch „heilsames Sterben" (3). Ich habe mich zu dem Sterbenden heruntergebeugt. Die „österliche Existenz" (6) stand dagegen aufrecht und hat die Hand der Sterbenden gehalten, sie war gewissermaßen jene Fortführung aus dem Tränental hinein in das 1000-jährige Reich, in jene österliche Hoffnung, die wir hier auf Erden erleben dürfen. Über all dem breitete sich der „schützende Mantel" (4) der Liebe aus. Diese Rollen waren gewissermaßen die Mitte, um die herum sich das „verkündete Evangelium" (1) und das „gehörte Evangelium" (2) stellten. In der Aneignung auf die Mitte hin wird das ewige Evangelium gehört und als „tragendes Wort" (7) erlebt. Zuletzt suchte noch die „reine Aufgabe" (8) ihren Platz. Im Umkreisen dieses innerweltlichen Geschehens fand sie ihren Ort.

Imhof: Die „Mitte der Welt" ist der Heilige Geist, der auf diese Weise zur Anschauung gebracht werden konnte. Er bleibt unzerstörbar. Die prophetischen Worte der Johannesoffenbarung erwiesen sich als das „tragende Wort".

Spirituelle Theologie im interreligiösen Prozess

Barth: Seit Jahren hältst du Vorlesungen über spirituelle Theologie im interreligiösen Prozess. Was treibt Menschen dazu, sich mit verschiedenen Religionen zu befassen?

Imhof: Bei vielen ist es zunächst wissenschaftliche Neugier, auch ein gewisses Interesse an Aufklärung und Verstehen-wollen kommt hinzu. Tiefer gesehen steckt bei manchen aber auch ein eigener Identitätsverlust dahinter. Denn wer sich in der eigenen Glaubens- und Lebenswelt nicht mehr zu Hause fühlt, sucht Neues und Fremdes. Banal gesprochen: Warum geht jemand fremd? Im Eigenen gibt es nicht mehr genügend Raum, um sich verstanden zu fühlen! Die Kommunikation ist gestört. Anklagend kommt der Prophet in den Sinn, der Israel vorwirft: Du wirst doch nicht fremden Göttern nachlaufen!

Barth: Vielleicht gibt es ein ursprüngliches Interesse, ein integrierter Teil der einen Menschheit zu sein, die in dem Einen Gott ihren Ursprung und ihr Ziel hat.

Imhof: Religionswissenschaftliche Fragestellungen machen im Grunde nur dann einen Sinn, wenn damit eine neue, spirituell befriedigende Praxis einhergeht. Interessant ist nun, dass manche, die aus der Enge ihres traditionellen Religionsverständnisses ausgebrochen sind, anschließend das Wesen des christlichen Glaubens neu entdeckt haben: Eine lebendige Beziehung zum auferstandenen Jesus Christus im Kontext einer multikulturellen und multireligiösen Welt.

Barth: In diesem Zusammenhang will ich noch von einer Erfahrung erzählen, die ich Nepal machen durfte. Ich war im November 2014 mit zwei Freunden dort, noch vor dem Erdbeben. Wir haben dort buddhistische Orte besucht, deren Sinn ich erst nicht verstanden habe und der mir plötzlich – nachdem ich nach Deutschland zurückgekehrt war – jedoch hell und klar vor Augen stand. Inzwischen sind diese Stupas durch das Erdbeben z. T. zerstört.

Imhof: Das ist wirklich schade, was dort passiert ist. Welchen Sinn meinst du?

Barth: Ich habe mich mit dem Konzept der Adibuddhas aus dem tibetischen Buddhismus beschäftigt. Die Stupas sind eine bildliche Darstellung dieses Konzepts. Ein Stupa besteht ja aus einer Art Kuppel (Muttersymbol), auf der sich eine Art Turm (männliches Symbol) befindet, an dessen Spitze ein Juwel (Symbol für Erleuchtung) sitzt. Kuppel und Turm verkörpern den zentralen Bodhisattwa Vairacana mit seiner Aura. Er emaniert in vier verschiedene weitere Buddhaformen. In den Nischen am Fuß der Kuppel sind diese vier Buddhas im Uhrzeigersinn um den Stupa herum entsprechend den vier Himmelsrichtungen angeordnet. Diese Art der Darstellung verdankt sich eigentlich einem schamanischen Konzept, das aus der dortigen Boen- bzw. Bon-Religion stammt und das sich an den Himmelsrichtungen und dem Zentrum des Kosmos orientiert.

Imhof: Vermutlich kamen dir aufgrund deines Studiums der Johannesoffenbarung einige Assoziationen.

Barth: Ja. Ich habe Ähnlichkeiten mit der Offenbarung des Johannes feststellen können. Die Offenbarung kennt sechs Christuserscheinungen: Christus als Mitte der Gemeinde (Offb 1,9ff), Christus als Widderlamm (Offb 5), Christus als das Kind, das von der himmlischen Frau geboren wird (Offb 12), erneut Christus als Widderlamm auf dem Zion, wo das Widderlamm die Engelsvision einleitet und der Menschensohn in den Wolken erscheint, um die Ernte an der Welt zu vollziehen (Offb 14). Schließlich Christus auf dem weißen Pferd als der Logos der Welt (Offb 19,11ff). Zuletzt Christus als der Bräutigam für die Braut Jerusalem (Offb 21,2.9–11; 22,16–20).

Imhof: Und wie bringst du diese Christusikonen mit den Stupas in Verbindung?

Barth: Nun ist es bei den Adibuddhas so, dass der zentrale Buddha in weißer Farbe und in Vereinigung mit seiner Frau dargestellt wird, ganz ähnlich wie in der Offenbarung Braut und Bräutigam. Wenn man Christus, das Widderlamm in den Frühlingspunkt setzt, könnte man einen christliche Stupa erzeugen: Das Widderlamm im Osten, der von der Frau geborene Christus im Süden, der Christus der Ernte im Westen und schließlich der Logos-Christus im Norden. Der Christus als Bräutigam wäre dann zugleich die Mitte der Welt und seiner Gemeinde. Er würde dann gewissermaßen die zentrale Gestalt abgeben.

Wenn der Vorstellung von den Adibuddhas ein schamanisches Konzept zugrunde liegt, das in den Buddhismus eingewandert ist, kann man spekulieren, dass Johannes vielleicht dieses Konzept kannte, was meinst du?

Imhof: In Ephesus, am Ende der Seidenstraße, gab es schon immer einen regen Austausch über religiöse und kulturelle Vorstellungen in Ost und West. Von daher könnte Johannes dieses Konzept durchaus gekannt haben.

Barth: Und weiter ist mir aufgefallen, dass es da ja ähnlich wie in einer Schwitzhütte in der Johannesoffenbarung im Grunde vier Aufgüsse für den Kosmos gibt: Den ersten Aufguss, den man mit den sieben Siegeln in Verbindung bringen kann. Hier stellt sich die Frage: Was sind die Kräfte, die die Welt im Innersten zusammenhalten. Dargestellt werden sie in den vier apokalyptischen Reitern. Es sind Kräfte, die noch heute unsere Welt und unsere individuelles Sein bestimmen: Macht, Kampf, Wirtschaft und die Frage nach Gesundheit bzw. wie entkomme ich dem Tod. Der zweite Aufguss gehört zur Posaunenvision, die bewusst macht, dass bereits ein Drittel von allem dem Untergang geweiht ist. Auch heute, wo uns so vieles bereits klar ist, wird die Welt global erschüttert durch Klimawandel, Fundamentalismen, einseitigen Kapitalismus u. a. Wir können aber den fahrenden Zug kaum noch aufhalten. Bei der Engelsvision erfolgt der dritte Aufguss, der das Bewusstsein für die Transformation unterstützen soll. Wie kann die Welt, die persönliche wie die globale, trotz der Katastrophen zum Ort des ewigen Evangeliums werden (vgl. Offb 14,6)? Das Wort „Katastrophe" gibt die Richtung vor. Wörtlich bedeutet es eigentlich „umwenden". Nur indem die Welt von innen nach außen gekehrt wird, nur durch die Kehre zur heilsamen Kommunikation beginnt die Wandlung. Nicht Götter als Symbolgestalten von unpersönlichen Kräften und Mächten, sondern Engel, die Symbolgestalten für den kommunikativen Gehalt der

Welt, läuten diese Kehre ein. Zuletzt die Schalenvision, bei der es zum heißesten Aufguss kommt. Hier wird nun alles ausgebrannt, was den Blick auf die eigentliche Gestalt der Welt, die Brautgestalt, verstellt. Was bleibt, wenn alles untergeht? Die Antwort verweist auf das himmlische Jerusalem und die „Hochzeit des Lammes".

Galatische Schwitzhütten, Paulus und Abraham

Imhof: Im Jahreskreis feiern wir vier Galatische Schwitzhütten – eine Schöpfungshütte, eine Engelhütte, eine Sternenhütte und eine Osterhütte.

Barth: Bei solchen Schwitzhütten geht es um eine ganzheitliche, insbesondere auch körperliche Erfahrung. Wenn wir von der Inkarnation des Geistes im Körper sprechen, gehen wir dann davon aus, dass die Materie gut ist?

Imhof: Ja. Allerdings sitzt der positive Humanismus meist einem Materialismus auf, der davon überzeugt ist, dass in der materiellen, körperlichen Welt unendliche Entwicklungsmöglichkeiten stecken. Das ist einerseits richtig, andererseits gibt es das Problem, dass im Körper bereits beim Abbau von Zellen Auseinandersetzungen mit den Krankheiten und den Schrecken des Todes stattfinden. Der Körper ist auch bei asketischen und libidinösen Vorstellungen Formen von Gewalt ausgesetzt. Ja sogar noch radikaler formuliert: Körper ist Krieg (Rainer Langhans). Auch im Diktum von Ludwig Wittgenstein „die Bedeutung ist der Gebrauch" kommt dies zum Ausdruck.

Barth: Ja, leider ist der Körper nicht nur ein Ort der Freiheit, der Freude und der Lust, sondern auch ein Bereich der Unterdrückung, der Schmerzen, der Ohnmacht und der Schwäche.

Imhof: Kein Grund zur Resignation! Manchmal hilft schon ein freier Tag im Gebirge, in einer Sauna oder in einer Schwitzhütte.

Barth: Bei leibfreundlichen Schwitzhütten, in denen rücksichtsvoll miteinander umgegangen wird, machte ich die Erfahrung, dass auf die eigene Freiheit und die der anderen geachtet wird. In solchen Schwitzhütten können Menschen körperlich neu zustande kommen. Allerdings werden solche Erfahrungen von außen oft sehr kritisch beurteilt.

Imhof: Das stimmt! Welche Emotionen werden z. B. im kirchlichen Milieu losgetreten, wenn die Rede auf Schwitzhütten kommt! Die Angst vor einem religiösen Synkretismus, bei dem alles für gleich gut erklärt wird, beherrscht manche kirchlichen Amtsträger. So reden sie warnend über Dinge, die sie selbst oft nicht erlebt und von denen sie daher keine Ahnung haben.

Barth: Die Hütten, an denen du leitend mitwirkst, haben meines Wissens ihre spirituellen Wurzeln bei den christianisierten Kelten Kleinasiens, den Galatern. Kannst du das näher erklären?

Imhof: Darüber habe ich schon ausführlich geschrieben, z. B. in meinem Buch über „Christliches Familienstellen". Entweder lässt sich jemand von den eigenen Ängsten beherrschen oder er findet den Mut zur Inkulturation des Evangeliums.

Barth: Was heißt das?

Imhof: Der Apostel Paulus wurde den Römern ein Römer. Die Frage nach Recht und Unrecht sind typisch für die römische Kultur. Das Evangelium bietet im Römerbrief dazu eine Alternative: Die Rechtfertigung aus Gnade. Welche Inkulturation in die römische Welt!
Den Kelten Kleinasiens wurde Paulus ein Kelte. In dieser schamanischen Kultur, die die Mutter Erde und den Mond verehrte, und eine Wiedergeburtslehre kannte, predigte Paulus die Lehre von der Auferstehung Jesu als die Wiedergeburt schlechthin und das Evangelium vom himmlischen Jerusalem, das eine neue Muttererfahrung für die kleinasiatischen Kelten bedeutete. Da viele Galater auch von judaisierenden Wanderpredigern beeindruckt waren, holte Paulus ganz weit aus.

Barth: Er vermittelte die Welt des Abraham.

Imhof: Deshalb sollten auch wir einmal ausführlich auf Abraham und sein Familiensystem zu sprechen kommen, um Inkulturationprozesse zu verstehen, durch die das Evangelium bei Menschen unterschiedlichster Herkunftsgeschichte ankommen kann.

Barth: Die biblischen Texte, die sich mit Abraham befassen, sind sehr umfangreich. Mehrere Kapitel im Buch Genesis erzählen von dem Gottesfreund und seiner Geschichte (vgl. Gen 11,27-25,11). Was hat dieser Vater des Glaubens mit Inkulturationsprozessen zu tun?

Imhof: Im Neuen Testament befasst sich der Apostel Paulus ausführlich mit der Wirkungsgeschichte Abrahams. Er zieht daraus für den Glauben der Galater, die vom Geist bewegt das Evangelium von Jesus Christus angenommen hatten, überraschende Schlüsse.

Viele Verse, die von Abraham, dem Gottesfreund und Propheten handeln, stehen auch im Koran. Aufgrund seines Glaubens an den einen Gott gilt er für Muslime als vorkoranischer Muslim. So werden die drei monotheistischen Religionen, nämlich Judentum, Christentum und Islam als abrahamitische Religionen bezeichnet.

Barth: Ergeben sich aus einer familiären Aufstellung des Systems Abraham vielleicht sogar Konsequenzen für ein neues gegenseitiges Verständnis der drei Religionen?

Imhof: Davon bin ich überzeugt. Doch zunächst einige topographische Vorbemerkungen. Abraham und seine Sippe sind im „fruchtbaren Halbmond" unterwegs. Wichtige Stationen sind Harran und Ur, das heutige Sanliurfa in der Südosttürkei. Nach islamischer Tradition ist Abraham dort in einer Grotte geboren. In seiner Geburtshöhle am Fuß des Burgberges entspringt eine Quelle. Viele Geschichten über Abraham und Nimrod werden noch heute in diesem muslimischen Wallfahrtsort erzählt. Nach vielen Wanderungen durch das Land der Kanaanäer und Ägypter wurde Abraham in Hebron begraben. Ortstraditionen über seine Glaubenserfahrungen werden in Bethel, Beerscheba und Mamre festgemacht. Sein Neffe Lot zog bis ins Gebirgsland von Seir. Von Ismael, dem Sohn Abrahams und der Hagar und dessen Nachkommen, heißt es: „Und sie wohnten von Hawila an bis nach Schur östlich von Ägypten nach Assyrien hin" (Gen 25,18; vgl. Gen 2,11).

Isaak, der Sohn Abrahams und der Sara, übernahm das Erbe. Die Enkel Abrahams, die Zwillinge Esau und Jakob entstammten der Ehe Isaaks mit Rebekka. Die zwölf Stämme Israels entstanden durch die Verbindung Jakobs mit Lea und Rachel. Das Profil dieser Personen lässt sich anhand der biblischen Texte gut erarbeiten.

Barth: Es wäre interessant, einmal deren Präsenz und Bedeutung in einer weiteren systemischen Aufstellung zu erfahren. Aber zurück zu Paulus und der Frage nach dem Inkulturationsprozess.

Imhof: Der Apostel Paulus warnt die Galater, sich wieder den Elementarmächten, den „stocheia" (griech.) der Welt zu unterwerfen (vgl. Gal 4,3). Eine Geschichte aus der islamischen Tradition erläutert, was im orientalischen Kontext damit gemeint sein könnte:
Terach, der Vater Abrahams, war irgendwo unterwegs, jedenfalls nicht bei seinen Zelten. Und Abraham inszenierte seinen Vater-Sohn-Konflikt zu Hause, nämlich in Harran, am Nordrand des neubabylonischen Reiches gelegen. In der Stadt existierte ein großer Sin-Tempel. Doch nicht nur der Mond, sondern auch alle anderen Gestirne waren für das Selbstverständnis der Bevölkerung wichtig, die aus Stadtbewohnern, Ackerbauern und aramäisch sprachigen Nomaden wie Abraham und seiner Verwandtschaft bestand. Wer sich mit den Konstellationen am Himmel auskannte, dem traute man auch zu, die Verhältnisse auf Erden in die richtigen Bahnen zu lenken: Wie am Himmel, so auf Erden. Doch welches Missverständnis, wenn nicht die Frage nach Gott und den Göttern geklärt ist. Denn wie im Himmel ist nicht wie am Himmel!
Der Legende nach zerschlug Abraham die Götterfiguren auf dem Hausaltar im Zelt, Marduk und Kevan und wie die Planeten und Gestirne eben alle hießen. Nur den größten unter ihnen ließ er stehen und drückte ihm den Stecken in die Hand. Man kann sich gut das Entsetzen seines Vaters Terach vorstellen, als er nach Hause kam. „Was hast du gemacht", brüllte er wohl seinen Erben an. Doch Abraham zog seine Inszenierung durch. „Der Große dort", so antwortet er, „ist an allem schuld. Er hat ja noch den Prügel in der Hand!" Der Zorn Terachs nahm zu. Die Halsschlagader schwoll an. Sein Gesicht wurde puterrot: „Das kann doch nicht wahr sein! Das sind doch alles tote Figuren!" Nun trumpfte Abraham auf: „Und an sowas glaubst du?" Die Welt der Konstellationen am Himmel und auf Erden können doch nicht das personale Gegenüber für Glaube, Hoffnung und Liebe sein!

Barth: Vor diesem Hintergrund hören sich die Verse aus dem Galaterbrief noch einmal ganz anders an. „So waren auch wir, solange wir unmündig waren, Sklaven der Elementarmächte dieser Welt." (Gal 4,3)

Imhof: Und weiter heißt es: „Einst, als ihr Gott noch nicht kanntet, wart ihr Sklaven der Götter, die in Wirklichkeit keine sind. Wie aber könnt ihr jetzt, da ihr Gott erkannt habt, vielmehr von Gott erkannt worden seid, wieder zu den schwachen und armseligen Elementarmächten zurückkehren? Warum wollt ihr von neuem ihre Sklaven werden? Warum achtet ihr so ängstlich auf Tage, Monate, bestimmte Zeiten und Jahre?" (Gal 4,8-10)
Die schwachen und armseligen Elementarmächte (vgl. Gal 4,9) sind etwas Geschaffenes, dürfen also nie mit Gott, dem Ewigen verwechselt werden. Nur ihm, dem HERRN der Welten, gebühren die Anbetung, der Lobpreis und die Ehre. Gott ist ungeschaffener, transzendenter Geist, der ursprungslose Ursprung, jenseits des Sternenhimmels, Gott Zebaoth also.

Barth: Der Galaterbrief wird als der kleine Römerbrief bezeichnet. Christologisch gewendet heißt es entsprechend im Römerbrief: „Denn ich (Paulus) bin gewiss: Weder Tod noch Leben, weder Engel noch Mächte, weder Gegenwärtiges noch Zukünftiges, weder Gestirne im Aufgang noch im Untergang, noch irgendeine andere Kreatur, können uns scheiden von der Liebe Gottes, die in Christus Jesus ist, unserem Herrn." (Röm 8,38-39)

Imhof: Christus, der ewigkeitliche Messias stammt aus der himmlischen Welt, aus dem Jerusalem, das oben ist. Von dieser überirdischen, geistigen Welt bezeugt der Apostel Paulus den Galatern: „Das himmlische Jerusalem ... ist unsere Mutter" (Gal 4,26). Um zu erläutern, was mit diesem Jerusalem gemeint ist, zitiert Paulus den Propheten Jesaja (vgl. Gal 4,27, Jes 54,1). Liest man im Propheten Jesaja weiter, dann gewinnt das himmlische Jerusalem noch mehr Gestalt (vgl. Jes 54,5.11b-13).

Barth: Und für das erweiterte Verständnis kann man sicher auch die Johannesoffenbarung dazu nehmen: Dort erscheint das himmlische Jerusalem mit seinen theozentrischen und christozentrischen Dimensionen (vgl. Offb 21,1-23). Johannes sieht „die Heilige Stadt, das neue Jerusalem von Gott her aus dem Himmel herabkommen; sie war bereit wie eine Braut, die sich für ihren Mann geschmückt hat" (Offb 21,2). Die Metapher von der Braut, der Frau also, die zur Mutter werden kann, ist gemäß der Logik des Geistes zu verstehen. Diese Braut ist „die Frau des Lammes" (vgl. Offb 21,9-10). Zu ihm, dem Christus sagen der Geist und die Braut: „Komm" (vgl. Offb 22,17).

Imhof: Im scharfen Kontrast zur Botschaft vom himmlischen Jerusalem stand die religiöse Alternative, wie sie in der galatischen Hauptstadt Ankyra, dem heutigen Ankara, praktiziert wurde. Von Staats wegen war ein Sakralraum zur Verfügung gestellt worden, in dem sowohl kosmologische als auch politisch motivierte Frömmigkeit ihren kultischen Ort hatte. Der Tempel war der keltischen Mondgottheit MEN und der Stadtgöttin ROMA geweiht. Nicht die heilige Stadt Jerusalem, sondern ROMA, der Inbegriff römischer Herrschaft, sollte die Sehnsucht der Menschen nach Frieden, Glück und Seligkeit stillen. Das Monumentum Ankyranum, auf dem die Taten des römischen Kaisers Augustus gerühmt werden, zierte die Tempelwände.

In einem langwierigen Prozess der Inkulturation des Evangeliums versucht die Römische Kirche das Erbe der Idee vom ewigen Rom anzutreten. Doch nicht nur dies, sondern als Mutter Kirche will sie die Botschaft vom himmlischen Jerusalem realisieren. Ein langer Weg von der Römischen Kirche zur Heiligen Römischen Kirche, vom irdischen Jerusalem zum himmlischen Jerusalem!

Barth: Um noch einmal Paulus zu zitieren: „Das himmlische Jerusalem aber ist frei, und dieses Jerusalem ist unsere Mutter." (Gal 4,26).

Das Prinzip Stellvertretung und die abrahamitischen Religionen

Imhof: Im Brief an die Galater heißt es im letzten Kapitel: „Einer trage des anderen Last, auf diese Weise erfüllt ihr die Thora Christi" (Gal 6,2). Wie für Juden die Thora des Moses gilt, so ist für Christen die Thora Jesu die Weisung zum Leben. Welche Aufforderung im Galaterbrief, stellvertretend aktiv zu werden und zwar wechselseitig! Dabei geht es nicht um Vergleichen, sondern um eine authentische Selbstverantwortung, die bereit ist, sich den anderen methodisch zur Verfügung zu stellen (vgl. Gal 6,3-5). Dazu gehört auch, zu akzeptieren, dass ein anderer die eigene Last übernimmt, sie trägt, wieder ablegt und so zu seiner eigenen Selbstverantwortlichkeit zurückkehrt. Mit dieser Entschiedenheit zu produktiver Kommunikation ist es möglich, sich in der Kontinuität der Heilsgeschichte systemisch zu positionieren.

Barth: Wie lässt sich nun das Prinzip Stellvertretung anhand des Galaterbriefes systemisch durchführen?

Imhof: Als neutestamentliche Textvorgabe bietet sich die Geschichte von Abraham, seinen zwei Frauen und seinen beiden Söhnen an, zudem jemand, der das glaubenstreue Judentum repräsentiert und jemand, der für das christliche Galatertum steht (Gal 4,21-31). Hinzu kommen jene Personen, die im Duktus der abrahamitischen Religionen – Judentum, Christentum, Islam – nach ihrem Platz suchen, so dass sie in Frieden miteinander leben können.

Barth: Lässt sich so vielleicht auch der Falle des Antijudaismus und der Islamphobie entgehen?

Imhof: Durchaus! Das Ziel einer solchen abrahamitischen Aufstellung und deren Evaluation besteht darin, realistische Auswege aus aktuellen Konfliktsituationen zu finden. Was können Menschen tun, die aufgrund ihres bisherigen Religionsverständnisses zu Feinden wurden? Wie kommt anstelle von Hass und Unfrieden der Friede zustande?

Barth: Ist beim systemischen Aufstellen – einer besonderen Form von geistlicher Begleitung – der Unterschied von irdischem, endlichem und überirdischem, ewigem Leben zu berücksichtigen, d. h. von irdischem und himmlischen Jerusalem?

Imhof: Ja. Erst dann werden viele Konflikte verstehbar. So lassen sich Lösungen erarbeiten, bei denen jeder seinen Platz innerhalb der abrahamitischen oder nicht-abrahamitischen Menschheit findet. „Doch wie damals der Sohn, der geboren war nach dem Fleisch, den verfolgte, der geboren war nach dem Geist, so geschieht es auch jetzt" (Gal 4,29). Im großen Herzen des GEISTES haben alle Söhne und Töchter Abrahams ihr Daseinsrecht. Für den genetisch mit Abraham nicht verwandten Galater, der durch das Evangelium zu dem Glauben an den Gott Abrahams kam, ist es wichtig zu erkennen, wo er seinen Platz in der Heilsgeschichte hat. Es geht dabei auch um den Kelten in uns. Zu diesem Zweck wird der unabbildbare, unsichtbare, eine Gott in der Dreifachheit seiner Selbstoffenbarung repräsentiert, wie sie im Christentum bezeugt wird.
Wie wirkt der Heilige Geist durch Abraham? Jemand stellt sich als Repräsentant stellvertretend hinter den Vater des Glaubens. Wie kann die Gottheit Gottes in ihrer den Menschen zugewandten Ohnmächtigkeit figuriert werden? Denn nur der ist allmächtig, der sich auch jegliche Ohnmacht leisten kann, sei es am Rande der Schöpfung, in zentraler Position, in welcher symbo-

lischen Form auch immer, oder im Vorübergang, im Pessach spiritueller Erfahrung. Wie wirkt Christus, der Erlöser als versöhnende und vermittelnde Instanz in menschlicher Gestalt? Er ist die humane Selbstoffenbarung Gottes in der Schöpfung. Auch eine liturgische Vergegenwärtigung Jesu Christi bietet sich an, sei es im Wort oder sei es im Sakrament. Im Mysterium der Eucharistie kommen in den Gaben von Brot und Wein die Einheit von natürlicher, materieller Existenz und die Präsenz des Geistes Jesu Christi zum Vorschein. Dieses Sakrament ist das Zeichen der Versöhnung und der geglückten Kommunikation.

Barth: Ich war doch sehr überrascht, dass Paulus die Galater als die Erben der Verheißung apostrophiert und nicht das zeitgenössische Judentum. Die Galater sind also gleichsam Nachkommen der Verbindung Abrahams mit Sara. Und Nachkomme Abrahams mit Hagar ist das zeitgenössische Judentum – so zumindest die Überzeugung des Paulus.

Imhof: Und das ist auch das Ziel unserer Galatischen Schwitzhütten. Sie wollen Menschen, die aus der keltischen Naturreligion kommen, mit dem paulinischen Evangelium vertraut machen, so dass sie durch systematische Exegese und systemische Erfahrungen vor und in der Schwitzhütte sich in der Glaubensgeschichte der Galater wiederfinden.

Barth: Schwitzhütten werden ja nicht von ungefähr einer „schamanischen" Form von Religiosität zugerechnet. Auf einigen Symposien zum Thema „Schamanismus" und „Animismus" wird der Begriff Schamanismus äußerst kontrovers diskutiert. Eines davon, ausgerichtet von dem Weltanschauungsbeauftragten der Evangelisch Lutherischen Kirche in Bayern, habe ich im April 2015 besucht. Dort wurde die These vertreten, dass der Begriff „Schamanismus" recht unspezifisch sei und letztlich von Mircea Eliade für sehr unterschiedliche Formen von Religiosität verwendet wurde: Der Begriff sollte daher besser nicht im Rahmen kirchlicher Angebote gebraucht werden, weil er Phantasien fördert, die oft kontraproduktiv seien. Wie siehst du das?

Imhof: Hier wird lediglich deutlich, wie die europazentrierte Anthropologie bis heute wirkt. Ursprünglich bedeutet „shaman" auf Tuvanisch so viel wie jemand, der mit den Vorgängen in der Natur vertraut ist. Es sind Leute, die viel Wissen über Heilpflanzen haben und umfangreiche Kenntnisse darüber, wie Kräfte und Energien der Natur im Stammesverband heilsam einzusetzen sind.

Das Selbstverständnis eines ursprünglichen Schamanen ist das Selbstverständnis eines archaischen Naturwissenschaftlers. Die Bezeichnung „Animismus" ist eine europazentrische Deutung, die den anderen zwar eine Seele zubilligt, aber ihnen den Geist latent abspricht. Welche Abwertung findet seit dem 19. Jahrhundert statt? Inzwischen aber ist das Pendel nach Europa zurückgeschlagen, und so wird inzwischen auch bei uns versucht, den Menschen als ein Objekt der Psycho-logie zu definieren. Die Sache der Kirchen wäre es, auf die Wirklichkeit des Geistes bzw. der Geistseele hinzuweisen und nicht der neurologischen Engführung auf den Leim zu gehen bzw. geistliche Begleitung auf Seelsorge zu reduzieren.

Apokalypse oder ewiges Evangelium

Barth: Bei all den interessanten Beobachtungen und der für mich sehr spannenden Arbeit mit der Offenbarung des Johannes frage ich mich doch manchmal, ob dadurch nicht auch eine blühende Fantasiewelt, vor allem im Bereich der Esoterik, bedient wird, in der alle möglichen Engel vorkommen und viele Kräfte die Welt durchwirken. Oft wird alles sehr unsystematisch nebeneinandergereiht. Alles ist schrecklich. Die Welt geht unter. Aber es gibt Gegenrezepte. Magische Erfahrungen treffen hier auf Spiritistisches etc. Wo würdest du da die Grenzlinie ziehen?

Imhof: Für mich ist die Johannesoffenbarung ein ewiges Evangelium (vgl. Offb 14,6), das menschheitlich relevante Themen aufgreift. Die Grenzlinie verläuft zwischen dem, was Zukunft hat und dem, was dem Untergang geweiht ist. Dies können wir mit etwas Mühe unterscheiden, ohne uns eine Richterrolle anzumaßen. Freiheit hat Zukunft, zumindest in Gottes Händen. Unfreiheit wird über kurz oder lang vergehen.

Von der Johannesoffenbarung her fällt Licht auf die großen Menschheitsfragen, es werden aber auch Einzelschicksale betrachtet. Was hat Bestand, etwa die Zukunft einer Einzelseele und ihre Würde? Und was unterliegt der Gesetzmäßigkeit von Werden und Vergehen? Für welche Wirklichkeitsbereiche trifft das Kausalitätsgesetz zu? Wie verhält sich Emergenz, die Zunahme an Wirklichkeit zur Entropie, dem Gesetz der Nivellierung von allem, dem Wärmetod? Was besagt die Unterscheidung von geschaffener und ungeschaffener Wirklichkeit? Was ist Leben, ewiges Leben? Welche Funktion hat der Tod?

Barth: Meine Arbeit auf einer Palliativstation macht mir diesen Wechsel oft sehr deutlich. Ich begegne dort selten spirituellen Menschen. Natürlich – und Gott sei Dank – trotz allem manchmal doch. Wenn ich das Zimmer betrete, versuche ich mich manchmal regelrecht „zurückzubinden" – versuche also im wahrsten Sinn des Wortes mich „re-ligiös" auszurichten. Und dennoch: Ich erlebe, dass Gespräche – selbst dort wo Menschen mit dem Tod ringen – an der Oberfläche bleiben. Kein Suchen nach einem „Dahinter". Ich meine das, was Johannes auf Griechisch meint, wenn er von „meta tauta" spricht und durch die Tür am Himmel hindurchschreitet. Von daher leitet sich auch das Wort Metaphysik ab und meint das, was hinter der „physis", hinter der Natur, ja hinter jeglicher „materieller" Erscheinung ist. Ich erlebe so wenig Fragen nach einem solchen „hinter-gründigen" Sinn oder Gott. Stattdessen oft nur die Abwehr des Todes. Bloß nicht vom Tod reden! Ich war selbst überrascht, wie wenig Menschen auf Palliativ den Tod ernsthaft in den Blick nehmen. Ich merke, wie dies an mir zerrt. Sieht denn keiner jene andere Welt, in der wir ja eigentlich schon leben? So wie Paulus sagt: In ihm leben, bewegen wir uns und sind wir. Sieht denn keiner die Welt des Geistes?

Imhof: Im Allgemeinen stirbt man, wie man lebt. Auch wenn jedes Leben und jedes Sterben einmalig ist. Daher ist das Leben vor dem Tod so wesentlich, nicht erst das Leben nach dem Tod. Für Christen ist das Leben eine raumzeitliche Erscheinungsweise des ewigen Lebens. Im Blick auf den auferstandenen Christus vollendet sich die eigene Freiheitsgeschichte in seiner Nähe. Dazu gehört selbstverständlich die eigene Entscheidung, dies auch zu wollen. Leben ist also nicht gleich Leben. Das Ziel ist nicht automatisch das gleiche, sondern Gott achtet die Freiheit des Menschen bis zuletzt. Wer nicht bereit ist, bei Gott anzukommen, kommt vielleicht auch dort nicht an. Dies gibt dem eigenen Leben seinen Ernst und seine Würde.

Barth: Ist die Würde des Menschen eine wesentliche Voraussetzung für christozentrische Aufstellungsarbeit?

Imhof: Ja, und um zu studieren, was die Würde mit Gott zu tun haben könnte, eignet sich unsere Aufstellungsarbeit didaktisch hervorragend. Ursprüngliche Theologie ist Reflexion auf Glaubenserfahrungen mit Gott. Geschieht dies vernünftig und kritisch, wird Theologie zur Wissenschaft.

2.11. Kommunikation durch Intervention

Der Durchbruch kommt von außen

Esther Spielvogel im Gespräch mit Paul Imhof

Spielvogel: Aufstellen ist ein gruppendynamisches Kommunikationsgeschehen. Wie glückt Intervention, eine Unterbrechung des bisherigen Lebensverlaufs oder Vorstellungen davon während des Aufstellens?

Imhof: Die erste Intervention in ein aufzustellendes Familiensystem geschieht, wenn die Repräsentanten ausgewählt werden. Zur Kunst der Intervention gehört es, den biografischen Kurztext und das damit verbundene Mandat so aufzustellen, dass emotional Mitgesagtes, das nicht direkt verbalisiert wurde, durch einen eigenen Repräsentanten dargestellt wird. Dies aus dem Text herauszuhören und der aufstellenden Person diesbezüglich ein Angebot für eine Repräsentanz zu machen, zeigt die Kompetenz der Aufstellungsbegleitung auf der Metaebene. Nur in dem Maß, in dem der Aufstellende dem zustimmen kann, sind solche Repräsentanten sinnvoll. Da die Gefahr der Manipulation in dem Zusammenhang besonders groß ist, ist äußerst sorgsam und aufmerksam damit umzugehen. Dazu gehört eine freie Kommunikation zwischen dem, der aufstellen lässt und dem, der die Aufstellung begleitet.

Spielvogel: Du hast zum Beispiel bei einem lesbischen Paar die emotionale Präsenz für einen jungen Mann aufgestellt, nach dem sich die eine der beiden Frauen gesehnt hat. Bevor dies ausdrücklich zur Darstellung kam, war es ein heimlicher Konfliktstoff zwischen allen dreien.

Imhof: Und am Ende der Aufstellung ergab sich eine Szene, die den neuen gemeinsamen Anfang visualisierte, so dass alle zufrieden waren.

Spielvogel: Eine wichtige Form von Intervention ist auch das Einbringen von zusätzlichen Informationen.

Imhof: Das ist richtig, ist aber eine höchst sensible Angelegenheit. Denn zu viele Informationen können jemand verunsichern, ja sogar handlungsunfähig machen. Bei der Einstellung, auf so vieles und so viele Rücksicht nehmen zu müssen, bleibt am Ende die eigene Spontanität und Freiheit auf der Strecke. Information ist nicht gleich Kommunikation. Die In-formation besitzt prägende, ja festlegende Funktion. Ein Stempel macht dies deutlich. Der Preis ist der Verlust eines Freiraums, in dem neue, lebendige Formen, also Gestaltung möglich ist. Welche Informationen sind nötig, und was ist für Einzelne höchst überflüssig? Intervention durch Information kann konstruktiv oder destruktiv sein, weiterführend oder verunsichernd wirken.

Spielvogel: Manchmal interveniert während einer Aufstellung diejenige Person, die gerade aufstellen lässt.

Imhof: Davon bin ich nicht begeistert. Denn oft handelt es sich dabei nur um den Versuch der Übernahme von Kontrolle. Besonders bei zwanghaft veranlagten Persönlichkeiten wirkt diese Art von Intervention kontraproduktiv. Vom eigenen Ego her wird das Aufstellungsgeschehen mehr oder minder besserwisserisch beurteilt und nach eigenen Vorstellungen zu verändern versucht. So ist es nie ein Problem, wenn jemand in die Aufstellung die Erfahrung einer missglückten Beziehung mitbringt, jedoch höchst problematisch mangelnde Offenheit für Veränderung und Neues. Am sinnvollsten ist es, sich die eigene Aufstellung schweigend, ohne eigene Interventionsversuche anzuschauen und auf sich wirken zu lassen. Dadurch kommt oft viel Unbekanntes und Wesentliches zum Vorschein.

Spielvogel: Zur Vorbereitung einer Aufstellung empfiehlst Du manchmal den einen oder anderen Buchbeitrag zu lesen.

Imhof: Gute Literatur hat eine kritische Funktion. Bücher sind eine Art Buchstabenaufstellung. Sie helfen, etwas zu verstehen, und machen Mut zur Intervention. In diesem Sinn lässt sich das Evangelium in der Bibel einbringen. Niemand muss im Zustand der Anklage und Schuldzuweisung verharren. Es geht auch darum, von den Fixierungen auf jene kirchlichen Amtsträger frei zu werden, die in Geschichte und Gegenwart ihr Amt missbrauchten bzw. missbrauchen.

Spielvogel: Das ist ein positiver Horizont von befreiender Aufstellungsarbeit im kirchlichen Raum. Im Hinblick auf die vielen von Schuld besetzten zwischenmenschlichen Beziehungen ist Intervention nötig. Unser systemisches Projekt wendet sich an Menschen jeglicher Couleur und Art von Lebenslauf.

Aufstellen in friedlicher Absicht

Imhof: Sowohl außerkirchliche wie innerkirchliche Konflikte führten zu Kriegen. Man denke nur an den großen Konfessionskrieg in Deutschland zwischen 1618 und 1648, den Dreißigjährigen Krieg.

Spielvogel: Schrecklich! Der Krieg ist der aggressivste Versuch, Konflikte lösen zu wollen. Welche Verharmlosung, ihn als letztes Mittel der Diplomatie zu bezeichnen. Nach jeder militärischen Auseinandersetzung heißt die Alternative immer Waffenstillstand oder Kapitulation. Bis zu einem Frieden ist es dann meist noch ein weiter Weg.

Imhof: Den Krieg als äußerste Form von Feindesliebe zu vermitteln, ist nahezu unmöglich. Feindesliebe heißt entschieden Nein zu sagen aus einem tiefen Ja der Liebe zu den Menschen. Die Liebe spielt aber selten die Hauptrolle. Kriege dienen meist der Durchsetzung von eigenen Interessen und Vorstellungen.

Spielvogel: Vor allem bei sogenannten gerechten Kriegen – wie zurzeit wieder einer gegen den Islamischen Staat proklamiert wird – muss man genau hinschauen, was zu einer Lösung gehört. Der ganze Vordere Orient ist aufgrund unterschiedlicher Interventionen destabilisiert. Wie schaut ein Friedenspaket aus?

Imhof: Verstehen ist das methodische Ziel systemischer Aufstellungsarbeit. Deshalb können Identitätskonflikte sehr gut dadurch gelöst werden. Während bei militärischen Auseinandersetzungen die einander feindlichen Truppenteile in Stellung gehen, d. h. sich in Schützengräben und Bunkern verschanzen oder Attacken mit Waffen aller Art in zerstörerischer Absicht durchführen, geschieht das systemische Aufstellen ausschließlich in friedlicher Absicht.

Spielvogel: Könnte man in diesem Sinn christliche Aufstellungsarbeit als Friedensarbeit bezeichnen?

Imhof: Ja. Aber es kommt alles darauf an, Nächsten- von Feindesliebe zu unterscheiden. Es gibt immer ein Ja und immer ein Nein aus Ja.

Spielvogel: Gibt es auch ein Ja aus Nein?

Imhof: Letzteres ist immer destruktiv. Wenn militärische Intervention nicht aus einem tiefen Ja zum Leben, sondern aus einem Nein entspringt, ist sie auf jeden Fall abzulehnen.

Spielvogel: Was hat Intervention mit Frömmigkeit zu tun?

Imhof: Intervention heißt schlicht und einfach Unterbrechung. Eine moderne Definition von echter Frömmigkeit heißt: Unterbrechung der unheilvollen Dynamiken. Ein guter Glaubenssatz hält Unterbrechung aus: So wird auf den Atem des Geistes gehört. Ein falscher Glaubenssatz, z. B. Frauen nehmen Männer nicht ernst, lässt sich durch neue Erfahrungen auflösen. Doch zunächst sind immer die gebetsmühlenartigen Wiederholungen einzustellen.

Spielvogel: Welche Formen von Unterbrechung haben sich systemisch bewährt? Wie komme ich an die Sollbruchstellen heran? Was ist zu beachten, wenn derjenige, der eine Aufstellung leitet, intervenieren möchte?

Imhof: Vieles. Es gibt Szenen, die sich problemlos einfrieren lassen, um denjenigen, der das Mandat erteilt hat, darauf aufmerksam zu machen, was sich gerade abspielt. Wichtig ist, ein gutes Gespür für solche Szenen zu haben. Es lohnt sich bei der Ausbildung zum Aufsteller, einem guten Film- und Fernsehregisseur über die Schulter zu schauen. Ich würdige jede Stimme und höre mir alles an und entscheide dann, besten Wissens und Gewissens, was für die Aufstellung relevant ist. Wie beim Theater bekommt jeder Darsteller seine Rolle für die Repräsentanz. Die Gesamtverantwortung bleibt jedoch beim Regisseur bzw. bei dem, der die Aufstellung begleitet.

Spielvogel: Normalerweise läuft eine Aufstellung ohne Unterbrechung ab. Wann unterbrichst du den Prozess?

Imhof: Sobald ich gute Gründe dafür habe, z. B. wenn ein wichtiger Repräsentant anfängt, wie nebenbei seine eigene Geschichte zu inszenieren oder wenn ein Repräsentant so dominant wird, dass dadurch die Würde der anderen Repräsentanten gefährdet wird. Schon im Vorfeld müssen alle Handgreiflichkeiten vermieden werden. Ich unterbreche stets, wenn die Aufstellung aus dem Ruder zu laufen droht. Was dann der Fall ist, wenn die Methode und das gemeinsame Bündnis, füreinander einzustehen, nicht mehr beachtet wird.

Spielvogel: Gute Therapeuten beherrschen die Kunst der Intervention.

Die Unterscheidung der Geister

Imhof: Ja. Da ich aber keine Therapie, sondern spirituelle Begleitung anbiete, arbeite ich nicht mit psychotherapeutischen Techniken, sondern nach den Regeln zur Unterscheidung der Geister. Für die Erste und Zweite Woche von Exerzitien hat Ignatius von Loyola einige solcher Regeln in seinem Buch „Geistliche Übungen" aufgeschrieben. Die Regeln für die Dritte und Vierte Woche werden meist mündlich tradiert oder durch Erfahrung gelernt. Selbstverständlich gibt es dazu auch Literatur.

Spielvogel: Welche Regeln zur Unterscheidung der Geister gibt es von ihm?

Imhof: Bei klassischen Exerzitien, also Innenaufstellungen mit biblischen Gestalten und Repräsentanten aus der eigenen Biografie ergeben sich gemäß der Vier Wochen bei den Ignatianischen Exerzitien folgende Regeln:
In der *Ersten Woche* geht es darum, die Welt wahrzunehmen, wie sie ist. Welche Phänomene und Fakten gibt es? Wer spielt welche Rolle? Die Hauptregel heißt, sprachlich möglichst präzise wiederzugeben, welche Regungen und Bewegungen dadurch im eigenen Erleben ausgelöst werden. Zu dieser Wahrnehmungslehre gehört es, das eigene ästhetische Bewusstsein zu reflektieren. Was ist wahrnehmbar und was nicht? Wie verhält sich die sichtbare zur unsichtbaren Welt? Welche natürlichen und welche geistlichen Sinne lassen sich aktivieren? Woher kommt alles und wohin führt alles? Sowohl naturwissenschaftliche wie schöpfungstheologische Perspektiven werden formuliert.
Die *Zweite Woche* ist jene Zeit, in der Christen mit Jesus Christus bewusst einen Weg durch Zeit und Raum, durch die Schöpfungs- und die Erlösungsordnung gehen. Die Unterscheidung der Geister besagt in diesem Zusammenhang, sensibel zu bleiben für das Woher und Wohin, um gegebenenfalls den eigenen Kurs zu ändern. Was erweist sich als Sackgasse und Holzweg, was sind Experimente, die man nach gründlicher Evaluation auch nicht zu wiederholen braucht? Emotionen werden spirituell gedeutet. Es geht nicht primär um die Wahrnehmung des gegenständlich Faktischen, sondern um den verborgenen Ursprung und das verborgene Ziel, d. h. die Bewegung des Geistes im Kraftfeld der Geister.

In der *Dritten Woche* mit Jesus unterwegs sind die Regeln zur Unterscheidung der Leiden zu beachten. Die neutestamentlichen Begegnungsszenen von Palmsonntag bis Karsamstag bilden dafür die Basis. Was ist ein produktiver heilsamer Schmerz? Welche Schmerzen sind im Grunde nur Symptome eines masochistischen Verhaltens? Wie wirkt sich sadistisches Gehabe auf andere aus? Die Regeln verdeutlichen sich im inneren Gespräch mit dem Gekreuzigten und in der Kommunikation mit Menschen, die leiden oder leiden lassen. Mitgefühl stiftet Nähe. Leiden macht vornehm, es trennt. Daran wird deutlich, dass im Grunde kein ausgefeiltes Regelnetz weiter hilft. Nur in der unmittelbaren Kommunikation mit den leidenden Menschen wird die jeweilige Nähe und Ferne zu ihnen bestimmbar.

Ähnliches gilt für die Regeln der Unterscheidung in der *Vierten Woche*. Es handelt sich um die Phase, in der österliche Erfahrungen von Illusionen, Utopien und Projektionen unterschieden werden. Erst im Licht des Auferstandenen fällt Licht auf Fragen nach der eigenen Herkunft, Ankunft und Zukunft. Im Kraftfeld des geschenkten Friedens Jesu Christi entstehen Antworten. Die österliche Nähe bzw. der Glaube an den auferstandenen Christus ermöglicht Perspektiven, in der Neues aus der Dimension der Zukunft in die Gegenwart hineinkommt. Nicht die Einstellung des Nostradamus, d. h. unsres alten Adam, sondern die freiwillige Selbsterschließung des neuen Adam, d. h. des auferstandenen, des wiederkehrenden Christus, ermöglicht eine Ethik, die von den Seligpreisungen geprägt ist. Die sich einstellende Glückseligkeit des Menschen ist das Kriterium für das, was zukünftig relevant ist und das, was dem Untergang zu weihen ist.

Spielvogel: Bei Geistlichen Übungen spielt also nicht nur die geistig-geistliche Dimension des Menschen, sondern auch seine seelische Verfasstheit eine große Rolle?

Imhof: So ist es. Daher spricht man auf der Deutungsebene auch von Trost und Misstrost als geistig-seelische Erfahrungen. Der Körper und seine Reaktionen sind zu beachten. Daher ist es gut, wenn jemand, der systematisch arbeitet, über ein breites Spektrum von diagnostischem Wissen, systemischen Übungen und philosophischen Erkenntnissen verfügt. Ein Beispiel: Bei einem introvertierten Menschen heißt Unterbrechung, seine emotionale Kehre nach innen in die eigene Tiefe und Unzugänglichkeit aufzuhalten, indem ein Kommunikationsangebot gemacht wird, das zu einer Gegenbewegung führt. Bei einem extrovertierten Menschen, der durch seine emotionalen Statements oft grenzüberschreitend, ja übergriffig und zu aktiv ist, geht es darum, ihn in aller Liebe in seiner Selbstdarstellung zu unterbrechen und ihn durch klare Ansagen weiter zu begleiten.

Spielvogel: Wie vieler Regeln zur Unterscheidung der Geister bedarf es, um jemand oder Gruppen geistig-geistlich begleiten zu können?

Imhof: Ich denke, es ist wie beim Autofahren. Es gibt eine Zeit, in der jemand Fahrstunden nimmt und anschließend eine theoretische bzw. praktische Prüfung ablegt. Die besten Autofahrer sind die, die das Regelwerk hinter sich haben und in jeder Verkehrssituation gut fahren können.

Spielvogel: Was gehört zu einem guten geistlichen Fahrunterricht?

Imhof: Einige Lernschritte halte ich wie schon gesagt für wesentlich. Der erste entscheidende ist im Buch Genesis beschrieben: von der Wahrnehmung der Elohim, d. h. den schöpferischen, energetischen Kräften und Gesetzmäßigkeiten, läuft der zu meditierende Text auf eine Deutungsebene zu (vgl. Gen 1,1-2). Die Natur wird als Schöpfung interpretiert. In zehn Versen wird ihr unsichtbares Wasserzeichen lesbar (vgl. Gen 1,1-12). Jahwe, der Geist des Lebens und des Atems, spricht sich in ihr aus. Die Natur als Schöpfung ist durchwortet, sie ist logisch bzw. logoshaft. So gesehen lässt sich naturwissenschaftliche Weltsicht mit einer theologischen Schöpfungslehre vereinbaren.

Spielvogel: Was ist der nächste Schritt in einem solchen spirituellen Prozess?

Imhof: Es handelt sich um den Sprung von der Schöpfungsordnung in die Erlösungsordnung. Für Christen oder solche Menschen, die nach dem Wesen des Christentums fragen, dem Wort des Evangeliums also, geht der Prozess weiter, indem der Weg der Inkarnation des Geistes in Jesus Christus mitgegangen wird: gleichsam mit Jesus unterwegs. Die Leben-Jesu-Betrachtungen eröffnen einen Raum der Begegnung mit dem Geist Gottes in Jesus Christus. Dieser Geist der ewigen Liebe ist das Kriterium der Unterscheidung der Geister, die im Laufe des spirituellen Prozesses verstehbar werden, weil sie in Fleisch und Blut, d. h. in neutestamentlichen Personen anschaubar werden.

Spielvogel: Wie läuft das heilsgeschichtliche Leben Jesu im Blick auf das eigene Leben weiter?

Imhof: Die Fokussierung zielt auf die Kunst der Unterscheidung der Leiden. Woher stammt welches Leiden und wohin führt es? Im Grunde gibt es keinen allzu großen Unterschied zwischen einem sadistischen Leiden, wie es gnadenlose Terroristen produzieren, und dem masochistischen Leiden von Asketen, die sich quälen, bis sie körperlich, seelisch und geistig am Ende sind. Die Kollateralschäden sind oft gewaltig und unmenschlich. Restlos verschieden davon ist das realistische Leiden derer, die mit ausgebreiteten Armen als Liebende für andere bis zuletzt da sind. Sie sind transparent auf eine neue Erde und einen neuen Himmel.

Spielvogel: Ist dies die spirituelle Erfahrung jener, die den Weg Jesu Christi bis Ostern mitgehen?

Imhof: Ich bin überzeugt, dass Liebe ewigkeitlich Bestand hat. Sie bleibt auf einer neuen Erde und in einem neuen Himmel aufbewahrt: in Geist und Wahrheit. Nicht mehr Nostradamus (lat. *noster*, dt. unser; lat. *adam*, dt. Mensch), unser alter Mensch soll das Sagen haben, sondern der neue Adam. So lautet der Spitzentitel für den auferstandenen, wiederkehrenden Christus, der in der Glückseligkeit Gottes zuhause ist.

Wer erleuchtet ist, kann Naturwissenschaft studieren, aber auch Theologie und Christologie. Die Naturwissenschaft reflektiert das Wissen in der Natur, die Geisteswissenschaft das Wirken des Geistes. Die Pneumatologie ist die Wissenschaft vom Heiligen Geist. Welches Wissen ist im Alltag notwendig, um gut und selbstverständlich zu leben? Aufgrund der Freiheit der Wissenschaft kann dann jeder auf das Wissen zurückgreifen, das ihm für seine Freiheitsgeschichte wichtig scheint.

Die Spirale der Kommunikation

Spielvogel: Für einen guten Verlauf der Freiheitsgeschichte kommt es sicherlich auch auf ein ausgeprägtes Kommunikationsvermögen an, bei dem die fünf Bausteine der Kommunikation immer wieder gesetzt werden.

Imhof: Ich stelle mir das so vor, wie bei den Erbinformationen auf der Doppelhelix. Wo sitzt die Intervention? Bei jedem Baustein kann durch Handeln interveniert werden. Die ursprüngliche lateinische Bedeutung von Intervention meint so viel wie Dazwischenkommen. Es geht also um ein Handeln. Intervention gehört wesentlich zu einem Kommunikationsvorgang. Die meisten Interventionen beim Aufstellen ereignen sich selbstverständlich durch die Repräsentanten. Nur im Ausnahmefall interveniert der Aufstellungsbegleiter zu Gunsten des Mandanten. Leitend ist dabei die Idee der Freiheit, die operativ, d. h. handlungsorientiert sowohl Treibsatz wie Katalysator ist. Der Aufstellungsbegleiter hat katalysatorische Funktion, die Repräsentanten verkörpern die Treibsätze.

Spielvogel: Bevor es zu einer sinnvollen Intervention kommt, sollte erst aufmerksam hingehört und genau hingeschaut werden. Anschließend wird aus den vielen Aussagen der Repräsentanten diejenige herausgefiltert, die inspiriert wirkt.

Imhof: Ja, erst dann ist Intervention sinnvoll, d. h. weiterführend, und dann sollte auch gehandelt, interveniert werden. Was sich in einer nachträglichen Reflexion ausführlich darlegen lässt, geschieht in der Praxis meist spontan und ist wie selbstverständlich. Und das ist auch gut so. Denn bei aller Liebe zur Entschleunigung und Reflexion: Der Alltag hat seine eigene Dynamik.

Spielvogel: Beim Aufstellen geht es oft um Konfliktlösung. Es werden fünf Formen von Lösungen unterschieden, nämlich Flucht bzw. Weggehen, Unterwerfung bzw. Aushalten, Siegen bzw. Leiten, Kompromiss bzw. Verhandeln, Verstehen bzw. Verstandenwerden. Die letzte Form ist die optimale Lösung bei allen Identitätskonflikten. Können die fünf Formen von Konfliktlösung aber nicht auch als eine Form von Vermeidungsstrategie verstanden werden?

Imhof: Durchaus, aber dieses Missverständnis muss nicht sein. Das Fluchtverhalten sollte dazu führen, das Problem und seine Ursachen von der Wurzel her zu begreifen. Bei Unterwürfigkeit ist es zugleich nötig, innerlich aus der eigenen Mitte heraus zu handeln und die eigene Größe anzunehmen. Wenn das Modell Beherrschung praktiziert wird, sollte jemand innerlich fühlen, dass sich der andere in Augenhöhe befindet. Wenn schon Kompromiss, dann nicht um den Preis, die eigene Glückseligkeit aufzugeben. Der persönliche Weg hat stets Vorrang, dafür ist auch innerlich einzustehen. Zu einem wirklichen Verstehen gehört, eine wahre Beziehung zu wagen, sich mit sich in der eigenen Innenwelt, aber auch der Mitwelt und der Umwelt zu verbinden, um bewusst, vernünftig und von Herzen her zu leben.

Spielvogel: So bedarf es bei allen Konflikten heilsamer, innerer Prozesse. Nicht alle Probleme lassen sich gleich mit einer einzigen Aufstellung lösen.

Imhof: Daher können weitere Aufstellungen nötig werden. Auf einer gedachten Spirale des Lebens, auf der die fünf Konfliktlösungen immer wieder einmal auftauchen, stößt jemand zu einem späteren Zeitpunkt ohnehin, dann aber auf höherem Niveau auf die Reste von ungelösten Konflikten, bis das Leben weithin konfliktfrei verläuft und so irgendwann in das Reich des ewigen Friedens mündet.

Spielvogel: Was passiert auf der Kommunikationsspirale bzw. der Lebensspirale, wenn nicht hingehört wird?

Imhof: Es kommt zur Unterbrechung des Kommunikationsgeschehens. Wenn dies regelmäßig geschieht und die Kennenlernphase nicht in eine Machtkampfphase mit einem guten Ende überführbar ist, dreht sich die Spirale rückwärts. Dort befindet sich dann die Ablösephase. Glückt der Kommunikationsprozess, verlaufen die Phasen organisch und spiralig, also in Kennenlernphase, Machtkampfphase, Intimitätsphase, Sach- und Arbeitsphase, Ablösephase. Dann kann mit einer Kennenlernphase organisch neu begonnen werden. Scheitert aber jemand schon in der Kennenlernphase, bleibt nur die Ablösephase mit den fünf Formen der zuvor angesprochenen Konfliktlösung übrig (Flucht, Beherrschung, Niederlage, Kompromiss, Verstehen).

Spielvogel: Eine Aufstellung hat den Zweck, die Freiheit und die Würde des Einzelnen zu mehren. Dies geschieht durch Kommunikation.

Imhof: Deshalb kommen Leute zum Aufstellen. Die Würde des Menschen ist der Wert oder genauer noch die Wertschätzung der persönlichen Freiheit. Frei ist jemand, der um seiner selbst willen und nicht wegen irgendetwas anderen oder um eines anderen willen existiert. Eine systemische Aufstellung steuert – meistens unbewusst – auf eine Szene zu, in der die Würdigung von Menschen stattfindet, mit denen es jemand bisher im Leben schwer hatte. Wird die Würde des anderen geachtet – seine oft tief vergrabene Freiheit –

dann besteht die Möglichkeit, in der zukünftigen Beziehung die eigene Freiheit neu zu realisieren. Sonst hat die Freiheit in der Beziehung keine Zukunft.

Spielvogel: Wie schauen gegenteilige Erfahrungen aus?

Imhof: Es gibt Situationen, in denen sich jemand würdelos benimmt, bzw. es findet eine Entwürdigung durch einen anderen statt. Die erste Situation ist dann gegeben, wenn jemand seine Möglichkeiten freien Verhaltens so reduziert hat, dass er nur noch wie ein fremdgesteuertes Triebbündel agiert, also weit davon entfernt ist, sich verantwortlich zu verhalten. Entwürdigung geschieht dann, wenn jemand die Freiheit des anderen nicht achtet und mit Gewalt – sei es physisch, seelisch oder geistig – am anderen seine Egoismen austobt, indem er ein freies Subjekt zu einem bloßen Objekt degradiert. Die Würde und Freiheit des anderen spielen im eigenen Verhalten dann keine Rolle mehr.

Spielvogel: Eigentlich sollte die Menschenwürde die Basis der Menschenrechte und der Menschenpflichten sein.

Imhof: Genau! Die Bedingung für eine mögliche humane Zukunft ist die Achtung der Menschenwürde. Wird sie missachtet, ist eine Zukunftsperspektive verbaut und das Leben geht woanders weiter.

Spielvogel: Die Natur in ihrem Zyklus kennt den Kreislauf von Fressen und Gefressen werden. Ist ein natürlicher Mensch jemand, der dem Ruf der Wildnis gehorcht?

Imhof: So einfach ist es sicher nicht. Im Lauf der Evolution gelang es dem Menschen, sich an die Spitze der Nahrungskette zu setzen. Nicht mehr die Löwen und andere mächtige Tiere waren von nun an die Könige in der Wildnis, sondern die Menschen gewannen durch die Realisierung ihrer geistigen Fähigkeiten, z. B. die Beherrschung des Feuers, die Oberhand.

Spielvogel: Existiert das Gesetz des Dschungels nur auf der physiologischen Ebene?

Imhof: Leider nein, sondern auch auf der emotionalen und mentalen Ebene. Manche haben andere zum Fressen gern oder versuchen ihre Ideologie totalitär durchzusetzen. Immer dann ist Intervention nötig. Denn die tiefste Natur des Menschen ist seine Freiheit. Der Geist ist der Geist der schöpferischen

Liebe und eben nicht das Prinzip Fressen und Gefressen werden. Zum Wesen des Menschen gehört es zwar, sich zu ernähren, zugleich aber ist es notwendig, mit der Natur im Horizont der Ewigkeit schöpferisch umzugehen.

Die Repräsentanz Jesu Christi

Spielvogel: Was passiert, wenn jemand bei seiner Aufstellung seinen Glauben an Jesus Christus berücksichtigt haben will?

Imhof: Das größte Interventionspotential beim christozentrischen Familienstellen besteht darin, einen Repräsentanten für Christus einzuführen, genauer noch für Jesus Christus. Um diesen Repräsentanten zu verstehen, sollten zunächst die Biographien Jesu Christi und die entsprechende apokryphe Literatur studiert werden. Außerdem sollten Grundzüge seiner Wirkungsgeschichte bekannt sein. Ein Studium der christlichen Theologie wäre hilfreich. Entscheidend aber ist die Fähigkeit, die Studieninhalte und die persönliche Beziehung zu Jesus Christus systemisch so umsetzen zu können, dass ein Mehr an Freiheit für den entsteht, der aufgrund seines Glaubens an Jesus Christus sich eine christozentrische Familienaufstellung wünscht.

Spielvogel: Wie sieht eine exemplarische Aufstellung mit Jesus Christus aus?

Imhof: Liturgien sind rituelle Aufstellungen Jesu Christi. Mit Brot und Wein und Wort inszeniert die christliche Gemeinde die Bedingungen der Möglichkeit für die Präsenz Jesu Christi. Je nach Konfession übernimmt der Liturg den Part der Repräsentanz Christi. In der Orthodoxie trägt er zum Beispiel eine Krone, um anzuzeigen, dass Christus der König der Könige ist.

Spielvogel: Wie ist Christus in einer nichtliturgischen Aufstellung präsent?

Imhof: Eine solche Form von Aufstellung sind z. B. die Passionsspiele. Die Bühne steht im außerkirchlichen Raum, um dort das Leben, Sterben und Auferstehen Jesu Christi aufzuführen.

Spielvogel: Und wie wird Jesus bzw. Christus in einer christozentrischen Familienaufstellung spürbar?

Imhof: Es hängt ganz davon ab, um welche Tragödie bzw. um welche Fragestellung es sich handelt. Oft schildert jemand seine Situation und wünscht sich als zentrale Gestalt eine Repräsentanz Jesu Christi. Am besten ist es, wenn diese jemand von sich her in einer Gruppe bzw. in einem System anbietet. Sofort entsteht eine spannende Wirkungsgeschichte und es ist auch erlebbar, welche Phasen und Metamorphosen der Christusrepräsentant an und für sich erlebt.

Spielvogel: Der Durchbruch – die große Intervention – kommt von außen, heißt es in der Mystik. Dabei ist Erleuchtung eine Innenerfahrung und kein äußerliches Geschehen!

Imhof: Das ist ja gerade das Spannende: Je mehr von außen, der göttlichen Wirklichkeit also, im Menschen ankommt, desto mehr kommt er zu sich selbst in seiner wesentlichen Ursprünglichkeit. In dieser Perspektive ist Theologie genau genommen eine spirituelle Interventionslehre. Denn alle Theologumena, religiöse Grundwörter, zeigen sprachlich an, dass es um praktische Interventionen aus dem göttlichen Bereich in die irdische Welt geht.

Spielvogel: Also ist das Evangelium Jesu Christi ein großes Interventionspotential, durch das eine freud- und zukunftslose Welt verändert werden kann?

Imhof: Ja. So ist es auch mit den einander korrespondierenden Gottesnamen *Zimzum* (Bei-sich-sein) und *Makom* (Raum gewährend), mit dem Wort Gottes im Menschenwort, mit der Gnade in der Natur, mit dem Geist Gottes in Maria, der reinen Endlichkeit, kurzum mit dem Einbruch der Erlösungsordnung in die Schöpfungsordnung, die wiederum in die natürliche Weltordnung als eine Deutung aus Glauben in den hermeneutischen Zirkel einer bloßen Natürlichkeit einbricht. Viele Deutungen drehen sich im Grunde nur im Kreis, ohne dass etwas Neues hinzukommt.

Spielvogel: Gibt es ein neutestamentliches Textbeispiel für eine solche Intervention in die natürliche Welt?

Imhof: Beim Evangelisten Matthäus ist der hl. Josef auf Erden der Repräsentant des Vaters im Himmel. Gott selbst ist Geist, nicht Seele und auch nicht Physis. Sein Repräsentant steht also ausschließlich für spirituelle Präsenz. Daraus ergibt sich, dass die Beziehung bzw. das Verhältnis zwischen Josef und Maria spirituell zu verstehen ist, da auch die Mutter Jesu ebenfalls Präsenzort des Hl. Geistes ist. Auf andere Fragen gibt der neutestamentliche Text im

Grunde keine Antwort bzw. lässt offen, was sich auf der psychischen und physischen Ebene natürlicherweise ereignete (vgl. Mt 1,1-25). Jedes Kind ist ein geistiges Wesen, ein Gotteskind. Die Einmaligkeit des Kindes von Maria bringt Josef dadurch zur Sprache, dass er ihm den Namen gibt: Jesus. Im Laufe ihrer Glaubensgeschichte erkennen die Jünger und Jüngerinnen Jesu in ihm die Gegenwart Gottes, ja sie bezeugen Jesus als Christus. Josef ist ein Zaddik, ein Gerechter. Seine Nähe und Ferne zu den Menschen stimmt. Er hört auf Gott, den Geist der ewigen Liebe. Josef ist ein Traumdeuter, einer, der viele Sprachen versteht, ein davidischer Prinz, d. h. ein geliebter, königlicher Mensch. In seiner Physis stellt er sich als Repräsentant Gottes zur Verfügung.

Spielvogel: Welche systemischen Konsequenzen lassen sich aus solchen Überlegungen ableiten?

Imhof: Beim christozentrischen Familienstellen geht es nicht nur um die Berücksichtigung der individuellen kirchlichen Sozialisation von jemand, sondern um eine prinzipielle theologische, christologische und pneumatologische Methode, die in der praktischen Anthropologie zur Anwendung kommt. Selbstverständlich gehört zu dieser Methode die Unverfügbarkeit der göttlichen Gnade im Prozess einer menschlichen Freiheitsgeschichte, die als solche methodisch nicht festlegbar ist. So bleiben die Prinzipien der göttlichen Gnade und der geistigen Freiheit bei jeder christozentrischen Familienaufstellung leitend.

Spielvogel: Es hängt sicher vom erzählten biographischen Text ab, welche großen theologischen Wörter sich als repräsentative Interventionsmetaphern eignen. Jemand möchte z. B. die Heilige Schrift aufstellen.

Die Heilige Schrift

Imhof: Es kommt sehr darauf an, was jemand darunter versteht. Denn an einem Repräsentanten für sie wird auch deutlich, welche Machtansprüche und Aggressionen in einer religiös geprägten Gesellschaft vorhanden sind. Für Muslime ist der Koran die Heilige Schrift. Ihre unbestrittene Autorität leitet einige Muslime dazu an, ihren Lebensweg im Glauben an Allah, den Allerbarmer, zu gehen. Jede Sure beginnt damit, dass bezeugt wird: Allah ist barmherzig. Wer die Heilige Schrift rezitiert, sucht den Weg zum HEILIGEN. Der Weg des Friedens ist der ursprünglich gemeinte „Heilige Krieg". Die entsprechenden Kämpfe finden dabei in der Seele des Menschen statt.

Spielvogel: Einige Muslime sehen dies sicher anders. Der Koran wird als politisches Instrument, ja als Grundlage für Kriege benutzt.

Imhof: Leider. Ein Repräsentant für den Koran als heilige Schrift klärt, wes Geistes Kind jemand ist. Im System können gemeinsame Lösungen für Konflikte gefunden werden, bzw. es wird offensichtlich, dass Verstehen auch heißen kann, andere Standpunkte wahrzunehmen und sie sich nicht zu eigen zu machen. Während einer Aufstellungsarbeit kann jemand sich selbst in neuer Nähe und Ferne positionieren, so dass die eigene Menschenwürde und die Menschenrechte der anderen geachtet bleiben. Zu den Menschenrechten gehören aber auch die Menschenpflichten, d. h. sich menschlich und nicht unmenschlich zu verhalten.

Spielvogel: Bleiben wir zunächst noch einmal im christlichen Milieu. Was gehört zur Heiligen Schrift?

Imhof: Der Kanon der Bücher, die zur Heiligen Schrift gezählt werden ist in der katholischen und in der evangelischen Kirche unterschiedlich. So gehören z. B. für die einen die Makkabäerbücher, die den jüdischen Aufstand gegen die seleukidische Fremdherrschaft beschreiben, zu ihrem Kanon, die anderen hingegen zählen sie bereits zu den apokryphen Schriften. Für die meisten Christen gehören zur Heiligen Schrift die Evangelien, die Apostelgeschichte, die neutestamentliche Briefliteratur, die Johannesoffenbarung und das sogenannte Alte Testament. Aber dies ist im Hinblick auf das jüdische Selbstverständnis nicht unproblematisch.

Spielvogel: Wie kommt das?

Imhof: Bei den strenggläubigen Juden und den Samaritanern zählen nur die fünf Bücher Mose als Heilige Schrift. Mit dem Blick des Moses in das verheißene Land endet der heilsgeschichtlich relevante Text. Die weiteren biblischen Bücher sind Geschichtsbücher, prophetische Bücher, Weisheitsliteratur und Psalmen, die im Sinn der Sinaithora verfasst wurden. Sie behandeln die Existenz der israelitischen Stämme diesseits und jenseits des Jordan nach der Landnahme.

Spielvogel: Was hat das für Konsequenzen?

Imhof: Sehr weitreichende. Dem religiösen Fundamentalismus, der behauptet, dass das Land Israel eigentlich nur von Juden besiedelt werden sollte, ist die ideologische Basis entzogen. Es kann zu einem vernünftigen politischen Interessensausgleich zwischen Israelis und Palästinensern kommen, ohne dass überzogene theologische Positionen – die leider auch von christlichen Theologen vertreten werden – den Friedensprozess verhindern.

Spielvogel: Da gibt es also noch viel zu tun!

Imhof: Es handelt sich beim Prozess der Landverteilung primär um politische und nicht um religiöse Entscheidungen. Geschichtlich gesehen haben in Israel immer verschiedene Völker miteinander gelebt und so ist es bis heute. Das muss sich prinzipiell also nicht ändern.
Kinder aller Völker und Religionen können im Heiligen Land gut zusammenleben. Denn es bleibt Gottes eigenes Land, das er Israel verheißen hat, den Menschen also, die vor Gott frei sind, weil sie nach seiner Weisung, der Thora des Mose leben oder auf die Stimme Gottes hören, die in ihrem Gewissen vernehmbar ist. Alle nationalistischen und rassistischen Konzepte sind politischer und nicht ursprünglich biblischer Natur, d. h. nicht durch die Heiligkeit Gottes und sein Wort begründbar, wie es in manchen fundamentalistischen Kreisen versucht wird. Die Differenz zwischen dem ewigen, heiligen Wort Gottes und dem Versuch der Menschen, dieses Wort politisch und gesellschaftlich umzusetzen, ist überbrückbar. Sie muss offen gehalten werden, sonst kommt es zu tödlichen Fixierungen und menschenfeindlichen Rechtsansprüchen Barmherzigkeit und Beziehungsgerechtigkeit sind Prinzipien einer Ethik, die immer neu zu konkretisieren sind. Dazu gehören das Existenzrecht und das Selbstbestimmungsrecht.

Spielvogel: Es gibt keinen Grund zur Hoffnungslosigkeit, auch wenn die Realität manchmal schrecklich ist!

Imhof: Manche Christen sind davon überzeugt, dass die Johannesoffenbarung der Kern der christlichen Heiligen Schrift ist, sowohl was die spirituelle Herkunft des Textes (vgl. Offb 1,1-3) als auch seine endgültige Besiegelung betrifft: Nichts soll dieser Schrift hinzugefügt oder von ihr weggenommen werden (vgl. Offb 22,18.19; Dtn 4,2; 13,1; 29,20). So gesehen ist die Johannesoffenbarung ein Schlüssel zum Schriftverständnis, nicht zuletzt im Hinblick auf den Koran, der sich von der Johannesoffenbarung her erschließen lässt.

Spielvogel: Ein neues, großes Thema. Darüber hast du ja schon einiges publiziert. Eine letzte Frage noch zu dieser Thematik: Was ist mit Menschen, die mit der Heiligen Schrift nicht allzu viel anfangen können?

Imhof: Nun denn. Die natürliche Schrift sind die Erbinformationen auf der DNA. Die ursprüngliche, natürliche Schöpfung ist die Basis aller heiligen Schriften. Der ewige Gott wirkt durch sein schöpferisches Wort auf allen Ebenen der geschaffenen Wirklichkeit. Der Geist des Lebens, ja des ewigen Lebens spricht sich in vielfacher Weise aus. Allein im ersten Kapitel des Buches Genesis spricht JHWH zehnmal. Wo Sein Wort zur Schrift wird, entsteht Heilige Schrift. Ihm sei Lob und Dank.

Das Verständnis der Heiligen Schrift sollte in dem Geist des Lebens geschehen, der menschenfreundlich ist. Freie, lebensbejahende Frauen und Männer sind die glaubwürdigsten Zeugen für den Sinn der Heiligen Schrift. So schließt sich der Kreis unserer Aufstellungsarbeit: Entweder jemand stellt die Heilige Schrift auf, um auf diese Weise mehr Klarheit in seinem Leben zu gewinnen oder er bleibt dabei, sich ohne diese Form von Intervention die eigene genetische Herkunft, Ankunft und Zukunft anzuschauen. An der Frage nach dem ersten Ursprung und dem letzten Ziel kommt im Grunde aber niemand vorbei, der sich der Gegenwart selbst bewusst werden möchte.

Spielvogel: Was ist dein Resümee?

Imhof: Erstens, Gott ist in Geist und Wahrheit anzubeten (vgl. Joh 4,23-24), wie im Gespräch Jesu mit der Samaritanerin am Jakobsbrunnen – beim heutigen Nablus gelegen – deutlich wird. Es geht darum, anzuerkennen, dass der ewige, schöpferische Geist unendlich mehr ist als man selbst in seiner eigenen Geistigkeit bzw. Intellektualität. Und zweitens, die Erde ist im Sinne Jesu zu gestalten: „Selig sind die Sanftmütigen, denn sie werden das Land besitzen" (vgl. Mt 5,1-12). Der Geist Gottes ist ein ewiger, Leben schaffender Geist, der Geist der schöpferischen, befreienden und erlösenden Kommunikation, der Geist Jesu Christi. Immer gilt: Die Geister sind zu unterscheiden. Spricht der Geist der Heiligkeit durch die Heilige Schrift oder ein Geist, der wie ein Un- und Abergeist die Heilige Schrift für seine eigenen Zwecke missbraucht.

2.12. Christozentrisches Aufstellen
Von der Anklage zum Verstehen
Bernhard Richter im Gespräch mit Paul Imhof

Richter: Bei den Familienaufstellungen mit dir geht es darum, menschliche, allzu menschliche Konfliktsituationen zur Darstellung zu bringen. Da du unter anderem auch Filmemacher bist, ergeben sich mitunter sehr ungewöhnliche Szenarien, die für Außenstehende zunächst einmal nicht nachvollziehbar sind, jedoch deiner immensen Lebenserfahrung entspringen und sich stets zielführend für eine Aufstellung auswirken. Gerade bei sehr festgefahrenen Lebensumständen ermöglicht diese Art der Herangehensweise eine oft wohltuende Entfernung vom direkten Ort des Geschehens und fördert gleichsam eine Entkrampfung, mit der die eigentliche Thematik dann leichter angegangen werden kann. Hat dabei deine fast schon kabarettistische Art, eine Aufstellung zu begleiten, einen tieferen Sinn?

Imhof: Ich hoffe es! Denn ich frage mich manchmal: Reicht es, den Verstand einzusetzen, dass jemand ganzheitlich zu sich selbst kommt?

Richter: Wie viele menschliche Tragödien zeigen, ist dies nicht der Fall.

Übernatürliches – Natürliches – Unnatürliches

Imhof: Meine Aufstellungserfahrung sagt mir, dass manche Person mit kirchlicher Sozialisation erst im Klangteppich des Evangeliums wieder zu ihrer Natürlichkeit zurückfindet. So bleibt Raum für Übernatürliches, und der Abbau von künstlichen, unnatürlichen Verhaltensmustern glückt. Methodisch gesehen geschieht dies am einfachsten, wenn während der Aufstellung das Wort bzw. der Geist des Evangeliums repräsentiert wird. Dies kann durch einen eigenen Repräsentanten geschehen oder der Aufstellungsbegleiter selbst hält durch seine Präsenz und seine Kommentierung während der Aufstellung den Raum für den Geist befreiender und erlösender Dynamik offen.

Richter: Was gehört zu einem christlichen Konzept auf der Metaebene, die du manchmal in einer Aufstellung thematisierst?

Imhof: Eine trinitarische Perspektive: Jesus Christus als der zielführende Weg, der Heilige Geist als die Kraft und Gott als der Ursprung und das Ziel.

Richter: Mit Jesus als dem wahren Menschen haben die meisten Menschen kein Problem, aber mit dem ganzen kirchlichen Kontext. Auch mit seinem Tod ist das für viele so eine Sache. Reiste seine Geistseele nach ihrem Ableben weiter, ist sie gestorben, hat sie überlebt?

Imhof: Diese Thematik gibt es auch schon im Neuen Testament. Bei dem Evangelisten Matthäus sitzt im Grabmal Jesu ein Engel mit einem Gewand weiß wie Schnee und sagt: Kommt und seht die Stelle, wo er lag (vgl. Mt 28,3.7), man sieht also nichts. Ähnlich ist es bei dem Evangelisten Markus. Ein junger Mann mit einem weißen Gewand sitzt im Grabmal Jesu und sagt: Seht die Stelle, wohin man seinen Leichnam gelegt hat (vgl. Mk 16,5). Beim Evangelisten Lukas ist von zwei Männern in leuchtenden Gewändern die Rede (vgl. Lk 24,4), und beim Evangelisten Johannes heißt es: Maria aber stand draußen vor dem Grab und weinte. Während sie weinte, beugte sie sich in die Grabkammer hinein. Da sah sie zwei Engel in weißen Gewändern, der eine saß dort, wo das Haupt, der andere dort, wo die Füße des Leichnams Jesu gelegen hatten (vgl. Joh 20,11-12). Das Evangelium nach Markus, das wohl ursprünglichste, endet damit: Da gingen sie hinaus und flohen vom Grab; denn Schrecken und Entsetzen hatte sie gepackt und sie sagten niemand etwas davon; denn sie fürchteten sich sehr (Mk 16,8). Im apokryphen Thomasevangelium ist vom gekreuzigten Jesus gar nicht die Rede.

Richter: Ist die Angst vor dem Tod der Grund, dass jemand sich nicht leben traut?

Imhof: Das Evangelium des Apostels Paulus hat eine eigene Sicht der Dinge. Er spricht von dem, was aufhält, dem Katechon (vgl. 2 Thess 2,6-7). Das bzw. der Aufhaltende spielt eine ambivalente Rolle in der Welt bzw. Heilsgeschichte. Seine Funktion besteht einerseits darin, dass der Antichrist nicht erscheint, andererseits wird verhindert, dass der wiederkehrende Christus offenbar wird. Dies gilt sowohl individual- als auch heilsgeschichtlich. Das Katechon ist gleichsam der metaphysische Grund aller Machtansprüche, die behaupten, sie wären nötig, weil sonst alles noch viel schlimmer würde. Dies gilt explizit von kirchlichen Machtansprüchen und implizit auch von allen weltlichen Mächten und ihren Gesetzen.

Richter: Damit werden gerne nicht nur das Wettrüsten, sondern auch Invasionen in andere Länder begründet.

Imhof: Aber auch Glaubenskrieger im Namen Gottes oder Allahs treten mit entsprechenden Machtansprüchen auf. Biographisch ist also interessant: Was bremst mich im Leben. In einer Aufstellung wird hierzu das Selbstverständnis der aufstellenden Person als Produkt seiner Umgebung, Verwandten, Ahnen und ihrer Einflüsse und Taten zur Darstellung gebracht. Gegebenenfalls kann Jesus Christus in seiner Differenziertheit von Körper, Geist und Seele dargestellt werden. Die Aufstellungsarbeit zeigt, dass gerade eine paradoxe Intervention, das Einbringen ungewöhnlicher, überraschender Elemente in eine Aufstellung bei Menschen, die sich im Horizont der Binnentranszendenz befinden, zu einer befreienden und erlösenden Zukunftsszene führen kann.

Richter: Was meinst du mit Binnentranszendenz?

Imhof: Der Horizont weitet sich bis ins Unendliche. Aber es gibt keinen qualitativen Sprung in die Ewigkeit Gottes. Die Transzendenz Gottes in ihrer Andersheit ist kein Thema der Binnentranszendenz.

Richter: Ich erinnere mich an eine Aufstellung zu dieser Thematik, bei der der repräsentierte Antichrist die aufstellende Person zunächst daran hinderte, Blickkontakt mit einer von ihr mitgebrachten Ikone aufzunehmen. Als später eine längere Gegenüberstellung mit dem, was aufhält, dem Katechon stattfand, das mit einem eisernen Griff diese Ikone in der Hand hielt und jegliche Versuche zunichtemachte, diese Ikone an sich zu nehmen, schlich sich der Antichrist von hinten an die aufstellende Person heran, legte die Hände auf ihre Schultern und hatte sie damit fest im Griff. Im Laufe des Geschehens verlagerte sich dann der Zugriff des Antichrist auf die daneben stehende Repräsentantin der Ehefrau. Um dieser Situation zu entkommen, ging diese in der Aufstellung außerhalb des Aufstellungskreises, was mit dem Jenseits gleichzusetzen ist, ohne zu wissen, dass die Frau sich im realen Leben bereits ins Jenseits entfernt hat. Erst als eine Würdigung für dieses Opfer stattfand, war das Katechon, das aufhaltende Prinzip der aufstellenden Person bereit, diese Ikone – eine Chiffre für Christus – wieder zurückzugeben. Eine sehr beeindruckende Schlussszene!

Für mich ist es immer wieder erstaunlich, wie unterschiedlich die Aufstellungen verlaufen, gerade auch, was ihren zeitlichen Umfang betrifft.

| 277

Imhof: Es gab da einmal eine Situation, in der jemand eine Aufstellung mit seinem Bruder und erst dann von sich, dem Erstgeborenen, und den Eltern wünschte. Da mir klar war, dass die Reihenfolge systemisch anders ist, fragte ich zweimal nach, ob er es wirklich so haben möchte, was er bejahte. Damit blieb mir keine andere Möglichkeit, so eine „einengende" Vorstellung zur Aufstellung zu bringen, da ich mich stets an das gegebene Mandat halten will. Die Aufstellung verlief dann so, dass am Ende klar war: Erst wenn die Vorstellungen aufgegeben werden, die eine Person von sich und ihrer familiären Mitwelt hat, ergibt sich ein Spielraum, wo die Freiheit etwas neu gestalten kann. Ebenso hilfreich wäre es gewesen, wenn Vater und Mutter als einzelne Personen aufgestellt werden, was jedoch in diesem Fall auch nicht gewünscht wurde. So war es eigentlich keine Überraschung, dass in dieser Aufstellung bereits nach wenigen Minuten lediglich, aber immerhin sichtbar wurde, was es für ein Gewinn sein kann, wenn jemand bereit ist, auf seine Vorstellungen zu verzichten. Erst dadurch können die damit verbunden inneren Stimmen verschwinden, die freie Entscheidungen sehr erschweren.

Richter: Bei deinen Aufstellungstagen wird viel gelacht und ich empfinde es als wohltuend, dass auch bei einer sicht- und spürbaren Tragik einer dargestellten Lebenssituation der Humor immer wieder Raum erhält.

Imhof: Ich schätze, wie von dir schon angedeutet, gutes Kabarett. Es ist die Kunstform, die ein freies Verhältnis zu allerlei peinlichen und tragischen Situationen vermittelt. Der dazu nötige Humor nährt sich bei mir von dem Wunsch, das Evangelium in einer ansprechenden Form unter die Leute zu bringen.

Richter: Du bringst deine Liebe zum Kabarett mit großer Sensibilität zur Anwendung und förderst dadurch die befreiende Wirkung des Lachens. Dies ermöglicht oftmals das genauere Hinschauen auf eine sonst fast nicht mehr auszuhaltende Erstarrung des Lebens, in welchem Bereich sie auch immer beim einzelnen stattgefunden haben mag. Denn hat jemand in seinem Leben nichts mehr zu Lachen, so zeigt allein schon dies eine Reduzierung der Lebensdynamik, die sich auch in den Beziehungen auswirkt.
Sehr wichtig ist neben deiner professionellen „Regieführung" der Aufstellung auch die Repräsentanz der Personen, die im wirklichen Leben der Person, die eine Aufstellung zur Konfliktklärung wünscht, im Umfeld der Aufstellungsthe-

matik angesiedelt sind. Es genügt meist schon die Nennung des Vornamens, damit die sogenannten Stellvertreter in ihre „Rolle" kommen und eine treffende Wiederspiegelung der im Leben sich real zugetragenen Situationen zur Darstellung bringen. Dabei werden Mimik, Gestik und Körpersprache genauso berücksichtigt wie verbale Äußerungen, die denen der Bezugspersonen im realen Leben manchmal überaus ähnlich sind, was mit spontanen Äußerungen bekundet wird: Ja, genauso ist er bzw. sie. Somit wird das Vertrauen gestärkt, dass das Aufstellungsgeschehen keiner Fantasie entspringt, sondern einen sehr starken Bezug zur realen Konfliktsituation im eigenen Leben hat. Häufig ist auch zu beobachten, welche Versöhnungsangebote durchaus vorhanden sind, ohne dass sie im Leben bisher wahrgenommen wurden. Auch das empathische Verbundensein, das uns im Tiefsten als Menschen ausmacht, wirkt sich sehr heilsam auf die Lösung aus und fördert die innere Verwandlung, um im Leben wieder anders weitergehen zu können.

Imhof: Die Regie bei einer Aufstellung überlasse ich stets der Dynamik des Geistes, der aus dem Unsichtbaren wirkt und bin des gesprochenen Textes der Repräsentanten gewahr. Zur Verdeutlichung wiederhole ich gerne ihren Wortlaut oder versprachliche das, was zu sehen ist.

Richter: Eine Besonderheit der Aufstellungsarbeit mit dir besteht darin, dass du profunde Kenntnisse im Bereich des Christentums hast und die Urkräfte der ursprünglichen Christuspräsenz mit in das Aufstellungsgeschehen einfließen lässt. Somit nennst du auch deine Art des systemischen Aufstellens mittlerweile „Christozentrisches Familienstellen". Die frühere Bezeichnung hat so manchen zunächst veranlasst, sich von dieser Art der Aufstellung fernzuhalten oder in der Vorstellungsrunde zu Äußerungen über entsprechende Vorbehalte geführt, wenn jemand von einer anderen Person mitgenommen wurde, um sich diese Form der Aufstellung anzusehen. Doch auch in diesem Bereich zeigt sich deine stets behutsame Herangehensweise, die sich durchaus der dogmatischen, oft lebensfeindlichen Ansätze der Institution Kirche bewusst ist, sich aber von diesen gelöst hat und ausschließlich die Ressourcen eines christlichen Ansatzes für die Aufstellungsarbeit nutzt. Dabei haben auch andere konfessionelle Einstellungen durchaus ihren Platz und stehen nicht im Widerspruch zu einem grundsätzlich christozentrischen Familienaufstellen, das sich restlos dem Evangelium, der befreienden und erlösenden Botschaft Jesu Christi verdankt.

Imhof: Wenn sich durch unsere Arbeit etwas mehr Evangelium ausbreitet, soll es mir recht sein.

Richter: Was ist für dich das Wesen des Christentums?

Imhof: Der Kern der christlichen Botschaft besteht darin zu zeigen, wie durch den ungeschaffenen Schöpfergeist eine geschaffene Geistseele entsteht, die in der Welt ankommt. Die Inkarnation des GEISTES ist der Dreh- und Angelpunkt der Heilserfahrung. *Caro cardo salutis* formulierte der Kirchenvater Tertullian. Aufgrund des Einstiegs Gottes in die Schöpfung durch Jesus Christus glückt der Ausstieg in Gottes Ewigkeit. Mit der Auferstehung – eine Diesseitserfahrung – beginnt die unumkehrbare Rückkehr einer Geistseele in die Ewigkeit mitten in der Welt. Die Inkarnation ist die Brücke aus der Welt des GEISTES und der Engel in die Welt der Geistseelen auf Erden.

Richter: Eine gute Möglichkeit, um Vorbehalte einer solchen Aufstellung gegenüber aus dem Weg zu räumen, besteht darin, sich erst einmal als Stellvertreter einige der lösungsorientierten Inszenierungen von dir in einer Aufstellung anzusehen.

Imhof: Auch ein solcher Repräsentant hat einen enormen Kollateralgewinn so eines Aufstellungstages, da sehr oft etwas dargestellt wird, was jemand so oder ähnlich aus seinem eigenen Leben kennt. Eine stellvertretende Person hat durch das Eintauchen in das bei einer Aufstellung vorhandene geistige Kraftfeld Anteil an den möglichen Lösungsansätzen einer anderen Person.

Richter: Ich wünsche uns allen immer wieder die Erfahrung, dass es bei einer noch so verfahrenen Situation im Leben einen Ausweg gibt, der sich oft nicht durch rein äußerliche Veränderungen bewerkstelligen lässt, sondern sehr oft nur durch eine innere Veränderung der Einstellung dieser Situation gegenüber. Dazu ist es aber erforderlich und geradezu Not-wendend, Verfahren heranzuziehen, die eine umfassendere Sicht aus einer anderen Ebene ermöglichen. Nicht zuletzt Albert Einstein erkannte, dass Lösungen nicht auf der Ebene möglich sind, auf der ein Problem entstanden ist.

Imhof: Allgemein gesagt: eine Metaebene ist nötig oder ein Horizont mit unendlich vielen Möglichkeiten.

Kosmische Verortung

Richter: Was verstehst du unter einer solchen Platzierung?

Imhof: Wenn ich ein Bild von meiner Welt-Anschauung malen müsste, dann würde ich verschiedene Sphären zeichnen. In der Mitte ist die Erde mit den Lebewesen, die Biosphäre und die Atmosphäre. Die nächste Sphäre ist unser Sonnensystem, und alles ist umgeben vom Kosmos. Durch den Glauben an Gott gelange ich in die göttliche Sphäre. Ist sie nur ein Bewusstseinsinhalt des menschlichen Geistes bzw. eine Sehnsucht der menschlichen Seele oder eine Wirklichkeit an und für sich? Von letzterem bin ich überzeugt. Um spirituelle Erfahrungen geht es, denn diese göttliche Wirklichkeit ist nicht nur transzendent, sondern auch immanent. Die himmlische Wirklichkeit ist das Reich Gottes, das durch Christus auf Erden erschienen ist und je neu erscheinen kann.

Richter: Was heißt das für das systemische Aufstellen?

Imhof: Gehen wir z. B. vom Phänomen des Lichtes aus. Manche Menschen haben aufgrund ihrer Repräsentanz während einer Aufstellung eine sehr starke Ausstrahlung, die normalerweise unsichtbar, aber durchaus wirksam ist. Der Wellen- und Korpuskelcharakter des Lichts bringt viele Informationen von der Quelle des Lichtes mit sich. Je sensibler ein Empfänger ist, umso mehr Informationen kommen bei ihm an, die sich gegebenenfalls auch in Sprechsprache übersetzen lassen.

Richter: Und was bedeutet das für das Gesamtverständnis des Kosmos?

Imhof: Wenn ich davon ausgehe, dass der ganze Kosmos durchlichtet ist, dann hat darin Jegliches seine Ausstrahlung. Bei lebendigen Wesen sprechen wir dabei von einer Aura. Dem Kosmos kommt als Ganzes wohl eine Gesamtausstrahlung zu. In theologischer Perspektive ist die Ausstrahlung bzw. die Herrlichkeit Gottes das göttliche Licht, das den Kosmos mit seiner Ausstrahlung umfängt und die einzelnen Sphären der geschaffenen Welt durchdringt. Im Menschen kann das göttliche Licht in der Weise einer Erleuchtung erlebt werden. Intensive Geisterfahrungen werden oft mit Lichtmetaphern beschrieben. Interessant in diesem Zusammenhang ist das biblische Zeugnis über Mose, der nach seiner Gottesbegegnung am Sinai besonders strahlte. In der lateinischen Bibelübersetzung spricht man von *cornibus*, dt. Hörnern bzw. Strahlen. So stellt Michelangelo in der Kirche San Pietro in Vincoli in Rom den Mose mit zwei Hörnern dar.

Richter: Für dich ist also der kosmische Sternenhimmel nicht der äußerste Horizont, zu dem eine Geistseele unterwegs ist, sondern die göttliche Herrlichkeit?

Imhof: Ja! Sowohl ein kosmisches wie ein himmlisches Bewusstsein scheinen mir erstrebenswert. In der Antike war es für die meisten das höchste Ziel, in die Sternenwelt zurückzukehren. Nach Apotheose (kosmische Himmelfahrt) suchten die römischen Cäsaren. Die Pharaonen hofften, zum Sternbild Orion zurückzukehren. Vielleicht ist die Rückkehr zu den Sternen eine wesentliche Zwischenstation bei der Seelenwanderung durch den Kosmos und auf Erden.

Richter: Wie dem auch sei. Was hat das mit Christus zu tun? Ist er für dich das Herz des Kosmos, der Sohn Gottes, der Pantokrator, das Christkind?

Imhof: Der Tag der Wintersonnenwende wird mancherorts als Weihnachtsfest gefeiert. Daran könnte etwas deutlich werden: dass sich das ganze Weltall auf der Wahrnehmungsebene um die unsichtbare Himmelsachse dreht. Jeder kann das unter dem nächtlichen Sternenhimmel beobachten. Früher wurde deshalb selbst in den Wald gegangen und ein immergrüner Tannenbaum ausgesucht, der ein Symbol für die Himmelsachse und den Weltraum ist. Noch heute wird zu Weihnachten so ein Christbaum im Wohnzimmer aufgestellt. Dann schmücken wir ihn mit Sternen, glänzenden Kugeln, Lametta und brennenden Kerzen. Auf diese Weise holen wir uns zunächst den Kosmos in unsere Lebenswelt herein. Im Frankenland wird nun an der Spitze des Lichterbaums ein Rauschgoldengel befestigt. Er gehört einerseits zum Kosmos und ragt andererseits darüber hinaus. Der Engel steht gleichsam in die unsichtbare göttliche Sphäre hinein. So gehört er zum unsichtbaren Hofstaat der göttlichen Herrlichkeit. Durch den himmlischen Engel Gabriel kam die Herrlichkeit Gottes, sein ewiger Messias bzw. Christus, durch alle Sphären des Kosmos hindurch in Nazareth bei der geglückten, materiellen Endlichkeit, bei Maria an. Nach neun Monaten leuchtete der göttliche Funke im Christkind Jesus auf. Welche Geschichte in Bethlehem! Aus dem Christbaum wird der Weihnachtsbaum, der Stammbaum Jesu Christi.

Richter: Wo ist zum ersten Mal von einem Weihnachtsbaum die Rede?

Imhof: Ein entsprechendes Dokument liegt in der Humanistenbibliothek von Sélestet (Schlettstadt) im Elsaß. Es stammt aus dem Jahre 1521. Damals wurde der Festbaum mit dem altdeutschen Wort „Meyen" bezeichnet. In den Wohnzimmern stellte man ihn in ein sogenanntes Paradiesgärtlein. Der kleine quadratische Zaun sollte an das Paradies erinnern, ebenso die roten Äpfel, mit denen man den Baum schmückte. Die bunten Papierblumen in Form von Rosen sind Symbole für die Zukunft aus der Wurzel Jesse, die durch Jesus wieder zum Blühen kam. Durch das Christkind, das vom Himmel herabgekommen ist, können wir in das Paradies zurückkehren. Christus schenkt die Früchte vom Baum des Lebens, der im Paradiese steht (vgl. Offb 2,7).

Richter: Was bedeutet in diesem Zusammenhang die häufig anzutreffende Krippe unter dem Christbaum?

Imhof: Die heilige Familie repräsentiert gleichsam das himmlische, kosmische und irdische Dasein in seiner Einheit. In der Heiligen Familie kommt Jesus Christus vom Himmel auf der Erde an. Das Leben Jesu Christi ging auf Erden dann weiter bis in die äußerste Dunkelheit des Kreuzes und des Todes, also bis ans Ende der Welt. Seine Auferstehung im Osterlicht und seine Himmelfahrt markieren den Weg zurück in die lichtvolle Herrlichkeit Gottes.
Auch anhand der Geschichte des Wortes Gottes im Menschenwort lässt sich dieser Prozess beschreiben, vor allem im Johannesevangelium. Es ist ein inspirierter Kommentar zum Buch Genesis aufgrund des Lebens Jesu Christi, dem Wort Gottes (vgl. Offb 19,13), das menschliche Gestalt angenommen hat, sich auswortete, und in das geheimnisvolle Schweigen Gottes zurückgekehrt ist, um von dort als wiederkehrender Christus präsent zu bleiben (vgl. Offb 1,1-22,21). Die Johannesoffenbarung deutet die Weltgeschichte im Horizont der Heilsgeschichte.

Räume des Aufstellens

Richter: Welche Orte sind für Aufstellungen besonders geeignet?

Imhof: Um einen möglichst ideologiefreien Kontext zu gewährleisten, finden unsere Aufstellungen meistens in Räumen statt, die für offene Bildungsarbeit geeignet sind. Bisweilen gehen wir auch in die freie Natur, treffen uns unter einem mächtigen Baum oder auf einer schönen Lichtung. Auch ein großer Garten mit einem Zelt ist geeignet.

Richter: Ein Zelt?

Imhof: Ich meine kein Bierzelt, sondern etwas anderes. Gerade um sich in die Botschaft des Johannesevangeliums einzufühlen, ist ein entsprechend gestaltetes Zelt gut. Normalerweise heißt es in einer Übersetzung des Johannesprologs: „Und das Wort ist Fleisch geworden und hat unter uns gewohnt" (Joh 1,14). Was wir mit wohnen übersetzen, bedeutet ursprünglich zelten (griech. *eskenosen*).

Richter: Was meinst du mit entsprechend gestaltet?

Imhof: Eine Galatische Schwitzhütte. Sie heißt so nach den christianisierten Kelten in Kleinasien zur Zeit des Apostels Paulus, den Galatern. Die Aufstellung findet am Feuerplatz statt und wird in einem Rundzelt, in das heiße Steine gebracht werden, meditativ weitergeführt. Im Zelt finden vier Runden bzw. Szenen statt. Es ist spannend, dass In-Szenierungen (in Szene-Setzungen) Aufstellungen auf der Bühne sind, um die Welt, in der wir leben, zu deuten.

Richter: Um welche Phasen handelt es sich bei einem solchen Aufstellungsprozess in einer Schwitzhütte?

Imhof: Zunächst geht es um ein ganzheitliches, leiborientiertes Ankommen. Die nächste Runde ist vom Dank geprägt. Dann kommt eine Zeit, sich durch Bitten und Wünsche zu öffnen. Und in der letzten Runde geht es darum, zu erahnen, was für das eigene Leben in Zukunft wichtig ist. Die Gemeinschaftserfahrung im Zelt ist ein tragender Grund, um durch den Geist des Evangeliums inspiriert zu werden.

Richter: „Heiße Themen" finden ja nicht nur in einer Schwitzhütte statt! Ich denke gerade an eine sehr kraftvolle Aufstellung, die mein Hineingeworfensein in diese Welt zum Thema hatte. Da ich immer wieder Menschen getroffen habe, die mir von einer ähnlichen Thematik berichten, möchte ich dich bitten, etwas aus deiner Sicht über diese Aufstellung zu sagen.

Imhof: Sie begann im Raum des Geistes und war exemplarisch, denn sie zeigte, dass die Geschichte einer Seele pränatal in der geistigen Welt anfängt, ehe sie in Fleisch und Blut auf Erden leibhaftig zustande kommt. Dabei gibt es viele Hindernisse, die sich so auswirken können, dass sich jemand auch nach Jahrzehnten hier auf der Erde immer noch nicht angekommen und zugehörig fühlt.

Richter: Die Botschaft meiner Aufstellung hat mich noch viele Monate begleitet. Sie half mir, mein Leben auf Erden in die Hand zu nehmen, mich zu trauen, mir das Leben zu nehmen, was überaus zweideutig verstanden werden kann. Der eine versucht sich als Herr über Leben und Tod aufzuspielen und wirft sein Leben letztlich weg, der andere ergreift es, indem er sich immer neu vom Leben ergreifen lässt und sich dafür entscheidet, so viel Liebe in die Welt zu bringen, wie es ihm im Kraftfeld der göttlichen Gnade möglich ist.

Imhof: Für Christen geschieht dies in der Beziehung zu Jesus Christus, der von sich sagt: Ich bin der Weg und die Wahrheit und das Leben (vgl. Joh 17,1-5). Erst im Horizont des ewigen Lebens wird das eigene Leben als eine Erscheinungsform des ewigen Lebens verstehbar. Nicht der endlose Kreislauf von unendlichen Leben mit unzähligen Wiedergeburten ist der letzte Horizont, sondern die Einmündung der unendlichen, endlichen Leben in den Ursprung allen Lebens. Wie nun ein einzelnes Leben dorthin gelangt, kann in einer lebendigen Aufstellungsarbeit Schritt für Schritt erkannt werden, so dass ein zielführiger Weg geahnt wird.

Richter: Welche Hilfsmittel stehen dir in einer Aufstellung dafür zur Verfügung?

Zeichen des Heiles

Imhof: Bei dem großen spirituellen Prozess des Lebens im Horizont des ewigen Lebens gibt es spirituelle Stationen und Zeichen, die an den exemplarischen Weg Jesu Christi erinnern, der sich aus der Wirklichkeit des ewigen Lebens in die äußerste Form des endlichen Lebens eingelassen hat und so sein endliches Leben durch die große Verwandlung der Auferstehung hindurch in das ewige Leben eingebracht hat. Für diejenigen, die an seiner Hand und in seinem Geist ihr Leben zeitigen wollen, hat er elementare Zeichen hinterlassen, die ein Raum der Begegnung mit ihm in der materiellen Welt sind.

Richter: Was sind das für Zeichen?

Imhof: Es sind dies die Sakramente. Sie sind spirituelle christliche Heilmittel, die dazu dienen, eine Antwort auf wichtige Fragen zu finden, z. B. wie werde ich spirituell lebendig, was begeistert mich neu. Sakramente können helfen, dass jemand wieder aufrichtig zustande kommt, nachdem ihn Sünde und Schuld niedergestreckt haben, dass jemand, der von Hunger und Durst geschwächt ist, durch geistige Nahrung wieder zu Kräften kommt, dass jemand aus seiner Krankheit, mit der er darniederliegt, etwas lernt, sodass er wieder aufstehen kann, dass jemand, der keine Zukunft mehr zu haben meint, sich wieder aufrichten kann, weil er für sich eine neue, ewigkeitliche Perspektive sieht.

Richter: Auch in einer Aufstellung ist es ja das Ziel, sich aus einer bedrückenden Lebenssituation wieder aufrichten zu können. Dabei verwendest du immer wieder die Triebe bzw. Scheintriebe, um etwas zu verdeutlichen. Was ist der Grund dafür?

Imhof: Die Wunderzeichen Jesu lassen sich im Hinblick auf die dabei verwendeten Elemente bzw. Essenzen in vier Gruppen einteilen. Legt man dabei die vier natürlichen Triebe zu Grunde, dann ist dem Kommunikationstrieb der *Fluss des Lebens*, das Element *Wasser* also, zugeordnet, dem Nahrungstrieb die Substanz *Brot*, also das Element *Erde*, dem Spieltrieb das *Olivenöl*, der Grundstoff für das Element *Feuer* und dem Geschlechtstrieb die Substanz *Wein*, der für das Element *Luft* steht. Alltagssprachlich zählt der Wein zu den Spirituosen, die nach lat. *spiritus* d. h. Geist, Hauch benannt sind.

Richter: Kannst du mal die Elemente im Einzelnen etwas genauer ausführen?

Imhof: Beginnen wir mit dem Element Wasser. Wie lautet der neutestamentliche Befund? Das Wasser wird im neutestamentlichen Kontext bei Initiationshandlungen verwendet. So ist die sakramentale Taufe der Anfang eines neuen Kommunikationsgeschehens zwischen Gott und dem getauften Menschen. Zwischenmenschlich gesehen gehört der Getaufte zur neuen Kommunikationsgemeinschaft der christlichen Gemeinde bzw. der Kirche. Bei der Taufe Jesu Christi wird offenbar, wer er in den Augen Gottes ist. Und zwischenmenschlich fängt er kurz danach an, eine neue Gemeinschaft im Namen Gottes zu gründen (vgl. Joh 1,19-51).

Initiatischen Charakter besitzt auch die Fußwaschung Jesu, die Gemeinschaft mit ihm neu begründet (vgl. Joh 13,8). Nach der Begegnung Jesu mit der Frau am Jakobsbrunnen entsteht eine erste messianische Gemeinde in Samarien (vgl. Joh 4,1-42; 7,38-39). Wiedergeburt geschieht aus Wasser und Geist, so die Antwort Jesu an Nikodemus (vgl. Joh 3,5). Wundersam ist auch die Heilungsgeschichte am Teich Siloah, als der blind Geborene im Hören auf das Wort Jesu seine Berufung und gleich danach seine Sendung erhält (vgl. Joh 9,1-7). In kürzester Zeit gehört er zum Kreis der Talmudim (dt. Bibelschüler) und wird anschließend einer der Schalachim (dt. Gesandter). Nach der Stillung des Seesturmes, bei dem die Wasserwellen hochgehen, beginnt ein neues elementares Selbstverständnis der Jünger bezüglich Jesus von Nazareth (vgl. Mk 4,35-41).

Richter: Und nun zum Element Erde.

Imhof: Die Grundsubstanz, die uns die Erde schenkt, ist das Brot. Der Nahrungstrieb wird im neutestamentlichen Kontext durch das Brot befriedigt. Jesus Christus ist nach dem Johannesevangelium das Brot, das vom Himmel herabgekommen ist (vgl. Joh, 6,32-51). Von Bethlehem, dem Haus des Brotes (vgl. Lk 2,1-20) führt sein Weg über das Abendmahl (vgl. Lk 22,14-20) nach Emmaus, wo ihn die Jünger beim Brotbrechen erkannten (Lk 24,13-35). An den Wundern der Brotvermehrung wird offenbar, wie Jesus als Brotkönig den Menschen das Geheimnis der göttlichen Selbstmitteilung durch zwischenmenschliches miteinander Teilen lehrt (vgl. Joh 6,1-15). Beim Abendmahl bzw. der Eucharistiefeier wird das Handeln Jesu sakramental praktiziert. Das Brot ist die regelmäßige spirituelle Nahrung, die denen gereicht wird, die sich durch Jesus Christus im Alltag stärken lassen wollen.

Richter: Und wie ist es mit dem Element Feuer?

Imhof: Die Basis für wärmendes, strahlendes Licht ist das Olivenöl. Der Spitzentitel für Jesus von Nazareth lautet Messias, d. h. der Gesalbte Gottes schlechthin (vgl. Mt 16,16). Er ist der Christus, so die griechische Übersetzung. In Bethanien gießt Maria, die Schwester des Lazarus und der Martha, kostbares Nardenöl über die Füße Jesu (vgl. Joh 12,1-3). So bekennt sie sich zum ihm als ihrem Erlöser. Kleophas, einer der Emmausjünger, begreift im Nachhinein, weshalb der Messias auf Erden seinen Weg durch Gethsemane, d. h. Ölpresse, gegangen ist (vgl. Lk 24,25-27). Erst nach der Kelterung erscheint das Öl, die Frucht des Achten Tages. Was ist ein produktiver Schmerz? Die klugen Jungfrauen haben Öl in ihren Lampen, d. h. eine Beziehung zum Messias und seinem Heilsweg (vgl. Mt 25,1-13). Ihm gehen sie entgegen. Wer im Hause des HERRN ankommt, dem wird das Haupt mit Öl gesalbt und dessen Becher ist übervoll (vgl. Ps 23,5-6). Der Nächste ist der, der Öl und Wein in die Wunden dessen gießt, der unter die Räuber gefallen ist (vgl. Lk 10,34). Je nach Konfession wird das Salböl bei der Sakramentenspendung verwendet. In der orthodoxen Kirche ist es bei der Taufe und der Priesterweihe liturgisch nötig, ebenso in der katholischen Kirche. Bei der Firmung und der Krankensalbung (vgl. Jak 5,14) wird jemand mit dem Zeichen des Messias gesalbt. Doch auch im Raum der evangelischen Kirche gibt es immer mehr Salbungsgottesdienste. So werden Christen z. B. bei der Aussendung zum Spiritual bzw. zur Spiritualin mit dem Salböl im Namen Jesu Christi bezeichnet: Sei besiegelt mit der Gabe Gottes, dem Hl. Geist. Jesus Christus sendet dich, andere geistlich zu begleiten.

Richter: Nun fehlt nach der Lehre von den vier Elementen noch die Luft.

Imhof: Ja. Wie schon gesagt handelt es sich dabei um den Hauch bzw. den Geist. Er ist im Wein verborgen. Seine Blume entfaltet sich in der Atmosphäre. Der Wein, Metapher des Glücks, der Freude, des Himmels und der Seligkeit, spielt bei der Hochzeit von Kana eine wichtige Rolle. Durch das Weinwunder wird offenbar, dass Jesus der eigentliche Bräutigam ist. Mit den Seinen zieht er anschließend nach Kapharnaum, um dort zu wohnen (vgl. Joh 2,1-12). Im Bereich des Trostes (hebr. *kfar-nahum*) ist er zu Hause. Jesus nimmt an Festmählern teil, zu dem auch Zöllner und Sünder geladen waren. Selbstverständlich wurde dort auch Wein getrunken.

Jesus Christus ist wie der neue Wein: Wer ihn fassen kann, der fasse ihn (vgl. Mk 2,13-22). Er feierte mit den Seinen das Abendmahl. Dabei deutete er auf den Kelch mit Wein und sprach: Dieser Kelch ist der Kelch des Neuen Bundes, das Blut, das für euch und für alle vergossen wird zur Vergebung der Sünden. Tut dies zu meinem Gedächtnis, je jetzt (vgl. 1 Kor 11,23-26). Seine Ankunft birgt in sich Herkunft und Zukunft. Der Sünder muss sich nicht mehr schämen. Ihm wird vergeben, sodass er am himmlischen Hochzeitsmahl teilnehmen kann. Denn die Liebe Christi deckt der Sünde Mannigfaltigkeit. In der Beichte wird dies im Hauch des Wortes realisiert.

Richter: Gibt es hierzu Traditionen in der Kirche?

Imhof: Schon Dr. Martin Luther spricht: „Wasser tut es freilich nicht." Der Geist muss hinzukommen. Erst dann ist eine Wassertaufe eine wirkliche Taufe. Zum Abendmahl gehören nicht nur Brot und Wein, sondern auch der Glaube an die Gegenwart Christi beim Empfang des Sakramentes. Jesus Christus, der Gesalbte des HERRN, hat Taufe und Abendmahl gestiftet.

In der frühmittelalterlichen Mystik werden das Wasser und das Blut, die aus der Seitenwunde Jesu entsprangen (vgl. Joh 19,34), als Zeichen für Taufe und Abendmahl gedeutet. Das Blut als Sitz des irdischen Lebens wird durch Jesus Christus zur Metapher für das Ewige Leben. Denn er ist der irdische und der himmlische Messias. In ihm sind das irdische und das himmlische Leben erschienen. Im Kelch, mit dem das Opferblut des gekreuzigten Messias aufgefangen wurde, befindet sich beim Abendmahl nun der Wein, das Zeichen der liturgischen Gegenwart des ewigen Messias. Er ist das Lamm Gottes, das auferstanden ist. Das Blut des geschlachteten Lammes ist nun vom Osterlicht der ewigen Seligkeit durchleuchtet (vgl. Offb 21,23). Die Gemeinde Jesu Christi ist zum Hochzeitsmahl des Lammes unterwegs. Der auferstandene Christus wird als Bräutigam der Ewigkeit verehrt. Und der Geist und die Braut sprechen: Maranatha! Komm, Herr Jesus Christus (vgl. Offb 19,7-9; 22,17).

Das Evangelium Jesu Christi und die wundersamen spirituellen Begegnungen gehen weiter. Dies geschieht auch sakramental, d. h. in Zeichenhandlungen, die aus einem Element und einem deutendem Wort bestehen, das auf die wirksame, geistige Präsenz Jesu Christi hinweist. Wir unterscheiden deshalb Wasserzeichen, Brotzeichen, Ölzeichen und Weinzeichen.

Richter: Ich möchte gerne noch einmal auf den Kommunikationstrieb und die natürlichen Triebe zurückkommen.

Die natürlichen Triebe und das Vermächtnis Jesu

Imhof: Für die kommunikationstheoretische Reihenfolge könnte der Auftrag des auferstandenen Christus leitend sein, der in seiner Himmelfahrt den Seinen entschwindet. Er gibt ihnen folgendes mit auf dem Weg: „Geht zu allen Völkern und macht alle Menschen zu meinen Jüngern (1), tauft sie auf den Namen des Vaters und des Sohnes und des Heiligen Geistes (2) und lehrt sie alles zu befolgen, was ich euch geboten habe (3) und ich bin bei euch alle Tage bis zur Vollendung der Welt (4)" (Mt 28,19-20). Bei diesem Auftrag steht nicht das elementar-zeichenhafte Geschehen der Sakramente an erster Stelle, sondern der geistig-zeichenhafte Prozess des Kommunikationsvorgangs. Dadurch werden weitere spirituelle Zusammenhänge deutlich.

Richter: Welche sind dies?

Imhof: *An erster Stelle* steht die Jüngerschaft, die Kommunikationsgemeinschaft mit Jesus Christus. Das entsprechende Element ist der Hauch bzw. die Luft – das Zeichen dafür ist, wie gesagt, der Wein. Im Wein ist Wahrheit! Auf Jesus Christus soll gehört werden. Es geht darum, mit ihm im Gespräch zu sein. Die Jünger und Jüngerinnen Jesu sollen andere dazu einladen, sich dieser offenen Kommunikationsgemeinschaft anzuschließen, d. h. auch sie zu Jüngern und Jüngerinnen zu machen (vgl. Mt 28,19a). Dogmatisch gesehen kommt in Jesus Christus Gottheit und Menschheit überein. Im Blick auf ihn kann daher die Kommunikation untereinander und mit Gott in aller Freiheit gelingen. Damit ist der *Kommunikationstrieb* befriedigt.

Richter: Wie steht es mit dem *Nahrungstrieb*?

Imhof: Jesus verheißt der Frau am Jakobsbrunnen lebendiges Wasser, das aus dem Inneren kommt (vgl. Joh 4,14-15; 7,37-39). Diese älteste Pfingstgeschichte kehrt sakramental in der Taufe wieder. *An zweiter Stelle* steht im Kontext des Auftrags des Auferstandenen das Wasserzeichen (vgl. Mt 28,19b). die Taufe. Sie wird im Namen Gottes, der sich geoffenbart hat, gespendet. Nicht nur mit dem Element Wasser, sondern vor allem durch das Wort, das unverzichtbar zum Ritus gehört, glückt die Initiation. Welches Angebot! Gott, die ewige, schöpferische Liebe, erhält dich in deinem Dasein, mit Jesus fängt dein Leben neu an und der Heilige Geist, der bei der Taufe empfangen wird, bleibt dein geistiger Lebensquell. Du kannst und darfst seine

Charismen, d. h. Gnadengaben annehmen. Der *Nahrungstrieb* ist damit zufrieden, denn der Mensch lebt nicht nur vom Brot allein.

Nach dem orthodoxen Glaubensverständnis bekommen die Neugetauften die eucharistischen Gaben von Brot und Wein unmittelbar nach der Taufe gereicht. Die Getauften werden für den Empfang nicht durch die Erstkommunion, wie in der römisch-katholischen Kirche, oder durch die Konfirmation, wie in den meisten evangelischen Kirchen, darauf vorbereitet.

Richter: In deinem Buch über die Johannesoffenbarung las ich: „Wer ein Ohr hat, zu hören, höre, was der Geist den Gemeinden sagt. Wer siegt, dem werde ich vom Baum des Lebens, der in Gottes Garten steht, zu essen geben" (Offb 2,7). Was sind das für Früchte, von denen der wiederkehrende Christus spricht?

Imhof: Die Früchte sind Zeichen seines Sieges, seine Trophäen. Wer siegt, das heißt an den auferstandenen Christus glaubt, bekommt Anteil an seinen Trophäen.

Richter: Was bedeuten in diesem Zusammenhang Trophäen?

Imhof: Ich meine, es lohnt sich, etwas weiter auszuholen. Wir kennen viele Trophäen. Wer sich in der profanen Welt umschaut, sieht Pokale, Meisterschalen, Goldmedaillen, Urkunden etc. Indianer waren stolz auf den Skalp, den sie erbeutet hatten. Mancher Mann schmückt sich mit einer schönen Frau, manche Frau mit einem reichen Mann. Ach, wie bin ich erfolgreich! Schaut alle her, ich zeige euch all meine Eroberungen, meine Errungenschaften, die Zeichen meiner Siege. In der Antike hängte man an einen Baum mit abgehauenen Ästen die Waffen und Feldzeichen der besiegten Feinde, die als Gefangene darunter kauern mussten. Marmorreliefs zeigen dies. Welcher Triumph, welche Trophäen!

Richter: Und was hat das mit Christus zu tun?

Imhof: Gar nichts. Die Trophäen Jesu Christi sind andere, nämlich die eucharistischen Gaben von Brot und Wein. Welche Siegeszeichen! Ich bin auferstanden, sagt er. Meine Gemeinde, meine Botschaft, meine Trophäen sind Zeichen meiner geistigen Präsenz, meines Sieges über Tod und Teufel. Der Baum des Lebens, der im Paradies wurzelt, hat seine Krone auf Erden. Daran wachsen die eucharistischen Gaben von Brot und Wein, die Christus selbst liturgisch reicht. Von ihm kommt uns Gottes Wort zu, das er selber ist. Er spricht zu uns durch sein Evangelium und seine Verheißungen.

Richter: Wie lässt sich das bei christozentrischem Aufstellen verdeutlichen?

Imhof: Die christliche Liturgie ist die kultisch dargestellte Biografie Jesu Christi. Sie wird durch den Liturgen und durch die Gemeindemitglieder als Repräsentanten in Szene gesetzt. Außerhalb der Liturgie sind die heilsamen Schlussszenen spirituelle, zeichenhafte Bild-Trophäen christlichen Aufstellens, die durch die Repräsentanten und dem, der das Mandat erteilt hat, vermittelt werden. So geht das individuelle Leben in seiner Freiheits- und Erlösungsgeschichte gut weiter: in Zeit und Ewigkeit.

Richter: Wie lässt sich die Lehre Jesu mit dem *Spieltrieb* verknüpfen?

Imhof: *An dritter Stelle* geht es am Ende des Matthäus-Evangeliums um die Lehre Jesu Christi. Das Evangelium ist weiterzugeben. Alle sollen in der Gemeinschaft des Brotbrechens und im Gebet verharren (vgl. Mt 28,20a; Apg 3,42). Eine christliche Lern- und Lebensgemeinschaft bietet dafür optimale Voraussetzungen. Wesentliche Inhalte und Methoden, die in Freiheit zu leben helfen, lassen sich dort fast spielerisch erlernen. Denn der Geist des Messias selbst ist der Lehrer, der die Tagzeiten prägt (*Spieltrieb*).

Richter: Und welche Rolle hat der *Geschlechtstrieb*?

Imhof: Der natürliche Sinn der Schöpfung besteht in der Weitergabe des Lebens. Dies geschieht mittels des Geschlechtstriebs. Der übernatürliche, d. h. der ganzheitliche, kosmische, himmlische Sinn lässt sich nur durch den Pantokrator, den alles durchwirkenden ewigen Messias, den neuen Adam, bewerkstelligen. An ihn erinnert das ewige Licht, das in den vielen Öllämpchen brennt.

Und so gehört *viertens* zum Auftrag des Auferstandenen die Verheißung seiner Präsenz bis an der Welt Ende (vgl. Mt 28,20b). Wer in seiner Jüngerschaft lebt, wird eine Zukunft haben. Sie besteht in der Glaubenserfahrung der Gegenwart des auferstandenen Christus, der in der ewigen Herrlichkeit Gottes angekommen ist. So wie in der Schöpfung – auch sie ist von Christus, dem schöpferischen Wort Gottes, herkünftig – durch die Weitergabe der eigenen Gene an die nächste Generation das Menschengeschlecht erhalten bleibt *(Geschlechtstrieb),* wird das übernatürliche Leben allein durch Jesus Christus gegeben. Dies geschieht sowohl individuell als auch menschheitlich durch den Akt der Neuschöpfung, die auf die erste Schöpfung hin transparent ist. So entstehen ein neuer Himmel und eine neue Erde für die auferstehende Menschheit, zu der die einzelnen Geistseelen gehören. Welche Hoffnung!

Richter: So ist ein himmlischer Wein offenbar der einzige, der sich in nüchterner Trunkenheit verkosten lässt! Ich erinnere mich an eine experimentelle Aufstellung während der Ausbildung bei dir, in der in den acht Seligpreisungen der Johannesoffenbarung eine entsprechende Ethik erkennbar war.

Imhof: Ja, der Geist Jesu Christi wirkt zwischenmenschlich befreiend und im Gottesverhältnis erlösend, vgl. Offb 1,3 (zwei Seligpreisungen); 14,13; 16,15; 19,9; 20,6; 22,7; 22,14.

Die Sakramente sind Zeichen, die von Jesus Christus herkünftig sind. Einige davon hat er unmittelbar selbst gestiftet. Zu einem Sakrament im kirchlichen Sinn gehören eine Materie und ein deutendes Wort, das dem Geist Jesu Christi entspricht. Eine liturgische Zeichenhandlung kommt zustande, wenn eine Weisung Jesu vorliegt, sie zu wiederholen.

In den ersten christlichen Gemeinden gehörten Sakramente wie selbstverständlich zum Leben eines Christen. Die sieben Gemeinden in Kleinasien, an die sich das Sendschreiben des hl. Johannes richtet, befanden sich in Ephesus, Smyrna, Pergamon, Thyatira, Philadelphia, Sardes und Laodizea. Die Ruinen der Städte, die noch heute zu besichtigen sind, lassen sich als ein Zeichensystem deuten, die an den Christus und die Christen erinnern, die dort zuhause waren. Durch „Tut dies zu meinem Gedächtnis" entsteht ein Raum, in dem gegenwärtig geistliche Erfahrungen gemacht werden können.

In der Johannesoffenbarung, dem letzten Buch der christlichen Bibel, wortet sich der wiederkehrende Christus aus, der mit Jesus von Nazareth zutiefst identisch ist. Die Zeichenhandlungen Jesu Christi gehen weiter. Der Ort, an dem das Wort Gottes verkündet wird und die Sakramente vollzogen werden, ist die eine, allumfassende Christenheit, die aus dem Evangelium lebt. In ihr findet Heilung statt. Denn sie ist ein Kraftfeld des Friedens, ein Ort der Heilserfahrung.

Richter: Auch im Raum einer Gemeinschaft, wie sie bei Aufstellungen zustande kommt, lassen sich gute Erfahrungen machen!

Imhof: Ja, denn bei christozentrischen Aufstellungen wird das Testament Jesu vollstreckt. Außer den sakramentalen Heilmitteln, die über den Geist auf die Seele und von dort auf den Körper wirken, gibt es auch zahlreiche andere Naturheilmittel, aber auch Bilder, Farben, Düfte, Klänge. Diese Mittel wirken vor allem über den Körper und von dort weiter in die Seele, ja sogar bis in den Geist.

2.13. Im Lot bleiben
Perspektiven der Naturheilkunde
Angelika Rappel im Gespräch mit Paul Imhof

Imhof: Eines der faszinierendsten Systeme ist das System menschlicher Körper. Sprachlich wird im Deutschen zwischen Körper und Leib unterschieden. Unter Leib lässt sich popularphilosophisch der durchseelte, durchgeistigte Körper verstehen. Bei einer Aufstellungsarbeit bilden mehrere Leiber ein lebendiges Sozialsystem. Aufgrund der seelischen, geistigen und körperlichen Präsenz von Menschen werden seelische und geistige Welten zugänglich. Christologisch wird vom Leib Christi gesprochen, insoweit sich die Christuspräsenz im Menschen auswirkt, die im Körper, im Geist und in der Seele anwesend ist.

Rappel: Nehmen wir das System Körper für sich allein in Blick, ohne dabei seine Lebendigkeit zu leugnen, d. h. ohne auf die Seele in ihm Rücksicht zu nehmen. Sie bleibt genauso eingeklammert wie seine christologische Deutung, dass er ein Ort des Geistes ist.

Imhof: So können einzelne Körpersysteme in ihrer faktischen Physiologie leichter erforscht und begriffen werden, z. B. lassen sich auf diese Weise die gesunden Zellen von Krebszellen unterscheiden, ohne dass die Gesamtsituation des Patienten berücksichtigt werden muss. Die Differenzierung nach Körper, Geist und Seele schärft den Blick für wichtige Details. Dadurch wird ein integriertes Gesamtverständnis nicht ausgeschlossen. Ganz im Gegenteil: Mit dem Prozess der Integrierung korrespondiert immer ein Prozess der Differenzierung.

Rappel: Das System Körper in seiner Endlichkeit und Vergänglichkeit ist also zunächst unser Thema. Welche Krankheiten spielen eine Rolle? Was ist gesund?

Imhof: Jeder organische Körper existiert in einer Umwelt. Essen und Trinken hält Leib und Seele zusammen, heißt es im Sprichwort. Die Früchte der *Erde* sind entweder giftig oder ungiftig. Was ist biologisch gesund? Das *Wasser* ist entweder rein oder unrein, d. h. nicht koscher. Krankheitserreger und Schadstoffe machen es ungenießbar. Die *Luft* ist schlecht oder gut. Saubere Luft ist eine Grundvoraussetzung für ein gesundes Leben. Zu einem vernünftigen Gebrauch des *Feuers* gehört das Wissen, welche Temperaturen sinnvoll sind. Bei zu heiß oder zu kalt reagiert der Körper höchst empfindlich. Ähnliches gilt für Strahlen. Sie sind heilsam, krankmachend oder tödlich.

Rappel: Das Wissen um einen angemessenen Umgang mit den vier Elementen ist Grundvoraussetzung, um gesund zu leben.

Imhof: Zum Leben gehört Bewegung. In allen körperlichen Systemen ist immer etwas im Fließen. Dies gilt vom Blutkreislauf bis hin zum Nervensystem und Gehirn, in dem Wahrnehmungen zu Informationen verarbeitet werden. Zudem ist jedes Organ ein körperliches Teilsystem, das mit anderen Systemen und dem ganzen Körper in Bewegung verbunden ist.

Rappel: Ein Weg, der stimmt, führt zum Ziel. Alle Bewegungsabläufe sind zielführig oder sinnvoll. Zumindest haben sie einen Zweck.

Imhof: So appellierten die alten Römer an die Vernunft des Menschen, der sich in körperlicher Bewegung befindet: Quidquid agis, prudenter agas et respice finem – was auch immer du tust, handle klug und behalte das Ziel im Auge. Daher beginnen wir bei einer Aufstellungsarbeit oft mit Körperübungen. Wer körperlich präsent ist, kann intensiver erleben, wie über den Geist neue Kraft in die Seele kommt.

Rappel: Wer sich gut um seinen Körper kümmert, setzt Selbstheilungskräfte frei.

Imhof: So lässt sich Paracelsus modern übersetzen. Jeder sollte auch für sich selbst seine heilenden Kompetenzen einsetzen, sodass die eigene Physis sich regenerieren kann. Um es mit den Worten von Paracelsus zu sagen: Medicus curat, natura sanat. Der Doktor kümmert sich, die Natur heilt! Hippokrates formulierte: Medicus curat, natura sanat, deus salvat, für den die Gottheit eine entscheidende Rolle spielte. Für den großen Arzt aus Kos, auf den der Hippokratische Eid zurückgeht, war es selbstverständlich: Gott erlöst.

Rappel: Die Natur des Menschen besteht ja nun bekanntlich nicht nur aus seiner Körperlichkeit, sondern wesentlich ist auch seine geistige Natur, seine

Freiheit, die Basis der Werte und der Würde. Wenn diese nicht geachtet wird, reagiert die Seele höchst emotional.

Imhof: So könnte man im Sinne von Paracelsus im Blick auf die Geistseele formulieren: Spiritualis curat, gratia sanat. Ein geistlicher Mensch übernimmt die Verantwortung und die Sorge für sich selbst, aber auch für andere, die ihm anvertraut sind. Dies geschieht in dem Bewusstsein, dass jemand letztlich nur durch Gottes Gnade ins Heil gelangt. Daher versuchen wir bei unserer Aufstellungsarbeit multiperspektivisch voranzugehen. Die Offenheit für seelische und geistige Wirklichkeiten gehört dazu, um ganzheitlich, also auch körperlich, neu zustande zu kommen.

Rappel: Wenn es um Überlegungen geht, welche Mittel für einen Patienten zu verordnen sind, zitierst du manchmal aus den sogenannten Sentenzen des Petrus Lombardus.

Imhof: Ja. Ich finde seinen Satz auch im Blick auf den Körper höchst bemerkenswert: Quidquid recipitur ad modum recipientis recipitur – Was auch immer aufgenommen wird, wird nach Art und Weise dessen aufgenommen, der etwas aufnimmt. Es kommt also sehr darauf an, in welchem Zustand sich jemand befindet, in dessen Körper interveniert wird. Wie verträgt jemand Tabletten, Pillen, Kapseln, Infusionen, Spritzen, Blutegel etc.?

Rappel: Dies ist mein „tägliches Brot" in meiner naturheilkundlichen Praxis.

Imhof: Was hilft, dass Menschen wieder auf die Beine kommen?

Rappel: Vieles!

Imhof: Wenn ich als Kind hingefallen bin, rannte ich zur Mama. Sie blies über die Wunde und sagte: Heile, heile Segen, wird schon wieder gut. Nachdem sie das mehrmals wiederholt hatte, ging es mir schon wieder besser. Was heißt das im Blick auf unsere Frage nach Gesundheit? Brauchen wir bei Verletzungen etwas für unsere Seele, unseren Geist und unseren Körper?

Rappel: Das ist ein schönes Beispiel, das uns an ein wichtiges Anliegen der ganzheitlichen Heilkunst hinführt.

Ganzheitliche Heilkunst

Imhof: Das wird in unserem Gespräch nun das weitere Thema sein. Aufgrund meiner neutestamentlichen Studien fällt mir auf, dass Jesus auch im therapeutischen Sinn aktiv wurde. Viele Begegnungsgeschichten erzählen davon, wie jemand wieder wundersam zustande kam.

Rappel: Ich finde es immer wieder spannend, wie Vertreter verschiedener therapeutischer Ansätze im Blick auf einen Patienten zusammenarbeiten können!

Imhof: Vielleicht ist es in manchen Situationen vorteilhaft, mit einer konkreten neutestamentlichen Heilungsgeschichte zu beginnen. In meinem Buch „Christliches Familienstellen" (2. Aufl. 2016) habe ich eine ganze Reihe davon zusammengestellt.

Rappel: Dazu fällt mir aus meiner naturheilkundlichen Praxis folgendes ein: Eine junge Frau bat mich um eine Aufstellung bezüglich ihrer immer schlimmer werdenden Neurodermitis. Sie litt darunter schon seit ihrer frühesten Jugend, inzwischen weit über 20 Jahre. Die Symptome bei den immer wieder auftretenden Schüben konnten zwar mit Cortison etwas erleichtert werden, aber eine Heilung erfolgte damit nicht. Es war ein endloses Auf und Ab. Als ich sie sah, erschrak ich, denn ihr Gesicht, der Hals und die Handrücken waren übersät mit Ekzemen, und sie konnte dem Drang, weiter zu kratzen, kaum widerstehen. Wir stellten also ihre Neurodermitis auf und die Repräsentanten leisteten eine hervorragende Arbeit. Ich habe sie zwei Jahre später wieder gesehen und ihre Haut sah nicht nur wunderschön aus, sie sagte mir auch, dass sie seitdem keine Hauterscheinungen mehr hatte.

Imhof: Nach einer Aufstellung ist es sinnvoll und teilweise unerlässlich, das Aufgedeckte und Erlebte nachzubearbeiten. Da gibt es verschiedene Möglichkeiten. Welche würdest Du den Teilnehmern anbieten?

Rappel: Das ist je nach Situation oder auch Person unterschiedlich. Meistens brauchen die Teilnehmer nach einer gewissen Zeit des Setzenlassens eine seelische Nachbearbeitung im Gespräch mit einem Therapeuten. Andere wiederum benötigen gute Unterstützung für neu aufkommende oder auch teilweise vorher schon vorhandene körperliche Beschwerden. Eine Klientin hatte als Reaktion nach einer Aufstellung eine mehrere Tage anhaltende starke Übelkeit, die so weit ging, dass der Körper selbst bei der Aufnahme von Wasser mit Übergeben reagierte. Dies war ein Symptom, das die Repräsentantin von ihr in der Aufstellung sofort hatte, als sie die Klientin darstellte. Es ist als starke Reinigungsreaktion zu deuten, bei der sich der Körper von über lange Zeit angestauten Giften oder unterdrückten Gefühlen zu befreien versucht.

Imhof: Wie kann Naturheilkunde helfend eingreifen?

Rappel: Man kann den Körper mit Mitteln aus der Naturheilkunde sehr unterstützen.

Imhof: Meinst du z. B. die Globuli der Homöopathie?

Rappel: Homöopathie ist eine von vielen Möglichkeiten. Ich stelle immer wieder fest, dass häufig Naturheilkunde und Homöopathie gleichsetzt bzw. verwechselt werden.

Imhof: Aber Homöopathie ist doch auch ein Teil der Naturheilkunde?

Rappel: Ja, schon. Aber das ist eben nur ein Weg. Ich arbeite auch sehr gerne mit Phytotherapie (Pflanzenheilkunde). Da gibt es wunderbare Möglichkeiten, mit verschiedenen Teemischungen oder Kräutertropfen bei allen erdenklichen Symptomen zu helfen, ohne dabei gleichzeitig zu schaden, wie es bei vielen Medikamenten der Schulmedizin der Fall ist, die so manche unerwünschte Nebenwirkungen haben. Manchmal lässt es sich nicht vermeiden, solche Medikamente einzunehmen, aber häufig gibt es natürliche und daher weniger schädliche bzw. unschädliche Alternativen, um zu helfen. So etwa die Bachblüten. Das sind Blütenessenzen, die bei seelischen Problemen eingesetzt werden und dabei sehr hilfreich sein können.

Imhof: Das ist ja alles ganz gut und schön, aber vielleicht braucht der eine oder andere bei einer muskulären Verspannung doch eher eine manuelle Behandlung. Wenn der Rücken oder ein Gelenk betroffen ist, dann helfen Schmerzmittel ja nur so lange, wie man sie nimmt. Und danach kommt der Schmerz häufig wieder. Was würdest du hier empfehlen?

Rappel: Das ist ganz unterschiedlich. Auch da gibt es in der Naturheilkunde gute Ansätze wie das Schröpfen. Darüber hinaus habe ich eine Ausbildung als „metaphysische Geistheilerin" absolviert, weil ich der Überzeugung bin, dass viele körperliche Beschwerden auf seelische Ursachen zurückzuführen sind. Doch nicht alles lässt sich über die Seele beheben.

Imhof: Welche Konsequenzen hast du aus dieser Erkenntnis gezogen?

Rappel: Ich habe mir Kenntnisse in einigen manuellen Therapieformen angeeignet.

Imhof: Und was gibt es auf diesem Gebiet alles?

Rappel: Da gibt es zum Beispiel die Dorn-Therapie. Dabei werden als erstes die Beinlängen verglichen. Bei einem Unterschied, der in 90 % der Fälle vorhanden ist, werden die überdehnten Fuß-/Knie- bzw. Hüftgelenke mit sanften Bewegungen ausgeglichen. Danach wird das Becken bzw. das sogenannte Ileosakralgelenk, falls nötig, eingerichtet.

Imhof: Und ist der Bewegungsapparat damit in Ordnung?

Rappel: Nein, das ist nur der Anfang der Behandlung, die Grundlage. Danach wird die Wirbelsäule untersucht und verschobene Wirbel wieder in ihre Ausgangslage gebracht. Das ist dann aber meist der Beginn einer Behandlung, die sich über einen längeren Zeitraum hinzieht. Es kommt sehr darauf an, wie lange die betroffenen Wirbel schon in der Fehlstellung waren. Je länger das der Fall war, umso stärker ist dann auch die umliegende Muskulatur verspannt. Das kann sich in einer generellen Muskelverhärtung oder auch an verschiedenen Triggerpunkten bemerkbar machen und muss dann natürlich parallel dazu entspannt und ausgeglichen werden, sonst zieht die verkürzte oder verspannte Muskulatur die Wirbel wieder in eine Fehlstellung – ein Teufelskreis!

Imhof: Und was verstehst du unter Triggerpunkten?

Rappel: Das sind knotenähnliche punktuelle Verhärtungen im Muskel, die sich meistens ganz gut ertasten lassen. Diese können auch Auswirkungen auf umliegende Organe haben. Der Muskel, der durch diesen Knoten verkürzt wird, zieht dann wiederum an anderen Strukturen, was dort auch wieder Probleme machen kann.

Imhof: Und wie kann man das Problem beheben?

Rappel: Das ist gar nicht so schwierig. Der ertastete Punkt wird mehrere Sekunden oder Minuten gedrückt, bis man spürt, dass er sich löst. Ich vergleiche das gerne mit einem Gummiband, das sich nach der Aufhebung einer Belastung wieder entspannt. Das ist für einen Moment zwar schmerzhaft, aber danach kommt sofort eine Entspannung und man spürt, dass da ein angenehmer Prozess in Gang gekommen ist.

Imhof: So kann man also in Kombination mit der Dornmethode auch die betroffene Muskulatur wieder lösen und damit auch eine schnelle und nachhaltige Schmerzlösung erzielen.

Rappel: Ja, so ist es. Unser Körper hat trotz einer Behandlung die Angewohnheit, eine Haltung, die über einen langen Zeitraum aufrechterhalten wurde und sich verfestigt hat, nach einer gewissen Zeitspanne wieder einzunehmen. Deshalb sollte in so einem Fall die Behandlung in nicht allzu großen Abständen (max. 1-2 Wochen) einige Male wiederholt werden. Dadurch werden die Wirbel auf Dauer in die ursprüngliche Stellung gebracht und auch die Muskeln erhalten ihren natürlichen Tonus zurück. Durch die Schmerzfreiheit wird die Schonhaltung aufgegeben und die Beweglichkeit führt wieder zu einer größeren Lebensqualität.

Mineralstoffe und Körperzellen

Imhof: Und was ist, wenn dem Körper verschiedene Stoffe fehlen, Mineralstoffe zum Beispiel. Sie sind ja für unsere Körperfunktionen unerlässlich. Ist es nicht so, dass da aufgrund unserer Lebensweise teilweise große Defizite vorhanden sind?

Rappel: Selbstverständlich. Hier arbeite ich dann bevorzugt mit Schüsslersalzen.

Imhof: Die Sorge um meine Gesundheit spielte bei mir bisher nie eine große Rolle. Geschmeckt hat mir immer alles. Trennkost, Fastenkurse oder ähnliches waren kein Thema. Inzwischen bin ich aber doch so weit, dass ich vernünftige Ernährung, Nahrungsergänzungsmittel, frische Luft und viel Bewegung schätze. Jemand mit einer extrem guten Physis ist eben nicht immer vernünftig.

Rappel: Ja, da hast du schon recht. Aber der Körper lässt sich das auf Dauer nicht gefallen. Die Konstitution spielt eine große Rolle, natürlich aber auch die Veranlagung und was uns unsere Vorfahren mitgegeben haben. Doch irgendwann bekommen wir Signale, Symptome, und es wäre ratsam, diese nicht zu ignorieren. Denn wenn wir diese Signale überhören und dann auch noch mit Medikamenten unterdrücken, dann ist der Körper zu drastischeren Maßnahmen gezwungen und das kann dann im extremsten Fall auch mal tödlich ausgehen. Manchmal ist es „nur" ein Bandscheibenvorfall, ein anderes Mal mitunter auch ein Herzinfarkt. Man hört ja immer wieder Geschichten von Menschen, die nach einer solchen Erfahrung ihr Leben völlig umgestellt haben: den Beruf gewechselt, den Wohnort, die Familiensituation – je nachdem, was schon längere Zeit einen massiven Druck ausübte und überhört wurde. Die Krankheit hat ja noch einen anderen großen Vorteil – sie schenkt uns Zeit und zwingt uns zu mehr Ruhe. Und dabei kann dann so einiges hochkommen, was sich im Alltagsgeschehen eben nicht zeigen konnte.

Imhof: Gut zu stehen und zu gehen scheitert oft daran, dass die Beweglichkeit der Kniegelenke stark eingeschränkt ist. Massagen bewirken eine Linderung der Schmerzen, wie ich selbst mehrfach erfahren habe. Doch was gibt es sonst noch für Möglichkeiten außer einer Operation, bei der dann gleich ein künstliches Knie eingesetzt wird?

Rappel: Zum Beispiel die Dehnung der umliegenden Muskelstrukturen, die oft als eigentliche Ursache die Gelenke zusammenziehen und dem Gelenkspalt dadurch zu wenig Raum lassen. Gute Physiotherapeuten und auch darauf spezialisierte Heilpraktiker, hier vor allem die Osteopathen, können hier viel Hilfe leisten. Wenn sich das Gelenk aber bereits in einem länger anhaltenden Entzündungsprozess befindet, braucht es noch weitere Hilfen. Eine gute Möglichkeit eröffnen hier die Blutegel. In früheren Zeiten häufig eingesetzt, sind sie in unserer modernen Medizin etwas in Vergessenheit geraten. Allerdings zu Unrecht. Wenn man sie gezielt in der Nähe eines entzündeten Gelenks ansetzt, zum Beispiel am Knie, dann sondern sie beim Saugen neben blutverdünnenden Faktoren verschiedene entzündungshemmende Enzyme ab. So kann das Blut besser fließen und die Entzündung wird gleichzeitig bekämpft. Die Berliner Charité hat im vergangenen Jahr eine große Studie darüber begonnen, weil sie schon seit Jahren gute Erfahrungen mit diesen kleinen Helfern gemacht haben. Die positive und schmerzlindernde Wirkung bei manifester Arthrose in den Kniegelenken reicht von drei Monaten bis zu eineinhalb Jahren.

Imhof: Was kostbar ist – die eigene Gesundheit – kostet. Manches kostet leider nur und für Sinnvolles und Kostbares bleibt zu wenig Zeit und Geld übrig. Gibt es Grundformen für eine gute Mischung?

Rappel: Die beste Grundform hier wäre natürlich, wenn auch die gesetzlichen Krankenkassen verschiedene naturheilkundliche Methoden übernehmen würden. Es wäre ideal, dem Patienten freizustellen, welche Therapieform er bevorzugen möchte. Ich könnte mir das so vorstellen, dass man von der Krankenkasse eine Wahlmöglichkeit erhält, z. B. statt einer empfohlenen OP oder Medikamenten eine naturheilkundliche Methode in Anspruch zu nehmen. Dazu gehört für mich auch das Familienstellen. Aber davon sind wir ja leider noch sehr weit entfernt!

Bis jetzt erhalten nur Privatversicherte oder Personen mit einer Zusatzversicherung die Kosten ganz oder teilweise ersetzt. Alle anderen müssen das selbst finanzieren. Doch jedem, der es sich einigermaßen leisten kann, würde ich es ans Herz legen, auf den eigenen Körper zu achten und ihm bestmögliche Pflege durch so manche Anwendung zukommen zu lassen. Dabei ist es ganz hilfreich, auf die Erfahrung und das Wissen von Experten zurückzugreifen, die bestimmten Themen sehr viel Aufmerksamkeit geschenkt haben.

Imhof: Welche Ansätze fallen dir spontan ein?

Rappel: Da gibt es die sogenannte Bio-Craniopathy. Dabei wird mit einem speziellen Griff am Kopf, entwickelt von dem englischen Osteopathen Robert Boyd, der ganze Rücken bis zum Steißbein in eine angenehme Dehnung gebracht, wobei sich im Idealfall auch automatisch wieder einige Strukturen selbst einrichten können. Die Philosophie der Bio-Craniopathy betont als allererstes die Notwendigkeit, sich von der segmentalen Beurteilung von Fehlfunktionen, sei es die Wirbelsäule oder den Schädel betreffend, wegzubewegen. Es ist schlicht unmöglich, das craniale System in Einzelteile zu zerlegen und nur punktuell das Gebiet zu behandeln, in dem die Subluxation angenommen wird. Ungeachtet der individuellen Symptome und der Zuordnung der Störung zum rein neurologischen, muskulären oder visceralen Bereich besteht die eigentliche Aufgabe darin, das Gesamtsystem von seinem Zustand der Kontraktion (craniale Extension) in den der Entspannung (anatomische Flexion) zu bringen. Anders ausgedrückt, der Fußballer mit einer Knieverletzung bekommt dieselbe Behandlung wie der nächtliche Zähneknirscher mit CMD (Craniomandibuläre Dysfunktion) oder ein Rheuma-Patient: Der verspannte Schädel wird in jedem der Fälle wieder in den Entspannungszustand gebracht.

Das Ganze wird kombiniert mit einer sehr schönen geistigen Heilmethode, bei der der Patient liegend in eine wunderbare Schwingung gebracht wird. Er entspannt dabei nur, während der Therapeut/die Therapeutin seelisch-geistig mit positiven Affirmationen arbeitet. Zum Schluss wird dann der Kopf des Patienten vom Therapeuten gehalten und bewegt (Bio Craniopathy) und so in verschiedenen Richtungen in eine leichte Dehnung gebracht, was als extrem angenehm empfunden wird.

Imhof: Da möchte ich mich ja gleich auf eine Liege begeben und verwöhnen lassen!

Rappel: Ja, das kann ich gut verstehen. Wenn jemand für solche Methoden Geld ausgibt, dann ist das eine gute Investition. Es lässt sich aber auch ein Gutschein verschenken. Dies erleichtert den Einstieg in eine Anwendung, bei der es mitunter auch große „Berührungsängste" gibt.

Imhof: Wie das denn?

Rappel: Es ist bisweilen eine sehr intime Angelegenheit, zum Heilpraktiker zu gehen. Dort sind in einem Erstgespräch eine Reihe von Fragen sehr detailliert zu beantworten, um dadurch eine umfassenden Eindruck zu bekommen, der die Auswahl des passenden naturheilkundlichen Verfahrens erleichtert. Anders ist eine wirksame Hilfe meist gar nicht möglich. Durch den nicht nur auf wenige Minuten beschränkten Kontakt entsteht ein Raum auch für ein persönliches Gespräch, das oftmals wertvolle Hinweise für die Behandlung liefert. Dadurch wächst das Vertrauen zu der behandelnden Person. Ich werde immer wieder auch über ein Internetportal (www.therapeuten.de) kontaktiert, über das sich jeder abhängig von der Behandlungsmethode und Wohnort einen Therapeuten aussuchen kann. Speziell manuelle Therapien werden dabei gerne angefragt. Die Hemmschwelle ist bei ihnen nicht so groß, da die seelische Problematik nicht abgefragt wird. Ich freue mich jedoch auch immer sehr über persönliche Empfehlungen.

Imhof: Das ist durchaus nachvollziehbar!

Rappel: So hatte ich einmal eine neue Patientin, die mit der Dorn-Methode einen eingeklemmten Halswirbel behandelt haben wollte. Sie wachte morgens auf und konnte den Hals kaum mehr bewegen. Ihr Freund, der mit dieser Behandlung schon gute Erfahrungen gemacht hatte, empfahl ihr damit nicht zum Arzt, sondern zum Heilpraktiker zu gehen und schickte sie zu mir. Aufgrund der Schmerzsituation gab ich ihr noch am gleichen Tag einen Termin, einige weitere Termine waren dann noch zur Stabilisierung nötig. Eines Tages erzählte sie mir von einem großen seelischen Problem, das mit ihrem Ex-Partner zu tun hatte. Bereits die Nennung seines Namens reichte aus, um in ein tiefes Loch zu fallen. Ich bot ihr deshalb eine geistige Heilmethode an. Nachdem wir uns inzwischen schon ein paarmal gesehen hatten, willigte sie in diese Behandlung ein. Dabei sprach ich mit der Patientin noch einmal ausführlich über diese problematische Partnerschaft und führte sie anschließend auf der Liege in eine tiefe Entspannung, bei der dann eine Versöhnung mit dieser Person stattfand. Der Erfolg war für sie deutlich spürbar. Nach dieser Anwendung hatte sie kein Problem mehr mit dieser Thematik und konnte gelassen damit umgehen.

Imhof: Mit Gutscheinen lässt sich jemand manchmal an etwas heranführen, das ihm gut tun könnte, was er selbst aus eigenem Antrieb nie versucht hätte?

Rappel: Richtig. Ich finde, das ist ja eigentlich Sinn und Zweck eines Geschenkes. Jemandem, den ich schätzte, etwas Gutes zu tun, das er sonst vielleicht nie erfahren hätte. So bat mich eine junge Frau um einen Gutschein für ihren Vater zu seinem 60. Geburtstag, da ihn eine Reihe gesundheitlicher Probleme quälte: Diabetes, Schlafapnoe, immer wiederkehrende Entzündungen, Herzprobleme, Gelenkprobleme. Er hatte auf schulmedizinischem Wege keine wirkliche Verbesserung seiner Situation erfahren. Deshalb wünschte sich die Tochter, er solle sich einmal in die naturheilkundliche Richtung orientieren und schenkte ihm eine Behandlung bei mir. Er kommt seitdem von sich aus in gewissen Abständen zu mir, um an den vielfältigen Problemen und Symptomen zu arbeiten.

Imhof: Und übernimmt die weiteren Kosten?

Rappel: Ja, und das, obwohl er kein Großverdiener war. Inzwischen ist er in Rente und hat sein vermutlich eher bescheidenes Auskommen. Aber er hat eben festgestellt, dass es sich lohnt, für die eigene Gesundheit etwas zu investieren. Und dass es bei einem Heilpraktiker eben nicht nur, wie in der Medizin allgemein üblich, darum geht, in Form von Geld einen Ausgleich zu schaffen, sondern auch die eigene Mithilfe erforderlich ist und durch diese Selbsthilfe die Genesung ganz erheblich unterstützt wird.

Die Natur im Spiegel der Kultur

Imhof: Wenn zwei Menschen einander etwas „bedeuten", dann sollten sie einander heilend von Nutzen sein, d. h. einander helfen, in die Balance zu kommen. Der Hintergrund für diese Einsicht liegt im Verständnis des Satzes von Ludwig Wittgenstein: Die Bedeutung ist der Gebrauch. Von gegenseitiger Therapie im familiären System ist allerdings dringend abzuraten.

Rappel: Oh ja, es ist sehr wichtig, bei größeren Problemen einen „außenstehenden" kompetenten Begleiter heranzuziehen, der entsprechende unterstützende Maßnahmen entweder selbst durchführen kann oder, genau so wichtig, im Wissen um die Grenzen seiner Kompetenz an jemand weitervermittelt.

Imhof: In einer alternativen Gesellschaft funktioniert selbstverständlich die klassische Rollenverteilung nicht mehr. Frauen wollen sich nicht nur um Kirche, Kinder und Küche kümmern, und für Männer ist es nicht befriedigend, nur für Gesellschaft, Geld und Garten zuständig zu sein. In gegenseitiger Achtsamkeit und Aufmerksamkeit kommt es zur Verteilung der Aufgaben in Familie und Welt. Sinnvolle Entscheidungen werden unter Berücksichtigung der eigenen Freiheit und Freiheitsgeschichte getroffen. So bleibt man am ehesten gesund.

Rappel: Das ist richtig! Die jetzige Generation bekommt das teilweise schon recht gut hin. Der Mann kümmert sich auch um die Kinder, die Frau sorgt mit dafür, dass das Familieneinkommen den Ansprüchen der Partner gerecht wird.

Imhof: Geben ist seliger als nehmen. So lautet ein Jesuswort (vgl. Apg 20,35). Bezogen auf den Rhythmus des Atems heißt das: Einatmen, Ausatmen und Loslassen. Nach dem Ausatmen lohnt es sich, ein paar Augenblicke innezuhalten und dabei mental einiges loszulassen, was belastend ist. Ein Weg zu etwas mehr Gesundheit, Freiheit und Glück! Die Kultur ist von Menschen gestaltete Natur. Wenn jemand erkrankt ist, können künstliche Maßnahmen und kulturelle Einflüsse den Prozess der Genesung unterstützen. Die ärztliche Kunst ist nicht nur ein natürliches Mittel.

Rappel: Meist ist leider das Gegenteil der Fall. Die Zivilisation bzw. eine Kultur ohne spirituelle Wurzeln ist oft selbst ein krankmachender Faktor.

Imhof: Ich weiß es nicht, aber vielleicht weisen die vielen Krebserkrankungen darauf hin, dass es karzinöse Dispositionen gibt, deren Gründe im System liegen, das sich nicht ganzheitlich versteht. Jedenfalls ist es spannend, was an krankmachenden Faktoren bei Aufstellungen alles zu Tage kommt.

Rappel: Bei Krebserkrankungen spielt die Frage nach der eigenen Identität manchmal eine wichtige Rolle: Wer bin ich?

Imhof: Zum Kern der Identität gehört die Einsicht: Ich verstehe mich, weil ich mir gegeben bin. Ich bin mir anvertraut. Es ist eben nicht egal, ob ich lerne oder nicht lerne. Wertschätzender Umgang mit sich selbst gehört zur Identität eines gesunden Menschen. Die Identität, jene lebendige Sich-selbst-Gleichheit in Geist und Seele spiegelt sich auf der körperlichen Ebene im Immunsystem. Was ist mir zu eigen und wovor muss ich mich schützen? Dazu entwickelt mein Körper Immunzellen. Sobald die innere Balance, die Identität nicht mehr stimmt, kann eine karzinöse Disposition entstehen. Durch emotionale und mentale Übungen besteht die Möglichkeit, in ein erkranktes System zu intervenieren.

Rappel: Bis mancher sich zu einer christozentrischen Aufstellung anmeldet, hat er oft schon viel an Vorstellungen, Aufstellungen, Unterstellungen, Nachstellungen und Einstellungen hinter sich. Hilft christozentrisches Aufstellen bei Krebserkrankungen?

Imhof: In jedem Fall! Selbstverständlich ist damit kein Heilungsversprechen verbunden, aber die Geistseele wird zu ihrer Auferstehung ins ewige Leben disponiert. Und es ist höchst wundersam, dass eine solche Aufstellungsarbeit auch natürliche Selbstheilungskräfte freisetzt, durch die sich im oft allzu irdischen Leben vieles ordnen lässt.

Rappel: Die Qualität des jetzigen Lebens wird besser, weil die Seelenkräfte durch den aktivierten Geist der Freiheit neu zur Verfügung stehen.

Imhof: Gibt es auch Behandlungsmethoden, die den seelischen und den physischen Bereich gleichzeitig ansprechen?

Rappel: Oh ja, auch da gibt es einige schöne Methoden. Da wäre zum Beispiel die Metamorphose. Sie ist eine altägyptische Anwendung, die die damaligen Priester den Pharaonen zuteilwerden ließen, damit diese in andere Bewusstseinszustände kommen. Dabei werden die Füße an der Innenkante durch eine ganz leichte Berührung mobilisiert. Das betrifft zum Beispiel den Zeitpunkt der Empfängnis und verschiedene Phasen während der Schwangerschaft bis zur Geburt. Diese Behandlungsart spricht deshalb auch bei Babys und Kleinkindern besonders gut an, ist aber auch beim Erwachsenen oft sinnvoll und hilfreich.

Imhof: Die Füße sind der Sitz der Persönlichkeit, angefangen von den indischen Götterfiguren, denen die Füße geküsst werden, bis hin zu der Bronzestatue auf dem Stuhl Petri im Petersdom, deren großem Zeh man die Verehrung durch die Gläubigen ansieht. In den Zehen befinden sich auch Zugänge zu der Hypophyse, dem Großhirn, dem Kleinhirn und dem Hirnstamm, zumindest nach der Schautafel der Fußreflexzonen.

Rappel: In den Fußreflexzonen spiegelt sich die Physis des ganzen Leibes. Organe, Drüsen, Körperteile, z. B. Wirbelsäule, Stirnhöhlen und Knie lassen sich dort behandeln. Vor und nach einer Aufstellungsarbeit lohnt es sich besonders, die Fußreflexzonen zu aktivieren. Es lohnt sich, den Füßen mehr Aufmerksamkeit zu schenken, denn schließlich geht es im Leben auch im übertragenen Sinn darum, einen guten Stand zu haben!

Imhof: Kulturgeschichtlich gesehen ist es interessant, dass der Pharao Tutanchamun und seine Gemahlin Anchesenamun mit je einer Sandale dargestellt werden: Sie gehen gemeinsam durchs Leben und thronen nebeneinander.

Rappel: Den Wegen im Außen entsprechen Wege im Innen. Manchmal werden sie durch Krankheitssymptome vorbereitet. Wer jedoch mit beiden Füßen immer wieder fest auf dem Boden steht und sich aufrichtet, bleibt innerlich und äußerlich im Lot.

Imhof: Spirituell gewendet: Wer mit anderen gemeinsam unterwegs ist, wird erleben, dass sich manchmal Staub ansammelt, ein Zeichen der Vergänglichkeit, ja, bei missglückter Freiheitsgeschichte auch von Sünde und Schuld. Jesus setzt ein Heilszeichen: Die Fußwaschung (vgl. Joh 13,1-17).

Rappel: Zu einem Sakrament gehören eine Zeichenhandlung, ein Deutewort und der Auftrag der Wiederholung.

Im Kraftfeld der Trinität

Imhof: Ein Beispiel. Eine gut aussehende, rücksichtsvolle und selbstlose Frau hat sich über zehn Jahre durch den Mann ihrer gescheiterten Beziehung und das gemeinsame Kind definiert. Davon war das eigene Leben bestimmt, der Wohnort, die Arbeitsstelle und sogar der Freundeskreis entsprechend ausgesucht. Ein normal erscheinendes Leben, könnte man sagen. Doch die Angst war ein wichtiger Faktor, der das eigene Ego regulierte. Aufgrund einer guten Physis lief das Leben in halbwegs geordneten Bahnen. Eine Schwächephase und selbstverschuldete kleinere Unfälle führten zu grundsätzlichen Überlegungen. Wer bin ich selbst eigentlich? Welche Ressourcen bietet mir mein christlicher Glaube? Was hat mein Leben mit Gott Vater, mit Jesus Christus und dem Heiligen Geist zu tun?

Rappel: Die körperlichen Symptome katalysierten ihre Fragestellungen. Sie gaben ihr zu denken.

Imhof: Synchron befasste sich diese Frau intensiv mit Aufstellungsarbeit. Die christozentrische Dynamik interessierte sie. Die ersten Aufstellungen verliefen vergangenheitsorientiert. Verstehen war angesagt. Das Leben ordnete sich in einer versöhnlichen Perspektive. Nachdem sich vieles geklärt hatte, war das Thema der letzten Aufstellung: Wie kann ich mich in Zukunft neu definieren, und zwar nur durch mich selbst im Kraftfeld der Wirklichkeit meines Glaubens, meiner Hoffnung und meiner Liebe?

De-finition bedeutet in diesem Zusammenhang, mich ent-grenzen, über Grenzen gehen, sodass meine Freiheitsgeschichte neue Gestalt gewinnt. Eine große Herausforderung!

Rappel: Sowohl geistig, seelisch als auch körperlich!

Imhof: Im Vorfeld der Aufstellung war dieser Frau wichtig, ihr Glaubens-, Hoffnungs- und Liebespotential zu klären. Während einer Schwitzhüttenrunde entdeckte sie ihr Krafttier. Im Gespräch kam sie zu interessanten theologischen und anthropologischen Überlegungen. Sie liefen auf die Frage hinaus: Wie kann mein Glaube an Gott, mein Erleben Jesu Christi und meine Erfahrung des Heiligen Geistes repräsentiert werden? Während einer christlichen Aufstellungsarbeit wurden dafür Repräsentanten gewählt.

Der Glauben an Gott wird durch Folgendes bestimmt. Wer darauf vertrauen kann, ein geschaffenes Wesen zu sein, für den entsteht ein spiritueller Raum, in dem er sich seiner Geschöpflichkeit bewusst wird: Ich bin zutiefst jemand, der in Dankbarkeit einem schöpferischen Geist verbunden ist. Welche Talente wurden mir in die Wiege gelegt? Der natürliche, genetische Sinn besteht darin: „Seid fruchtbar und mehret euch" (vgl. Gen 1,28). Wie erfülle ich meine Aufgabe, dem Leben auf Erden zu dienen? Der schöpferische Gott ist ungeschaffener Geist. So stelle ich mich in das Kraftfeld der Ungeschaffenheit, um zu erspüren, welche Talente ich habe und welche mir noch zukommen werden (vgl. Mt 25,14-30). Dabei ist mein seelischer Zustand und meine körperliche Verfasstheit zu berücksichtigen. Wohin treibt mich der Geist der schöpferischen Liebe, die aus ihrer Umsonstigkeit in mir noch weitere Gestalt annehmen möchte? Ist die Repräsentanz Gottes mein Ziel?

Rappel: Je nach Biografie und Lebensalter entsteht dabei ein entsprechendes Szenarium.

Imhof: Auch bei dieser konkreten Aufstellung war es so. In der nächsten Sequenz wurde der Raum für die Begegnung mit Jesus Christus eröffnet. Wie wirkt sein Evangelium? Seine konkrete, körperliche Existenz ist ernst zu nehmen. Wie figuriert er in den Brüdern und Schwestern, mit denen jemand lebendig in Beziehung ist? Ohnmächtig, missverstanden, leidend oder heilend, freudig, strahlend – wie auch immer? Welche Seligpreisungen aus der Bergpredigt Jesu kommen in den Sinn? Von welchen ethischen Weisungen des wiederkehrenden Christus ist die Rede? Die eigene Körperwahrnehmung ist ein wichtiger Faktor im Prozess inkarnatorischer Spiritualität.

Rappel: Da wurde dann bestimmt eine Repräsentanz für Jesu Christi aufgestellt!

Imhof: Ja, und auch für das, was für die aufstellende Person relevant ist. Der Grund des Impulses lag in der Herkünftigkeit des Impulses von Jesus Christus. Welche Zeichen und Deutungen lassen sich auf ihn zurückführen? Wird dadurch das eigene Erlöst- und Gerechtfertigtwordensein bestätigt? Wozu ermächtigt mich Jesus Christus? Wo fließt mir messianische Energie zu? Da in Jesus Christus sowohl Gott in seiner liebenden Geistigkeit bzw. Gottheit als auch der Mensch in seiner Menschlichkeit bzw. Menschheitlichkeit präsent ist, ist Jesus Christus das inkarnierte, spirituelle Gegenüber bei christozentrischen Aufstellungen. Er ist das persönliche Gegenüber, das erstens im Augenblick des Sterbens seinen Geist in die Hände Gottes zurückgibt, zweitens dessen vergängliche Körperlichkeit in das Grab der Erde zurückkehrt und drittens dessen Seele als auferstandene, geistige Leibseele die Menschheit – repräsentiert durch Adam und Eva – an die Hand nimmt.

Rappel: Jesus Christus ist in diesem Sinn der Dreh- und Angelpunkt der ersten und der zweiten Schöpfung. An seine Seele wendet sich der Gott suchende Mensch in der Devotio moderna mit der Anrufung: Anima Christi, Seele Christi …

Imhof: Der Heilige Geist bzw. der Geist Jesu Christi wirkt sich über die Seele in Trost und Misstrost körperlich wahrnehmbar aus. Aus dem Füllhorn des Heiligen Geistes gelangen Charismen, d. h. Gnadengaben, in Menschen hinein, gleichsam zu deren natürlichen Talenten und den christlichen Sakramenten hinzu. Diese spirituellen Charismen sind für den Aufbau einer multikulturellen Gemeinde nötig (vgl. 1 Kor 12,28). Sie sind nicht nur an eine christliche Gemeinde, sondern auch an charismatische Persönlichkeiten gebunden. Während eines spirituellen Prozesses wird deutlich, um welche Charismen es sich im Einzelnen handelt. Bei der Unterscheidung der Geister werden sie erkannt und können genannt werden.

Rappel: Gibt es dafür ein Beispiel?

Imhof: Schauen wir in das Neue Testament. Die Apostelgeschichte ist das Evangelium des Heiligen Geistes. Beim Pfingstfest wirkt der Geist der Charismen. Ein Charisma besteht z. B. darin, andere Menschen in ihrer Sprache zu verstehen (vgl. Apg 2,1-11).

Rappel: Ich bin immer wieder überrascht, was geschieht, wenn eine Repräsentanz für den Heiligen Geist aufgestellt wird.

Imhof: Einzelne, oft nicht gleich identifizierbare Charismen treten dann spontan auf und suchen sich im Aufstellungsfeld ihren Platz.

Rappel: Der Evangelist Matthäus schreibt, dass Jesus vom Geist in die Wüste gebracht wurde (vgl. Mt 4,1).

Imhof: Ja. Dort, in der Dimension der Einsamkeit finden Klärungen statt, können Entscheidungen getroffen werden (vgl. Mt 4,2-11). Das *erste* spirituelle Experiment, aus Steinen Brot zu machen, zeigt, dass es nicht reicht, nur etwas zu machen, von dem man weiß, wie es funktioniert: Steine weg, Korn ansäen, ernten und dreschen, Brot backen. Vielmehr ist die Frage zu beantworten, welcher Beruf zu einem selbst passt. Bei dem *zweiten* Experiment bzw. der nächsten Versuchung – stürze dich doch von der Zinne des Tempels hinab – scheint es darum zu gehen, sich einen optimalen Überblick zu verschaffen und sich dann in etwas hineinzustürzen. Aber auch das ist keine vernünftige Lösung.

Rappel: Und die sogenannte dritte Versuchung ...

Imhof: Bei dem *dritten* spirituellen Experiment werden verschiedene Reiche thematisiert. Der Preis für die Herrschaft über solche Reiche ist die Anbetung des geistigen Prinzips und der Dynamik, die dazu notwendig ist. Anders gefragt: Was möchte ich erreichen, realistischer- oder vielleicht auch utopischerweise? Die Unterscheidung der Geister ist angesagt. Suche ich zuerst das Reich Gottes und bete Gott an oder nehmen andere Reiche die erste Stelle in meinem Leben ein? Koste es, was es wolle, ich bleibe auf meinem Ego-Trip! Erst im Horizont des Heiligen Geistes, der von inneren Fixierungen und Vorstellungen befreit, findet die eigene Seele, das wahre Selbst, wirklich Trost. Um es in neutestamentlicher Sprache im Blick auf Jesus Christus am Ende seiner dritten Versuchung zu sagen: „Darauf ließ der Teufel von ihm ab; Engel aber kamen und dienten ihm" (Mt 4,11).

Rappel: Wie war vor diesem Hintergrund nun das Ergebnis der spirituellen Aufstellungsarbeit mit der zuvor genannten Frau?

Imhof: Die entscheidende Dynamik kam durch die sich dreifach offenbarende geistige Wirklichkeit zustande, für die Repräsentanten sich zur Verfügung stellten. Die bisherige Lebensgeschichte und das eigene animalische Potential erwiesen sich als integriert. Sie hatten ihren Platz im Selbst gefunden. Die göttliche, schöpferische Wirklichkeit erschien als Ziel des eigenen Weges, die christozentrische Energie wirkte in die Frau über die Füße hinein – die Basis eigenständigen Stehens und Gehens –, die Präsenz des Heiligen Geistes vermittelte aus der Dimension der Herkunft über die Ankunft im Jetzt eine klare Perspektive in die Zukunft.

Rappel: Auch bei der Naturheilkunde ist es so, dass sie über sich selbst hinaus auf die göttliche Wirklichkeit verweist!

Imhof: Von dorther lassen sich Körper, Seele und Geist in ihrer Geschöpflichkeit verstehen. Auf jeder dieser Realitätsebenen werden Therapien angeboten. So unterscheiden wir Physiotherapie, Psychotherapie und Pneumatherapie.

2.14. In Wolken von Wohlgeruch

Aus der Ferne in die Nähe

Martina Bergbauer im Gespräch mit Paul Imhof

Imhof: Parfüm und angenehme Düfte locken in die Nähe. Üble Gerüche lassen auf Distanz gehen. Schon diese einfache Beobachtung zeigt, wie mitbestimmend Essenzen, die durch die Nase wahrgenommen werden, im Kommunikationsgeschehen sind.

Bergbauer: Der Riechsinn ist der älteste menschliche Sinn, dessen Relevanz oft unterschätzt wird. Über unseren Geruchssinn erleben wir uns feinfühlig. Auf eine sehr ehrliche Weise treffen wir wichtige Entscheidungen für unser Leben. Wie wir Gerüche einatmen bzw. über unsere Haut aufnehmen, beeinflusst uns stark. Düfte prägen unser Leben weit mehr als wir glauben und denken. Sie wecken Gefühle und verändern Stimmungen. Düfte lösen Sympathie und Antipathie aus: Ich kann jemand nicht mehr riechen. Düfte lassen Ekel, aber auch Lust entstehen.

Wir können wegschauen, die Ohren verschließen, keine Berührungen zulassen, aber wegriechen können wir nur sehr bedingt. Über den „Atem des Lebens" sind wir darauf angewiesen, die Vielfalt der Gerüche einzuatmen. Kein Atmen, kein Riechen – kein Leben.

Imhof: Bei der Schöpfung des Menschen hauchte Gott dem Menschen den Lebensatem ein. So wurde der Mensch zu einem lebendigen Wesen (vgl. Gen 2,7). In welcher Weise stehen Düfte damit in Verbindung?

Bergbauer: Düfte helfen, uns mit unserem wahren Wesen zu verbinden. Wir Menschen sind oft geprägt von überholten sozialen Verhaltensmustern, kulturellen Vorstellungen und religiösen Einstellungen, die mit unserer konkreten Wirklichkeit nur noch wenig zu tun haben. Dadurch vergessen wir, wer wir sind.

Wenn ich mich meinem ältesten Sinn, dem Riechsinn, anvertraue, begebe ich mich direkt auf die Reise zu meinem Selbst. Über die Botschaften der Düfte können wir uns wieder erinnern, wer wir wirklich sind. Ich bin die, die ich bin, zutiefst ein Geschöpf Gottes. Riechen kann uns mit Gott neu verbinden.

Düfte haben die Macht, Erinnerungen wachzurufen, die dem Bewusstsein sonst nicht zugänglich sind. Der Dichter Marcel Proust, dessen Geruchsassoziationen als „Proust-Effekt" berühmt wurden, unterscheidet zwischen dem bewussten Erinnern und der unbewussten Erinnerung, die aus der Tiefe der Vergangenheit emporsteigt. Er ist davon überzeugt, dass das unbewusste Gedächtnis besonders wirksam und wirklich ist. Das bewusste Gedächtnis und die Intelligenz hingegen sind ungenau: Kaum nehmen wir aber einen Duft von früher wahr, sind wir plötzlich wie berauscht.

Imhof: Wie weckst du bei den Menschen ihr unbewusstes Erinnerungsvermögen?

Bergbauer: Mit besonderen Arbeitstechniken der Aromaanalyse kann es gelingen, das Unterbewusstsein des Klienten mit Hilfe der „psychischen Aussagen" der Pflanzen zu erkunden. Duftbotschaften sind feinstoffliche Mitteilungen. Dadurch können Menschen auf körperlicher, geistiger und seelischer Ebene vieles erkennen.

Ich verwende siebzig verschiedene Pflanzendüfte, die in Kopf-, Herz- und Basisdüfte unterteilt sind. Der Klient wählt sich die Aromen aus, die mit seinen Lebensthemen verknüpft sind. Riechsignale sind mit Gefühlen und den dazugehörenden Erinnerungen und Handlungen verbunden. Düfte aktivieren, machen wach oder beruhigen, können die gesamte Stimmungspalette, wie z. B. Angst, Wut, Trauer oder Freude hervorrufen. Sie informieren, dienen der Beurteilung, rufen Erinnerungen ins Bewusstsein. Sie bringen die Menschen in Kontakt mit sich selbst auf allen Ebenen des Daseins.

Mein erster Kontakt mit der oben erwähnten Aromaanalyse hat sich mir tief eingeprägt. Ich besuchte einen Vortrag über die Duftwelten und deren Auswirkungen. Dabei durften wir einen für uns wichtigen Duft aus siebzig verschiedenen Aromen Karten auswählen. Ich entschied mich für das Aroma der „Iris". Auf einem Duftstreifen roch ich an dieser wunderbaren Pflanze. Der Duft hat sich über meine Nase wie ein „Schwert" über meine Wirbelsäule hinab tief in mein Wurzelchakra gebohrt. Vor meinem geistigen Auge nahm ich uralte Bilder und Erinnerungen wahr, und mein einziger Gedanke war immer und immer wieder: Ich muss „dem" nachgehen. Von da an hat die Welt der Düfte mich in Besitz genommen. Ich absolvierte die Aromaanalyse-Ausbildung und kann mir seitdem ein Leben bzw. Arbeiten ohne Düfte nicht mehr vorstellen.

Über die Düfte atmen wir letztlich den Odem Gottes in einem immerwährenden Rhythmus ein und aus. Ohne diesen Rhythmus gibt es kein Leben.

Imhof: Was meinst du mit dem Rhythmus des Lebens?

Bergbauer: Durch die vielfältigen negativen Prägungen, die einen Menschen in seinem Leben beeinflussen, kommt er aus seinem ursprünglichen „Lebensrhythmus". Das für ihn vorgesehene gute Leben kann sich irgendwann nicht mehr dem entfremdenden Rhythmus anpassen. Er ist „aus dem Tritt" bzw. Rhythmus gekommen.

Am Anfang, bei der Entstehung menschlichen Lebens, hat ein Duft eine entscheidende Rolle. Der Geruchsforscher Prof. Dr. Dr. Hanns Hatt hat herausgefunden, dass der Duft der Maiglöckchen die Spermien in die Eizelle lockt. Und was ist die Duftquelle? Die menschliche Eizelle. Die Spermien laufen sozusagen dem Lockduft der Eizelle nach, die nach Maiglöckchen riecht. Das Besondere dabei ist, dass sich der Maiglöckchen Duft nicht auf „natürlichem" Wege, also durch Destillation oder Pressung herstellen lässt. Den Duft können wir nur künstlich „erzeugen". Das „Geheimnis des Lebens" lässt sich über die Pflanzenwelt nicht so leicht, vielleicht auch gar nicht entschlüsseln.

Um ganz bei Sinnen zu sein, müssen wir lernen, uns neu unserem natürlichen Rhythmus hinzugeben. Alles bewegt sich in diesem Fluss. So verstehe ich: Ein Jegliches hat seine Zeit, und alles Vorhaben unter dem Himmel hat seine Stunde (vgl. Koh 3,1).

Imhof: Wie stellst du die Verbindung zu unserem natürlichen Lebensrhythmus her?

Im Klangfeld der Aromen

Bergbauer: Ein jeder Mensch hat „seine eigene Lebensmelodie", seinen eigenen Rhythmus, so heißt es in einem alten afrikanischen Mythos: Wenn ein Menschenpaar sich Kinder wünscht, so hört zuerst die Frau den „Geburtsruf" des Kindes. Die Frau geht solange in die Stille der Natur, bis sie die „Melodie" des Kindes in sich wahrnimmt und singen kann. Wenn dies der Fall ist, geht sie nach Hause, um dem Mann die Melodie des Kindes vorzusingen. Erst wenn der Mann auch das Lied seines zukünftigen Kindes singen kann, zeugt er mit seiner Frau das Kind. Bei der Geburt und bei allen darauffolgenden Lebensritualen bis zum Tod wird dem neuen Erdenmenschen immer wieder seine Melodie vorgesungen.

Imhof: In diesem Zusammenhang sollte auf die afrikanische Hochkultur im Reich der Pharaonen eingegangen werden. Im Hathortempel von Dendera werden im Mamisi, dem spirituellen Geburtshaus, auf Reliefs die menschlichen Phasen der physiologischen und sozialen Geburt im Kontext der schöpferischen Mächte sichtbar gemacht. Io, das neugeborene Wesen, existiert als Klang, Melodie und Musik.

Bergbauer: Bei der von mir in meiner Praxis angebotenen Aromaanalyse „komponiert" sich der Klient selbst seine Lebensmelodie. Seine von ihm ausgewählten Pflanzen haben alle ihre eigenen Duftschwingungen und erzeugen damit gewissermaßen seine individuelle Lebensmelodie, seinen eigenen Rhythmus.

Um einen noch effektiveren Zugang zu der Innenwelt der Menschen zu erlangen, habe ich eine eigene Therapieform entwickelt. Sie heißt „PMT" (Perfumed-Music-Therapy, Wohlduftende Musiktherapie) und ist eine Verbindung von Therapieansätzen aus aromatherapeutischer Psychoanalytik und GIM (Guided Imagery and Music, Begleitende imaginative Psychotherapie mit Musik nach Dr. Helen Bonny). Bei der GIM wird meist klassische Musik eingesetzt. Für PMT verwende ich Düfte und Musik in Verbindung mit inneren Bildern und Symbolen, die als sogenannte „Türöffner" zu unseren Gefühlen agieren. Das Besondere von PMT ist die Abstimmung der Duftkombinationen auf die GIM-Musikprogramme. Dem Musikcharakter jedes einzelnen Musikstückes eines GIM-Programmes wird der passende Duftcharakter ausgewählter Pflanzen zugeordnet. Die Musik- bzw. Duftaussagen gleichen sich an bzw. ergänzen sich. Gleichzeitige Duft- und Musikerlebnisse intensivieren im therapeutischen Bereich, bei der Selbsterfahrung und in der geistig-spirituellen Begleitung den Seelen- und Bewusstseinszustand. Die Kombination von Musik und Düften ist für mich deshalb ein „Königsweg" für den Zugang zu unserer Seele, und damit auch zu unserem natürlichen Lebensrhythmus.

Imhof: Das deutsche Wort Nase ist verwandt mit dem griechischen Wort *Nous*, Verstand. Metanoeite, kehrt um, predigte schon Johannes der Täufer.

Wendet eure Nasen, und damit das ganze Gesicht, mit allen Sinnen wieder Gott, dem ewigen Ursprung zu. Englisch *knowlegde*, Wissen, ist eine fokussierte Bedeutung des phänomenologischen Vorgangs.

Bergbauer: Sämtliche Duftmoleküle gelangen zuerst in unser ältestes Gehirnareal, das Reptiliengehirn bzw. Limbische System, dorthin, wo unsere Gefühle sitzen. Erst danach werden die Duftempfindungen an unseren Verstand weitergeleitet. Dort werden sie bewertet, beurteilt, verwandelt oder, um es mit den Worten einer „Aufstellungsarbeit" zu formulieren: Aus den zusammengesetzten Duftbewertungen ergeben sich unsere individuellen „Vorstellungen", also Schleier, die in einer „Aufstellung" gelüftet werden können, um wieder zu unserem Ursprung zu gelangen. Der Geruchssinn vermag durch die Erinnerung, die er hervorruft, die Zeit zu besiegen, d. h. Düfte sind mächtige Helfer, unsere unverfälschte Lebensspur wieder aufzunehmen, um uns mit allen Sinnen dem ursprünglichen Lebensgefühl – Gottesbewusstsein – zuzuwenden. Die von „Gott gewollte Frau" bzw. der von „Gott gewollte Mann" kann wieder zum Vorschein kommen.

Imhof: Wie kommst du auf die Begriffe „die von Gott gewollte Frau", „der von Gott gewollte Mann"?

Bergbauer: Jeder Mensch besteht aus „allem was ist" und hat in sich einen männlichen und einen weiblichen Anteil. In beiden spiegelt sich das Göttliche wieder. Ich glaube, dass die Welt, so wie sie jetzt existiert, durch die Manifestation der Art und Weise, wie Männer und Frauen in der Vergangenheit bis zur Gegenwart miteinander umgegangen sind, zu dem geworden ist, wie sie jetzt ist. Wenn wir nicht neu lernen, wie Frauen und Männer sich gegenseitig ergänzen, werden wir noch viele Aus-einander-setzungen erdulden müssen. Wir fühlen uns getrennt und begrenzt. Es fehlt der Gleichwertigkeit beider Geschlechter „etwas" Grundsätzliches. Das lässt das Gefühl in uns entstehen, im „ewigen Mangel" zu sein. Doch Mangelerfahrungen lassen uns leiden. Wie können Frauen- und Männerseelen schon jetzt ins Leben auferstehen und von nun an mehr sein als Wesen, die sich selbst entfremdet waren?

Imhof: Der Weg Jesu bietet sich dafür an. Sein Geist gibt Geleit. In der Sendung des Apostels Paulus und seiner Gefährten geht es um folgendes: „Dank sei Gott, der uns stets im Siegeszug Christi mitführt und durch uns an allen Orten den Duft der Erkenntnis Christi verbreitet. Denn wir sind Christi Wohlgeruch für Gott unter denen, die gerettet werden, wie unter denen, die verlorengehen. Den einen sind wir Todesgeruch, der Tod bringt, den anderen Lebensduft, der Leben verheißt. Wer aber ist dazu fähig? Wir sind jedenfalls nicht wie die vielen anderen, die mit dem Wort Gottes ein Geschäft machen. Wir verkünden es aufrichtig und in Christus, von Gott her und vor Gott." (2 Kor 2,14-17).

Bergbauer: Es geht um die Erkenntnis: Wer bin ich als Frau bzw. Mann? Um das herauszubekommen, müssen wir uns mit unseren Ursprüngen befassen: Wie riecht „mein" Lebensduft?

Um noch einmal Marcel Proust zu zitieren: „Aber wenn von einer lang zurückliegenden Vergangenheit nichts mehr übrig ist, nach dem Tode der lebendigen Wesen, nach der Zerstörung der Dinge, verweilen ganz alleine, viel fragiler, aber lebenskräftiger, immaterieller, ausdauernder, treuer, der Geruch und der Geschmack noch lange Zeit, wie Seelen, entsinnen sich, warten, hoffen, auf den Ruinen von allem Übrigen, und tragen, ohne zu wanken, auf ichren kaum wahrnehmbaren Pupillen, den ungeheuren Bau der Erinnerung."

Wie können wir uns daran erinnern, Christi Wohlgeruch zu sein? Eckhart Tolle schreibt in seinem Buch „Eine neue Erde": „Einem Menschen, der die Schönheit einer Blume sieht, werden dadurch vielleicht − sei es auch nur flüchtig − die Augen geöffnet für die Schönheit seines eigenen tiefsten Wesens, seiner eigenen wahren Natur. Zum ersten Mal Schönheit zu erkennen war eines der bedeutendsten Ereignisse in der Evolution des menschlichen Bewusstseins. Die Gefühle der Freude und der Liebe sind im Innersten mit dieser Erkenntnis verbunden. … Ohne dass es uns richtig bewusst war, wurden Blumen für uns zum Form gewordenen Ausdruck des Höchsten, Heiligen und letztlich Formlosen in uns selbst. Blumen wirkten auf uns wie Boten aus einer anderen Welt. Sie verströmten nicht nur einen zarten, dem Menschen angenehmen Geruch, sondern auch Duft aus dem Reich des Geistes."

Imhof: Aus der Riechforschung wissen wir, dass sich Frauen und Männer letztendlich auch über ihren Geruchssinn füreinander entscheiden. Wenn sie sich einmal nicht mehr riechen können, hat ihre Partnerschaft keine Chance mehr. So wie wir miteinander leben, so riechen wir.

Der Duft des Lebens

Bergbauer: Jeder von uns kennt das Gefühl, nicht gut zu riechen. Doch wenn ich mich selbst schon nicht riechen kann, wer dann? Es geht um die Annahme von mir selbst, und die Mitmenschen wie mich selbst zu lieben. Dann bin ich in meiner Mitte, bei Gott oder in seiner Nähe und das ist für mich der „Lebensduft". Wenn ich mich getrennt von Gott fühle, erlebe ich mich fern von ihm, bin nicht mit allen Sinnen bei mir, bin mir nicht bewusst, dass Gott immerwährend in mir ist und mich umgibt dann ein „Todesduft".

Imhof: In der Antike wird diese Weltanschauung im Triumphzug des Dionysos dargestellt. Alles Theater und alle Ekstase sind vom Todesgeruch der Vergänglichkeit durchsetzt. Die Meister der Tragödie inszenierten die Angst auf höchstem kulturellem Niveau.

Bergbauer: Die Angst vor dem Tod ist der größte Feind des Lebens, aber auch unsere größte Herausforderung. Wenn wir es lernen, den Tod als den großen Transformator anzunehmen, überwinden wir Zeit und Raum, wir werden zu denen, die durch Gott eine neue Zukunft erhalten. Heißt es nicht, durch den Tod gelangen wir in den Himmel? Warum haben wir dann Angst vor ihm?
In der Begegnung zwischen Mann und Frau erleben wir diese Urerfahrungen immer und immer wieder. Die Frau verbringt ihr ganzes Leben in zyklischen Phasen. Ihr Körper ist einem natürlichen Rhythmus unterworfen, dem sie sich nicht entziehen kann. Sie bleibt dadurch eher „im Fluss". Männer agieren mehr, ziehen, drängen, leisten Widerstand und wollen so den natürlichen göttlichen Fluss in die eigene Hand nehmen. Die Frau ist durch die Möglichkeit, gebären zu können, dem Mysterium des Lebens viel näher als der Mann. Sie riecht, welcher Mann für sie und für ihre Nachkommen am besten passt. Durch die enge Verbindung mit der Natur sind sie den Männern jedoch nicht überlegen. Erst wenn wir erkennen, dass es Sinn-los ist, sich als Mann und Frau zu bekriegen, Machtkämpfe auszuführen, rechthaberisch zu sein oder neidisch, dann kann Gottes Wille geschehen und Liebe, Frieden und Freiheit halten Einzug in unser Leben. Der „Lebensduft" kann sich dann vollkommen entfalten. Wir brauchen dann keine Angst mehr zu haben vor dem Tod, denn der Kreislauf des Lebens wird sich immerwährend erneuern. Gibt sich der Mann dem Geist der Frau hin, kann sich auch die Frau dem des Mannes hingeben, und der Duft der Erkenntnis führt beide zu einem neuen Leben, beide

kommen neu „zu Stande", realisieren ihren Ehe-Stand wieder oder beenden die eheliche Bindung als eine Schein-Ehe.

Imhof: Auf der spirituellen Ebene gibt es dazu große Texte. So wirkt die Botschaft von der Auferstehung des Leibes manchmal wahre Wunder. Dem Menschen mit seiner geistigen Leibseele steht eine neue Zukunft offen.

Bergbauer: Dies offenbar zu machen und konkrete Schritte dorthin zu ermöglichen, ist der Sinn meiner Begleitungsarbeit. Eine gute Atmosphäre ist dabei ein sehr wichtiger Faktor. Aufgrund meiner eigenen positiven Aufstellungserfahrungen kann ich all mein Wissen über Düfte sehr konkret einbringen. Düfte erinnern uns an unsere *Herkunft*. Sie gelangen über unsere Nase in unseren Körper – wir erleben *Ankunft* – und lassen uns die *Zukunft* ahnen. Mit Aromen kommt Gottes Geist aus der Ferne in die Nähe. Alle Pflanzen bergen eine geistige Botschaft in sich, die sich über unseren Riechsinn in Erkenntnisse verwandeln kann.

Düfte erinnern uns an die Schöpfungsgeschichte und die darin beinhaltete Erzählung der Menschwerdung von Mann und Frau. Über eine individuelle Duftanalyse kann ich den Menschen einige Perspektiven ihrer Herkunft, Ankunft und Zukunft aufzeigen. Wenn wir offen sind für unser Leben und unsere Herzen öffnen, dann steht uns auch unsere Zukunft offen.

Imhof: Hierbei lässt du dich manchmal direkt im Gebet von dem Gott ansprechen, der sagt: Ich bereite dir einen Tisch im Angesicht deiner Feinde. Ich salbe dein Haupt mit Öl. Ich fülle dir reichlich den Becher. Gutes und Barmherzigkeit werden dir folgen dein Leben lang, und du wirst wohnen in meinem Haus – und in meinem Herzen – immerdar. (vgl. Ps 23,5-6).

Bergbauer: Aus historischer Sicht spielen ätherische Öle eine wichtige Rolle im täglichen Leben. Die über zweihundert biblischen Hinweise auf Aromen und Salben machen auf die hohe Heilsamkeit der Duftessenzen aufmerksam. Das Ritual des Salbens und Segnens ist mit uraltem Wissen über die Wirkung der Pflanzenwesen verbunden. Alle Traditionen wussten um die Macht der Düfte, alle Religionen haben sie bei Zeremonien verwendet. In tiefer Verbundenheit mit dem Mysterium des Lebens zwischen Himmel und Erde nahmen viele Menschen, Gläubige, Mystiker und Heilige die „himmlischen" Düfte war. Einige dieser besonderen, auch schon in der Bibel erwähnten Düfte und ihren Einsatz in der Psychotherapeutischen Aromaanalyse seien hier kurz genannt:

Weihrauch: Er war in der Antike eine der teuersten Substanzen und ebenso kostbar wie Gold. Das geistige Prinzip dieser wertvollen Pflanze ist die „Weisheit". Weihrauch steht für hohe geistig-spirituelle Energien. Wenn man den Charakter von Weihrauch beschreiben möchte, wäre es das Gebet. Riecht der Mensch an Weihrauch, öffnet er sich für seine eigene Spiritualität. Durch den Weihrauch ist er vor negativen Energien geschützt und findet leichter zum Glauben. Schuldgefühle, mitunter durch die Kirche verursacht, können sich über den Geruch von Weihrauch verflüchtigen.

Myrrhe: Sie hilft, alte Strukturen und Schatten aufzuarbeiten. Myrrhe ist gut geeignet, sich für göttliche sowie kosmische Energien zu öffnen. Myrrhe und Weihrauch gleichen einem Paar. Weihrauch als männlicher Teil öffnet unsere Wahrnehmungsfähigkeit für kosmische Energien. Myrrhe, seine weibliche „Partnerin", schafft zwischen diesen Energien und uns eine Verbindung, lässt eine „Vermählung" stattfinden.

Myrte: Die Myrte ist besonders gut bei innerer Disharmonie. Sie inspiriert zu Klärung und Sammlung und hilft uns, „ins Reine zu kommen". Sie kann auch gut bei der Sterbebegleitung eingesetzt werden.

Imhof: Dem Evangelium vom Leben widersprechen die Prediger des Todes: Alles ist tragisch und die Welt geht unter.

Bergbauer: Von dieser Sicht der Dinge will ich mich nicht bannen oder fesseln lassen. Wie können Menschen wieder aufrecht ihren Weg ins ewige Leben gehen? Das allein interessiert mich. In meiner Praxis begegnen mir immer wieder Menschen, die „schlecht riechen können", das heißt, ihr Geruchssinn funktioniert nur eingeschränkt. Was ist geschehen? Warum verschließen sich ihre Nasen? Durch die „Arbeit" mit Düften, dem Riechen an Aromen, gelangen viele meiner Klienten wieder zu mehr Geruchserlebnissen. Die Beschäftigung mit sich selbst und die Annahme ihres Selbst erinnert an ihr eigentliches Leben und ihren Lebensduft.

Imhof: Du zeigst deinen Klienten manchmal Pflanzenbilder?

Bergbauer: Ja, auch bei Menschen mit der Diagnose „Alzheimer" können Düfte, mit Vorsicht eingesetzt, erstaunlich positive Reaktionen bzw. Erinnerungen hervorrufen. Bereits beim Betrachten der jeweiligen Pflanzenbilder zeigen sich bemerkenswerte Verhaltensweisen. Die Pflanzenbilder wurden von einem Fotografen so abgelichtet, mit Farbe hinterlegt und nachträglich bearbeitet, dass die Bilder eine Reaktion in unserem Unterbewusstsein auslösen. Dazu ein Beispiel:

Ein Mann, Anfang Achtzig, Alzheimer im Endstadium. Ich wurde gebeten, seine depressive Stimmung in der Therapie zu behandeln. Da sich dieser Mann aufgrund seiner Krankheit kaum mehr mitteilen konnte, habe ich ihm meine siebzig Pflanzenbilder gezeigt. Mit großem Interesse sah er sich die Fotokarten an. Als ich ihm die Pflanze „Iris" zeigte, bekam er leuchtende Augen und er sprach klar und deutlich aus: „Da sitzt ein Mann auf einem Thron." Ich staunte, denn das Bild konnte man wirklich so interpretieren, wie er es gesehen hat. Außerdem beinhaltet die Duftbotschaft von „Iris" pure Spiritualität. Sie wird gezogen, wenn der Mensch nach Gotteserfahrung strebt und die Seele nach Antworten zu ihrer Herkunft sucht. Als ich ihm den Duft auf seine Haut auftrug, wurde er ruhig und er lächelte leise vor sich hin.

Ein weiteres Beispiel handelt ebenfalls von einem Mann, Mitte Sechzig, mittelgradige Demenz, sehr unruhig, ängstlich, aggressiv, läuft ständig auf und ab, bis er vor Erschöpfung einschläft. Mein Auftrag: Beruhigen und entspannen. Da er ständig auf und ab ging, legte ich die Pflanzenbilder auf einen großen Tisch, an dem er andauernd vorbeilief. Er beobachtete mich und schaute immer wieder auf die Bilder. Ich hatte alle Karten aufgelegt und setzte mich auf einen Stuhl neben dem Tisch. Auf einmal zog er im Vorbeigehen die Pflanzenkarte „Pampelmuse", sah sie kurz an und schrie: „Freude", worauf er die Karte auf den Boden warf. Ich war sehr überrascht, denn „Pampelmuse" steht für „Lebensfreude". Woher wusste er das? Für mich ist dies eine Bestätigung, dass unsere Seele sehr viel mehr weiß, als wir annehmen. Als ich ihm den Duft unterhalb der Nase auftrug, versuchte er, das Aroma Öl mit seiner Zunge abzuschlecken. Er lachte, setzte sich in seinen Ruhestuhl und schlief ein.

Imhof: Was lernen von dir die Menschen, mit denen du arbeitest? Worauf machst du sie aufmerksam?

Bergbauer: Ich bringe ihnen nichts bei, ich „stehe ihnen bei", selbst Düfte aus einer Reihe von Düften auszuwählen, die ihnen zum Beistand werden, sodass sie sich innerlich aufrichten und ihren Standpunkt vertreten können. Über ihren Riechsinn, den Ur-Sinn, gelangen sie zu ihrer Quelle und dem Ursprung der Schöpfung. Düfte stellen in uns die Frage: Wer bin ich und wer will ich sein? Zu der Frage, worauf mache ich sie aufmerksam: Mein größtes Anliegen ist es, dass Menschen an ihre eigene Auferstehung glauben und anfangen sie zu erleben. Dies geschieht meiner Meinung nach nur, wenn jemand von seinem Mann- oder Frausein erfüllt ist.

Imhof: Daher müssen die alten Vorstellungen der Männer- bzw. Frauenbilder zunächst sterben, um geläutert und transformiert wieder zur „Auferstellung" zu kommen.

Der Zauber der Lilith

Bergbauer: Zu diesem Zweck habe ich „Lilith-Düfte" kreiert. Diese mächtigen Duftkombinationen, die uns an den Ursprung der Menschheit, an die mythologische Geschichte von Adam, Eva und Lilith, die „Nachtfrau" von Adam, erinnern, sind dabei eine große Hilfe. Der uralte Mythos weist auf ein zentrales und konfliktbeladenes Thema hin. Was assoziierst du mit Lilith?

Imhof: Im Vorderasiatischen Kulturkreis sind die Grenzen zwischen der Dämonin Lilith, der Liebesgöttin Ischtar und ihrer Schwester bzw. Rivalin, der Unterweltsgöttin Ereschkigal, fließend. Als Königin der Nacht wird sie mit dem Namen Inanna angerufen.
Selbstverständlich setzt sich die biblische Tradition damit auseinander. Für diese Thematik sind der „Babylonische Talmud" und der „Jerusalemer Talmud" wichtige Quellen. Im jüdischen Alltag sagt ein hebräisch sprechender Ehemann zu seiner Ehefrau: *Leila* (dt. Nacht) *tow* (dt. gut). Die Konsonanten in den Worten sind die gleichen wie bei Lilith. Doch der Wunsch „Leila tow" endet mit dem hebräischen Buchstaben *Waw* (dt. und). Nicht nur die Nacht, sondern eine gute Zukunft ist das Thema.

Bergbauer: Hans-Joachim Maaz schreibt in seinem Buch über den Lilith-Komplex, dass nach biblischer Überlieferung Adam und Eva und nicht Lilith als die ersten Menschen von einem Vater-Gott, nicht von einer Mutter-Göttin und auch nicht von einem Götter-Paar geschaffen wurden. Adam und Eva hätten als Schöpfer also nur einen Geist des Lebens, die Atmosphäre einer schöpferischen Kommunikation, in der alles geschaffen wird, jedoch keine Eltern. Damit hätten aber Elternschaft, Partnerschaft und Sexualität kein mythologisches Vorbild. Die Folgen der mutterlosen Erschaffung von Adam und Eva würde daher jeder Mensch für sich in einer mehr oder weniger tragischen Weise erleben.

Imhof: Wenn wir unsere Frage nach dem Ursprung „generalüberholen" wollen, sollte auch die mythologische Dimension berücksichtigt werden, nicht nur die klassische Schöpfungstheologie, die implizit natürlich die mütterliche und väterliche Dimension Gottes berücksichtigt. Nur ist dies meist unbekannt. Jesus lässt Gott mit dem Kosenamen Abba, guter Vater anrufen. Selbstverständlich ist damit keine physiologische Aussage getroffen. Am Leben Jesu wird offenbar: Der geistigen Leibseele der Menschen steht eine neue Zukunft offen. Eine neue Beziehungsgerechtigkeit ist möglich.

Bergbauer: Nicht immer verstehen wir oder wollen wir die Sprache der Seele, ihre Bilder und Gefühle wahrhaben. Sie kann mitunter bedrohlich, beängstigend, einschränkend oder gefühllos empfunden werden, obwohl unsere Seele uns die Liebe dahinter mitteilen möchte. Manche Gefühle bleiben deshalb „im Körper" stecken. Wenn wir unsere Gefühlswelt richtig verstehen wollen, brauchen wir „Dolmetscher", die uns die Sprache der Seele übersetzen. In meiner Praxis verwende ich dafür die ursprünglichsten „Türöffner" zu unseren Gefühlen, nämlich Düfte und Musik in Verbindung mit inneren Bildern und Symbolen. Sie ermöglichen in ihrer Funktion als „Dolmetscher" eine Vermittlung zwischen Herz und Verstand und bauen eine Brücke zwischen dem Menschen und seiner Seele.

Imhof: Wie setzt du die Düfte in der Aufstellungsarbeit ein?

Bergbauer: In einer Aufstellung durchlaufen die Menschen eine große Gefühlspalette. Beim Klienten bieten sich durch das Einatmen der Düfte bei und nach seiner Aufstellungsarbeit erweiterte Möglichkeiten an, sich besser selbst zu verstehen. Über das Riechen der Duftmischungen oder Einzeldüfte im Verlauf der Aufstellung kann der Klient eigene Lösungen finden, spontane oder intuitive Einsichten bekommen, neue Wege gehen oder neue Anregungen erhalten. Riechsignale werden in enger Verbindung mit Gefühlen und den dazugehörenden Erinnerungen und Handlungen verknüpft. Das Riechen von Düften, dem sich niemand entziehen kann, bewirkt in unserem Verhalten deshalb auch unmittelbare Veränderungen. Aber auch nach einer Aufstellung kann der Klient für die Lösung oder der Einsicht, die sich gezeigt hat, eine für sich passende Essenz aussuchen. Der Duft hilft, das Aufstellungsgeschehnis zu verankern, zu erinnern und zu verarbeiten.

Imhof: Du arbeitest viel im Seniorenheim?

Bergbauer: Ja, ich begleite gerne ältere Menschen, rede und tanze mit ihnen. Der Ruhe-Stand ist eine wesentliche Lebensphase. Endlich gibt es genügend Zeit, das eigene Leben vor Gott zu ordnen.

Imhof: In den Klöstern hieß es früher von den Aufgaben eines Mönches im Ruhestand: orat pro ecclesia. Er betet für die Kirche. Die Mönche praktizierten oft das Ruhe- oder Herzensgebet.

Bergbauer: Wie Weihrauch steigen die Gebete der Heiligen zum Himmel empor, dichtete der Psalmist (vgl. Ps 141,2).

Imhof: Schön ist auch der Text zu dem Thema in der Johannesoffenbarung: „Ein anderer Engel kam und stand mit einem goldenen Rauchfass am Altar. Ihm wurde viel Weihrauch gegeben, um ihn zu den Fürbitten aller Heiligen auf den goldenen Altar vor den Thron zu legen. Aus der Hand des Engels stieg der Weihrauch auf vor Gott wie die Gebete der Heiligen." (Offb 8,3-4)

Unter dem Sternenhimmel

Bergbauer: Nach Weisheit strebt die klassische Philosophie (griech. *philos*, wert, lieb; *sophia*, Weisheit). Ein Freund der Lebensweisheit zu sein ist ein höchst erstrebenswertes Ziel. Wer schätzt sie nicht? Zumindest heimlich sucht jeder nach Wissen und Weisheit.

Imhof: Weisheit, Freiheit, Wahrheit, Einheit, Schönheit, Gutheit, Natürlichkeit, Glückseligkeit, Menschlichkeit, Menschheit und Gottheit sind zentrale Begriffe bei einem ganzheitlichen Aufstellungsgeschehen.

Bergbauer: Wir haben schon manches Aufstellungswochenende miteinander erlebt. Ein solches Seminar fängt immer mit einer Vorstellungsrunde an, dann wird die Christozentrische Methode erklärt. Da es nach jeder Aufstellungsarbeit etwas Freizeit gibt, besteht die Möglichkeit, sich für eine spätere Evaluation einige Notizen zu machen.

Imhof: In einem Nachgespräch lässt sich dann darauf zurückgreifen.

Bergbauer: Nicht nur die Atmosphäre ist bei einer Aufstellung wichtig, sondern auch die Licht- und Glanzpunkte, die im Erinnerungsvermögen gespeichert werden. Gott wird sowohl als Geist des Lebens (hebr. *Jahwe*) angerufen als auch als HERR Zebaoth, als der transzendente Ursprung des Sternenhimmels.

Imhof: Wir sind Sternenstaub auf Erden, Lebewesen in Fleisch und Blut. Das Himmelsgewölbe kann man als eine großartige Projektionsfläche benutzen, um sich seiner Einmaligkeit in Zeit und Raum zu vergewissern. Während die Astro-nomie (griech. *nomos*, Gesetz) die Wissenschaft von den Gesetzmäßigkeiten der Gestirne ist, befasst sich die Astro-logie (griech. *logos*, Sprache) mit den Deutungen des Sternenhimmels, die mehr oder minder logisch sind. Jedenfalls gibt es Sprachspiele, die nicht den gleichen wissenschaftlichen Anspruch erheben wie die Astronomie. Wo Deutung stattfindet, ist Subjektivität mit im Spiel, also auch Ängste, Halbwahrheiten und Illusionen. Die schlechte Spannung zwischen Subjektivität und Objektivität wird aufgehoben, wenn begriffen wird: Je subjektiver, umso objektiver, je objektiver, umso subjektiver. Je mehr jemand Persönlichkeit ist, umso sachlicher und klarer vermag er sich zu der Welt zu verhalten. Menschen mit schwacher Persönlichkeit erliegen hingegen leicht Fabeleien und Hirngespinsten. Da jeder auch Teil der Welt ist, gilt dies nicht nur im Außenverhältnis zur Welt, sondern auch im eigenen Innenverhältnis. Je sachlicher und präziser die Selbstwahrnehmung ist, umso mehr glückt die Reifung der Persönlichkeit, und dazu gehört die Atmosphäre mit ihren Düften und Gerüchen.

Bergbauer: Die Sprache der Düfte verbindet.

Imhof: Mit den meisten Düften und Lockstoffen der Pflanzen sind wir als Menschen gar nicht gemeint, sondern es handelt sich um eine Sprache zwischen Pflanzen und Insekten zum Zwecke der Fortpflanzung bzw. zur Befriedigung des Nahrungstriebs. Wie die Kommunikation zwischen den Pflanzen und Bestäubern genau funktioniert, dazu hat Stefan Dötterl, Professor der Pflanzenökologie an der Universität Salzburg viel geforscht. Die Blüten der Pflanzen sind gleichsam ihre Sexualorgane und wir können an ihrer aromatischen Aura partizipieren.

Bergbauer: Zurück zu den Sternen. Das Gestirn, an dem sich die Seeleute in der Antike orientierten, um Kurs zu halten, war der Morgenstern.

Imhof: Diese natürliche Erfahrung wird in christlicher Perspektive aufgegriffen und auf Jesus Christus hin transponiert. Von ihm, dem wahren Wort Gottes (vgl. Offb 19,13), wird ausgesagt: „Ich, Jesus, habe meinen Engel gesandt, um euch das, was die Gemeinden betrifft zu bezeugen. Ich bin die Wurzel und der Stamm Davids, der leuchtende Morgenstern." (Offb 22,16)

Bergbauer: Am Anfang des Evangeliums Jesu Christi nach Matthäus wird von den Weisen aus dem Osten folgendes berichtet: „Und siehe, der Stern, den sie im Morgenland gesehen hatten, ging vor ihnen her, bis er kam und oben über der Stelle stand, wo das Kind war. Als sie aber den Stern sahen, freuten sie sich mit großer Freude." (Mt 2,9-11)

Imhof: Was erlebten die Sterndeuter, als sie vor der Krippe mit dem Kind in der Davidischen Herberge in Bethlehem standen? Sie erkannten, dass ihre Hoffnung auf Heil, einen neuen Anfang Gottes mit der Menschheit, sich nun erfüllte. Wie konkret war Gottes Antwort auf ihr Fragen und Suchen! Auf ihre Weise praktizierten die Weisen aus dem Morgenlande die Weisung aus dem 2. Buch der Chroniken: „Stellet euch nur auf und bleibet stehen und sehet, wie der HERR euch Rettung schafft." (2 Chron 20,17)

Bergbauer: Stehenbleiben heißt auch Aufhören mit alten Überlegungen, Fragen und Zweifeln.

Imhof: Das Räderwerk des Verstandes steht dann auf einmal still, das sonst immer wieder dazu antrieb, das eigene Schicksal aufgrund von Konstellationen ergründen zu wollen. Der Kosmos und die Gestirne geben aber keine letzte Antwort auf die Frage nach der Zukunft des Menschen in der Herrlichkeit Gottes.

Bergbauer: Wer die Konstellationen seiner Existenz auf Erden erforscht, kann mit seiner Freiheit realistischer umgehen als jemand, der weder zu den Sternen aufblickt noch die Bewegungen und Strukturen der Welt erfasst.

Imhof: Ja, das ist sinnvoll und erstrebenswert. Bedingungen, Voraussetzungen und Konstellationen sind ein wichtiger Gegenstand des Wissens. Die persönliche Auferstehung lässt sich allerdings nicht berechnen. Sie kann aufgrund der Offenbarung nur geglaubt werden. Mit Wissen und Glauben sind wir jetzt und in Zukunft unterwegs. Die Christologie ist daher gleichsam das Metasystem der Astrologie und anderer hermeneutischer Künste. Um Christus zu erleben, bedarf es der Stille in der Sprache, der Fähigkeit des Staunens im Haus des Daseins, kurzum des Innehaltens vor dem ewigen Geheimnis, das wir Gott nennen.

Bergbauer: Gotteskundig werden wir, indem wir uns auf christo- und theozentrische Aufstellungsarbeit einlassen. Durch das Hören auf das Evangelium Jesu Christi und in Zeiten der Anbetung lernen wir neu zu glauben, zu hoffen und zu lieben.

Mit Christus unterwegs

Imhof: Vor diesem Hintergrund nun zu einer Aufstellung, in der es darum ging, wie jemand nach dem Austritt aus einer christlichen Frauenkommunität die eigene Christusbeziehung neu konkretisieren könnte.

Bergbauer: Die Verheißung an die Gemeinde von Thyatira, in der Lydia (vgl. Apg 16,14-15) und Isabel (vgl. Offb 2,20) das Sagen hatten, macht deutlich, wie sich in Zukunft die Beziehung zu Jesus Christus vollenden kann.

Imhof: Durch die Selbsthingabe Jesu werden Menschen in der Beziehung zu ihm zu Christen, in denen er auf seine Weise präsent bleibt. Da es sich um ein Freiheitsverhältnis handelt, wird dabei offenbar, wer der andere und wer man selbst ist. Wer als Christ bzw. Christin versucht, im Namen Jesu Christi zu handeln, akzeptiert, dass er immer das andere Du bleibt, durch das und mit dem jemand immer mehr er selbst werden kann. Denn das Interesse der befreienden Freiheit ist die Freiheit des anderen. Im Blick auf Rilke könnte man formulieren: Wenn irgendetwas Schuld, dann dies, die Freiheit eines anderen nicht zu mehren um alle Freiheit, die man in sich aufbringen kann. So macht es Sinn, die eigene Freiheitsgeschichte für sich neu zu gestalten und jemand anderen in aller Freiheit zu verabschieden.

Bergbauer: Im Kraftfeld der Wahrheit wird die Verheißung Jesu Christi verständlich: „Wer siegt und wer bei meinen Werken bis ans Ende festhält, dem will ich Macht über die Völker geben, und er wird sie mit eisernem Stab weiden, wie Tongeschirr zerschlagen, wie auch ich von meinem Vater empfangen habe, und ich werde ihm den Morgenstern geben. Wer ein Ohr hat, höre, was der Geist den Gemeinden sagt!" (Offb 2,26-29)

Imhof: Das eigene große Herz ist das Ohr des Geistes, dessen Regie eine christozentrische Aufstellung durchwaltet. Mit dem Kanon: „Schweige und höre, neige deines Herzens Ohr! Suche den Frieden!" kann sich eine Aufstellungsgruppe für das Wirken des Heiligen Geistes disponieren.

Bergbauer: Ich war bei der konkreten Aufstellung dabei. Zur Thematik der bleibenden Nähe Jesu Christi vor dem Hintergrund der Unterscheidung der Geister in Thyatira, einer frauenorientierten Gemeinde (vgl. Offb 2,18-29), traten als Repräsentanten zunächst die betroffene Seele, die reale Niederlage und der Christus als Morgenstern auf, der Orientierung schenkt, dann auch die aufstellende Person in ihrer Originalität und Authentizität.

Imhof: Die Niederlage nahm ihren Platz nicht ein, sondern blieb am Rande sitzen. Vielmehr übernahm die Seele der aufstellenden Person diese Rolle im System. Ein dramatisches Geschehen fand statt. Am Ende blieb in der bewohnbaren Welt die aufstellende Frau mit ihrer Seele und der Gestalt Jesu Christi übrig. Die Integration der beiden Repräsentanten glückte im Hinblick auf ihre eigene Existenz. Jesus und die Seele bildeten gleichsam zwei Flügel, mit denen die authentische Person ihren Weg ins Freie und in die Weite gehen konnte. Die Niederlage blieb im Jenseits vor einer Tür stehen, die sich nicht öffnen ließ.

Bergbauer: Viele Details der Aufstellung spiegelten sehr präzise die bisherige Realität wieder. Die Lösungsszene war eine gute Basis, auf der das Leben der aufstellenden Person nun weitergeht. Die eigene Identität und der mitgehende Christus blieben nicht am Ort der Niederlage und der Exkommunikation bzw. Selbstexkommunikation zurück. Eine Regression ist nicht zu befürchten.

Imhof: Der Modergeruch der Okkultszene einer Isabel, die weiß, wie alles funktioniert und funktionieren soll, und der Duft des Salböls einer Lydia lassen sich unterscheiden. Dem guten Geist entspricht die Ebene der Werte, und der Seele die Ebene der Gefühle und dem Körper die Ebene der Symptome. Im Deutungshorizont eines Aufstellungsprozesses lässt sich die Dynamik der Freiheit von dem egozentrieten Gehabe der Unfreiheit unterscheiden. Die Logik des Geistes und die Freiheit des Evangeliums setzen sich schlussendlich immer wieder durch.

Bergbauer: Im Zusammenhang mit der Unterscheidung der Geister wären die Unterscheidung der Düfte ein eigenes Kapitel wert.

Imhof: Ignatius von Loyola empfiehlt bei den Geistlichen Übungen die Anwendung der inneren Sinne, also auch des Geruchsinnes. Der Schwefelgeruch, der aus höllischen Vulkankratern stammt, bedeutet im geistlichen Prozess selbstverständlich etwas anderes als der Duft des Chrisam-Öls oder der Rosen, die vom Himmel fallen, von denen Therese von Lisieux spricht.

Bergbauer: Düfte machen auf vieles aufmerksam. Das hat Konsequenzen.

Imhof: So folgt die Energie der Aufmerksamkeit. Wer aufmerksam ist, erlebt Berührungen sehr intensiv. Berührungen führen zu Gedankenstille. Und aus der Gedankenstille kann schöpferisch Neues entstehen. Um es praktisch zu sagen. Im Großen Herzen hört das Ohr des Geistes, was die Liebe spricht. Für die Unschuld blüht die weiße Lilie, die blaue Iris lässt erkennen, was der Himmel will, und die Feuerlilie tut kund, wohin das eigene Herzblut fließen möchte.

2.15. Das Feuer des Geistes
Interkulturelle Spiritualität

Edna Li im Gespräch mit Paul Imhof

Li: Der Tanz der Göttin Vernunft auf dem Hauptaltar von Notre Dame in Paris war eine inszenierte Vorstellung, mit der viele den Triumph der Aufklärung feierten. Das neue gesellschaftliche Bewusstsein der französischen Revolution hatte einen genuinen ideologischen Ausdruck gefunden.

Imhof: Wir sehen bei solchen Inszenierungen zunächst vor allem die Diskontinuität geschichtlicher Entwicklungen und die Verschiedenheit der Epochen. Interessant ist, die unsichtbare Funktionskontinuität zu reflektieren, die in solchen Auftritten steckt. Erst in einem religionsgeschichtlichen Kontext lassen sich solche Ereignisse geistesgeschichtlich positionieren.

Li: Es ist eine uralte biblische Tradition, dass die göttliche Weisheit seit Ewigkeit vor Gott spielt. Und das Spiel par excellence ist der Tanz. In der byzantinischen Tradition wurde die Hauptkirche von Konstantinopel der Hagia Sophia geweiht, der heiligen, weiblichen Weisheit. Sie ist mit Maria, der Mutter Jesu identifiziert. Dargestellt wird sie in liebender Einheit mit dem männlichen Christuskind.

Imhof: Und im Duktus der biblischen Tradition gibt es den ewigen, männlichen Messias, den Christus, der in Jesus von Nazareth erschienen ist, so der Glaube der Christen. Zur Zeit der Aufklärung wurden die christlichen Kirchen da und dort zu moralischen Lehranstalten umfunktioniert.

Li: In dieser Perspektive ist die Epoche der Aufklärung nur eine säkularisierte Variante der großen Thematik von weiblicher Weisheit und männlicher Erlösung.

Imhof: In der Geschichte von der Verklärung wird Jesus Christus als der ewige Messias offenbar (vgl. Lk 11,28-36). Seine Mutter lässt sich mariologisch mit der heiligen Vernunft, dem vernehmenden Vermögen, der reinen Endlichkeit gleichsetzen. In Einheit mit dem Hl. Geist kommt durch Maria das Geheimnis Gottes zur Erscheinung: wie im Himmel, so auf Erden.

Li: Die Parole der französischen Revolution von der Freiheit, Gleichheit, Brüderlichkeit prägte nicht nur Europa. Das Thema Menschenrechte steht seitdem auf der Tagesordnung der Weltgeschichte.

Imhof: Und das finde ich auch gut so.

Li: Worin besteht für dich der Unterschied zwischen Freiheit und Erlösung?

Imhof: Manche Menschen sind mit ihrem Herrgott ziemlich im Reinen. Sie glauben, dass sie aus Gnade erlöst sind, Gott sei ihnen wohlgesonnen. Sie fühlen sich von alten dämonischen Gottesbildern erlöst. Sie fürchten sich nicht vor Gottes Zorn und Strafe. Zwischenmenschlich aber trauen sie sich nicht frei mit andern umzugehen, sondern verhalten sich zwanghaft, gehemmt, moralisierend und besserwisserisch. Umgekehrt gibt es Menschen, die sich sehr natürlich und frei bewegen, mit Gott aber nichts zu tun haben wollen. Zum Beten finden sie keine Zeit. Kurzum: Gott spielt keine Rolle in ihrem Leben. Manche sind bewusst Atheisten, Agnostiker oder sind schlicht und einfach an der Frage nach Gott nicht interessiert. Erlösung ist für sie kein Thema.

Li: Manche wachen erst auf, wenn sie im Namen Allahs terrorisiert werden. Aber Allah ist nicht gleich Allah. Wer ist Allah? Das arabische Wort für Gott wird oft missbraucht. Von Gottes Barmherzigkeit ist nicht mehr viel übriggeblieben. Frei *und* erlöst: So heißt die Alternative für ein Leben in Freiheit und im Glauben an den einen wahren Gott, der – so die christliche Botschaft – den gesandt hat, der in Gottes Namen zusagt, dass durch Gottes Gnade Sünde und Schuld vergeben werden!

Imhof: Christus ist der Erlöser. Er ist nicht zuletzt deswegen nötig, damit der Name Gottes nicht politisch oder gesellschaftlich missbraucht werden kann. „Sein Name werde geheiligt", lautet der Auftrag Jesu an seine Jünger und Jüngerinnen. Denn Gott ist der schöpferische Geist im Atem und im Leben der gläubigen Menschen. Gott ist gnädig.

Li: Daher war jahrhundertelang die Theologie die Königin der Wissenschaften. Der göttliche Geist ist ihr Thema. Die Philosophie war ihr zu-, ja untergeordnet, weil ihr Gegenstand der Geist menschlicher Weisheit ist. Zu ihr gehört die Psychologie. Die anderen Wissenschaften befassen sich mit der materiellen Welt.

Imhof: Das hatte Konsequenzen für das Geist-Seele-Körper-Verständnis. Vor diesem Hintergrund ist die Seele die Dienerin des Geistes, der Körper der Knecht der Seele. Doch anstelle eines hierarchischen Verhältnisses tritt im Licht des christlichen Glaubens ein Beziehungsgefüge, in dem eine Wirklichkeit für die andere dienend da ist. Gerade so wird die Differenz, die ontologische Verschiedenheit der Wirklichkeiten gewürdigt. In Christus ist die Einheit von Geist, Körper und Seele anfänglich vollendet.

Li: Ein Ziel profaner Aufstellungsarbeit besteht oft darin, dass jemand sein Dramadreieck aus Opfer, Täter und Retter verlassen kann.

Imhof: Die Wirklichkeit Jesu Christi, der sein Leben freiwillig dahingab, die Verantwortung für sein Tun vor Gott übernommen hat und sich als messianischer Retter verstand, bildet den meist anonymen Hintergrund für die eigene dramatische Existenz. Er ist zu einem neuen Leben auferstanden! Im Blick auf ihn kommt alles darauf an, ein neues Leben in Frieden, Freiheit und Freude zu wagen, ohne in das alte Dramadreieck zurückzufallen.

Christozentrische Aufstellungsarbeit

Li: Worum geht es bei der von dir entwickelten Methode christozentrischer Aufstellungsarbeit?

Imhof: Zunächst nannte ich die Methode christliches Familienstellen, weil ich dafür offen war, gegebenenfalls auch die kirchliche bzw. christliche Sozialisation beim Aufstellen angemessen zu berücksichtigen. Würdigung und Wertschätzung, aber auch Zorn und Enttäuschung brauchen Ausdrucksformen. Im Laufe der Jahre merkte ich, dass im allgemeinen Sprachgebrauch unter Christlichem etwas konfessionell Einengendes verstanden wird. Dem wollte ich nicht Vorschub leisten. Das Wort christozentrisch gefällt mir besser, weil damit nicht so viele Missverständnisse verknüpft sind.

Li: Was lernt man bei christozentrischer Aufstellungsarbeit? Du hast ja schon vor zehn Jahren ein ganzes Curriculum dazu verfasst und führst es seit vielen Jahren durch.

Imhof: Wer christozentrisches Aufstellen lernen will, wird dazu ausgebildet, zwei Repräsentanzen übernehmen zu können. Erstens: die Repräsentanz Jesu

Christi – keine Sorge, die Differenz zum Original bleibt erhalten – und zweitens, die Begleitung einer Gruppe mit einem Christus-Repräsentanten im System.

Li: Was heißt in diesem Zusammenhang Repräsentant bzw. Repräsentanz?

Imhof: Einfach gesagt: Jemand nimmt im System den Platz Jesu Christi ein. Selbstverständlich geht es nicht um eine schauspielerische Hauptrolle, sondern nur darum, sich besten Wissens und Gewissens zur Verfügung zu stellen, so dass der Geist Jesu Christi figurieren kann. Derjenige, der eine christozentrische Gruppe begleitet, sollte dies in dem Bewusstsein tun, dass im System der Geist der Freiheit und der Erlösung zum Zuge kommen kann. Es sind also Räume der Begegnung und Veränderung offen zu halten, sodass sich ein System christozentrisch entfalten bzw. der Geist Jesu Christi als Ressource wirken kann.

Li: Wie bist du zu dieser Methode gekommen?

Imhof: Es war ein langer Weg mit sehr vielen Umwegen und vielen schmerzlichen, persönlichen Erfahrungen. Ein wichtiger Impuls war ein Fernsehfilm über den Apostel Paulus, weil ich dabei sowohl auf der Text- und Regieebene, aber auch vor der Kamera aktiv beteiligt war. Das Evangelium des Paulus, seine Sicht der Biographie Jesu und seiner Wirkungsgeschichte hat mich 25 Jahre bei der Arbeit in der Akademie St. Paul begleitet. Viele Jahre davon habe ich im Ausland gelebt. Hinzu kamen biographische Umbrüche, die mein Leben immer wieder veränderten. Nicht nur ein Konfessionswechsel, sondern auch Erfahrungen in Ehe und Familie mussten reflektiert werden. Wie geht mein Leben verantwortbar weiter? Welche Lebensform wird die Zukunft mit sich bringen? Die Entwicklung der Akademie St. Paul ist ein Spiegel meiner eigenen Geschichte. Fast hätte ich es vergessen: Der erste Film, bei dem ich mitwirkte, thematisierte die Ahnenverehrung in China. Ein systemisches Unterfangen sondergleichen!

Li: Nach vielen Büchern, Filmen, Kursen, Seminaren und Vorlesungen ist deine neue Aufgabe nun die christozentrische Aufstellungsarbeit geworden?

Imhof: Ja. Das wird in den nächsten Jahren wohl meine neue Haupttätigkeit sein. Denn sie erweist sich einfach als höchst effizient und ist zudem sehr menschenfreundlich.

Li: Lässt sich dies an einem Beispiel verdeutlichen?

Imhof: Durchaus. Etwa an der Erfahrung mit einem Bekannten, der das soge-nannte nächtliche Seelenschreiben kennengelernt hat und es regelmäßig praktizierte. Mehrfach war er bei mir zu Familienaufstellungen. Eines Mor-gens erzählte er mir beim Frühstück folgende Geschichte: Eines Nachts ka-men höchst seltsame Informationen auf mich zu, die ich einerseits für bare Münze hielt, andererseits aber auch nicht, weil ich ein kritischer und skepti-scher Mensch bin. Wie aus einer anderen Welt, zumindest aus der Welt der Psyche, ihrer Tiefe und ihrer Wanderungen, wurde mein Bewusstsein darüber informiert, dass meine erste und dritte Tochter nicht von mir abstammen würden. Dies sollte durch eine Aufstellung, so mein klares Mandat, bestätigt werden.

Ein gefährliches Mandat dachte ich mir, da das Ergebnis ja schon festzustehen schien. Die Aufstellung nahm ihren Lauf. Und bei so viel seelisch bedingter Hartnäckigkeit wurden die Schlussbilder von ihm – seinen Vorstellungen ent-sprechend - gedeutet, obwohl sie auch anders verstehbar gewesen wären. Eine Aufstellung als Bestätigung für ein schon feststehendes Urteil zu benut-zen, ist in einem gewissen Sinn natürlich ein Missbrauch, denn durch eine Aufstellung soll etwas Neues zum Vorschein kommen. Nach der Aufstellung nagte ein Zweifel in ihm weiter. Erst ein Gentest brachte Klarheit, nicht eine programmierte Aufstellung. Alles falscher Alarm!

Li: Was bringen solche Seelen- und Aufstellungsmanöver?

Imhof: In diesem Fall sehr viel, denn ein großer Familienprozess mit vielen Klärungen, aber auch neuen Verwundungen kam in Gang. Ängste wurden ab-gebaut, leider auch neue erzeugt. Dem Wahnsinn wurde da und dort ein Rie-gel vorgeschoben. Weitere Aufstellungen führen hoffentlich dazu, dass nun lebensbejahend mehr und mehr heilsame Ordnung ins System kommt.

Li: Und was wurde dir dabei deutlich?

Imhof: Dass es einen wesentlichen Unterschied zwischen Seele und Geist gibt. Erst auf der Metaebene des Geistes kam eine Lösung zustande. Im Sys-tem Seele allein wäre es zur Fixierung auf eine Unwahrheit gekommen. Die Frage nach der Wahrheit lässt sich aber nicht allein im innerseelischen Feld beantworten, sondern es braucht ein freies, menschliches Gegenüber und stimmige Informationen aus der physischen Welt.

Li: Pilatus hat die Frage nach der Wahrheit auch gestellt (vgl. Joh 18,37-38).

Imhof: Aber hat er die Antwort verstanden? Die Wahrheit stand vor ihm als jemand, der seinen Weg mit letzter Konsequenz bis an die Grenzen der physischen Welt weiterging. Zur Antwort auf die Frage nach der Wahrheit gehört das Zeugnisgeben und die Anerkennung des Anderen in seiner Wirklichkeit als wahrer Mensch, in dem ein göttlicher Funke wohnt, d. h. der Anteil hat am Feuer des Geistes. Und das optimale Gegenüber ist selbstverständlich Jesus Christus, von dem bezeugt wird: Wahrer Gott und wahrer Mensch.

Li: Was wünscht du dir für die Zukunft?

Imhof: Um methodisch und inhaltlich christozentrisch voranzugehen, ist ein Zentrum mit einer Lern- und Lebensgemeinschaft optimal. Der Schwanberg mit einer Schwesternkommunität und einem Geistlichen Zentrum ist ein guter Ort, an dem ich seit Jahren christliches Familienstellen praktiziere. Was fehlt, ist ein christozentrischer Sakralraum mit der ethischen Botschaft des wiederkehrenden Christus. Die Pläne dazu waren weit gediehen. Leider wurde das Projekt aufgrund interner Schwierigkeiten abgebrochen. So bleibe ich auf der Suche nach einer christozentrischen Lebenswelt und entsprechenden Räumen.

Li: Ein Geistliches Zentrum, und wäre es noch zu klein und bescheiden, ist also der beste Ort, an dem sich christozentrische Aufstellungsarbeit lehren und lernen lässt?

Imhof: Ja. So etwas ist notwendig. Denn in einer Welt von Un-, Aber- und Kleingeistern gedeiht ein solches Projekt nur schwer. Dort, wo sehr viele emotionale, seelische Verstrickungen und Abhängigkeiten vorhanden sind, ist zwar christozentrische Intervention besonders nötig, wird aber meistens nicht gewünscht. Zurzeit habe ich so viele Anfragen nach christozentrischer Aufstellungsarbeit, dass ich mir keine Sorgen mache, in naher Zukunft auch ein kleines Lehrhaus zu finden. Dahin würde ich dann den Sitz der Akademie St. Paul verlegen.

Unterwegs in China

Li: Ich bin seit 2015 zweite Vorsitzende der Akademie St. Paul. Gerne stimme ich dem zu. 15 Jahre lebte ich in China. Jedes Jahr lassen sich Hunderttausende von Chinesen taufen. Im Reich der Mitte breitet sich ein christozentrisches Bewusstsein aus.

Imhof: Das finde ich spannend. Je nach Volk und Kultur entstehen immer wieder Bewegungen, die zwar von einzelnen initiiert werden, die Thematik aber liegt seit langem in der Luft. Geistig ist vieles schon irgendwie vorbereitet.

Li: Wer dafür ein Bewusstsein hat, kann das Evangelium viel leichter unter die Leute bringen. Was ist zu berücksichtigen, damit dies kulturell gelingt?

Imhof: Im spirituellen Dialog sollte jeder Gesprächspartner das Vorverständnis des anderen berücksichtigen. Wer möchte etwas lehren? Wer möchte etwas lernen? Beim messianischen Judentum ist Jesus das große Thema, bei den Turkvölkern mit ihrer schamanischen Tradition ist die Frage nach spirituellen Energien der Zugang zum Verständnis des Hl. Geistes und seinen Wirkungen. Anschließend stellen sich Fragen nach Gott und Jesus Christus. In der arabischen Welt steht die Frage nach Gott oben an. Daraus ergeben sich dann Perspektiven auf Jesus Christus, die Welt des Geistes und der Geister.

Li: Für das chinesische Selbstverständnis sind der Daoismus und der Konfuzianismus wichtig. Sie haben die Volksseele geprägt, d. h. die Grundlage des emotionalen kollektiven Verstehens.

Imhof: Beide Strömungen sind begrifflich schwer zu definieren. Mir scheint, dass die Spiritualität des Daoismus um das Dao, den schöpferischen, zielführigen Weg kreist, der sich von sich her erschließt, weil er unsichtbar schon vorhanden ist. Mit dem Patriarchen Lü Donghin (chin: Gast der Höhle) ist ein spiritueller Dialog gelungen. Davon ist Yves Raguin überzeugt. Der große spirituelle Hymnus von Lü ist in seinen Gesammelten Werken veröffentlicht, die 1744 n. Chr. herausgegeben wurden. Nicht nur Lü, einer der Acht Unsterblichen des Daoismus, ist an der Übersetzung des Textes auf der nestorianischen Stele von Xi`an beteiligt gewesen, die im Jahre 781 n. Chr. errichtet wurde, sondern auch buddhistische Mönche.

Li: Yves Raguin war Jesuit?

Imhof: Ja. Er gehörte demselben christlichen Orden an wie Matteo Ricci und Adam Schall von Bell, die am chinesischen Kaiserhof hohes Ansehen erlangt hatten. Im sogenannten Ritenstreit wurde der Prozess der Inkulturation des Evangeliums in die chinesische Kultur unterbrochen. Die Jesuiten verstanden den Konfuzianismus als eine Staatsphilosophie mit einer sehr differenzierten Ethik. In ihrer Perspektive konnte jemand Christ und Konfuzianer sein.

Li: Das Gespräch mit dem Konfuzianismus und dem Daoismus gehört weiterhin zum interkulturellen und interreligiösen Dialog. Etwas überspitzt gesagt: Es gibt so viele Religionen und Konfessionen wie Menschen, jeder ist selbst eine Institution, in der Glaube, Hoffnung und Liebe existieren.

Imhof: Die Ahnenverehrung in den daoistischen und konfuzianischen Tempeln ist eine Art ritualisierte Aufstellungsarbeit, bei der jeder sich mit seiner eigenen Ahnengeschichte aufstellen kann, ohne des Chinesischen mächtig zu sein. Bei einem solchen Tempelbesuch findet ein gleichsam textloses, aber sehr wirkungsvolles Geschehen statt, ähnlich wie bei einer Aufstellungsarbeit, die in Stille und Schweigen vollzogen wird, jener geheimnisvollen, verborgenen Dimension des Wortes.

Li: Wer in einer solchen Gesinnnung einen konfuzianischen oder daoistischen Tempel besucht, findet einen besonderen Zugang zur Menschheitsgeschichte bzw. zur Menschheitsfamilie. Bei deinem letzten Besuch in China hast du das ja erlebt.

Imhof: Ja, es war großartig. Wie schätzt du die religiöse Toleranz in China ein?

Li: Traditionell hat China ein sehr entspanntes und vor allem sehr undogmatisches Verhältnis zu Religionen und zur Konfessionalität. Der Mitgliedsgedanke ist ihnen fremd. Grundsätzlich gilt: Gut ist, was hilft. China hat viele verschiedene Religionen, die eine Rolle spielen und die man im Alltag auch je nach Bedarf zur Anwendung bringt. Durch die Kulturrevolution ist viel Wissen über die Religionen verloren gegangen, aber dennoch sind im täglichen Gebrauch mindestens fünf – oft parallel – in Anwendung.

Imhof: Das klingt sehr pragmatisch. Welche Religionen sind tragend?

Li: Immer noch im Vordergrund stehen die schamanistisch-animistischen Lebensvorstellungen der Chinesen. Dabei spielt der Fluß des Qi, der Lebensenergie, eine große Rolle. Dieses Wissen ist in unseren Kulturen, wie etwa das Wissen der Kelten, weitgehend abhandengekommen, weil es nicht schriftlich dokumentiert wurde. In China sind die Aufzeichnungen aber über 5000 Jahre leserlich fortgeführt worden und in erheblichen Teilen heute noch erhalten. Medizinische Lebenserfahrung aus 5000 Jahren ist deshalb noch zugänglich. Die Chinesen haben ein ausgeklügeltes System des Qi im Körper aus ihren Erfahrungen abgeleitet. Darauf fußt die Akupunktur. Genauso haben sie die Einflüsse von Kräutermedizin auf diese Energieflüsse beobachtet. Diese Erfahrungen mit den Energieflüssen und den Kräutern ziehen sich durch das ganze tägliche Leben hindurch. Was auf den ersten Blick für westliche Mediziner nicht nachvollziehbar erscheint, hat schon öfter nach wissenschaftlicher Untersuchung seine Wirksamkeit bewiesen, wie z. B. die Anwendung der Artemisia bei Malaria. Dieses Wissen ist so weit verbreitet, dass sogar die Höflichkeitsformen und die Ernährung darauf Bezug nehmen. Der Daoismus ist hiermit eng verbunden. Er befasst sich mit den Energien der Erde.

Imhof: Das Dao läuft durch das Tor des Lebens und Sterbens am Beckenboden ins Freie und weiter in die geschaffene Welt bis zum ungeschaffenen Potential der reinen Möglichkeiten: zu Gott. Welche weiteren „Religionen" sind zurzeit in China relevant?

Li: Der Konfuzianismus und der Kommunismus. Beide sind eigentlich keine wirklichen Religionen, eher Staatssysteme. Der Konfuzianismus ist in erster Linie ein soziales Ordnungssystem. Diesem System unterwarf sich sogar der Kaiser. Die Familie Konfuzius (Kong) gibt es heute bereits in der 84. Generation, alles dokumentiert. Alle direkten Nachfahren des Konfuzius sind in der Stadt Qufu in der Provinz Shandong beerdigt. Jeder Kaiser musste dort hinreisen, um der Familie die Ehre zu erweisen. In China haben die Dynastien gewechselt, aber die Kongs blieben.

Imhof: Und den Kommunismus zählst du auch unter die Religionen?

Li: Er ist eine Zivilreligion, eine institutionalisierte Ideologie mit Absolutheitsanspruch. Wichtig ist er für China, weil er das Land mit dem messianischen Gedanken bekannt gemacht hat. Dieser Gedanke im Kommunismus ist ein Wegbereiter des Christentums in China.

Imhof: Was für eine Rolle spielt der Buddhismus?

Li: Auch der Buddhismus ist ja streng genommen keine Religion, sondern ein komplexer spiritueller Lehrweg. Buddhismus ist auch heute noch weit verbreitet, nicht nur in den Randzonen Chinas, wie im Himalaya, sondern auch in jeder Großstadt spielt er eine große Rolle. Ich habe im täglichen Leben die Erfahrung gemacht, dass oft insbesondere die asketischen Teile des Buddhismus ausgeübt werden, also z. B. Achtsamkeitsübungen oder Fasten.

Imhof: In China haben mich die buddhistischen Tempel und die darin praktizierte „Aufstellungsarbeit" sehr beeindruckt. Der Buddha der Herkunft, der Buddha der Gegenwart und der Buddha der Zukunft repräsentieren die drei Ekstasen der Zeit. Durch die verschiedenen Handhaltungen bei den Statuen werden wichtige Lebensperspektiven zum Ausdruck gebracht.

Li: Ja, so ein buddhistischer Tempel lässt sich als eine großartige Bühne verstehen, auf der interkulturelle Kommunikation möglich ist.

Imhof: In China gibt es eine Vielfalt von Religionen. Es ist durchaus üblich, dass man sich von jeder Religion etwas nimmt, was in die eigene Frömmigkeit zu passen scheint. Warum ist gerade das Christentum neuerdings so attraktiv. Wie erklärst du dir das?

Li: In China erziehen traditionell Ammen oder Großmütter die Kinder. Das wird gesellschaftlich so erwartet. Dadurch ist aber die Beziehung zwischen Mutter und Kind unterbrochen. Viele Chinesen haben daher nicht einmal Mutterliebe erfahren. Es ist wichtig darauf hinzuweisen, dass China nach Bürgerkrieg, Kommunismus und Kulturrevolution ein zutiefst verletztes und traumatisiertes Land ist. Fast jeder Chinese ist irgendwie von Menschenrechtsverletzungen betroffen. China ist somit ein Land, das sich in ganz besonderer Weise nach Liebe, Geborgenheit und Zugehörigkeit sehnt. Hier sehe ich den Hauptnährboden für das Christentum. Die Chinesen möchten lernen zu lieben.

Imhof: In China ist die Zeit also offenbar überreif für das christozentrische Denken: Bewusstsein von Energieströmen in Mensch und Natur, spirituelle Leitung getrennt vom Staat, messianisches Denken, Askese, Meditation und Liebessehnsucht. Warum hat sich das Christentum nicht früher in China etabliert?

Li: Tatsächlich war China in der frühen Tang Dynastie (618-907) und in der Ming Dynastie (1368–1644) zweimal kurz davor, christlich zu werden. Das erste Mal waren die Missionare die Nestorianer, dann in der Ming Dynastie hatten sich die Jesuiten einen festen Platz am chinesischen Kaiserhof erarbeitet, und der letzte Ming Kaiser Chongzhen war wohl Christ, nur ziemlich machtlos. Auch wenn die Jesuiten trotz des Wechsels des Herrscherhauses zur Qing Dynastie am chinesischen Kaiserhof blieben, hat Kaiser Kangxi 1721 schließlich die christliche Mission gänzlich verboten. Dies war auf den sogenannten Ritenstreit zurückzuführen, danach wollte die katholische Kirche den chinesischen Christen die Teilnahme an Ahnenverehrungsritualen untersagen. Da aber die Ahnenverehrung die Machtbasis des Kaiserhauses war, kam es zu diesem Kommunikationsabbruch. Erst ab etwa 1850 hat es dann in China wieder westliche Missionare gegeben, auch Protestanten aller Richtungen, die sich meist sozial sehr engagiert haben. Nach der Machtergreifung der Kommunisten mussten alle ausländischen Missionare ausreisen. Seitdem bemüht sich die Partei, das Christentum in Schach zu halten. Mit wenig Erfolg!

Imhof: Nun aber zurück zum Feuer des Geistes. Welche Bilder benutzen denn die Chinesen seit alters her, um die Energien zu beschreiben?

Li: Ein wichtiges Symbol ist der Drache. Er beschreibt die erd- und wassergebundenen Energieströme. In China ist dieses Symbol eigentlich wertfrei, wie alle Energien aber eher positiv. Die Drachenkraft wird nur dann als problematisch betrachtet, wenn sie aus ihren harmonischen Bahnen heraustritt. Sein Gegenpol ist der Phönix. Er gehört zu Luft und Himmel. Zusammen bilden sie Yin und Yang, die energetische Harmonie. Qigong ist die Kunst, die Energien im Körper zu beherrschen. Auch dies geschieht völlig wertfrei.

Imhof: In der westlichen Tradition wird zwischen der Wasserschlange, dem Wasserdrachen, und dem Feuerdrachen unterschieden. Für ersteren ist St. Georg (griech. *georgos*, d. h. Bauer) zuständig. Für letzteren St. Michael (hebr. *Mi-cha-el*, d. h. wer-wie-Gott). Gegen die Fluten der feindlichen Heere wurde der St. Georgs Orden gegründet. Die vielen Michaelskirchen geben Aufschluss über die geistig-spirituellen Auseinandersetzungen.

Li: Im Drachen könnte man auch den lebensspendenden Feuergeist, die Kraft der Sonne, und die zerstörerischen, aber auch segensreichen Lavaströme aus dem Inneren der Erde sehen, durch die das Land fruchtbar wird. Symbole sind vieldeutig.

Imhof: Im Feuerdrachen kommt die Einheit von Himmel und Erde machtvoll zum Vorschein. Vielleicht gilt deswegen der Drache als spirituelles Krafttier des Himmelssohnes auf Erden. Der Kaiser von China wurde als sein Repräsentant verehrt.

Vor Klangtoren innehalten

Li: Ein Aufstellungsfeld ist ein Raum, in dem sich Berührung ereignet. Vieles geht über die Haut. Manches geht sogar unter die Haut. Wohltuend, ja heilsam wirken sich Berührungen aus, sei es durch Hände, Worte, Energien, Klänge, Ikonen.

Imhof: Auch durch Bilder, die auf Transzendenz hin transparent sind. Dadurch können viele Schichten des Leibes angesprochen und in Bewegung gebracht werden. Der Körper gerät in Schwingung, Resonanzen entstehen.

Li: Du verwendest Ausstellungsobjekte, die einer multikulturellen Tradition entstammen, als Aufstellungsobjekte?

Imhof: Ja, vor allem solche, die Themen aus der Johannesoffenbarung und der hebräischen Bibel behandeln. Künstler und Künstlerinnen, die sich auf einen spirituellen Erfahrungsweg begeben haben, werden zunächst nach Innen geführt, ehe sie das, was ihnen innerlich geworden ist, als anschaubare Objekte das Licht der Welt erblicken lassen.

Li: Esoterik, das ist ursprünglich ein Begriff, der die religiösen Wege nach Innen und zu Gott zusammenfasst. Heute wird er oft anders verwendet und umfasst oft konfessionell nicht gebundene, spontane, natürliche Spiritualität, aber auch viel Quacksalberei. Viele Menschen, die heute in der Esoterik einen Weg suchen, sind begabt in der Wahrnehmung dessen, was für viele nicht erfahrbar ist, nämlich die unmittelbare Wahrnehmung des ewigen, dreieinigen Gottes. Leider haben diese wirklich begabten, ja begnadeten mystischen Menschen oft keinen Zugang zu dem Jahrtausende alten Erfahrungsschatz der Kirchen, so dass sie mit ihren Intuitionen sehr gefährdet sind. Sie entwerfen sich eigene hermeneutische Konzepte, die naturgemäß unvollständig bleiben und oft absurd anmuten. In der undogmatischen Verknüpfung von spiritueller Erfahrung und multikulturellen Begrifflichkeiten besteht jedoch eine große Chance zu einem tieferen Verständnis. Hier lohnt es sich, genau hinzuschauen. Allzu dogmatisches Denken kann den Blick auf die Unterscheidung der Geister verstellen.

Imhof: Im Gespräch über die esoterischen Klangbilder von Shemalah wurde mir deutlich, dass es sich weniger um Bilder, als vielmehr um Ikonen handelt, durch die die Botschaft vom Goldenen Jerusalem zum Vorschein kommt. Inspiriert und geführt haben unsichtbare Welten eine anschaubare Gestalt gewonnen! Wer hell-sichtig ist, kann, wie Shemalah, auch in Lichtsprache singen.

Li: In manchen esoterischen Vorstellungswelten wird zum Beispiel das Außen nur in den Kosmos und nicht in die Andersheit Gottes verlegt. So kommt es leicht zu Phantasien über extraterrestrische Interventionen anderer Lebewesen auf unserer Erde.

Imhof: Auch bei pantheistischen Konzepten wird die Christusenergie im Kosmos festgemacht. Christus selbst aber entspringt in Gott und durchwirkt so das All.

Li: Jedes Klangtor von Shemala (www.shemalah.com) gleicht einem Gong von Dongson. In der chinesischen Provinz Guangxi, bei dem Volk der Zhuang, haben die etwa einen Meter grossen Bronzetrommeln (Tonggu铜鼓) einen zwölfzackigen Stern in der Mitte. Im Übrigen ähneln sie einem umgedrehten Kochtopf und wurden rituell bei Erntefeiern verwendet. Die ältesten Trommeln sind über 2000 Jahre alt.

Imhof: Die Trommel ist ein je nach Gegend verziertes Symbol für die Gemeinschaft eines Dorfes, das seinen Versammlungsort beim Trommelturm hat. Wenn Feinde in Sicht kamen, wurde getrommelt.

Li: Ja, das stimmt. Die Trommel gilt zudem als Reittier der Schamanen, jener archaischen Naturwissenschaftler, die um die energetischen und therapeutischen Zusammenhänge der Natur wissen. Wie funktioniert etwas? Was ist zu tun?

Imhof: Kultur entsteht, wenn Menschen die Natur so gestalten, dass letztere in ihrer neuen Form die geistigen und emotionalen Interessen der Menschen zufrieden stellen kann. So sind Gongs, in denen ursprünglich die Früchte der Erde aufbewahrt wurden, um den Nahrungstrieb zu stillen, zu Instrumenten geworden, um die Früchte aus der Welt des Lichtes in Form von Klängen innerlich ankommen zu lassen.

Li: Auf eigenartige Weise erreichen Wellen und Korpuskel diejenigen, die vor den Klangtoren des unaustrinkbaren Lichts innehalten.

Imhof: Fernab von jeder Dogmatik lassen sich die Klangikonen wie Tore (sanskr. *Chakren*) zu einer anderen Wirklichkeit in dieser oder jener Reihenfolge gemäß einer Proportionenlehre so ordnen, dass sie wie Chakren am eigenen Leib je nach Kulturkreis oder religiösen Sozialisation wirken. Die eigenen Chakren können vorab mit einem Schutzzeichen, einem Plus- oder Kreuzzeichen markiert werden.

Li: Psalm 23 ist so aufgebaut, dass sich seine Verse mit den Klangbildern von Shemalah illustrieren lassen.

Imhof: Zunächst bietet sich das Klangtor vom Goldenen Jerusalem an, durch das Christus, der Repräsentant des HERRN, auf Erden erschienen ist.

Li: Das himmlische Jerusalem senkt sich unsichtbar auf unsere Welt herab. „Die Stadt braucht weder Sonne noch Mond, die erleuchten, denn der Glanz Gottes erleuchtet sie, und ihre Leuchte ist das Lamm." (Offb 21,23). Lamm Gottes ist der Spitzentitel für Jesus Christus, den inkarnierten LOGOS, der auferstanden ist.

Imhof: Das Klangtor des goldenen Jerusalems vermittelt alles mit allem. Gebündelt durch den Trichter des unsichtbaren Füllhorns fließt die himmlische Energie durch den Kosmos auf die Erde, so dass dort das Goldene Jerusalem anfängt, sich auszubreiten, bis alles Wesentliche in ihm geborgen ist. Das Goldchakra ist die Pforte des ewigen, Achten Tages. Der Schlüssel zum Goldenen Jerusalem liegt unter dem Großen Herzen verborgen. Er gehört dem Christuskind, dem Sohn Davids (vgl. Offb 3,7). Zweimal sechs Quadratflächen in Kreuzform ergeben in der dritten Dimension gefaltet auf der linken und rechten Seite der Klangtorikone jeweils einen Kubus.

Li: Der berühmteste Kubus in der Sakralarchitektur ist die Kaaba in Mekka, ein Symbol für das himmlische Jerusalem auf Erden, von dem Johannes, der Seher von Patmos, schreibt: „Die Heilige Stadt, das neue Jerusalem sah ich aus dem Himmel von Gott herabsteigen, bereitet wie eine Braut, geschmückt für ihren Mann." (Offb 21,2)

Imhof: Die Tore des Goldenen Jerusalems sind Bereiche der innergöttlichen Ausstrahlung. In der bunten Mannigfaltigkeit der Welt leuchtet der Glanz von drüben, die unsichtbare Herrlichkeit Gottes auf. Wie schön, in der Gemeinde von Philadelphia unterwegs ins himmlische Jerusalem zu sein. „Wer siegt, den werde ich zu einer Säule im Tempel meines Gottes machen und er wird nicht mehr hinausgehen; und ich werde auf ihn den Namen meines Gottes schreiben und den Namen der Stadt meines Gottes, des neuen Jerusalem, das vom Himmel von meinem Gott heruntersteigt, und meinen neuen Namen." (Offb 3,12)

Li: Nun zur Bildikone vom auferstandenen Christus, dem Haupt des Leibes.

Imhof: In der sogenannten chaldäischen Reihe des Lebensstroms lässt sich mit dem Klangtor vom auferstandenen, durchlichteten Christus im Kronenchakra beginnen. Von diesem Christus her kommen die neue Erde und der neue Himmel schöpferisch zur Sprache. Im Licht sind Sonne und Mond trotz ihrer Verschiedenheit eins, analog zu der Einheit von Mann und Frau. Symbolisch gesagt: Der Blume des Lebens entspricht die Blume der Liebe. Im Geviert der Welt, die durch die Herzkraft der Liebe gemittet ist, tut sich die schmale Pforte auf, durch deren Dunkel gehört wird, was stimmt.

Li: Das nächste Klangtor ist wie eine Skizze für die Urmutter.

Imhof: Wie gut ist es, das Hostienlicht des wiederkehrenden Christus durch das Herzchakra hindurch im Großen Herzen erscheinen zu lassen. Hier, in der Ohrmuschel des Geistes, wird es bewahrt. In Maria, der Mutter Jesu, jener Repräsentantin der geglückten Mütterlichkeit, gewann das göttliche Licht heilsgeschichtlich Gestalt. So wie das Wort eine Gestalt des Geistes ist, ist das Wort in Fleisch und Blut eine Gestalt der ursprünglichen, positiven Materialität, der Urmutter schlechthin.

Li: Die Regenbogenfamilie heißt das nächste Werk.

Imhof: Die Menschheitsfamilie hat nicht nur eine genetische Herkunftsgeschichte, sondern auch eine Zukunft, die kein Ende kennt. Noah, die Stille in der Sprache der Arche, bezeugt dies. Der Regenbogen ist das Zeichen des Schöpfungsbundes zwischen dem Schöpfergeist und seinen Geschöpfen. Das Sakralchakra ist der Ort der Zusammenkunft. Das Geheimnis des Lebens wird dort weitergegeben, wo sich Ankunft ereignet, die offen ist für Herkunft und Zukunft. Welches Vertrauen! Welche Liebe! Welche Hoffnung! Als Kind wird die Mitte der Regenbogenfamilie erscheinen.

Li: Nun zum himmlischen Kind in der Leibmitte.

Imhof: Das Sonnengeflechtchakra bzw. das korrespondierende Klangtor ist von der Metapher einer Blaupause umgeben, die daran erinnert, dass das Kind in der Mitte des mütterlichen Leibes heranreift. Dies gilt sowohl vom Christkind, in dem der Sohn Gottes auf Erden erschienen ist, als auch vom jungen Pharao, der auf der Sonnenbarke fährt und im Kraftfeld der Pyramide ruht. Eine Py-ra-mide ist ein Denkmal (Py) für die Wiedergeburt (Mis) durch die Geistkraft der Sonne (Ra). Immer wieder fangen Christen im Namen des Vaters (Stirn) und des Sohnes (Leibmitte) und des Heiligen Geistes (Schultergelenke) an. Dabei berühren sie wesentliche Chakren ihres Leibes, bekreuzigen sich mit dem großen Plus-Zeichen ihres Lebens. Denn im Kind von Bethlehem hat der Messias, der Sohn Gottes, auf Erden eine neue Heilsgeschichte begonnen.

Li: Der unbewusste Lebensbaum fängt im Dunkeln an. Dort entstehen die ersten Klangwelten.

Imhof: Das Klangtor mit acht Außenzentren lässt den Baum des unbewussten Lebens erkennen, der im Dunkeln wurzelt. Die Gesamtstruktur erinnert an die Kabbala, einen Kommentar zur jüdischen Überlieferung, der einiges aus der mündlichen Thora des Moses enthält. Vom Wurzelchakra ausgehend wird die Struktur der Gesetzmäßigkeiten und Verbindungslinien im Unbewussten zugänglich, so dass es über das Vorbewusste bis in das Bewusstsein des Geistes gelangt, der reflektierend bei sich selbst ist.

Li: Gott, der Schöpfer, wird als Urvater verehrt.

Imhof: Wie symbolträchtig ist die Ikone vom Klangtor des väterlichen Ursprungs, der jegliches Seiende in seinem Sosein existieren lässt. Durch sein

Einheitsprinzip wird die Verschiedenheit von Weltanschauungen jeglicher Art, von Religionen und von Konfessionen unsichtbar durchwaltet. Am Stirnchakra, das im Dritten Auge manifestiert, entsteht eine Perspektive schöpferischer Barmherzigkeit, durch die am Ende aller Zeiten das Unbarmherzige so aufgelöst wird, dass das Himmlische Jerusalem davon frei bleibt. Schon im Übergang von Raum und Zeit geht die Sonne über Gerechte und Ungerechte auf, ein Zeichen für die ewig leuchtende Liebe in ihrer Ursprünglichkeit.

Li: Der bewusste Lebensbaum ist mit Sprechsprache vertraut.

Imhof: In einer großen organischen Ordnung wirken Herz und Verstand, die Flügel der Lunge und alle Sinne so zusammen, dass im Kehlkopfchakra die Sprache des Unbewussten und Bewussten in Einklang kommen. Und Kommunikation glückt: Wort für Wort in der Sprechsprache und Blatt für Blatt in der Schriftsprache. So heißt es vom Baum des Lebens, der im Paradiese steht: „Er zeigte mir einen Strom des Wassers des Lebens, leuchtend wie Kristall, der vom Thron Gottes und des Lammes ausging. Inmitten der Straße und auf beiden Seiten des Stromes stehen Bäume des Lebens. Sie tragen Früchte, indem sie jeden Monat ihre Frucht bringen. Die Blätter der Bäume sind für die Heilung der Völker." (Offb 22,1-2) Die Verheißung an die Gemeinde in Ephesus wird erfüllt. Christus spricht: „Wer ein Ohr hat höre, was der Geist den Gemeinden sagt! Wer siegt, dem werde ich vom Baum des Lebens, der in Gottes Garten steht, zu essen geben." (Offb 2,7)

Li: Im Nachhinein sind zu dem ersten Achterzyklus noch vier weitere Bilder entstanden, sodass nun ein Zwölferzyklus vorliegt.

Imhof: Genauso ist es. Im Blick auf Psalm 23 lassen sich den letzten Versen folgende Klangtore zuordnen: „Nur Güte und Gnade (Klangtor: der Kelch der Gnade) werden mir folgen alle Tage meines Lebens (Klangtor: die Elohim) und ich werde bleiben im Hause des Herrn (Klangtor: Jahwe), immerdar (Klangtor: himmlisches Jerusalem)" (vgl. Ps 23,6).

Li: Sie bilden eine wesentliche Ergänzung des bisherigen Zyklus. An ihnen wird der Schöpfungscharakter der neuen Erde und des neuen Himmels verdeutlicht. Die Klangbilder haben etwas Archetypisches an sich.

Imhof: Das erste Klangbild zeigt den Kelch der Gnade. Der gefüllte Kelch gilt als Symbol des Segens. Damit wird nun nicht mehr das Opferblut des Gekreuzigten aufgefangen, sondern das neue Zeichen der versöhnten Gegenwart Gottes ist der himmlische Wein im Kelch. Wir sind gerechtfertigt. Die Monstranz des Geistes leuchtet vor dem Dunkel der Nacht.

Li: Das zweite Klangtorbild zeigt die Elohim, die schöpferischen Triebkräfte, die im Deutschen mit dem Wort Gott übersetzt werden (Gen 1,1). Sie entspringen beim kosmischen Ur-Schoß und umgeben die geschaffene Natur. Unter der heiligen Flamme begegnen sich die schlangenförmigen Symbole des Lebens in Form einer Doppelhelix, in der alle Informationen für die Weitergabe des Lebens gespeichert sind. In der goldenen, männlichen Sonnenkraft und der silbernen, weiblichen Mondkraft spiegelt sich die kosmische Elternschaft.

Imhof: Das dritte Klangbild zeigt in den Ecken das Tetragramm, mit dem der Eigenname Gottes geschrieben wird: JHWH. Gott ist der „Ich-bin-da, wo du bist", so übersetzt Martin Buber den Eigennamen Gottes. Über diesen Eigennamen Gottes, mit dem der ungeschaffene, schöpferische Geist angerufen wird, gibt es viele Abhandlungen. Bei diesem archetypischen Klangbild ist der Hintergrund zugleich der Vordergrund: eine weibliche Matrix. Sie erinnert an das zehnmalige Sprechen Jahwes. Die Schöpfung ist aus Liebe hinausgesprochen bzw. hinausgeboren in Raum und Zeit! In ihr hat sich das eine Wort Gottes zehnfach ausgewortet. So sind die 10 Gebote Gottes Weisungen zum Leben und zum Verständnis der Natur als Schöpfung.

Li: Das vierte Klangbild vervollständigt den Zyklus. Die Schöpfungslehre ist die Grundlage für die Vision von der neuen Schöpfung, d. h. einer neuen Erde und eines neuen Himmels (vgl. Offb 21,1-2). Das himmlische Jerusalem ist die Metapher für die von Gott geschenkte Zukunft im Himmel und auf Erden. Dieses Jerusalem senkt sich als göttliches Gnadengeschenk auf das irdische Jerusalem herab. Da der Vollmond sein Licht restlos dem Empfangen verdankt, schauen die Pforten in das neue Jerusalem wie runde Mondtore aus. Die chinesische Architektur ist damit vertraut. Zwölf Perlen mit schillerndem Glanz bilden den Zugang in das Reich der göttlichen Herrlichkeit: Wie im Himmel, so auf Erden.

Imhof: Die Steine des himmlischen Jerusalems in ihrer Farbigkeit (vgl. Offb 21,19-20) sind sehr differenziert zu verstehen. Sie stehen für Realitäten. So kann das Meer z. B. blau, weißschäumend, dunkelviolett oder sonnendurchflutet erscheinen. Aber immer ist es das Meer. Viele Realitäten besitzen mehrere Dimensionen von Farbe. So steht im Herzchakra das Grün oft für den irdischen, das Rosa für den kosmischen Aspekt.

Li: Auch im paulinischen Evangelium wird die Wirklichkeit des himmlischen Jerusalem bezeugt (vgl. Gal 4,26). Das irdische Jerusalem mit dem Tempel war der topografische Mittelpunkt für monotheistische Gläubige aus den Völkern, vor allem aber für das Volk Israel zur Zeit des Apostels Paulus.

Imhof: Der Stamm Benjamin, dem Paulus sich zugehörig weiß, wanderte aus dem Osten in das Heilige Land ein (vgl. Jos 18,11-28). Das Wadi Kelt, das sich bei Jericho durch das Judäische Bergland hochzieht, ist der Hauptweg, an dessen Ende im Süden der Hauptort Bethlehem liegt. Die Sippe des Paulus war in den Norden, nach Obergaliläa ausgewandert. Er selbst wurde in Tarsus, der Hauptstadt von Kilikien geboren, das von Jerusalem aus gesehen weit nördlich liegt. Nach seiner Gefangennahme in Jerusalem wurde er in den Westen überführt, zunächst nach Antipatris, dann über Caesarea maritima bis nach Rom, der damaligen Welthauptstadt am Tiber.

Li: Als Bürger des ewigen Rom fand er seine Heimat im Ewigen Jerusalem. „Das himmlische Jerusalem aber ist frei, und dieses Jerusalem ist unsere Mutter." (Gal 4,26)

Der Logos und die Logik

Imhof: Im Laufe deines Lebens hast du in unterschiedlichen Kulturkreisen gelebt. Mehrere Sprachen sprichst du fließend, deine Muttersprache Deutsch sowieso, aber auch Englisch und Chinesisch. So konntest du dich gut am interkulturellen Kommunikationsgeschehen beteiligen. Wieso lassen sich so viele Menschen in China taufen? Was bedeutet ihnen das Zeichen der Zugehörigkeit zu einer Gemeinschaft von Menschen, die davon überzeugt ist, im Namen des Vaters und des Sohnes und des Hl. Geistes unterwegs zu sein?

Li: Der Geist des LOGOS, also das schöpferische WORT Gottes selbst ist der Grund für den Dialog der Menschen in China. Durch CHRISTUS kommen neue Christen zustande, Menschen, die sich ihm öffnen und sich daraufhin neu vergesellschaften.

Imhof: So einfach ist dies. Wie einsichtig! In unserer Zivilisation, die wissenschaftlich, d. h. logisch orientiert ist, wird der LOGOS in der Logik selten thematisiert.

Li: Was meinst du in diesem Zusammenhang mit logisch?

Imhof: Alle wissenschaftlichen Methoden gehen logisch voran, um sich dem jeweiligen Gegenstand der Forschung methodisch zu nähern und ihn inhaltlich auf den Begriff zu bringen. So bemüht sich die Philosophie um alles, was der Fall ist, z. B. mit der phänomeno-logischen Methode. Was erscheint da? Was ist das? Wer ist dafür verantwortlich usw.? Solche und ähnliche Fragen werden transzendentalphilosophisch – in einer höchst logischen Sprache – beantwortet.

In der Sozio-logie werden Sozialsysteme analysiert. In der Bio-logie das Leben und die Lebensformen. In der Physik, Chemie und Mathematik wird logifizierend vorangegangen. Dazu gehört auch die Welt der Zahlen mit ihren Logarithmen. So werden die chemischen und physikalischen Gesetzmäßigkeiten erforscht, die kosmischen Bereiche der Quanten und Elemente definiert. Zur Kosmo-logie gehört die Geo-logie. In der Kosmosozio-logie wird die Logik der Kommunikation und der Scheinkommunikation reflektiert.

Li: Für jede Wissenschaft gibt es im Grunde eine eigene Logik. So kommt die Anthropo-logie, die Lehre vom Menschen, nicht ohne symbolische Logik aus. Der medizinsche Fachbereich kennt das Spektrum von der Kardio-logie bis zur Dermato-logie. Je differenzierter eine Wissenschaft wird, umso mehr bedarf es einer integrierenden Reflexion auf der Metaebene, also auf der Ebene des innersten Musters jener Wissenschaft.

Imhof: Im Sicheinlassen auf die Logoshaftigkeit der Wissenschaft kann die eigene Freiheits- und Erlösungsgeschichte gezeitigt werden. In dieser Perspektive sind außer Grundlagenwissenschaften auch Theo-logie und Christo-logie und Pneumato-logie angesiedelt. Und in einem gewissen Sinn auch Ekklesiologie, die Lehre von der Kirche.

Li: In ihr wird anthropologisch die Christuspräsenz in der entsprechenden Christologie reflektiert. Aufgrund der Unterschiedlichkeit menschlicher Existenz in der Geschichte entstehen verschiedene Christo-logien.

Imhof: Welche Perspektive! Nicht nur ein Was oder Wer ist das Gegenüber kirchlicher Menschen, sondern Jesus Christus selbst.

Li: CHRISTUS ist der LOGOS. Ausführlich wird dies im Johannesevangelium bezeugt.

Imhof: Erst wo Christus, der Logos, das innerste Muster, als er selbst in seiner Unmittelbarkeit begegnet, wird jemand so zur Freiheit befreit, dass er sich als Ant-WORT verstehen kann. Ethisch gewendet: Verantwortliches Handeln ergibt sich von selbst. Moralische und politische Zwänge werden überflüssig. Denn rücksichtsvolles Verhalten gehört wie selbstverständlich zu einem freien Menschen. Erst wer erkennt, wer er ist, kann machen, was er wirklich will.

Li: Selbst-verständlich, selbst-verantwortlich, selbst-ständig! Bei einer guten christozentrischen Aufstellungsarbeit werden diese ethischen Werte praktiziert. Sie sind anthropologisch stimmig und christologisch wesentlich.

Imhof: Eine Methode, die ich sehr schätze, ist der Bibliolog, bei dem jeder, der sich daran beteiligt, einen eigenen, authentischen Zugang zu den Texten der Bibel gewinnt.

Li: Der Bibliolog ist eine Weise, in der sich der LOGOS in Raum und Zeit weiter ausdifferenziert. So kommt die Freiheit des Evangeliums unter die Leute.

Imhof: Die Christenheit versteht sich als Repräsentantin einer Menschheit mit Zukunft. Durch die christozentrische Dynamik entstehen eine neue Erde und ein neuer Himmel, in der Menschen neu ihre Heimat finden.

Li: Zu guter Letzt noch etwas Persönliches. Du hast Brettspiele gern, spielst Halma, Schach und Mühle. Bei Mühle verlierst Du nie. Warum?

Imhof: Ich versuche, keine Fehler zu machen. Das systemische Arbeiten lässt sich mit Mühlespielen vergleichen. Das Mühlebrettspiel mit neun schwarzen und neun weißen Steinen ist ein Spiel, das immer Patt ausgeht, wenn keiner einen Fehler macht. Das Spielziel ist eigentlich Balance, nicht Gewinnen und oder Verlieren. Auch beim systemischen Aufstellen geht es im Grunde nicht um Gewinnen oder Verlieren, sondern um eine Lösung, in der jegliches mit jeglichem in Balance kommt. Wie ist das System zu verstehen und zu gestalten, so dass die eigene Freiheitsgeschichte zielführig und harmonisch, d. h. ausgeglichen, verlaufen kann? Zur Not muss einfach so lange gesiegt und verloren werden, bis wieder Augenhöhe möglich ist. Am schönsten ist das Leben jenseits der Dialektik von Herr und Knecht.

Li: Das erinnert mich sehr an das wertfreie Gleichgewicht der Energien, das die Chinesen immer anstreben. Den Ausgleich der Kräfte, die schöpferische Balance.

Imhof: Also spielen wir weiter.

2.16. Freiheit in Ordnung
Unterwegs im Universum

Ursula Kessel im Gespräch mit Paul Imhof

Imhof: Mit großer Selbstverständlichkeit antworteten wir Kinder und sagten Amen, wenn ein Priester mit einer Hostie auf uns zukam und sprach: „Corpus Christi." Der Leib Christi bzw. Christi Leib für dich gegeben, so heißt es heute auf Deutsch in liturgischer Sprache. Die Frage nach der Bedeutung und der Weise der Präsenz Christi wird durch Weglassen des Verbums offengelassen: Christus im Brot. Christus im Wein.

Kessel: In den Wörterbüchern lernen die Kinder noch heute: lat. *corpus*, dt. Körper, Leichnam. Es ist nicht nur für Kinder schwierig zu verstehen, Brot mit diesen Worten direkt in Verbindung zu bringen. Das Verhältnis von Kindern zu Gott ist von dem der Erwachsenen recht verschieden. Der liebe Gott sieht alles, das war in meiner Kindheit eher ein Erziehungsmittel als ein Trost, den dieser Satz uns geben kann. Vertrauen in räumlicher Nähe, das Bewusstsein von jemandem, der uns trägt, macht uns stark. Viele Erwachsene sehen aber in einem solchen Glauben einen überholten Kinderglauben, indem sie meinen, Gott sei nichts für erwachsene Menschen. Sie stellen sich irgendwie Gott in weiter Ferne vor, irgendwo außerhalb des Universums, und halten selbst entsprechend Distanz. Wenn wir aber sehen, dass die sogenannte Nicht-Lokalität in der Physik nachweisbar ist, ist die Präsenz Gottes in unserem Körper eine Möglichkeit.

Imhof: Was ist ein Körper? Raum und Zeit sind die Voraussetzungen, ohne die ein Körper nicht existieren kann. Wer oder was in einem Körper alles präsent sein kann, ist ein großes Thema.

Kessel: Ja! Das ist ein sehr interessantes Thema. Bleiben wir zunächst bei der Physik. Ein universales Bewusstsein ist der Horizont, innerhalb dessen Naturwissenschaftler forschen.

Imhof: Für welche Wirklichkeitsbereiche gelten welche Naturgesetze? Was ist logisch? Eine gute Aufstellungsarbeit verläuft logisch, weil wir menschheitliche, sprachfähige Wesen im Universum sind. Außer der geistigen und seelischen Ebene spielt auch die körperliche Ebene eine wesentliche Rolle. Deshalb muss eine Schlussszene logischerweise mental, emotional und körperlich stimmig sein.

Kessel: Du erwähnst immer wieder deine Aufstellungsarbeit. Für jemanden, der diese Methode nie erfahren hat, ist es schwer, sich vorzustellen, worum es sich dabei handelt.

Imhof: Jemand erzählt etwas Wichtiges von sich und erteilt ein Mandat, um einen Identitätskonflikt zu lösen. In Szenen wird die Thematik durch Repräsentanten visualisiert und abgehandelt, bis alles so zustande kommt, dass die Ordnung der Liebe sichtbar wird. Nähe und Ferne der Menschen im System sind nun stimmig. Aber bleiben wir bei den Körpern.

Urknall

Kessel: Fangen wir einmal beim sogenannten Urknall an. Denn dadurch entstanden wohl die ersten „Körper". Aus einem sogenannten *Inflaton*, das eine Singularität aus Energie gewesen sein mag, entstanden Gase, Sterne und vielleicht sogar mehrere Universen. Die Materie, Raum und Zeit waren geboren.

Imhof: Die Frage nach dem Leben im Universum ist ein weiteres Thema, auf das wir im Rahmen einer Aufstellungsarbeit noch kurz eingehen werden. Vielleicht haben die Gene auch extraterrestrische Wurzeln, bevor sie nun auf der Erde evolutiv von Gestalt zu Gestalt weiter existieren. Biblisch wird die Herkunft des menschlichen Lebens jedenfalls auf Gott und seinen Odem, das heißt seinen Geisthauch zurückgeführt (vgl. Gen 1,26-31).

Kessel: Lässt sich zur Urknalltheorie auch biblisch etwas finden?

Imhof: Die Theorie gab es in biblischen Zeiten so natürlich noch nicht. Aber man könnte auch einmal versuchen, sie als Folie auf den ersten Vers der Bibel zu legen. Akustisch gesehen beginnt die hebräische Bibel mit dem Buchstaben *Beth* (vgl. Gen 1,1). Mit dem *B*, das gleichsam mit einem Knall aus dem Mund dessen, der spricht, hervorgeht, beginnt das Verborgene laut zu werden. Im Haupt, dem Sitz des Gehirns und so des Geistes fängt jegliches aus der Umsonstigkeit, dem Freiraum der Leere, an. *Bara* heißt das einschlägige hebräische Verbum. Es sind die Elohim, die wahrnehmbar werden, die energetischen, schöpferischen Kräfte, die in der Übersetzungstradition mit Gott wiedergegeben werden. Selbstverständlich ist Gott auch in seiner Transzendenz zu verehren und nicht nur in der geschaffenen Natur, sonst würde sich der Monotheismus auf einen Pantheismus reduzieren.

Kessel: Der erste Vers der Bibel lautet auf Hebräisch: *bereschit bara elohim* (vgl. Gen 1,1). Ich finde es immer wieder faszinierend, in welcher sprachlichen Vielfalt sich das Göttliche meldet.

Imhof: Der Idee vom Urknall liegt eine physikalische Beobachtung zugrunde: Die Galaxien im Universum entfernen sich voneinander. Wenn man die Bewegungsrichtung zeitlich umkehrt, müssen sie vor vielen Milliarden Jahren eng zusammengeballt gewesen sein. Nach der Relativitätstheorie müssen sie einen Punkt von unendlicher Dichte gebildet haben, der explodierte.

Kessel: Das Problem ist, dass es unendliche Dichte nicht gibt. Die Relativitätstheorie bedarf also der Ergänzung, an der in der Tat Wissenschaftler seit langem arbeiten. Das Wort Dichte beinhaltet zwar einen Zustand der Materie, aber in diesem „Nichts", das da explodiert sein soll, muss es einen anderen energetischen Zustand gegeben haben. Vielleicht ähnelte es ja den Singularitäten, die heute in Schwarzen Löchern vermutet werden.

Imhof: Was sind Alternativen zur Urknalltheorie?

Kessel: Zum Beispiel die Schleifenquantengravitation, auch Loop-Theorie genannt. Sie vereinigt die Quantenphysik mit der Allgemeinen Relativitätstheorie. Und das ist heute eine der größten Herausforderungen der Physik. In dieser Theorie wird alles – Raum, Zeit und Gravitation – zusammengeführt und quantisiert beschrieben. Ihr zufolge kann das Universum bereits vor dem Urknall existiert haben. Ein Merkmal der Theorie ist, dass der Raum in kleinste Volumina unterteilt ist, und deswegen vermag er nur endlich viel Materie und Energie zu speichern.

Imhof: Im Quantenuniversum fügen sich die Bausteine von Raum und Zeit zu einem sich selbst ähnlichen Fraktal zusammen. Für ein Quantenobjekt ist die Superposition, also die Überlagerung aller möglichen Zustände typisch.

Kessel: Das ist richtig. Wobei die diversen Vorstellungen von der Geometrie des universalen Gefüges nicht unbedingt mit der Superposition zu tun haben.

Es gibt mehrere Theorien, die an Modellen die physikalischen Zusammenhänge des Universums erklären und dabei große Fortschritte erzielen. Aber die Quantenmechanik ist seit nun 100 Jahren intensiv erforscht und bestätigt: Es gibt eine eigenartige Fernwirkung, die Verschränkung genannt wird und Wirkungen in großer Distanz zeigen kann, ohne dass zwischen diesen Orten irgendetwas berührt wird. Deswegen wird sie auch manchmal als spukhafte Fernwirkung bezeichnet. Das Kausalitätsprinzip, das den Unterschied von Ursache und Wirkung kennt, gewinnt damit eine ganz neue Aktualität, auf eine Weise, die wir uns bisher nicht vorstellen konnten. In der Schleifenquantengravitation ist die Abfolge von Ursache und Wirkung selbst die Zeit, was die Vorstellung noch weiter kompliziert. Dabei wissen wir doch eigentlich im physikalischen Sinn nicht, was die Zeit wirklich ist. Einfach gesagt: Die von den Uhren gezeigte Auskunft über den Sonnenstand ist jedenfalls nicht eine allgemein gültige Zeit. Es ist nur eine Form von Zeiterfahrung. Die Nicht-Lokalität, wie sie in der Quantenphysik postuliert wird, kann unser Verständnis der Welt deuten. Wir wissen so wenig, aber einiges spricht dafür, dass das neue Weltbild der Wirklichkeit entspricht.

Quantenmystik

Imhof: Lässt sich aus der Quantenphysik eine Quantenmystik herleiten?

Kessel: Ich meine ja. Aber wir sollten uns hüten, diesbezüglich in esoterische Fantasien abzugleiten. Das Bedürfnis der Menschen nach einem Halt, nach einer Mystik, ist in der globalisierten Welt unübersehbar. Alles wächst zusammen. Das Spektrum der Religionen der Welt, die Suche nach Sinn und geistiger Heimat führt von Ayurveda bis Zen, Schamanismus, Charismatisches Christentum, Buddhismus, Islam. Alles finden wir jetzt in einem großen Kaleidoskop, selbst wenn wir nur Europa betrachten. Überschneidungen, Gemeinsamkeiten bilden sich, und wenn wir die sogenannten Sozialen Netzwerke betrachten, finden wir in der Cloud bereits eine technische Geistessphäre, wie sie –allerdings auf spekulativer Ebene – bereits Pierre Teilhard de Chardin Mitte des 20. Jahrhunderts vorhergesehen hat.

Die Quantenphysik hat für mich Aspekte, die im Sinn von Übertragungswegen die Möglichkeit bieten, ein Wirkungsfeld des Geistes, des Heiligen Geistes, zu postulieren.

Jedenfalls führt die Quantenphysik zu einem neuen Körperverständnis. Das dürfte aber längst nicht alles sein. In der Biologie wurde eine Vielzahl von grundlegenden quantenmechanischen Abläufen erforscht, die zeigen, dass Leben ohne Quantenphysik nicht möglich ist. Es balanciert an der Grenze zwischen klassischer und Quanten-Welt.

Imhof: Da beim christozentrischen Aufstellen mit lebendigen Körpern in dem Bewusstsein gearbeitet wird, dass der Heilige Geist im Himmel und auf Erden wirksam ist, wird von seiner Präsenz auch in Körpersystemen ausgegangen. Auf dem II. Konzil von Konstantinopel im Jahre 381 n. Chr. wurde die Wesensgleichheit von Gott und Jesus Christus mit dem Heiligen Geist definiert. Im christlichen Glaubensbekenntnis wird die Gottheit des Heiligen Geistes bezeugt. Seitdem verwendet die Kirche den Weihrauch.

Kessel: Der Weihrauch gilt allgemein als Zeichen der Verehrung der Gottheit. Es geht um Weihe. Und der Rauch durchzieht duftend den Raum.

Imhof: Ja. So wird die Präsenz des Heiligen Geistes in der Gemeinde ritualisiert. Mit Selbstbeweihräucherung hat das Ganze nichts zu tun. Allerdings sind für ein angemessenes Verständnis geistliche Erfahrungen nötig. Im Kraftfeld des Heiligen Geistes ereignet sich die menschliche Antwort auf das Gnadenangebot Gottes: Wer auf die ungeschaffene, schöpferische, ab-solute, d. h. freie bzw. befreiende göttliche Freiheit setzt, wagt ein Leben in Glaube, Hoffnung und Liebe.

Kessel: Du meinst, wer glaubt, erkennt mehr?

Imhof: So ist es. Wer meint, mit möglichst wenig Vertrauen, Hoffnung und Liebe im Leben auskommen zu können, scheitert auch zwischenmenschlich häufiger als jemand, der auf die Werte des Glaubens, der Hoffnung und der Liebe setzt. Ein solches Leben geht immer positiv weiter, auch wenn die eigene Lebenswelt sich ändert, weil andere sich in ihrer Freiheit bzw. Unfreiheit neu entscheiden.

Kessel: Und das Wunder ist des Glaubens liebstes Kind.

Imhof: Ja, bei Aufstellungen ereignen sich oft wundersame Verwandlungen, selbstverständlich nicht nur dort. Umgekehrt ist es aber auch so, dass manchmal wegen des Unglaubens ein Wunder geradezu nötig wird.

Kessel: Das größte Wunder ist für mich die Schöpfung des Universums. Aber ich glaube auch, dass die neuen Weltmodelle mit ihren faszinierenden Forschungen zu der Erkenntnis führen werden, wie Wunder wirklich und wahrhaftig möglich sind.

Imhof: Die Schöpfung besteht aus Naturgesetzmäßigkeiten und Freiräumen. Denn der Mensch ist ein Naturwesen, und seine innerste Natur ist seine Freiheit, die ihm als Lebewesen zukommt. Vor Gott, der absoluten Freiheit, kann sie ihm im Gebet bewusst werden: „Christus hat uns befreit, und nun sind wir frei" (vgl. Gal 5,1). Daran erinnert der Apostel Paulus die Galater.

Kessel: In den ersten Jahrhunderten der Dogmengeschichte wurden Bilder der Natur und der Kultur verwendet, um von der Wirklichkeit Gottes zu sprechen.

Imhof: Berühmt ist der Ausruf des hl. Spiridon von Korfu, der demonstrierte, dass Einheit und Dreiheit kein Widerspruch sind. Er hob einen Ziegelstein in die Höhe, in dem die Dreiheit aus Erde und Wasser und Feuer eins ist!

Kessel: Auch das Licht wurde zur Denkfigur christlicher Spiritualität. Das Licht mit seiner dualen Natur als Welle und Teilchen ermöglicht uns die Wahrnehmung dessen, was uns umgibt. „Und Gott sprach: Es werde Licht, und es ward Licht." (Gen 1,3) Licht steuert unsere Tagesrhythmen, wenn wir es zulassen: Wenn es dunkel wird, legen wir uns schlafen, und die Sprache geht vielfach auf das Licht ein. Es ist Faktum und Symbol, es sorgt für unsere Gesundheit - wie z. B. über die Produktion von Vitamin D, wenn wir nur 20 Minuten in der Sonne spazieren gehen, es ermöglicht uns, Feuer zu entzünden und hat damit die Entwicklung der Menschheit grundlegend unterstützt. Und es spielt für Christen in der Dogmatik bzw. Systematik eine Schlüsselrolle.

Imhof: So bekannten sich die Konzilsväter von Nizäa im Jahre 325 n. Chr. zu Jesus Christus als dem wahren Licht vom wahren Licht. Modern gesprochen: Wellen des Trostes und Korpuskel der Materialität sind Aspekte des einen Christus, der in seiner wahren Wirklichkeit geistig ist. Der Geist Gottes geht vom Vater, dem wahren Licht, und dem Sohn, dem ebenfalls wahren Licht aus, wie in der katholischen Kirche im Unterschied zur Orthodoxie formuliert wird. So offenbart sich Gott, der ewiges Geheimnis bleibt, heilsgeschichtlich bei den Menschen. Interessant ist, dass im Himmlischen Jerusalem sowohl der Glanz Gottes als auch das Lamm Gottes leuchten (vgl. Offb 21,23).

Kessel: Es gibt einen mathematisch-physiktheoretischen Zugang in die verborgenen Welten des Universums!

Imhof: Aber auch einen systemisch-mystischen, auf dem sich in Schweigen und Stille – sprachlos und ohne Zahlen – Einsichten in die Komplexität des Universums ergeben. Wer sich für eine rein spirituelle Sicht auf die Natur entscheidet, wird vielleicht vom Geist erfasst, der die natürlichen Verhältnisse auf das Licht der Gnade hin transparent macht.

Kessel: Dafür gibt es das Wort Erleuchtung. Wie wundersam ist das Universum in all seinen Dimensionen! Rätselhaft und schön, und jeder hat die Möglichkeit der Erkenntnis. So sind wir ohne Unterschied frei und gleich ... und wenn wir uns etwas Gutes tun wollen, können wir in unseren Tagesrhythmus regelmäßige Zeiten für Meditation einbauen, um uns dem Geist leichter zu öffnen.

Imhof: Dem ungeschaffenen Geist verdanken wir das Universum als Schöpfung. Das Verständnis des Kosmos als Schöpfung ist eine Deutung, die sich aufgrund der Heiligen Schrift ...

Kessel: ... und eigener geistlicher Erfahrungen ergibt.

Imhof: Zu einer Aufstellungsarbeit gehört das Sichtbarmachen von bisher Unsichtbarem. Um Würdigung und Würde geht es. Formelhaft gesagt: Das Ansehen kommt von ansehen.

Leben im Licht

Kessel: Normalerweise finden Aufstellungen in hellen Räumen statt. Was passiert, wenn eine Aufstellungsarbeit im Dunkeln stattfindet? Wie wirken Körper, die nicht im Licht sichtbar sind, sondern durch Klang- oder thermische Wellen wahrgenommen werden? Entstehen abweichende Entwicklungen und wie unterscheiden sie sich von den im Licht entstandenen Lösungsszenen?

Imhof: Bei dem Experiment, eine Aufstellungsarbeit in einem völlig abgedunkelten Raum durchzuführen, konnte anscheinend der Hörsinn den Sehsinn der Teilnehmer so kompensieren, dass die Zeitschiene, die zu einer Lösungsszene notwendig ist, im Vergleich zu anderen Aufstellungen dieselbe blieb. Wie die Repräsentanten berichteten, waren die Begegnungsszenen zwischen einzelnen im Dunkelfeld sogar intensiver als während einer Aufstellungsarbeit im Licht.

Kessel: Es geht also vor allem um die Weitergabe von Informationen, die sich auf verschiedene Weise über die Sinne auswirken.

Imhof: Ja. Die Sichtbarkeit der Repräsentanten ist zumindest bei einer christozentrischen Aufstellungsarbeit nicht unbedingt wesentlich für die unsichtbare, spirituelle Dynamik im Geschehen. So bleibt die Frage, was die Quantenphysik und die Festkörperphysik miteinander zu tun haben, zumindest im Aufstellungsgeschehen, offen. Beweisen lässt sich die Quantenphysik beim Aufstellungsgeschehen nicht. Aber sie ist mit dem Prozess durchaus vereinbar. Ich würde sogar so weit gehen, zu vermuten, dass sie im Hintergrund das Aufstellungsgeschehen erklärt. Denn das Licht wirkt auch im Unsichtbaren.

Kessel: „Denn einst wart ihr Finsternis, jetzt aber seid ihr durch den Herrn Licht geworden, lebt als Kinder des Lichts! Das Licht aber bringt lauter Güte, Gerechtigkeit und Wahrheit hervor. Prüft was dem Herrn gefällt und beteiligt euch nicht an den nutzlosen Taten der Finsternis, sondern deckt sie auf!" (Eph 5,8-12)

Imhof: „Alles, was aufgedeckt ist, wird vom Licht erleuchtet. Alles Erleuchtete aber ist Licht. Deshalb heißt es: Wach auf, Schläfer, und steh auf von den Toten, und Christus wird dein Licht sein. Achtet also sorgfältig darauf, wie ihr euer Leben führt, nicht töricht, sondern klug. Nutzt den rechten Augenblick, denn das Böse beherrscht die Zeit. Darum seid nicht unverständig, sondern begreift, was der Wille des Herrn ist! Seid nicht zügellos und berauscht euch nicht mit Wein, sondern lasst euch vom Geist erfüllen! Lasst in eurer Mitte Psalmen, Hymnen und Lieder, wie der Geist sie eingibt, erklingen! Singt und jubelt aus vollem Herzen zum Lob des Herrn! Sagt Gott, dem Vater, jederzeit Dank für alles im Namen unseres Herrn Jesus Christus!" (Eph 5,13-18)

Kessel: Ein Text, den jeder christozentrische Aufstellungsbegleiter beachten sollte. Jesus Christus ist der HERR, so die Übersetzung des griechischen Wortes Kyrios, das an Stelle des hebräischen Wortes für den Gottesnamen verwendet wird: Jahwe. Damit ist ursprünglich der Geist des Atems und des Lebens gemeint, wie ich gelernt habe.

Imhof: Derjenige repräsentiert den Herrn, der frei genug ist, den anderen in ihrer Freiheitsgeschichte zu dienen. Die Fußwaschung Jesu Christi macht das Ende der Dialektik von Herrn und Knecht offenbar, in der Herr und Knecht im Sinne der Negation der Freiheit des anderen voneinander abhängig sind (vgl. Joh 13,1-20).

Kessel: Vor diesem Hintergrund scheint mir eine christozentrische Aufstellung besonders sinnvoll. Wer sich in einer Situation befindet, in der das Herr-und-Knecht-Verhältnis bestimmend ist, kann durch die Methode der Aufstellung erkennen, wie Verhältnisse menschlicher werden. Um es auf den Punkt zu bringen: das Ziel kann in der Weise der Abwesenheit in der Gegenwart aufleuchten. Dieser meta-physische Hintergrund ist kein Widerspruch zur Physik, sondern die Entgrenzung eines allgemein üblichen Verständnisses dieser Naturwissenschaft auf ihre Metaebene hin.

Imhof: Das Christozentrische der Aufstellungsarbeit besagt, dass nicht nur die systemische Linearität, sondern auch der Freiraum in den Netzwerken zu thematisieren ist, damit sich mehr Freiheit sowohl individuell als auch gesellschaftlich ereignen kann. Freiheit geschieht immer durch Tathandlung der verantwortlichen Personen.

Bezüglich der Gottes-Vorstellungen spricht man in Sachen Freiheit von Erlösung. Solche Vor-Stellungen werden bei Auf-stellungen transparent und können im Kraftfeld der vergebenden Gnade Gottes freiwillig zurück genommen werden. Dies gilt sowohl von dämonischen Gottesbildern als auch von den ideologischen Vorstellungen jener Religionsvertreter, die ihre eigene Geistlosigkeit durch das Drehen an der Gewaltspirale und sonstige Machtspiele kaschieren wollen. Die Aufgabe der wahren Kirche besteht darin, Gottes Barmherzigkeit und Liebe zuzusagen: in Wort und Zeichen.

Kessel: Die Zukunft der Menschheit auf der Erde kann nur im Kraftfeld des Geistes gelingen!

Aufstellungsperspektiven

Imhof: Eine exemplarische Aufstellungsarbeit für ein Kind mit einer schwierigen Herkunftsgeschichte kann dies verdeutlichen.

Kessel: Wer erteilte das Mandat für Aufstellungsarbeit?

Imhof: Eine alleinerziehende Mutter, deren Sohn noch nicht 12 Jahre alt ist, wollte sehen, welche Perspektiven es für ihren Sohn gibt, um sich pädagogisch sinnvoll verhalten zu können. Sie wurde mittels ihrer Repräsentantin aufgestellt.

Kessel: Und welche Repräsentanten waren außerdem aufgestellt?

Imhof: Vor der Mutter stand in gleichsam dreifacher Gestalt ihr Kind mit seinen geistigen, seelischen und körperlichen Anteilen. Sein Hauptrepräsentant war seine Seele, das Individuationsprinzip, das durch die Matrix der Gefühle agiert. Daneben stand der Schutzgeist, der manchmal durch den Namenspatron oder einen Engel wirkt. Auf der anderen Seite die Figur der Physiologa, die die elementare und animalische Physis verkörperte. Das Buch „Physiologus" enthält viele weise Märchen aus dem iranischen Kulturkreis, z. B. über das Einhorn. Das Potential der Perspektiven wurde einerseits durch die Gestalt des Nostradamus repräsentiert (lat. *noster*, dt. unser, lat. *Adam*, dt. Mensch). Unser alter Adam lässt grüßen! Andererseits auch noch durch eine alternative Gestalt, die wir Novadamus nannten, neuer Adam, der frei und befreit handelt.

Kessel: Christologisch gesehen hat Novadamus in Jesus Christus seinen Ursprung, dem neuen Adam, dem Erstgeborenen schlechthin (vgl. Röm 5,12-21).

Imhof: Die Eröffnung der Aufstellung zeigte das innige Verhältnis zwischen Mutter und Sohn. Es spiegelten sich die ersten Lebensjahre wieder. Die Stellvertreter waren so präsent, dass die zuschauende Mutter viele Details erkannte. Ihre Erinnerung deckte sich mit dem Gesehenen. Dies steigerte ihr Vertrauen, dass die Aufstellung einen guten Verlauf nehmen würde. Und so war es dann auch. Mit zunehmendem Alter des Kindes wurden seine zwei Grundkräfte deutlich, nämlich die geistige Realität, im Bild gesprochen der Schutzgeist, und andererseits die Physiologa, seine Erdhaftigkeit, in der sich die Geschichte seiner Materialität und die mütterliche Herkunftslinie spiegeln. Sie konnte ihren Platz in seiner Nähe zunächst nicht einnehmen.

Kessel: Ein wichtiger Hinweis auf ein Problem!

Imhof: Nach einem mehr oder minder dramatischen Hin und Her wurde der Reifungsprozess sichtbar. Die Initiation in die Männerwelt fand statt. Sein Schutzgeist, Nostradamus und Novadamus, bildeten das Ambiente, in dem der Knabe groß wurde. Ja so groß, dass er eine Über-Ich-Position einnahm. Die männlichen Repräsentanten thronten, und das Kind spielte den Ober-König. Dass dies nicht die befreiende Schlussszene sein konnte, war allen Teilnehmern klar.

Kessel: Was geschah mit dem Potential Physiologa?

Imhof: Eine leidvolle Geschichte wurde offensichtlich. Sie brach zusammen und konnte auch durch den Einsatz der Mutter, die selbst auf den Plan trat, nur schwer revitalisiert werden. Im Nierenbereich zeigten sich körperliche Schmerzen. Blitzartig erkannte die Mutter, dass es sich dabei um Anteile ihrer Großmutter im System handeln müsse, was sich im Laufe der Aufstellung als höchst effektive Arbeitsthese erwies. Denn nach vielen Zwischenszenen kam die Physiologa bei dem Versuch der Würdigung der Großmutter, die mit 39 Jahren an Nierenversagen gestorben war, wieder auf die Beine. Spontan löste sich daraufhin der Enkel aus dem Pulk rein männlicher Zukunftsperspektiven und fand zusammen mit der Großmutter Halt und Stand. In aller Freiheit gingen sie zusammen einige Runden durch das Aufstellungsfeld. Die Original-Mutter war mit ihrer Seelenrepräsentantin höchst zufrieden, denn sie waren sich einig, dass sich systemisch etwas Wesentliches geordnet und gelöst hatte.

Kessel: Ein geglückter Fall von Ahnenverehrung! Auf diese Weise konnte gutes Erbe an die Nachkommen vermittelt werden.

Imhof: Die binäre Ausgangssituation wurde durch eine Alternative ergänzt. Nicht mehr das virtuelle Muster 0 und 1 bestimmte die Zukunft, sondern erst durch die „Superposition" der erscheinenden Alternative konnten die beiden ersten Zukunftsperspektiven im Kontext der Familiendynamik ihren stabilen Ort finden.

Kessel: Die Gesamtevaluation ergab, dass es pädagogisch am besten ist, wenn Mutter und Kind weiterhin emotional und damit seelisch tief verbunden bleiben und die Mutter als freie, selbständige Frau lebt. Alle Familienmitglieder sind neu zustande gekommen und konnten unbelastet nach vorne blicken und weiter gehen.

Imhof: In bester Stimmung fand ein gemeinsames Essen statt, bei dem alle Teilnehmer in ihrer Triebwelt befriedigt waren. Die Kommunikation glückte, das Essen und Trinken mundete hervorragend. Spielerisch hatten alle dazugelernt. Alle Teilnehmer fühlten sich als freie Männer und freie Frauen.

Kessel: Was ist das Quantenphysikalische bzw. Quantenphysische an einer solchen erfahrungsorientierten Gruppenarbeit? Eigentlich ist die Quantenphysik im Sinne der Naturwissenschaft noch längst nicht im alltäglichen Leben, in der praktizierten Psychologie angekommen. Grundsätzlich ist es ja so, dass die Wirklichkeit wirklich *ist,* deshalb können wir in unserer Makro-Welt quantenphysikalische Überlagerungen nicht behaupten. Ich möchte dies gerne anhand eines Beispiels erläutern: Auf unserer alltäglichen Wahrnehmungsebene kann ein Skifahrer, der den Hang herunterkommt und an einer gesteckten Fahne vorbeifahren soll, entweder rechts oder links seine Bahn nehmen. Eine quantenphysikalische Superposition würde in diesem Fall bedeuten, dass er alle Möglichkeiten realisiert und alle möglichen Wege gleichzeitig fährt. Das heißt, das Quantum selbst kommt (theoretisch!) überall vorbei, was allerdings in unserer Makrowelt nicht funktionieren wird. Das hat folgenden Grund: In der Quantenmechanik hängt es von einer Beobachtung bzw. Messung ab, die durch die umgebende Materie geschieht, dass die Superposition zusammenbricht und nur ein Weg realisiert wird. Von den Beziehungen der Dinge untereinander hängt es also ab, ob er rechts oder links vorbei kommt.

Imhof: Das scheint seltsam.

Kessel: Ja, das scheint so. Wir Menschen sind auch Materie. Wenn wir aber bedenken, dass die realen Geschehnisse von den Beziehungen der Beteiligten abhängen, leuchtet es uns sofort ein, auch wenn es auf den Skifahrer keinen Einfluss haben wird.

Imhof: Auch bei unserem Experiment ging selbstverständlich die Beobachtungsgabe des Leiters mit in das Ergebnis ein. Je freier deshalb ein Beobachter präsent ist, umso mehr kann sich das Aufstellungsgeschehen in Freiheit entwickeln, ohne dass es willkürlich und beliebig verläuft.

Kessel: Es ist spannend, glückende systemische Aufstellungen unter quantenphysikalischer Rücksicht zu erforschen.

Imhof: Für den Prozess der eigenen Menschwerdung ist es wichtig, dass das eigene geistige Potential mit der körperlichen Physis einen Weg der Integration beschreitet. Das unüberbietbare, einmalige Geschehen der Identwerdung von göttlichem Geist und geschaffener Materie ist das Geheimnis der Menschwerdung Gottes. Der schöpferische Geist in seiner Ungeschaffenheit durchwirkt sowohl die geschaffene Geistigkeit wie die geschaffene Materialität. Durch diesen Akt der Inkarnation entsteht eine gegenläufige Bahn der Rückkehr des Menschen in seiner Geistigkeit und Materialität. Auf dieser Bahn findet die Auferweckung der Geistseele Jesu Christi als Auferstehung des Leibes statt. So kehrt er als wahrer Mensch in die Tiefen der wahren Gottheit zurück. Vor diesem Hintergrund erweisen sich Glaube, Hoffnung und Liebe als göttliche Tugenden und nicht als Leistungen des geschaffenen Geschöpfes. Sie sind die von Gott geschaffenen Charismen, d. h. Gnadengaben, die der Mensch mit seiner Anlage auf Glaube Hoffnung und Liebe hin in sich einströmen lassen kann, so dass er sich auf diese Weise im Horizont des ewigen Lebens zeitigen kann, bis er zeit- und raumlos in der Ewigkeit, der immerwährenden Jetztzeit, und im Himmel, in der Welt der Nicht-lokalität und der Lokalität der Herrlichkeit Gottes ankommt.

Kessel: Gebt Rechenschaft von eurem Glauben, heißt es im 1. Petrusbrief: „Seid stets bereit, jedem Rede und Antwort zu stehen, der nach der Hoffnung fragt, die euch erfüllt." (vgl. 1 Petr 3,15). Dies ist für jede Epoche neu zu leisten.

Quantenphysikalische Hintergründe

Kessel: Neuerdings wird an Informationsübertragung in der Quanteninformatik geforscht. Dabei geht es nicht nur darum, dass Datenübertragung mit Quantenbits – sogenannten QuBits – absolut abhörsicher wäre. Seit gut 10

Jahren versuchen Physiker, Mathematiker und Ingenieure, Quantencomputer zu bauen. Aber sie haben nur ganz geringe Fortschritte erzielt. Es gibt aber schon etwas, das prinzipiell wie ein Quantencomputer angesehen wird, aber weit darüber hinausgeht: Das menschliche Gehirn mit Geist und Bewusstsein. Es ist meiner Meinung nach unnachahmlich. Auch wenn die führenden Konzerne der weltweiten Vernetzung als ultimatives Ziel der Kommunikationstechnologie anstreben, Gedanken direkt zueinander zu senden, auch wenn Forscher verschiedener Fachrichtungen immer weiter in die Tiefe gehen: Es gibt offensichtlich eine Grenze der Machbarkeit menschlicher Erkenntnis.

Imhof: Und die ist direkt in der Quantenphysik zu beobachten?

Kessel: Ja. Wenn quantenmechanische Vorgänge beobachtet werden, beeinflusst die Beobachtung das betrachtete System. Jede Beobachtung verändert das, was wir eigentlich sehen wollen! Quantenvorgänge können durch ständige Beobachtung sogar zum Stillstand gebracht werden. Was heißt das? Das heißt doch, dass wir einige Dinge nie werden beobachten können, wir können nicht „hinter den Vorhang" schauen. Um es mit den Worten von Meister Eckhart zu sagen: „Die ewige Weisheit ist so fein und zerbrechlich und so strahlend, dass sie es nicht ertragen kann, dass sich irgendein Geschöpf einmische, wo Gott allein in der Seele wirkt. Darum kann die ewige Weisheit es nicht zulassen, dass dort irgendein Geschöpf zusehe." (Predigt Q60) Ich finde das schön! Die Schöpfung behält ihr eigentliches Geheimnis für sich. So zeigt sich mir das wahrhaft Göttliche, und irgendwann werden die Menschen – hoffentlich! – dies anerkennen und zufrieden damit sein, dass sie eine großartige Rolle auf der Erde spielen dürfen. Dann – so stelle ich mir vor – halten sie Frieden und pflegen die wunderbare Schöpfung und nutzen ihre Kenntnisse zum Guten.

Imhof: Was besagt die String-Theorie? Sind wir nur eines von vielen Universen?

Kessel: Gegenwärtig stehen gewissermaßen die Schleifenquantengravitation und die String-Theorie hinsichtlich der Erklärung unserer Welt etwas konkurrierend einander gegenüber. Verkürzt gesagt, sind die kleinsten Teilchen in der String-Theorie eindimensionale vibrierende Fädchen, also nicht wie im Standardmodell der Physik punktförmige Elementarteilchen. Die schwingenden Fädchen können durch unterschiedliche Schwingungsfrequenzen, die nach der Quantenmechanik einer Energie entsprechen, alles darstellen, und jede Stringtheorie, die mit der Quantenmechanik vereinbar ist, beinhaltet eine Quantengravitation, was sie attraktiv macht für einen Ansatz einer „Theorie von Allem". Vibrationszustände und Struktur der winzigen Strings lassen sie als verschiedene Elementarteilchen des Standardmodells der Elementarteilchenphysik *erscheinen* (!). Und das ist der Punkt, der mir an dieser pluralen Theorie so gefällt.

Imhof: Der Anspruch der Physiker, dass eine „richtige" Theorie einfach und ästhetisch und schön sein soll, leuchtet mir sehr ein.

Kessel: Eine solche Theorie könnte sein, dass ein göttlicher „Hauch" genügt, die Welt zu verändern – sie anders erscheinen zu lassen, sie so darzustellen, wie wir sie sehen wollen. Das kann ich so sagen, weil die Quantentheorie selbst beinhaltet, dass sich die beobachteten Systeme unseren Erwartungen gemäß verhalten. Aber hier dürfen wir nicht vergessen, dass wir uns im Bereich der Elementarteilchen bewegen.

Imhof: Schon Albert Einstein sagte sinngemäß, dass Forscher nur das finden können, was sie suchen.

Kessel: Quantenphysik ist eine Physik des Möglichen, und vielleicht können wir wirklich über die Funktionalität einer Superstringtheorie die Welt in einer Weise erscheinen lassen, wie wir sie suchen. Wer weiß, ob es mehrere Universen gibt. Wenn wir über alle diese Möglichkeiten nachdenken, sind wir schon mitten in einer Quantenmystik gelandet. Denn ein ewig schöpferischer Geist vermag unendlich viele Welten sein zu lassen.

Imhof: Hat die Schleifenquantengravitation demgegenüber mehr zu bieten?

Kessel: Was mir an der Schleifenquantengravitation so gefällt, ist die aus mathematischen Beschreibungen resultierende kosmologische Konstante. Für deren Existenz sprechen zwingende Indizien aus astronomischen Beobachtungen. Ich kann mir vorstellen, dass das, was die kosmologische Konstante ausmacht, ein Übertragungsmedium für den Geist ist. Diese lange Zeit sehr umstrittene Konstante ist nämlich ein gewisser temperierter Grundzustand des Alls, der immer noch da ist, wo sonst nichts mehr feststellbar ist. Der Heilige Geist könnte auf dieser „Grundlage" mit uns Menschen über Quanten kommunizieren. Gott ist die Quelle alles Existierenden. Ich stelle mir vor, er ist die Quelle des Geistes und die Quelle der Quantenfluktuationen, durch die Materialisierung und Dematerialisierung geschieht.

Imhof: In dieser Perspektive gibt es keinen Widerspruch zwischen Wissenschaft und Glaube. „Gott ist Geist" (vgl. Joh 4,24). Und ich und der Vater sind eins, sagt Christus, der schöpferische spirituelle Logos, der in Jesus von Nazareth inkarnierte (vgl. Joh 17,21). Die Inkarnation ist die lebendige Verkörperung des Geistes in einem concretum universale, in einer Wirklichkeit also, die real und allgemein bedeutsam ist.

Kessel: Die Inkarnation Gottes in Jesus Christus ist daher so gesehen für die ganze Menschheit heilsgeschichtlich relevant.

2.17. Das ewige Leben

Aufstehen und Auferstehen

Tobias Sprenger im Gespräch mit Paul Imhof.

Imhof: Als Asklepios, der Inbegriff ärztlicher Heilkunst, versuchte, einen Toten wieder zum Leben zu erwecken, traf ihn, so der Mythos, der Blitz des Zeus. An der Grenze des Todes endet die ärztliche Kompetenz! In höchster Eile soll Asklepios noch ein Rezept ausgeschrieben haben, das bei vielen Erkrankungen helfen soll, vor allem, wenn es prophylaktisch eingesetzt wird: Knoblauch.

Sprenger: Eine schöne Geschichte! Sobald der Tod eintritt, sind wir auch heute noch mit unserer Kunst am Ende. Es gibt sehr interessante medizinsoziologische Untersuchungen, die belegen, dass die Visite bei Sterbenden seltener stattfindet und kürzer ist. Das Sterben wird weithin immer noch als Versagen der ärztlichen Kunst erlebt. Das Wort Palliativtherapie ist oft negativ besetzt. Schon vor den antiken Krankenhäusern war eine Tafel angebracht mit der Aufschrift „Hier ist dem Tod der Eintritt verboten".

Imhof: Mit alldem war der Philosoph Sokrates vertraut. So sagte er, nachdem er den Schierlingsbecher mit Gift getrunken hatte, zu seinem Lieblingsschüler: „O Kriton, vergiss nicht, dem Asklepios einen Hahn zu opfern!" Der Hahn kündigt den Wechsel von der Nacht zum Tag an. Wechselt die Windrichtung, so zeigt er auf der Kirchturmspitze, woher jetzt der Wind weht. Der Hahn ist das Symbol für Veränderung. Er artikuliert, was jeder begreifen kann. Mit dem Tod des Sokrates ist in seinem irdischen Leben die Zeit des Hin und Her vorbei. Der Seele des Sokrates stand die Welt der lichten Ideen nun endgültig offen.

Sprenger: Die Kehrseite des irdischen Lebens ist der Tod, das Ende der individuellen, körperlichen Existenz. So die tragische, aber realistische Sicht der Dinge! Das unendliche Leben geht natürlich da und dort individuell weiter. Wenn man das ernst nimmt, kann man sich vorstellen, dass es eine wesentliche Aufgabe für Ärzte und Pflegende sein kann, den Schwellenübergang entsprechend bewusst und liebevoll zu gestalten. Ich habe während meiner Wei-

terbildung im Gemeinschaftskrankenhaus Herdecke erlebt, wie diese Berufs-
gruppen gemeinsam die Toten gewaschen und für die Aufbahrung hergerich-
tet haben. Da wurden duftende Öle verwendet, Blumen und Kerzen am To-
tenbett aufgestellt. Ist aus theologischer Sicht eigentlich das unendliche Leben mit dem ewigen Leben identisch?

Imhof: Nein, zumindest nicht in biblischer Perspektive. Zur Perspektive vom
unendlichen Leben, das für Individuen unerreichbar ist, gehört das Pathos
der eigenen Ratlosigkeit, wenn jemand stirbt. Die Verdienste und die Großar-
tigkeit des Verstorbenen stehen im Vordergrund der endlosen Nachrufe. Die
christliche Hoffnung auf das ewige Leben hingegen ist etwas anderes als die
kulturell übermalte Trostlosigkeit einer schicksalsergebenen Verzweiflung.
Doch zunächst noch einmal zurück zur Aufgabe der Ärzte.

Sprenger: Die Aufgabe der Ärzte von Hippokrates über Galen bis in die Gegenwart besteht darin, das physische Leben des Menschen so lange wie möglich zu erhalten. Das wird durch die Äskulapnatter symbolisiert, die in der Dimension des Todes existiert und am Stab des Lebens aufgerichtet wird. Wer
fast tot darniederliegt, soll wieder ins Lot kommen, aufstehen und seinen
Weg gehen. Im Hippokratischen Eid verpflichten wir Ärzte uns für diesen
Dienst am Leben.

Imhof: Aus der Welt des Seelischen kann der Patient durch Gefühle und aus
der Welt des Geistes durch seine Freiheit in die Welt des Körperlichen intervenieren. Man denke an die Diskussion um die Sterbehilfe.

Sprenger: Das führt uns zu Fragen, die wir von einem rein materialistisch-bio-
logistischen Standunkt aus nicht beantworten können: Was ist Leben? Was
bedeutet Sterben?

Imhof: Die Medizingeschichte ist sehr spannend. Der Körper, die Physis des
Menschen, wurde im Laufe der Zeit immer mehr das zentrale Untersuchungs-
objekt westlicher Medizin.

Sprenger: Das ist eine Entwicklung, die geistesgeschichtlich ihren Ausgang
beim Konzil von Konstantinopel 869 n. Chr. nahm, bei dem die Konzilsväter
dem Menschen einen autonomen Geist absprachen. Aus der Trichotomie,
dem Gefüge aus Geist–Seele–Leib, wurde eine sehr spezielle, höchst missver-
ständliche Dichotomie, bei der die Seele die Rolle des Geistes mitüberneh-

men sollte. Die Psychologie wurde zur leitenden Geisteswissenschaft neben einer spirituellen Theologie, die immer mehr ins Abseits geriet. Und dann wurde sukzessive die Seele „abgeschafft". Rudolf Virchow (1821-1902) hat im 19. Jahrhundert durch seine Cellularpathologie die Zelle zur Grundlage von Krankheit und Gesundheit erklärt. In der Folge wurden dann seelische Vorgänge als Emanation zellulärer Vorgänge gedeutet. Seelische Erkrankungen werden heute dementsprechend als eine Störung molekularer Vorgänge interpretiert. Konsequenterweise therapiert man beispielsweise Depressionen mit Medikamenten, die Transmitter an den Synapsen von Gehirnzellen beeinflussen.

Imhof: Und das funktioniert auch insoweit, als die Seele in einer physiologischen Realität existiert. Einzelne können ja in ihrem Selbstverständnis auf andere Wissenschaften zurückgreifen, die in einer nur physiologisch orientierten Medizin ausgegrenzt sind. Zur ärztlichen Kunst (!) sollte die Offenheit für psychotherapeutische und spirituelle Methoden gehören, z. B. Gebetsweisen, durch die jemand gotteskundig wird. Von Gott her sind Heilserfahrungen möglich, die sich physisch und psychosomatisch heilsam auswirken können.

Sprenger: Man könnte sagen, in unserer Gesellschaft allgemein und in der Medizin insbesondere ist die Wahrnehmung des Menschen sehr vereinseitigt: Er wird reduziert auf seinen materiellen Aspekt. Die moderne Wissenschaft schaut den Menschen, vereinfacht gesagt, als eine komplizierte Maschine an. Würdest du dem zustimmen?

Imhof: Ja, da sind wir wieder bei einem der Begründer der modernen Medizin, Rudolf Virchow. Der gesagt hat: „Ich habe so viele Leichen seziert und nie eine Seele gefunden."

Zellen und Zellstrukturen

Imhof: Inzwischen wird in unserer modernen Zivilisation viel auf energetische und chemische Modelle zurückgegriffen, um den Menschen in seiner Prozessualität zu verstehen. Im Visier ist seine Physis, die sich in der gegenständlichen Realität, wie sie von Menschen geschaffen und gestaltet werden kann, widerspiegelt.

Sprenger: Selbstverständlich können wir in der geschaffenen Schöpfung auch etwas erschaffen. Unsere Kultur ist gleichsam eine zweite erschaffene Natur. Denn der Schöpfer schafft uns die Freiheit, etwas zu erschaffen: Die Grundlage aber bleibt die erste Schöpfung, die wir nicht erschaffen haben und auch nie erschaffen können.

Imhof: Im Horizont der Schöpfung können wir unserer eigenen, analogen Kreativität freien Lauf lassen. Sie ist Gegenstand unserer Verantwortung. Und damit kommen wir oft an Grenzen, zudem wir auch mit der ersten Schöpfung, der Natur, umzugehen haben.

Sprenger: Wesentliche Bausteine von Geschaffenen und Erschaffenem sind die Zellen. Wie ist das mit den künstlichen „Akku-Zellen"?

Imhof: Bei unserer Bewegungsfreiheit können inzwischen sogar die Batterien eines Elektro-Autos, die aus Nickel-Cadmium-Zellen bestehen, eine Rolle spielen. Welche Erleichterung, auf einen Bergpass hochzufahren, dort auszusteigen und sich ohne Mühe hinstellen zu können. Die moderne Technik ist Teil unserer Existenz geworden.

Sprenger: Wie funktionieren solche künstlichen Zellen?

Imhof: Während der Ruhepause wird durch die Zellen die Energie beim Laden gespeichert. Beim Fahren des Autos wird diese Energie verbraucht. Das Entladen der einzelnen Zellen erfolgt gleichmäßig, denn sie sind hintereinander geschaltet. Im Extremfall befindet sich der Energiepegel einer einzelnen Zelle schon auf null. Die anderen Zellen geben aber noch weiter Energie ab. Da die Zellen im Zellverband existieren, wird die eine Zelle nun weiter heruntergefahren, so dass es zur Umpolung kommt. Wo plus war, wird minus. Und irgendwann kippt das ganze System.

Sprenger: Ein beeindruckendes Bild. Aus Zellen werden Krebszellen, das ganze System ist dadurch gefährdet, und im schlimmsten Fall stirbt das ganze System.

Imhof: Die ideale Ausgangslage ist gegeben, wenn alle Zellen zu hundert Prozent geladen sind. Dann ist eine gleichmäßige Entladung optimal gewährleistet. Da aber der Alterungsprozess der einzelnen Zellen nicht gleich ist, kommt es zu einer unterschiedlichen Entladung. Die schwächste Zelle entlädt sich am schnellsten, die anderen behalten einen Großteil ihrer Energie. Wenn die schwächste Zelle unter ihre Leerlaufspannung kommt und die anderen Zellen, die sich im Zellverband befinden, weiter entladen werden, kommt es zur Schädigung. Im Extremfall führt es dazu, dass die Zellinformationen vertauscht werden. Wie gesagt: Aus plus wird minus, und aus minus wird plus.

Sprenger: Auf den menschlichen Körper projiziert, der aus lebendigen Zellen besteht, heißt dies: Ihm geht es nicht gut. Eine Zeitlang lässt sich dies ignorieren. Dies führt aber irgendwann dazu, dass die Zellinformationen vertauscht werden. Der menschliche Körper funktioniert nun so, dass solche umprogrammierten Zellen ersetzt werden.

Imhof: Wenn die Zellen in den Batterien neu geladen werden, wie beim menschlichen Körper während der Ruhephasen in der Nacht, werden sie auf ihren Wert nach oben gebracht. Diejenige Zelle aber, die beim Entladen am schnellsten leer wird, kann bei diesem Ladevorgang jedoch nicht mehr auf hundert Prozent gebracht werden. Bei den Batterien lässt sich durch Überladen wieder ein Gleichgewicht herstellen, wobei die überladenen Zellen die Überladungsenergie in Form von Wärme abgeben. Durch die Verteilung der Temperatur kann auch die schwache Zelle mehr Energie aufnehmen. Wenn man die Ladungszeiten entsprechend verlängert, erreicht sie wieder hundert Prozent.

Sprenger: Wenn es öfter zur Informationsvertauschung kommt, steckt sich das Gesamtsystem an und funktioniert nicht mehr. Für den Umgang mit dem menschlichen Körper heißt das: rechtzeitige Intervention; Erholungsphasen verlängern; also gute Besserung!

Imhof: Bei den neuen Batterien in den Elektro-Autos kann man den oberen und unteren Bereich nicht mehr nutzen. Alles hat seinen Preis! Die neuen Batterien werden beim Über- oder Tiefentladen geschrottet, wenn das BMS (Batterie-Management-System) nicht eingreift. Das System entspricht dem Onkel Doktor: ständige Beobachtung und Kontrolle sind notwendig.

Die Welt des Animalischen

Sprenger: Gerade an den Übergängen der physiologischen Realitäten und der Welt der Psyche zu den spirituellen Wirklichkeiten ergeben sich Möglichkeiten, dem Patienten zu helfen.

Imhof: Wer mit der animalischen Bildsprache vertraut ist, kann versuchen, durch Märchen den Patienten in seiner seelischen Verfasstheit aufzumuntern.

Sprenger: Nehmen wir die Geschichte von den Bremer Stadtmusikanten ...

Imhof: Dann kommt es zunächst darauf an, durch ein schönes und gutes Erzählen den Patienten zu erfreuen.

Sprenger: Im Hintergrund wirken natürlich Deutungsebenen, die im animalischen Gewand daherkommen.

Imhof: Wenn das Märchen den Patienten anspricht, entsteht mit ihm eine Gesprächsebene über Dinge, die sich positiv in den Heilungsprozess einbauen lassen.

Sprenger: Dazu ist selbstverständlich eine ärztliche Kompetenz nötig, die über das Übliche hinausreicht.

Imhof: Bleiben wir bei den Bremer Stadtmusikanten. Eine höchst beeindruckende Aufstellungsskulptur. Der Esel ist eine uralte Metapher für den Körper. So reitet Jesus auf einem Esel nach Jerusalem ein (vgl. Mt 21,1-11; Sach 9,9). Franz von Assisi spricht von seinem Körper als vom Bruder Esel. Ein brüderliches, sorgendes, wohlwollendes Verhältnis zum eigenen Körper ist für ein gesundes Leben unabdingbar. Dazu gehört Askese im guten Sinn des Wortes: Körperübungen, gute Gewohnheiten, vernünftiges Essen und Trinken.

Sprenger: Und welche symbolische Bedeutung verbirgt sich in den anderen Tieren, die miteinander und übereinander wieder auf die Beine gekommen sind?

Imhof: Alles für die Katz, hört man öfter, wenn sich etwas nicht so entwickelt, wie man ursprünglich wollte. Und wenn ein Schiff mit Katz und Maus untergeht, dann sind nicht nur „die Mäuse" weg, das Geld, sondern noch viel mehr.

Sprenger: Daher der Mäuseturm im Rhein, hier war die Maut fällig!

Imhof: Ja. Im Jiddischen bedeutet Katz so viel wie die Geliebte. Wenn Verluste in der Welt des Erotischen und Libidinösen eingetreten sind, wird es höchste Zeit, für Ausgleich zu sorgen. Denn Ver-Lust bewirkt Lustlosigkeit. Wer keine Lust hat, fühlt sich antriebsschwach: Keine Lust zur Arbeit, keine Lust, wirkliche Selbstverantwortung zu übernehmen, keine Lust auf Kommunikation. Änderung steht an! Krankheiten haben ihre Wurzeln oft in psychischen, emotionalen Defiziten.

Sprenger: Der Hund als Symbol taucht natürlich ständig auf. Vom Zerberus bis zu den Dominikanern, *Domini canes*, des Herren Hunde. Das Thema Inquisition liegt in der Luft.

Imhof: Auf den Hund gekommen? Am Boden der mittelalterlichen Geldtruhen war ein Hund gemalt. Wenn das Geld ausgegeben war, hieß dies: Die Grenze ist erreicht. Der Hund ist schlicht und einfach ein Symbol für Grenze, die er schützt und bewacht. Wehe, wenn sein Herrchen ein Übeltäter ist, dann wird alles pervertiert.

Sprenger: So wie die Katze für Gefühl steht, repräsentiert der Hund den Instinkt.

Imhof: Instinkt sollte nicht abwertend gebraucht werden, gleichsam als etwas bloß Tierisches gegenüber dem Menschlichen, das sich durch Geistigkeit und Freiheit über alles Animalische erhaben fühlt. Instinkt bedeutet schlicht und einfach ein gutes, natürliches Gespür. Wem das Gespür für Anstand abhanden gekommen ist, dessen moralische und ethische Vorstellungen wirken unglaubwürdig.

Sprenger: Vom Hahn war ja schon am Anfang unseres Gespräches die Rede.

Imhof: Der Hahn artikuliert den Übergang von A nach B. Er ist wie der Verstand, der Verschiedenes miteinander verknüpft und zur Sprache bringt. Ohne Verstand ist jemand weder klug noch lernfähig. Zumindest seinen Verstand sollte man gebrauchen, wenn es mit der eigenen Vernunft nicht weit her ist.

Sprenger: Dieser kleine Exkurs kann bildhaft zeigen, dass sich mit körperlichen Kategorien allein vieles nicht verstehen und erklären lässt.

Neutestamentliche Befunde

Imhof: Heil und Unheil, Gesundheit und Krankheit sind große Themen im Neuen Testament.

Sprenger: In deinem Buch „Christliches Familienstellen" hast du einige Heilungsgeschichten behandelt, die sich im Raum der Begegnung mit Jesus ergaben: das Wunder bei Bethsaida (Mk 8,14.22-26), der königliche Hauptmann und sein Bursche (Joh 4,46-53), die Mutter aus Syrophönizien (Mk 7,24-30), die Heilung des Taubstummen (Mk 7,31-36), der halbseitig Gelähmte (Lk 5,17-26), der Mann mit der verkrüppelten Hand (Mk 3,1-6), die verkrümmte Frau (Lk 13,10-21), das Augenlicht des Blindgeborenen (Joh 9,1-7), Aufstehen am Teich Bethesda (Joh 5,1-16), der barmherzige Samariter (Lk 10,25-37).

Imhof: Jesus Christus intervenierte vor allem über das System Seele und Geist. In dem Sinn ist er ein Heiler, ein Heiland, der vom ewigen Leben her behandelt, ein Priester nach der Ordnung des Melchisedek (vgl. Hebr 5,5-10).

Sprenger: Jesus wirkte vor allem durch sein heilendes Wort, die Sprachgestalt des Geistes, und durch Rituale, bei denen er die Menschen körperlich berührte sowie seelisch unmittelbar anrührte.

Imhof: Die Heilungsgeschichten, die um das irdische Leben kreisen, sollen die Zuhörer Jesu auf die Frage nach dem ewigen Leben vorbereiten, auf die Wirklichkeit der Auferstehung, die in einem gewissen Sinn schon jetzt anfangen kann.

Sprenger: Mich berührt immer die Frage eines jungen, reichen Mannes an Jesus: Guter Meister, was muss ich tun, um das ewige Leben zu erlangen?

Imhof: Um mit den Worten Jesu darauf zu antworten: „Verkaufe alles, was du hast und gib es den Armen" (vgl. Mk 10,17-27). Tritt also zu Jeglichem in ein freies Verhältnis. Das ist die beste Vorbereitung für das ewige Leben.

Sprenger: Die Freiheit des Menschen ist seine geistige Natur?

Imhof: Ja. Wer auf den Geist setzt, gewinnt einen Zugang zur Frage und zur Antwort nach dem ewigen Leben. Ich zitiere: „Dies ist das ewige Leben: Dich, den einzigen und wahren Gott zu erkennen und Jesus Christus, den du gesandt hast." (Joh 17,3)

Sprenger: „Gott ist Geist" (Joh 4,24).

Imhof: Damit sind wir im Zentrum der christlichen bzw. christozentrischen Aufstellungsarbeit angelangt. Der Geist ist die undefinierbare, weil grenzenlose und entgrenzende Wirklichkeit, die den Raum und die Zeit mit ihren bisherigen Bedingungsgefügen durchbrechen kann. Im Duktus der Logik des Geistes findet das spirituelle Aufstellungsgeschehen statt.

Sprenger: Kannst du das weiter ausführen?

Imhof: Die christozentrische Dynamik eröffnet Perspektiven für die Freiheits- und Erlösungsgeschichte des Menschen, in der sein Glauben, Hoffen und Lieben sinnvoll ist, d. h. an ein letztes, endgültiges Ziel gelangen kann. So wird mitten in der Fragmentarität der bisherigen Existenz geahnt, was mit ewigem Leben gemeint sein könnte. Denn Gott, sein Geist und sein Christus sind in ihrer göttlichen Lebendigkeit der Horizont, in dem der Mensch un-endlich zu sich kommen kann, weil Gott ihm innerlicher und äußerlicher ist, als jemand, der nur allein er selbst sein möchte. Räume für das Wirken dieses Geistes zu eröffnen, gehört zur Methode christozentrischer Aufstellungsarbeit, in der sowohl die Welt-, die Natur-, die Schöpfungs- und die Erlösungsordnung thematisiert werden.

Sprenger: Ich habe bei einigen Aufstellungen mit dir erlebt, dass bei gläubigen Menschen interessante, sehr positive seelische und körperliche Veränderungen eingetreten sind. Als Arzt haben mich diese Erlebnisse ganzheitlicher Heilung zutiefst berührt, ganz zu schweigen von den persönlichen Heilungserlebnissen, die mir in den Schweigeexerzitien und der Aufstellungsarbeit mit dir zuteil geworden sind.

Kulturelle Metaphern für organische Zellen

Imhof: Das Feld kulturgeschichtlicher „Zellerfahrungen" ist sehr breit. In der Cella eines antiken Tempels wurde die jeweilige überindividuelle Grundkraft bzw. ein entsprechendes Energiefeld in Form einer Statue oder eines konischen Symbols verehrt. Von der Aggressivität des Mars, der Liebeskraft der Venus bis hin zur Profitmaximierung der Artemis reichte das Spektrum der

Tempelbauten mit ihrer Kommunikationslogik der Konzentration und Vermehrung.

Sprenger: Was ist in der christlichen Kulturrevolution dann passiert?

Imhof: Mönche (lat. *monachus*, d. h. alleinlebend) und Nonnen (ital. *nonna*, d. h. Großmutter) setzten sich in die Zellen. Sie wollten kein Landeplatz für Götter und ihre Gewalten sein, sondern einen Raum für gute Mächte und Energien eröffnen. Sie verstanden sich als Repräsentanten des Heiligen Geistes. Diesem Geist wollten sie dienen, das Evangelium innerlich erleben und nach außen verkünden.

Sprenger: Für mich als Arzt ist eindrucksvoll, dass Aspekte klösterlichen Lebens in unserer Kultur den Ausgangspunkt der Krankenpflege und des modernen Krankenhauses darstellen. Auch heute noch leben Menschen einerseits in ihrer Klosterklausur und bringen andererseits das Evangelium unter die Leute.

Imhof: Eine andere „Zellenerfahrung" müssen Gefangene machen, vor deren krimineller Energie sich die Gesellschaft schützen will. Denn wenn das Bandenwesen überhandnimmt, wird die Gesellschaft krank und kann kollabieren.

Sprenger: Der Unterschied von Klöstern und Gefängnissen besteht unter anderem darin: Bei den einen steckt der Schlüssel innen, bei den anderen außen.

Imhof: Ähnliche Prozesse finden sich in der organischen Zellpathologie. Wo droht Ansteckung? Wie lässt sich chemisch und physikalisch intervenieren? Von der Chirurgie bis zur Chemo- und Strahlentherapie reicht das Spektrum. Kurzum, wie werden einzelne oder der Organismus der Gesellschaft wieder gesund.

Sprenger: Das ist so eine Sache mit den Zellen!

Imhof: Der Zellhaufen Morula ist ein gutes Beispiel, um geistige Strukturen zu erläutern. In dieser lebendigen, organischen Gestalt vermehren sich die Zellen unvermischt und ungetrennt. Auf diese Weise sind analog auch Gottheit und Menschheit in Jesus Christus präsent. Dieser Bekenntnisformel ging eine lange Diskussion voraus: Wie lässt sich die Beziehung zwischen den zwei Naturen in Jesus Christus formulieren? Die Konzilsdokumente von Chalzedon im Jahre 451 n. Chr. beschreiben den Reflexionsprozess.

Sprenger: Spiegelt sich die „Geisteskrankheit" einer defizitären Christologie in einer karzinösen Struktur wieder?

Imhof: Das ist eine schwere Frage. Vielleicht könnte man so sagen: Sobald die Zellmembranen voneinander getrennt oder die Zellen durch Verschmelzung vermischt werden, geht die lebendige Einheit zugrunde. Wenn der Vorgang nicht radikal, sondern partiell stattfindet, dann krümmen sich die Zellen gleichsam auf sich selbst zurück, um irgendwann zu explodieren oder zu implodieren. Die Krankheit bricht aus. Intervention ist nötig, sowohl auf der körperlichen wie auch auf der emotionalen und spirituellen Ebene des Betroffenen.

Sprenger: Der hl. Augustinus und Martin Luther definieren den Sünder wie folgt: Homo incurvatus in se ipsum, d. h. der Mensch, der sich in sich selbst verkrümmt. Wer nicht mehr frei, offen und organisch lebt, wird krank, zumindest im Geist und ist nicht mehr gut bei sich.

Krebserkrankungen

Imhof: Es ist mental höchst unangemessen, Krankheit nach dem Muster von Strafe, Schuld und Sünde zu interpretieren. Im Sinne Jesu geht es einzig darum, dass die Werke Gottes offenbar werden (vgl. Joh 9,3). Nur die Jünger Jesu haben immer zuerst die Frage: Wer ist schuld, z. B. der Blindgeborene oder seine Eltern (vgl. Joh 9,2). Sie sind eben noch keine Meister, wie Jesus von Nazareth!

Sprenger: Das ist etwas, was ich auch in der Praxis erlebe. Gerade bei Krebserkrankungen klingt diese Frage häufig mit: Was habe ich nur falsch gemacht? Warum habe ich diese Krankheit bekommen? Für viele Patienten ist es entlastend und bewegend, die Perspektive von der auf die Vergangenheit gerichtete Schuldfrage zu wechseln auf die Zukunft und die Heilung hin: Wofür wird diese Krankheit gut gewesen sein? Was ist wirklich wesentlich in meinem Leben? Wie will ich die kostbare Zeit ausfüllen, die ich habe? Dieser Perspektivwechsel wird erlebbar in den Heilungen, die Jesus Christus vollbracht hat. Und diese Fragen rühren an den Kern unseres Wesens, unserer Individualität. So kommen wir genau zu den seelisch-geistigen Bereichen, die unser Schicksal und unsere Biographie prägen. Da können wir als Ärzte aus dem Neuen Testament unendlich viel lernen.

Imhof: Die Krebskrankheiten sind besonders herausfordernd. Auch in meiner Aufstellungsarbeit kommen sie regelmäßig vor. Wie versteht die wissenschaftliche Medizin die Tumorbildung?

Sprenger: Ganz im Sinne dessen, was wir bereits über die Fokussierung der Medizin auf die Physis gesagt haben, sieht sie die Ursache für Krebs in genetischen Veränderungen. Es wurden Gene identifiziert, die Tumorwachstum in Gang setzen können und andere, die Tumorwachstum hemmen. Wenn erstere zum Zuge kommen oder letztere „ausgeschaltet" werden, wird die Steuerung des Zellwachstums und des programmierten Zelltods verändert. Die Zellen reagieren nicht mehr angemessen auf wachstumshemmende Signale und weisen eine unbegrenzte Teilungsfähigkeit auf.

Imhof: In dieser Logik sind die klassischen Therapieformen nur folgerichtig: Der Chirurg entfernt die bösartigen Zellen, der Radiologe bestrahlt sie und der Onkologe vergiftet sie mit Chemotherapie. Neuerdings werden durch Radiofrequenzablation bösartige Zellen in der Leber zerstört, indem sie mit einer Nadel angestochen und erhitzt werden

Sprenger: Ja das klingt alles sehr gut. Aber das Leben ist leider komplizierter. Wir sehen nämlich, dass diese herkömmlichen Behandlungsmethoden trotz aller Perfektion das Problem nicht gelöst haben. Inzwischen wissen wir, dass es Krebsstammzellen gibt, die durch die herkömmlichen Methoden nicht ausgeschaltet werden. Deshalb kann es nach einer regelrecht durchgeführten Therapie zu erneutem Tumorwachstum oder Metastasen kommen, teilweise auch Jahre nach der Erstdiagnose.

Imhof: Was bedeuten diese Erkenntnissen für die Therapie?

Sprenger: Es wird zunehmend deutlich, dass das Immunsystem eine zentrale Rolle spielt. Seine wesentliche Aufgabe ist neben der Bekämpfung von Infektionen auch die Erkennung und Tötung entarteter Zellen. Wenn das Immunsystem gut funktioniert, kann es sogar Krebsstammzellen in Schach halten. Das hat zu einer intensiven Forschungsarbeit geführt und zur Entwicklung verschiedener Antikörper, die in die Tätigkeit des Immunsystems eingreifen. Erfolgreich sind auch verschiedene Impfstrategien, Zelltherapien und Viren, die selektiv Tumorzellen infizieren. Es gibt zahllose Versuche, zu Gunsten des Patienten zu intervenieren.

Imhof: Dann ist also eine Lösung für Krebskranke in Sicht?

Sprenger: Von einer Lösung zu sprechen wäre übertrieben. Leider bestehen Tumore aus ganz verschiedenen Zellen und diese sind auch noch wandlungsfähig. Wenn also ein Teil der Zellen durch eine Therapie abgetötet wird, übernehmen andere Zellen das Ruder, die gegen die Behandlung resistent sind. Das gilt z. B. leider für Chemotherapie, Hormon- und bestimmte Antikörpertherapien. Am sinnvollsten erscheint die Kombination verschiedener Strategien. Ein zentrales Problem ist in meinen Augen die reduktionistische Vorstellung von der Natur der Tumorerkrankung.

Seelsorgliche Präsenz

Imhof: In meiner seelsorglichen Begleitung von Menschen mit Krebserkrankungen taucht auch immer wieder die Frage nach dem Warum auf. Dabei geht es nicht so sehr darum, die Schuldfrage zu klären, sondern im Grunde nur darum, was sich tun lässt, um wieder gesund zu werden. Die Chemotherapie interveniert auf der physiologischen Ebene, auf der emotionalen Ebene taucht die Frage auf, warum mit vielen Menschen die Chemie nicht stimmt. Welche Beziehungen sind zu ordnen? Womit sollte man sich noch einmal auseinandersetzen? Welches seelische Vergiftungspotential enthält wichtige Hinweise in Sachen seelische Gesundheit? Wie lässt sich manche längst fällige Abgrenzung realisieren?

Sprenger: Aus ärztlicher Perspektive kann ich nur sagen, dass alle heilenden Ressourcen aktiviert werden sollten, also auch die seelischen.

Imhof: Auf der Ebene des Geistes bieten sich Möglichkeiten an, sich seine Krankheit nicht nur bewusst zu machen, um werteorientierte Entscheidungen zu treffen, sondern auch um sich auf neue Gebetsprozesse einzulassen. Welche Einung könnte positiv etwas verändern? Es geht um eine kymische Einung im mystischen, nicht im alchemistischen Sinn. Während das Johannesevangelium die spirituelle Präsenz Jesu Christi im Hinblick auf seine Jeshiva thematisiert – der Kreis der mit ihm wandernden Jüngern und Jüngerinnen ist gleichsam seine Braut und Frau (vgl. Joh 2,1-12) – wird in der Johannesoffenbarung das Ja zu Christus von Seiten der Gemeinde, dem wandernden Gottesvolk, zum Ausdruck gebracht.

Sprenger: Dabei geht es nicht nur um einzelne Stämme, Sprachen, Völker und Nationen, sondern um ein menschheitliches Ja zur Zukunft in Zeit und Ewigkeit.

Imhof: Ein zentraler Text in dem ewigen Evangelium bezüglich der kymischen Einung lautet: „Ich, Jesus, habe meinen Engel gesandt, um euch das, was die Gemeinden betrifft, zu bezeugen. Ich bin die Wurzel und der Stamm Davids, der leuchtende Morgenstern. Der Geist und die Braut sprechen: Komm! Und wer hört, spreche: Komm! Und wen dürstet, der komme, und wer will, empfange Wasser des Lebens umsonst!" (Offb 22,16-17) Krebserkrankungen sind ein höchst komplexes, ganzheitliches Phänomen. Wir erleben, wie sehr es den ganzen Menschen in seiner Gesamtheit aus Leib, Seele und Geist angeht.

Sprenger: Das sehe ich auch so, aber wie können wir zu einem neuen Verständnis gelangen? Wie können wir unseren Horizont erweitern? In der alltäglichen Praxis erlebe ich, dass manuelle Therapien ganzheitlich wirksam sind, weil emotionale Themen auch einen körperlichen Ort haben. Und durch psycho-therapeutische Verfahren kommt es zu mentalen und physischen Veränderungen. Und wer sich auf geistige, spirituelle Prozesse einlässt, kann erleben, wie seine seelische Grundbefindlichkeit eine andere wird. Durch ein neues Bewusstsein stellt sich ein neues Körpergefühl ein, das somatische Konsequenzen haben kann, nicht zuletzt im Hinblick auf das Immunsystem.

Imhof: In diesem Zusammenhang lässt sich auf einige Aspekte der Ignatianischen und der Steinerschen Weltsicht hinweisen. Außer ihrer Verschiedenheit gibt es im Vergleich auch eine gemeinsame Schnittmenge, die vielleicht unser Verständnis von Tumorleiden erweitern kann.

Sprenger: Verkürzt gesagt: In anthroposophischer Terminologie spricht man erstens vom *Physischen Leib*, zweitens dem *Ätherleib*, drittens dem *Astralleib* und viertens dem wahren Ich, dem Kern der Persönlichkeit. Der objektive Befund befasst sich mit dem irdischen, mineralischen Wesen, dem Erdleib also.

Das ist die Domäne der konventionellen Medizin: alles, was messbar und wägbar ist. Das subjektive Befinden bezieht sich auf den Ätherleib, die Lebenskräfte. Das Erleben wird im Astralleib, dem Träger der seelischen Vorgänge, wahrnehmbar. Die Frage nach dem Sinn einer Erkrankung gehört zur Wirklichkeit des Geistleibes. Auf diesen vier Ebenen ergeben sich Analogien zu den vier Elementen Erde, Wasser, Luft und Feuer.

Imhof: Am Ende der Großen Ignatianischen Exerzitien geht es um die Schau der göttlichen Liebe. Das Divinum ist das Heilige. Wie wirkt es sich in der Schöpfung aus: erstens im Elementaren, zweitens im Vegetativen, drittens im Animalischen und viertens im Menschlichen?

Sprenger: In dieser Perspektive wird deutlich, wie sinnvoll es ist, wenn Priester und Ärzte sich zusammen um den Patienten kümmern.

Imhof: Die Heilige Ordnung ist die heilsame Ordnung für jene Zukunft, die in der Gegenwart beginnt. Selbstverständlich kann sie nie mit den Mitteln der Entfremdung und Gewalt herbeigeführt werden. Dadurch verlöscht das Feuer des Geistes. Die Asche des Ausgebranntseins bleibt übrig.

Sprenger: Ausgebranntsein und Erschöpfung sind Symptome, die ich zunehmend von Patienten beschrieben bekomme. Wie ein heilendes Gegenbild erscheint der brennende, nicht verbrennende Dornbusch. Er ist für Mose der Ort, an dem das Heilige, ja der Heilige, erscheint. Wie faszinierend, welche Ehrfurcht erzeugend!

Imhof: Das Heilige ist ein wesentliches Thema bei christo- bzw. theozentrischer Aufstellungsarbeit.

Sprenger: Die Begegnung damit kann unendlich gesundend wirken, weil sie uns über unsere kleine, vordergründige Existenz erheben kann. Mose fand seinen Platz vor dem Heiligen. Er hatte die Schuhe ausgezogen.

Imhof: Welches Ritual! Nichts totes Animalisches soll zwischen den Füßen und dem Erdboden sein, auf dem jemand angesichts des Heiligen neu zustande kommt.

Sprenger: Psychologisch gewendet: Die Leichen im Keller des eigenen Unbewussten sind zu entsorgen, damit jemand ganzheitlich existieren kann.

Imhof: Und das geht. Denn du kannst lieben aus ganzem Herzen und ganzer Seele, mit all deiner Kraft und mit deinem ganzen Denken, so antwortet Jesus einem Schriftgelehrten (vgl. Lk 10,27).

Sprenger: Vor dem Hintergrund deiner Trieblehre, die auf das Wirken des göttlichen Geistes hin offen ist, muss dies wahrscheinlich von jedem Menschen einmalig durchbuchstabiert werden. Zunächst sind natürlich Erfahrungen und Sprechsprache nötig, damit etwas in Schriftsprache zugänglich wird.

Imhof: Ja, kommunikationstheoretisch gesehen ist der Kommunikationstrieb der ursprünglichste aller Triebe, der sich auch im Verhältnis zu Gott realisieren lässt. Dabei geht es um hörendes Beten. Wenn die Angst vor Vereinsamung hinzukommt, entwickelt sich der Scheinkommunikationstrieb. Beide Triebe sind verständlich. Unverständlich wird die Kommunikation erst im schlimmsten Fall, nämlich bei einer extrem schizophrenen Erkrankung.

Sprenger: Was ist das nächste Paar in deiner Trieblehre?

Imhof: Der Nahrungstrieb. Mit der Angst vor Verhungern und Verdursten schlägt die Geburtsstunde des Todestriebes. Was ist genießbar und was ist ungenießbar? Was ist so giftig, dass es tödlich wirkt? Manisch-depressive Verhaltensweisen machen darauf aufmerksam. In einem manischen oder extrem depressiven Zustand kann es zu Selbsttötungen kommen.

Sprenger: Im Laufe des Lebens entwickelt sich der Spieltrieb.

Imhof: Welche Freiheit, spielerisch lernen zu können! Sobald jedoch die Angst vor Versagen aufkommt, tritt der Geltungstrieb auf den Plan und anstelle von lustvollem, systematischem Lernen wächst die Unfreiheit. Im schlimmsten Fall kommt es zu einem extrem zwanghaften Verhalten, das in einer Zwangsneurose enden kann.

Sprenger: Und zu guter Letzt darf natürlich der Geschlechtstrieb nicht fehlen. Sonst wäre es um die genetische Zukunft der Menschheit schlecht bestellt.

Imhof: So ist es. Durch die Angst vor Verletzung stellt sich, Gewehr bei Fuß, der Machttrieb ein. Wenn der Friede und die Zufriedenheit abnehmen, wächst die Unzufriedenheit, die man mit allen möglichen Mitteln bekämpft. Politisch gesehen lässt sich durch Gewaltenteilung – Legislative, Judikative, Exekutive, Kommunikative – ein zumindest halbwegs befriedigender Zustand der Gesellschaft aufrechterhalten. Gerät das System der Gewaltenteilung aus dem Gleichgewicht, dann fangen einzelne Gewalten an, zu dominieren. Das Potential der Macht wir immer mehr missbraucht. Die Verhältnisse werden tyrannisch, die Reaktionen hysterisch.

Sprenger: Nimmt die Gewalttätigkeit weiter zu, herrschen am Ende Bürgerkrieg und Krieg. Es kommt zur Vernichtung der Menschen.

Imhof: Sobald der Geist der Liebe mit seiner verwandelnden Kraft in der Welt der Physis und der Psyche und des geschaffenen Geistes neues Leben zustande bringen kann, ändert sich der physiologische, psychologische und spirituelle Zustand einzelner Menschen und der Gesamtgesellschaft. Auf jeden Fall geht der Weg weiter durch das Tor des Todes in die Wirklichkeit Gottes, der neue Welten schafft, so auch einen neuen Himmel und eine neue Erde. Dort findet die Auferstehung statt, die im Diesseits beginnt und sich im Jenseits vollendet.

Sprenger: Was ist dein Selbstverständnis?

Imhof: Ich versuche, ein einfacher Mensch und Christ zu sein. Und du?

Sprenger: Ich bin gerne Leibarzt, d. h. jemand, der sich nicht nur medizinisch um jemand kümmert, sondern versucht, den Patienten auch in seiner emotionalen und spirituellen Dimension wahrzunehmen. Erst in der Multiperspektivität werden eine Diagnose und ein Therapieplan wirklich sinnvoll. In dieser Hinsicht ist mir die anthroposophische Medizin, die sich übrigens explizit christlich orientiert, besonders lieb geworden.

2.18. Die Früchte einer Aufstellung ernten
Systematisches Nacharbeiten
Stephanie Seifert im Gespräch mit Paul Imhof

Seifert: Meine Aufgabe bei systemischen Aufstellungen besteht vor allem darin, im Vorgespräch das Mandat zu klären und in den Nachgesprächen die
Früchte des Aufstellungsgeschehens auf den Punkt zu bringen. Dafür bin ich
als Systemikerin und Spiritualin ausgebildet.

Imhof: Genauso wichtig wie ein Nachgespräch halte ich ein Vorgespräch.
Denn je klarer das Mandat des Aufstellenden ist, das er der Gruppe und dem
Aufstellungsbegleiter erteilt, desto direkter läuft der Prozess auf eine Schlussszene mit befreienden und erlösenden Perspektiven zu. Im Vorgespräch geht
es um die Reduzierung der vielen inneren Baustellen auf jene Fragestellung,
die jetzt aktuell ansteht. Der Effekt ist ähnlich wie beim Dominospiel. Wenn
der entscheidende Stein fällt, ergibt sich der Rest wie von selbst. Bei einer
Aufstellung ist es jedoch genau umgekehrt: Alles was darnieder liegt, kommt
neu zustande, wenn der entscheidende Stein wieder ins Lot kommt.
Wer sich in spiritueller Begleitung befindet, thematisiert selbstverständlich
nicht nur die letzte Szene seiner Aufstellung mit den entsprechenden Zukunftsperspektiven, sondern auch Erkenntnisse und Fragestellungen, die sich
während der Aufstellungsarbeit ergeben haben.

Seifert: Bei der von dir praktizierenden Methode des christozentrischen Familienstellens kommen aufgrund der Herkunftsgeschichte mancher Teilnehmer
biblische Personen und christliche Glaubensinhalte zur Darstellung.

Geistliche Begleitung

Imhof: Das ist richtig. In christozentrischer Perspektive ist Aufstellungsarbeit
weder Beratung noch Therapie, sondern geistliche, christliche Begleitung von
Einzelnen, Gruppen, Gemeinden und Gemeinschaften. Die Methode hilft, den
spirituellen Hintergrund so zu inszenieren, dass ein Angebot an die eigene,

befreite Freiheit zustande kommt. Die letzte Deutungshoheit bleibt jedoch immer bei dem, der sich im Kontext seiner Biographie aufstellen lässt.

Aber auch andere Begleitungskonstellationen sind denkbar, bei denen die Ergebnisse einer Aufstellung systematisch nachgearbeitet werden, z. B. in einer künstlerischen Form oder in einem reflektierenden Miteinander, das zu einer Autobiographie führt. Insgesamt geht es darum, wertschöpfend mit eigenen Aufstellungserfahrungen umzugehen.

Seifert: Auf eines möchte ich noch einmal zurückkommen. Du verstehst deine Form systemischer Arbeit nicht als Therapieform, sondern als ein mitmenschliches Kommunikationsgeschehen. Wie kam es dazu?

Imhof: Ich sehe mich als einen praktischen Wanderphilosophen mit soliden theologischen Grundkenntnissen und einer christozentrischen Kompetenz, die mir in den letzten Jahrzenten zugewachsen ist. Ich weiß, dass es Bestrebungen gibt, die Aufstellungsarbeit als eine Therapieform anerkennen zu lassen, damit sie über Krankenkassen abgerechnet werden kann. Prinzipiell halte ich nichts davon, möglichst vielen zwischenmenschlichen Beziehungen ein therapeutisches Label aufzudrücken – mit Anerkennungsverfahren und Kontrollmechanismen. Meiner Meinung nach gibt es schon viel zu viele Verhältnisse, bei denen der andere als Klient, Patient, Kranker oder als irgendwie defizitäres Wesen in den Blick gerät. Was wir brauchen ist vielmehr ein neues Bewusstsein, das davon ausgeht, dass einer dem anderen seine Talente und Begabungen gerne und eher freundschaftlich zur Verfügung stellt.

Die Voraussetzung, dass die Gesellschaft prinzipiell und damit auch der Einzelne zunächst nach Kategorien der Entfremdung und Ausbeutung zu analysieren sei, ist selbst ein krankmachender Faktor für eine Gesellschaft, die sich an der Zukunft orientieren will. Vielmehr gibt es doch eben immer auch Gesundheit und Beziehungen, die gut und ausgeglichen sind. Selbstverständlich weiß ich, dass jemand trotz gesunder Lebenseinstellung zum Objekt von Projektionen, Bedürfnissen und ungeordneten Abhängigkeiten werden kann. Der Gewinn aus einer solchen schrecklichen Situation ist ein doppelter: Der eine lernt sie auszuhalten und zu ertragen, ohne aggressiv zu reagieren, der andere kann in der freiwilligen Zurücknahme seiner Projektionen reifen.

Ethisches Verhalten, d. h. ein freies Miteinander ist kein Ideal oder eine Illusion, sondern eine Form von vernünftiger, natürlicher Kommunikation. Selbstverständlich gilt das sowohl für das Verhältnis zwischen Frauen und Männern als auch zwischen Menschen unterschiedlichen Alters. Kurzum, ich halte gerne ein Plädoyer für die Entprofessionalisierung zwischenmenschlicher Beziehungen. Für manches Problem, das früher im Freundeskreis leicht zu lösen war, braucht man heute viele Spezialisten, die auf Dauer für einen einfachen Menschen – und für die Gesellschaft – unbezahlbar sind.

Das Entscheidende bei einer christozentrischen Aufstellungsarbeit geschieht durch Menschen, die weder eine schauspielerische noch eine therapeutische Ausbildung besitzen. Einfache Menschen helfen einfach anderen, einfachen Menschen.

Seifert. So einfach ist das?

Imhof: Nein, Einfachheit ist wieder neu zu lernen. Deshalb habe ich das Curriculum zum christozentrischen Familienstellen entwickelt.

Seifert: Woraus besteht es?

Imhof: Zunächst formal: Wie bei allen seienden Realitäten handelt es sich um etwas, das mit den drei lateinischen Begriffen, den sogenannten Transzendentalien *unum*, *bonum* und *verum*, beschrieben werden kann, was also einzig, gut und wahr ist. Und in neoscholastischer Perspektive ist hinzuzufügen, Familienstellen ist ein *pulchrum*, also etwas Schönes. Diese Voraussetzungen bzw. Bedingungen der Möglichkeit sind erforderlich, damit Familienstellen als etwas Besonderes wahrgenommen werden kann.

Und inhaltlich geht es darum, dass jemand etwas von sich erzählt, sagt, was er sich wünscht, aus dem Teilnehmerkreis sogenannte Repräsentanten auswählt, die für die Inszenierung der Aufstellung wichtig erscheinen, die Kontrolle abgibt und auf das Endergebnis wartet. Der Aufstellungsbegleiter verantwortet den Prozess und achtet darauf, dass die Würde der Einzelnen im Innen- und Aussenkreis gewahrt bleibt. Die Repräsentanten sind im Innenkreis, die anderen Teilnehmer bilden den Aussenkreis.

Der Wert der Nachhaltigkeit

Seifert: Was ist hilfreich für ein Nachgespräch?

Imhof: Nützlich sind manchmal Tonbandaufzeichnungen oder Fotos, die sich wie ein Storybord aneinander reihen lassen. Normalerweise reichen Notizen, die jemand während einer Aufstellung für den Aufstellenden mitgeschrieben hat, um den Verlauf des Prozesses zu dokumentieren. Ab und zu erweist es sich nach einer Aufstellung als stimmig, jeden Teilnehmer um einen Satz zu bitten, der sich bei ihm aufgrund des Kommunikationsgeschehens nun spontan ergibt. Der Gesamttext, der so entsteht, ist wie ein bunter Blumenstrauß, ein Geschenk für denjenigen, der aufgestellt hat. Mancher nimmt ihn gerne mit nach Hause.

Seifert: Damit lässt sich gut ein erstes Nachgespräch über die Aufstellung beginnen.

Imhof: Das ist einsichtig. Denn solche Sätze, die aus persönlicher Erfahrung stammen, sind ja nicht nur ein grammatische Gebilde, sondern ermöglichen einen Sprung nach vorne ins Leben, in dem Sinn: ich mache einen Satz.

Seifert: Zurück zur Nachhaltigkeit. Was lässt sich mit dem Ergebnis einer Aufstellung anfangen?

Imhof: Zunächst empfehle ich Schweigen, sich eine Zeit zu gönnen, in der sich alles Gesagte und Gehörte, alles Gesehene, Gefühlte und Gedachte in Ruhe setzen kann. Die Zeiterfahrung an der Küste legt einen Dreischritt nahe. In einer ersten Phase kommt die Flut. Die Wellen werden grösser und grösser. Je Schiffbruch desto Strandgut! Bevor die Ebbe, die dritte Phase beginnt, findet die zweite Phase, die Zeit des Übergangs zwischen Flut und Ebbe statt. Diese Zeit ist sehr wesentlich. Es handelt sich um den Point of no return, die sogenannte heilige Zeit. Es gibt kein Zurück mehr. Das Wasser wird klar und zieht dann wieder wie von selbst in das weite Meer hinaus. Jeder ist frei, das Strandgut einzusammeln, zu deuten und in einen neuen Kontext zu stellen.

Seifert: Hier nun setzt meine eigentliche Nacharbeit mit demjenigen ein, der eine eigene Familienaufstellung erlebt hat.

Imhof: Welche Erfahrungen hast du mit Kursteilnehmern gemacht, die nach ihrer Aufstellung das Gespräch mit dir suchten? Hat sich bei ihnen im Vergleich mit anderen Kursteilnehmern ein größerer Effekt an Nachhaltigkeit eingestellt? Welchen Gesprächsrhythmus empfiehlst du?

Seifert: Um mit der letzten Frage zu beginnen. Im Schnitt ergaben sich drei bis vier Gespräche. Meistens dauerte das persönliche Gespräch eine Stunde, hinzu kamen einige Telefonate. Bei den Personen ohne Begleitungsgespräch ergab sich bei einer Fragebogenaktion, dass bei vielen die Aufstellung im Sande verlief. Am Anfang meiner Begleitungsarbeit wunderte ich mich, dass manche die Aufstellung erlebten, ohne wichtige, neue Perspektiven überhaupt wahrzunehmen. Als ich darauf aufmerksam machte, waren alle mit den zusätzlichen Informationen sehr zufrieden. Auf die eigene Deutung fiel dadurch neues Licht und es ergaben sich weitere, höchst interessante Aspekte.

Imhof: Könntest du das einmal an einem konkreten Beispiel erläutern?

Seifert: Ja gerne! Frau S. erkannte den blinden Fleck in ihrer Beziehung. Ihr wurde ihre Angst vor dem Alleinsein bewusst. Diese Angst war ein wichtiger Faktor, weswegen sie ihren Mann geheiratet hat. Der Weg in eine immer größere Abhängigkeit geschah unaufhaltsam. Anstatt ihre weibliche Energie zu stärken, sich ihre eigene Freiheit bewusst zu machen, fixierte sie sich zunehmend auf die letzte Szene ihrer Aufstellung mit der Perspektive, dass mit ihrem Mann und ihr nun alles automatisch gut werde. Weitere Nachgespräche setzten die Energie frei, dass sie nun selbstverantwortlich und erfolgreich ihre Beziehung zu sich selbst gestalten konnte. Aus dieser Kraft heraus ergab sich die Möglichkeit, die Beziehung zu ihm in Freiheit leben zu können.

Imhof: Auch das Nachgespräch mit jemandem, der als Repräsentant eine Rolle spielte, fördert manchmal das eigene Selbstverständnis. Eine Repräsentantin für die biblische Eva fragte mich nachher, wieso ich sie nicht aus der Aufstellung herausgenommen hätte, obwohl ich doch hätte sehen müssen, dass sie völlig von der Rolle war. Sie hätte sich nur noch zu Lilith, der Mondfrau Adams, hingezogen gefühlt, aber keinerlei verführerische Qualitäten entwickelt, sondern Adam der Schlange und seinem Schicksal überlassen. Sie hatte also die Vorstellung, dass es ihre Rolle sein müsse, durch erotische Künste ihren Adam zu bezirzen. Die subtilere Form der Verführung besteht aber ja gerade darin, so bei sich zu bleiben, dass Adam mit der Schlange (!) und dem Apfel allein ist.
Aufgrund der Übersetzung der hebräischen Bibel ins Lateinische verhält es sich nun so, dass das Böse (lat. *malum*) wortgleich mit der Bedeutung für Apfel ist. Welche Versuchung! Welche Verführung! Während Adam als unschul-

diges, geistiges Wesen allein mit Gott – dem schöpferischen GEIST schlechthin – im Paradies lebte, gab es keine Verführung, geschweige denn einen Sündenfall, d. h. eine Versuchung, in der man scheitert. Das Experiment ist missglückt, nun muss sich Adam außerhalb des Paradieses im Schweiße seines Angesichts abracken.

Ein Leben von Geist zu GEIST ist schmerzlos. Erst als sich der männliche Geist – Adam – auf das andere seiner selbst, auf das Weibliche, das Körperliche, das Materielle, kurzum auf Eva einließ, begann eine Zeit der Gefühle. Durch die seelische Verbundenheit mit Eva – die Seele wird dabei als Schnittmenge von Geist und Physis verstanden – ergab sich die Möglichkeit zu scheitern. Wie sieht die Lösung bzw. die gnostische Scheinlösung aus: Trennung von Geist und Materie, Abwertung der Materie, Trennung von Adam und Eva, Triumph der Gotteserkenntnis, d. h. absoluter Vorrang des geistigen Erkennens? Alles Körperliche und Seelische sei im Grunde für jemand, der wirklich spirituell unterwegs ist, unwichtig und nur eine Ablenkung von dem letzten Ziel, nämlich in die Nähe des ewigen GEISTES zu gelangen. Ein nur an Wissen orientiertes, gnostisches Missverständnis sondergleichen bietet sich an. Adam ist aber von Anfang an gar nicht nur männlicher Geist, sondern ganz und gar irdisch, materiell (hebr. *adama*, Ackerboden)! Die Zuordnung von Adam gleich geistig, Eva gleich materiell stimmt also gar nicht!

Seifert: Die jüdische Lösung hingegen ist ganz einfach, nämlich: Seid fruchtbar und mehret euch (vgl. Gen 3,20), und man könnte hinzufügen: Übernehmt die damit verbundene Verantwortung. Die christliche Alternative für Adam lautet: Werde ein neuer Adam und lass dich wie Christus restlos auf die Welt ein und kehre in reell, materiell und seelisch vermittelter Freiheit zum ewigen GEIST zurück. Deine Geistseele hat Zukunft. Und Eva wird empfohlen: Maria auf der Mondsichel ist die neue Eva, die das Wesen der Lilith in sich integriert hat. Eva steht für das weibliche, genetische Prinzip, das initiatisch realisiert wird, Lilith für das weibliche, kosmische Prinzip, abgebildet im Rhythmus des Mondes als Mondsichel. Sie ist die Mondfrau.

Imhof: Jeder Mensch, ob Mann oder Frau, ist nicht nur ein genetisches, sondern auch ein kosmisches Wesen. Kosmos im ursprünglichen Sinn bezeichnet im Griechischen nicht nur den Kosmos, sondern lässt sich auch mit Schmuck,

Zierde, Ordnung übersetzen. Gemeint ist keine Ordnung im zwanghaften Sinn, sondern Harmonie, Schönheit und Ausgeglichenheit.

Seifert. Noch ein Beispiel von einem Nachgespräch. In der Schlussszene der Aufstellung von Frau H. ergaben sich zwei Kreise. In einem Kreis befand sich ihre Konkurrentin mit einer großen Eigenproblematik, die sie durch Machtansprüche abreagierte. Im anderen Kreis war Frau H. zusammen mit den Leuten, für die sie Verantwortung übernommen hatte. Bisher hatte Frau H. die Vorstellung, alle würden einen Kreis bilden, was dazu führte, dass fast ihre ganze Energie durch die Konkurrentin gebunden wurde. Statt einer klaren Unterscheidung von Nächsten- und Feindesliebe entstanden moralische Ansprüche, wie sie selbst sein sollte, die Frau H. jedoch weder emotional noch sachlich erfüllen konnte. Ein effizientes Arbeiten war nicht mehr möglich. Der eigene Berufsweg schien verbaut, ihre eigenen Emotionen wirkten selbstzerstörerisch.

Nun erkannte Frau H. die extreme Traumatisierung ihrer Konkurrentin und sie begriff, dass sie keinerlei Kompetenz geschweige denn ein Mandat hatte, um sinnvoll zu intervenieren. Nur durch die Entscheidung zu radikaler Abstinenz, die durch nachhaltige Begleitungsgespräche stabilisiert wurde, löste sich die Verstrickung auf. Als die Konkurrentin alle Ämter abgab und der damit verbundene Machtanspruch verschwand, war wieder ein gutes Arbeitsklima hergestellt. Frau H. fand zu ihrer ursprünglichen Berufung und Sendung zurück.

Imhof: Traumatisierung ist ein großes Thema. Das griechische Wort Trauma bedeutet schlicht und einfach: Wunde. Und verletzt sind wir ja alle.

Seifert: Wie glückt Enttraumatisierung?

Imhof: Zwei Formen von Heilverfahren lassen sich unterscheiden. Sie können jedoch nicht beide gleichzeitig angewendet werden, sonst entstehen neue Verletzungen.

Seifert: In meinen Nachgesprächen versuche ich dies zu verdeutlichen. Im Bild gesprochen: Wenn möglich sind Wunden zunächst zu reinigen und dann zu verbinden. Diese Methode ist in einem gewissen Sinn monologisch bzw. nur funktional. Die andere Methode ist dialogisch, gesprächsorientiert, und besteht darin, sich mit jemand anderem zu verbinden, der dafür offen ist, nicht zuletzt deswegen, weil eine eigene Verwundungsgeschichte mitgebracht wird.

Imhof: Also gleichsam Wunde an Wunde. Bei einer solchen Verbindung geschieht Veredelung. Vor allem im Herbst und im Frühjahr werden Bäume gepfropft! In neutestamentlicher Perspektive schreibt der Apostel Paulus dazu, dass aus dem messianischen Ölbaum einige Zweige herausgebrochen wurden, damit Platz wird für Zweige aus den Völkern. Durch Menschen, die dadurch zu Christen und Christinnen werden, fließt der Segen Jesu Christi (vgl. Röm 11,13-24). Wer ist mein Nächster? Derjenige, der dir hilft und Öl und Wein, die Zeichen der Nähe des Messias in deine Wunden gießt (vgl. Lk 10,29-37).

Seifert: In einem anderen Nachgespräch ging es bei Herr K. darum, an welchem Wohnort er in Zukunft vor allem leben wolle. Im Grunde stand jedoch die Frage nach seinem Platz im Sozialgefüge dahinter, der zu Beginn der Aufstellung noch nicht klar war. In der Schlussszene der Aufstellung verneigten sich alle Repräsentanten und sagten: Ich achte dein schweres Schicksal. Also was tun? Es gab zunächst keine direkte Antwort auf die Fragestellung.
Erst im Nachgespräch stellte sich heraus, dass Herr K. sein Leben bisher aus der Perspektive der Arbeitswelt zu organisieren pflegte. Denn wo auch immer er wohnte, die Priorität hatte die Balance zwischen den drei Arbeitsbereichen: Schweigekurse (Innen-Welt), systemisches Arbeiten (Mit-Welt) und Reisen (Um-Welt). Jedes Jahr wurde der Terminkalender entsprechend aufgebaut. Was an Restzeit übrig blieb, stand dann bedingungslos der primären, gefühlsorientierten Lebenswelt zur Verfügung. Zunächst aber war eine gute Balance zwischen den mehr oder minder geistorientierten Arbeitsfeldern wichtig.

Imhof: Vielleicht ist das typisch männlich? Es kann aber auch eine extreme Sozialisation dahinterstecken.

Seifert: Auf die Frage, auf welches Arbeitsfeld eventuell zugunsten der primären Lebenswelt verzichtet werden könne, schälte sich heraus, dass es im Grunde darum gar nicht ging. Eine Verlagerung des Wohnsitzes an einen Arbeitsort konnte also nicht die Lösung sein, sondern nur eine neue Prioritätensetzung: erst die Lebenswelt und dann die Arbeitswelt. Zeitlich gesehen wird sich dabei vielleicht gar nicht so viel ändern, aber auf der emotionalen Ebene schon. Mittelfristig wird es dann gewiss zu einer neuen Lebensplanung kommen.

Imhof: Die Kinder werden es wohl als erste merken. Denn sie haben eine natürliche Offenheit, Spontanität und Sensibilität.

Seifert: Auch Frauen und Männer, die sich im Gleichgewicht befinden, sind dafür empfänglich. Denn wo keine Lusterfahrung mehr ist, kommt es irgendwann zur Ver-Lusterfahrung, und verneinende Aggression macht sich breit. Wenn Wunden geheilt sind, entsteht vielleicht wieder die Lust, mit derselben Person oder aber auch mit jemand anderem im Alltag zu leben.

Imhof: Nach einer wirksamen Aufstellung und einer nachhaltigen Wertschöpfung besteht meist kein übereilter Handlungsbedarf. Und das ist auch gut so.

Die Notwendigkeit von Nachgesprächen

Seifert: Was kann ein Nachgespräch im Hinblick auf Nachhaltigkeit einer Aufstellung bringen?

Imhof: Der Person, die aufgestellt hat, kann gesprächsweise noch einmal klar werden, was ihr tiefster, eigener Wunsch und Wille ist. Für die Erfüllung ist weder die systemische Begleitung noch die Aufstellungsgruppe oder gar Gott zuständig. Diejenige Person, die aufgestellt hat, muss mit dem Ja oder Nein eines anderen leben lernen, ohne dass, wie auch immer die Entscheidung des anderen ausgefallen ist, die eigene Freiheit und ihr Wollen noch der andere in seiner Freiheit als böse oder dumm verdächtigt werden darf. Es geht darum, auf jeden Fall innerlich frei zu bleiben!

Seifert: Wann hältst du eine Nacharbeit mit Begleitgesprächen für besonders nötig?

Imhof: Bewährt hat es sich, wenn jemand aus einer sektenähnlichen Organisation ausgestiegen ist. Oft tauchen im Nachhinein noch Themen auf, die thematisiert werden sollten. Geschwisterliches Begleiten ist angesagt. Im Hintergrund klingt dabei das Jesuswort mit: „Ihr aber sollt euch nicht Rabbi nennen lassen; denn nur einer ist euer Meister, ihr alle aber seid Brüder. Auch sollt ihr niemand auf Erden euren Vater nennen; denn nur einer ist euer Vater: der im Himmel. Auch sollt ihr euch nicht Lehrer nennen lassen; denn nur einer ist euer Lehrer: Christus. Der Größte von euch soll euer Diener sein. Wer sich selbst erhöht, wird erniedrigt, und wer sich selbst erniedrigt wird erhöht werden" (Mt 23,8-12). Um Augenhöhe geht es!

Auch bei Kindern, die im Erwachsenenalter mit den Folgen der Scheidung ihrer Eltern emotional beschäftigt sind, ist es gut, wenn sie sich noch solange begleiten lassen, bis sie über ihre Persönlichkeitsanteile wieder frei verfügen können, die durch Personen „besetzt" wurden, die ins ursprüngliche Familiensystem zusätzlich hineingekommen sind. Diese fremden Autoritäten bewirken in der Realität, aber auch schon als Projektionsflächen ungute Weichenstellungen. Es sei denn, die Projektion wird erkannt und man ist dadurch wieder frei.

Seifert: Durch den frühen Tod eines Elternteils oder durch Scheidung entstehen bei Kindern manchmal seelische Verletzungen. Was tun?

Imhof: Gegen Traumatisierung hilft nur Enttraumatisierung. Bei solchen Heilungs- und Reifungsprozessen kann z. B. erkannt werden, dass der Faktor Angst, der das bisherige Leben bestimmte, schlicht und einfach nur der Repräsentant eines Elternteils war. Sobald dies emotional durchschaut ist, verschwindet die Angst, die manchmal der Grund für nächtliche Panikattacken ist. Schmerzhaft erlebte Niederlagen, die bei einer Aufstellung visualisiert werden, können zu einer Ressource werden, indem das bisherige Verhalten, das durch viele Versuche der Kompensation bestimmt war, sich nun dahingehend verändern lässt, dass aus neuem Gottvertrauen gehandelt wird. Gelassenheit entsteht. Nicht nur eine entsprechende einmalige Aufstellung ist dann nötig, sondern ein regelmäßiges Gebetsleben oder Rituale, die das neue Verhalten stabilisieren und in den Alltag integrieren.

Seifert: Die Selbstverletzung durch Piercing, Tätowierung oder auch durch Ritzen nehmen statistisch gesehen zu.

Imhof: Es ist interessant, was Menschen anderen dadurch mitteilen wollen. Hinter diesen Versuchen, auf sich aufmerksam zu machen, können sehr unterschiedliche Kommunikationsinteressen stecken. Rituale sind mehrdeutig. Normalerweise ist Ritzen ein Alarmsignal in einem familiären Kommunikationssystem. Eine therapeutische Situation ist eingetreten. Religionsphilosophisch lässt sich das Ritzen als zeichenhafter Versuch einer Selbstschächtung deuten. Mit Schächten ist zunächst gemeint, dass ein Lebewesen nicht getötet werden darf, um sein Fleisch zu verzehren, sondern es ist nur erlaubt, es zu verspeisen, wenn es von selbst ausgeblutet ist. Das Blut als Sitz des Lebens soll im Außen weiterfließen, aber nicht durch unethische Interventionen von außen zum Stocken gebracht werden. Daher wird beim Schächten die Halsschlagader so geritzt, dass das Blut außerhalb des eigenen Blutkreislaufes in die Erde verrinnt. Selbstschächtung ist der Versuch, in den Kreislauf dieses Lebens durch eigenes Tun einzutreten, um so für die anderen genießbar und annehmbar zu werden.

Formen der Askese bzw. Abtötung sind nicht mit selbstmörderischen Maßnahmen gleichzusetzen. Mit einer ethischen Qualifizierung bzw. Beurteilung von außen muss man äußerst zurückhaltend sein. Aber systemischer Beistand für die Betroffenen ist meist nötig, damit der Wert der biblischen Unversehrtheit an Leib und Leben wieder realisiert werden kann. Für die Begleitung sollte ein vernünftiger Rhythmus gefunden werden.

Seifert: Trotz aller ökomenischen Fortschritte gibt es immer wieder auch Probleme, die durch Konfessionsverschiedenheit erzeugt sind. Im schlimmsten Fall führen sie zu Trennungen und Scheidungen.

Imhof: Es lohnt sich, das Positive in der jeweiligen Konfession zumindest im Nachhinein anzuschauen, sodass am Ende durch konfessionsverbindende Beziehungen eine neues ökumenisches und menschheitliches Bewusstsein wächst, durch das alle freier werden. Dabei handelt es sich um einen Prozess, der nicht nur viel spirituelle Kompetenz erfordert, sondern auch einen starken Glauben und eigene Standfestigkeit, die den anderen seinen Weg gehen lässt, ohne dass dadurch die Liebe beschädigt wird. Ganz im Gegenteil! Sie kann durch die akzeptierte Verschiedenheit geläutert werden, freier und intensiver sein. Regelmäßige, ganzheitliche Begleitung ist sinnvoll.

Seifert: Die Suche nach Heimat, zumindest nach einem neuen Zuhause treibt viele Menschen um, lässt sie immer wieder andere Beziehungen riskieren.

Imhof: Wo ist mein Platz? Ein großes Thema bei der Aufstellungsarbeit. Exemplarisch bietet sich folgende Grundkonstellation an, in der sich jemand dann zurechtfinden kann: Vier Repräsentanten stehen für die vier Himmelsrichtungen. Der Repräsentant für das eigene Selbst befindet sich in einer Suchbewegung nach einem guten Platz. Dies erweist sich als schwierig. Sobald die fünfte Himmelsrichtung auf das Feld tritt, ändert sich einiges im System. Diese

Himmelsrichtung zeigt den Weg nach innen an, in den Mikrokosmos des eigenen Leibes oder in die Tiefe bzw. Höhe des Makrokosmos. Der Kosmos kann dabei als eigene Größe aufgestellt werden.

Sobald Harmonie in das Gesamtgefüge eingekehrt ist, können die Himmelsrichtungen auf ihre spirituelle Dimension hin, nämlich die Erzengel Gabriel (Norden), Raphael (Westen), Michael (Süden) und Uriel (Osten), transparent werden. Dies macht Sinn, wenn sich jemand auf der spirituellen Ebene der geschaffenen Geister verstehen möchte. Die fünfte Himmelsrichtung wird im Christentum durch die Handbewegung in die Leibmitte angezeigt. Die Selbstbezeichnung findet im Namen des Sohnes (Gottes) statt. Kosmisch gewendet liegt die Erfahrung von Christi Himmelfahrt zugrunde. Er ist in die Tiefen der Gottheit, den ursprunglosen Ursprung des Kosmos zurückgekehrt, nicht nur in den Bauch von Mutter Erde. Das Kalkgrab bei Golgotha war sein vorletzter Ort vor seiner Auferstehung.

Seifert: Sobald eine solche vieldimensionale Aufstellungsszene erreicht ist – was man nicht planen kann – tritt der Repräsentant jener Bezugsperson auf, deren Nähe oder Ferne für denjenigen, der seinen Platz sucht, sehr wichtig ist. Denn derjenige, der das Aufstellungsmandat erteilt hat, will seinen Platz ja nicht nur im Kosmos finden, sondern auch auf der irdischen Beziehungsebene erkennen, welche Nähe und Ferne, z. B. zur Mutter, sinnvoll ist. Es ist selbstverständlich, dass man sich für eine so weitreichende neue Selbstpositionierung einige Begleitgespräche gönnen sollte, damit aus den herausgearbeiteten Möglichkeiten eine tragfähige Wirklichkeit wird.

Imhof: In der Nacharbeit wendest du das Heilmittel der guten Worte an. Bene-dicere, wörtlich: gut sprechen, heißt auf Deutsch segnen. Um mit diesem Charisma heilend zu wirken, geht es darum, für andere sozial präsent zu sein, ohne groß mit karitativen Mitteln finanziell helfen zu können.

Seifert: In allen möglichen Konstellationen taucht immer wieder das Thema Tod auf. Damit verbunden sind oft sehr schmerzhafte, ja traumatisierende Erfahrungen von Hinterbliebenen.

Imhof: Außer prinzipiellen philosophischen und theologischen Überlegungen bezüglich Tod und Auferstehung, die im einzelnen Begleitgespräch durchaus Sinn machen, kommt es vor allem darauf an zu erkennen, was bei einer entsprechenden Aufstellungsarbeit geschehen ist und wie der Spur der Enttraumatisierung im Dialog weiter nachgegangen werden kann.

Seifert: Aufstellungsarbeit und die damit verbundenen Perspektiven sind einmalig. So sind die Eltern, die ein schweres Flüchtlingsschicksal hinter sich haben und nun an der Schwelle des Todes stehen, anders zu würdigen als jemand, der nach langer, schwerer Krankheit mit der Hoffnung auf das himmlische Paradies weiterreisen möchte. Was ist bei der Begleitung einer Frau mit der Erfahrung einer Totgeburt zu berücksichtigen? Wie bleibt ihr Sternenkind präsent? Erst durch eine sensible Aufstellungsarbeit wird manchmal einsichtig, was wirklich hilft, sodass ihr Leben in Freiheit gut weiter geht. Wie ist sie zu würdigen? Was kann sie sich als Frau Gutes tun?

Seifert: Was ist der tiefere Nutzen einer Aufstellung?

Imhof: Bei einer guten Aufstellung entstehen Angebote aus der geistigen Welt in der Realität. So wie es immer das Gnadenangebot Gottes gibt, das, wenn es nicht ergriffen wird, für jemanden praktisch wirkungslos bleibt, verhält es sich auch mit dem Lösungsangebot, das bei einer Aufstellungsarbeit offensichtlich wird. Erst das nachhaltige, emotionale Ergreifen der gezeigten Chancen und neuen Möglichkeiten verändert die Realität dessen, der aufgestellt hat. Darum kommt es sehr darauf an, genau hinzuhören und hinzuschauen, welche Verheißungen in der Schlussszene stecken. Manchmal aber hat jemand auch einfach Glück. Die Aufstellung wirkt von sich aus wie von selbst, sodass viele Veränderungsprozesse beginnen. Ähnlich verhält es sich mit der Gnade, die sich auswirkt. Es genügt eben manchmal ein einfaches, ganzheitliches Dasein, ohne dass jemand viel an sich arbeitet. Diese neue Einfachheit aber ist nicht selbstverständlich, sondern verlangt die Investition eigener Freiheit, die sich dafür entschieden hat. Das Leben als solches lohnt.

Leben und ewiges Leben

Seifert: Welche Lebensphilosophie steckt hinter deiner Methode, systemisch zu arbeiten?

Imhof: Als Aufstellungsleiter habe ich mich entschlossen, nicht direktiv, sondern „maieutisch" im zweifachen Sinn des Wortes voranzugehen, nämlich philosophische und theologische Hebammenkunst zu betreiben. Philosophisch gesehen lässt sich davon ausgehen, dass natürlich alles schon da ist, was aus dem Verborgenen das Licht der Welt erblicken möchte. Die Mutter des Sokrates war Hebamme. Von ihr hat der Philosoph wohl die Methode der Maieutik gelernt. Und andererseits ist es theologisch gesehen so, dass durch den Glauben an Gott, die ewige schöpferische Liebe, etwas zustande kommen kann, was über die bisherigen Möglichkeiten der Natur hinaus weist. Dies geschieht, sobald die natürlichen Verhältnisse in das Kraftfeld der Gnade gestellt werden. Durch das Wirken des Heiligen Geistes gewinnt die Natur eine Gestalt, in der sie zielführend ihre Vollendung findet. So könnte man modern die lateinische Sentenz „Gratia supponit naturam et perficit eam" (die Gnade baut auf der Natur auf und vollendet sie) deuten.

Seifert: Was heißt das im Blick auf Jesus Christus?

Imhof: Sein Leben ist eine Erscheinungsform des ewigen Lebens. Wenn alle Formen und Figuren vergangen sind, geht das Leben im ewigen Leben neu auf. So spricht der johanneische Christus: „ICH bin ... das Leben" (Joh 14,6). In ihm ist das endliche, menschliche Leben Jesu in Einheit mit dem ewigen Leben, dem auferstandenen Christus, für uns erschienen.

Seifert: Was gehört zu einem menschlichen Lebewesen?

Imhof: So wie der Geist im gesprochenen Wort eine Gestalt gewinnt und sich bis in die Form der Schriftsprache entäußert, wird die Seele in den Gefühlen spürbar, die zu körperlichen Symptomen führen. So spricht man in spiritueller Perspektive von Trost und Misstrost. Ein Körper entfaltet sich in einzelnen Organen, die aus chemisch und physikalisch gearteten Zellen bestehen. Aufgrund der Einheit eines Lebewesens kann auf allen Ebenen heilsam und gesund bzw. krankmachend interveniert werden, sei es eigenverantwortlich oder durch kompetente bzw. inkompetente andere Menschen.

Seifert: Im Blick auf die Nachgespräche einer ganzheitlich-systemischen Aufstellungsarbeit heißt das zum Beispiel: Soll ich zunächst die geistige Mühe auf mich nehmen, die nötig ist, um meine eigene Biografie zu schreiben oder soll ich neue, emotional-intensive Beziehungen eingehen oder schlicht und einfach Körperübungen machen, die jetzt dran sind bzw. Medikamente einnehmen, die für mein Körpersystem jetzt wichtig sind? Normalerweise gelingt die

Selbstwerdung bei einem ausgewogenen Verhältnis von Geist, Körper und Seele.

Imhof: Du hast dich mit den meditativ-spirituellen Übungen „Das Leben liebt dich" von Luise Hay und Robert Holden sowie dem Healing Code und dem Love Principle von Alex Loyd beschäftigt, um Aufstellungserfahrungen vorzubereiten und nachher zu vertiefen?

Seifert: Ja.

Imhof: Welchen Nutzen hast du für dich aus dem Healing Code und Love Principle gezogen? Hast Du einen Schalter gefunden, den du bei Bedarf umlegen kannst?

Seifert: Schalter klingt mir zu mechanisch. Mir ist aufgefallen, dass es so etwas wie eine zentrale Schaltstelle gibt, durch die heilende Energie einströmen kann, so dass ich Blockaden, Fixierungen, Verstrickungen lösen kann, die mit meiner bisherigen, missglückten Vergangenheit zu tun haben. Um es in frommer Sprache auszudrücken: Indem ich bete, setze ich gewissermaßen ein Zuflussprinzip in Gang, durch das mir heilende Energie zukommt. Im modernen Weltbild der Quantenphysik gesagt, es ändern sich die Synapsen in meinen grauen Zellen und es entstehen grüne, rote und goldene Zellen. Wie das genau geschieht, kann ich nicht erklären. Aber die Wirkungen kann ich wahrnehmen und sie lassen sich wissenschaftlich nachweisen. Wissenschaftler und Ärzte wie Bruce Lipton und Alex Loyd führten viele entsprechende Versuche durch und kamen zu grandiosen Ergebnissen.

Imhof: Wenn das für gute Einflüsse gilt, muss es bei schlechten Einflüssen ja auch funktionieren.

Seifert: Selbstverständlich halte ich den Einfluss von „bösen" Menschen oder lebensfeindlichen Energien ebenfalls für realistisch. Ob sie allein schon durch die „bösen" Menschen hervorgerufen werden oder indirekt durch sie vermittelt werden, hängt auch von der Weltanschauung ab, die jemand für sich angenommen hat. Interessant ist, dass man solche Einflüsse auch systemisch visualisieren kann, indem entsprechende Gestalten und Prinzipien aufgestellt werden.

Imhof: Wahrnehmungen gehören für mich zunächst in den Bereich der Ästhetik, d. h. in den Bereich der Lehre vom Schönen und vom Schrecklichen, in zweiter Linie aber auch in den Bereich der Ethik, d. h. der Lehre vom Guten und Wahren. Natürlich hängen die sogenannten Trauszendentalien, das Gute, Wahre, Schöne und das Eine miteinander zutiefst zusammen.

Seifert: In der Theologie spricht man von dem EINEN, von Gott.

Imhof: Er ist gleichsam die Transzendenz der Transzendentalien. Lebenspraktisch ist die Spur Gottes in den Phänomenen der Liebe und der Wahrheit zu finden. Im Brief an die Epheser gibt es eine schöne Formulierung, die sich im Deutschen grammatikalisch nicht genau wiedergeben lässt: In Liebe wahrheiten (Wahrheitende sein) (Eph 4,13). Das heißt, Liebe findet statt, indem sie in Wahrheit vollzogen wird. Liebende gehen ehrlich miteinander um. Liebe, die nicht geschieht, ist meist eine Illusion, bestenfalls ein Ideal. Wie komme ich von meinem Idealismus zum wirklichen Leben und Lieben?

Seifert: Indem wir uns z. B. Zeit nehmen für ein gutes Gespräch. Dabei ist die Liebe, die fließt, umsonst, die Zeit, die dabei vergeht, kostet jedoch. Sie ist für nichts anderes mehr verwendbar, denn nur während der Arbeitszeit lässt sich etwas verdienen. Zeit ist auch Geld.

Imhof: Noch einmal zurück zum Healing Code. Ich verstehe darunter einen Schlüssel zur körperlichen, seelischen und spirituellen Gesundheit, der aus Gesten und Worten besteht. Wie ist er anzuwenden? Wo ist das Schloss? Welche Räume tun sich dahinter auf? Was innerlich geschieht, lässt sich letztlich zwar nie genau beschreiben, aber wie praktizierst du den Healing Code?

Seifert: Unter Worten verstehe ich nicht nur Wörter, sondern auch innere Ikonen, d. h. Bilder, die auf meinen inneren Gesprächspartner hin transparent sind. Um es fromm zu sagen: Gott spricht mich durch diese Bilder an. Ich bleibe mit ihm an Hand der spontan auftauchenden Bilder, die manchmal aus der Zeit meiner Kindheit hochkommen oder sich von aktuellen Ereignissen nähren, in Kommunikation. So sind Worte und Bildikonen etwas, womit ich vor Gott, dem ewigen Geist, bete. Ich lasse meine Geistseele berühren. Die Festplatte wird neu bespielt. Ich öffne eine Tür, indem ich die Klinke aktiv herunterdrücke und einen neuen Raum betrete. Der neue Schritt befreit – Friede kehrt ein – die Dinge bewegen sich von selbst, weil wir von alter Last frei werden. Freiheit und Liebe aus Gottes Händen zu empfangen, ist ein großes Geschenk und Gnade. Alles geschieht umsonst. Wir müssen nur eines tun: Uns mit unserem endlichen Leben in den Fluss des ewigen Lebens begeben, loslassen und vertrauen!

Imhof: Was bringt deine Nacharbeit mit dem Healing Code und dem Love Principle?

Seifert: Die Nacharbeit einer Aufstellung führt bei vielen Menschen, die sich darauf einlassen, dazu, dass sich mit Hilfe des Healing Code und Love Principle das Aufstellungsergebnis festigt und die guten Bilder und Kräfte in den Lebensalltag einfließen. Die prinzipielle Versöhnung, die in der Aufstellung stattgefunden hat, wird durch den angewendeten Healing Code und das praktizierte Love Principle tiefer und stabiler. Dies zeigt sich z. B. daran, dass bei einer neuerlichen Konfrontation mit entsprechenden Personen der eigene innere Friede und eine große Gelassenheit erhalten bleiben. Ein Antriggern, wie es früher der Fall war, durch das Assoziationen und negative Emotionen losgetreten wurden, findet nicht mehr statt. Es kommt zu keinem Energieverlust mehr, weil der Nährboden für destruktive Reaktionen nicht mehr vorhanden ist.

Imhof: Was tut sich in der Bilderwelt der Menschen, die mit dem Healing Code und dem Love Principle arbeiten?

Seifert: Es entsteht eine Eigendynamik, die darin besteht, Bilder der Erstarrung, des Festhaltens, der Ausweglosigkeit und der Fixierung aufzulösen. Es werden neue, kraftvolle Bilder programmiert, die ein anderes Leben ermöglichen. Dabei tun sich große innere Freiräume auf, die für die eigene Genesung genutzt werden können. Während des Betens werden Selbstheilungskräfte freigesetzt.

Imhof: Wie betest du?

Seifert: Ich stelle mir z. B. jemand vor, der Schmerz empfindet. Ich fühle mich ein und fühle mit. Zugleich versuche ich, in meinem Leib so da zu sein, dass ich merke, wie mein Leib nicht nur Grenzen hat, sondern auch Bereiche, die unabgeschlossen und offen sind. Meine Haut besteht aus Poren. Aufgrund meiner Sinne bin ich offen für Umwelt und Mitwelt und andere Welten und letztlich auch für Gott in seiner Andersheit. Ich versuche mich auf die Gottheit hin zu öffnen, sodass eine Verbindung entsteht, durch die das göttliche Wohlwollen, die Gnade Gottes, seine Hilfe und Unterstützung in mich einfließen können. Denn ich habe durch meinen Glauben die Hoffnung, dass seine Liebe bei mir ankommen kann und mich verwandelt, sodass ich an heilsamen Verwandlungsprozessen in mir selbst und bei anderen mitwirken kann. Für mich ist eine interessante Erfahrung: Je ex-tensiver, d. h. je aus-gespannter ich bin, umso in-tensivere, innere Erlebnisse finden statt. Oder anders gesagt: Je ekstatischer ich lebe, umso mehr bin ich in meinem Wesenskern. Und das ist ein großes Glück: Die göttliche Liebe scheint in mir als lieben könnendes Wesen in meinem Herzen auf.

Imhof: Nun verstehe ich, dass viele Menschen sehr zufrieden sind, wenn sie mit dir im Gespräch über ihre befreienden Aufstellungserfahrungen sind. Denn die Früchte reifen im Kraftfeld eines liebenden Miteinanders von Herz zu Herz. Dazu gehört auch miteinander und füreinander zu beten.

3. CHRISTOZENTRISCHE KOMMUNIKATION
Ein Curriculum der Akademie St. Paul

Paul Imhof

Realistisch betrachtet gibt es so viele Spiritualitäten wie einzelne Menschen. Denn jeder hat Geist (lat. *spiritus*). Aufgrund unterschiedlicher Wertesysteme lassen sich Individuen, deren Wertesysteme gesellschaftlicher, politischer oder religiöser Art ähnlich sind, unter gemeinsamen Kategorien zusammenfassen. Sie gehören dann z. B. einer politischen Partei an, bekennen sich zu einer Konfession oder sind in einer spirituellen bzw. religiösen Bewegung aktiv. Dadurch können Abgrenzungen entstehen, die dazu führen, dass es zu massiven Konflikten und intellektuellen Auseinandersetzungen kommt. Sind die allen gemeinsamen spirituellen Grundüberzeugungen groß genug, um solche Konflikte zu lösen?

Es hängt also viel davon ab, ob der Grundbestand geistiger, menschheitlicher Werte ausreichend ist, sodass sich gegebenenfalls eine entgrenzende Dynamik durchsetzen kann. Welche Einzelspiritualität ist für ein gemeinsames Dasein auf der Erde offen? Die Unterscheidung der Geister ist notwendig, um Nähe und Ferne zu installieren, damit der Friede gewährleistet bleibt. Welche unveräußerlichen Rechte sind individuell und systemisch zu beachten, damit gegebenenfalls ein neuer, gemeinsamer Anfang möglich wird? Welche Verantwortung kommt Einzelnen und Gruppen, Völkern und Nationen zu, damit die unterschiedlichen spirituellen Systeme und ihre Repräsentanten miteinander leben können? Vor welchen Spiritualitäten und ihren praktischen Konsequenzen ist zu warnen? Abgrenzung ist angesagt. Wann ist um der Authentizität von Personen willen systemisch nein zu sagen. Was heißt dies praktisch?

Welche Systeme sind gegebenenfalls zu verlassen, um in die Zukunft zu gelangen, die klassisch formuliert dem Willen Gottes entspricht? Nach der Dynamik der ewigen Liebe ist immer neu Ausschau zu halten, gerade dann, wenn Situationen eingetreten sind, die den bisherigen Fluss des Lebens unterbrochen haben. Denn an Bruchstellen geht es zunächst unsichtbar, zwar schmerzhaft, aber auch neu, frei und anders weiter. Lassen sich Bruchstellen überbrücken? Steht Umkehr an oder – wenn nicht mehr möglich – ist ein neuer Entwurf für die eigene Existenz nötig? Was ist dabei zu berücksichtigen?

Religionen beeinflussen die Beziehungen der Familienmitglieder zueinander. Bei systemischen Aufstellungen wird offensichtlich, in welchem Umfang dadurch lebensfeindliche und / oder lebensfreundliche Dynamiken in Gang gesetzt wurden. So kommt es in Zukunft sehr darauf an, wie mit religiösen Sozialisationserfahrungen umgegangen wird. Religion ist institutionalisierte Spiritualität. Dies gilt für das Judentum, das Christentum, den Islam und die Weltreligionen.

Was bedeutet christozentrisches Familienstellen näherhin? Der Christus bzw. Messias hat ursprünglich zwei Aufgaben. Er kommuniziert, wie sich Beziehungen zwischen Menschen in Freiheit gestalten lassen. Ethik ist angesagt. Und er offenbart, wie es um das Verhältnis zwischen Gott und dem Menschen bestellt sein kann. Anstelle von dämonischen Gottesbildern soll ein erlöstes, gerechtfertigtes, freies Bewusstsein treten.

Jesus von Nazareth wird von den Seinen als Messias geglaubt, auf ihn wird gehofft, ja er wird geliebt. Inwieweit ist sein Evangelium in der kirchlichen Sozialisation leitend gewesen? Wurden dadurch Ängste abgebaut oder katalysiert? Welche Frömmigkeitsformen prägten das eigene Bewusstsein? Wie ist die gegenwärtige Situation? Wonach strebt die Dynamik der eigenen Freiheit? Um Herkunft, Ankunft und Zukunft geht es.

Das Spezifische am christozentrischen System- und Familienstellen besteht darin, dass gegebenenfalls die eigene systemische Existenz im Verhältnis zu Jesus Christus neu positioniert wird. Welche lösungsorientierten Dynamiken und Energien kommen dadurch ins System? Um den Platz Jesu Christi als wahren Menschen und Repräsentanten Gottes im eigenen System zu finden, werden die Evangelien als inspirierte Zusammenfassungen seiner Biografie berücksichtigt. Sie bilden die textliche Grundlage, auf die während eines christozentrischen Familienstellens zurückgegriffen werden kann. Entscheidend dabei ist, dass der Geist des Evangeliums sich im morphogenetischen Feld auswirken kann.

In expliziter Weise ist die christliche Liturgie eine Aufstellung des Lebens Jesu Christi, in der seine Herkunft, Gegenwart und Zukunft zur Darstellung gelangt. Daher bildet die Liturgie die Rahmenhandlung einer Aufstellung, in der die unsichtbare Beziehung zu Jesus Christus eine wesentliche Rolle spielt. Die Gestalt des Erlösers sollte jedoch nur dann durch einen Repräsentanten zum Vorschein gebracht werden, wenn derjenige, der sich aufstellen lassen möchte, dazu ein Mandat erteilt.

Es ist exegetisches Allgemeingut, dass sich die Evangelien synoptisch lesen lassen. Man kann sie aber auch in systemischer Absicht zusammenstellen. So entsteht ein roter Faden durch das Leben Jesu, der viele Einzelszenen seines Auftretens neu verknüpft. Seine pränatale Existenz lässt sich an der Szene der Begegnung seiner Mutter Maria mit dem Engel Gabriel festmachen (vgl. Lk 1,26-38). Die Stammbaumgeschichten verdeutlichen seine menschheitliche Positionierung (vgl. Mt 1,1-17; Lk 3,23-38). Die Geburtsgeschichten in Bethlehem machen seine Bedeutung offensichtlich (vgl. Mt 2,1-12; Lk 2,1-38). Die Flucht nach Ägypten spiegelt die Zeit der Entfremdung wider (vgl. Mt 2,13-23). Welche Wahlverwandtschaft bietet Jesus Christus an (vgl. Mk 3,31-35)? Die Nähe zu ihm ist nicht eine genetische Angelegenheit!

Das ethische Ziel einer Aufstellung ist erreicht, sobald der Sinn der Seligpreisungen erfasst wird (vgl. Mt 5,1-12). Wie erreicht das Reich Gottes, das Reich der ewigen Liebe, den Menschen aufs Neue? In den Gleichnissen Jesu wird erzählt, was jeweils der springende Punkt ist (vgl. Mk 4,1-34). Ein Gleichnis ist kein allegorischer Text. Die vielen heilsamen Begegnungen Jesu sind exemplarische Beispiele dafür, wie jemand neu zustande kommt. Das Prinzip Stellvertretung wird zu Beginn der Leidensgeschichte zugänglich (vgl. Joh 11,47-57). Die Gesamtexistenz Jesu ist auf seine Auferstehung hin angelegt. Daher erscheint er auf der Erde in österlicher Gestalt. So fängt der Himmel in Zukunft auf der alten Erde an (vgl. Joh 20,11-21,25). Was heißt das bei der Rezeption der österlichen Zeugnisse?

Textlich ergibt sich das systemische Evangelium aus den neutestamentlichen Evangelien. Es handelt sich dabei um nichts anderes, als um eine konsequente Form der Auslegung und Anwendung der inspirierten Biografien Jesu im realen Kontext jener, die ihr Leben im Kraftfeld Jesu Christi verstehen wollen. Das christozentrische Familienstellen ist ein Spezialfall systemischen, geistlichen Begleitens.

Um jemanden systemisch begleiten zu können, bedarf es nicht nur einer großen kommunikativen Kompetenz, sondern auch eigener spiritueller Erfahrungen, die reflektiert sind. Nötig ist der Geist der Unterscheidung zwischen dem Geist der Freiheit und den Geistern, die mancher Zauberlehrling rief, ohne damit umgehen zu können.

Während der einzelnen Module werden manchmal Yogaeinheiten angeboten. Die Yogalehre und Yogapraxis wird dabei als Jahrtausende altes Wissen rezipiert, das dazu hilft, Körper, Geist und Seele in ihrer Natürlichkeit wahrzunehmen und zu integrieren. Yoga ist keine Religion! Die sieben Hauptchakren werden während der entsprechenden Module thematisiert und bewusstgemacht. Da Yoga als ein Übungsweg innerhalb einer spirituellen, ganzheitlichen Naturwissenschaft verstanden wird, ist es selbstverständlich, dass Yoga in der christlichen Spiritualität einen Ort haben kann. Denn die Übungen sind prinzipiell offen für den christlichen Glauben, der sich auf den Dreieinigen Gott bezieht.

Das goldene Christus-Chakra ist das Relais für entsprechende Glaubensvollzüge. Es steht an erster Stelle. Danach werden die sieben Haupt-Chakren angesprochen bzw. durchgeübt und zuletzt richtet sich die Konzentration wieder auf das Christus-Chakra. So wird innerlich und physiologisch ein Weg von Christus zum wahren Menschen Jesus – wir alle sind seine Brüder und Schwestern – und zu Christus zurückgegangen. Jesus von Nazareth erweist sich in einer inkarnatorischen Spiritualität mit Christus ident. Menschen, die an Jesus Christus glauben, heißen Christen bzw. Christinnen.

Die einzelnen Module dienen auch dazu, sich die eigene Esskultur bewusst zu machen – sowohl was die Qualität der Nahrungsmittel, ihre Zubereitung und das gemeinsame Essen betrifft, als auch die prinzipiellen Überlegungen dazu, was gesund und ungesund, giftig und ungiftig ist. Was für den einen gut ist, ist vielleicht für den anderen nicht bekömmlich. Welche Ernährungsweise ist jeweils angemessen – vegan, vegetarisch oder nicht vegetarisch? Auffällig ist, dass das sogenannte normale Essen mit Fisch und Fleisch unter dem Vorzeichen der Negation steht.

Verschiedene Kulturen und religiöse Traditionen werden diesbezüglich untersucht. Was ist kosher und was ist treve, was ist rein und was ist nicht rein, was ist tabu und was ist nicht tabu? Etwas wurde für tabu erklärt, um es zu schützen. Erst wenn der Sinn davon nicht mehr verständlich ist, beginnt ein Prozess der Enttabuisierung, der darin enden kann, es nicht mehr zu achten, ja es schließlich für böse zu erklären und zu vernichten. Wovor man sich selbst zunächst geschützt hat, ist nun zum Gegenstand der eigenen Aggression geworden.

Bei welchen Krankheiten sollte man bestimmte Nahrungsmittel unbedingt weglassen oder zusätzlich zu sich nehmen? Denn es geht nicht um irgendeine Befriedigung des Nahrungstriebs, sondern darum, möglichst lange physiologisch in der Balance zu bleiben. Wie bleibt man am besten im Lot? Was sind lebendige Nahrungsmittel? Wie wesentlich ist Quellwasser? Was bewirken Getränke in unserem Körper? Eine entsprechende Aufstellungsarbeit anhand von rituellen Texten soll Klarheit bringen: So werde ich in Zukunft essen und trinken. In diesem Kontext lässt sich dem Nürnberger Philosophen Ludwig Feuerbach etwas Gutes abgewinnen: „Man ist, was man isst."

Die Metaebene einer natürlichen Aufstellung wird durch die Trieblehre zugänglich, wie sie in dem Buch „Menschenrecht Kommunikation" beschrieben ist, das von den Autoren Reinhard Brock und Paul Imhof vorgelegt wurde (Neckenmarkt 2011). Die amerikanische Ausgabe: Human Right Communication. A Way to a New Democracy. An Introduction to Cosmosociology (Houston 2012) ist dazu die erweiterte Fassung. Die Aufstellungsarbeit, von der hier die Rede ist, führt zum Abbau von Ängsten – nämlich der Angst vor Vereinsamung, vor Verhungern und Verdursten, vor Versagen, vor Verletzung. Die Eigendynamik des Kommunikationstriebes und seiner Subtriebe (Nahrungstrieb, Spieltrieb, Geschlechtstrieb) wird methodisch durchgeführt, weil dadurch emotional stimmige Lösungen zum Vorschein kommen können. Wie nebenbei wird gelernt, wie geglückte Kommunikation von statten geht.

Die theologische, christologische und spirituelle Metaebene christlichen Familienstellens wird in dem einschlägigen Praxishandbuch von Paul Imhof reflektiert (Münsterschwarzach 2016, 2. veränderte Auflage). Der Zusammenhang von kommunikativen und spirituellen Perspektiven der Aufstellungen wird in dem Beitrag von Paul Imhof „Leben in Freiheit" (in: *Raum der Begegnung*, Hrsg. von Friedrich Erich Dobberahn und Peter Schierz, 2. veränderte Auflage, Taufkirchen 2013, S. 28-51) behandelt. Die psychologische Perspektive entfaltet das Essay von Paul Imhof „Die neue Familie. Auf der Basis gesunder Triebe" (in: *Erzählte Familiengeschichten in Psychotherapie und Seelsorge*, Schriftenreihe XVIII, Psychosomatische Klinik Bad Neustadt,

2014, 55-71). Das Lehrbuch von Paul Imhof *Systemische Kommunikation. Perspektiven christozentrischen Aufstellens* gibt es ab dem Frühjahr 2017 auch als e-book.

Das System Menschheitsfamilie wird in den monotheistischen Religionen endzeitlich thematisiert. Das Buch von Paul Imhof *Das ewige Evangelium. Perspektiven der Offenbarung* nimmt dazu ausführlich Stellung. Den Teilnehmerinnen und Teilnehmern am Curriculum wird weitere Literatur zur Verfügung gestellt.

Die einzelnen Module enthalten einen themenzentrierten Theorieteil, der durch eine exemplarische Aufstellungsarbeit praktisch zugänglich gemacht wird. Die Ausbildung wird berufsbegleitend angeboten und kann der persönlichen Zeitplanung entsprechend absolviert werden. Dazu gehört auch, dass das eigene Leben zur Aufstellung gelangt. Am Ende der Ausbildung erfolgt eine selbstverantwortlich durchgeführte Probeaufstellung. Hinzukommen ein schriftliches Essay und ein Kolloquium über die theoretischen Inhalte der Aufstellungsarbeit.

MODULE

Das Ausbildungskonzept der Akademie St. Paul, das mit Kooperationspartnern durchgeführt wird, enthält neun Module:

1. Systemische Methode. Herkunft – Ankunft – Zukunft

Dieses Modul dient dazu, die Prinzipien und Elemente systemischen Arbeitens vorzustellen. Etymologisch gesehen handelt es sich dabei um ein Aufstellen, das entlang eines Weges geschieht (griech. *meta*, d. h. gemäß, nach, entlang; *hodos*, d. h. Weg) Welche Wege sind zielführend? Um welches Neuzustandekommen geht es? Im Blick auf die Zeitachse wird Vergangenes gewusst, Gegenwärtiges erkannt und Zukünftiges geahnt. Es kommt sehr darauf an, in welchem Horizont aufgestellt wird. Von der Fixierung „Ich ist Ich" über die Binnentranszendenz bis in die Ewigkeit reicht das Spektrum, in dem sich jemand biographisch situiert oder neu verstehen möchte. Dazu ist eine Gruppe von Repräsentanten nötig, die von der Aufstellungsleitung in geistiger, seelischer und körperlicher Hinsicht kompetent begleitet wird. Anhand der alttestamentlichen Abrahamsgeschichte und ihrer neutestamentlichen Rezeption im Galaterbrief wird die natürliche und verheißungsorientierte Geschwisterlichkeit thematisiert, auf dass Christus neu Gestalt gewinnt. (vgl. Gal 4,19). Wohin treibt das Evangelium Jesu Christi?

2. Altlasten und Lösungen. Struktur – Prozess – System

In diesem Modul werden das körperliche System Physis, das System Geistseele und das System Markt mit seinen Grundaxiomen von Wenn-Dann, Um-Zu und Wehe-Wenn-nicht erörtert. Was ist für die Logik des Geistes und den Rhythmus der Seele wesentlich? Welche Unterscheidung der Geister und der Gefühle, der Bilder und Phänomene steht an? Um realistisch zu leben, braucht es die Fähigkeit, zwischen gesund und ungesund, zwischen gut und schlecht, krankmachend und heilsam zu unterscheiden bzw. differenzieren zu können, damit ein integriertes, tolerantes Leben gelingt. Welche Lösungen entsprechen der Dynamik der eigenen Freiheit in den Strukturen der Wirklichkeit? Wie bleibe ich im Lot? Was nehme ich mit, was lasse ich da? Das Thema Ahnengeister und Seelenwanderung wird im Kontext der Polarität von Geist und Körper, von Gott und Natur behandelt. Der Aber-Gott führt zu Aberglauben.

3. Das kosmische Bewusstsein. Ein Leben in Freiheit

Eine Aufstellungsarbeit im naturalen Kontext macht deutlich, wie sehr jede Person ein natürliches Lebewesen ist. Die 1. Szene wird vom gemeinsamen Dasein um ein Feuer bestimmt, einem Symbol für die Sonnenkraft auf Erden. Spirituell gewendet: Die Feuerstelle ist ein Ort, sich an den Vater im Himmel zu wenden. Die 2. Szene findet in der Schwitzhütte statt, die von erhitzten Steinen, den sogenannte Großvätern, erwärmt wird. In ihr, dem Realsymbol für Mutter Erde, versammeln sich die Kursteilnehmer geschwisterlich, um sich wie im himmlischen Jerusalem geborgen zu fühlen. In der 3. Szene stehen die Kursteilnehmer, die wie neu geboren aus der halbkugeligen Hütte kommen, wieder um das Feuer. Während des Moduls mit einer gemeinsamen Lichthütte können Antworten für eigene Fragestellungen gefunden werden. Explizit geschieht dies für Personen, die aufstellen wollen und dabei entsprechend begleitet werden.

4. Geglückte Kommunikation. Triebe – Triebkrankheiten

Die Bausteine geglückter Kommunikation, die Bedeutung der Sinne und der Abbau von Ängsten stehen im Mittelpunkt der theoretischen Überlegungen und praktischen Übungen dieses Moduls. Die Reflexion auf den Kommunikationstrieb und seine Subtriebe (Nahrungstrieb, Spieltrieb, Geschlechtstrieb) und den Scheinkommunikationstrieb mit seinen Subtrieben (Todestrieb, Geltungstrieb, Machttrieb) beleuchtet den oft unsichtbaren Hintergrund von Entwicklungen und Verwicklungen, von biographischen Brucherfahrungen und von Möglichkeiten, versöhnt in die Zukunft zu gehen. Klassische Triebkrankheiten werden besprochen, um zu erkennen, wann eine therapeutische Intervention nötig wird. Welche systemischen Dynamiken können hinter schizoiden, manisch-depressiven, zwangsneurotischen oder hysterischen Verhaltensweisen stecken? Wann wird Jesus Christus zur heilsamen Ressource im eigenen Leben?

5. Die Grammatik der Familie. Ich – Du – Wir

Der Weg vom Ich zum Selbst und vom Nicht-Ich zum Du mit entsprechenden Entwicklungsstufen ist das Thema dieses Moduls. Wie kommt ein familiäres Wir im Kraftfeld des Geistes und der Liebe zustande? Welche gruppendynamischen Phasen sind dabei zu berücksichtigen? Was gehört zum neuen Leben von Herz zu Herz? Sowohl Wahlverwandtschaften als auch Stammbäume genetischer Art werden verbalisiert und zur Anschauung gebracht. Die Struktur der Grammatik hilft, die Lücken in den Systemen zu finden, die sich für einen Ausweg anbieten. Dieses Modul versucht aufgrund moderner Konfliktforschung darauf Antwort zu geben. Wie entkommt man einem System dialektischer Entfremdung? Durch Choreografie! Die Fußwaschung Jesu verdeutlicht, wie die Dialektik von Herr und Knecht zur Auflösung gebracht werden kann.

6. Die Menschheitsfamilie. Weltreligionen – Glaubenseinstellungen

Was heißt Religionsfreiheit für die Begleitung von Menschen? In diesem Modul wird diese Frage beantwortet. Wie intensiv die Religion das Leben eines einzelnen beeinflussen kann, sieht man im schlimmsten Fall an den Religionskriegen, denen schon viele Menschen zum Opfer gefallen sind. Die Vorstellungen von Gott oder den Göttern wirken sich zuweilen katastrophal aus. Zweifellos wird in den Religionen aber auch das Wissen von der Einheit des

Menschengeschlechtes aufbewahrt. In Gottes Namen gehen immer wieder Impulse zum Frieden und zur Völkerverständigung aus. In Sakralbauten von ästhetischer Schönheit versammeln sich Menschen unterschiedlicher Herkunft. Durch Kult und Liturgie gewinnen Sprachen poetische Tiefe. Wo ist der eigene Ort im Gefüge der Religionen? Innerhalb oder außerhalb? Welche Konsequenzen ergeben sich daraus? Wer ist Jesus Christus? Wer ist ein Christ? In einer systemischen Aufstellung wird versucht, die Gestalt Jesu Christi zu visualisieren und ihr zuzuhören. Das Christliche ist ursprünglich das Christozentrische.

7. Spirituelle Interventionen. Traumatisierung – Enttraumatisierung

In diesem Modul wird eingeübt, was es heißt, Anwalt der Freiheit des Geistes zu sein. Zu diesem Mandat gehört es, gegebenenfalls zu intervenieren, wenn einer der Repräsentanten den ihm zugewiesenen Part nicht mehr durchstehen kann, weil sich zu viele Eigenanteile oder Regiewünsche in den Vordergrund schieben. Für welche geistigen Ressourcen ergeben sich Freiräume, so dass sie ins Spiel kommen können, z. B. die Dynamik der Ent-Traumatisierung, ein Schutzgeist bzw. ein Schutzengel, oder metaphysische Wirklichkeiten, ohne die die Realität nur noch um sich selber kreisen würde? Die Logik der Symbole und Träume, der Visionen und Verheißungen ist angemessen zu berücksichtigen. Es geht um realistische Zukunftsperspektiven, bei der die eigene körperliche Verfasstheit bewusst gemacht und durch Yogaübungen positiv verändert wird.

8. Das systemische Konzept Jesu. Altes Testament – Neues Testament

Die Thora Jesu basiert auf der Thora des Mose. Aufgrund der neutestamentlichen Schriften wird die geistige Welt Jesu Christi zugänglich. Sowohl genetische als auch metagenetische Fragestellungen finden im Kraftfeld seines Evangeliums lösungsorientierte Antworten. Für das System Innenkreis mit dem System Außenkreis lassen sich in den inspirierten Biographien Jesu, den Evangelien, einige Aufstellungen mit exemplarischer Kausalität ausmachen. In diesem Modul wird Studienmaterial für eine systemische Christologie und Jesuanologie zur Verfügung gestellt, das sich bei Aufstellungen katalysatorisch verwenden lässt. Was heißt: Der Mensch ist die Krone der Schöpfung? Eine christozentrische Aufstellung in einem Paradieslabyrinth klärt das Beziehungsgefüge zwischen der natürlichen Natur, der geschaffenen Natur, der erlösten Natur und der göttlichen Natur im Prozess der Selbstwerdung eines Selbst, das sich zu sich selbst verhält und sich dabei als ein Selbst versteht, das sich gegeben ist.

9. Christologische Repräsentanz. Wahrheit und Ganzheit

Die Mitte eines morphogenetischen Feldes ist in christlicher Perspektive die Gestalt (griech. *morphe*) Jesu Christi, der aufgrund seiner doppelten Herkunft (griech. *genesis*, davon deutsch Gene!), nämlich aus der Ewigkeit als Sohn Gottes – so der Spitzentitel für den ewigen Messias – und als Sohn der Maria, d. h. als wahrer Mensch aus der geglückten, materiellen Endlichkeit, erlösend und befreiend wirkt. In der Beziehung bzw. im Verhältnis zu ihm wird es möglich, die ewige, schöpferische Liebe, Gott genannt, zu lieben und den Nächsten zu lieben wie sich selbst: mit ganzem Herzen, mit allen Kräften, mit ganzer Seele und ganzem Denken. Durch die Vergegenwärtigung des Geistes Jesu Christi in einer stellvertretenden Gestalt werden menschliche und göttliche Lösungen möglich: wie im Himmel so auf Erden. In diesem Modul wird versucht, mit verschiedenen Präsenzweisen Jesu Christi zu kommunizieren. Dies geschieht in einer liturgischen Aufstellung und in einer typologischen Inszenierung der neutestamentlichen Trieblehre.

Teilnahme am Curriculum

Die Module 1-3 des Curriculums „Christozentrische Kommunikation" werden an verschiedenen Orten in Deutschland regelmäßig wiederholt. Die Organisation des Gesamtcurriculums liegt bei P. Imhof (imhof.uni@googlemail.com). Leitung des Curriculums: Paul Imhof, Pastor im Ehrenamt für Theologische Fortbildung und Geistliche Begleitung auf dem Schwanberg.

Voraussetzung für einen zertifizierten Abschluss ist eine Qualifikation in systemischer Arbeit bzw. zum Heilpraktiker für Psychotherapie, eine Ausbildung zum Spiritual bzw. zur Spiritualin oder ein Theologiestudium. Ausnahmen sind möglich. Über die Teilnahme am Curriculum wird nach einem Vorgespräch mit Paul Imhof entschieden.

4. TRAUERREDE
Nachruf auf Reinhard Brock
von Paul Imhof

Verehrte Trauergäste,

wo denn sonst als beim Sonnenuntergang in Florida kann man auch in Freundschaft über ernste Dinge sprechen. So haben Reinhard und ich uns gegenseitig versprochen, wenn es einmal so weit ist, einander ein paar Worte zu sagen: Worte des Abschieds. So früh und so rasch, damit hat niemand gerechnet! Aber welche Rechnung stimmt schon?

Reinhard war ein Meister der Sprache. Zunächst aber kommt bei Ereignissen wie seinem Tod immer erst das Verstummen! Und wenn man denn Glück hat, verwandelt sich Verstummen in Schweigen. Vielleicht geht es weiter noch, und es räumt sich Stille ein. Aus den vielen Wörtern werden wenige Worte. Vielleicht bleibt noch ein Wort, das in der Stille klingt! Eines möchte ich zitieren von Astrid Lindgren, ehe wir eine Zeit lang Stille aushalten, einander Schweigen gönnen. „Freiheit bedeutet, dass man nicht alles so machen muss wie andere Menschen." Freiheit war für Reinhard ein grosser Wert. Und vieles hat er anders gemacht, ohne ein Alien zu werden: „Freiheit bedeutet, dass man nicht alles so machen muss wie andere Menschen." So halten wir etwas Stille! Stille des Gedenkens für diesen einmaligen Menschen.

Und ein Zweites noch! Rilke kommt in den Sinn: „Denn das ist Schuld, wenn irgendeines Schuld ist: die Freiheit eines Lieben nicht zu mehren um alle Freiheit, die man in sich aufbringt. Wir haben, wo wir lieben, ja nur dies: einander lassen, denn dass wir uns halten, das fällt uns leicht und ist nicht erst zu lernen." Das Kraftfeld der Liebe ermöglicht uns Gelassenheit, und lässt vor Gleichgültigkeit zurückschrecken. Liebe war ein zentrales Thema in Reinhards Leben, nicht nur Gerechtigkeit und Rücksicht. Wer liebt wen? Wie leicht lässt sich das Ego mit der Seele, dem Selbst und der Geistseele verwechseln! Und was heißt dann Liebe?

Vier Formen von Liebe haben wir einst im Gespräch unterschieden. Er schätzte die Antike und die Klassik, war ein heimlicher, manchmal unheimlicher Jünger des Dionysos, des Inbegriffs des Theaters und der Ekstase. Die erste und weit verbreitetste Form der Liebe heisst auf Griechisch *Porneia*, die kaufbare Liebe. Immer praktizierte Reinhard auch diese Form von Liebe: Wenn-dann, um-zu, wehe-wenn nicht. Kunst hatte bei ihm seinen Preis. Käuflich jedoch war er nie. *Porneia*: Die Welt der Äusserlichkeiten, der Wörter und Laute prägten sein Leben. Damit auch Geld zu verdienen, ist keineswegs unsittlich. Die kaufbare Liebe, auf sie kommt es auch an in allem, was man tut in der Arbeitswelt.

Die zweite Weise von Liebe nennt man *Eros. Poros kai penia* heißen ihre Eltern in der klassischen griechischen Welt: Reichtum und Armut auf allen Ebenen. Wenn sie zusammenkommen, nämlich Fülle und Leere, Konvex und Konkav, Innen und Außen, dann wird Libido frei gesetzt. Der Erosknabe ist dafür die Metapher. Jemand, der auf der Bühne steht, braucht erotische, libidinöse, leidenschaftliche Energie, sonst geht gar nichts, nur Langeweile würde sich einstellen. Ein Langweiler war Reinhard nie.

Und nun die dritte Weise von Liebe, *Philia* genannt, freundschaftliche Liebe. Sie ist werteorientiert, handelt letztlich ohne Warum, warum-los; ohne Absicht, absichtslos. Denn, man merkt die Absicht und wird verstimmt, das wusste schon Goethe, den Reinhard weit weniger schätzte als Schiller. In der Freundschaft geschieht vieles umsonst. Man muss einander nicht ständig etwas beweisen oder endlos argumentieren. Lateinisch *arguere* heisst ja zunächst einmal auch beschuldigen. Freundschaft aber ereignet sich warumlos, absichtslos, beweisungslos. Die Rose blühet ohne Warum, sie blühet, weil sie blühet, formulierte Angelus Silesius. Ihr Wert geht auf, wenn man innehält und sie sich entbirgt. Die freundschaftliche Liebe wird immer wieder gewagt, auch im Zerbruch. Zerbrochene Freundschaften, damit hatte Reinhard bittere Erfahrungen gemacht.

Freiheit in Liebe geht weiter. An der Grenze von hier und dort leuchtet sie auf oder verbirgt sich. Diese vierte Weise von Liebe wird als *Agape* bezeichnet: die unbedingte, bedingungslose Liebe. Raum und Zeit werden durch sie relativiert. Welches Kraftfeld tut sich auf? Die Gestalt des auferstandenen, des zukünftigen Lebens erscheint in Form der Frage Agapas me: Liebst du mich? (Vgl. Joh 21,15-17). Petrus, ein Jünger Jesu, war damals noch nicht so weit. Er antwortete: Ich bin dein Freund. Manchmal geht es aber um Agape, die unbedingte Liebe, ja die göttliche Liebe.

Einmal im Jahr, am 1. November – Allerheiligen heisst der Tag heute – trafen sich die Menschen der Antike im offenen, familiären System und gedachten der Vorausgegangenen. Eine Agapefeier fand statt. Raum und Zeit wurden rituell durchbrochen. Am 1. November 1951 war der Geburtstag von Reinhard. Sinnigerweise starb er am 8. Dezember 2013. Im Ja zum Humanum – der Mensch ist prinzipiell gut – trat Reinhard kompromisslos auf. Der positive Humanismus war ihm ein Herzensanliegen. Am 8. Dezember wird – in christlicher Ghettosprache – das Fest der unbefleckten Empfängnis Mariens gefeiert: Die Mater, die Materialität ist gut, existiert jenseits von Sünde und Schuld! Nicht gegenständlicher Materialismus – ein ideologischer Mutterkomplex –, sondern die reell, materiell vermittelte, persönliche Freiheit und Vе antwortung der Menschen, die an die Gutheit des anderen glauben, ist die Basis einer menschlichen Gesellschaft. Manchmal trafen unsere Sprachwelten aufeinander. Reinhard hielt sie aus, war präsent und versuchte zu verstehen und zu übersetzen.

Kommunikation! Sein letztes grosses, zutiefst persönliches Thema. Sein Leben war auf Kommunikation hin angelegt. Er dachte nach über den Kommunikationstrieb, Nahrungstrieb, den Spieltrieb und den Geschlechtstrieb – aber auch über Scheinkommunikation. Der Scheinkommunikationstrieb existiert durch die Angst vor Vereinsamung. Der Todestrieb nährt sich von der Angst, zu verhungern und zu verdursten. Der Geltungstrieb existiert durch die Angst vor Versagen. Und der Machttrieb operiert mit der Angst vor Verletzung.

Freiheit oder Angst? Die Entscheidung ist klar und einfach. Schauen Sie, wie ich die offenen Hände zur Faust balle und die Zähne zusammenbeiße: Angst hat Dynamik, durch sie wird es enger. Angst zielt immer auf Gewalt gegen andere oder thematisiert: Ich bin schuld. So klopfe ich mir an die Brust oder schleudere meine Faust gegen den anderen. Die Bewegung und die Gegenbewegung. Freiheit hingegen zielt immer auf Weite, auf den Reichtum der leeren Hände. In Freiheit können wir einander die Hand reichen, gemeinsam etwas tun oder das Dasein aushalten, so wie es eben ist: Im Kraftfeld der

Liebe. Das meint ursprünglich beten, sich lieben zu lassen von der ewigen, im Geist präsenten Liebe, die manche Gott nennen. In diesem Kraftfeld lohnt es sich, da zu sein. So gedenken wir des Verstorbenen. Wir behalten Reinhard Brock in guter Er-innerung, inwendig also.

München, im Dezember 2013

5. DIE TRIEBE IM EXPERIMENT
Dokumentation einer Aufstellung
Reinhard Brock

Um die Wechselwirkungen der Triebe untereinander offenbar zu machen, bietet sich ein systemisches Aufstellungs-Experiment an, das wir im Folgenden das *Triebexperiment* nennen.

In einem Raum befinden sich vier **Triebrepräsentanten**, also vier Menschen, die stellvertretend für den Kommunikationstrieb und seine drei Subtriebe, den Nahrungstrieb, den Spieltrieb und den Geschlechtstrieb stehen. Dabei *verkörpert* jede einzelne Person *einen* einzigen, nämlich den ihr zugewiesenen *Trieb*. Hinzu kommen vier weitere Triebrepräsentanten, die den Moraltrieb und seine drei Untertriebe vertreten: den Todestrieb, den Geltungstrieb und den Machttrieb.

Die eigentliche Hauptfigur dieser systemischen Aufstellung ist **ein Mensch**, ein Proband, dessen **drei Anteile** einzeln aufgestellt werden, nämlich sein Körper, sein Geist und seine Seele. Die Seele wendet sich an den Geist, den Körper und an die Triebrepräsentanten. Dabei unterstützt die Seele alle anderen bei einer möglichen Lösungsfindung.

Darüber hinaus gibt es den Begleiter des Triebexperiments, der vor allem die Einhaltung der Regeln und den Ablauf des Experiments garantiert. Er ist aber auch dafür verantwortlich, dass die Repräsentanten würdevoll behandelt werden. Und schließlich kommt mindestens eine weitere Person hinzu, die das gesamte Experiment dokumentiert.

In der eigentlichen Aufstellung geht es darum, einen Lösungsansatz oder vielleicht auch eine Komplettlösung zu finden. Was passiert hierbei? Wie funktioniert und wirkt einerseits die Kommunikation und andererseits die Scheinkommunikation? Wie kann gegebenenfalls eine natürliche, organische Kommunikation erlernt und angewendet werden? Dabei ist es die Aufgabe der Seele, sich mittels Geist und Körper im Kraftfeld der organischen und moralischen Triebe zu positionieren.

Die Repräsentanten treten in folgender Reihenfolge auf: 1. Körper, 2. Geist, 3. Seele, 4. Kommunikationstrieb, 5. Nahrungstrieb, 6. Spieltrieb, 7. Geschlechtstrieb, 8. Scheinkommunikationstrieb, 9. Todestrieb, 10. Geltungstrieb und 11. Machttrieb.

Dem Ablauf des Experiments liegen *22 Regeln der Kommunikation* zugrunde. Daraus ergeben sich für die Darsteller die folgenden Regieanweisungen:

1. Der Körper darf mit der Seele nur durch Körpersprache sprechen
2. Der Körper darf mit den organischen Trieben sprechen.
3. Der Körper darf mit den Scheintrieben sprechen.
4. Der Körper darf **nicht** mit dem Geist sprechen.
5. Der Geist darf mit der Seele sprechen.
6. Der Geist darf mit den organischen Trieben sprechen.
7. Der Geist darf mit den Scheintrieben sprechen.
8. Der Geist darf **nicht** mit dem Körper sprechen.
9. Die Seele darf mit dem Körper nur durch Körpersprache sprechen, das bedeutet, mittels der Sinne.
10. Die Seele darf mit dem Geist sprechen.
11. Die Seele darf mit den Scheintrieben sprechen.
12. Die Seele darf **nicht** mit den organischen Trieben sprechen.
13. Die organischen Triebe dürfen mit dem Körper sprechen.
14. Die organischen Triebe dürfen mit dem Geist sprechen.
15. Die organischen Triebe dürfen mit den Scheintrieben sprechen.
16. Die organischen Triebe dürfen **nicht** mit organischen Trieben sprechen.
17. Die organischen Triebe dürfen **nicht** mit der Seele sprechen.
18. Die Scheintriebe dürfen mit der Seele sprechen.
19. Die Scheintriebe dürfen mit dem Körper sprechen.
20. Die Scheintriebe dürfen mit dem Geist sprechen.
21. Die Scheintriebe dürfen mit den organischen Trieben sprechen.
22. Die Scheintriebe dürfen **nicht** mit den Scheintrieben sprechen.

Folgende 11 Rollen wurden vorab verteilt und im Hörbuch von Schauspielern gesprochen: Der Körper (Kathi Gaube), der Geist (Ursula Traun), die Seele (Susanne von Medvey), der Kommunikationstrieb (Heidi Treutler), der Nahrungstrieb (Carin C. Tietze), der Spieltrieb (Solveig Duda), der Geschlechtstrieb (Lilian Brock), der Scheinkommunikationstrieb (Norbert Gastell), der Todestrieb (Walter von Hauff), der Geltungstrieb (Martin Halm) und der Machttrieb (Benedikt Gutjahn).

Alle, die an der Aufstellung beteiligt waren, wurden mit den vorher beschriebenen Regeln vertraut gemacht. Der Leiter des Triebexperiments, Paul Imhof, hatte von der Zuschauertribüne aus einen guten Überblick und kommentierte das Gesehene, also die gestalteten Szenen. Seine besondere Aufgabe bestand, wie schon erwähnt darin, zu überwachen, dass die Kommunikationsregeln eingehalten wurden.

Die Teilnehmer an dieser experimentellen Aufstellung hatten alle bereits Erfahrungen mit systemischer Arbeit. Über die komplexen triebtheoretischen Hintergründe war vor der Aufstellung niemand informiert. Jeder der Beteiligten war nur über seine spezielle Rolle unterrichtet worden, keiner wusste, welche und wie viele andere Rollen vergeben wurden.

Auch die Fragestellung der Person, um deren Aufstellung es sich handelte, kannte niemand. Jeder der Teilnehmer erhielt einige Tage vor dem Experiment die 22 Kommunikationsregeln zugesandt. Die acht Repräsentanten der Triebe bekamen darüber hinaus den sie betreffenden Dialogtext (siehe die kursiv hervorgehobenen Triebbezeichnungen in: Die Sprache der Triebe im Kapitel 1.2. Geist in Fleisch und Blut, Eine Trieblehre in neutestamentlicher Perspektive), der die Besonderheiten der acht Triebe beschreibt.

Zu Beginn des Triebexperiments wies der Leiter die Darsteller noch einmal kurz in ihre Rollen ein, aber ohne die Triebtheorie zu erklären oder etwa einen möglichen Verlauf der Aufstellung vorzugeben. Er machte alle Teilnehmer darauf aufmerksam, dass es sich bei der aufstellenden Person um eine Frau mittleren Alters handle, die sich in einer guten gesellschaftlichen Position befände. Ihre besondere Lebensproblematik bestünde darin, dass sie vor einer persönlichen und beruflichen Weichenstellung stünde.

Im Unterschied zu sonst üblicher Aufstellungsarbeit erhielten die Darsteller keinerlei Informationen über familiäre Hintergründe oder über konkrete Wünsche oder Zielvorstellungen der aufstellenden Person. Die Tatsache, dass diesmal im Beisein aller kein Mandat an den Leiter erteilt wurde, machte das Besondere dieses Experiments deutlich.

Die Aufstellung wurde mit einer Video-Kamera aufgezeichnet, der niedergeschriebene Dialogtext vereinzelt gekürzt. Dabei wurde streng darauf geachtet, dass die Reihenfolge der gesprochenen Sätze nicht verändert wurde. Die *kursiv* gesetzten Texte beschreiben den dramaturgischen Verlauf.

Zu Anfang erläuterte der Aufstellungsleiter jedem Repräsentanten, worauf es bei seiner Rolle speziell ankommt. Dann begann die Aufstellung, und die Akteure betraten nach und nach den für die Aufstellung zur Verfügung gestellten Platz.

Auftritt und Positionierung der Seele. Zur Seele gesellt sich zunächst der Körper, doch der Seele gelingt keine Kontaktaufnahme, der Körper wendet sich immer wieder weg. Auftritt des Geistes, der sich mit ausgebreiteten Armen in die Mitte begibt. Der Körper wird unruhig, daraufhin tritt der Kommunikationstrieb auf.

Seele	Wieso kannst du dich nicht einfach normal hinstellen? Einfach so, ohne diese überdimensionale Geste?
Geist	Ich bin, der ich bin.
Seele	Das hast du schon mal gesagt.
Geist	Schade für dich ... Schade für dich.

Die Seele ist verunsichert. Sie weiß nicht, was sie tun soll. Der Spieltrieb geht zum Körper und nimmt Kontakt zu ihm auf. Auch der Geschlechtstrieb tritt auf und begibt sich zum Körper. Das treibt die Seele um. Sogleich tritt der Scheinkommunikationstrieb auf und will der Seele zur Seite stehen. Der Geschlechtstrieb und der Körper stehen abseits und wenden sich vom Rest ab. Die Seele schiebt den Scheinkommunikationstrieb zum Geist, der Kommunikationstrieb stellt sich im selben Augenblick zwischen Geist und Scheinkommunikationstrieb. Unbemerkt und hinterrücks betritt der Todestrieb die Bühne.

Seele	Ist das kompliziert.

Die Seele läuft hilflos umher. Sie versucht, mit dem Todestrieb Kontakt aufzunehmen. Daraufhin betreten der Machttrieb und in seinem Gefolge der Geltungstrieb die Bühne. Die Seele ist umgeben von allen Scheintrieben. Der Machttrieb treibt die Seele vor sich her. Unbemerkt von allen betritt der Nahrungstrieb das Geschehen und gesellt sich zum Körper.

Seele	(zum Machttrieb) Was willst du denn von mir?
Machttrieb	Das ist Scheiße.
Seele	Was? … Was stört dich daran?
Machttrieb	Alles.
Seele	Was würdest du anders machen?
Todestrieb	Ich kann dir helfen.
Machttrieb	Sieh mal. Er findet Gefallen an dir.
Seele	(zum Todestrieb) Dich mag ich überhaupt nicht.
Machttrieb	Das kann ich mir vorstellen.
Geltungstrieb	Du musst auch was machen, denn so kann das nicht bleiben. Wie sieht denn das aus?

Die organischen Subtriebe stehen abgesondert beisammen. Die Scheintriebe umgeben komplett die niederkauernde Seele, der Todestrieb kniet vor der Seele. Der Geist umklammert den Kommunikationstrieb und bildet mit ihm eine geschlossene Einheit. Der Spieltrieb betritt unbemerkt die Bühne und geht zu Körper-, Nahrungs- und Geschlechtstrieb.

Seele	(zum Todestrieb) Was willst du von mir?
Todestrieb	Bei dir sein.
Seele	Und was hab ich davon? Hm?
Todestrieb	Ich kann dir 'ne Lösung bieten.
Seele	Das ist aber ein schlimmer Satz.
Geltungstrieb	Erstmal ist es wichtig, dass du wieder stehst … Wie du da gekauert hast, war das so eng, so klein, so erniedrigend.

Beim ersten Einfrieren nach etwa 30 Minuten kommt es zu folgendem Bild: Die Seele steht aktiv vor dem Geltungstrieb, dem Machttrieb und dem Schein-kommunikationstrieb. Etwas weiter entfernt, aber in erreichbarer Nähe, hat sich der Todestrieb zwischen der Fastsymbiose von Geist und Kommunikationstrieb postiert. Völlig abseits stehen die restlichen organischen Triebe: Der Nahrungs-, der Spiel- und der Geschlechtstrieb. Diese 3 haben sich isoliert!

Machttrieb	Geh doch einfach mal zu den organischen Trieben hin.
Seele	Dann weiß ich schon, was passiert, dann seid ihr nicht da, und die bewegen sich weiter weg.

Die Seele geht in Richtung organische Subtriebe, die sich aber gemeinsam von ihr weg bewegen. Gleichzeitig verfolgen die Scheintriebe die Seele. Sie steht unter dem Diktat des Machttriebs. Schließlich setzt sich die Seele hilflos zu Boden, die drei organischen Subtriebe und der Körper stellen sich hinter ihr auf, die Scheintriebe stehen um die Seele herum. Der Geist hat den Kommunikationstrieb immer noch umklammert und steht abseits.

Seele	Ich glaube, dass der Geist mir gar nicht helfen kann, der guckt nur aus dem Fenster und äh ...
Geist	Die Seele interessiert sich gar nicht für mich.
Seele	Ja. Der ist mir immer im Weg, eigentlich.
Kom'trieb	Mir zerreißt es den Hals.
Seele	Wie kann ich nur den Geist loswerden?
Geist	Ich zeige dir ... die Wahrheit.
Todestrieb	Die kannst du auch durch mich finden.
Geist	Irgendwann musst du dich entscheiden.
Todestrieb	Ich bin schneller.
Machttrieb	Du musst aufstehen, damit du dich entscheiden kannst – und dich durchsetzen.
Spieltrieb	(zum Machttrieb) Wieso lässt du sie nicht erst einmal etwas ausprobieren?
Geltungstrieb	Steh auf und setz dich durch.

Seele	Ist doch keiner da … zum Durchsetzen.
Geltungstrieb	Steh doch jetzt mal auf, du Häufchen Elend.

Der Kommunikationstrieb leidet. Der Körper richtet sich auf, der Todestrieb geht zu ihm hin und sieht ihn an.

Todestrieb	(zum Körper) Hey! Was machst du denn da?
Machttrieb	Na endlich!

Der Todestrieb fasst den Körper an und droht ihm sozusagen körperliche Konsequenzen an. Der Körper beginnt zu leiden.

Todestrieb	Es wird alles ganz einfach werden.
Spieltrieb	(zaghaft, ungehört) Hey, ich mache auch mit …
Todestrieb	Wir können uns es schön machen.

Die Seele geht zum Körper, umklammert ihn und zieht ihn vom Todestrieb weg.

Todestrieb	Wir sehen uns wieder.
Seele	(zum Körper) Auf dich kann ich mich wenigstens verlassen.
Machttrieb	Hau doch mal auf den Tisch, weil, was du da siehst, das ist ja schon Ewigkeit … Mach doch mal … Mach!
Seele	Hat der Geist was mit Macht zu tun?

Der Geist umklammert den Kommunikationstrieb, die Seele den Körper.

Machttrieb	(zu Geist und Kommunikationstrieb) Wollt ihr eigentlich hier einfrieren?
Geist	Sei still, du begreifst gar nichts.

Die Seele will die Spielregeln brechen und versucht, ohne den Geist mit den organischen Trieben in Kontakt zu treten. Der Experimentleiter weist auf diesen Regelverstoß hin.

Machttrieb	Leckt mich doch …
Geltungstrieb	Sag ich doch.

Die vier Scheinkommunikationstriebe umringen die Seele, die in der Mitte wie angenagelt steht und vor sich nur noch Geist und Kommunikationstrieb im Blickfeld hat. Die Seele darf nur mit dem Geist reden und mit den Scheinkommunikationstrieben … Der Seele fällt nichts mehr ein. Sie verharrt … Der Körper geht zur Seele, diese wendet sich zu ihm, der Körper nimmt über die Hände Kontakt zum Kommunikationstrieb auf, und im selben Augenblick lässt der Geist den Kommunikationstrieb los.

Geist	Schau, was ist die Wahrheit?
Seele	Was siehst du denn? Ja, was siehst du, Geist?
Geist	Ich sehe dich zerrissen, ich sehe dich umgeben von Kräften, die deinen Tod wollen und nicht dein Leben, nicht deine Zukunft.
Todestrieb	Geh mit mir, dann weißt du alles … Du wirst alles lieben.
Geist	So lügt der Tod.
Scheinkom'trieb	Sicher. Das musst du auch mit bedenken.
Geist	Und trotzdem. Du musst entscheiden … Du hast die Kraft der Entscheidung.
Seele	Du hast mich gespalten.
Geist	Du spaltest dich selber. Nicht ich.
Todestrieb	In mir wirst du wieder ganz.
Seele	Geh ein bisschen auf Abstand … (zu allen Scheintrieben) Wenn ihr bloß ein bisschen freundlicher wärt, dann hätte ich auch was davon.

Obwohl die organischen Triebe durchaus in dieser Situation durch den Geist intervenieren könnten, tun sie es nicht. Der Konflikt zwischen Geist und Seele wird deutlich.

Geist	Mein Wesen ist nicht die Sprache. Meine Wahrheit ist nicht die Sprache. Meine Wahrheit ist das Erkennen durch dich.
Seele	Das versteh ich nicht.
Todestrieb	Du hast schönes Haar.
Seele	(zu den Scheintrieben) Ihr steht mir im Wege.
Körper	(zum Geschlechtstrieb) Du bist stärker als alle. Die Fortpflanzung ist stärker als der Tod.
Seele	(zum Geist) Was weißt du dazu zu sagen?
Geist	Stimmt.
Scheinkom'trieb	Da gibt es einiges zu bedenken … Was ist gut, was ist schlecht? … (zum Geist) Und wenn ich einfach sage: Stimmt?
Seele	Ja. Aber ich will selber entscheiden … (zum Geist) Jetzt tu doch nicht immer so freundlich! … Kann man das denn nicht einfach sagen? Sodass ich sage, ich will das, oder du willst das, und dann gemeinsam, und dann passiert das einfach.
Scheinkom'trieb	Das ist schon Risiko.
Seele	Das ist ätzend. Ich will meinen Körper wieder haben.
Scheinkom'trieb	Und was heißt das dann?
Seele	Ich will meinen Körper wieder haben. Der Körper ist weg.
Todestrieb	Schau einfach mich an. Ich bin echt und einfach.
Seele	(zum Geist) Das ist nur gerecht, oder? … (zum Geltungstrieb) Darüber muss man echt gut nachdenken, was man tut.
Geltungstrieb	Und was für Auswirkungen das hat. Auf die Rente und so weiter.

Seele	Ja, ja eben, und dann denkt man ans älter werden, und dann hat man ein Haus gebaut und …
Kom'trieb	(zum Geist) Sag ihr, sie soll handeln, ohne zu denken.
Geist	Handle, ohne zu denken.
Seele	Das geht nicht. Handeln, ohne Denken. Ja nie im Leben! … Aber Denken ist irgendwie …, irgendwie tot, ja.
Kom'trieb	(zum Geist) Die Frage ist, was man denkt.

Geist, Kommunikationstrieb und Seele stehen beieinander, umringt von allen 4 Scheintrieben.

Seele	Das ist wie 'ne Krake.
Geist	Es gibt eine Erlösung von der Krake.

Der Scheinkommunikationstrieb und der Geist stehen eng beieinander und repräsentieren sich der Seele als Alternative. Dabei steht der Scheinkommunikationstrieb gleichsam stellvertretend für den Geist.

Seele	(zum Scheinkommunikationstrieb) Dir glaub ich auch eher, weil du einfach … glaubwürdiger bist.

Der Körper und die organischen Subtriebe haben sich hinter der Seele versammelt. Der Geist und der Scheinkommunikationstrieb stehen eng beieinander und sind zum Verwechseln ähnlich. Und umgeben ist die Seele von der Welt der Scheinkommunikation, der Geltung, des Todes und der Macht. Im Innenkreis befindet sich außerdem noch der Kommunikationstrieb.

Seele	Ich habe das Gefühl, die Scheinkommunikationstriebe machen das mit mir, ich kann sie nicht benutzen … Wenn der Kommunikationstrieb hier nicht hier stünde, wär's ganz schlecht.

Die Seele wendet sich an die Scheintriebe.

Seele	(zum Todestrieb) Also, dich brauch ich nicht jetzt schon, von dir hab ich eigentlich schon genug. Ich will nicht immer so viel Tod in meinem Leben haben, Abschied und so weiter! Da kann man sich wichtig fühlen, ja. Man begleitet Leute und man ist ganz wichtig. Das seh ich ein, aber ich habe das Gefühl, das erstickt mich, und Sicherheit brauche ich nicht.
Todestrieb	Was?
Seele	Das will ich nicht. Sicherheit brauche ich irgendwie nicht.
Todestrieb	Dir ist schon zu viel, wenn du dich von mir verabschiedest.
Seele	Na ja, ich seh dich ja trotzdem irgendwie wieder, aber jetzt darf ich dich erst mal irgendwo hinschieben.
Todestrieb	Du brauchst alle anderen nicht mehr, wenn du mich hast.
Seele	(zu den anderen Scheintrieben) Ach, wie werde ich euch denn los? Also, ich kann mit euch reden, okay. (zum Machttrieb) Dir hab ich sowieso abgeschworen … Aber manchmal bist du schon geil … Also, du bist ein Teil von mir. Was soll ich jetzt tun? Was ist das mit der Macht? Erklär mir das. Es gibt solche Macht und andere Macht.
Machttrieb	Es gibt nur eine. Nämlich die, die sich durchsetzt, die sagt: Ich bestimme.
Seele	Aber es gibt auch subtile Macht, oder?
Machttrieb	Das weiß ich nicht, also, ich bestimme, ich sage: So geht's, und da geht's lang. Und das ist es. Eine andere Meinung ist doch völlig egal.
Seele	Aber wirklich, wirklich attraktiv finde ich dich nicht.
Machttrieb	Schade, ich schon.
Geist	(zum Spieltrieb) Die Einheit läuft über die Seele. Ihr müsst euch zur Seele bekennen. Als Team müsst ihr entscheiden.
Seele	Und du, du bist der Geltungstrieb.

Geltungstrieb	Ja ... Was soll ich sagen?
Todestrieb	Bei mir ist das alles ganz klar. Nimm mich.
Seele	Ja, warte mal. Ich muss jetzt erst mal hier was klären ... (zum Geltungstrieb) Was bringst du mir?
Geltungstrieb	Dass du angesehen bist, dass du eine gute Position hast.

Die Seele ist allein mit den Scheinkommunikationstrieben, fest verankert im Pool der Scheinkommunikation. Geist und organische Triebe bilden ein anderes Team.

Seele	(zu den Scheintrieben) Aber ich hab einfach keine Lust, mich mit euch auseinanderzusetzen. Das ist total anstrengend. Ich möchte euch gern loswerden.

Der Kommunikationstrieb liegt inzwischen kraftlos am Boden. Die Seele wird darauf aufmerksam.

Geltungstrieb	Sieh da nicht hin. Sieh in die andere Richtung.
Seele	Ich denke, irgendwie muss ich mich mit euch auseinandersetzen, und dann denke ich, Mensch, lasst mich doch in Ruhe. Wozu brauch ich meine Dienstherren, wozu brauche ich das Gehalt auf meinem Konto, meine Rente, das alles?
Scheinkom'trieb	Das brauchst du alles auch. Das brauchst du alles auch.
Geltungstrieb	Ja was willst du denn sonst? Weg von der Welt? Oder was?
Seele	Ja, es gibt ja andere Möglichkeiten.
Machttrieb	Ich kenne die Alternative.
Scheinkom'trieb	Und wenn dann was ist ...?
Seele	Was soll denn sein?
Todestrieb	Dann komme ich. Ich koste auch Geld.
Seele	Was mache ich mit euch, wieso muss ich mich mit euch eigentlich abgeben?

Scheinkom'trieb	Alles andere wäre einfach ein Schuss ins Blaue.
Machttrieb	Setz dich durch. Sag den anderen, wo es lang geht.

Der Körper geht dazwischen und nimmt die Seele in den Arm.

Geist	Du bist wichtig. Du bist ein ganz, ganz wichtiger Mensch … Was mache ich ohne dich? … Was mache ich ohne Körper?
Kom'trieb	(zum Geist) Vielleicht habe ich ja noch etwas zu tun, dann brauche ich einen Körper.
Geist	(zur Seele) Du bist ein Mensch. Du bist ein vollständiger Mensch.

Am Ende des ersten Aktes ergibt sich folgendes Schlussbild: Der Spieltrieb hat sich völlig isoliert. Die Scheintriebe sitzen entspannt und gelassen um den Rest der Akteure herum. Die Seele steht in der Mitte. Direkt neben ihr hat sich der Körper postiert. Auf der anderen Seite der Seele steht der Kommunikationstrieb. Wieder weiter weg haben sich Geist, Nahrungstrieb und Geschlechtstrieb versammelt. Alle sind mehr oder weniger zusammen, nur der Spieltrieb nicht!

Nach einer einstündigen Pause sitzen alle Akteure im Kreis und warten auf den Wiederbeginn. Die Seele erhebt sich und betritt die Bühne.

Seele	Jetzt werd ich mal mit dem Körper – ach ich darf ja nicht mit ihm sprechen. Aber mal gucken, wie es ihm geht … Und dann gehe ich zum Geist. Geist, kommst du mal mit?

Der Geist geht mit der Seele in die Mitte. Beide brauchen einen Moment, um Kontakt aufzunehmen.

Seele	Was meinst du, was ich tun soll?
Geist	Vor allem ehrlich sein.

Seele	Frage: Soll ich in dem kleinen Ort mit der idyllischen Kirche und dem wunderschönen Rathaus bleiben?
Geist	Wenn du da du bist, komplett, dann ja. Wenn wichtige Teile abgespalten sind, dann nein.
Seele	Na dann werd ich mal gucken, was ich da so hinstellen kann. Alles darf ich ja wieder nicht.
Geist	Die Orte sind eigentlich völlig egal, Hauptsache, du kannst dich leben.
Seele	Also, mich würde interessieren, was die organischen Triebe dazu sagen, dass ich als jemand, der ein öffentliches Amt bekleidet, dass ich da so allein in einer schönen Dienstwohnung wohne. Und, na ja, kaum bin ich aus der Tür raus, bin ich nicht mehr privat, sondern bin im Dienst, eine, die alle kennen. Immer freundlich sein, immer grüßen.

Es entsteht eine kurze Pause.

Seele	Kommunikation! … (zum Scheinkommunikationstrieb) Es gibt auch immer Muster, in denen man reden kann, und die Fassade ist auch manchmal ganz praktisch, wenn man sich dahinter verstecken kann, finde ich. Ist entspannend. Manch einer braucht noch nicht mal meinen Namen zu wissen, der ist nicht wichtig, ich bin ja im Amt. Aber ich möchte mich auch mal als Mensch zeigen. Was meinst du dazu?
Scheinkom'trieb	Du, so einfach würde ich die Frage nicht beantworten können, … was du tun sollst.
Seele	Interessant, dann brauchst du noch ein bisschen Zeit zum Nachdenken, oder?
Scheinkom'trieb	Wenn du ehrlich bist, dann musst du schon sehen, was du machst und genauer hinschauen, was da noch alles sein könnte.

Geltungstrieb	Worum gehts hier eigentlich? Ich meine, du hast 'n guten Job, du hast eine gute Position, was willst du eigentlich mehr? Du hast eine gesicherte Existenz, dir kann überhaupt nichts mehr passieren.
Körper	Und wenn dann abends die Tür zu ist, bin ich völlig allein in deinem, meinem schönen Haus. Und dann, was mach ich dann?
Geltungstrieb	Lädst dir die Leute ein.
Körper	Ja, und wenn sie gegangen sind, bin ich immer noch allein.
Geltungstrieb	Nicht sobald du aus der Haustür bist.
Seele	Aber hast du das Gefühl, du kommst wirklich zum Zuge?
Geltungstrieb	Aber ja ... bei Amt und Würde.
Seele	Na wenn du meinst.
Geschlechtstrieb	(zum Körper) Also, das ist ja irgendwie gar nicht nötig, dass du allein zuhause rumhockst. Wir können durch die Tür gehen und die Öffentlichkeit ist uns egal.
Körper	Was machen wir beide nur mit dir? ... Ich frage mich schon lange, wann sie Mut zu uns hat.
Geist	Als Geist würde ich sagen ...
Seele	Ich glaube, ich setz mich erst mal hin und lass die machen, oder?
Geist	Sie soll sich trauen, auch mal Arm in Arm, als eine schöne Frau mit einem netten Mann, durch die Gegend zu gehen. Würde mir gefallen.
Seele	Würde mir auch gefallen.
Geltungstrieb	Aber überleg mal, was das für Konsequenzen hat. Für die Stellung und überhaupt.
Geist	Sie ist ein Mensch, sie ist eine Frau, sie darf das.
Scheinkom'trieb	Und wo hat sie den Mann her?
Geist	Die finden sich. Es gibt genügend Männer.
Scheinkom'trieb	Einfach so?

Geist	Einfach so.
Geltungstrieb	Die kann doch nicht irgendeinen Mann nehmen. Also hör mal!
Geist	Nicht irgendeinen Mann, einen tollen Mann.
Scheinkom'trieb	Was ist toll? Was ist toll?
Geltungstrieb	Na, der muss schon stark sein.
Geist	Einer, der sie achtet, sie respektiert, den sie achten und respektieren kann, den sie liebt, geistig, seelisch und körperlich.
Geltungstrieb	Was glaubst du, was die Leute dann reden. Torschlusspanik und so was alles.
Scheinkom'trieb	Eine tolle Frau, die nichts mehr zu sagen hat.
Geist	Quatsch, die Frau hat immer was zu sagen.
Scheinkom'trieb	Bei wem?
Geist	Überall.
Seele	Aber das ist gar kein Widerspruch für mich.
Geist	Ich will auch gar keinen Widerspruch, ich will integrieren. Ich will, dass du eine vollwertige Frau bist, und …
Scheinkom'trieb	Es kann doch nicht sein, dass da keine Widersprüche sind.
Geist	Aber man muss doch trotz der Widersprüche leben.
Kom'trieb	Die muss man nicht schaffen! Die muss man nicht beachten, sondern die muss man aus der Welt schaffen.
Scheinkom'trieb	Die sind da. Die muss man doch abwägen, ich kann nicht einfach so tun, als wären die nicht da.
Spieltrieb	Doch … Dann sind sie nämlich nicht mehr da.
Geist	Die Widersprüche dürfen einen nicht beherrschen. Auch wenn der Tod meint, er hätte mich in der Klammer, er irrt.
Scheinkom'trieb	Aber ich muss die Widersprüche beherrschen.
Geltungstrieb	Du wirst ganz schnell sehen, wie dein Ansehen sinkt, wenn du mit einem Gspusl daherkommst, womöglich

nicht verheiratet. Und was sie dann von dir denken, sie werden dir nicht mehr vertrauen, sie werden dich vielleicht sogar meiden.

Seele	Oh, das glaub ich nicht.
Geltungstrieb	Du hast einen Job in der Öffentlichkeit, das ist was anderes als Bäckersfrau oder Schneiderin.
Seele	Ja, aber das ist nicht mein Problem.
Geltungstrieb	Es könnte aber zu deinem Problem werden.
Seele	Nee, das Problem ist eher, dass mein Amt so komische Vorschriften mit sich bringt ... Keine wilde Ehe, man muss verheiratet sein, weil man die Leute auch verheiraten muss, das gehört zu dem Amt.
Geist	Ist das zwingend? ... Es ist doch die Lebenswirklichkeit, dass Menschen zusammen leben, ohne verheiratet zu sein.
Scheinkom'trieb	Ja, eben, aber was passiert dann? Was passiert dann?
Geist	Sie ist eine normale Frau wie andere auch.
Seele	Ja, was soll dann passieren?
Körper	Also, ich denke, mich würde unheimlich interessieren, warum der Spieltrieb gerade zusammengebrochen ist.
Geist	Bitte? Was?
Körper	Ich möchte keinen anderen dazu hören, ich möchte den Spieltrieb hören. Ich möchte den Spieltrieb hören, was er gefühlt hat. Ich möchte auch vom Nahrungstrieb wissen, warum er sich so zurückgehalten hat. Und ich möchte mehr vom Geschlechtstrieb wissen. Was alle anderen plappern, weiß ich schon längst, aber was ihr wollt, weiß ich ganz einfach noch nicht.
Geschlechtstrieb	Du, als Körper, warst oft ziemlich getrennt von mir, oder vom Tod beschattet, von der Scheinkommunikation umschlossen, und ohne dich hab ich überhaupt keinen Bock. Also hab ich eigentlich überhaupt keine Existenz. Und Kommunikation fehlte auch. Wie soll ich denn Kontakt

aufnehmen zur Seele, wenn die Kommunikation nicht da ist, wie soll ich mit dir verbunden sein, wie soll ich für sie zum Ausdruck kommen? Das alles fehlt mir, Kommunikation fehlt mir, und du als Körper warst gebunden, vom Tod beschattet und in den Klauen der Scheinkommunikation.

Körper   Ich kann zwar nicht mit der Seele sprechen, aber dieses Nebeneinander von Körper und Seele kenne ich. Aber ich glaube, dass der Geschlechtstrieb eine Rolle gespielt hat. Irgendwann brauchte ich nicht zu kommunizieren. Ich sah ihn nicht mehr neben mir, beide waren eins. Und das muss was mit euch zu tun haben, aber ich weiß nicht, was. Ich möchte einfach mehr auf euch hören. Ich höre eure Stimmen noch nicht. Die anderen höre ich laut und deutlich. Und da ist immer „soll" und „muss" und „kannst" und „mach dir nichts draus", aber, aber hier, euch hör ich nicht so.

Geschlechtstrieb   Ich fühl mich eins mit dem Kommunikationstrieb, mit dem Spieltrieb, mit dem Nahrungstrieb. Aber wenn wir so aufgespalten sind, ja, wie soll ich zum Ausdruck kommen ohne Kommunikation? Wie soll ich spielen ohne Spieltrieb? Wie soll ich satt werden ohne Nahrungstrieb?

Spieltrieb   Also bei mir war das so. Ich konnte in dieser Konstellation nicht mehr. Ich glaube, das hatte mit dem Kommunikationstrieb zu tun. Irgendwas hat sich geändert, und ich hatte das Gefühl, mich schmeißt es aus dem System heraus. Erst hat mich der Geist noch gehalten, aber irgendwann konnte ich mich nicht mehr auf den Beinen halten. Wobei es mich gewundert hat, weil der Geist, den ich etliche Male versucht hab, anzusprechen, mich so lange gestützt hat, aber bis dahin nie reagiert hat.

Körper   Und was warst du dann, warst du traurig? Oder warst du erschöpft, oder was?

Spieltrieb	Ja, es war schon Traurigkeit dabei. Ich hab mich überflüssig gefühlt. Also völlig überflüssig. Und ich hatte so das Gefühl, wenn ich den Geist angesprochen hab, oder alle anderen, ich glaub, ich hab den einen oder anderen Scheintrieb mal versucht, irgendwas zu fragen, da ist mir das aufgefallen, dass mich alle einfach ignoriert haben.
Geist	Klar. Du warst lange viel zu wichtig.
Spieltrieb	Was war ich?
Geist	Lange viel zu wichtig ... Du bist wichtig, aber nicht übermächtig wichtig. Die anderen sind auch wichtig, und als Geist wünsche ich mir, freue ich mich, wenn ihr zusammen kommt. Doch keiner darf die Herrschaft übernehmen.
Spieltrieb	Ich hatte nie das Gefühl, dass ich irgendwie die Herrschaft übernchme.
Todestrieb	Du hast dich hier sehr früh als Beschützer vor dem Tod gefühlt.
Spieltrieb	Ich hab mich sehr zur Seele hingezogen gefühlt, und ich hatte das Gefühl, dass der Tod eine Bedrohung ist. Da hab ich versucht, mich dazwischen zu stellen. Ich empfinde das nicht als Herrschaftsübernahme.
Geist	Du warst eine Ausflucht vor dem Eigentlichen.
Spieltrieb	Das ist nicht richtig?

Der Geltungstrieb wird im Laufe der Ausführungen seines Pendants, des Spieltriebs, immer nervöser.

Geltungstrieb	*(zur Seele)* Du hast ein Amt übernommen, du hast eine Sendung. Du hast Verantwortung übernommen. Du kannst nicht alles haben.
Seele	Ja, aber da war irgendwie meine Lebendigkeit. Vielleicht auch meine Unantastbarkeit.

Kom'trieb	Ihr habt mich völlig verloren, ich verstehe null, was hier abläuft ... Ich höre zwar, dass irgendwie geredet wird, aber was, das kommt überhaupt nicht bei mir an.
Nahrungstrieb	Mein Bauchgefühl möchte die ganze Zeit was sagen, aber ich komm überhaupt nicht dazu. Schon vor der Pause war ich im Grunde völlig unwichtig. Ich hab gedacht, ich bin doch der Nahrungstrieb, ich bin doch wichtig. Aber eigentlich hab ich mich nur wohlgefühlt in der Kombination mit dem Spieltrieb und dem Geschlechtstrieb. Und ich denke die ganze Zeit: Hört endlich auf zu quatschen, lass den Körper doch mal im Bauch irgendwas spüren! Also: Langsam grummelts da drin.
Körper	Ich als Körper fühle, dass diese Triebe einfach zu kurz kommen. Die kommen absolut zu kurz.
Nahrungstrieb	Genau. Aber dazu muss man noch sagen, ich war auch dabei, den Geist anzutippen.
Kom'trieb	Ich geh zum Geist.
Nahrungstrieb	Und dann hab ich das Gefühl gehabt, ich komm nicht durch. *(zum Körper)* Der einzige Ansprechpartner bist du, zu den anderen, den Scheintrieben, hatte ich keinen Bezug.
Seele	*(zum Geist)* Frag doch mal den Kommunikationstrieb, ob das was mit meinem Beruf zu tun hat, dass er so erhöht ist? Frag doch mal.
Geist	Kann sie überhaupt kommunizieren?
Kom'trieb	Ja.
Geist	Kann sie mit den Menschen als Amtsperson kommunizieren?
Scheinkom'trieb	*(nickt heftig)* Ja. Jaa!
Geschlechtstrieb	Also, mich kann sie nicht kommunizieren.
Nahrungstrieb	Mich auch nicht.

Geist	Als Geist sage ich, kein Amt, keine Behörde darf dich als Menschen beeinflussen. Du musst ein vollwertiger Mensch sein.
Seele	Tja, da würd ich dir recht geben.
Scheinkom'trieb	Aber ein vollwertiger Mensch bist du erst dann, wenn Dir auch diese Einflüsse klar sind. Wenn du die auch berücksichtigst.
Geist	*(seufzt)* ... Schrecklich.

Die Seele wandert herum und wird vom Todestrieb verfolgt. Dann geht sie zu den organischen Trieben, beugt sich zu ihnen hin und entfernt sich wieder in Richtung Geist.

Seele	Ich glaube, wir müssen das irgendwie trennen.
Kom'trieb	Das geht in die Eierstöcke.

Der Kommunikationstrieb liegt am Boden und krümmt sich vor Schmerzen. Die Seele wandert ziellos hin und her, sie ist absolut hilflos.

Kom'trieb	Es wird ein bisschen besser ... (zum Geist) Kommst du mit?

Die organischen Triebe, Geist und Körper gehen aufeinander zu. Die Scheinkommunikationstriebe verfolgen das Geschehen und die organischen Triebe.

Körper	Ich spüre nichts ... Ich spüre auch nicht, dass ich mich aufrichten muss, um meine Macht zu demonstrieren.
Geschlechtstrieb	(zum Kommunikationstrieb) Also, ich möchte dich am liebsten in die Rippen stoßen und sagen: Bring uns doch mal alle unter einen Hut.
Todestrieb	Ich werde aggressiv.
Scheinkom'trieb	Mir ist das zu kindisch.
Kom'trieb	Die Schmerzen sind jetzt weg.

Seele	(zum Geist) Das sieht doch gut aus für mich.
Todestrieb	Ich such einen Partner zum Kämpfen.
Geist	Super.
Todestrieb	Willst du das sein?
Geist	Nee, ich bin … Ich kämpfe nicht, ich bin.
Geschlechtstrieb	(zum Todestrieb) Ich habe das erste Mal keine Angst vor dir. Das erste Mal, seit heute Morgen.
Körper	Ich bin angespannt, weil ich nicht weiß, wie ich damit umgehen soll.
Kom'trieb	Ich kann erst aufstehen, wenn der Körper mitgeht.
Seele	(zum Geist) Was passiert da jetzt gerade?
Geist	(murmelt vor sich hin)
Körper	Es geht einfach nicht.
Scheinkom'trieb	Warum nicht? Steh doch auf. Hauptsache, wir sind auf Augenhöhe.
Seele	Was sagst du denn?
Scheinkom'trieb	Wenn wir auf Augenhöhe bleiben, kann der ruhig aufstehen. Man darf es nur nicht übertreiben.
Körper	Ich muss erst mal lernen, mit dir zu kommunizieren.
Kom'trieb	Ich finde es auch komisch, zu reden.
Geschlechtstrieb	Wenn ihr beide, Körper und Kommunikationstrieb, miteinander kommuniziert, dann bin ich stärker als der Tod, das merke ich.
Körper	Ich schaff das nicht allein. Ich brauche meine Helfer.
Scheinkom'trieb	Wie wärs denn mit mir?
Komm'trieb	Nein, nein.
Todestrieb	Wenn ihr noch lange redet, greif ich ein.
Scheinkom'trieb	(zur Seele) Überlegs dir gut … Warum stehst du eigentlich da? Ich würde dich gern hierher locken.
Kom'trieb	(zum Körper) Frag die Seele doch mal, ob sie dir beim Aufstehen mit mir hilft.

Todestrieb	Bla, bla, bla.
Seele	Die Seele weiß wieder mal nicht, was sie tun soll.
Todestrieb	(schreit) Au.
Seele	Möchte sie aber gern.

Der Kommunikationstrieb greift den Todestrieb körperlich an, und alle restlichen Triebe werden plötzlich aktiv, bewegen sich.

Todestrieb	Au!

Der Spieltrieb sondert sich von allem ab und verlässt quasi die Bühne.

Seele	Was meinst du? Darf eine Frau in meinem Amt, in meiner Position schwanger werden?
Geist	Na klar.
Seele	Eben. Das mein ich auch.
Scheinkom'trieb	Was passiert, wenn nur dein Geist und deine Triebe das lösen? Reicht das aus?
Seele	Na, erst mal fürs Grundsätzliche schon.
Scheinkom'trieb	Und dann hast du das Grundsätzliche erschüttert, auch wenns nicht so grundsätzlich scheint.
Seele	Du läufst ja richtig zur Hochform auf!
Scheinkom'trieb	Ich will dir nur helfen. Es muss ja alles auch in seiner Bahn sein.

Der Kommunikationstrieb geht wieder mit Schmerzen zu Boden. Auch der Spieltrieb leidet noch immer.

Kom'trieb	(zum Körper) Verstehst du, was die sagen?
Körper	Nein.

Die Seele versucht, irgendwie mit dem Körper in Kontakt zu kommen, aber es gelingt ihr nicht.

Geltungstrieb	Vielleicht entscheidest du dich mal, wo es jetzt lang gehen soll, was du noch alles erreichen kannst, was du noch alles sein könntest.
Seele	Ich wäre gern satt und zufrieden. Ich wäre gern lebendig.
Nahrungstrieb	(fasst sich an den Kopf) Nicht im Konjunktiv sprechen! ... Die redet nur, die redet nur.

Die Seele treibt es umher. Der Geltungstrieb und der Machttrieb bleiben ihr immer dicht auf den Versen.

Machttrieb	So kommst du nicht weit.
Kom'trieb	Es zieht in den Eierstöcken.
Nahrungstrieb	Ich wundere mich die ganze Zeit, warum mit mir keiner Kontakt aufnimmt ... Ich gehe jetzt einfach mal zum Geist.
Kom'trieb	Der langweilt sich.
Geltungstrieb	Es ist ja auch nichts los.
Spieltrieb	Das ist doch klar, wenn der Spieltrieb nicht dabei ist und nicht gebraucht wird.
Scheinkom'trieb	Moment mal.
Körper	(zum Scheinkommunikationstrieb) Ist es möglich, dass du dich einfach mal zurückhältst?
Scheinkom'trieb	Mich zurückhalten?
Körper	Du spielst dich immer in den Vordergrund, aber du spielst hier nicht die Hauptrolle. Ganz bestimmt nicht.
Scheinkom'trieb	Du machst mich zur Hauptrolle.
Körper	Nee, ich mach dich nicht zur Hauptrolle. Das können wir alle sehen, dass du dich ...
Scheinkom'trieb	(unterbricht) Du redest doch dauernd von mir.
Körper	Ja eben, und deshalb frage ich dich mal direkt: Meinst du, dass es möglich ist, dich zurückzuziehen?
Scheinkom'trieb	Ich muss da gar nichts tun.
Machttrieb	Ich finde, du machst hier einen schönen Hahnenkampf.

Geltungstrieb	Wir sind schließlich die Einzigen, die hier wirklich auf die Seele aufpassen.
Geschlechtstrieb	Lass doch bitte mal den Kommunikationstrieb reanimiert werden, ohne den Kommunikationstrieb haben wir alle keine Chance.
Scheinkom'trieb	Reanimieren?
Seele	Ich kann wieder nichts tun! Mit meinem Körper bin ich in Kontakt, aber meine Triebe führen ein Eigenleben!
Geist	Als Geist sage ich, diese Triebe sind einfach da, so wie Sonne und Regen.
Seele	(zum Körper) Ich würde gern neben dir hocken, nein, nicht nur neben dir, sondern in dir.
Geist	Das ist gut.
Kom'trieb	(zum Geist) Sag ihr doch mal, sie soll mit dem Nahrungstrieb reden.
Geist	Also gut. Geh und iss.
Seele	Ich esse doch jeden Tag.
Geltungstrieb	Wir haben dich dahin gebracht, wo du jetzt bist. Und da kannst du eigentlich froh sein.

Der Körper hat sich von der Seele entfernt, die das aber nicht bemerkt hat.

Nahrungstrieb	Ich fand den Kommentar, geh und iss, auch wenn er pathetisch war, echt gut. An den denk ich nämlich die ganze Zeit schon. Geh und hab Sex, geh und iss. Solche Sachen denk ich andauernd. Das sag ich jetzt zu dir. Entschuldigung.
Geschlechtstrieb	Ja, und wer, wenn nicht du, kann jetzt dafür sorgen, dass diese Scheinkommunikation mal aufhört und du als Lebenswahrheit endlich mal ins Gespräch mit der Seele kommst?
Scheinkom'trieb	Das ist alles sehr klar. Nur, gewusst wie.
Todestrieb	Ein bekanntes Bild, nur zur Erinnerung. Hatten wir schon.

Geist	Und?
Seele	Lass mich das doch erst mal angucken … Also Tod, Scheinkommunikation, Macht und Geltung. Ich mobilisiere jetzt einfach mal meine anderen Kräfte.
Scheinkom'trieb	Da kommt was in die Gänge.
Geltungstrieb	Wir wollen nur dein Bestes.
Seele	Nun sagt mir doch mal, inwiefern ihr mir nützt.
Geltungstrieb	Wir haben dich dahin gebracht, wo du jetzt bist. Großes Haus für dich alleine …
Seele	Sag doch einfach, wer du bist.
Geltungstrieb	Die Geltung.
Seele	Sag mal, was ich davon habe.
Geltungstrieb	Ich gelte was. Ich hab mich da hochgearbeitet, ich gelte was. Die Leute achten mich. Sie respektieren mich. Denen ginge es schlecht ohne mich, oder zumindest schlechter. Ich bin wichtig hier.
Seele	Okay. Und du?
Scheinkom'trieb	Ich sage, was gut und schlecht ist. Ich weiß, worum es geht, was man sich erlauben darf und was nicht. Und ich sag dann auch ganz klar, was los ist, was Sache ist.
Seele	Und was habe ich davon, dass du da bist?
Scheinkom'trieb	Du hast die Sicherheit, was ist gut, was nicht, was richtig und was ist falsch.
Seele	Okay. Und du?
Machttrieb	Tja, ich bin die Macht. Ich setze mich durch.
Seele	Was hab ich davon?
Machttrieb	Durchsetzen heißt, sich gegenüber anderen behaupten. Geradeausgehen, nicht in Kurven gehen.
Kom'trieb	(zum Körper) Mir gehts wieder besser.
Körper	Wirklich?
Kom'trieb	Wirklich.

Machttrieb	Hier kommst du voran. So kommst du weiter. Setz dich durch.
Seele	Jetzt würde ich gern mal wissen, was ihr sagt, wenn ich einfach Ich bin.
Geltungstrieb	Du bist doch jetzt auch schon du.
Seele	Sag mir doch mal, was mir das als Privatperson bringt, dass du da bist.
Geltungstrieb	Eigentlich könntest du richtig zufrieden sein. Aber Zufriedenheit würde dir nur dann etwas bringen, wenn du akzeptieren würdest, wie die Sache halt ist.
Seele	Und was hab ich davon?
Geltungstrieb	Sicherheit, Ansehen, Geltung, ruhiges Leben.
Scheinkom'trieb	Auskommen.
Geltungstrieb	Großes Auskommen.
Todestrieb	Um mich kommst du nicht herum.
Scheinkom'trieb	In deinem Beruf schon gar nicht.
Seele	Nee, ich rede ja auch nicht von meinem Beruf. Ich rede von mir als Frau.
Scheinkom'trieb	Du bist Doktorin.
Seele	Furchtbar.
Machttrieb	Gut ja. Du könntest ja viel mehr sein. Du könntest dich wirklich mal durchsetzen.
Seele	Und bei dir?
Todestrieb	Ich kann dir das Wissen um die Letzten Dinge bieten. Völlige Klarheit.
Seele	Ich hab mir jetzt angehört, was ihr von mir wollt.
Alle Scheintriebe	Wir sagen, was wir dir bieten.

Die Seele ist die Herrin über die Scheintriebe. Sie schauen alle auf sie hin. Sie dienen ihr, dynamisch, logisch. Aber den abwesenden Körper beachtet die Seele nicht.

Seele	Ich habe das Gefühl, ich muss sie abarbeiten. Am liebsten würde ich sie in die Wüste schicken ... (zum Scheinkommunikationstrieb) Ich geh jetzt da rüber und muss in Ruhe nachdenken, und du gehst auf Abstand. Und im Rücken brauch ich auch keinen.

Die Seele versucht sich von den Scheinkommunikationstrieben zu befreien, Abstand zu gewinnen.

Scheinkom'trieb	Du brauchst keinen?
Seele	(zu den Scheintrieben) Abstand. Genau, du hast genau verstanden. Also noch mal ... Noch ein Stückchen weiter ... Geist, was meinst du? Soll ich mein Leben ändern?
Geist	Kann sein, dass das richtig ist.
Seele	So.
Geist	Sei du selbst.
Seele	Kannst du nicht mal die Triebe fragen?
Geist	Kann ich fragen, aber dann musst du die Triebe erst mal um dich versammeln.
Seele	Ja, ich hätte sie gern alle näher bei mir.

Der Geist versucht den Wunsch der Seele zu erfüllen und sich den organischen Trieben verständlich zu machen. Währenddessen geht die Seele zum Körper. Sie nehmen Kontakt auf. Der Spieltrieb sitzt indessen in einer Ecke und fühlt sich einsam, mitgenommen.

Geschlechtstrieb	(zu sich selbst) Ich hab gar keine Existenzmöglichkeit ohne den Kommunikationstrieb. Ich habe keine Ausdrucksmöglichkeit. Aber ich such mir schon mal eine Alternative bei der Macht.
Machttrieb	Das geht vorbei.

Die Seele und der Körper sind sich indes sehr nahe.

Geist	Sie wird glücklich und vollständig.
Seele	Ich weiß immer noch nicht, was ich tun soll.
Kom'trieb	Ich werde irgendwie traurig.
Geist	Ist das nicht eine der intensivsten Formen der Kommunikation?
Geltungstrieb	Ziemlich kindisch.
Todestrieb	Mir geht es sehr gut.
Scheinkom'trieb	(zum Kommunikationstrieb) Weiter kommst du nicht.

Der Körper und die Seele liegen mittlerweile innig umarmt am Boden.

Geltungstrieb	Ich würde mich ungern zu Boden legen.

Körper und Seele setzen sich wieder auf.

Machttrieb	Erbärmlich, wie du am Boden sitzt.
Kom'trieb	Wenn die sich zu bewegen anfangen, fange ich an zu quatschen.
Geschlechtstrieb	Ich habe so eine tödliche Langeweile.
Geist	Was wünschst du dir?
Seele	Ich wünsche mir, dass alle Anteile zusammen sind, verschmolzen mit dem Körper.
Geschlechtstrieb	Immer getrennt und nicht zusammengekommen.
Geltungstrieb	Also an uns lag es nicht, wir waren immer da.
Seele	Der Geist ist so antriebslos. Es ist doch alles da, aber ich weiß nicht, wie ich es vernetzen soll.
Geschlechtstrieb	Ich fühle mich vergewaltigt.
Scheinkom'trieb	Man kann dich ja auch nicht so allein lassen.
Todestrieb	Ich bin ja auch noch da.

Der Geist versucht, alle organischen Triebe um sich zu versammeln. Der Geschlechtstrieb bleibt dabei auf Distanz, der Spieltrieb ist noch immer abseits des Geschehens.

Seele	Der Spieltrieb, wo ist er?
Geist	(zum Spieltrieb) Magst du kommen? Du bist eingeladen.
Spieltrieb	Das weißt du doch nicht.
Geist	Du bist eingeladen. Ich lade dich ein. Die Seele möchte, dass du kommst.

Der Kommunikationstrieb freut sich auf den Spieltrieb, doch der lässt sich vom Geist nicht dazu bewegen, in die Nähe des Körpers oder der Seele zu kommen.

Geist	(zum Geschlechtstrieb) Magst du kommen?

Der Geschlechtstrieb geht zu Körper, Geist und den anderen Trieben. Der Spieltrieb ist etwas näher gekommen, wahrt aber weiterhin Distanz. Um diese feste Einheit von Körper, Seele, Geist, Kommunikationstrieb, Geschlechtstrieb und Nahrungstrieb laufen der Scheinkommunikationstrieb und der Geltungstrieb ratlos herum. Auch der Machttrieb kommt beunruhigt hinzu. Die organischen Triebe, Geist und Körper flüstern unverständlich miteinander. Der Spieltrieb bleibt immer noch außen vor.

Geist	(zum Spieltrieb) Du fehlst, magst du kommen?
Seele	Ja, der fehlt mir auch.
Spieltrieb	Ich habe nicht das Gefühl, dass ich da willkommen bin.

Der Spieltrieb geht um die mittlerweile erstarrte Gruppe herum, und der Geltungstrieb bildet eine diagonale Achse zu ihm und geht ebenfalls mit herum.

Seele	Ich verstehe das nicht. Ich habe lauter unbeherrschbare Triebe.
Geist	Ich habe dich gewarnt.
Scheinkom'trieb	Du musst mal deine Klugheit einsetzen.

Kom'trieb	Ich will alles.
Geist	Sie will, dass du mit allem bist, mit allen kommunizierst.
Scheinkom'trieb	Unrealistisch.
Todestrieb	Alles bekomme nur ich.
Seele	(zum Geist) Ich glaube ja auch, dass das geht. Ich glaube, das ist das Erste, was ich Dir glaube, Geist!
Geist	Du hast das Recht auf glücklich sein, nur es kommt nicht von allein.
Seele	Was kann ich tun? Ich guck mir noch mal die Triebe an.
Scheinkom'trieb	Lass mich das machen.

Die Gruppe steht mehr oder weniger erstarrt beisammen, nur der Spieltrieb umrundet sie immer wieder wortlos.

Seele	Wenn ich mit meinen Trieben nicht sprechen kann, sollte ich vielleicht noch mal mit meinen Scheintrieben sprechen. (zu den Scheintrieben) Vielleicht kann ich euch einfach einspannen für meine Zwecke. Machttrieb, ich will, dass du mir hilfst, dass ich das Richtige will, dass ich mich durchsetzen kann.
Machttrieb	Ja, mach ich gern.
Seele	(zum Geltungstrieb) Ich möchte gern, dass ich mich selbst achten kann ... ja?
Geltungstrieb	Ja.
Seele	Ja?
Geltungstrieb	Ja, ja.
Körper	Kannst du das noch mal wiederholen, was sie dich gefragt hat?
Geltungstrieb	Sie möchte, dass sie sich selbst achten kann.
Körper	Und du als Geltungstrieb?
Geltungstrieb	Ich will ja, dass sie sich achtet.
Seele	Ich gelte mir selber was, ja?

Scheinkom'trieb	Ja ja, und das läuft dann über uns andere.
Seele	Das war noch mal ein Versuch.

Nachdem die Seele Kontakt mit den Scheintrieben aufgenommen hat, hat sich der Kommunikationstrieb wortlos von der Gruppe entfernt.

Seele	(zum Scheinkommunikationstrieb) Ich könnte euch ja als Berater einstellen, denn irgendwie werde ich euch ja nicht los.
Scheinkom'trieb	Du willst mich doch auch gar nicht loswerden ... Ohne mich verlierst du doch total die Orientierung. Du hast ja schon Angst davor, dass du keine Angst mehr hast. Und das ist auch richtig so. Du weißt doch, was Sache ist.
Seele	(seufzt)

Alle Scheintriebe stehen entspannt und selbstbewusst um die einsame Seele herum. Das lockt den Spieltrieb an, und es entsteht eine unverständliche Unterhaltung mit dem Geltungstrieb, dem Machttrieb und dem Scheinkommunikationstrieb.

Seele	Richtig teuflisch hier ... (zum Machttrieb) Und du bist der Allerschlimmste.

Der Machttrieb verabschiedet sich gleichermaßen wie der Kommunikationstrieb von der Gruppe. Die Seele braucht eine Pause und verlässt folgendes Schlussbild: Der Geist ist umringt von Körper und Geschlechtstrieb. Um die beiden herum stehen Todestrieb, Geltungstrieb, Spieltrieb und Scheinkommunikationstrieb. An der einen Seite der Gruppe hat sich allein der Kommunikationstrieb fern ab der Gruppe einen Platz gesucht, ihm fast gegenüber, auf der anderen Seite, ebenso fernab der Gruppe, der Machttrieb.

Etwas später versucht die Seele noch einmal, sich Körper, Geist und Trieben zu stellen. Aber da sie sich nicht wirklich entscheiden kann, wie ernst sie die Hinweise ihrer, sagen wir, Innenwelt nehmen soll, ist sie einer gewissen Verzweiflung nahe. So versucht sie irgendwie noch einmal neu zu beginnen, in der Hoffnung, alles werde leichter für sie. Doch die Scheintriebe machen ihr schnell klar, dass sich so nichts ändert.

Und da die Seele nicht wahrhaben will, dass das Ergebnis ihrer Triebaufstellung gezeigt hat, dass einerseits ihr Kommunikationstrieb vollkommen isoliert, das heißt, unbefriedigt ist, und andererseits der Machttrieb im Hintergrund lauert, um zu verhindern, dass sie die Scheinkommunikation durch Kommunikation ersetzt, gibt es für sie keinen sichtbaren Ausweg. Gäbe die Seele ihre Macht auf, könnte sie kommunizieren.

Alle Beteiligten setzten sich noch lange nach dem Triebexperiment zu intensiven Gesprächen zusammen. Diese Gespräche waren kommunikativ, vor allem deshalb, weil Menschen unterschiedlichster Herkunft und Bildung einander zuhörten und sich mitunter sehr persönliche Dinge erzählten. Selbst am nächsten Morgen noch versammelten sich einige der Beteiligten, um wieter miteinander zu kommunizieren. Da die inhaltlichen Resultate des Experimentes sehr persönlich waren, werden sie hier in diesem Buch nicht erwähnt.

Eines war sehr interessant, ja sogar aufregend: Zu sehen, wie die zu Anfang in ihre einzelnen Anteile, nämlich Seele, Körper, Geist, Kommunikationstrieb, Nahrungstrieb, Spieltrieb, Geschlechtstrieb, Scheinkommunikationstrieb, Todestrieb, Geltungstrieb und Machttrieb aufgeteilte Persönlichkeit sich am Ende in einer Einheit wiederfand, in der die Positionierung der einzelnen Bestandteile der Probandin einen deutlichen Hinweis auf die Problemlösung ermöglichte. Die letzte Deutungshoheit und das entsprechende Ziehen von Konsequenzen ist jedoch stets Angelegenheit der aufstellenden Person.

Einige Monate nach dieser Aufstellungsarbeit fand die aufstellende Person einen neuen Platz in der Gesellschaft. Seitdem geht sie frei und unabhängig, erfolgreich und selbstständig ihren Weg.

6. KURZBIOGRAPHIEN DER AUTOREN/INNEN

Bernhard Richter

Herausgeber

Paul Imhof, geb. 1949 in Nürnberg, Autor, Filmemacher, Exerzitienmeister, Pastor i. E. für theologische Fortbildung und geistliche Begleitung, Prof. Dr. phil., Dr. theol.

Interview 1

Peter Maria Bajorat, geb.1956, verheiratet, drei Söhne, Studium der Philosophie (M.A. phil.), Schauspieler, Studium der Germanistik (M.A. phil.), Exerzitienbegleiter, Unternehmer, Consulting bei German Doctors e. V., Presse und Öffentlichkeitsarbeit der ASP.

Interview 2

Markus Tremmel M. A., Jahrgang 1968, hat in München und Moskau Politologie, Slawistik und Theologie studiert, anschließend eine Redakteursausbildung absolviert und einige Jahre als Journalist für Zeitungen gearbeitet, bevor er vor nunmehr 20 Jahren seinen Schwerpunkt zum Hörfunk (BR) verlegte. Zunächst Reporter und Redakteur, moderiert er inzwischen regelmäßig Volksmusiksendungen im BR Hörfunk und Fernsehen. Daneben betreibt er den via verbis verlag, in dem seit 2005 auch alle bisherigen Bände der Schriftenreihe der DUA und der Akademie

St. Paul erschienen sind. Der Russlandkenner bietet mehrmals im Jahr Gruppentouren in die Russische Föderation an (www.durch-russland.reisen).

Interview 3

Franziska Wackerbarth, geb. 1993, hat in Merseburg Kultur- und Medienpädagogik studiert. Zurzeit arbeitet sie in Wittenberg beim Verein Reformationsjubiläum 2017 im Bereich Marketing, Presse und Öffentlichkeitsarbeit. Im Frühjahr 2015 begleitete sie Paul Imhof bei den Dreharbeiten in Israel für den Film „Kinderrecht auf Frieden".

Interview 4

Hermann-Josef Schäfer, Jahrgang 1959, war nach seinem Maschinenbau-Studium in Duisburg und Berlin mehrere Jahre als Fachingenieur und Projektmanager im internationalen Anlagenbau tätig. Anfang der 90 Jahre gründete er ein Technologieunternehmen für rechnergestützte Industrieanlagen-Planung. Seit 2002 ist er Mitinhaber und Geschäftsführer einer mittelständischen Unternehmensberatung im Bereich Digitalisierung von Industrieunternehmen. Er ist bekennender Christ und absolvierte parallel zu seiner unternehmerischen Tätigkeit ein theologisches Studium an der Universität Salzburg. Seine Masterthesis „Führungsprinzip Geist – Perspektiven für das Wirtschaftsleben" schrieb er bei Prof. Dr. Dr. Paul Imhof.

Interview 5

Gabriele Haage, Jahrgang 1958, arbeitet seit dem Jahr 2000 als Yogalehrerin und Energie-Mentorin; zunächst in eigener Praxis zur „Aktivierung der Selbstheilungskräfte". Seit dem Jahr 2010 ist sie Spiritualin und arbeitet als freie Referentin vor allem im Ausland. Auf dem Schwanberg bietet sie im Rahmen der Exerzitien Christozentrisches Yoga an. Im Juli 2016 schloss sie die Ausbildung zur christlichen Meditationsanleiterin ab.

Interview 6

Hans Christoph Hermes arbeitet als Pastor der Hannoverschen Landeskirche in der Gemeinwesenarbeit in der Nordstadt Hildesheims. Zuvor war er als Gemeindepastor, Krankenhausseelsorger und in der Hospizarbeit tätig. Fortbildung in systemischen Familienaufstellungen.

Interview 7

Christoph Wiemann arbeitete zunächst als Dekorateur und Religionspädagoge (FH). Heute ist er tätig als evangelischer Diakon, systemischer Supervisor u. Coach (DGSv), Spiritual (ASP), Gemeindeberater und EMDR-Trauma-Coach (EGTE). Er leitet auch christliche Familienaufstellungen (ASP). Mit seiner Familie lebt er in der vielseitigen Jakobusgemeinde in Tübingen.

Interview 8

Jürgen Kegelmann ist Professor und Prorektor an der Hochschule für öffentliche Verwaltung in Kehl. Er lehrt im Bereich Management, Organisation und Personal und hat langjährige Führungserfahrung im öffentlichen und Non-Profit-Sektor. Im Rahmen seiner Ausbildung zur „spirituellen Begleitung von Einzelnen und Gruppen" an der Akademie St. Paul hat er sich insbesondere mit Fragen von „Spiritualität und Management" auseinandergesetzt.

Interview 9

Gerlinde Ghattas, geb. 1947, verheiratet, Pflege-, Pflegegroß- und Urgroßmutter. Krankenschwester, Dipl. Sozialpädagogin, diverse Zusatzausbildungen u. a. Logotherapie & Existenzanalyse (Viktor Frankl), Wertorientierte Persönlichkeitsbildung (Uwe Böschemeyer). Berufliche Tätigkeiten u. a. 8-jähr. Leitung der ev. Familien-Bildungsstätte des Kirchenkreises Pinneberg, 8-jähr. Leitung der Diakonischen Komplexeinrichtung für seelisch und geistig behinderte Menschen, Heim Mütter und Kinder, sowie Gruppen für Kinder und Jugendliche (Marie-Christian-Heime), Kiel. Seit 2004 in eigener Praxis als Logotherapeutin und Mentorin für Wertorientierte Persönlichkeitsbildung tätig, seit 2010 Leiterin des Instituts für Logotherapie&Existenzanalyse und Seelsorge (ILES-Kiel), seit 2014 ehrenamtliche Geschäftsführerin für ABIG Gesellschaft für Ausbildung, Beratung, Integration und Gemeindearbeit für Flüchtlinge und Migranten. Leitung der Arbeit für Perser/innen und Afghanen in der Freien evangelischen Gemeinde in Kiel.

Interview 10

Jochen Barth, geb. 1963, Pfarrer der evangelischen Landeskirche in Bayern, Seelsorger am Rhönklinikum in Bad Neustadt und auf einer Palliativstation, Schwerpunkte: Ignatianische Spiritualität, christozentrisches Familienstellen.

Interview 11

Esther Spielvogel ist Grund- und Hauptschullehrerin, sie absolvierte eine Ausbildung in Systemischer Therapie und Beratung (SG) und ist seitdem in eigener Praxis tätig. Nebenbei organisiert sie sehr gerne Christliche System- und Familienaufstellungen mit Paul Imhof. Gelingende Kommunikation unter Menschen mit verschiedensten Lebens- und Glaubensansätzen ist für sie (als Pfarrfrau) etwas Wesentliches, denn „nirgendwo sonst werden wir so stark mit uns selbst konfrontiert".

Interview 12

Bernhard Richter, geb. 1959, Dipl. Ing. (FH) Feinwerktechnik, begeistert sich seit 20 Jahren für energetische Zusammenhänge und war 8 Jahre als Innerloge® in eigener Praxis tätig. Für Paul Imhof organisierte er im süddeutschen Raum Christozentrische Familienaufstellungen. In seiner Freizeit spielt er gerne Jazzpiano.

Interview 13

Angelika Rappel hat eine Ausbildung zur Verlagskauffrau im Wilhelm Goldmann Verlag absolviert und war danach viele Jahre im Büro tätig. Ihr schon in jungen Jahren entfachtes Interesse an der Naturheilkunde und der seelischen Zusammenhänge von Krankheiten hat sie durch die erfolgreich abgeschlossene Heilpraktikerprüfung 2004 zu ihrer Profession gemacht. Sie arbeitet seitdem in eigener Praxis und bietet verschiedene Therapieformen an, wobei sowohl das Physische wie auch die Seele Berücksichtigung finden.

Interview 14

Martina Bergbauer arbeitet seit 2003 als Heilpraktikerin für Psychotherapie (HPG) in eigener Praxis in Bad Aibling. Der Schwerpunkt meiner Tätigkeit liegt im Bereich von Freundschaft, Partnerschaft und Familie. In meinen Seminaren bearbeite ich Themen der Herkunft, Ankunft und Zukunft von Menschen. Ein umfassendes System aus der Kombination von Düften, Musik, Symbolen, Farben und Berührung können akute und zurückliegende seelische und körperliche Verfassungen sichtbar, spürbar und verständlich machen. Im Kontext dazu zeigen sich Entwicklungs- und Verbesserungsmöglichkeiten, die den Menschen zu neuem Wohl-Stand dienen können.

Interview 15

Edna Li, multilingual, Volljuristin, Personalberaterin, Spiritualin und Mutter von drei Kindern arbeitete und lebte fast 20 Jahre in China. Zurück in Deutschland ist sie Mitgründerin von China Brücke Deutschland e. V., der sich dem religiösen Austausch zwischen Deutschland und China sowie den spirituellen Potentialen globaler Nomaden widmet. Sie ist Vizepräsidentin der Akademie St. Paul.

Interview 16

Ursula Kessel, , Diplom-Verwaltungswirtin, Amtsrätin i. R. und Spiritualin (ASP), geb. 1952. Beruflicher Schwerpunkt: Informationstechnik. Künstlerische Arbeit seit 1986: Steinbildhauerei, Keramik, kurzzeitig auch Kupferstich und Bronzeguss, seit ca. 2000 konzentriert auf Fotografie. Mehrjährige Auseinandersetzung mit der Quantenphysik aus spirituellem Blickwinkel. Kontakt: www.atelierhochdrei.de

Interview 17

Tobias Sprenger, Dr. med., ist Medizinischer Direktor der villavita-Tagesklinik für ganzheitliche Medizin in Köln. Seine Schwerpunkte sind anthroposophische Medizin, Gesundheitsförderung und Krankheitsprävention. Die Wechselbeziehungen zwischen spiritueller und leiblicher Gesundheit spielen dabei für ihn die zentrale Rolle.

Interview 18

Stephanie Seifert, geb. 1972, Mutter von Johannes (geb. 2005), selbständige Ergotherapeutin mit Schwerpunkt Neurologie und Schmerztherapie, Ausbildung in Feldenkrais, christozentrischer Kommunikation, NLP und Kinesiologie, Spiritualin der ASP.

Dokumentation

Reinhard Brock (1951-2013) arbeitete zunächst an diversen Theatern, bevor er zu Film und Fernsehen kam. Als Filmregisseur wurde er in New York und Chicago für seine Arbeiten ausgezeichnet. Aufgrund seiner Kompetenz in Sprech- und Schriftsprache wurde er aber schon bald ein gefragter Synchronbuchautor und Regisseur.

7. SACH- UND NAMENREGISTER
Bernhard Richter

8. BIBELSTELLENVERZEICHNIS

Bernhard Richter

Bisher sind erschienen in der Reihe
Strukturen der Wirklichkeit

Band 1 (2005):
LEBEN IM GEIST
Perspektiven der Spiritualität

Mit diesem Band soll der Versuch unternommen werden, einen Beitrag zum Dialog und zur vertieften Beschäftigung mit den Leitvorstellungen in Kulturwissenschaft, Kommunikation und Spiritualität zu leisten. Wissenschaftliche Erkenntnisse sollen zur Sprache gebracht und ihre Bedeutung für Gesellschaft und eigene berufliche Praxis kritisch reflektiert werden.

Mit Beiträgen von Jens Colditz, Matthias Gärtner, Georg Gremels, Paul Imhof, Volker Keding, Albert Keller, Peter Neuner, Rudi Ott, Michael Plattig, Gabriel-Alexander Reschke, Friedo Ricken, Eduard Saroyan, Harald Schöndorf, Jürgen Schott, Gerhard Smiatek, Hans-Joachim Tambour, Heinz Warnecke.

Band 2 (2007):
WELT IM WANDEL
Perspektiven der Gesellschaft und der Ökonomie

Noch nie hat sich so vieles in so kurzer Zeit gewandelt wie während der letzten Jahrzehnte. Und die Welt wird sich in Zukunft noch schneller wandeln. Die Beiträge dieses Buches möchten zum kurzen Innehalten einladen, zum Blick nach rückwärts, ins Heute und nach vorwärts. Sie möchten Visionen entwerfen.

Mit Beiträgen von Nona Abazyan, Stephanie Betz, Reinhard Brock, Monika Fenchel, Barbara Freier, Susanne Fuchs-Seliger, Paul Imhof, Jürgen Kegelmann, Volkmar Kümmel, Stefan Neumann, André Presse, Gabriel-Alexander Reschke, Kurt W. Schönherr, Waltraud Sebastian, Jürgen-M Seeler, Wolfgang Sigg, Regina Sörgel, Götz W. Werner, Hans-Jürgen Zahorka, Verena Zeiher.

»Nimmt man die lateinischen Wurzeln einer *Uni-versität* ernst, so geht es in ihr um die Kehre zum Unum. Wer oder was ist der Eine, der Ursprung, das Ziel? Was ist das für eine Rückbesinnung? Was ist das für eine Bewegung dorthin?«
Paul Imhof zu Band 3

Band 3 (2007):
WISSEN UM WERTE
Perspektiven der Religion

Wenn Religion sich bemüht, das Verhältnis zwischen Gott und Mensch zu bestimmen, dann geschieht dies durch verschiedene Formen von mehr oder minder geglaubtem Wissen und durch den Anspruch, jene Werte zu vermitteln, die für das Heil des Menschen wichtig sind. Aufgrund von recht unterschiedlichen Erfahrungen wird die Frage nach den Werten in diesem Buch aufgegriffen. Die Beiträge möchten anregen, die eigenen Perspektiven zu klären.

Mit Beiträgen von Gottfried Adam, Jens Colditz, Friedrich E. Dobberahn, Jürgen Eilert, Beate Hofmann, Paul Imhof, Gottfried Kawalla, Volker Keding, Robert E. Maier, Josef Reiter, Josef Schmidt SJ, Hans-Joachim Tambour, Ashot Voskanian.

Band 4 (2009):
WAGNIS DER FREIHEIT
Perspektiven geistlicher Theologie

Die Festschrift für Paul Imhof spiegelt dessen enorme Vielfältigkeit wider: das Forschen in der Schrift, das Erkennen der Aktualität der Botschaft, das Ringen um klare Strukturen des Glaubens, das Hören auf die Stimmen der anderen, das Wagen auf den geistlichen Weg. Die Beiträge motivieren, eigene Perspektiven im Wagnis der Freiheit in Wissenschaft und Glaube zu entwickeln.

Mit Beiträgen von Gottfried Adam, Eugen Baer, Stephanie Betz, Jens Colditz, Friedrich E. Dobberahn, Amélie Gräfin zu Dohna, Wolfgang Feneberg, Horst Folkers, Gotthard Fuchs, Rudolf Häselhoff, Harutyun Harutyunyan, Volker Keding, Jürgen Kegelmann, Gabriele Klinghardt, Andreas Kusch, Azat Ordukhanyan, Josef Reiter, Jürgen Schott, Klaus Schulz, Helmut Siefert, Elsbeth Strohm, Hans-Georg Sundermann, Hans-Joachim Tambour, Bernd-Joachim Vogel, Ulrich Winkler.

> »Märtyrer der heutigen Ökumene stören nicht nur die Politik im weltlichen Bereich. Sie stören auch die Politik der Kirchenleitungen, die es sich nicht mit dem Zeitgeist, mit den Mehrheiten des Volkes und besonders mit den Führungseliten verderben wollen.«
> Paul Gerhard Schoenborn zu Band 5

Band 5 (2010):
GESCHICHTEN VERÄNDERN GESCHICHTE
Perspektiven der Unerschöpflichkeit des Biblischen Wortes

Der Friedrich Erich Dobberahn als Festschrift gewidmete Band blickt wie jener auf und hinter die Geschichten der Geschichte – ob im Alten und Neuen Testament, ob in der Religions- und Kirchengeschichte oder in den Heiligen- und Märtyrergeschichten.

Mit Beiträgen von Albrecht Baeske, Stephan Bitter, Hans-Peter Boucsein, Hermann-Peter Eberlein, Marlon Ronald Fluck, Dieter Friedrichs, Laura Anna Friedrichs, Andreas Goetze, Lothar Carlos Hoch, Johanna Imhof, Paul Imhof, Volker Keding, Sr. Michaela Klodmann, Julia Kohler, Cornelia Mack, Sr. Friederike Immanuela Popp, Stefan Sachs, Paul Gerhard Schoenborn, Ulrich Schoenborn, Klaus Schulz, Volkmar Schuster, Milton Schwantes, Rosileny dos Santos Schwantes, Stefan Sedlacek, Hans-Joachim Tambour, Ingo Wulfhorst.

Band 6 (2011 / 2017):
KOMMENTAR ZUM JOHANNES-EVANGELIUM
Perspektiven interreligiöser Kommunikation

Wolfgang Feneberg, einer der renommiertesten Neutestamentler, zeigt in seinem Johanneskommentar die mystische und politische Dimension im Leben Jesu auf. In diesem Evangelium ist vor allem das doppelte Anliegen Jesu herausgearbeitet: neben Israel eine zweite Erwählung zu gründen – eine für die Völker. Bis heute ist das Johannesevangelium der Schlüsseltext im Verhältnis Israels zu den Völkern. So ist der vorliegende Kommentar auch ein Leitfaden für alle, die sich in religiösen, gesellschaftlichen und politischen Spannungsfeldern um eine für alle fruchtbare Kommunikation bemühen.

Erscheint im Sommer 2017

»Die Notwendigkeit eines auf Augenhöhe geführten Trialogs zwischen Juden, Christen und Muslimen darf sich einer genauen Nachprüfung der oft erstaunlich unkritisch aufgenommenen Saarbrücker Thesen zur islamischen Frühgeschichte nicht entziehen.«
Friedrich Erich Dobberahn zu Band 7

Band 7 (2012 / 2013): RAUM DER BEGEGNUNG
Perspektiven der Bildung, Forschung und Lehre im Spannungsfeld multikutureller und multireligiöser Gesellschaft

Kurt Willibald Schönherr als Festschrift gewidmet, öffnet dieser Band ein Spektrum an uralten sprachlichen und spirituellen Bildern, deren Verständnis in heutiger Bildung viel zum gegenseitigen interreligiösen Verstehen beitragen könnte, ob jüdisch, christlich oder islamisch begründet.

Mit Beiträgen von Jochen Barth, Friedrich E. Dobberahn, Jürgen Eilert, Wilhelm Eppler, Barbara Freier, Johanna Imhof, Paul Imhof, Jürgen Kegelmann, Stefan Piasecki, Stefan Sachs, Ruben Safrastyan, Peter Schierz, Christiane Schurian-Bremecker, Jörg Schweigard, Stefan Sedlacek, Alexander Thomas Stock, Victor A. Tiberius, Heinz Warnecke.

Band 8 (2012): PÄDAGOGIK UND GLÜCK
Aktuelle Perspektiven der aristotelischen Erziehungslehre

Aristoteles und die Pädagogik ist ein vernachlässigtes Thema, sagt der Erziehungswissenschaftler und Philosoph Robert E. Maier. Denn Aristoteles hat zwar kein explizites Erziehungswerk hinterlassen, gleichwohl finden sich in seinen Schriften etliche, zum Teil bedeutende Anmerkungen zu erzieherischen Fragen bzw. pädagogisch relevante Inhalte. Diese legt der Autor in diesem kleinen Band dar.

»Der verborgene Sinn der Geheimen Offenbarung kann nicht primär mit den natürlichen Ohren erfasst werden. Die Inspiriertheit des ewigen Evangeliums zu erfassen ist eine Sache der geistlichen Sinne«
Paul Imhof zu Band 10

Band 9 (2013):
DAS HEILIGE HOCHLAND
Die spirituell-geografische Bedeutung Armeniens in den Aufzeichnungen des Alten Orients

Artak Movsisyan macht sich hier auf die Suche nach dem biblischen Paradies. Als führender Wissenschaftler am Forschungsinstitut für Orientalistik der Nationalen Akademie der Wissenschaften der Republik Armenien braucht er dazu nicht allzu weit zu gehen, denn »man hätte vielleicht erwartet, dass die Juden, die das Alte Testament schrieben, den Ort der Schöpfung in ihre eigene Heimat verlegt hätten, aber das ist nicht der Fall. Dies ist umso bemerkenswerter, als in einigen altorientalischen Schöpfungsberichten ebenfalls das Armenische Hochland der Ort der Schöpfung war.«

Band 10 (2014):
DAS EWIGE EVANGELIUM
Perspektiven der Johannesoffenbarung

Paul Imhof leitet mit diesem Glaubensbuch zu einjährigen systemischen Exerzitien an: geistliche Übungen mit Christus, welche die Basis sind für eine neue ökumenische Ekklesiologie, in der die menschheitliche Verantwortung der Kirche reflektiert wird. Das ewige Evangelium ist ein Text, bei dem alles darauf ankommt, ihn im Geiste Jesu zu verstehen. Ein Blick in die Wirkungsgeschichte macht deutlich, dass dies keineswegs selbstverständlich ist. Wie wichtig ein solches Verständnis auch im Dialog mit dem Islam ist, wird sich während der einjährigen spirituellen Reise im Festkreis des johanneischen Kirchenjahres zeigen.

»Die ewige Weisheit ist so fein und zerbrechlich und so strahlend, dass sie es nicht ertragen kann, dass sich irgendein Geschöpf einmische, wo Gott allein in der Seele wirkt. Darum kann die ewige Weisheit es nicht zulassen, dass dort irgendein Geschöpf zusehe.«
Meister Eckhart, Klappentext Band 12

Band 11 (2015):
ECCE VERUM. ECCE LINGUA
Perspektiven der Wahrheits-
bewältigung durch die Sprache von
Erinnerung und Versöhnung, Fürbitte
und Utopie

Der Band, eine Festschrift für Eduard Saroyan,
behandelt vor allem armenische Themen, insbesondere den armenischen Genozid, wo die einfache Sprache zunächst versagt – und doch als
Rede von Gott und seiner Schöpfung verborgene
Utopien aufscheinen lässt.

Mit Beiträgen von Christine Buchwitz, Friedrich E.
Dobberahn, Karl Christian Felmy, Dieter Friedrichs,
Laura A. Friedrichs, Friedrich Glasl, Andreas Goetze,
Harutyun G. Harutyunyan, Andreas Hirschberg, Varvara
Hunanyan, Paul Imhof, Ursula Kessel, Hasmik
Melkonyan, Hakob Movses, Ruben Safrastyan, Eduard
Saroyan, Hans-Joachim Tambour, Martin Tamcke.

Band 12 (2016):
QUANTENSPRUNG IN DIE EWIGKEIT
Perspektiven einer Verschränkung von
Physik und Glauben

Schließen die Naturwissenschaften die Religion,
den Glauben an Gott aus? Oder können sie sich
gegenseitig ergänzen? Und wenn ja – wo sind
ihre Berührungspunkte?
Die Autorin Ursula Kessel, Spiritualin der Akademie S. Paul, meint: In der Quantenphysik trifft
irdische Erkenntnis auf die Späre des Göttlichen.

Strukturen der Wirklichkeit

Überblick mit bibliografischen Angaben

Die Reihe *Strukturen der Wirklichkeit* wird herausgegeben von Paul Imhof und Markus Tremmel (Bände 1-11: Paul Imhof und Eduard Saroyan); im Falle von Sammelbänden haben die einzelnen Bände dazu noch eigene Herausgeber.

Band 1:   LEBEN IM GEIST / hrsg. von Paul Imhof u. Eduard Saroyan / 377 S. / 18 €
ISBN 978-3-933902-21-4

Band 2:   WELT IM WANDEL / hrsg. von Kurt W. Schönherr u. Wolfagang Sigg / 383 S. / 18 €
ISBN 978-3-933902-23-8

Band 3:   WISSEN UM WERTE / hrsg. von Paul Imhof u. Josef Reiter / 383 S. / 18 €
ISBN 978-3-933902-22-1

Band 4:   WAGNIS DER FREIHEIT / hrsg. von Friedrich E. Dobberahn u. Johanna Imhof / 631 S. / 18 €
ISBN 978-3-933902-24-5

Band 5:   GESCHICHTEN VERÄNDERN GESCHICHTE / hrsg. von Hans-Joachim Tambour u. Friederike I. Popp /
598 S. / 24,90 € / ISBN 978-3-933902-25-2

Band 6:   KOMMENTAR ZUM JOHANNESEVANGELIUM / Wolfgang Feneberg / ca. 630 S. / 24,90 €
ISBN 978-3-933902-26-9 / *erscheint im Sommer 2017*

Band 7:   RAUM DER BEGEGNUNG / hrsg. von Friedrich E. Dobberahn u. Peter Schierz / 576 S. / 24,90 €
ISBN 978-3-933902-22-1

Band 8:   PÄDAGOGIK UND GLÜCK / Robert E. Maier / 96 S. / 12,95 €
ISBN 978-3-933902-29-0

Band 9:   DAS HEILIGE HOCHLAND / Artak Movsisyan / 132 S. / 14,95 €
ISBN 978-3-933902-31-3

Band 10:   DAS EWIGE EVANGELIUM / Paul Imhof / 432 S. / 24,90 €
ISBN 978-3-933902-32-0

Band 11:   ECCE VERUM. ECCE LINGUA / hrsg. von Friedrich E. Dobberahn u. Dieter Friedrichs / 422 S.
ISBN 978-3-933902-34-6

Band 12:   QUANTENSPRUNG IN DIE EWIGKEIT / Ursula Kessel / 175 S. / 16 €
ISBN 978-3-933902-35-1

Band 13:   SYSTEMISCHE KOMMUNIKATION / hrsg. von Paul Imhof / 476 S. / 24,90 €
ISBN 978-3-933902-36-8